向 世 界 叫 响 辽 宁 文 化

PRESENT THE BRILLIANT CULTURE OF
LIAONING TO THE WORLD

向世界叫响辽宁文化 1

女神 你的微笑

丁宗皓 刘玉玮 主编

辽宁人民出版社

图书在版编目（CIP）数据

女神：你的微笑 / 丁宗皓，刘玉玮主编．—沈阳：辽宁人民出版社，2019.12
（向世界叫响辽宁文化）
ISBN 978-7-205-09752-3

Ⅰ．①女…　Ⅱ．①丁…　②刘…　Ⅲ．①红山文化—文化遗址—研究—朝阳　Ⅳ．① K878.04

中国版本图书馆 CIP 数据核字（2019）第 222901 号

出版发行：辽宁人民出版社
地址：沈阳市和平区十一纬路 25 号　邮编：110003
电话：024-23284321（邮　购）　024-23284324（发行部）
传真：024-23284191（发行部）　024-23284304（办公室）
http://www.lnpph.com.cn
印　　刷：辽宁一诺广告印务有限公司
幅面尺寸：170mm × 240mm
印　　张：75.75
字　　数：1200 千字
出版时间：2019 年 12 月第 1 版
印刷时间：2019 年 12 月第 1 次印刷
责任编辑：高　丹
装帧设计：丁末末
责任校对：吴艳杰
书　　号：ISBN 978-7-205-09752-3

定　　价：380.00 元（全六册）

向世界叫响辽宁文化
编委会名单

前言

QIANYAN

这里是辽宁

这里是辽宁。

千里辽河如练，滋育了厚重灿烂的地域文化。辽西的化石，新乐的木雕，象征人类文明进化；查海的龙，红山的玉，见证中华文化起源。

这里是辽宁。

历史万变不穷，北方各民族千百年来在这片土地竞争、衍息。三燕龙城如磐，辽金古塔奇峻，清前宫殿巍巍，大幕更迭，沧海桑田。

这里是辽宁。

岁月洪炉大冶，在每一个重要的历史关口，辽宁人勇敢豪迈、忠诚担当。十四年抗战，鲜血染透白山黑水；抗美援朝，保障支援坚强有力；建设新中国，人才设备无私奉献。

这里是辽宁。

时代鼓点激越，在习近平新时代中国特色社会主义思想指引下，省委、省政府团结带领4300万辽宁人民，砥节砺行，奋斗自强，全面建成小康社会取得新的重大进展，全面振兴、全方位振兴迈出新的坚实步伐。

在这里，品味辽宁之“重”。

辽宁是我国重要的老工业基地，工业门类齐全，产业基础雄厚。在这片工业气息浓重、曾创造1000多个“全国第一”的土地上，不知贡献了多少大国重器，填补了多少产业空白，产生了多少先进典型，树起了多少行业标杆。辽宁为新中国形成独立完整的工业体系，立下卓越功勋，有着“共和国工业长子”“共和国装备部”美誉。

今天，辽宁依然是国家重要的工业基地，装备制造、石化、冶金、电子信息等支柱产业实力雄厚，在全国位置举足轻重。这里生产出辽宁舰、歼 -15、盾构机、压缩机、智能机床、高铁轴承等“国之重器”，高度关系国家战略安全。

辽宁，是中央实施新一轮东北振兴战略的重要地区，是东北亚开放合作的门户和桥头堡，是全国经济发展的重要支撑带。

这些定位，对辽宁来说，既是无上荣耀，也是使命责任，既是物质宝库，也是精神谱系，既是坚实基础，也是未来希望。

在这里，体会辽宁之“新”。

辽宁，曾经是全国区域经济版图的重心，是改革的风起云涌之地。在市场经济大潮中，因为计划经济色彩浓厚，体制机制痼疾较多，一度羁绊了前行的脚步。

党的十八大以来，习近平总书记对东北、对辽宁高度关注，深情牵挂，多次作出重要指示批示，提出“四个着力”，“三个推进”要求，指出新时代东北振兴是全面振兴、全方位振兴，强调要补齐拉长“四个短板”，扎实做好“六项重点工作”。

全面振兴、全方位振兴，一场关乎全局的决胜之战。辽宁人，以新气象新担当新作为，苦干实干，攻坚克难，经济社会发展呈现出崭新面貌。

战略有新格局。加快推进“一带五基地”建设，深入实施“五大区域发展战略”。自由贸易试验区、中德产业园、“一带一路”综合试验区、中国 - 中东欧“17+1”经贸合作示范区，搭建大平台，推动大开放。

改革有新举措。深入推进供给侧结构性改革，深化“放管服”改革，打造“营商环境最优省”，在全国率先推进事业单位改革。改革，既是解困之矢，更是图强之道。

市场有新活力。新松机器人、东软集团、忠旺铝业、奥克化工，一大批高新技术龙头企业快速崛起；华晨宝马第三工厂签约，沙特阿美炼化项目落子，英特尔二期正式投产，恒力石化投料开车；投资又过山海关，辽宁再度受青睐。

在这里，感受辽宁之“好”。

一个地区最美好的东西，是文化。辽宁灿烂悠久的历史文化，风格多元，魅力独特。这里是地球上第一朵花盛开的地方，是世界上第一只鸟飞起的地方，是中华文明第一缕曙光升起的地方。

红山文化，实证了中华五千年文明的始点。朝阳牛河梁，是红山文化的高峰，祭坛、女神庙、积石冢，佐证了一个具有国家雏形的原始文明社会的存在。

三燕文化，对南北朝时期北方各民族的分合产生了重大影响。它成就了龙城朝阳作为古代草原丝路重要节点的辉煌，也把精美绝伦的金步摇留在了历史的艺术长廊中。

辽金文化，腹心之地就在辽宁。因俗而治的两面官制，古塔造像的建筑艺术，辽瓷辽绣的兴起，辽西走廊的形成，见证了那个时代政治、经济、文化的交融互鉴。

清前文化，征战不断的中国北方终于安定，今天国土面积的基本轮廓由此奠定。不说历史的大段落，就连大方典雅的旗袍、糯软香甜的萨其马，都是难得的美的际遇。

抗战文化，是辽宁悲壮英勇的勋章。辽宁，十四年抗日战争的起点，日本三次侵华战争的焦点，日本盘踞中国内地最久的地点，也是抗日战争终点后的终点。

新中国成立后，辽宁在各个时期都涌现出大量的英模人物，其涉及领域之广、持续时间之长、产生影响之大，在全国都不多见。雷锋、郭明义、罗阳，民族的脊梁；孟泰、马恒昌、尉凤英，敬业的典范；李超、曲建武、毛丰美，时代的楷模。

英模文化，体现在辽宁人的日常行为中，融入在辽宁人的血脉基因里。

在这里，发现辽宁之“美”。

辽宁天地澄和，风物闲美，文化厚重，民风淳朴，既是生活的好地方，也是旅游的好去处。

这里有丰富的历史遗存。世界文化遗产6处，国家级重点文物保护单位128处。沈阳故宫，永陵、福陵、昭陵、东京陵，费阿拉城、赫图阿拉城、界番城、萨尔浒城、辽阳东京城，触摸历史，对话古今。

这里有美丽的自然景观。6处国家地质公园，9家国家级风景名胜区，辽河、大凌河、太子河等大川纵横，医巫闾山、千山、凤凰山等名山巍峨，丹东虎山长城，九门口水上长城，本溪水洞，盘锦红海滩，百万亩芦苇荡，展北国之雄奇，藏江南之毓秀。

这里有独特的文化体验。国家级非物质文化遗产67项，馆藏文物40余万件。话剧、芭蕾、评剧、曲艺、音乐等舞台艺术清新高雅，二人转、鼓乐、大秧歌、高跷、剪纸等民间文化生动别致，本溪辽砚、鞍山岫玉、阜新玛瑙、抚顺煤精等“文玩四宝”沉静精美。

这里有诱人的风味美食。老边饺子、马家烧麦、海城馅饼名扬天下，小鸡炖蘑菇、猪肉炖粉条、酸菜炖白肉大接地气。辽菜，一股扑面的热气，一种无拘的痛快。

大河奔流开新路，层峦耸峙争高峰。今天的辽宁，从厚重的历史铿锵而来，向美好的未来澎湃而去。

我在辽宁等你！

目录

MULU

女神

你的微笑

从更高层面重新定义“文化辽宁”

▶这是一段追索辽宁文化根脉的特殊旅程。

这是一个提炼辽宁文化符号的系统工程。

这是一次挖掘辽宁文化基因的创新行动。

2017年年初，一个关于提炼并推广辽宁文化符号的构想出现在我们的脑海中。

长期以来，辽宁日报一直在思考一个关乎地区整体发展的重大命题：如何从更高层面重塑辽宁文化基因。

文化竞争力是地区综合实力的重要组成部分。当今时代，一个地区是否具备强大的文化竞争力，很大程度取决于能不能充分认识并积极开发利用自身的历史文化资源。

文化符号是历史文化资源最有代表性的象征。从一个地区来看，文化符号即文化形象、文化力量，对内能够产生强烈的凝聚力和向心力，对外可以释放显著的影响力和吸引力。因此，提炼、宣传、推广文化符号不仅对认识和了解地域文化有着积极的意义，同时，也有利于促进旅游和文化产业发展，甚至会拉动一个地区的整体发展，体现文化的杠杆效应。

辽宁是文化大省，数千年来，这片土地既是文化生长点，也是文化交汇带。源远流长的岁月为后世留下了灿烂的印记和丰富的遗产，它们证明着辽宁文化在中华文化完整谱系中所占据的重要位置、辽宁文化与中原文化之间的紧密关联，以及辽宁文化具有的独特个性。

然而，必须承认的是：辽宁的文化形象并不清晰，甚至被误读了；辽宁的文化声音并不强大，甚至是失语的。作为党报，辽宁日报有责任对辽宁历史文化资源进行一次全面系统的梳理、宣传，站在推动人类发展、影响世界进程的

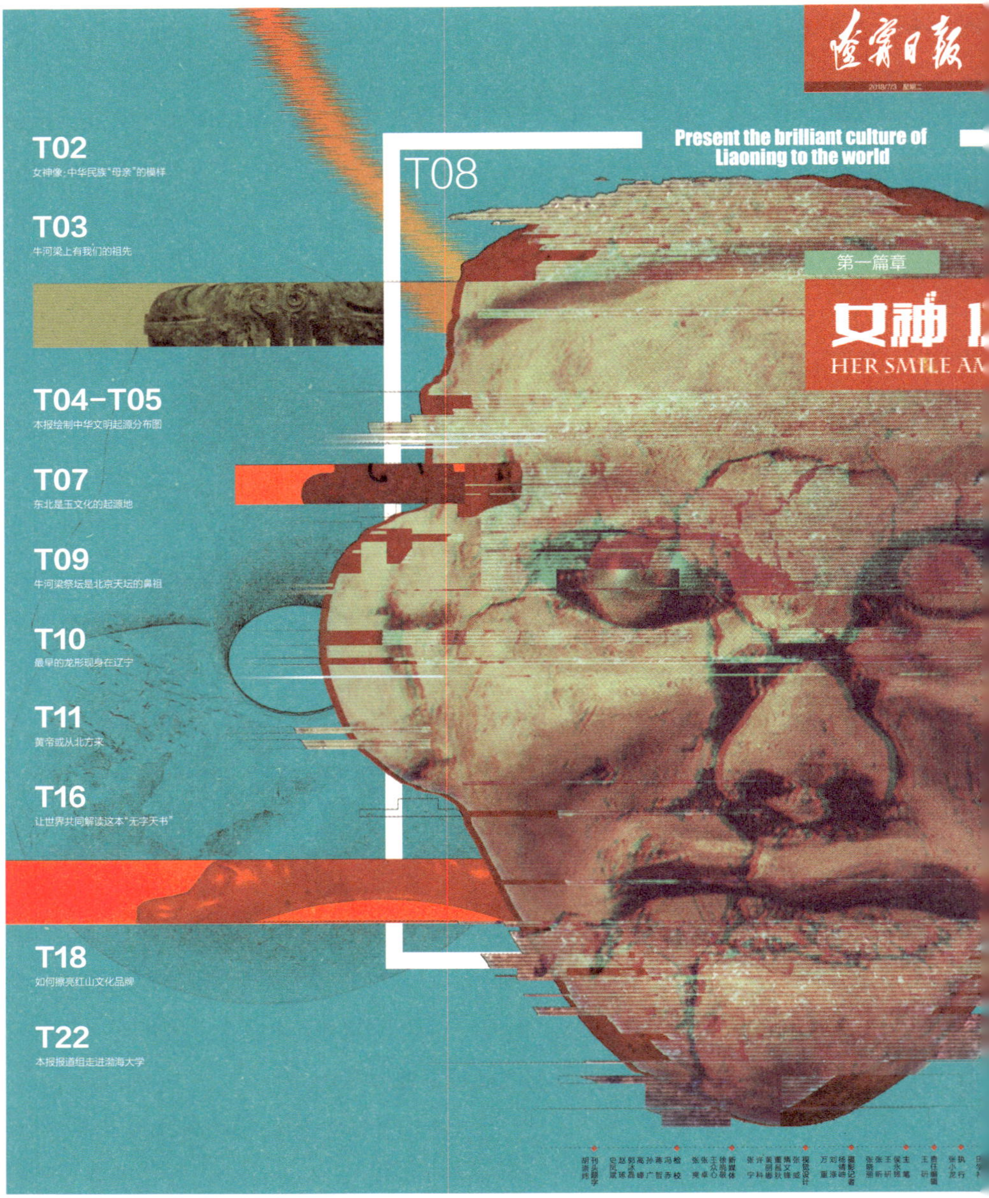

辽宁日报
Present the brilliant culture of Liaoning to the world
T02
女神像：中华民族"母亲"的模样
T03
牛河梁上有我们的祖先
T04-T05
本报绘制中华文明起源分布图
T07
东北是玉文化的起源地
T08
T09
牛河梁祭坛是北京天坛的鼻祖
T10
最早的龙形现身在辽宁
T11
黄帝或从北方来
T16
让世界共同解读这本"无字天书"
T18
如何擦亮红山文化品牌
T22
本报报道组走进渤海大学
第一篇章
女神
HER SMILE

策划

界叫响辽宁文化

T01

是一段追溯辽宁文化根脉的特殊旅程

重塑辽宁文化基因的创新行动

辽宁文化符号的系统工程

从更高层面重塑辽宁文化基因

本报特别报道组

一年前，一个关于提炼并推广辽宁文化符号的构想浮现在我们的脑海中。

长期以来，辽宁日报一直在思考一个关乎地区整体发展的重大命题：如何从更高层面重塑辽宁的文化基因。

文化竞争力是地区综合实力的重要组成部分。当今时代，一个地区是否具备强大的文化竞争力，很大程度上取决于能不能充分认识并积极开发利用自身的历史文化资源。

文化符号是历史文化资源最有代表性的象征。从一个地区来看，文化符号即文化形象、文化力量，对内能够产生强烈的凝聚力和向心力，对外可以释放显著的影响力和吸引力。因此，提炼、宣传、推广文化符号不仅对认识和了解地域文化有着积极的意义，同时，也有利于促进旅游和文化产业发展，甚至会拉动一个地区的整体发展，体现文化的杠杆效应。

辽宁是文化大省，数千年来，这片土地既是文化生长点，也是文化交会带。源远流长的岁月为后世留下了灿烂的印记和丰富的遗产，它们证明着辽宁文化在中华文化完整谱系中所占据的重要位置，辽宁文化与中原文化之间的紧密关联，以及辽宁文化具有的独特个性。

然而，必须承认的是，辽宁的文化形象并不清晰，甚至被误读了；辽宁的文化声音并不强大，甚至是失语的。作为党报，辽宁日报有责任对辽宁历史文化资源进行一次全面系统的梳理、宣传，站在推动人类发展、影响世界进程的高度去建构辽宁的文化形象。

2017年末，我们出发，到全省各地，到北京、浙江、河南、陕西、四川、内蒙古等省（区、市），进行细致的实地踏访。数月时间，行程上万公里。通过与考古权威、文化专家、教育工作者对谈，从理论层面宏观把握策划方向；通过与民间学者、青年学子、普通读者交流，从感性层面微观设计报道内容；通过开展多种多样的互动活动，整理收集了大量具有价值的意见和建议。

经过半年时间的精心准备，一个完整的策划蓝图正式定稿。以“向世界叫响辽宁文化”为总题，从绵延不断的历史脉络中截取重大断面，分成若干子题，总题为纲、子题为目，用百余个专版呈现辽宁历史文化资源的精华。

今天推出的是“向世界叫响辽宁文化”首期《女神的微笑》。女神，即红山女神。红山女神头像是牛河梁红山文化遗址最具代表性的出土文物之一。众所周知，牛河梁红山文化遗址的发现，将中华文明起源向前推进了1000多年。毫无疑问，其价值是世界性的。

无论是以时间作为线索，还是以重要性作为标准，牛河梁红山文化遗址都应作为我们追溯辽宁历史文化根脉的起点。

高度去重塑辽宁的文化形象。

2017年年末，我们出发，到全省各地，到北京、浙江、河南、陕西、四川、内蒙古等省（区、市）进行细致的实地踏访。数月时间，行程上万公里。通过与考古权威、文化专家、教育工作者座谈，从理论层面宏观把握策划方向；通过与民间学者、青年学子、普通观众交流，从感性层面微观设计报道内容；通过开展多种多样的互动活动，整理搜集了大量具有价值的建议和意见。

经过半年时间的精心准备，一份完整的策划蓝图正式定稿。“向世界叫响辽宁文化”为总题，从绵延不断的历史脉络中截取重大断面，分为若干子题，总题为纲、子题为目，用百余个专版呈现辽宁历史文化资源的精华。

今天推出的是“向世界叫响辽宁文化”首期《女神　你的微笑》。女神，即红山女神。红山女神头像是牛河梁红山文化遗址最具代表性的出土文物之一。众所周知，牛河梁红山文化遗址的发现，将中华文明起源向前推进了1000多年。毫无疑问，其价值是世界性的。

无论是以时间作为线索，还是以重要性作为标准，牛河梁红山文化遗址都应作为我们追溯辽宁历史文化根脉的起点。

5500 年前，红山人模拟真人塑造了“她”

女神像：中华民族“母亲”的模样

▶ 作为闻名海内外的重大考古发现，牛河梁遗址带给人们的记忆是多样的，若从中选择最鲜明、最直观、最生动的一样，许多人会把票投给那张来自5500年前的面孔——女神像。今天，当我们想象着中华文明曙光从这片土地上初升的景象时，女神像就像一把钥匙，为这段追索之旅打开了大门。

牛河梁遗址位于凌源市与建平县交界处。

据说“牛河梁”三个字原本是地图上找不到的，后来因山间有条牛儿河才有了牛河梁这个地名。

牛河梁遗址的核心保护区面积约有8.3平方公里，10年前，以该区域为依托，牛河梁国家考古遗址公园（以下简称牛河梁遗址公园）项目正式启动建设。

10年过去了，如今的牛河梁遗址公园吸引着各方来客，已成为辽宁面向世界的重要窗口之一。

每年四五月间，随着气温回暖、绿意渐浓，101国道上驶往牛河梁遗址公园的车辆也渐渐多起来。采访当天，记者在牛河梁遗址博物馆外的广场上遇到一群随学校来参观的中学生。问起学生对牛河梁遗址印象最深的是什么，他们中的几个指着不远处偌大的女神像雕塑说：就是她！

在网上搜索“牛河梁”相关图片，所见最多的就是女神像，而从文化推广的角度来看，女神像也是最为鲜

辽宁历史文化
词条 01

红山女神

女神像大小接近真人，五官比例和谐，面露微笑，头顶有发髻，也似饰物，具有蒙古人种特征。双眼用玉石镶嵌，下唇贴蚌片代齿，散发着神秘气息。

女神
你的微笑

明的符号。小说、舞剧、评书、动漫、影视剧本……近年来，出现了一批以“红山女神”为主角的文化产品，充分说明女神像对大众具有很高的吸引力。

“红山文化的考古新发现，哪一项都是极为重要的，不过，如果问我哪一项发现更为难忘，我会毫不犹豫地说，是女神头像的发现。”被誉为“红山文化研究第一人”的考古学家郭大顺守望牛河梁将近40年，对他来说，35年前女神像出土的那一刻，仍清晰如昨。

她是牛河梁遗址的代言人

牛河梁遗址承载的历史发生在远古时代，没有任何文字存世。除了通过考古发现来做出推测和判断之外，更多的时候，我们只能凭借想象去勾勒当时的景象。但这种神秘气质，恰是牛河梁遗址的魅力所在。

在关于牛河梁遗址的诸多猜想中，红山人的容貌身形、生活方式最令人好奇。1983年深秋，当女神像正式出土时，5500年前发生在这片土地上的故事似乎一下子有了清晰的线索。

郭大顺的专著《红山文化考古记》以“五千年后的对话”为题，详细记述了当天的情景：

“这几天人塑像残件接二连三的发现使参与发掘的考古工作者都有一种预感，可能有更为重要的发现在等待着。

“挖掘剥离更加小心翼翼，接着，头额、眼部已显露出来。一尊女神头像终于问世了。

“她仰面朝天，微笑欲语，似流露着经漫长等待后又见天日的喜悦，于是人们一齐围了上去，摄影师及时抓拍了这一瞬间。”

摄影师拍摄的照片被命名为“五千年后的历史性会面”。此后30余年间，这幅照片被不断引用，转载次数难以统计。与此同时，女神像也如牛河梁遗址的“代言人”般，广为人知。

马瑞才是毗邻牛河梁遗址的马家沟人，也是女神像出土的见证者之一。他说自己记忆深刻的一幕是：考古学家魏凡双手捧着女神像，走下山冈，走回马家沟考古队驻地。“我那时才二十出头，虽然不懂考古，但看到女神像捧在考古队员手中的样子，也觉得很震撼。”马瑞才现在是“牛河梁遗址第一地点”展馆的守门人，有时，他也会和参观者聊起自己的见闻，与女神像间的特殊缘分让他颇为自豪。

她让炎黄子孙第一次看到祖先的形象

如果说女神像给人的感性记忆是非常强烈的，那么，对于她的理性的、科学的认知则更加证明了这一考古发现的重大意义。

女神像高22.5厘米，基本是真人大小。《红山文化考古记》一书中描述其面部呈鲜红色，唇部涂朱，为方圆形扁脸，颧骨突起，眼斜立，鼻梁低而短，圆鼻头，上唇长而薄，额部隆起，耳朵较小，面颊丰满，下颌尖圆。郭大顺认为，女神像是高度写实的，应该是被神化的祖先偶像。

▲ 女神像出土状况

1986年，郭大顺和另一位考古学家孙守道在《文物》杂志上发表论文《牛河梁红山文化女神头像的发现与研究》。文章指出女神像“是研究古代中华人种学和民族史的典型标本”，“使亿万炎黄子孙第一次看到了用黄土塑造的5000年前祖先的形象”。

郭大顺师承我国著名考古学家苏秉琦。苏秉琦被誉为考古学界的

▲ 著名考古学家苏秉琦对女神像的历史文化价值给予极高的评价

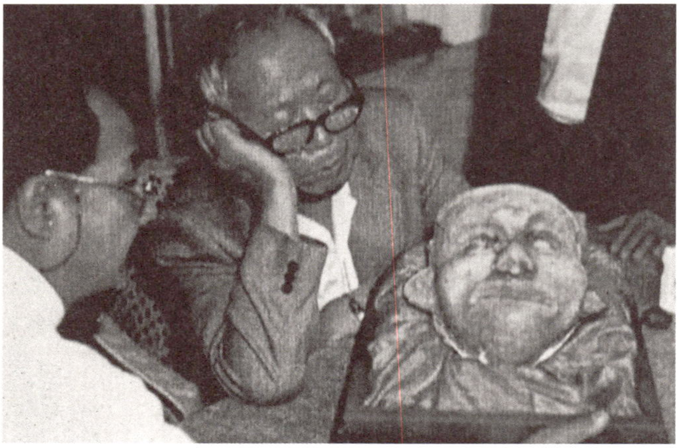

▲ 苏秉琦观看女神像

一面旗帜，曾多次到辽宁考察。牛河梁的发掘和研究工作，可以说一直是在苏秉琦的指导下进行的。1987年9月，苏秉琦在牛河梁遗址的考古发掘工地住了3天。郭大顺回忆说："苏先生非常仔细地观摩了女神像。"此后，苏秉琦高度评价说："女神像是由5500年前的红山人模拟真人塑造的神像，而不是由后人想象创造的'神'，'她'是红山人的女祖，也就是中华民族的'共祖'。"

中国考古学之父李济很早便提出，中华民族的祖先在长城以北。早在20世纪50年代，他曾在文章中写道："中国古代史的学者，同研究中国现代政治的学者一样，大概都已感觉到，中国人应该多多注意北方：忽略了历史的北方，我们的民族及文化的原始，仍沉没在‘漆黑一团’的混沌境界。2000年来中国的史学家，上了秦始皇的一个大当，以为中国的民族及文化都是长城以南的事情。”“用我们的眼睛，用我们的腿，到长城以北去找中国古代史的资料。那里有我们更老的老家。”

几十年后，牛河梁遗址有力地证明了李济的判断，或者我们还可以更大胆地说，女神像让世人看到了中华民族最初的“母亲”的模样。

她改变了历史研究的现状

对于中华民族的“母亲”，世世代代流传着许多故事，有人说她是女登，有人说她是华胥，还有人说她是女娲，也有人说她是嫘祖。然而，这些远古女性多是传说中的人物，她们的形象是后世运用想象力和艺术手法创作出来的，直到牛河梁女神像出土，我们才真正看到她们的样子。

10年前，时任辽宁省文物考古研究所考古领队的吕学明和牛河梁工作站站长朱达合著了一本书，名叫《重现女神》。书中专门论述了“女神与女祖”：

“在古代社会，在世界范围内，女神象征着生育、大地和收获，作为一个群体和民族生命力、延续力的体现，受到广泛崇拜”，“牛河梁的女神崇拜已经脱离了早期的生殖崇拜阶段”，“转向对先人的崇拜为主”。

由此可见，女神像所代表的不是想象中的人物，而是有真实原型的，是接受后世子孙崇拜敬仰的人。

事实上，女神像并非孤品，牛河梁遗址出土的是泥塑神像群。考古工作者对女神庙进行试掘后，发现了很多残块，除了女神像，还有腿部、手部、眼球、肩部、乳房等，根据研究，是分别属于七个个体。另外，在女神像旁边，还发现了相当于正常人体两倍到三倍的人体塑件，显然属于大型塑像群体。

郭大顺在《红山文化考古记》一书中指出，从世界范围看，在距今5500年前后的各个文明古国中，像牛河梁遗址这样大规模的泥塑神像群，并无先例，称得上“海内孤本”。正因如此，郭大顺强调，牛河梁女神庙发现最重要的意义就在于，不仅发现了明确的庙宇，更发现了庙内供奉的神像，表明已经具有了宗庙的雏形，由此改变了中国奉祀祖像的宗庙从上古到近古迄无例证的状况。

解读 JIEDU

关于女神像的三个问号

对于大众来说，牛河梁遗址出土的女神像有着与生俱来的神秘感，令人充满好奇。尽管关于女神像的科普文章多不胜数，但很多人仍然有不少疑问。记者梳理出三个最受关注的问题，用专家们的论述给出明晰的答案。

为什么说出土人像是女性?

《牛河梁红山文化女神头像的发现与研究》：头像的额部明显隆起，额面陡直，耳较小而纤细，面部表面圆润，眉弓不显，面颊丰满，下颊尖圆，这些都是女性的面部征象。此外，头顶的圆箍饰似为某种发饰，当与女性的装束有关。

▲ 还原的女神像

在头像近旁伴出的人体肩、臂塑件，女性特征也很明显。手臂的表面处理圆润、细腻，肩部线条柔和。尤其是共出的几例女性乳房，塑造真实。这些对识定头像性别应有参考价值。到目前为止，尚未发现具有明显男性特征的人体塑件。据以上迹象，我们推定这尊头像为一女性塑像的头部。

“红山女神”是什么人种?

《红山文化考古记》：面部呈鲜红色，唇部涂朱，为方圆形扁脸，颧骨突起，眼斜立，鼻梁低而短，圆鼻头，上唇长而薄，这些都具有蒙古人种特征。

女神像是如何制成的?

《牛河梁红山文化女神头像的发现与研究》：塑泥为黄土质，有较大黏性，掺草禾一类，未经烧制。

内胎泥质较粗，捏塑的各个部位为细泥质。外皮打磨光滑……头的后半部分断缺，但较平齐……在头后断裂面中部可见一竖立的木柱痕，直径约4厘米，由颈底直通到头顶部，柱上有包扎禾草一类的痕迹。

纯为泥塑，且大而厚重，泥胎又堆塑多层，在当时能保持不裂、不坍、不变形，实属不易。

辽西古文明奏响了中华文明的序曲

牛河梁上有我们的祖先

▶ 中华五千年文明绝非虚言，红山文化作证，代表红山文化最高成就的牛河梁作证。

20世纪70年代末至80年代初，随着辽西地区的东山嘴祭坛和牛河梁坛庙冢相继被发现，便有学者得出这样的结论：中国文明起源问题找到了新线索，寻找“中华民族更早的老家”有了初步答案。

著名考古学家、中国考古学会原理事长苏秉琦的判断掷地有声：“如果说整个中国文明发展史是一部交响曲，辽西的古文明则是它的序曲，比中原要早约一千年。”

如今，越来越多的研究者认同：在见证中华五千年文明起源和形成过程中，红山文化具有举足轻重、不可替代的重要地位。

一生致力于红山文化研究的考古学家郭大顺说，以红山文化作为中华古文化的“直根系”当之无愧，它不仅具有初级文明诞生的基本要素，还在中华文化发展史上起到了承上启下的关键作用。

一个举足轻重的判断

“中国境内名山很多，如果说哪一座山承载了中华五千年文明源头的历史，唯有内蒙古自治区赤峰市的红山！辽西地区山梁纵横，如果说有哪一道梁见证了红山文明的崛起与辉煌，唯有辽宁省朝阳市的牛河梁！”作为青年学者中研究红山文化的代表人物，中国社会科学院研究员刘国祥说，他要“放开了讲”，因为这一判断有一系列重大考古发现作支撑。

考古的过程，就是寻找一个民族共同记忆的过程。无论理解当下的中国，

▲ 牛河梁遗址第十三地点

还是历史上的中国，都需要到更遥远的史前时代去寻找答案。

到“长城以北地带”寻找中华民族“更早的老家”，到西辽河流域寻觅中华五千年文明的源头，一代又一代考古学人孜孜以求。

20世纪30年代，考古学家梁思永到赤峰地区进行考古调查，发现了一批新石器时代及青铜时代的文化遗存，认识到西辽河流域南北之间的史前文化差异，提出应作为专门课题研究。这是中国学者首次到红山文化命名地赤峰地区开展田野考古工作。

1954年，历史学家、考古学家尹达正式命名“红山文化”，他强调考古工作者要“沿着长城附近的南北地区作系统的调查和重点发掘”，“研究远古中国长城南北文化生活交互作用问题”。

红山文化考古发现和研究的重大突破，出现在20世纪70年代末至80年代初，最主要的见证有二：喀左东山嘴遗址的发掘，第一次明确了红山文化祭坛的形制；位于建平、凌源交界处的牛河梁遗址，不但发现了迄今所知规模最大的红山文化晚期中心性祭祀遗址，而且出土了一批具有明确层位关系的红山文化玉器。

1986年7月24日新华社发出电讯称：在红山文化的分布区域的辽宁省西部

辽宁历史文化
词条 02

金牛山人

营口大石桥永安镇西田村有座小山丘，名为金牛山。1984年，考古人员在金牛山的一个洞穴里发现了一个有较完整头骨和骨骼部件的成年女性化石。这是迄今为止全世界所发现的最完备的人类骨骼化石之一。根据研究，金牛山人比北京人更聪明。

山区，发现了距今大约五千年以前建造的大型祭坛、女神庙和积石冢群址，考古学家们根据已出土的大批文物初步推断，五千年以前，这里曾经存在过一个具有国家雏形的原始文明社会。

这一引人关注的结论，来自考古学家苏秉琦的重大判断："红山文化坛庙冢三种遗址的发现，代表了我国北方史前文化发展的最高水平。它的社会发展阶段向前跨进了一大步。从这里，可以看到中华文明的曙光。"他认为，牛河梁红山文化时期，已经进入古国阶段。

根据西汉司马迁《史记·五帝本纪》所述，2000年间，中国史学界习惯于把中国古代历史看作长城以南的事。但牛河梁遗址的发现，让考古学家们吃惊地认识到，以前被认为地处偏远的辽西地区在红山时期达到的社会发展程度甚至超过了中原地区。这不由得使人想起20世纪50年代因殷墟考古而闻名于世的考古学家李济的期冀："我们要用我们的眼睛，用我们的腿，到长城以北去找中国古代史的资料，那里有我们更老的老家。"

随着中华文明探源工程系列研究成果的取得，学界逐渐达成共识：在中华文明起源的过程中，以西辽河流域为中心的辽河流域是中华文明的重要发源地之一。"红山文明最终形成，成为中华五千年文明的重要组成部分，对中华文明的形成和发展产生了深远的影响。"刘国祥说。

一条独特的文明起源道路

著名人类学家、考古学家张光直认为，中国文明起源具有与西方不同的特点——西方是以技术和贸易改造自然的"破裂性文明"，而以中国为代表的东方是通过人与神沟通达到人与自然和谐的"连续性文明"，"经过巫

▲ 牛河梁第十三地点航拍

术进行天地人神的沟通是中国古代文明的重要特征”。

红山文化是这种观点的一个典型例证。郭大顺认为，对红山文化社会结构及其变革的探索，是目前理解红山文化跨入文明社会即古国阶段的关键，它没有涉及金属的发明、文字的出现和城市的形成等诸文明要素，却是以中国史前考古发现的实际情况为认识基础的，从而也更能反映出中国在文明起源和国家形成过程中的自身发展道路和特点。

“多元与交汇是中国文明起源进程的一大特征。”郭大顺认为，在中华文明起源最关键的五千年前后，也是史前文化交汇最为频繁的时期，这集中体现为中原文化区、东南文化区和东北文化区三大文化考古区之间的交汇，对中华文明起源进程的影响也最大。

“无论东西交汇导致‘鼎豆壶’在中原地区的出现，还是南北交汇在辽西地区产生的坛庙冢，都已涉及中国传统礼制的起源问题。”郭大顺介绍，从20世纪80年代以来开展的中国文明起源讨论，虽然观点各异，但已经达成若干共识，其中最为紧要的一个共识是，人与人的关系导致国家产生，是文明起源的核心问题，而礼是对中国古代人与人关系最集中的反映，所以礼的起源与中国文明起源息息相关。

当年，东山嘴遗址、牛河梁遗址发现后，苏秉琦就提出二者是祭祀性遗址，而且将文明起源与史前祭祀紧密联系到一起。之后他又十分明确地将女神庙的祭祀对象定格为祖先神。

沿着这一思路，郭大顺研究后得出结论：红山文化坛、庙、冢大型礼仪建筑是中华五千年文明的象征，中国文明起源是由巫及礼再到文明产生；礼的出现与中国文明起源关系密切，原始巫术活动又与礼的起源关系密切，即所谓“通神为礼”；考古学上反映出的礼制当是中国文明起源的一个重要标志和特点，中国文明起源的过程也是中华文化传统形成的过程。

“牛河梁遗址积石冢墓葬随葬的玉器，是通神的工具，这种功能从玉器的造型与出土状况都能反映出来。”郭大顺分析，红山文化玉器以神化的动物形为主，“唯玉为葬”实际是“唯玉为礼”“以玉示神”，说明玉器在红山人精神领域的崇高地位。

一个日渐清晰的结论

所谓“直根系”，是指以牛河梁规模宏大的坛庙冢遗址群为中心的红山文化是中华五千年文明的象征，也是中华古文化“直根系”的实证。20世纪80年代，著名考古学家苏秉琦就明确提出这一观点。

“以牛河梁遗址为中心的红山文化，是中华五千年文明的一个实证已经取得共识。”郭大顺认为，需要进一步讨论的问题是，在中华五千年文明起源过程中，神权发达的红山文化是“个例”甚至“畸形”发展，是只限于当地还是具有代表性和全局性，是“断裂”从而“自消自灭”还是对后世产生过巨大影响。

从高度发达的祖先崇拜、祭祀遗存的规范化和崇拜礼仪的制度化、文化交汇的原动力三个方面入手进行思考，郭大顺对这些重大问题做出回应：红山文化是中华古文化“直根系”的观点完全经得起推敲。

充足的考古材料证明，红山文化已进入高度发达的祖先崇拜阶段，而作为红山文化中心的牛河梁女神庙已是宗庙或其雏形。郭大顺认为，中国没有传统的宗教，以血脉为纽带的祖先崇拜是中国人信仰和崇拜礼仪的主要形式，也是中华文化传统的根脉。河南安阳殷墟西北岗王陵区内上千座祭祀坑和甲骨卜辞中对先公、先王的各类祭祀礼仪的记载表明，商代的祖先崇拜十分发达，为国家重典，礼繁而隆重。其根源向前追溯到史前文明时期顺理成章，但目前所知的史前文化中，只有五千年前的红山文化可以与之有较为紧密的衔接。可见，红山文化作为中华古文化“直根系”，发达的祖先崇拜是一主要实证。

红山文化祭祀遗存的规范化和崇拜礼仪的制度化，是其作为中华古文化“直根系”的又一显著标识。郭大顺说，将牛河梁遗址概括为六个字——“坛庙冢”和“玉龙凤”，就是从追溯中华文化传统源头的角度考虑的。它们在类型、组合、造型和结构、建筑布局等方面都有规范化从而制度化的规律可循。以红山文化玉器为例，既有强烈的地域特征，又对当时和后世有深远影响。

“文化交汇是红山文化率先跨入古国阶段、成为中华古文化‘直根系’的一个主要原动力。”郭大顺举例说，牛河梁女神庙并未使用石砌，而是像中原地区的土木建筑，“这表明中原地区的文化因素已进入红山文化的主体部分，是两种具有不同文化传统的文化因素的融合”。

辽宁省红山文化与中华文明协同创新中心主任、辽宁师范大学教授田广林则认为，早在五六千年以前的红山文化时期，欧亚大陆草原通道东西之间的交流往来就客观存在。中国北方长城地带相对开放的地理区位和世界东西、中国南北先进文化的交流汇注，正是红山文化于五千多年前在全国范围内领先一步，较早进入初级文明社会的先决条件。

解读 JIEDU

每一次发现都为解密文明加码

1973年 阜新胡头沟遗址发现红山文化石棺墓，出土18件玉器，红山文化玉器初露端倪。

1979年 省文物普查试点时在喀左发现东山嘴遗址。1982年进行发掘。这是国内首次发现的红山文化大型祭祀遗址，出土双龙首玉璜、玉鸟及女性陶塑像。

1981年 郭大顺、孙守道等发现牛河梁遗址。1983年，开始正式考古发掘。

▲ 牛河梁第二地点全景

▲ 牛河梁遗址博物馆

▲ 祭坛和积石冢遗址保护展示馆

红山文化的研究有了重大突破，继而掀起了红山文化研究的热潮。

1983年10—11月　试掘女神庙作平面揭露。11月2日，女神头像出土。

1984年7—8月　在牛河梁遗址第二地点出土玉雕龙和斜口筒形玉器等代表性器类。红山文化玉器的时代遂“一锤定音”。

1985年　苏秉琦主要根据牛河梁遗址的发现，认为红山文化已进入古国阶段，坛庙冢是红山文化与仰韶文化交汇的结果。9—10月，发现女神庙后大型山台和山台北侧泥塑人像、建筑构件遗迹等。

2002年到2003年　牛河梁遗址第十六地点发现一座大型石棺墓，首次出土玉人和玉凤，代表一种新型的高规格玉器组合关系，对研究红山文化晚期社会结构和用玉制度具有重要学术价值。2004年，第十六地点的发掘被评为“2003年度全国十大考古新发现”。

2008年　建平县、凌源市在全国第三次文物普查时，在牛河梁遗址保护范围内外又发现27处红山文化时期的遗存地点，其中多处系属积石冢性质。

2012年　《牛河梁——红山文化遗址发掘报告（1983—2003年度）》正式出版，系统刊发20余年牛河梁遗址的田野考古发掘材料，对于深入推动红山文化与辽西地区文明化进程研究具有里程碑式意义。

2014年至2016年　发掘半拉山墓地，是发现红山文化晚期墓葬数量最多的一次，出土玉器140余件，首次发现玉龙、玉璧和石钺的器物组合。入选“2016年中国六大考古发现”。

实证五千年文明

▶ 中国是一个拥有五千年文明史的国度，悠久的历史是我们每一个国人的骄傲和自豪。中华文明的起源究竟在哪里？是一个源头还是多个源头？它们之间的联系和区别是什么？

| 文明的标准 |

上网搜索“中华文明”，你会发现如果按照西方的标准，中华文明是从商代开始的，距今只有三千年的历史，与我们常说的“五千年文明”相去甚远。

这是因为中西方对于文明的概念存在认识偏差。西方理论体系中的“文明要素”包括城市、文字、冶金术三项。他们认为3000年前甲骨文的形成标志着中华文明的开始。而中国学界则认为文明是指社会已由氏族制度解体而进入有了国家组织的阶级社会的阶段。判断文明的标准有5项：一是与人民大众分离的国家公共权力的确立，例如出现了都、邑，有大面积夯土基址的宫殿建筑等；二是以阶级对抗为核心的社会分层现象，可以从墓地布局和墓葬规格等反映出来，并伴随着出现人殉和人牲制度等；三是有较复杂的礼仪制度和为王权服务的宗教力量，例如出现了各种礼器和祭祀场所；四是文字系统的出现；五是青铜铸造和玉雕业的兴盛。

随着这一理论在全国各地考古实践中的运用和不断发展，学者们自然而然地提出了寻找各地区文明源头的问题。其中，在以前未被人们注意的燕山南北地带，辽西的红山文化研究首先取得成效，找到文明的曙光。

▲ 良渚文化遗址

▲ 牛河梁遗址

▲ 仰韶文化遗址

▲ 赤峰学院红山文化研究院

文明的曙光

古史学家李济先生曾发出遗憾，过去的人们忽略了历史的北方，“两千年来的中国史学家，上了秦始皇一个大当，以为中国的民族及文化都是长城以南的事情”。事实上，长城以北恰恰是中华民族和文化的一个重要源头。

20世纪80年代初，考古学家在辽宁省朝阳市的建平县和凌源市交界处发现了牛河梁遗址。随着发掘工作的推进，祭坛、女神庙、大型方台、金字塔式巨型建筑、特点鲜明的积石冢群以及成组的玉器陆续展现在世人面前。牛河梁遗址的祭坛内有象征“天圆地方”的圆形和方形祭坛，建筑布局按南北轴线分布，而且注重对称，有中心和两翼主次之分；女神庙有主室和侧室，泥塑残块证明有体魄硕大的主神和众星捧月的诸神；积石冢群都在山顶或小山包上，冢群中心是一座大墓，周围有很多陪葬小墓。周边小墓中有的完全没有或仅有少量的随葬品，中心大墓则随葬有大型精美玉器，从中可以看出氏族成员的等级分化已相当严格，反映出5000年前的红山文化已经形成了一套较为完整的礼制体系。这里还有一座面积约4万平方米、类似城堡或方形广场的石砌围墙遗址。考古学家认为，牛河梁遗址是一处史前宗教圣地和政治中心，这里的文明已然迈入古国行列。

最早的古国

经碳14测定和树轮校正，科学家确定牛河梁遗址距今已有5500年，属于红山文化晚期。在中华大地上，与它同时期的有仰韶文化后期、大汶口文化中期、崧泽文化、海生不浪文化，尚未发现可以与之比肩的文明。

在夏商周以前，因为缺乏考古证明，我们常常认为中国大地处于原始社会，传说中的三皇五帝只是被人们神化了的虚无缥缈的想象。而牛河梁遗址规模宏大，组合齐全，结构严谨，出土器物的精美非凡，是同时期史前文化所仅见，与中国文化的起源有着密切联系。

考古学泰斗苏秉琦认为，牛河梁遗址就是中华文明的一个象征。这里的祭坛平面图前部像北京天坛的圜丘，后部像北京天坛的祈年殿方基；女神庙彩塑神像的眼球使用玉石质镶嵌与我国传统彩塑技法一致；积石冢的结构与后世帝王陵墓相似。这种坛、庙、冢三位一体的组合，有点类似于明清时期北京的天坛、太庙与明十三陵。因此，苏秉琦推断："牛河梁女神，是由5500年前的'红山人'模拟真人塑造的神像（或女祖像），而不是后人想象创造的'神'，她是红山人的女祖，也就是中华民族的共祖。"

▲ 女神庙出土的建筑构件

盘点 PANDIAN

中华文明起源分布图

中华文明是如何起源的，历来学者们为此争论不休。过去人们一直认为，黄河流域和长江流域是华夏历史的源头，曾经产生“中原中心说”“东西二元对立说”等多种看法。随着考古发现的不断问世，学者的眼界也在不断拓宽。20世纪70年代末，良渚文化、红山文化的先后发现打开了考古学家的视野，他们恍然发现，中华文明的火花并不像蜡烛一样向外扩散，而是犹如“满天星斗”般璀璨。红山文化的出现在我国的文明史上意义重大，它将中华文明的历史向前推进了1000年。

小河沿文化

小河沿文化出土的乳钉陶壶

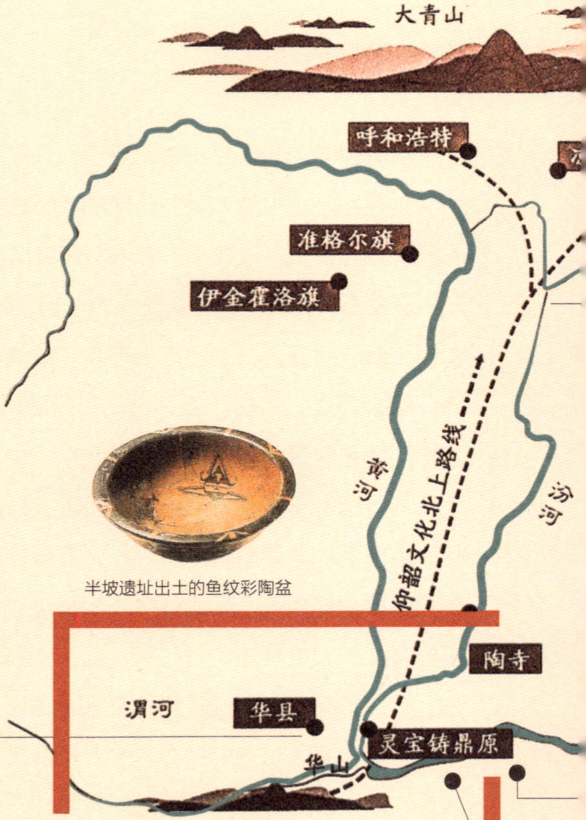

半坡遗址出土的鱼纹彩陶盆

半坡遗址

庙底沟

仰韶文化

仰韶文化出土的彩陶盆

仰韶文化庙底沟类型彩陶盆

红山文化

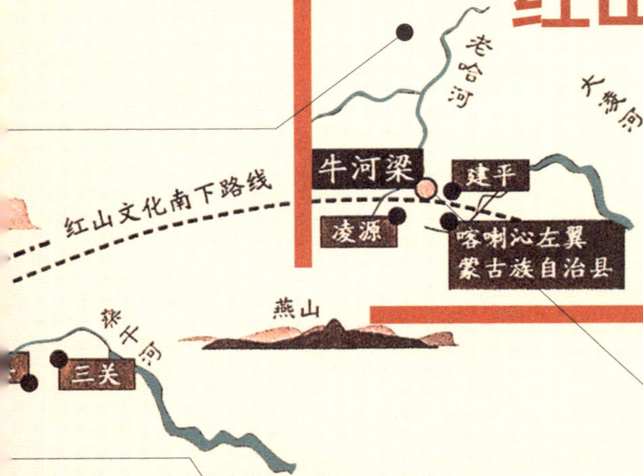

牛河梁遗址出土的勾云形玉佩

牛河梁遗址

龙山文化

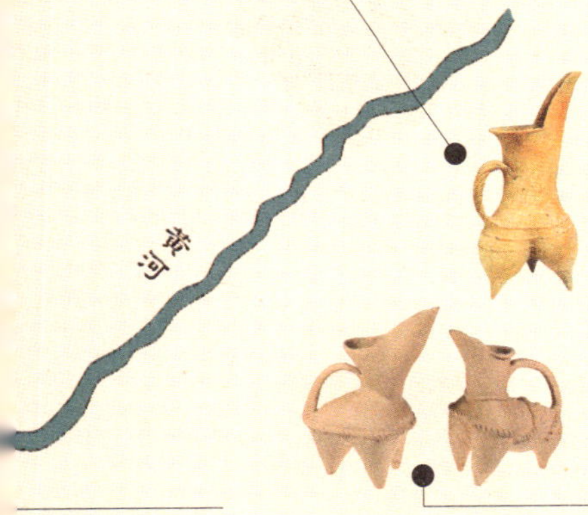

龙山文化陶器样式

大汶口文化陶器样式

大汶口文化

西王村遗址

良渚遗址

良渚文化

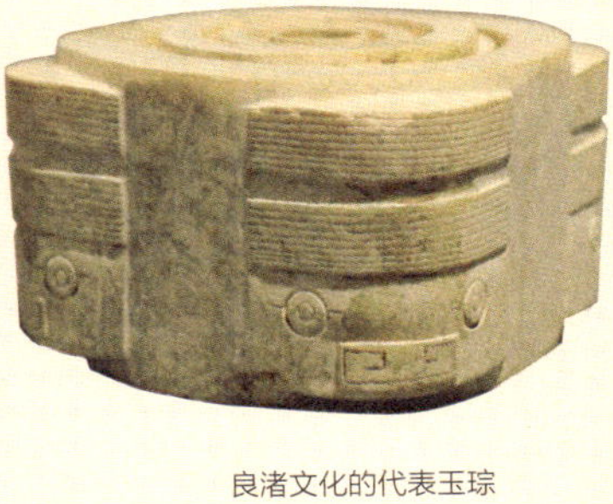

良渚文化的代表玉琮

红山文化

红山文化因赤峰东郊的红山后遗址而得名，它的年代经碳14测定约为公元前4000—前3000年，主体为5500年前。红山文化的居民主要从事农业，还饲养猪、牛、羊等家畜，兼事渔猎。红山人相信玉能通神，在牛河梁宏大的积石冢群中，玉器随墓葬的规格而变化组合，又集中表现为“唯玉为葬”的习俗，并由此衍生出以玉礼神的观念，已是后世礼制的雏形。

牛河梁遗址

红山文化以牛河梁遗址的发现最为引人注目，这里发现了规模宏大的祭祀礼仪性建筑、成组的女神像和以龙、凤、人等为题材的玉器群，毫无疑问，这里已形成一处史前宗教圣地和政治中心，表明红山文化以高度发达的原始礼制与神权，跨进了古国时代。

▲ 红山文化牛河梁遗址出土的女神像

小河沿文化

小河沿文化是以敖汉旗小河沿乡白斯朗营子南台地遗址命名的。它晚于红山文化而早于夏家店文化，时代大体与中原庙底沟二期文化相当。小河沿文化不是对红山文化的简单承袭，它与红山文化既有联系又有区别。

▲ 小河沿文化出土的乳钉陶壶

仰韶文化

仰韶文化是黄河中游地区一种重要的新石器时代彩陶文化，其持续时间大约在公元前5000年至前3000年，分布在整个黄河中游，从今天的甘肃省到河南省之间纵横2000里。据先秦文献记载的传说与夏、商、周立都范围，远古的先民大体以西起陇山、东至泰山的黄河中下游为活动地区，主要分布在这一地区的仰韶文化和龙山文化这两个类型的新石器文化，一般被认为是远古先民的文化遗存。

半坡遗址

半坡遗址位于陕西省西安市东郊灞桥区浐河东岸，是黄河流域一处典型的原始社会母系氏族公社村落遗址，属新石器时代仰韶文化，距今6000年以上。半坡遗址中的房屋、地窖、灶坑、男女分葬的集体墓地、各种生产及生活用品等遗迹遗物，向我们生动地展现了6000多年前处于母系氏族社会繁荣时期的先民生产与生活情况。

庙底沟遗址

庙底沟遗址位于河南三门峡陕州古城南，总面积24万平方米，是一处仰韶文化和早期龙山文化遗址。庙底沟遗址已出土仰韶文化和龙山文化陶器上千件，在中国考古界引起轰动。这一发现解决了仰韶文化与龙山文化的相互发展关系，在考古学上具有重要价值。

▲ 仰韶文化
庙底沟类型彩陶盆

西王村遗址

西王村遗址为新石器时代仰韶文化、龙山文化大型聚落遗址，保存基本完整。整个遗址西高北低，地势起伏较大，呈阶梯状分布。遗址内出土泥质红陶、夹砂灰陶、黑色细泥磨光陶等陶器，石斧、石刀和石网坠等石器，骨器有骨锥等。西王村遗址面积大、内容丰富，是研究洛河流域仰韶文化、龙山文化分布、发展及与其他文化类型之间关系的重要遗址。

良渚文化

良渚文化距今5300—4500年，是我国长江下游太湖流域一支重要的古文明，分布的中心地区在钱塘江流域和太湖流域，而遗址分布最密集的地区则在钱塘江流域的东北部、东部。良渚古城的发现，改变了良渚文化文明曙光初露的原有认识，标志5000年前的良渚文化时期已经进入了成熟的史前文明发展阶段。

良渚遗址

良渚遗址的最大特色是所出土的玉器。挖掘自墓葬中的玉器包含有璧、琮、冠形器、玉镯、柱形玉器等诸多器型。其中象征财富的玉器、象征神权的玉琮和象征军权的玉钺，为研究阶级的起源提供了珍贵的资料。

大汶口文化

大汶口文化是分布于中国黄河下游和江淮地区的新石器时代文化，距今约6500—4500年，延续时间约2000年。大汶口文化盛行枕骨人工变形以及拔牙。陶器多见夹砂或泥质的红陶。石器磨制精美，中期以后更出现了制作精良的玉器。大汶口文化的农业生产以种植粟为主，饲养猪、狗、牛、鸡等家畜，同时渔猎经济也是其重要的生产部门。

龙山文化

龙山文化，泛指中国黄河中、下游地区约新石器时代晚期的一类文化遗存，属铜石并用时代文化。经放射性碳素断代并校正，年代为公元前2500年至公无前2000年（距今4000年前）。分布于黄河中下游的河南、山东、山西、陕西等省。龙山文化源自大汶口文化，为汉族先民创造的远古文明。

▶ 龙山文化陶器样式

辽宁史前遗址

辽宁是远古人类活动较早的地区之一，旧石器时代的金牛山人向早期智人的进化程度和小孤山人创造的物质文化水平，均居于人类进化史的前列。在新时期时代，辽宁大地上以牛河梁遗址为代表的遗迹的发掘表明这里早在5000年前就已经迸发出文明的曙光。

金牛山遗址

金牛山遗址位于营口大石桥市永安乡西田村，距今约28万年，是中国东北旧石器时代早期文化内涵最丰富的古人类洞穴遗址。金牛山人以洞穴为居所，已懂得通风取火，能用石英岩制造较小的工具。遗址发现属同一个体的大部分人类骨骼化石，其头骨和肢骨特征比同时期“北京人”进步，表明金牛山人已能直立行走，跨入直立人向早期智人进化的过渡阶段，是人类进化的罕见标本，被评为“1984年世界十大科技进展”之一。

鸽子洞遗址

喀左鸽子洞遗址位于喀左县甘招乡的大凌河西岸，距今约7万年。鸽子洞人主要用石英岩制作石器，器型趋于小型化。通过冻馁灰层中出土的动物烧骨可知，羚羊是当时人们的主要狩猎对象。洞内还发现了人工生火的遗迹，这是人类控制自然的一大进步。

仙人洞遗址

仙人洞遗址位于海城小孤山镇，距今约4万年，发现的刮削器和用于狩猎的石球等石器多达万件，骨鱼镖、骨矛头、骨针及利用动物牙齿、贝壳做成的装饰品为国内同时期遗址所罕见，也显示出辽宁地区旧石器时代晚期文化的进步。

查海遗址

查海遗址位于阜新蒙古族自治县沙拉乡查海村濒临辽河支流绕阳河源头的一处山坡台地上，距今约8000年。该遗址揭露出50多座房址成行排列，房址间有窖穴，中部广场上摆塑一大型龙形堆石、10多座墓葬和祭祀坑，遗址四周围以环壕，形成一座完整的史前聚落，被誉为“辽河第一村”。

新乐遗址

新乐遗址位于沈阳北郊的黄土台地上，距今约7000年，由40多座房屋组成。陶器有饰压印“之”字纹和弦纹的直筒罐、高足钵和斜口器，石器有磨制的斧、凿、磨盘、磨棒，以及数量较多的细石器，还有玉器、木雕艺术品和煤精制品，是辽河平原最具代表性的史前遗址。

东山嘴遗址

东山嘴遗址，位于辽宁省朝阳市喀左县兴隆庄乡章京营子村东山嘴屯，距今5000多年。遗址中出土有女性陶塑像残件、孕妇陶塑像残件、双龙首玉璜饰件以及彩陶祭器，是牛河梁遗址以外，又一处具有代表性的红山文化晚期大型祭祀性遗址。

大嘴子遗址

大嘴子遗址位于大连市甘井子区大连湾镇东南一座濒海的土丘上，距今4000—3000年间。遗址中发现有用于军事防御性质的石围墙，出土铜戈、铜镞；房址中有炭化粳稻和高粱，是大连地区农业考古的重要收获。

小珠山遗址

小珠山遗址位于大连市长海县黄海北部海域的广鹿岛上，面积约5000平方米，距今7000—4000年。其房址为半地穴式，出土的陶器、石器和骨器证明渔猎是当时人的主要经济活动。遗址分早、中、晚三个时期，从中期开始分别受到山东大汶口文化和龙山文化的影响，反映出辽东半岛与山东半岛密切的经济往来和文化交流。

后洼遗址

后洼遗址位于丹东市东沟县（今东港市）马家镇后洼村，南临黄海仅16公里。在近2万平方米的台地上发现房址33座，展现了6000年前沿海居民的定居生活情景。先民们制作的陶器参有滑石粉，在深腹罐上压印席纹与“之”字纹。大量网坠的出土，说明渔猎经济的发达。一批滑石与陶制雕塑品则展现了先民对美的追求，也隐含原始宗教的意味。

牛河梁遗址出土的玉器数量之多、雕琢之精美，令人惊叹

远古时代，这里就是“玉都”

▶ 红山先民是伟大的，在牛河梁这个神奇的地方，他们创造了精美绝伦、风格独特的玉器。

玉器的雕琢和使用，深刻反映了辽西地区史前社会的重要变革，也是中华五千年文明形成的重要标志。

在玉器研究专家、北京故宫博物院研究员杨伯达看来，牛河梁红山文化遗址堪称“远古玉器中心”。牛河梁遗址20年的考古发现，证实了这一论断。

对生活在华夏大地上的古人而言，玉是一种特殊的石头，是石头当中最美丽的那一部分，所以西汉时期的许慎在《说文解字》中讲“玉，石之美者”。

玉是中国的国粹，也是中华民族独特文化的结晶。著名国学大师季羡林先生曾说，如果用一种物质代表中国文化，那就是玉。

处于新石器时代晚期的红山文化，其玉器文明却达到了一个前所未有的高峰。确凿无疑的证据，就在我们聚焦的牛河梁。

辽宁省博物馆研究员周晓晶说，作为红山文化最突出的物质成就，它不仅是体现聚落规模和等级的标识，也是社会信仰和精神领域的反映，更是不同区域间文化传播与交流的载体。

红山文化玉器的最终确认，离不开考古发掘，颇具传奇色彩。

辽宁历史文化
词条 03

玉猪龙

红山玉器中的佼佼者。关于原型，最初认定为猪，也有以为是鹿，还有以为是熊。在形态上已经相当成熟且高度抽象化，并为商代及后世所长期延续。

女神

你的微笑

1971年，在内蒙古自治区翁牛特旗赛沁塔拉村，一位农民从黄土坎上捡到一件通体磨光、墨绿斑斓的宝贝——这就是后来著称于世的C形玉龙。当时，虽然这件玉器的文化性质和年代引发学术界广泛讨论，但无人能确定这件玉龙来自哪个年代。

专攻玉器研究的周晓晶介绍，考古挖掘的陶器、瓷器，都可以用现代科技手段测定年代，从而可以区别真假，做出鉴定，但玉器不行，因为玉器本身无法借助科技手段测定年代。

C形玉龙被发现之前，虽然红山文化玉器一直不断地都有零星出土，在海内外不少博物馆也收藏有同类性质的器物，但并未得到人们的正确认识，都把它们视为商周时期的遗物。辽宁省红山文化与中华文明协同创新中心主任、辽宁师范大学教授、博士生导师田广林指出，红山玉器之所以长时间被误认为是商玉，是因为红山古玉与商代玉器在雕刻手法和造型风格等方面，存在着许多惊人的一致性，如红山文化的玉猪龙与殷墟妇好墓所出商代玉龙一脉相承，如出一炉。

好在，20世纪七八十年代接连不断发现的考古新材料，让考古工作者最终确定了C形玉龙的“出身”——它是红山先民智慧的结晶。

最关键的证据来自牛河梁遗址最早发掘的第二地点，那个当年因发现红山先民祭祀址而一鸣惊人的地方。

4月中旬的一天，驻足于牛河梁国家考古遗址公园的第二地点展示馆，看着馆内那些外表朴实无华的石头，很难想象石头下有那么多与中华文明起源有

▲ 双龙首玉璜

关的秘密，更难想象当年考古工作者发现那些玉器后的狂喜。

“发现红山文化玉器的好多年，第二地点所在之处只是当地村民的自留地，虽然种地时总会看到陶片，但没人会想到这里是红山先民的‘核心要地’。”牛河梁遗址博物馆副馆长盖丽艳告诉记者。

时间回溯，定格在1984年8月4日，那一天，在第二地点的发掘中，最有价值的重要发现是一号冢第四号墓。考古学家郭大顺在《红山文化考古记》一书中记录：“这是一座规模并不大的石棺墓，位置也排列在诸多中小墓的行列之中，墓内随葬玉器数量也不多，仅为3件，却正是我们当时急切需要得到明确出土关系的红山文化玉器中最具代表性的玉类：马蹄状玉箍和玉雕龙。”

此前，考古工作者已在阜新胡头沟遗址、喀左东山嘴遗址等地发掘出土了玉器。于是，根据这些材料，郭大顺和同事孙守道在1981年召开的中国考古学会第二次年会上，提交论文《辽河流域的原始文明与龙的起源》，主要从类型学考证它们属于红山文化，并直接把这一发现与文明起源问题联系起来。

会上引起的不同反响激励二人：“要尽快拿到更说服人的确凿材料。根本解决问题，就必须选准目标，最理想的地点当然是牛河梁。”

难怪，1984年8月那一天的发现，让郭大顺如此激动：“此墓完整无缺，无任何扰动，玉器出土位置和状态明确无疑。尤其是两件玉雕龙的出现，更令在现场的每一个人都振奋不已，它们挂在死者胸部，一左一右，背靠着背，相依相对，晶莹光泽，十分可爱。马蹄状玉箍的出土位置更意外地枕在头下。至此，考证多年的红山文化玉器，终于‘一锤定音’。”

从1983年正式发掘到2003年第十六地点的发掘正式结束，牛河梁遗址出土的玉器数量之多、雕琢之精美，实属惊人。2013年出版的《牛河梁——红山文化遗址发掘报告（1983—2003年度）》称，四个地点共在42座墓葬中随葬玉器，占墓葬总数的44.7%，包括地层所出，共出土玉器184件。这些科学发掘出土的瑰宝，绝大多数在出土时保持着原生状态，为研究红山文化玉器提供了第一手资料。

“目前所知，牛河梁遗址是经过正式科学发掘出土红山文化玉器数量最多的地点。”中国社科院考古所科研处处长、博士生导师、研究员刘国祥认为，这些红山人的杰作证明，苏秉琦先生所说的红山古国可谓一个美玉里的古国。

解读 JIEDU

玉器在红山文化的社会生活中占据无上地位

在发掘中，考古队员发现了一个值得注意的现象：牛河梁红山文化墓葬中只用玉器随葬，大型石棺墓随葬的玉器，不仅数量多，而且种类齐全，工艺讲究。小型的石棺墓里，不仅玉器数量少，有的根本就没有玉器随葬。

观察到这些，郭大顺的看法是，“唯玉为葬”这种特殊的社会文化现象出现在正在跨入文明时代的红山社会，必然有其特殊含义，具体表现为玉器自始特定的功能即作为“通神的工具”。

作为中华文明探源工程重要子课题——红山文化玉器雕琢工艺技术的负责人之一刘国祥认为，红山文化晚期已经出现了比较完备的玉礼制系统，这也是目前我们所能确认的中国最早的礼制形态。

“唯玉为葬”“以玉示神”

“红山文化玉器虽极具区域特征，却与中国传统密切相关。集中表现为玉与礼的关系上。”这是郭大顺的一个代表性观点。

国学大师王国维对“礼”字有一个极有见地的解释：“禮”为“二玉在器之形”，为“以玉示神”，说明礼字的原意为以玉通神之意。受此启发，郭大顺认为，史前玉器特别是红山文化和良渚文化玉器的发现，一再证明着王氏的观点，而以红山文化最具典型性。

红山文化墓葬中虽普遍随葬有玉器，但在各类墓葬中随葬玉器的数量一般均甚少，就是中心大墓和大型土圹石棺墓，一般也不超过10件。与此形成鲜明对照的是，红山文化积石冢的规模都很大，如牛河梁中心大墓和大型土圹石棺墓的墓坑面积多在9—16平方米；如把整个积石冢的面积也算在内，一般面积可达200—400平方米，更为史前墓葬之最。

为什么墓葬的巨大规模与数量有限的玉器随葬品，两者显得很不相称？对此，郭大顺分析，这恰恰反衬出随葬玉器的分量更重，含义更深：看来这些玉器主要不是财富占有的显示，也不限于表现等级差别，而是自有其特定的实用功能，这就是作为通神的工具；红山文化玉器中多见神化动物为题材的器种，同种玉器又常成对出现，这些也都表明玉器所具有的神器性质和功能。

就史前有关诸文化而言，用作礼器的材料、功能也是多种多样的，尤其是与玉器共出有大量陶质礼器，在诸史前文化中最为普遍。为什么独以玉作为“礼”字创意时的依据呢？郭大顺的回答是，“唯玉为葬”而“排斥”其他与物质文化有关的器类，说明红山人在表达人与人关系变革时重精神因素远在物质财富因素之上，玉作为礼器要高于陶器和石器，所以，“礼”字的最初创意，独以玉为依据，就不足为怪了。

以玉为载体的礼制形态

在刘国祥看来，红山文化晚期，玉器的雕琢和使用能够深刻反映辽西地区史前社会的重要变革，也是中华五千年文明形成的重要标志。

他明确提出：“红山文化晚期，玉器已非一般性随葬品，也非个别性礼器，而是已经形成了一套能够标志墓主人级别高低的用玉制度，构成了以玉为载体的礼制形态，充分反映出玉器在红山文化先民的社会生活中占据至高无上的地位。”

支持这一结论的，是红山文化晚期随葬玉器种类和数量的多寡以及组合关系的变化，能够反映出墓葬级差的变化。刘国祥举例说，最典型的就是牛河梁遗址第十六地点4号墓，这是目前所知保存最完整、圹穴和石棺规模最大、等级最高的一座大型石棺墓，分布在长方形冢体的正中心，随葬玉人、

▶ 凤形玉佩

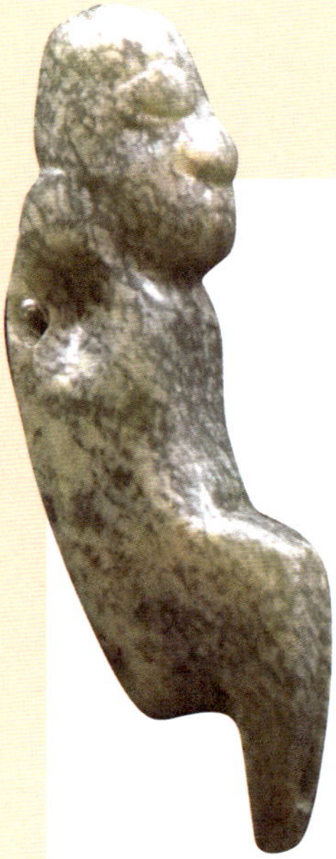
▲ 玉人

玉凤系首次发现，与斜口筒形玉器形成最高级别的玉器组合关系，成为红山文化晚期“独尊一人”式的王者地位和身份的象征。

在其所著《红山文化研究》中，刘国祥认为红山文化玉礼制系统的特征主要表现在三个方面：一是玉礼制系统具有唯一性，陶礼器的使用尚未构成礼制。二是玉礼器的使用功能具有多重性，红山文化玉器不仅仅是专供随葬用的礼器，也是墓主人生前举行宗教祭祀活动的主要工具。勾云形玉器、斜口筒形玉器、玉龙应为三种最典型的通天工具。玉人、玉凤、玉龟、玉鸮等也应具有独特的沟通祖灵和神灵的功能。三是玉礼器的使用者具有特殊性，少数高等级大墓的墓主人生前应为掌管宗教祭祀和社会顶层的核心人物。他们生前应是主持各种祭祀活动的祭司，也是当时社会统治阶层的代表人物，死后成为被祭祀的对象。

“红山文化晚期，社会内部产生分化，等级制度确立，这是玉礼制系统形成的先决条件，也应为中华五千年文明形成的重要标志之一。”刘国祥强调：“在中华五千年文明形成的早期发展阶段，玉器是贯通天地、沟通祖灵和神灵、彰显礼仪的核心物质载体；秦汉以后至明清，在我国统一多民族国家形成和发展的进程中，玉器发挥了延续文明血脉、凝聚民族的共识等重要功能，成为中华文化的象征之一。”

后世文化处处有红山玉的基因

1976年的冬季，考古工作者在河南省安阳市郊的商代后期都城遗址中，发掘了商王朝第22位君王武丁之妻妇好的墓葬。

妇好墓中出土的器物众多，但是引起人们兴趣的，还是带有红山文化因素的玉器，如玉龙、勾云形玉器。妇好墓出土的玉龙身体卷曲，酷似红山文化玉雕龙，但又张牙舞爪，接近后世龙的形象。

据此，有的学者认为，商文化源于红山文化，是红山文化在中原地区的继承者。

时空流转，到了春秋战国时期，红山文化风格的玉器仍处处闪现。在陕西凤翔的上郭店春秋晚期墓出土了长11.4厘米的勾云形玉器；南指挥镇战国墓地出现了玉雕龙。韩城市梁带村西周晚期芮国贵族墓地出土了高约15厘米的玉雕龙；在河南三门峡市西周封国虢公长父墓，出土了在红山文化基础上发展而来的玉龙、玉玦。

朝阳市文化局原局长、市红山文化研究院名誉院长孟昭凯认为，源远流长的红山文化玉器，件件都蕴藏着很深的文化含义，无怪乎在后世的玉器中，到处都可以看到它的影子。

即使同在新石器时代时期，红山文化玉器也可能影响到其他地区的文化。

在中国史前时代，良渚文化被视为另一个远古玉器中心。虽然与红山人生活的区域相隔千里，但在玉器上却有着一定共性。有人推测，正是红山人向中原的地区迁徙，才造成了长江下游地区文化面貌的急剧变化，并融入了红山文化崇玉的传统和习俗。

最为典型的是，在安徽含山县凌家滩遗址，发现数量众多的精美玉器，其中一些与红山文化玉器如此类似：玉龙、玉人、玉龟，姿态极为相似。尤其是两地的玉人，背部都有燧孔，研究者发现二者的制作方法与工艺流程几乎一样。相隔1500公里的两种文化，究竟是谁在影响谁？虽然众说纷纭，但毫无疑问，古人活动范围之大、社会交往频繁，远远超出后人想象。

因首次发掘仰韶村遗址的瑞典地质学家安特生曾说，“对玉器的挚爱，在本质上已形成一条衔接中国史前与王制时代的纽带，而将中国人与其他人种区别开来”。

这独属于中华民族的纽带，红山文化玉器从未缺席。

红山文化出土的多种玉器，均由岫岩玉料制成

东北是玉文化的起源地

▶ 提起岫岩满族自治县，令人首先想到的是“中国玉都”这一称号。然而，有几人能知道，这里还是5000年前红山先民获取玉料的主要来源地。研究表明，岫岩提供给以玉为通神工具的红山人的玉料，是优质的透闪石玉。

20世纪80年代以来，根据地质矿物学家的测试鉴定，认识到牛河梁遗址出土玉器所用的玉料，主要是一种质地均匀、具有一定半透明度且色调偏黄绿的软玉。据此，学术界开始探求红山文化玉器的“出处”。

“红山文化玉料出自岫岩？”有学者根据文献记载，认为红山玉器玉料来自医巫闾山，主要依据是《尔雅·释地》有“东方美者，有医巫闾山之珣玗琪焉”之说，《尚书·顾命》中则有“夷玉”之说。将两处记载相联系，曰“医巫闾之珣玗琪，周书所谓夷玉也”，认为岫岩的透闪石玉即珣玗琪。

▲ 勾云形玉佩

不靠谱！对珣玗琪说持反对意见者言之凿凿：医巫闾山没有出产透闪石玉的地质条件，而以盛产玛瑙出名，珣玗琪实际指“赤玉”玛瑙，与岫岩的玉石毫无关系。

“红山文化玉料出自岫岩”，2007年，来自北京大学的王时麒、赵朝洪等教授在对岫岩一代软玉产出类型、地质背景、开发使用、地质组成、开发使用历史等诸方面进行专题研究后得出结论。理由是岫岩玉矿中有透闪石玉，且色调、光泽等外形特征与红山文化玉器特征相似。

“红山文化玉料出自岫岩！”2011年7月，岫岩玉与中国玉文化学术研讨会

召开，公布了对岫岩玉的权威研究成果："岫岩玉是中国利用最早的玉种，在汉代新疆和田玉广泛利用之前的四千年，岫岩玉一直是中国玉文化的主要载体"，"史前兴隆洼文化、红山文化遗址出土的玉器材质多数为岫岩玉"。

▲ 玉人像

作为中华文明探源工程重要子课题——红山文化玉器雕琢工艺技术的负责人之一，中国社科院考古所科研处处长、博士生导师、研究员刘国祥在这次研讨会上发言，"盛产岫岩透闪石河磨玉的细玉沟是中国玉文化发端的重要历史见证"。

"怎么就能断定红山文化玉器玉料来自岫岩？"2018年4月9日，面对记者的问题，刘国祥说了几个理由："一、硬度检测。我们知道，经检测，岫岩玉的硬度为6—6.5这个范围，与新疆和田玉相同，这推翻了以往认为辽宁地区无顶级玉石的结论；二、色泽比对。研究人员将岫岩玉料标本和兴隆洼文化、红山文化出土的玉器都做了细致的对比，发现这两个时期使用的玉料，从基本色

▼ 记者在红山国家森林公园内采访

调到比重等方面都和岫岩一带的玉料非常相近。研究发现，岫岩玉料表皮分为四种颜色，其中以褐红色皮壳的玉质为最佳。牛河梁遗址出土的玉人、斜口筒形玉器、勾云形玉器、玉龟等器类上均发现有褐红色皮壳或皮斑，这说明红山文化时期的‘玉工’对这种优质玉料有充分认识。”

那么，产自岫岩的玉料，是在当地直接制作成器，还是运回牛河梁再进一步加工？对这一问题，研究者没有给出确定的答案。

“根据初步分析显示，红山文化玉器的生产和运输，一些重要器类如斜口筒形玉器存在半成品运输到使用者手上再加工的情况，而有些玉器加工或是在牛河梁雕琢的。”刘国祥告诉记者，以牛河梁遗址第二地点4号冢出土的长条块状玉器为例，从外形看可能是斜口筒形玉器的半成品，“我们认为可能是采集玉料后，在某地点先加工成半成品，再辗转运到牛河梁遗址，其主人可能想长时间保存此原料。”

研究者发现，红山文化遗址出土的多种具有代表意义的玉器，均由岫岩玉制成。其中内蒙古翁牛旗C形玉龙，被誉为“中华第一玉龙”；凌源三官甸子红山文化墓中出土的勾云形玉器，被认为是原始文化中雕琢水平最高的玉器；内蒙古巴林右旗遗址出土的两件玉蝉，是迄今发现最早的玉蝉形象……

“关于岫岩玉，关于红山文化玉器，尚有好多难题待解。但在距今8000—5000年间的中国北方史前文化遗址中，曾出土大量以岫岩玉琢磨而成的远古玉器，证明了岫岩玉为中国史前古玉之源，是中华文明的核心物质载体。”刘国祥说。

读

辽宁历史文化
词条 04

小孤山骨针

小孤山人类遗址在鞍山海城东南45公里处，是一处距今约4万年前的洞穴遗址。小孤山遗址发现的骨针，形状有如现代缝衣的钢针。

延伸 YANSHEN

金缕玉衣的玉片竟来自岫岩

金缕玉衣，汉代规格最高的丧葬殓服。当时的人们笃信玉能够让尸骨保持不朽，更把玉视为一种高贵的礼器和身份的象征。

到目前为止，全国共发现此类文物20多件，其中出土于河北满城西汉中山靖王刘胜夫妇墓的两件金缕玉衣是做工最精美的。

如今，距离刘胜生活的时代已过2000年，不朽的只有今人看到的金缕玉衣，以及组成这件文物的岫岩玉。

原来，经专家鉴定，这两件金缕玉衣的部分玉片，来自辽宁岫岩！

被称为“中华第一玉”的岫岩玉，在历史长河中处处闪现光辉。

北京故宫博物院所藏两件夏家店下层文化的出土玉器，一件为碧玉佩，一件为青玉鸟兽纹柄形器，经鉴定均为岫岩玉所制。东晋和南北朝时期，岫岩玉继续被王室大量使用，如东晋的龙头龟玉印、南北朝的兽形玉镇等，都以岫岩玉为原料雕琢而成……

岫岩玉利用时间极长，传播地域极广。有学者根据现有资料，初步勾勒出从新石器时代到汉代的岫岩玉传播图：以岫岩为中心，分别向北、西、南三个方向辐射。向北至今吉林、黑龙江；向西至今辽西和内蒙古南部，再折往南至今河北、山西、河南和陕北；向南经辽东半岛和渤海的庙岛群岛至山东地区，再向南扩散至江淮及长江中下游地区，直到广东地区。

难怪中国社科院学部委员、中国考古学会理事长王巍曾这么说：“岫岩透闪石玉对中国玉文化不仅有奠基之功，而且是中国八千年玉文化史的唯一见证。”

解读
JIEDU

雕琢斜口筒形玉器总共分三步

红山文化晚期，生产力水平显著提高，其中一个主要标志就是玉器的种类和数量明显增多，玉雕技术取得飞跃性进步。

在刘国祥看来，红山文化玉雕业取得的突出成就远超以往任何时期，是辽西地区史前雕琢和使用玉器进入鼎盛时期的标志；玉器造型题材多样化，不仅满足了当时社会对玉器使用功能的需要，也催生了勾云形玉器、斜口筒形玉器、玉龙、玉凤、玉人等颇具特色的器物。

没有精湛的手工技术，就没有精美的红山文化玉器。牛河梁遗址那些造型各异的玉器是如何制作的，考古学人苦苦求解，终于得出部分答案。

与香港中文大学教授邓聪合作，对红山文化玉器展开系统研究，刘国祥等人得出结论，红山文化玉器雕琢工艺技术主要包括“选料”“玉料分割”“雕琢”“钻孔”几个步骤。就“玉料分割”即“解玉”而言，通过实验考古和微痕观察等方法，可知牛河梁玉器主要靠锯片切割和砂绳切割两种，说明当时的人已经掌握了较娴熟的玉料分割技术。

在牛河梁遗址出土的玉器中，斜口筒形玉器比较特殊：形体较大，需选择较大的整块玉料方能制作；1984年4月8日与两只玉猪龙一起发掘出土的那件斜口筒形玉器，更是“自带光环”，最初被称为“马蹄形玉箍”。

从技术角度，刘国祥他们“还原”了牛河梁遗址第二号地点1号积石冢4号墓斜口筒形器的加工工序：（1）器物基本成型后，外壁经细致打磨抛光，加工痕迹已不太明显，内壁尽量把砂绳切割痕迹磨掉；（2）斜口一端边沿加工变薄，使其呈薄刃状；（3）器物平口一端，同样减薄，并在两侧各钻一个小孔。

“这件器物内壁的砂绳切割痕迹并未完全磨掉，可见砂绳背向两个方向拉动切割，其中一面可见四五道线切割痕迹，另一面切割完成余下部分。”刘国祥透露细节。

对此，《牛河梁——红山文化遗址发掘报告（1983—2003年度）》称，“砂绳切割掏芯，这在牛河梁出土斜口筒形器中是十分常见的，见证了当时砂绳切割的神乎其技”。

还有学者发现，红山文化晚期器体扁薄、形体较大的勾云形玉器、玉凤等均采用锯片状切割技术进行加工，这种工艺技术对龙山文化及夏商周三代以后的玉器制作，产生了重要影响。

我国古代建筑中最高规格的三台制度可追溯到红山文化晚期

牛河梁祭坛是北京天坛的鼻祖

▶ 牛河梁遗址的每一处发现，都令人惊叹！在距今五千年前的辽西丘陵，红山先民在他们精心选择的风水宝地上，巧妙布局，建造了规模巨大的祭坛、女神庙、积石冢，将自己的智慧浓缩在50多平方公里的土地上。

牛河梁遗址掩藏的秘密，吸引着学术界不断去研究、去探索、去发现。在他们看来，红山先民的伟大，首先在于他们通过自己的创造，为后人揭秘中华民族五千年文明史提供了有力物证。

30多年来，对于这些饱含历史文化信息的史前建筑，诸多专家学者多从社会科学的角度去解读、阐释。然而，当他们将探寻的目光转向建筑、天文等领域时，他们发现，红山先民放射出多重智慧之光。

“从自然科学的角度入手，为揭示牛河梁遗址的功能提供了新视角，为中华文明起源赋予了新内涵。”朝阳师专教授、辽宁省红山文化研究基地首席专家雷广臻说。

建筑有“规矩”，重布局

中国古代建筑，往往以众多的单体建筑组合而成为一组建筑群体，大到宫殿，小到宅院，莫不如此。它的布局形式有严格的方向性，常为南北向，只有少数建筑群因受地形地势限制采取变通形式。

▲ 牛河梁第二地点 2 号积石冢

由此角度“解码”牛河梁遗址诸多建筑，可窥红山先民的建筑理念。

“女神庙具备主次分明、左右对称、前后呼应的中国古代建筑的最基本特点，却并不是正方向的，其主轴线为南北向偏西有20度的偏角，这正好与牛河梁地区山梁的基本方向相同，显然是顺山势定方向。更值得注意的是，女神庙北部的大型山台与前者保持着完全一致的方向，这不是偶然的。”对牛河梁每个地点都烂熟于心的考古学家郭大顺说，“整个遗址群是以女神庙和山台形成的南北轴线作为规划布局的标准，形成了一个有机的整体”。

建筑布局，也反映出红山先民“天圆地方”的观念。这一点，从东山嘴遗址和牛河梁遗址可见端倪。

早在30多年前东山嘴遗址发现时，著名考古学家苏秉琦就敏锐地察觉到，“这个遗址规模不大，选址在面对河川和大山山口的高岗，布局为以中轴线南圆北方左右对称。这点完全不同于诸史前文化，却与后世建筑特别是礼仪性建筑的布局相近”。

“方圆结合，也体现在牛河梁遗址的建筑之中。”郭大顺举例，牛河梁遗址第二地点4号冢的地上建筑更是有方有圆，方圆结合，或前方后圆，或方圆依次叠摞。

“牛河梁坛、庙、冢的格局，处处体现着中国传统建筑沿中轴线布局、天圆地方、东西对称的理念。”郭大顺说。

远古文明的奇迹

走进牛河梁遗址第二地点展示馆，站在二层环廊上俯视，可见三重圆形祭坛（又称“三环石坛”）居中，几座积石冢分列两边。

造型独特的三重圆形祭坛，独处于冢群中央，保存完好，被称为中华远古文明的奇迹。有专家惊叹，牛河梁的三重圆形祭坛就是中国古代建筑三台的鼻祖，是天坛之祖！

红山文化的祭坛，真的是天坛之祖吗？回忆当年考古发现的一幕幕，郭大顺介绍，红山文化祭坛最早是1979年在东山嘴发现的，那是一座直径2米的小型圆坛，后来苏秉琦先生亲临现场后这样判断，“坛的平面图前部像北京天坛的圜丘，后部像北京天坛的祈年殿方基”，从而作为追溯中国传统文化渊源的一个实证。

▲ 兽形牌饰

四年后，当牛河梁遗址第二地点发现了规模更大、结构更为复杂的祭坛遗址后，这一问题已进一步明朗化。

在所著的《红山文化考古记》中，郭大顺对此进行了详细阐释：最具典型性的第二地点三重圆形祭坛，规模远大于东山嘴遗址的祭坛。特别是这座祭坛不是简单地由石块只砌出一个外圈而成坛形，而是砌出十分规整的同心三重圆圈，而且每层台基由外向内，层层高起，形成三层台面，坛的顶面铺石，较为平缓，从而形成一个完整的圆形坛体。与北京天坛的圜丘相比较，除了规模的大小与简繁程度的

▲ 著名考古学家郭大顺

差别以外，在圆形起三层台的基本结构上，其建筑意图是完全相同的。

就功能而言，北京天坛与红山文化的祭坛也有可比之处。

“国之大事，在祀与戎”，祭天是中国历代君王的头等要事，祭天场所的修建必须经过多重考量。北京天坛作为杰出的中国古代建筑，具有极强的象征性。而牛河梁遗址的祭坛，是红山先民祭祀先祖的场所，也具有祭祀天地的功能。

有学者指出，从五千年前的牛河梁祭坛，到明清时期的北京天坛，它们一脉相承地体现着中国古人对于建筑形制和内涵的追求，将中国独特的礼制与文化固化为传统、物化为建筑；“站在天坛，我们似乎依旧能够感受到红山先民面对天地自然时所秉承的那份虔诚与谦卑”。

在中国古人的观念里，“道生一，一生二，二生三，三生万物”，“三”是一个有特定含义的数字。在中国古代建筑史上，起三层台基是建筑礼制的一个重要界限，所以我国自古以来对数字“三”在建筑上的使用是十分慎重的。郭大顺告诉记者，牛河梁遗址因为是红山文化最高层次的中心聚落，所以不仅是这座祭坛，就是周围的积石冢，也普遍使用了起三层台阶的高规格。

郭大顺说：“显然，我国古代建筑中最高规格的三台制度，直可追溯到五千年前的红山文化晚期。”

解读 JIEDU

数字背后有“天机”

凝聚红山先民智慧的牛河梁遗址第二地点三重圆形祭坛，揭示的秘密远不止建筑领域。

中国社科院考古所研究员冯时对此做出的阐释是：牛河梁遗址第二地点三重圆环，是迄今所见史前最完整的盖天宇宙论图解。该三环石坛，由规整的淡红色石桩组成三个迭起的同心圆，剖面呈拱形。圆坛的拱式外形是天穹的象征；三环表现了二分（春分、秋分）二至（夏至、冬至）的日动轨迹。

他认为，牛河梁遗址的盖天图不仅描述了一整套宇宙理论，同时准确地表现了二分、二至的昼夜关系，表现了红山先民对宇宙的超高水平认识。

“红山古人观天象的记录留在了大地上，记录在牛河梁遗址。”雷广臻认为，红山先民不懈地观测天象，提升了利用自然的能力，表明早在5000多年前，古人就形成了内容丰富且具有独特风格的天文历法体系。

中国最早的天文学研究实证

自古以来，华夏民族对自己生活的大环境就有深刻的认识，虽然没有现代天文仪器的帮助，但是古人仰看天文，俯察地理，同样能构建宇宙观。

中国古代的宇宙理论主要有三种，即盖天说、浑天说和宣夜说。其中盖天说出现得最早，可能起源于殷末周初。早期的盖天说认为“天圆如张盖，地方如棋局”，穹隆状的天覆盖在呈正方形的平直大地上。盖天说通常把日月星辰的出没解释为它们运行时远近距离变化所致，离远了就看不见，离近了就看见它们照耀。

有关盖天说的理论，记载于我国最古老的天文学、数学著作《周髀算经》。约成书于公元前1世纪的这部著作，主要阐释盖天说和天文历法，采用最简便可行的方法确定天文历法，揭示日月星辰的运行规律、气候变化。自此以后历代数学家无不以《周髀算经》为参考，在此基础上不断创新和发展。

▲ 牛河梁第二地点三号祭坛

《周髀算经》说："方属地，圆属天，天圆地方。"将红山文化祭坛与古代盖天说的研究相结合，有学者认为牛河梁遗址第二地点的三重圆形祭坛透露的信息与《周髀算经》反映的学说相吻合。

冯时认为，盖天说以三环概念为重要内容，反映了古人对于二分、二至的认识；牛河梁遗址规整的三重圆形祭坛，其内圆、中圆、外圆的直径分别为11米、15.6米、22米，三个数字构成等比关系（$15.6 \div 11=\sqrt{2}$（根号2），$22 \div 15.6=\sqrt{2}$），祭坛的外圈可视为天穹的象征，三个同心圆可理解为表示二分、二至的太阳运行轨道——外圆是冬至日道，内圆是夏至日道，中圆是春分、秋分日道。

"红山王者"，当为掌握天文知识的智者

红山先民探索宇宙的奥秘，掌握了一定的天文学知识，其目的何在？中国

▲ 祭坛遗址

社科院考古所科研处处长、博士生导师、刘国祥研究员告诉记者，天文学知识的日渐积累，对于农业经济尤其是旱作农业占据主导地位的红山社会具有深远的影响和现实意义；实用的天文知识，是支撑红山文明的一个重要因素。

“天象是古人读的第一本书。”雷广臻提出，无论是从事农耕还是渔猎，古人都需要观察天象，目的是为了知时节、知时间、确定方向，是为了生计。

研究表明，牛河梁遗址所在的西辽河流域是我国最早的粟类作物产地，距今约8000年的兴隆洼文化考古发现的，炭化粟和黍充分证明了这一点，其所在的内蒙古自治区敖汉旗被认定为“世界小米发源地”。

刘国祥认为，兴隆洼文化属于旱作农业形成阶段，红山文化属于旱作农业发展阶段中的后期，但不论哪个阶段，辽西地区远古先民需靠天吃饭的状况都没有改变，特别是红山文化晚期，人口迅猛增长，食物的稳定供给尤为重要。

在刘国祥看来，这一时期掌握天文历法知识的智者，应该是属于社会顶端的“王者”。他分析，在远古社会，天文学的知识只能为极少数的人掌握，而掌握天文学知识的人，可以通过“观象授时”来实现他对整个氏族或部落的统治，因为观象授时直接关系到一年的收成，乃至影响到所在社会的生存。

延伸 YANSHEN

红山文化金字塔 谁人曾把铜来炼

在牛河梁遗址的中轴线上，有一座规模巨大的单体建筑遗址，编号为第十三地点，被称为“金字塔”。虽然发现已经30多年，但这座金字塔的性质与内涵如何，究竟是远古先民的陵墓、祭坛还是冶炼址，一直未有确切的结论。

当年发现第二地点积石冢和第一地点女神庙之后，这处坐落在牛河梁遗址核心区西南部的建筑，引起了考古工作者的注意。位于海拔高度为564.8米的这座建筑，夯土层次分明，整体呈圆丘形，层层迭起逐层收缩，从山冈基岩面到现存土丘顶残高约7米，整个建筑总面积近10000平方米，估计总土方量在数十万立方米以上。

这座牛河梁遗址中规模最大的单体建筑，内筑夯土，外包砌石，层层迭起逐层收缩，这在中国同时期诸考古文化中实属罕见，从形制、规模、意义方面都可与埃及金字塔媲美。

当年，考古工作人员在第十三地点还发现了散布的“之”字纹彩陶片及炉壁残片（冶铜坩埚片），统计炼铜的坩埚片约有1500片。通过用现代技术手段对炉壁残片及其黏附炉渣的取样分析、测量、测定，研究者认为，此处应为我国史前最早的一处露天炼铜遗址，属于夏家店下层文化的年代范围，虽然比红山文化陶片年代晚了约1000年，但却是我国辽西地区发现的最早的冶金遗址。

另外，从炉壁残片上的风孔探测得知，在这一遗址炼铜者已经掌握了吹管鼓风技术，是炼铜技术达到一定水平时的产物。但是，这种鼓风技术的起源、使用范围等尚未确定，需要更多的考古资料来证实。

发现年代最早、数量最多、形制最统一，且受到极大的推崇

最早的龙形现身辽宁

▶ 龙是中国传统文化的结晶，中华民族的图腾。过去考古发现的龙只见于商代的青铜器上，形象已经高度神化，追溯更早的龙和龙的起源成为众所期盼的事。近些年，关于龙形象的考古发现不断，纵览分析之后，人们会产生一个清晰的思路——最早的“龙”起源于辽河流域。

| 查海遗址的“中华第一龙” |

四月中旬，记者一行在当地人的指引下，来到位于阜新蒙古族自治县沙拉乡查海村西五里的查海遗址。停车场内荒草丛生，鲜见车辙。临近中午，造型独特的红色展馆有“铁将军”把门，门庭冷落，记者找到工作人员后才得以进入。

在展馆旁，一个全长近20米、宽近2米的“龙形堆塑”被栅栏围了起来。它由大小均等的红褐色石块堆塑而成，龙头、龙身处石块的堆摆尤为厚密，龙头向南，扬首张口，弯腰弓背，尾部若隐若现，跃跃欲飞。眼前的“龙形堆塑”是选取同样材质的石料加工，按比例复原摆放的，真正的“龙”藏在地下，被严格保护起来。这条石龙位于整个聚落最中心的部位，四周以房屋环绕，尾部与聚落中最大的一间房屋相邻，而头部以下是墓葬，位置十分显赫。

一直以来，被冠以“中华第一”的“龙”还真不少，不过若要按年代久远来看，查海的“龙形堆塑”距今有8000年，当得起无可争议的“第一”。“龙形堆塑”是迄今为止考古学界发现的年代最早、形体最大的龙形象。考古界泰斗苏秉琦先生曾为查海遗址题词：“玉龙故乡、文明发端。”

在查海遗址发现的龙形象不止一例，除了“龙形堆塑”外，这里出土的筒形陶罐上也有以类龙纹和蛇吞蛙等为题材的装饰花纹。红山文化研究专家雷广臻曾谈及：“（查海）出土的龙纹陶片不仅在形象上，而且在鳞状的表现纹饰上，

都已具备中国古代龙形象的基本特征，比我国先前发现的兽型玉还早近3000年，是更原始的龙的雏形，堪称‘华夏第一龙’。”

红山先民用于祭祀的玉龙

距今8000年的查海遗址属于“前红山文化”遗存，“龙形堆塑”的地位超然，龙已经成为人们尊崇的神物。发展到距今五六千年前的红山文化时期，在辽河流域，龙的形象虽然抽象，却造型一致，已成规范。

记者在朝阳、赤峰等多地的博物馆中，都曾见过玉龙和玉猪龙。玉龙是红山玉器中的佼佼者。在内蒙古赤峰市翁牛特旗出土的大玉龙，长吻前伸，梭形长目，背有长鬃，细体内弯，卷尾有力，极富动感。在牛河梁等遗址发现的玉猪龙造型独特，头部硕大，环体肥厚，短立耳，大圆眼，有点像猪，又有点像熊。

考古学家普遍认为，玉龙是红山先民祭天祈雨、沟通天地的圣物。牛河梁等遗址出土的随葬玉器不仅有玉猪龙，还有玉凤、勾云形云佩。红山文化学者

▼ 查海遗址龙形堆石

▲ 赤峰学院对红山文化有深入研究

杜秀林推测，拥有玉猪龙、玉凤、勾云形云佩的红山先民借用它们祈雨，说明当时的农耕已经逐步取代猎采，成为红山先民的主要生产方式。从出土的玉器数量来分析，那一时期红山文化地区常受干旱困扰，降雨是先民们的重要祈求，祈雨活动频繁。

在广阔的红山文化分布区内，考古学家发现的玉龙和玉猪龙数量众多，但造型几乎完全一致，说明玉龙的形象已经成为被固定下来的规范，俨然向中国传统的“礼制”迈出一步。从这一点出发，我们讲红山文化是中华五千年文明的起源也是顺理成章的。

红山文化的龙形象不只玉龙一类，在彩陶上也有明确的龙纹图形，在牛河梁遗址的女神庙里还出土了以熊为原型的泥塑龙。这些都证明，红山文化时期龙崇拜在辽河流域十分盛行。

从考古地域上追寻龙的起源

我们对比甲骨文中的“龙”字与红山文化的玉龙，会发现二者极为相似。因此，有学者认为这种兽首蜷体造型是中国龙的祖形。

也许有人会说，红山玉龙与今天的龙形象相差甚远，怎么会是龙的起源呢？事实上，龙的形象是一个开放的、不断纳新的系统，它起源于新石器时代，经历了商、周至战国时期的长足发展，到秦汉时已基本成形。之后的历朝历代，直到今天，龙的形象还在不断地加减、衍变和发展。

我们从考古发现的地域上来追寻龙的起源，就会有这样一个认知：龙，起源于辽河流域。根据考古发现，距今8000—4000年间，龙的形象只出现在今天辽宁、内蒙古、河北、河南、山西、浙江、湖北等少数几个省区，并且主要集中在辽河流域，尤其是辽宁西部、内蒙古东南部的龙形象发现时代最早、数量最多、形制最统一，且受到极大的尊崇。因此，考古学家认为“龙出辽河源”。此外，辽河流域的“龙”各阶段相互衔接，演化序列清楚，还对周围地区龙的出现和发展有所影响，成为中华龙起源的主要源头。

考古学家郭大顺先生说，从追溯龙的起源着手，不仅可以有效地揭示中国文明起源问题，而且对了解五帝时期的历史文化同样意义重大。龙是如何从辽河流域到达黄河、长江流域的？许多学者认为红山文化玉龙在新石器时代晚期传播到中原和南方，是五帝时期中华民族先祖文化交流的结果。在此后的夏商时期，夏商王朝的青铜礼器、玉器以及建筑构件上，都以龙作为最主要的装饰题材，龙的形象最终成为帝王的化身和等级与权力的象征。

解读 JIEDU

龙的由来与变迁

在中华文化中，龙有着极高的地位。中华儿女自称“龙的传人”，中华文化被称为“龙的文化”。“龙”这种神奇的动物是什么样子的？它的由来是什么？又历经了哪些变迁呢？

龙的来源

龙，谁也没见过，但每个中国人都能在脑海中描绘出它的样子：头似驼、角似鹿、眼似兔、耳似牛、项似蛇、腹似蜃、鳞似鲤、爪似鹰、掌似虎。

龙是中华民族的“图腾”，著名学者闻一多认为，“所谓龙者，只是一种大蛇，这大蛇的名字就叫作‘龙’，后来有一个以这种大蛇为图腾的团族，兼并了、吸收了许多别的形形色色的图腾团族，大蛇这才接受了兽类的脚、马的头、鬣的尾、鹿的角、狗的爪、鱼的鳞和须……于是便成为我们现在所知道的龙了”。

▲ 甲骨文

对于龙的来源，学界一直是众说纷纭，莫衷一是。有的人认为龙的形象来源于蛇，有的人说它来源于鳄鱼，也有人认为它来源于猪，甚至有说法称最早的龙就是下雨时天上的闪电，此外还有蜥蜴说、鱼说、马说、熊说、恐龙遗存说、龙卷风说等。

▲ 金文

其中，蛇说是流行最广和最早的，认为龙是以蛇为主题的图腾综合物。鳄鱼说则根据龙的特征出发，认为龙的脸部粗糙不平、嘴窄而扁长且有利齿，是鳄鱼的独有特征。而河南濮阳西水坡仰韶文化遗址出土的蚌塑龙，与鳄鱼很相似，为鳄鱼说提供了佐证。至于雷电说也有一定的道理，知名学者朱大顺认为，“幻想龙这一动物神的契机或起点，可能不是因为古人看到了与龙相类似的动物，而是看到了天空中闪电的现象引起的。因为，如果把闪电作为基础来把它幻想成一种动物的话，它很容易被幻想成一条细长的、有四个脚的动物”。

▲ 篆文

龙字的演变

红山文化学者于建设说：“龙者，隆也。”他认为隆隆的雷声过后，大雨将至，普降甘霖，解除干旱。当时的人们不知道这是一种什么动物，因此龙由声音而命名，龙字的发音一直延续到现在。

“龙”字最早见于甲骨文中。甲骨文中“龙”字为兽首蛇身之状，是象形字。它的头是一个巨大“辛”字符号，看上去像是长着锋利的角，张着大嘴，拖着弯弯的身躯，尾巴处小小的勾回，与红山文化出土的玉龙极为相似。此后的金文承续了甲骨文“龙”字的字形，并发生了明显的变化，金文“龙”字的头部相对简化，仍然是“辛”字，身躯更加弯曲，像是游动的蛇，更像现在龙的形象。篆文“龙”将金文“龙”字中的“辛”保留下来，并在兽身上加“匕”加“彡”，表示“龙”有利爪、背上长鳍。隶书“龙”误将篆文“龙”的“辛”写成“立”，其他部分得以延续。楷书“龙”与隶书“龙”相差不大，今天的简体“龙”字省去繁体字的“立”和“月”，并依据草书“龙”字形简化而来。

▲ 楷书

▲ 草书

由此可见，甲骨文、金文、篆体、楷书中“龙”字虽多有异形体，但演化却有一条明显的规律。从甲骨文至今，人们对“龙”字虽经多种艺术性处理，但主体形态没有实质性变化，传承脉络清晰。

龙的形象变迁

实际上，从“龙”字的演变上，我们就可以看出龙的形象变迁有着同样的特点，在不断的传承中凸显出不同的变化。

龙萌芽于新石器时代早期，至今至少8000年，主题多为华夏族图腾。到了商周时期，龙纹形象开始逐渐成型，从现有的考古发现中，我们可以看到双身龙纹、双头龙纹，有的龙纹出现爪子。到了春秋战国时期，龙纹都是兽体型，爪子有三个脚趾，尾巴细卷，龙头张大嘴巴，龙角向后卷。

经过商、周至战国时期的长足发展，龙的形象到秦汉时便基本成形了。秦汉时的龙形象改变很大，头像牛头，大耳朵，龙角细长对称，身体为蛇形，脚上有爪子，开始出现须子、翅膀。

到了隋唐时期，龙的形象在许多细微处发生了变化。龙头有两个分叉的角，圆形的龙眼变成凤眼，龙爪也从兽爪变成鸟爪，等等，整个龙形象看上去威风凛凛，不可侵犯，与当时的政治、经济强盛密不可分。宋元明清及之后，龙的形象也有些许变化，但一直延续前代，基本相似。从元末开始，民间禁止使用“五爪”龙，“五爪”龙成为皇家专用。

中国早期龙形象比较图

距今 7600 年　查海文化
辽宁阜新查海出土

距今 6000 年　仰韶文化
河南濮阳西水坡出土

距今 6000 年　赵宝沟文化
内蒙古敖汉旗小山出土

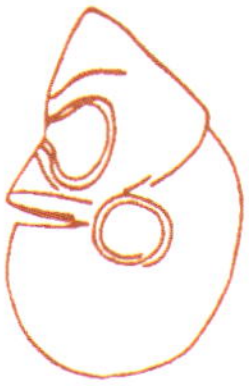

距今 5500 年　红山文化
辽宁建平牛河梁出土

距今 5000 年　红山文化
内蒙古翁牛特旗三星他拉出土

盘点 PIANDIAN

“中华第一龙”考古发现大事记

20世纪60年代　在河南偃师二里头遗址的陶片上发现了距今三四千年的一首双身龙纹和曲体爬行龙纹。其中双身龙纹龙首居中，双身相对展开，后来在青铜时代一度比较流行。

1971年　在内蒙古翁牛特旗三星他拉遗址，出土了距今五六千年的红山文化大型“玉龙”。这件玉龙出土时，因是当时人们所知时代最早的龙的形象，故被称为“天下第一龙”。

20世纪70年代后期　在内蒙古敖汉旗大甸子的夏家店下层文化中发现了刻画在陶器上的一首双身龙纹和俯首翘尾龙纹，距今三四千年，这里的双身龙纹是龙首在上、双身在下，有别于二里头的同类龙纹。

1980年　在山西襄汾陶寺龙山时代的陶盘中发现了

距今约4500年的彩绘蟠龙，身饰鳞纹，口吐舌信，头两侧有角或耳。这种身、尾蟠曲的形制在龙的历史上一直十分流行。

1984年　在内蒙古敖汉旗兴隆洼遗址出土的距今七千多年的一件陶等上绘有三种灵物，其中之一为猪首蛇身的龙。

1986年　在辽宁省凌源县（今凌源市）牛河梁遗址出土的玉猪龙，比C形玉龙小，俯首团身呈O形，同形玉龙广泛见于辽宁省建平县，内蒙古敖汉旗、巴林右旗，河北省围场县等地。

1987年　在浙江余杭瑶山良渚文化墓葬中发现了距今四五千年的环状多龙首玉饰，可以视为多条龙首尾相接成环形。

1987年　在河南濮阳西水坡仰韶文化遗址第48号墓中，发现墓主人左右两侧，有用蚌壳精心摆成的龙、虎图像。这条五六千年前的龙被称为“华夏第一龙”。

1993年　在湖北黄梅焦墩的大溪文化遗址中发现了距今五六千年的摆塑龙，东西长4.46米，由河卵石摆塑而成，昂首爬行，神态生动。

1995年　在辽宁阜新查海发现了距今约8000年、长达19.7米的石堆巨龙。其时代之早、形体之巨，堪称迄今所见的“中华第一龙”。

1998年　在内蒙古清水河县岔河口发掘出两条距今6000年的巨型鱼龙夯土雕像，头尾相对，身躯盘卧，被鳞，有翅。

距今 5000 年　仰韶文化
甘肃甘谷西平出土

距今 4500 年　龙山文化
山西襄汾陶寺

距今 4000 年　夏家店下层文化
内蒙古敖汉旗大甸子

距今 5500 年　红山文化
辽宁建平牛河梁出土

距今 3800 年　二里头文化
河南偃师二里头

复盘涿鹿之战——

黄帝或从北方来

▶ 因为牛河梁遗址的发现，在朝阳当地流传着这样一种说法：辽西就是黄帝的家乡。这种说法并非空穴来风，包括考古学泰斗苏秉琦在内的许多学者都将红山文化与黄帝族的活动联系在一起。有些学者依据红山文化等考古新发现，提出“黄帝一族起源于燕山以北，而非中原”。这些观点虽然没有得到广泛的认可，却存在不小的合理性。

我们根据在采访和历史资料中获取的信息，剥茧抽丝，尝试复盘这场大战的前因后果。

大战背景

黄帝集团

以红山文化为代表的黄帝集团，生活在燕山南北地区，他们种田、打鱼、狩猎，从事多种劳动才能养家糊口。因为经常参加狩猎活动，这里的人们往往拥有更强壮的体魄。他们的武器有石斧、弓箭，弓箭的箭头是石制的，还算精良。

因为生活驻地的气候越来越冷，旱灾频发，食物越来越少，而人口却越来越多，黄帝族吃不饱穿不暖，不得不寻找新出路，举族西迁南下变得迫切起来。

炎帝集团

以仰韶文化为代表的炎帝集团，生活在黄河中游的中原地带，他们以种植小米为生。这里的祖先神农氏制耒耜、种五谷，因为有着精湛的种植技术，炎帝集团在中原地区丰衣足食，人口众多，

▲ 牛河梁遗址博物馆内的雕塑

实力强大，得到周边许多部落的臣服。

神农氏后期，臣服于中原的周边部族逐渐失控，神农氏的后继者炎帝无法掌控局面。包括蚩尤集团在内的许多部族矛盾重重，侵伐不断。

蚩尤集团

蚩尤集团以大汶口文化和良渚文化为代表，生活在东南沿海地带，他们主要以种植水稻为生，逐水而居，渔业也很发达。蚩尤集团武器装备精良，有石戈、弓箭等。他们的首领蚩尤骁勇善战，传说中能冶铜铁、制五兵，是中国神话中的战神。

蚩尤集团地理环境优越，种植技术推广后，粮食产量大，人口增多，强大起来的蚩尤集团逐渐开始不服从炎帝集团的领导。

涿鹿之战

第一回合　黄帝初战蚩尤

黄帝率领全族西迁，一路向西南进发，去寻找温暖湿润的新驻地。

在今天的河北涿鹿，黄帝一族遭遇了居住在这里的蚩尤一族。战争开始后，蚩尤族的军队勇敢强悍，传说他们都是铜头铁臂，刀枪不入，还会呼风唤雨。这些传说表明蚩尤族的军队武器装备精良，熟悉当地环境，拥有一定的气象知识。黄帝率领自己手下的熊、罴、貔、貅、貙、虎等多个部族出战，然而却屡战屡败。黄帝族初战失利有多重因素，蚩尤族为守土之战，占天时地利，且拥有先进的武器装备；而黄帝族长途而来，疲惫不堪，粮食供应不足。

第二回合　转战蚩尤腹地

屡战屡败的黄帝族，改换战争策略，转战泰山地区。传说中，黄帝与蚩尤九战九不胜，逃往泰山，遇到了玄女，向她讨教了制胜之法。泰山地区是蚩尤集团的腹地，来到这里的黄帝出奇制胜，通过武力迫使这里的部族反水，加入黄帝集团，一方面壮大自己的势力，另一方面削弱蚩尤集团，釜底抽薪。

第三回合　黄帝对战蚩尤

失去不少部族支持的蚩尤与黄帝展开决战，双方纠结了各自最强的精锐部队。蚩尤族骁勇强悍，拥有精良的武器；黄帝则更重战法，他摆出八卦阵，命人吹号角、击响鼓，瞬时士兵气势如虹。战争一触即发，蚩尤族阵脚大乱，被打得东溃西散。黄帝族乘胜追击，将蚩尤斩杀。

后续影响

黄帝最终以少胜多，以弱胜强，反败为胜，关键在于他指导思想高明，懂得从政治、经济、军事等方面做好准备，注重“修德振兵”，争取人心。涿鹿之战成为我国历史上具有真正意义的第一场战争。

涿鹿之战后，蚩尤族一部分归于黄帝族，一部分被迫南下，形成新的部落联盟，例如史书上的“三苗”（苗族至今还保留有不少与蚩尤有关的传说和习俗），开启新的历史进程。

黄帝族获得新的驻地，并站稳脚跟。之后，炎帝出面征讨黄帝，在涿鹿的东南方爆发了阪泉之战，炎帝败下阵来，投降于黄帝。自此中原确立了黄帝的领导地位，炎、黄两族开始融合，华夏族得以形成。

推测依据

活动轨迹契合

涿鹿之战的战场位于今天河北张家口涿鹿县，北纬40° 左右，是蚩尤集团的领地。辽河文化研究会会员张松曾实地考察过涿鹿之战的战场，在他看来，我们首先可以用排除法排除黄帝来自南方的说法。与蚩尤交战的黄帝不可能越过蚩尤的领地，去往更北的涿鹿与之交战，不符合逻辑。黄帝来自东方的说法也面临同样的问题。山东半岛位于涿鹿的东南方，假设这里是黄帝的领地，同样无法越过蚩尤的领地与之交战于涿鹿。如果说黄帝来源于西方，也就是今天山西、陕西境内，从那里到涿鹿需要经过崇山峻岭，在没有战马的年代，耗时久远。与之相比，燕山南北是黄帝领地的可能性更大，从燕山南北到涿鹿有着天然通道野狐岭，方便快捷，因此黄帝更有可能来自北方。

龙崇拜与熊崇拜

《史记》记载黄帝“号曰有熊氏”，“黄帝为有熊”，黄帝的兵包括“熊、罴、貔、貅、貙、虎”，颇具北方狩猎民族色彩。考古学家在牛河梁的女神庙中发现了真熊头骨，确定这里曾有熊崇拜，与传说吻合。

龙是传统文化的结晶，我国有着黄帝乘龙飞升的神话，说明黄帝时期已然出现龙的形象。在辽河流域，龙的形象在距今七八千年前的查海遗址就有发现，在红山文化时期，玉雕龙、玉猪龙的出土表明辽河流域龙崇拜已发展到一个高峰期。

养蚕

《史记》记载，黄帝的妻子叫嫘祖，发明了养蚕和缫丝的技术。在牛河梁遗址和其他红山文化地区，都曾出土过玉蚕。这些玉蚕不仅数量多，而且有着不同的发育阶段，十分形象。在玉料十分珍贵的远古，先民们把蚕作为雕琢的形象，说明养蚕对他们的生活十分重要，他们已经掌握养蚕缫丝的技术。这同时也说明，文献中有关黄帝元妃嫘祖教人养蚕缫丝的记载决不是空穴来风。

延伸
YANSHEN

还有很多未知等待探索

牛河梁，以女神庙为中心，周围分布积石冢群。女神庙背依的山丘顶部有一处大型山台遗迹，积石冢间有一座石砌圆形三层阶祭坛。祭坛、女神庙、积石冢群，这样的布局和性质可比北京的天坛、太庙和十三陵，一个古国的形象被掀开一角。这里产生了许多未解之谜。

古国之谜

牛河梁周边属于半山地半丘陵，虽为山区，却不闭塞。5500年前，这里正处于红山文化分布区四通八达的中心地带，祭坛、女神庙、积石冢群的出现，说明牛河梁遗址是红山文化的政治和文化中心。这里是先民们频繁活动的地方，本来应该留有大量的生活居住遗迹。然而，在牛河梁遗址及其周边方圆几百公里的范围内，一直未能发现与其相适应的同时期大型生活居住遗址。是谁修筑了如此恢宏的祭坛、女神庙、积石冢群？

有人认为牛河梁先民就住在遗址内，只是尚未发现；有人认为女神庙平台或许就是大型生活住址；还有人认为这里是赤峰的红山先民修筑的墓地。众说纷纭中，有人推测牛河梁遗址是上古的帝王陵寝。因为牛河梁遗址远离生活住地，辟出专门的区域来建立独立而复杂的庙宇、祭坛、墓区，形成规模宏大的祭祀中心，不准平民在附近居住，这与古代帝王陵寝如出一辙。事实究竟如何，至今还是个谜。

从牛河梁遗址的研究中，我们可以了解到这里曾经存在一个疆域广大、经济文化发达、控制力很强的辽西古国。这个古国的范围有多大？社会形态如何？先民们的生活怎样？在进入夏商之后，辽西古国又到何处去了？牛河梁遗址中充满未解之谜，而牛河梁遗址本身就是一个最大的谜团，这里祭祀活动的出现，为解开中华文明起源提供了一把关键性的钥匙，但目前的考古发掘只是整个牛河梁遗址的一小部分，中华文明究竟发源于黄河流域还是辽河流域依然是个谜团。

女神之谜

在牛河梁遗址的女神庙中，考古学家发现了人像残件，如手、臂、耳、鼻、乳房等，分属于六个以上的个体，它们一般为真人大小，有的是真人的二倍，而主室中心发现的大鼻大耳竟是真人的三倍。这说明女神庙内有一尊规模很大的主神，还有规模依次递减的群神，体现了一人至高无上为主的社会结构。那么女神庙中的主神是谁，与积石冢中的墓主有何关系，成为待解的谜团。

女神庙中，一个真人大小的女神头像是这里最珍贵的出土文物。女神像保存较为完好，看上去与现代人非常相似，是典型的蒙古人种。她面色红润，唇部涂朱，嘴角微微上翘，露出一丝神秘的微笑，两颗眼珠用青色的玉片镶嵌而成，是中国最早的女神像。由于她的体形较小，且偏置于神庙一隅，可能不会是该室中的主神，那么她又是谁？

神是人造的，是人间世态的写照。女神庙里出土的泥塑人像全都是女性，说明先民们有着女神崇拜的思想。或许是因为生存环境恶劣，人口数量不多，人类崇尚繁衍，因此生育能力强的女性被尊崇为神。

在古代，女神象征着生命的繁衍和大地的收获，在世界各地原始部落中被广泛崇拜。但是在中国的早期文化中，女神崇拜是不多见的，例如最早的女神女娲。红山文化为什么在父系社会仍崇拜“母祖”？这种女神崇拜让人在不知不觉中联想到，这里的女神形象是否就是女娲？

祭祀之谜

《左传》有云：国之大事，在祀与戎。作为祭祀中心，牛河梁遗址的建造一定是倾注了当时最先进的文化思想与技术手段。考古学家发现，牛河梁各个遗址的分布不是随意而为，而是有较为严格的选址意识和分布意识。

牛河梁遗址从整体建筑布局到局部地点设计都与北斗在四时八节的方位或北斗绕极运行的轨道有关。牛河梁第十三地点的祭天法坛，完全是按照当时北斗绕极运转的轨道所设计建造的。女神庙的设计也与北斗相关联。牛河梁的主体布局是个标准的“东北—西南”维45° 天文准线，代表夏至日出和冬至日落的方位。这样的事例还有很多，这就说明牛河梁遗址中的每一项布置都经过了精密的计算，都要符合牛河梁红山文化政治精英们的宇宙观和信仰。

牛河梁遗址中所蕴含的这种天文学内涵，让我们一窥史前古国的文明程度。

▼ 牛河梁遗址博物馆

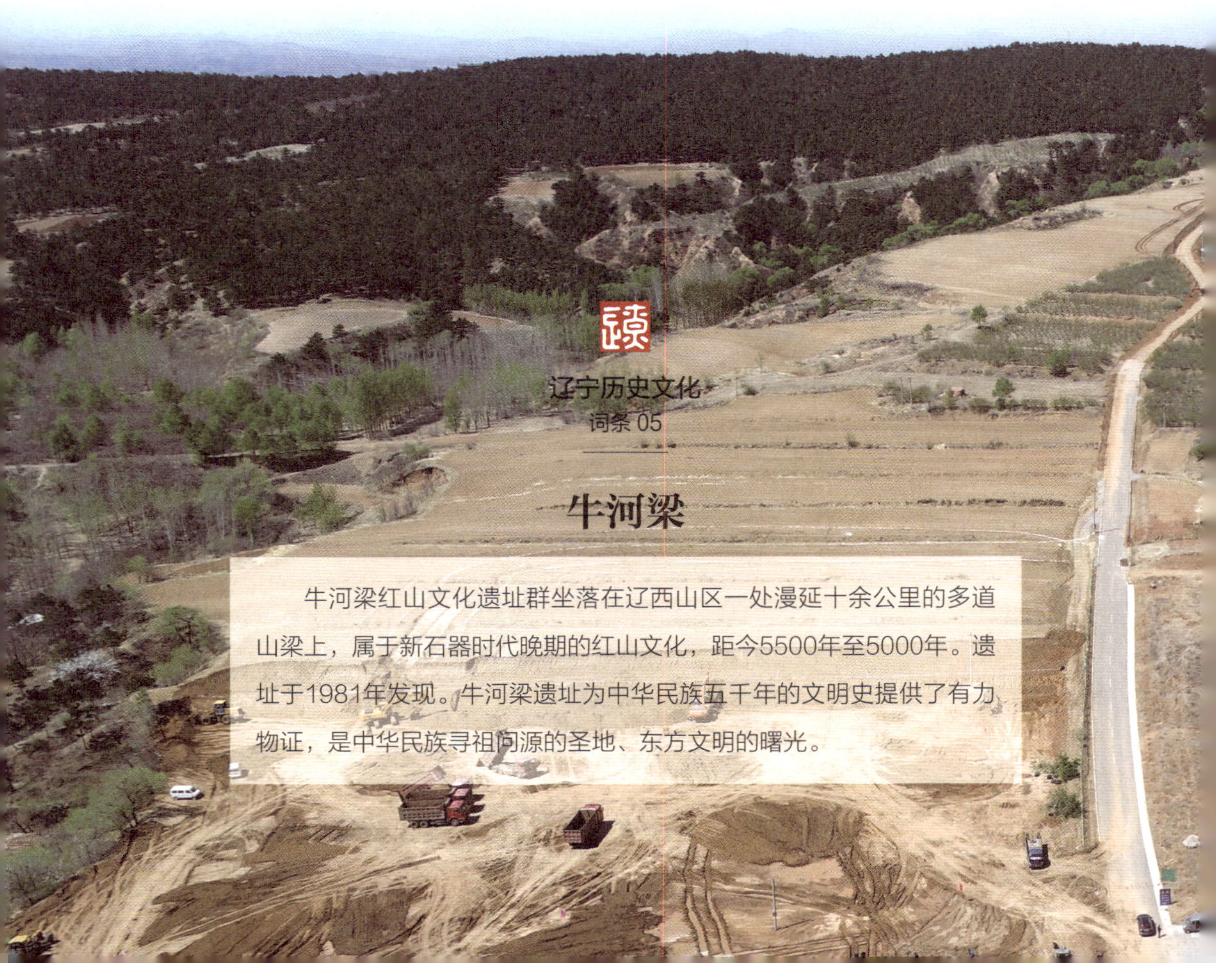

辽宁历史文化

词条 05

牛河梁

牛河梁红山文化遗址群坐落在辽西山区一处漫延十余公里的多道山梁上，属于新石器时代晚期的红山文化，距今5500年至5000年。遗址于1981年发现。牛河梁遗址为中华民族五千年的文明史提供了有力物证，是中华民族寻祖问源的圣地、东方文明的曙光。

这种先进的祭祀选址方式是否与我国古代的祭祀礼制有着一脉相承的关系？牛河梁遗址中祭坛、女神庙、积石冢群分别代表着祭天、祭神、祭祖，这三项祭祀活动是否同时存在？这与中国古人“郊”“燎”的祭祀传统有何关系？

玉器之谜

牛河梁遗址出土了大量的精美玉器，包括玉龙、玉凤、玉环、玉龟、勾云形玉佩，等等。玉猪龙是其中的佼佼者，像是蜷缩的猪或者熊，被认为是龙的最早雏形。牛河梁遗址中的许多墓葬只用玉器陪葬，先民们相信玉能通神，表现出“唯玉为葬”的习俗。这种以玉礼神的观念已然是后世礼制的雏形。我们不禁疑惑，这里的玉文化与中国传统的玉文化有什么样的继承关系？

牛河梁出土了大量的玉器，然而附近却没有发现玉料的出产地。这些玉料

▲ 玉人

来源于哪里？牛河梁的玉器多数为淡绿色，微泛黄，与岫岩玉类似，因此不少人认为牛河梁的玉料来源于辽东的岫岩。然而，牛河梁与岫岩两地相距遥远，中间有辽河相隔，采玉的成本极高。还有人认为牛河梁的玉料来源于远古时代冲积到牛河梁河谷地带的河磨玉，但也缺乏实证。牛河梁的玉料来自哪儿，依然是个谜。

牛河梁玉器以精美著称，动物形的玉雕和造型各异的玉器体现了史前精湛的玉器雕琢技术。根据专家分析，尽管现代人与原始人在制玉工具的使用上，存在着极大的差异，但在制作流程上却极其相似。人们把红山人制玉分为采玉、解玉、钻孔、打磨、镂刻、抛光等几道工序，每一道工序在新石器时代都是一个难题。而牛河梁玉器所体现出来的制作工艺已经相当复杂、高超。到目前为止，我们还没有发现红山人制玉的作坊和工具，红山人到底怎样制玉，还是一个未解之谜。

▲ 玉凤

盘点 PANDIAN

黄帝陵

陕西桥山黄帝陵 陕西桥山黄帝陵位于陕西黄陵县城北约一公里处，是子午岭向东延伸的部分。《史记》载："黄帝崩，葬桥山。"这里被汉武帝以来的历朝历代公认为是黄帝的正宗陵墓，传说里面葬着黄帝生前穿着的衣服，所以，桥山黄帝陵也被称为黄帝衣冠冢。

甘肃正宁黄帝陵 甘肃正宁黄帝陵位于正宁县五顷塬乡。《史记正义》引《括地志》云："黄帝陵在宁州罗川县东八十里子午山。"当时的罗川县就是现在的正宁县。

北京平谷黄帝陵　平谷黄帝陵位于北京市平谷区山东庄镇山东庄村西庙山上。这里北依渔子山群峰，南对盘山，西邻西汉平谷古城，山上有大冢，世传为轩辕黄帝陵，俗称轩辕台。

河北涿鹿黄帝陵　河北涿鹿黄帝陵位于河北省涿鹿县城东南约20公里的温泉屯乡以南，这里有座穹山。考证甲骨刻辞、《山海经》《楚辞》《春秋命历序》《隋书》等典籍，黄帝葬地原名穹山，《山海经》《楚辞》《春秋命历序》记作“穷山”，是太史公依汉代通用字记作“乔山”。

河南荆山黄帝陵　荆山黄帝陵位于河南省灵宝市区西20公里阳平镇的黄帝铸鼎塬上，是《史记·封禅书》《汉书·郊祀志》《水经注》等记载的轩辕黄帝铸鼎与登仙处。汉武帝曾在此建鼎湖宫纪念黄帝。

气候暖湿，植被茂密，生物多样

复原红山人的生活场景

▶《牛河梁红山遗址发掘报告》对牛河梁遗址的各类考古发现进行了深入分析，其中，对于出土人骨、动物骨骼的研究，为我们勾勒出了5500年前红山人的生活信息。

报道组在调研期间，考察了辽宁、内蒙古的多处红山文化遗址，在博物馆内看到不少复原红山人生活场景的内容。这里将结合各种复原图及《牛河梁红山遗址发掘报告》，为读者呈现红山人的面貌。

| 气候暖湿，地理优越 |

孕育牛河梁遗址的红山晚期文化，之所以能达到非常发达的水平，与地理、气候环境有较大关系。

▲ 石犁耜

▲ 石磨盘磨棒

根据研究，当时辽西地区的气候比较温暖湿润，山地丘陵海拔不高，分布着许多黄土台地和河谷冲积平原，为古代人类提供了良好的生产和活动场所。

辽西地区位于东北地区渔猎经济比较高、内蒙古高原牧业经济比重较高、中原地区以农耕为主的三大新石器文化分布区的交汇地带，有利于吸收周边不同文化的先进因素，从而获得更快的发展。

▲ 先民生活模拟场景

平均年龄30出头，身高大约1米6

通过对牛河梁遗址多个地点的人骨资料进行分析发现，男女性别比例为1.15∶1。

男性平均死亡年龄约为39.85岁，女性平均死亡年龄约为35.24岁。但根据具体情况，平均年龄减去5岁应该是比较合理的，即男性平均死亡年龄约为34.85岁，女性平均死亡年龄约为30.24岁，男女两性平均死亡年龄约为32.70岁。

经综合计算，男性平均身高约为165.64厘米，女性平均身高约为161.93厘米。

渔猎
族居

祭祀
平均年龄 30 出头
男性
1.15
女性
1
两性比例
红陶钵
彩陶罐
石耜
劳作
石斧

延伸 YANSHEN

古人制“玦”工艺

1 根据原石的形状琢磨成圆饼状。

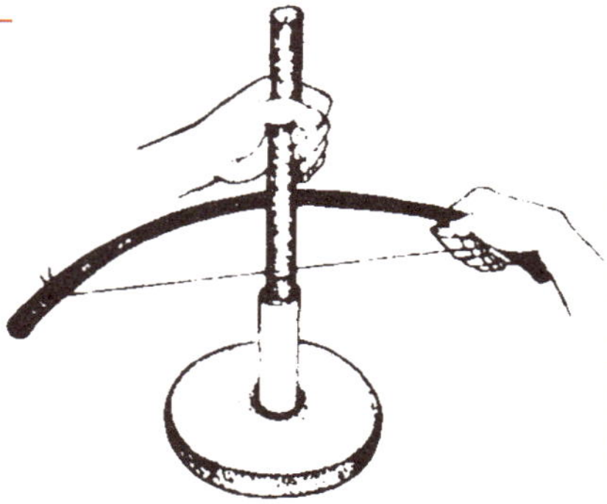

2 用管状工具在圆饼的中间钻磨，取出中间的芯料，形成玦的中孔。

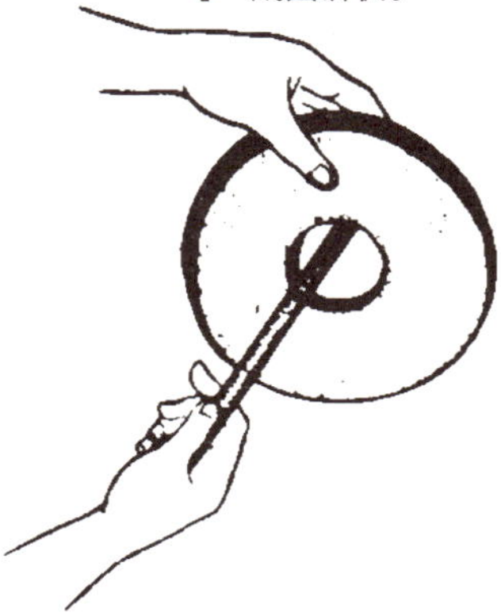

3 用磨具加解玉砂慢慢旋磨内空及外边缘，制成玦的初型。

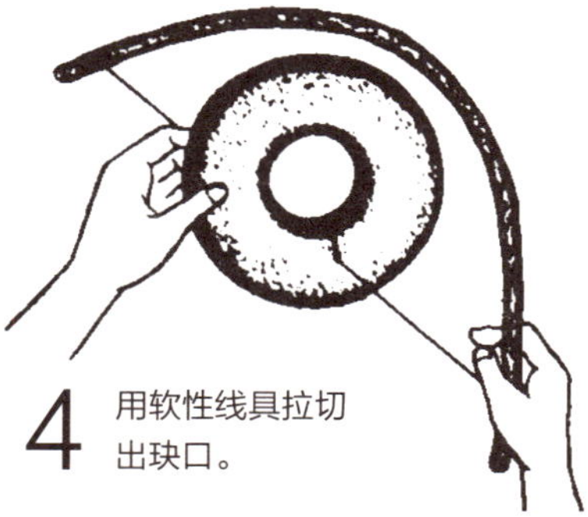

4 用软性线具拉切出玦口。

5 用解玉砂和毛皮等材料研磨抛光成玉玦成品。

▲ 红山人用麻绳浸水解玉雕像

▲ 红山国家森林公园内仿制的红山人房屋

挑战来自规则调整

申遗路上还要走多久

▶提及牛河梁遗址，避不开申报世界文化遗产这个话题。

早在1997年3月，国家文物局文物保护司就发函提名申报世界文化遗产项目，牛河梁遗址列入名单。1999年，国际文物局再次致函辽宁省人民政府，建议牛河梁遗址申报当年世界文化遗产。但由于种种原因，牛河梁遗址与两次绝佳的申遗机会擦肩而过。好在，各级政府部门、社会各界一直没有停止努力。最新的消息是，5月10日，朝阳、赤峰两市政府达成全面加大联合申遗工作力度的共识，确定了力争2019年进行国内申报的工作目标。

红山文化遗址有优势

2012年9月，牛河梁遗址与赤峰市的魏家窝铺遗址、红山后遗址，共同组成红山文化遗址申报项目，进入“中国世界文化遗产预备名单”。这已经是牛河梁遗址第三次进入这一名单，只不过以前是独立项目，这次多了两个“伙伴”。

为何确定三处遗址联合申遗？中国社科院考古所科研处处长、博士生导师刘国祥研究员这样理解：打捆申报，是综合考虑了红山文化三处遗址在整个文化中的代表性，以及考古发掘进程、时代、性质、遗址保护状况、学术研究程度等。

▲ 绿松石鸮鸟

孟昭凯，朝阳市文化局原局长、红山文化研究院名誉院长，退休多年后仍为牛河梁遗址申遗而奔走。他认为，三处遗址相互补充，共同构建了红山文化复杂的社

▲ 记者在赤峰学院采访

会形态，反映出红山先民拥有较高的社会组织管理能力，创造了辉煌的物质和精神成就，这使红山文化成为探寻中华五千年文明的重要基点。

谈及牛河梁遗址的重要学术价值，刘国祥归结为：牛河梁遗址是红山文化遗址中迄今发现规模最大、构成最为复杂的祭祀与墓葬中心，是中国文明起源历程中的重要节点；考古发现和研究表明，红山文化晚期可能为神权与王权合二为一的社会统治和管理模式，出现了比较完备的玉礼制系统。

位于赤峰市的红山后遗址是红山文化的命名地，也是红山文化研究的开端。魏家窝铺遗址是目前发现且得到有效保护的红山文化中期中心性聚落遗址。在刘国祥看来，在遗址的使用功能方面，这两处遗址与牛河梁遗址群具有互补性。联合申报，是一种可行的选择。

保护是第一要务

牛河梁遗址第二地点，原先裸露在荒郊野外的积石冢和祭坛，如今已被罩

▲ 牛河梁 16 地点全景

在一座建筑面积为7200平方米的建筑里；

积石冢和祭坛展示馆的一侧，锦承铁路的涵洞建设正在施工，工程竣工后将减少对遗址的干扰；

曾经与铁路平行的101国道，2013年9月已完成改线，昔日车辆隆隆驶过遗址核心区的景象已成过往；

被称为“东方金字塔”的牛河梁遗址第十三地点，周边已围上铁丝网，并且安装有监控探头；

保护区50多平方公里范围内，原有的采矿选矿企业，早已全部关停……

一切的一切，都是为了让红山女神所居之地更加安静，为了让牛河梁遗址早日实现“申遗梦”。

正如世界遗产公约所表述的，世界遗产就是具有全球突出普遍价值的人类的创造和大自然的造化。世界遗产要符合价值标准，符合真实性和完整性要求，日常精心的保护与管理至关重要。

要保护好牛河梁遗址这一珍贵的文化遗产，必须踢开破坏、干扰遗产环境的绊脚石；要想早日进入世界文化遗产名单，必须做好基础工作。清醒地认识到这一点，朝阳市开始行动。

牛河梁遗址申遗工作于2008年正式启动，陆续完成了编制《保护规划》和《申报文本》、制定地方专项立法等基础工作。其间，通过建设国家考古遗址公园项目，朝阳市投巨资完成了必要的文物保护展示、基础设施和环境治理。

2014年6月，朝阳市与赤峰市两地政府共同签署《红山文化遗址联合申报世界文化遗产工作备忘录》。2016年，辽宁、内蒙古文化部门建立联合申遗工作机制。

联合申遗路上，两省区、两市达成共识：进一步加大文化遗产保护工作力度，确保文化遗产的真实性和完整性不受破坏；不断健全和完善遗产地保护管理机构和队伍建设，进一步提高文化遗产保护管理工作水平。

必须适应新规则

申遗之路，漫长而艰苦。

首先，遗产必须被列入所在国家的遗产申报预备名单中，即首先得到国内认可；然后，向世界遗产中心提交一个完整的申报文本，文本体现对遗产价值的认识、分析和研究，同时体现保护管理水平；之后，接受国际专业咨询机构的实地考察，专家做出考察报告送交国际咨询机构总部，作出集体评估；最后一关，由世界遗产委员会全会审议并决定申报项目能否入选。

可见，红山文化遗址项目被列入“中国世界文化遗产预备名单”，仅仅是迈出了第一步。

更大的挑战来自规则调整。为解决《世界遗产名录》中世界遗产类型不平衡、区域分布不平衡、时代分布不平衡的问题，自2018年起，新的“限额制”将开始执行，即最多每年审查每个缔约国的1项申报项目，每年审查申报项目总数不超过35项，更多鼓励自然遗产、混合遗产、跨国项目的申报，并向世界遗产数量过少的国家、新近加入《世界遗产公约》的国家、若干年内未申报的国家倾斜。

作为遗产大国，中国申报的项目首先需要在国内排队。红山文化遗址项目只有从45项列入预备名单的候选项目中脱颖而出，才有资格接受世界遗产委员会的“大考”。难度可想而知！

针对世界遗产委员会申遗规则的调整及国内申遗形势的变化，5月10日的会商中，朝阳、赤峰两市一致认为，红山文化遗址联合申遗第一阶段准备工作即将完成，应全面加大工作力度，成立联合申遗机构和专家指导委员会；按统一标准做好两市三处遗址的价值研究、监测体系和展示体系建设、档案管理等日常保护管理工作。

申遗，是为了更好地保护文化遗产。刘国祥说：“申遗要有理性的态度，不能急功近利。要通过申遗的过程，加深对遗产价值的认识，提高我们对遗产的保护水平。”

申遗，必须进一步挖掘遗址内涵。有关人士认为，目前红山文化研究尚有不足，需要加强基础研究，如聚落形态的研究，以及各个方面与中原地区乃至世界其他地区的比较研究。同时，申遗过程也是一个社会教育过程，要让当地群众支持申遗工作，营造全社会共同参与红山文化遗址保护的良好氛围，使得文化遗产的保护得到社会各界最大程度的支持。

延伸 YANSHEN

世界性的发现一直吸引世界的目光

牛河梁遗址属于中国，更属于世界。

这一入选20世纪100次考古大发现的文化遗存，不仅是国内学者研究和关注的热点，也一直吸引着国外专家学者的眼球。

早在1994年，英国剑桥大学研究员吉娜·巴恩斯等人考察牛河梁遗址后，就认为“牛河梁遗址具世界遗产价值”。

“我们应当用世界性的眼光，从世界史的角度研究红山文化。”3月中旬，面对记者，考古学家郭大顺陈述自己的观点，红山文化时期的辽西地区是沟通东西方的“彩陶之路”与环太平洋“玉石之路”的交汇点，东西方文化因素在这里高度融合。

牛河梁遗址发现后不久，就有西方学者将目光投向辽西地区这一超大规模的祭祀遗址，其关注点之一就是红山文化与域外的文化关系。

1989年，时任英国伦敦大学亚非学院教授、研究中国考古学的汪涛考察牛河梁遗址时，与郭大顺进行交流，就曾提出从世界史角度研究红山文化的课题。

郭大顺回忆，当时汪涛说来之前接触到的本校和其他一些研究西方考古的学者都关心辽西地区红山文化的新发现，认为有一些因素与西方有关，如石头建筑、神庙和人的塑像等，应该相互比较。

1994年4月，世界银行辽宁省环境保护项目包括牛河梁遗址保护在内的文化遗产子项目立项。受项目组委托，英国剑桥大学研究员吉娜·巴恩斯和G. 维特到牛河梁考古工地收集论证资料。9月，二人在所写项目评估《环境恢复与建设——牛河梁遗址世界遗产地位建议》中，认为牛河梁遗址的女神塑像为世界规模最大的史前泥塑类大型纪念像，牛河梁遗址具世界遗产价值。

2002年，吉娜·巴恩斯主编的《考古的故事——世界100次考古大发现》出版中译本，介绍了世界考古史上100例具有里程碑意义的重大考古发现。在其中的《远东雕像》一节中，这位考古学家再次将牛河梁泥塑女神群像与大约同时代的埃及有关雕像相比较。

2013年，上海举办世界第一届考古论坛，主题为“古代文明的比较研究”，世界考古权威、剑桥大学C.伦福儒教授在主题演讲中，将牛河梁遗址与土耳其东南部的哥贝克力石阵、英伦岛的巨石阵和布罗德加石圈等遗迹相比较，认为其是国家社会形态出现之前公众集会的礼仪场所。

当时，出席论坛的郭大顺注意到，伦福儒教授特意展示了牛河梁遗址的女神像。这位享誉全球的考古学家认为，在国家诞生的数千年之前，仪式建筑是社会生活最显著的部分，这在全世界都有发现。

世界的目光，始终关注着牛河梁。郭大顺说，对从世界史的角度研究红山文化这一课题，应予以特别重视。

解读
JIEDU

“彩陶之路”的东端 “玉石之路”的起点

红山文化与域外文化到底存在什么关系，郭大顺多年研究得出的结论：东西方文化因素在辽西地区高度融合，这里既是“彩陶之路”的东端，又是“玉石之路”的起点。

1993年，著名考古学家苏秉琦对内蒙古自治区阿鲁科尔沁旗出土的一件彩陶罐进行研究后，发现这件器物绘有三类花纹，其中菱形方格纹中亚大陆风格明显，这是“欧亚大陆汇合点迸发出的火花”。

后来，在编写《牛河梁——红山文化遗址发掘报告（1983—2003年度）》时，郭大顺发现，牛河梁遗址出土的彩陶图案与阿鲁科尔沁旗那件彩陶罐上的图案都为三类，其中一类具有中西亚文化特征。据初步统计，牛河梁遗址这类几何纹数量约占彩陶图案的三分之一，这表明“红山文化接受西部影响较深，且已融入红山文化之中，成为该文化重要组成部分”。

“这种连续或棋盘格式分布的几何形彩绘图案，在内蒙古中南部地区史前文化中也有发现。”郭大顺说，由此可见，从中西亚地区到中国辽西，似有一条由西向东的传播路线，或可称为“彩陶之路”。他进而提出，红山文化时期的“彩陶之路”，是草原丝绸之路的前身。

在环太平洋地区古文化关系中，有关红山文化与东北亚地区古文化的关系，是其中的重要一环。特别是东北亚史前玉器在文化交流中的作用，引发诸多学者关注与思考。

郭大顺认为，史前玉器所表现的包括东亚地区在内的环太平洋地区的文化关系，以查海、兴隆洼等遗址玉器向东和向南的传播更为引人关注。

他说，兴隆洼—查海时期辽西史前文化所见的玉玦和玉匕形器的传播路线，一路向东影响到俄罗斯远东地区和日本东海岸，一路向南，燕山以南的天津蓟县牛道口、太行山西侧的涞源北福地都有玉玦和玉匕形器同一组合出现，到山东的小荆山也出有玉玦，再向南到华南地区、中国台湾、菲律宾、越南等地，都有时代较晚的玉玦出土，形成一个“玦文化圈”。

2010年，在赤峰举行的红山文化学术研讨会上，有学者提出，在东北亚玉文化圈中，以兴隆洼文化时间最早，红山文化最为兴盛，对周边地区影响也最大，西辽河流域可视为环太平洋玉文化圈的起点。

“红山文化时期的西辽河流域，东西方文化因素在这里大幅度融合。这也许就是红山文化在中华大地率先跨入文明社会，并对中华文明产生持续影响的一个重要推动力。”郭大顺说，从世界史角度研究红山文化，是继续深入理解红山文化形成和发展的一把钥匙。

在 8.3 平方公里的大型公园里打破时空界限

寻找遗址保护和经济发展的平衡点

▶ 从建平县城出发，沿101国道向西南方向前行十多公里，就看到了竖在道边的“牛河梁国家考古遗址公园”的大牌子。继续前行不久，一块刻有“牛河梁遗址博物馆”的巨石映入眼帘。

20世纪80年代，在建平、凌源交界处的牛河梁，考古工作者发现了一处五千年前红山文化晚期的遗址群，为中华五千年文明找到了确凿的考古实证。

从重见天日的那一刻起，牛河梁遗址的科学管理与保护就成为各级党委、政府和社会各界关注的焦点。

成为国家级文物保护单位、有了专门的保护条例、编制完善旅游开发总体规划和详细规划、建成我省第一座国家级考古遗址公园……牛河梁的保护网越织越密。

记者此次踏访的牛河梁遗址博物馆，就是牛河梁国家考古遗址公园的开放区域之一。这座2011年3月开工建设、2012年9月建成试运行的红山文化专题性博物馆，集中展示牛河梁遗址考古发掘的成果。

博物馆前的广场上，停放着六辆大客车，乘客是来自建平县一所初中的师生们。大客车周边，私家车也为数不少。“展览面积近3500平方米，规模不算大，但吸引力还不小。”博物馆副馆长盖丽艳说。

▲ 祭坛和积石冢遗址保护展示馆

保护的不仅是遗址，还有“白地”

看文物、赏图片、听讲解，一步步往前走；文明曙光、红山古国、人文始祖、祈福圣坛、古国王陵、玉礼开端、魅力红山，一节节仔细品，红山先民时期的生态环境、建筑形态、生产生活、丧葬习俗、宗教祭祀仿佛扑面而来。

参观完博物馆，牛河梁国家考古遗址公园还有两处开放的遗址等着你。一处是设计理念为“悬浮的玉匣”的第一地点保护展示馆（女神庙）；另一处是外观宛若“变形的玉猪龙”的第二地点保护展示馆，展示的是大型祭坛和积石冢群。

2014年6月，牛河梁国家考古遗址公园正式挂牌。等待这一天，辽宁用了6

年的努力。

2008年11月，国家文物局和辽宁省政府经过调研论证，决定以牛河梁遗址8平方公里核心区保护为依托，正式启动国家考古遗址公园建设。

此后6年间，在国家文物局、辽宁省政府和省文化厅的支持下，朝阳市先后投入5.26亿元，启动文物保护、基础设施建设和环境治理三大工程；陆续完成保护区内所有企业关闭、搬迁，矿坑回填、植被恢复，核心区居民搬迁安置；建成3处博物馆（展示馆）；完成第二、三、五、十三、十六地点文物本体保护，以及内环路、广场等工程建设任务。

同时，朝阳市还委托中国文化遗产研究所、北京大学考古文博学院、清华大学建筑研究院、英国皇家建筑师协会等国内外一流的规划设计单位对遗址公园进行整体长远规划，依据世界文化遗产保护标准对文物本体保护工程进行精心设计，力求最大限度减少对生态环境的干扰。

这座考古遗址公园以牛河梁遗址核心区保护为依托，但大遗址保护的范围却涵盖整个牛河梁遗址，面积为58.95平方公里。

2世纪80年代，牛河梁遗址发现后，著名考古学家苏秉琦就创造性地提出，牛河梁这类在我国历史进程中曾经起着心脏或主动脉作用的大遗址，应该给予特殊的和整体的保护，即不仅仅要把各遗址点本身作为保护对象，还要把各个遗址点之间的“白地”也视为未发现地，划进保护范围。这一提议提出后不久，即被辽宁省人民政府采纳。

“牛河梁如此重要，遗址之间又互有联系，一旦规划不慎，就会把遗址群割裂开来，甚至造成破坏。”苏秉琦

读

辽宁历史文化
词条 06

坛庙冢

牛河梁遗址内有规律地分布着祭坛和积石冢群。祭坛和积石冢都有石砌的台阶，方圆有致，其上封土积石，石材选择就近盛产的白色硅质石灰岩，冢上有红陶或彩陶筒形器群成行排列。每个坛冢的范围都在400平方米左右，最大的一座有10000平方米，被称为“金字塔”式建筑。

的弟子、考古学家郭大顺说，把“白地”纳入保护范围，将遗址环境的保护与文物本体的保护同等对待，这是一种非常有前瞻性的理念。

保护文物本体，也要保护“白地”，透露出明确的信息：考古遗址公园不是游乐园，任何建设项目都必须谨守不破坏遗址的原则，举办各类活动都必须坚持与遗址内涵和价值相协调的原则，坚守抢救第一、保护为主的“红线”。

要保护人文景观，也要保护自然景观

“红山先民选择辽西山区的牛河梁作为宗教祭祀中心，首先是看中了牛河梁的自然环境，能最大程度发挥举行仪式所要达到的神秘效果。”郭大顺认为，将环境纳入建筑规划布局，是中国古代建筑一大特色，也是中国古代宇宙观的集中反映，其根源可追溯到红山文化；牛河梁遗址群及其环境，就是一个人文景观与自然景观融为一体的文化景观。

在《探索古辽西》一书中，郭大顺这样描绘当年刚搬进省考古所牛河梁工作站时的感受：“这里虽地处辽西山区深处，却并不寂寞……车鸣声渐行渐近，渐行渐远，在山谷间回响，会把人的思维带向远方，给人以静中有动、僻远但不闭塞的感觉；还有黄土与绿树的景观对比，古代繁荣与现代贫瘠的历史反差，处处都体现了矛盾的对立统一。”

在多年的考古工作中，考古工作者发现，牛河梁各个遗址的分布不是随意而为，而是有较为严格的选址意识和分布意识，彼此之间，可以互望，十分适于各类不同等级建筑址的布局与组合，易于形成既有主次又互有联系的有机整体。

最令人惊叹的是，牛河梁遗址群的严格布局，与当地自然地理环境完全和谐一致。郭大顺分析，这除了女神庙的选址是以向南遥遥相对的那座酷似熊首的“神山”为标志，从而形成遗址群的主轴线以外，置有积石冢的诸多山冈高度都十分相近，尤其是金字塔式巨型建筑与东西两侧积石冢所在的三处山冈，不仅近乎等距，而且三点所连成的一线与遗址群的主轴线保持大致垂直。这种大范围的人文景观与自然景观的巧妙结合和将人文景观融于大自然之中的奇特景象，已经超越了建筑群所反映的以“一人独尊”为主的人与人之间的等级关

系，而具有人与自然的协调关系的深刻含义。

原真性、完整性以及与周边环境的协调性，是大遗址保护的最基本原则。在郭大顺看来，这对牛河梁遗址的保护至关重要。

| 寻找遗址保护和经济发展的平衡点 |

体现和浓缩了上千年历史风云的文化遗址，承载着丰富的历史信息和文化内涵，不仅具有深厚的科学与文化底蕴，同时也是极具特色的环境景观和旅游资源。在建设“大遗址公园”的同时，如何在遗址保护和经济发展之间寻找平衡，成为必须面对的一个课题。

牛河梁遗址被发现后，随着保护力度的逐步加大，保护范围内所有企业被有计划地关停或迁出，当地财政收入因此受到一定影响。保护区范围内，农民人均耕地不到0.2公顷，仅靠传统农业方式维持生活。

在大遗址保护与地方经济、民生发展之间如何找到平衡点？朝阳市确定了大方向：充分依托保护成果，在保护区周边发展文化旅游产业，引导当地农民从传统农业向特色生态农业转型，变局部被动保护为综合规划保护，实现大遗址保护与生态保护、农民生产生活和地方社会经济发展的良性循环，让保护成果最终惠及百姓。

2014年8月，朝阳市决定实施市场化运作，通过招商引资，加大投资建设力度，强化旅游产品包装、市场开发、经营服务，积极探索景区建设与建平红山新城建设同步推进，与周边服务区、旅游景区建设深度融合的新路子。

2014年9月10日，牛河梁红山文化产业开发区正式挂牌运行，被列入朝阳市五大重点产业园区之一。

目前，牛河梁红山文化产业开发区正以培育牛河梁红山文化旅游精品为核心，以牛河梁红山文化现代创意为驱动，以文化旅游产业大开发、大建设为重点的原则，加快实现旅游功能、产业功能与城市功能的有机联动。

以人为本，因地制宜，加强环境整治，让全社会共享保护成果，成为朝阳市大遗址保护的出发点和落脚点之一。

解读 JIEDU

用邮票做文章

三枚制作精美的特种邮票，静静地摆放在牛河梁遗址博物馆的大堂里，无声地传递着来自远古时代的信息。

方寸之地，展现的是红山文化玉器的精品——玉龙、玉凤、玉人。其中的玉凤、玉人，2003年出土于牛河梁红山文化遗址第十六地点。考古专家称，玉人为红山文化首次发现人的形象玉质雕刻品，标志着红山文化的礼制已达到了一个较高的层次；玉凤与玉龙同现于红山文化，可以说是中国传统的龙凤文化之肇始。

这套名为“红山文化玉器”的特种邮票，是全国第一次发行以“红山文化”为主题的邮票。2017年4月9日，在这座博物馆举行了特种邮票的首发式。

多年以来，在牛河梁发掘了许多重要历史文化遗迹，以玉器为代表

▲ 牛河梁遗址博物馆内的主题邮局

▲ 以牛河梁遗址为主题的邮票

的文物更是精美绝伦，世所罕见。红山文化玉器特种邮票用方寸邮票承载丰富而深厚的文化内涵，凝结了红山文化玉器的精华，展示了红山文化历史的积淀。

牛河梁遗址博物馆副馆长盖丽艳说："发行这套特种邮票，在方寸之地集中展现红山文化玉器质朴无华、神秘高贵的艺术特点，让更多的人认识牛河梁、了解红山文化。"

据介绍，"红山文化玉器"特种邮票首发式当天，来自全国各地的500多名集邮爱好者见证了这一幕。朝阳市邮政部门专门设立的牛河梁主题邮局一营业，首日封、纪念封、明信片以及各种有关"红山文化玉器"的产品在不到两个小时的时间里就被抢购一空。

有关人士认为，围绕"邮票＋文化"做文章，融入文化创意理念，对发掘朝阳牛河梁特色文化旅游资源、提升辽宁历史文化品牌的社会影响力是个有益启示。立足方寸世界，在公众的生活、审美和需求中搭建起一座文化的桥梁，朝阳市已经迈出了关键的一步。

延伸 YANSHEN

坐着高铁去参观

随着京沈高铁的开通运营，你可以搭乘高铁，去牛河梁国家考古遗址公园走一走。

京沈高铁辽宁段沿线的10座车站中，有一座就叫“牛河梁”，位于凌源市西五官村，距凌源县城5公里。

横跨北京、河北、辽宁三省市的京沈高铁于2014年7月1日开工，线路全长698公里，其中辽宁段407公里。高铁设计时速350公里，通车后沈阳至北京的运行时间将缩短至2.5小时左右。

京沈高铁竣工通车后，牛河梁国家考古遗址公园进入北京、沈阳两个“一小时经济圈”，成为东北世界文化遗产旅游线路上的重要驿站，有望成为京津唐和东北地区的新兴旅游目的地。

良渚文化遗址的三次跳跃，带给我们很多启示

让世界共同
解读这本“无字天书”

▶ 3月5日，适逢惊蛰，在杭州，邂逅一场春雨；去良渚，拜访一座古城。

“距今5300—4300年，繁衍生息于此的先民，创造出了令人叹为观止的‘良渚文明’。”带着记者行走于良渚古城遗址，浙江省文物考古研究所研究员王宁远掩不住心头的兴奋。

从2000年开始从事良渚考古工作的王宁远，和他的同事们一起，日复一日、年复一年，逐渐揭开了5000年前良渚古国神秘的面纱——“良渚古城规划合理、规模庞大、结构完整、布局清晰，是中国及世界上同时期最大的古城遗址之一”。

良渚古城的考古发现，得到国内考古学界的普遍认可。良渚文化已进入相当成熟的文明时代，逐渐成为考古学界的共识。

▲ 良渚文化玉鸟

曾多次考察良渚古城遗址的著名考古学家、故宫博物院原院长张忠培说：“良渚古城遗址在国内独一无二，其意义与价值堪比殷墟，是中国同时期规模最大的城市，堪称‘中华第一城’。”

世界考古权威、剑桥大学的科林·伦福儒认为，中国的新石器时代是被远远低估的时代，良渚文化是中国国家的起源，良渚文明是与古埃及、苏美尔文明同时代的文明。

“良渚遗址考古将改写中国文明史，也将改写世界文明史。”今年1月26日，中国联合国教科文组织全国委员会秘书处致函联合国教科文组织世界遗产中心，正式推荐“良渚古城遗址”作为2019年世界文化遗产申报项目。

▲ 位于浙江杭州的良渚遗址考古与保护中心

不断取得突破

从字面含义看，“良渚”意为“侧面形状如半个波浪的小洲”。作为一种考古文化进入人们视野，是在82年前。

1936年，浙江省立西湖博物馆的施昕更在良渚进行了三次考古发掘，出土了大量的石器和陶器，同时调查发现了“以良渚镇为中心的十余处遗址”。1938年，《良渚——杭县第二区黑陶遗址初步报告》出版。施昕更成为良渚遗址的第一个发现者，是探索良渚文化和良渚文明的先驱。

当时，良渚文化只是“被看作是山东龙山文化向长江下游传播的一支”。即便是发现者施昕更也认为，“良渚遗址与山东的龙山文化属同一文化体系”。

1949年后，随着江浙一带的诸多文物在考古发掘中出土，考古资料不断丰富，有学者逐渐意识到良渚当属独立的文化体系。

1959年，在长江流域规划办公室文物考古队队长会议上，著名考古学家夏鼐提出了“太湖沿岸和杭州湾的良渚文化”这一说法。

之后若干年，一系列考古发现不断带给世人惊喜：1973年，在江苏吴县草

▲ 浙江省博物馆内关于良渚文化的展区

鞋山遗址的良渚文化墓葬中，首次出土了玉琮、玉璧等玉礼器。1986年浙江余姚反山贵族墓地的发现，1987年余姚瑶山墓地和祭坛进入考古工作者视野，良渚文化在中国史前考古学文化中的重要性日益凸显。

浙江省文物考古研究所所长刘斌说：“大墓与小墓等级的差异以及玉礼器的大量出现，体现了良渚文化的宗教与权力的特点，反映了良渚社会已经具有相当成熟的社会管理体系。”

2007年，良渚古城的发现和确认，掀开了良渚文化研究崭新的一页。当年11月，浙江省文物考古研究所对外宣布，一座290多万平方米的5000年前的古城在良渚遗址的核心区域被发现，标志良渚文化已经进入成熟的史前文明发展阶段。

在所著的《权力与信仰——良渚遗址群考古特展》中，刘斌等人称：“良渚古城遗址是整个良渚文化的核心，（考古学家）严文明先生将之称为良渚文化的‘首都’，它与良渚玉器等一同构成良渚文明最具代表性的物质遗存。”

自2007年良渚古城发现和确认至今，经过不间断的考古发掘、调查和勘探，考古工作者对良渚古城的总体结构和功能分布已心中有数。

站在良渚古城遗址的一处高坡上，王宁远带记者穿越到5000年前的这座城市："古城三面环山，东边是平原。主体城市结构可分三重：最中心为莫角山宫殿区，其外分别为城墙和外郭所环绕，堆筑高度也由内而外逐次降低，显示出明显的等级差异，形成类似后世都城的宫城、皇城、外郭的三重结构体系，这是中国最早的三重城市格局，具有重要的开创意义。同时，古城北部和西北部还分布着规模宏大的水利系统和与天文观象测年有关的瑶山、汇观山祭坛。"

80多年来，良渚考古不断取得突破，一步步刷新着世人对良渚文化、对中华文明的认知。对此，刘斌做出高度概括："良渚古城遗址是中国5000年文明史的见证。作为5000年前中国长江下游环太湖地区的一个区域性早期国家的权力与信仰中心所在，它以规模宏大的古城、功能复杂的水利系统、分等级墓地（含祭坛）等一系列相关遗址，以及具有信仰与制度象征的玉器，实证了5000年前中国长江流域史前社会稻作农业发展的高度成就。"

让更多学者参与

▲ 良渚文化神人兽面纹玉三叉形器

雨中的良渚古城遗址，不断有客人来访。在为记者一行做"导游"之前，王宁远刚刚接待了一拨来自日本的客人。

"他们都是日本考古界的代表人物，在这里都有项目，他们最感兴趣的课题是稻作农业。"王宁远告诉记者。

良渚是属于中国的，更是属于世界的。通过开展合作研究、召开国际学术会议等多种形式，越来越多的国内外专家学者走进良渚，观摩良渚古城遗址，领略良渚文化的独特魅力，为良渚申遗与保护出谋划策。

一个个远方来客，高度赞誉良渚文化与良渚古城遗址——

国际古迹遗址理事会主席古斯塔夫·阿罗兹认为，以良渚古城为核心的良渚遗址已证明，5000年前的良渚社会已进入国家文明阶段，这个遗址的"价值巨大，非同一般"。

联合国教科文组织总干事伊琳娜·博科娃对良渚古城遗址的价值给予高度

评价，盛赞良渚遗址是“非常了不起的文明遗迹”。

世界考古权威、剑桥大学的科林·伦福儒考察良渚遗址后认为，良渚古城已展现出强大的社会组织能力，很大程度反映了当时社会的复杂程度和阶级制度，已经达到了“国家”的标准，这就是中国文明的起源。

▲ 良渚文化嵌玉漆杯

2016年，杭州良渚遗址管理区管理委员会与英国伦敦大学学院考古学院签署合作协议。双方约定，广泛开展多种形式的交流活动，推动良渚遗址学术研究的国际化。

2017年12月，以“水与古代文明”为主题的第三届世界考古论坛——一场考古界的“奥斯卡”盛会在上海举办。作为一个典型案例，良渚古城水利系统——世界最早的拦洪大坝系统受到广泛关注。

近30位来自国内外著名高校和科研机构的考古界顶级专家，专程从上海赶赴杭州，实地考察了良渚古城遗址以及外围水坝，惊叹“良渚文明的规模之大、水利系统建造速度之快”。

此次考察，使“良渚声音”在世界考古学界得到进一步放大，良渚古城遗址在中华文明和世界文明发展中的地位和作用得到国际认可。

申报世界文化遗产工作是一次国际性的对话，它有特定的规则程序和行业标准。刘斌认为，让来自世界各地的学者科学提炼良渚古城遗址的突出普遍价值并提供权威、可信的学术依据，对推动良渚申遗具有重要的指导意义。

开门搞研究，让更多的学术机构共享资源，共同解读良渚这本“无字天书”。王宁远介绍：“国外的英国伦敦大学学院、剑桥大学、日本奈良文化财研究所、日本金泽大学、美国加州大学等，都和我们有合作研究项目。国内的中国社会科学院考古所、北京大学、复旦大学、河海大学、浙江大学、山东大学等，有的是我们几十年的合作伙伴。”

据了解，良渚遗址国际考古研究中心目前正在筹建中，未来将进一步扩大国际学术交流与合作，推进跨国界、跨学科的研究。

让更多民众走近

今年1月28日，良渚玉琮亮相中央电视台《国家宝藏》栏目。王宁远和良渚古城考古队的同事们，当之无愧地成为“国宝守护人”，讲述着良渚文明的前世今生。

之前的1月16日，这位主持良渚外围水利系统的考古调查与发掘重大发现的考古人，入选“最美浙江人——2017年度十大浙江骄傲人物”。

每天行走在农田里、河岸边、废墟上，手持探铲和手铲，王宁远很享受，“与古人自由地对话，努力探索发现被历史掩埋的秘密是一件很有成就感的事”。

近20年扎根良渚潜心考古发掘，王宁远还有个最大的感受：“我们只管发掘，其余的事交给管委会。”

所谓“管委会”，指的是杭州良渚遗址管理区管理委员会。这个由浙江省政府批准，成立于2001年的“文物特区”：行政级别不低，区级；职责十分明确，事事关系文物保护与管理，“负责良渚遗址和出土文物的日常管理与保护工作；制定并实施良渚遗址考古工作规划；组织良渚遗址区内出土文物的征集、收藏

▲ 王宁远（左）从2000年开始从事良渚考古工作

和宣传展示工作，开展良渚文化学术研究和交流工作。

在全国率先按照“文物特区”模式理顺保护管理体制机制，制定《杭州市良渚遗址保护管理条例》，编制《良渚古城遗址管理规划》《良渚国家考古遗址公园控制性详规》等系列规划，增强保护规划的可操作性；率先建立起大遗址保护补偿和土地出让金反哺文物保护机制，在资金配套上，除了财政专项经费，良渚古城所在的杭州市余杭区开创性建立了土地出让金反哺文物保护机制，即土地出让收入的10%用于反哺良渚古城遗址保护。多年来，共投入数十亿元对良渚古城遗址进行保护、整治和利用。

创新体制机制，改变遗产保护由文物行政管理部门单打独斗的被动局面，最大限度地发挥遗产所在地政府在遗产保护上的主体作用，良渚古城遗址被称为我国大遗址保护的典范。

▲ 良渚文化玉琮

在不遗余力推动良渚古城遗址申遗的同时，各级政府、有关部门更加注重宣传教育和公众考古工作，让文化遗产离公众更近。

良渚文化的介绍及代表良渚文化的玉琮、玉钺、玉璧、良渚刻符罐等典型器物图片，2017年进入新版全国统编《中国历史》教科书（七年级上册）。这意味着全国80%以上的七年级学生，将通过课本了解到良渚文化对于中国历史的深远意义。

良渚博物院高水平的良渚文明展，为广大群众架起了了解良渚文化的桥梁。2017年8月，良渚博物院因陈列改造需要闭馆，预计2018年6月改造完工。这次改造，是为了增加与良渚文化有关的新发现、新材料、新成果。

目前，良渚国家考古遗址公园一期工程正在建设之中，预计2018年9月建成。有效保护和合理利用遗产，让遗产地民众共享遗产保护利用的成果。良渚，从容而自信。

现场
XIANCHANG

仰韶村的规矩

了解中国考古史，探索中华文明之源，仰韶村是记者一行的必选项。

距渑池县城9公里的这个豫西小村，本来名不见经传。1921年，瑞典地质学家安特生在这里进行了首次发掘，发现了彩陶。按照考古学的通例，并根据考古惯例，将这处古文化遗存命名为“仰韶文化”。

这次具有里程碑意义的发现和考古发掘，标志着中国史前考古学和近代考古学的诞生，仰韶村也获得了中国考古学圣地的殊荣。

2011年11月，在纪念仰韶文化发现九十周年之际，国内首家仰韶文化专题博物馆在这里开馆。博物馆集文物保护、陈列展示和科学研究功能于一体，主要展示黄河流域仰韶文化时期出土的文物。

2018年3月7日，记者一行走进仰韶文化博物馆，馆外四尊半身铜像正面向南，仿佛在眺望仰韶村遗址。这四位学者分别是大名鼎鼎的安特生、袁复礼、夏鼐、安志敏，他们都为仰韶文化做出了自己的贡献。

走进博物馆的展厅，解说员罗晓霞娓娓道来，让参观者仿佛穿越时空回到了90多年前：“1921年10月23日，经过北洋政府农商部和地质调查所的批准，并取得河南省政府的同意，安特生和刚刚从美国留学归来的年轻地质学家袁复礼等5位助手一起来到了仰韶村。他们的这次考古发掘拉开了我国田野考古的序幕。这些考古发现证实了仰韶村确实是古人类活动的一个遗址，距今大约有7000年的历史，远古时期生活在这里的先民们制陶、狩猎、捕鱼，已经具有很高的生活智慧。”

仰韶村遗址的考古发掘证明，数千年前，仰韶文化如一缕曙光，照亮了中华文明的漫漫长河。珍视仰韶文化这一独特的资源优势，当地政府先后举办三次大型的学术研讨会，推动仰韶文化的研究，促进中外文化交流；投资5000多万元建成仰韶文化博物馆，让更多的人领略仰韶文化的根深叶茂。

作为仰韶文化命名地的当地村民，把仰韶村遗址视为弥足珍贵的精神家园，成为仰韶文化遗址的守护者。

离仰韶文化博物馆几十米远，即是仰韶村。1961年国务院公布第一批全国重点文物保护单位，仰韶村遗址名列其中。从此，仰韶村就成立了文物保护村民小组，制定了保护遗址的村规民约："不起坟、不打窑、不机耕、不深翻、不挖沟挑壕、不打井修渠，更不随意建房……"

一个个"不"，道出了村民朴素的文物保护意识，约定成俗，代代相传。2001年，考古学家安志敏回到仰韶村，站在当年曾经考古发掘过的遗址之上，环视着周边的地形地貌发出感叹："仰韶村遗址自发掘到现在，经历了中国历史的巨变和风雨的剥蚀，遗址的面貌基本没有变化，这不能不归功于国家文物政策的深入贯彻以及仰韶村村民文物保护意识的增强。"

呵护"仰韶之光"的，不仅仅是仰韶村村民。沿着新铺的石板路从村子一直向南，一座名为"仰韶村遗址断壁保护陈列室"的展厅映入眼帘。展厅入口处，考古学家袁复礼题写的"仰韶村遗址"标志牌赫然入目。标志碑旁的一块石碑上，刻写着千余字的《仰韶赋》，作者为李社。

"文化追宗，仰吾先民"，吟诵着自己的作品，如约而来的渑池高级中学退休教师李社打开了话匣子。多年来，虽然是物理教师，但他业余时间一直醉心于仰韶文化的研究。腿有点残疾的他，骑着自行车跑遍了全县所有遗址搜集标本，所获成果甚至超过了县文化部门的专职人员。一有时间，他就到县里多所学校作报告，向师生们宣传仰韶文化的内涵。几年下来，他已作了近300场报告。

在渑池这片黄土地上，与李社一样孜孜不倦自发研究仰韶文化的大有其人。杨拴朝就是其中的一位。

这位自称"土得掉渣的农民"，因"痴心重塑仰韶彩陶"而为人所知，如今他已成为中国社会科学院仰韶文化研究中心特约研究员、河南省工艺美术大师。

"仰韶文化时期先民用勤劳的双手，在彩陶上留下了凝重的指印，留下一个时代伟大的发明和创造。"在2011年的纪念仰韶文化发现九十周年国际学术研讨会上，杨拴朝提交了万余字的论文，提出"庙底沟类型彩陶上的'不规则圆点纹'，为先民特意在彩陶上留下指印作为记号，这是中国后世签字画押的雏形"的观点，在专家、学者中引起强烈反响并得到认可。

从事仰韶文化彩陶复制和研究，杨拴朝下了不少功夫：阅读大量有关仰韶文化的书籍，走访各大文化遗址，揣摩不同文化类型的彩陶造型和色彩变化；试遍了仰韶村遗址方圆5公里内的所有土质，寻找适合制作彩陶的红土……长达7年的时间里，他在研制彩陶的路上艰难行走。

2007年，杨拴朝终于成功烧制出第一窑仰韶彩陶。如今，他成立的文化传媒公司，已成为全国最大的仰韶彩陶生产基地。

在“复原”仰韶彩陶的同时，全力追逐仰韶文化之光的杨拴朝，借助政府搭建的平台，带着他的作品走出了国门。近年来，他复制的仰韶彩陶，先后出现在瑞典、英国、法国、韩国等国家的展会上，让世界各地的观众感受到了华夏文明的源远流长。

在仰韶文化博物馆，杨拴朝对记者说：“研究仰韶文化、传播仰韶文化，在实践中探索，在发现中学习，是文化使命感支撑着我前进。”

延伸
YANSHEN

良渚古城历经几十年建成

作为中国及世界上同时期最大的古城遗址之一，良渚古城工程量浩大。据不完全统计，距今5000年前后较短时间内建设起来的古城及城内高地、外围水利系统土方量约750万立方米。

浙江省文物考古研究所提供的资料显示，据估算，就750万立方米的土石方量而言，假设参与建设的人数为1万人，每三人一天完成一方，每年工作日算足365天，需要连续不断工作约6年。

但是，在当时的生产力条件下，不间断地集中大量劳力专门从事古城建设是不现实的，更大的可能是采取中国古代兴修水利工程等的传统办法，即利用冬春农闲时间间断完成。如果以每年农闲时间参与古城建设100个工作日计算，则1万人完成土石方的时间需要22.5年。

因此，考古工作者推断，良渚古城系统，应该是一个经历几十年建设过程的庞大工程系统。

马家三代人与牛河梁考古结下不解之缘

家门口见证发掘，这辈子值了

▶ 到“牛河梁遗址第一地点”女神庙遗址参观，博物馆副馆长盖丽艳指着检票的工作人员说：“他叫马瑞才，是建平县富山街道张福店村马家沟一组的村民。现在摆在省博物馆内的著名文物马蹄状玉箍，当年就是在他家找到的。”

不仅如此，当时，马瑞才的父亲马龙图还带领郭大顺等考古队员来到挖出马蹄状玉箍的位置，正是在那里，郭大顺又找出几块人骨，通过挖掘，发现了一座墓葬。这个遗址点后来编号为“牛河梁遗址第二地点”。这座墓编为第二地点第一号冢第1号墓。

从那时起，马家人和牛河梁遗址结下了不解之缘。

｜故事从一个玉笔筒说起｜

马家沟住着40多户人家。20世纪七八十年代，由于交通不便利，信息相对闭塞，这里的村民与外界接触不多，大家靠种地为生，过着安稳平静的生活。

与其他村庄唯一的不同是，这里的村民经常在翻地时发现一些奇怪的东西。有时是一块腐烂的骨头，有时是几块彩陶片。有位村民翻地时曾发现一只耳环，做工精美，有玉镶嵌装饰，村民随手扔在地边，打算干完活拿回家。地翻完，累得直不起腰的村民早就忘了耳环的事，等第二天想起来，一夜的雨水冲刷，耳环早就不知去向。这样的事，在马家沟时有发生。不是自己的东西，丢了也不觉得可惜，朴实的村民根本没拿这些东西当回事。

不记得是哪一年，时任马家沟一组组长的马龙图捡到一个筒形的玉器。摆弄了半天，他认为这东西可以当笔筒用。于是，马龙图把玉器拿回家，随手放在家里进门柜子上，放些铅笔、剪子等杂物。

▲ 当年的马家村

▲ 斜口筒形玉器

1981年，全省文物普查在建平县进行。全县32个公社的文化站站长在县里进行统一培训。当时，郭大顺作为业务负责人亲自授课，向站长们讲解考古知识。郭大顺讲到发现红山文化遗址的重要性，还讲解了红山文化的特点。在台下认真听课的富山乡文化站长赵文彦，想起之前在马龙图家曾看到的“笔筒”，是否与红山文化的玉器有着某种关联。培训结束后，赵文彦找到郭大顺，提供了曾在马龙图家看见过玉笔筒的线索。

这条线索让郭大顺十分兴奋。第二天，培训班课程结束，郭大顺和赵文彦立即骑着自行车赶到了马龙图家。一进门，郭大顺就看到了厅里柜子上的“玉笔筒”，他把里面的杂物倒了出来，把玉器反反复复看了很久。

这件文物，正是红山文化玉器中最重要的一类——马蹄状玉箍。郭大顺等考古队员详细了解了玉器的挖掘位置，还细心地询问其他村民是否也挖到过类似的器物。之后，郭大顺等考古人又在村民家找到两件红山文化玉器——一件是马蹄状玉箍，一件是双联玉璧。当时，考古队员给三位村民每家五元钱，带

▲ 马瑞才（右）说，咱老马家和牛河梁缘分很深

走了三件红山玉器。而对村民来说，即便不给钱，他们也愿意把玉器献出。对普通老百姓家来说，它不过是一件可有可无的摆设，而对国家来说，它们应该有更大的作用。

拿到三件玉器，郭大顺并没有马上离开，而是在马龙图家住了下来，每天和老乡们一起到附近挖掘，寻找更多红山文化遗存。

| 兄弟二人先后为牛河梁遗址工作 |

家里的“玉笔筒”被拿走那年，马龙图的三儿子马瑞才只有13岁。和考古队员同吃同住的经历让他难忘。

那时，马瑞才第一次听说“考古”这个词。经他们判断，家里一个不起眼的小物件却是国家的“宝贝”，马瑞才很佩服。为了表示对客人们的欢迎，父亲马龙图白天陪着考古队员寻找红山遗存，晚上回来用小米饭招待大家。

后来，村里来的考古队员越来越多，一开始住在老乡家里，后来在遗址旁建起了工作站。而马瑞才的成长，与红山文化遗址密不可分。

1983年，辽宁省文物考古研究所所长、考古学家孙守道与考古学家方殿春等开始牛河梁遗址第二地点的发掘，并继续在周边山冈寻找新的遗址。挖掘工作需要大量人力，马家沟不少村民参与挖掘，马瑞才也是其中之一。

10月中旬的一天晚上，结束了一天排查工作的孙守道等考古队员路过牛河梁第一道山梁处的小水沟，在一条沟岔处发现了一些陶土块。敏感的队员们没有马上离开，而是沿着沟岔仔细排查，找到更多陶土块后堆在一起，竟然发现了类似五官形状的陶土块。

第二天，考古队员们开始了周边地点的挖掘。几天后，一座由主室、左右侧室、北室、南室三室联为一体的半地穴式多室布局房屋逐渐清晰地显露出来。1983年11月2日，女神像被成功挖掘出来，同在现场的马瑞才目睹了这令人惊喜的一幕。时间过去了三十多年，女神像从出土到被捧回工作站的过程依然清晰地浮现在他的脑海里。

挖掘出许多陶片、陶块等遗存后，接下来就是大量画图、修复工作。心灵手巧的马瑞才来到工作站，和考古队员们学习兑陶片、粘陶块等修复技能。观察纹路、花色、厚度，当一块块陶片修复成一件件陶器，变得立体生动，马瑞才简直不敢相信，自己也曾为牛河梁遗址发现贡献过一份力量。

随着发掘的遗址越来越多，遗址现场需要保护。马瑞才的大哥马瑞增成为第一批值守人员。这一干，就是十六年。直到2008年，马瑞增由于身体原因不得不离开岗位。2009年，牛河梁遗址博物馆筹备开馆，马瑞才来到博物馆工作并成为第一地点（女神庙）保护展示馆的检票员。

从13岁第一次和考古人见面，到现在工作在牛河梁遗址博物馆，马瑞才因为自己见证了这么多考古发现、历史奇迹而感到人生更有价值。

我们的后代都要守候在这片神奇的土地上

2013年起，马瑞才每天不再一个人往返于家和博物馆之间，他唯一的儿子马永存来到博物馆的监控室工作。尽管同村的青年人大多选择外出打工，也常常劝他出去看看外面的世界，但已是两个孩子父亲的马永存并不羡慕。冥冥之中，从国家文物阴差阳错摆在马家柜子上那天起，老马家就和牛河梁的命运紧紧连在了一起。每天和父亲走在去博物馆的路上，一遍遍听他讲爷爷年轻时带着考古队员寻找遗址的故事，听他讲自己年轻时帮忙做文物修复的故事，马永存对牛河梁遗址充满感情。

▲ 马瑞才在牛河梁遗址做检票员

与同龄人大步流星、抬头挺胸的走路不同，马永存习惯于边走边低头看。每有雨水冲刷，如山上遇到陶片，定要拿起来看一看。上班时，透过屏幕看到中外观众对牛河梁出土的文物感兴趣，马永存很骄傲。但他坦言，尽管以前常听爷爷和父亲讲过家里的“玉笔筒”，但自己还真没见过它。“等孩子们长大了，我会带他们到省博物馆看一看，给他们讲讲我们老马家与国家文物的渊源。也希望我的孩子们比我有文化，将来学考古专业，在咱们牛河梁遗址发现更多有价值的文物。”马永存说。

延伸
YANSHEN

希望大伙儿都能知道考古人的故事

在马家沟生活了大半辈子，马瑞才接触过不少考古人。在他眼中，考古人有着共同的特点——老实本分，不太爱说话，但非常平易近人。

从十几岁就和考古人打交道，无论是现场挖掘，还是在工作站帮忙做文物修复，马瑞才说，从这些“文化人”身上，可真是学到不少东西呢。

郭大顺、朱达、魏凡，从小到大，马瑞才接触过不少考古人。给他留下印象最深的是前牛河梁考古工作站站长朱达。说起朱达，马瑞才感慨道：“我认识他的时候，他还是20多岁、头发乌黑的小伙子，现在已经退休了，可以说他把自己的青春都奉献给了牛河梁。”马瑞才还记得，牛河梁考古工作站刚建起时，条件十分艰苦。不光居住环境简陋，每日烈日炎炎下的暴晒，足以让人打不起精神。当时不少村民私下议论，这些省里来的“贵客”肯定吃不了这份苦，来了就是做做样子，走走形式，待不了几天就得回去。可是，工作站的考古人让当地村民看走了眼。他们每天要带着工人铲土，挖至深处，就开始用小刷子、小铲子一点点拨开土面，有时蹲在地上一观察就是几小时。而回到工作站，考古人也不闲着，拍照、整理资料、填写报告……在马家沟，村民们很是佩服这些考古人，也愿意和他们说话聊天，甚至有时像朋友一样坐在一起谈笑风生，拉拉家常，喝点小酒。马瑞才说，尽管很多年过去了，但这些场景依然历历在目。

让马瑞才至今记忆犹新的，是将女神像捧出试掘现场的女考古队员魏凡。那是1983年11月2日，马瑞才等村民配合考古队员在现场进行挖掘。按照往年的规律，现场挖掘工作随着气温的下降也接近了尾声。马瑞才正在干活，听到身后有些嘈杂。他回过头，发现考古队员们都围上来，脸上是惊喜的表情。原来，考古队员在挖掘中触碰到一个圆形的陶器，大家意识到这也许是人头塑像。当时，时间仿佛静止，大家仔细地改用小刷子和小铲子将陶器周边的土刮去。一会儿工夫，“女神像”完整地展示在人们眼前。虽然对出土的文物价值并不了解，但从考古人的表情中，马瑞才意识到这是一件珍贵的文物。马瑞才还记得，省文物考古研究所的女考古队员魏凡带来用木板制成的方形盒子，盒子下方垫着石膏，魏凡小心翼翼地将女神像捧出，走小路回到工作站。马瑞才告诉记者，当时工作站给考古队员们配了一辆面包车，方便大家在附近挖掘。而当时，魏凡没有乘车而是步行，不知是因为迫不及待想把女神像带回工作站，还是怕开车颠簸让这么珍贵的女神像有所损坏。总之，能够亲眼见证女神像被挖掘的全过程，让马瑞才觉得自己的人生更有意义。

之后，挖掘出女神像的位置被命名为牛河梁一号地点“女神庙”，出土的人像命名为“女神像”。

去年秋天，牛河梁遗址现场举行学术研讨会，当日正好值班的马瑞才又看到了许多熟悉的面孔——华玉冰、方殿春、朱达等。他们还像过去一样，迅速叫出马瑞才的名字，还像过去一样，亲切地和他打招呼，询问家里的情况。从青丝到白发，考古人为了辽宁的历史文化叫响全国，走向世界，奉献了自己的青春力量。正是因为有了他们的努力，辽宁这片黑土地曾经掩盖的一个个考古未解之谜，答案终将浮出水面。

如何擦亮红山文化品牌

首先让天下人知道牛河梁

▶ 牛河梁遗址并不仅仅是个考古名词，除了遗址本身的考古价值外，它还有许多衍生价值亟待我们去探索。我们请到沈阳故宫博物院原院长武斌、辽宁社会科学院低碳发展研究所所长毕德利、沈阳师范大学社会学学院院长詹娜、赤峰学院红山文化研究院马海玉、朝阳籍作家魏德广、朝阳市旅游发展委员会专家孙占民等多位各学科专家共同来探讨如何使牛河梁遗址的衍生价值最大化。

? 红山文化距今5500年，遥远的时空距离让许多人对它望而却步，我们如何拉近当代人与牛河梁遗址的距离?

▲ 武斌

▲ 毕德利

武斌：人们对史前的认知存在许多误解。有人觉得史前是没有历史的，有人觉得新石器时代就是一堆野人使用石制的工具打猎生活。所谓史前，就是指有文字记载以前，这时的人类已经发展出了相当水平的文明。考古发现证实史前人类已经学会了种庄稼、养蚕，有着高级的技术发明与创造，如陶器、玉器。他们定居生活，有行政体系。他们与其他地区交流频繁，有交通体系。实际上，我们今天的文明从史前就开始筑基了。但是很多人不了解这些，所以还是要加强研究和宣传。

毕德利：许多人对历史的认知集中在庙堂、宫殿，而我国存留至今的古建筑最多只有上千年的历史。时间将一切夷为了平地，当我们从地下挖掘出遗迹时，人们会觉得五千年太遥远。如果从更大的时间维度去看历史，从整个人类史去看，五千年就太近了。有一个值得我们去反思的现象。我国是世界四大文明古国之一，可很多人会去了解古巴比伦、古埃及、古印度，却忽略了自家的东西。对于家门口的牛河梁遗址，很多人是不了解的，这种心理上的距离感确实需要拉近。

▲ 魏德广

魏德广：按照一般的说法，牛河梁有悠久的历史，却缺乏看点，犹如一块陨石，自己不会说话。现今当代人，对于很多问题都是蜻蜓点水似的，不愿意自己动脑筋。可以对某些展品用现代手段加以解说、演示，还原历史、再现历史，引起兴味，也可以设定一些题目让人们参与。

▲ 孙占民

孙占民：哲学上有个终极问题“你从哪里来”一直萦绕在人们心头，每个人都想弄清楚自己乃至整个民族的来历，那么牛河梁遗址作为华夏文明的一个端点，就是华夏子孙寻根之旅中不可缺失的一站。

? 牛河梁遗址有哪些衍生价值有待开发?

▲ 马海玉

马海玉：红山文化对后世影响很大，这一点于建设教授有过系统阐述，认为对红山文化衍生价值主要可以从以下六个方面进行研发：其一，天人合一的自然观。红山文化居民遵循自然法则，渔猎、采集、山地农业多种生业模式并存，人与自然协调发展。其二，家国同构的社会观。牛河梁遗址各个地点冢群相对独立，又整体统一于牛河梁，既有“家”的概念又有“国”的概念。其三，忠孝一体的伦理观。牛河梁遗址大量的二次葬表明死后归葬、认祖归宗是居民的诉求，这是孝的体现。其四，兼容并包的文化观。红山文化大量吸收了仰韶文化彩陶纹饰，又创新发展了彩陶器型，形成了独具特色的彩陶文化。同时充分继承并发展了本地区传承有序的玉文化。兼容并包也正是中华文化根本特色。其五，集中统一的政治观。积石冢内中心大幕的出现表明红山文化出现了权力相对集中的宗教领袖，这种中央集权思想一致贯穿于中国历史始终，步入新时代我们要加强党的统一领导。其六，崇龙尚玉的审美观。红山文化大量的龙形玉器和“唯玉为葬”现象是红山文化根本特色，这种审美一直根植于中华民族的血脉中。

魏德广：牛河梁犹如一颗钻石，从不同的角度都会发现她璀璨的光芒。牛河梁文化有很多谜，需要从不同的角度来解析。诸如天文角度、玉石文化、生殖文化、医药文化、体育运动、冶炼等。我以前曾从饮食角度来解析牛河梁文化。民以食为天，牛河梁很多器具的发明多与吃有关。比如：从生食到熟食，再从粒食到面食，是一大进步。面的颗粒相对细，人的肠胃比较容易吸收，促进了人类大脑的发育。

这时先人发明了碾盘、碾棒。如何将面碾得更细？先人又发明了马尾毛编织的罗。牛河梁先人为了煮食，先是石烹，利用冰臼形成的石头锅。但是这样的石锅在自然界比较稀少。先人又发明了陶鬲，我以为这是先人烤食肘子一类的食物，糊上泥巴，而后形成了一个器物，由于一个腿的不稳定，就有了三个腿的鬲。这里需要特别指出的是，中国古代陶鬲是中国北方种植粟谷人群的发明创造。鬲后来就演化成为陶鼎。

为了使陶器坚固，除了用火烧，人们还发现，做出的陶器晾干后再烧制效果会更好。人们也在不断地改进陶土的配方，如何团泥使泥变得容易成形。我们可以从民间的儿童游戏摔泥炮中窥见一丝远古制陶的影子。

可以在牛河梁遗址演示古人制陶器的进化过程，也可以开辟一个牛河梁陶器制作坊。民间已经有人在仿制红山陶器。

我牛河梁先人，是非常聪明的，仅从牛河梁的陶鼓就可见一斑。

毕德利：牛河梁遗址的传说故事还有待人们去挖掘。上网搜索牛河梁遗址，可以看到许多说法不一的观点，有的说这里与女娲补天有关，有的说这里是黄帝的家乡，每一种观点都让人浮想联翩。我想，遗址的魅力就源于历史传说，好的故事可以吸引更多人去关注它。

孙占民：牛河梁遗址的旅游类型分为考古研究、亲子游、修学游等多种类型，人们往往能够通过参观遗址和展览，学习知识，增添阅历。牛河梁遗址的旅游价值潜力非凡，随着人们对其考古价值、文化价值的深入了解，会有越来越多的人来这里参观。京沈高铁在牛河梁设站，未来开通后，牛河梁遗址将吸引京津冀以及更广阔地域的人们前来参观。

？ 怎样使以牛河梁遗址为代表的红山文化走出辽宁，被全国乃至世界熟知？

武斌：辽宁的老百姓谈起当地的名胜古迹，嘴上总说没啥可看的。而旅游发达地区的人们对此却滔滔不绝。我们常常困惑，为什么辽宁人缺乏文化自豪感？应该就是宣传、展示的力度不够。二十年前，我去过牛河梁遗址的考古现场，那时候是一片荒地，没有任何观赏性，外行人只有听专家讲解才知道其中的门道。现在牛河梁已经建了展馆，但要想让更多的人去了解牛河梁遗址，就必须要增加展示的力度，增强展示的观赏性。我建议牛河梁遗址的文物在省内各城市进行流动性的展览，让我们本地人先对它熟悉起来。展览时，要抓住老百姓观赏的兴奋点，依靠高科技手段，以各种人们喜闻乐见的方式传播。最好通过多渠道，集中一段时间内展示，增大社会效应，引起人们热议。

马海玉：可以从宏观和微观两方面入手。宏观上，把红山文化融入大的中华文化体系中，特别是在政府部门推动下建设几项大的文化工程。如通过剧本式研发、通过影视剧和话剧形式推广，充分利用新闻和网络媒体宣传。微观上，比如在文化广场、歌舞剧院、影视基地、学生教材等各种媒介中植入红山文化元素和符号，对公众和学生群体进行潜移默化的影响。

毕德利：有什么力量能够让人们不远千里，愿意来看一个史前遗址？我想，就是文化的力量。这里是中华文明的起源之一，这里独特的女神庙、积石冢、祭坛有讲不尽的故事，只有将这些文化资源都利用起来，讲好故事，才会真正让更多的人熟知这里。

詹娜

詹娜：在打造辽宁历史文化名城的发展战略中，集中力量挖掘牛河梁遗址的历史和文化价值，将牛河梁遗址塑造成辽宁历史文化名城的品牌标志，是提高牛河梁遗址知名度和影响力的重要手段。同时，加大对牛河梁遗址的宣传力度，从传统文化的发源、学术研究的推广等方面给予其存在的高度认可，不仅让其成为辽宁的文化品牌，更要使其成为东北的文化品牌，甚至是全国的文化品牌。让牛河梁遗址成为区域文化和经济发展的历史记忆和助推动力，会更好地提升遗址的价值和认可度。

孙占民：对于牛河梁遗址而言，要想将自己的品牌打出去，就得有更吸引人的故事，通过更人性化的手段展示出来。此外，宣传造势必不可少。现在牛河梁遗址正在申遗，其实申遗的过程就是一个造势的过程。

? 在对牛河梁遗址开发利用的过程中，应该注意哪些方面的问题?

武斌：保护是个老生常谈的话题，在包括牛河梁遗址在内的所有文化遗址保护和开发中，我们都要注意不急功近利，有多大能力就干多少事，千万不能一味图开发，而破坏了原有遗址。

毕德利：在遗址的开发中，要减少不必要的高大上建设，将资金花在刀刃上，以更生动的方式去展现牛河梁遗址。减少高大上的建设，还意味着减少了后续的维护支出。另外，对普通百姓来说，牛河梁遗址的票价并不便宜，这是否也是阻拦人们认识牛河梁遗址的一道屏障，需要有关部门去思考。

孙占民：牛河梁遗址的展示手段有展览和遗址展示两个方面。我们必须要承认，这种展示手段停留在原始层面上，已经落后，跟不上时代的要求。未来的展示手段必须要加入新科技、新方法，传统与现代的结合不可避免。

解读 JIEDU

借鉴埃及金字塔经营经验

专家 辽宁社会科学院低碳发展研究所所长毕德利

牛河梁遗址有着非常丰富的历史文化资源，其中积石冢群被称为“中国的金字塔”。我们索性将其与埃及的金字塔做个对比，同样是古文明，同样地理位置偏僻，为什么金字塔能够让人趋之若鹜，而牛河梁却冷冷清清？抛却发现时间、研究深度、关注程度等客观原因，我们不妨借鉴一下他们的开发经验。

埃及金字塔等古埃及历史文化遗迹很多，如女王神殿、卢克索神庙等，让人们在埃及的行程更加丰富。牛河梁遗址是红山文化的中心，周边不乏同时期的遗址，还有比它更早的查海遗址、历朝历代的古城遗址、燕长城、古塔等许多文化资源，所缺乏的是资源的整合。

在埃及的景区里，人们用最古老的工艺制作传统的莎草纸，在撒哈拉沙漠深处，土著贝都因人的窝棚、用原始的方式烙饼，这些都原汁原味地呈现了古埃及人的生活画面。牛河梁遗址的开发和利用过程中，可以借鉴这一点，要保留原有的东西，而不是一味地现代化。此外，加强地区的接待能力也是必不可少的一项。我们将人们的目光吸引来，还要能留住人。这是个系统的工程，需要长时间的努力才能达成。

站在更高台阶上去研究

专家 沈阳故宫博物院原院长、研究员武斌

我们研究牛河梁遗址，研究红山文化，必须要知道它在整个中华文明中所占的位置。对于中华文明的起源，苏秉琦先生有个“满天星斗说”，他认为中华文明散布在中国的四面八方，犹如天上群星，都是中华文明之源。红山文化正是中华文明的起源之一，这一定位颠覆了人们的传统认知。辽宁地区一直被人误解为蛮荒之地，缺乏文化根源。经此定位，人们才会了解到，原来辽宁地区在中华文明起源的时候，就已经参与其中，真正称得上历史文化悠久。

这些年来，人们对牛河梁遗址的研究多限于考古学，往往是发掘了什么，测年代，然后推测是什么东西，有什么作用，都比较学术化。事实上，那个年代的人类已然发展出农业文明，他们的生活应该是丰富多彩的。我认为研究牛河梁不应该仅仅停留在考古层面，可以让更多的文化学科参与进来，加强研究的范围和力度，将史前人类生活中更生动的一面展现出来，才能让更多的人更直观地了解那个年代。

多用新科技新手段

专家　朝阳市旅游发展委员会专家孙占民

我们发现，固定的陈列展览不论设计得多么合理，总是给人走马观花的感受。而遗址的展示往往让人摸不着头脑。面对一个土坑，一堆石头，人们带着疑问来，又带着疑问回去。大遗址的展示遇到了历史的拐点，需要新的方法介入其中。

首先，我们可以让更多的高科技参与其中。通过3D、4D、全息影像等多种新科技，我们可以在保护遗址的同时，将牛河梁遗址的许多场景复原，以栩栩如生的形态展示在众人面前，游客可以获得更直观的感受，了解更多的知识。

其次，我们要增加人文展示。根据考古、历史研究成果，我们可以将这段历史以人们最容易接受的方式展示出来，例如用舞台表演来展示祭祀活动、宗教仪式等。这并不需要学术研究的严谨，为了满足人们的视觉感受，可以增加传说和演绎，这样有舞台、有互动、有仪式感的人文展示，可以一下子拉近游客与牛河梁遗址之间的距离。

让红山文化“入校”“入社”

专家　赤峰学院红山文化研究院马海玉

红山文化有足够深厚的文化底蕴、有和中华文化一脉相承的文化基因，这是我们能够在全国乃至全世界叫响红山文化的根基。要拉近当代人与红山文化的距离，我们认为主要应从两个方面着手：一是红山文化入“校”，进行校园普及。红山文化中与中华文明起源密切相关的诸多文明因素，如龙凤文化、玉文化、造像祭祖、坛庙冢群等都是可以面向校园、深入宣传的重要内容；面向的学校群体可从大中小学一直延伸到幼儿园，并以学生群体为中心向家庭辐射。二是红山文化入“社”，进行社会宣传。目前红山文化研究总体上还停留在高校、博物馆、科研院所等单位，社会普及程度远远不够。这主要是社会与公众对于史前文化认知水平有限以及社会文化服务体系运转低效、不够完善有关。因此，一方面我们要全方位提高公民文化素质，另一方面我们要动员社会上一切可以动员的力量，建立健全社会文化服务体系，实行激励机制，使得各部门高效运转，主动服务。

守护文化基因

专家　沈阳师范大学社会学学院院长詹娜

牛河梁遗址是中华民族文明兴起的源头之一，是中华历史源起的重要鉴证。遗址中发现的各种遗迹充分体现了人类社会早期的文化样貌，如传统的思维观念、信仰文化、祭祀礼仪以及建筑理念等，鲜明地体现着传统优良文化的传播与传承。当下，我们每个人都应该有这样的意识，遗产就是我们的过去，遗产就是文化的传承。守护文化遗产就是守护文化基因，保护和传承遗产人人有责。

我们每个人都是社会人，从儿时的社会化过程开始，通过不断的文化涵养，逐渐具备了社会的属性和价值。作为社会人，即表示社会中的任何个体都有文化的源头和社会的印记。牛河梁遗址的存在就是展现人类文明源头和社会历史进程的符号和密码，在社会激烈变迁和多元文化交流互动的当前社会背景下，个体更需要找到能为他们带来认同感和归属感的符号和标识。从这个意义上看，牛河梁遗址的存在恰恰能够成为当代人寻找历史归属和文化认同的重要媒介和标识。

把牛河梁写入乡土教材

专家 朝阳市作家魏德广

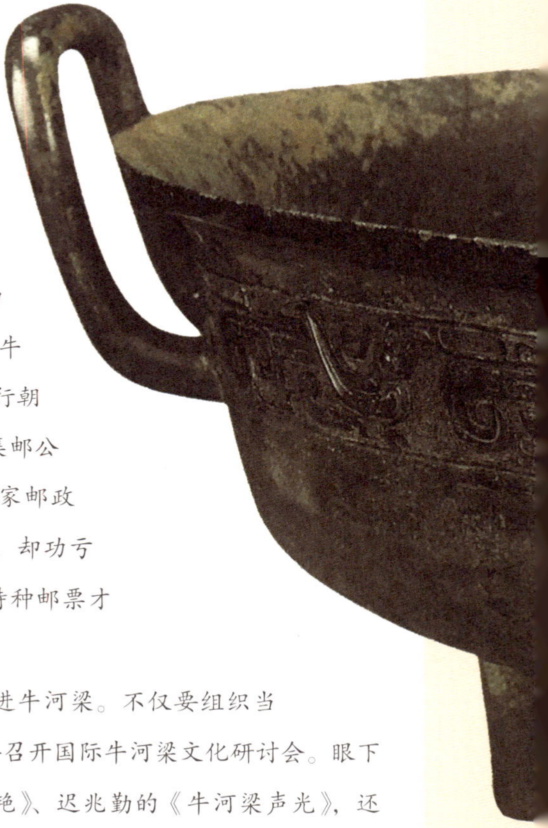

叫响牛河梁在全国乃至世界的价值，需要全社会的努力。根据我们的经验，人们对牛河梁的价值的认知，与自身文化水平成正比，换句话说，文化人对牛河梁比较感兴趣。另一方面，由于众多原因，牛河梁的宣传滞后，牛河梁“藏在深闺人未识”。当年为发行朝阳牛河梁红山文化特种邮票，朝阳集邮公司设计了几套方案，多次进京与国家邮政总局专家面商，但是因地方的原因，却功亏一篑。直至2017年，红山文化玉器特种邮票才发行，时间已经过去了三十多年。

我认为首先要在乡土教材里写进牛河梁。不仅要组织当地文人撰写有关牛河梁的文章，还要召开国际牛河梁文化研讨会。眼下朝阳已经出版了朱赤的《牛河梁惊艳》、迟兆勤的《牛河梁声光》，还有魏泽先、张月瑛合作的长篇历史小说《红山女神》。这里需要强调的是，历史长篇小说，要遵循已有的考古成果、历史传说、上古神话等，而不是凭主观臆造，更不是戏说。

辽宁历史文化

词条 07

辽西青铜器

喀喇沁左翼蒙古族自治县大凌河两岸发现了不少窖藏的商周时期青铜礼器。它们既具有商周青铜器的基本特点，又有不少地方特色。

▲ 鸟纹附耳浅腹鼎

外地人也竖大拇指

有这样一块土地，真值得骄傲

▶ 从今年一月起，报道组开始在全国各地采访。接触了数百位普通民众，倾听他们的声音。

受访民众中，有的对历史文化有所了解，有的慕名而来。但是从他们的答案里，更让我们看到，向世界叫响辽宁文化迫在眉睫。

| 好奇辽宁红山与浙江良渚的关系 |

地点：浙江省杭州市浙江省博物馆武林馆区

人物：浙江人邢云彬

在浙江省博物馆参观时，一位讲解员吸引了记者的注意。她身穿志愿者外套，认真地向参观者讲解展示窗内的每一件展品。当讲解到镇馆之宝之一玉琮王时，她拿出随身携带的小手电，以便参观者能看清琮体四面直槽内上下琢刻的纹路。参观者无不为良渚文化的特殊魅力折服。不仅如此，她还承诺讲解结束后与对某件展品感兴趣的参观者互加微信，为其提供更多资料。

这位志愿者讲解员叫邢运彬，刚刚做博物馆讲解志愿者一年。她告诉记者，一年前，自己通过杭州志愿汇 APP 成为浙江省博物馆讲解志愿者，每周服务1到2天，去年参加了《越地长歌》等80余场讲解。

邢运彬介绍说，今天的浙博，每天都有全国各地的中小学生专程来看良渚的玉器，更详细地了解我们的文明起源。广西的一位妈妈带着8岁的儿子来浙博3次，孩子对每一件展品都非常熟悉。

良渚时期的玉琮王是邢运彬每场讲解的重头戏。每次给观众讲解4000多年前的玉琮王，讲解上面用肉眼难以辨认的头戴羽冠的神人兽面纹，讲解到良渚文明因为水侵而迁移时，她都会说：也许确定一个文明的源头，时间并不是那

▲ 邢运彬（右）向记者介绍馆藏文物

么重要，重要的是我们的文明没有断裂，一直延续到现在。

对于辽宁的历史文化，邢运彬并不陌生。她告诉记者，在大学时期特别喜欢红山的玉猪龙。在设计课堂上曾模拟一家文化公司，给公司设计的标志就是仿玉猪龙的形状。沈阳是以前出差经常去的地方，对沈阳故宫、牛河梁遗址都很熟悉，特别喜欢女神像和她那双有震慑力的眼睛。邢运彬说，红山文化遗存发现的时间比良渚文化遗存要早，也有资料说红山文化是河姆渡文化的延续和发展，也是中华民族从母系社会进入父系的转折点。那么辽宁红山和杭州良渚这两个地方，在5000多年前究竟有怎样的渊源呢？

仰韶人也想去看看牛河梁

地点：河南省渑池县仰韶文化博物馆

人物：河南人李社

在仰韶文化博物馆，记者见到了当地居民李社。当听说记者们从辽宁来，他立即问起牛河梁遗址发掘的新进展和申报世界文化遗产的情况，对女神庙、

▲ 李社（右）是仰韶文化博物馆的老馆员

坛庙冢以及牛河梁遗址申遗之路等十分关注。

从筹备到建馆，从彩陶到石器，李社边带着记者们参观边介绍仰韶遗址的情况。这位有些驼背的老人，对仰韶村文化遗址的历史相当了解。无论是陈列台上的展示品，还是遗址现场，李社说起仰韶文化，比讲解员的讲解详细了许多。

本以为这是位现已退休的老馆员，结果出人意料，他是位高中物理教师。年轻时，只是觉得家乡出土的陶器好看，随着年龄的增长，李社越发认为，仰韶文化是人类文明进程中一个非常重要的时期，自己能生活在这片开创早期中国灿烂辉煌古代文明的土地上，除了自豪，还有责任在身。

这份责任，让这位教授自然科学的老师在课堂上向孩子们讲仰韶文化，讲中华民族璀璨文明，鼓励学生们走出仰韶村，走到更远的地方去宣传家乡文化，让全国乃至全世界都了解仰韶文化。李社骄傲地告诉记者，他的学生们真听话，即便留学美国，定居国外，也是走到哪就把仰韶文化宣传到哪。

仰韶文化博物馆的工作人员对李社都很敬佩。虽然因腿疾走路有些跛，但他还是骑着自行车跑遍了全县所有遗址搜集标本，所获成果甚至超过了县文化局的专职人员。退休后，李社一直奔走呼吁仰韶文化遗址申报世界文化遗产，甚至发表了有关论文。他对记者说，其实自己对红山文化也非常感兴趣。多希望有生之年，也能走出仰韶，到辽宁的牛河梁看一看。

在他看来，叫响家乡的历史文化这个策划选题非常好，记者们能放眼全国看辽宁非常大气。他鼓励记者说，宣传家乡的本土历史文化，会把自己的认知和情感投入到工作中，你们一定会做得很好。

咱们赤峰跟你们朝阳应该联手宣传

地点：内蒙古自治区赤峰市红山国家森林公园

人物：内蒙古人刘博嵘

今年30岁出头的刘博嵘出生于赤峰市敖汉旗，大学毕业后在西安做了7年销售。在身边亲朋好友眼中，他是个“见过世面”的人。刘博嵘喜欢西安这座城市，认为古城墙、兵马俑让这座古城更具历史感，而历史感与城市经济发展相辅相成。

▲ 今年 30 岁出头的刘博嵘出生在赤峰市敖汉旗

现在，刘博嵘回到赤峰工作。从小在敖汉旗长大，对红山文化有所了解。但这几年，家乡对本土历史文化的发掘和宣传力度不够。虽然不是专业人士，但刘博嵘去过很多城市，看过许多博物馆，他认为红山文化可以更具影响力。“就拿这座山为例，红山文化名字由来就是因为这座红山，但现在很多赤峰本地人却并不知道红山文化与红山的关系。这说明这座山还可以更好地利用和开发。”

刘博嵘经常逛附近的古玩市场，那里有很多摊位出售仿品玉猪龙，这些仿品虽没有收藏价值，但很受买家青睐，这说明红山文化受欢迎。而在其他城市的古玩市场，玉猪龙很少出现。刘博嵘说，红山文化是华夏文明最早的文化痕迹之一，是华夏文明的发源地，这么重要的文化遗址应该向全世界叫响，值得向全世界叫响。

全校5268名学生要分批来参观

地点：辽宁省朝阳市牛河梁遗址博物馆

人物：建平县中小学素质教育实践学校八年级学生

牛河梁遗址博物馆门前停着一排校车。一群学生从博物馆走出，前往2号积石冢遗址保护展示馆。带队教师田淑凤告诉记者，这些孩子是建平县中小学素质教育实践学校八年级学生。今天的活动是校素质实践活动之一——了解家乡历史文化。

学生黄洁告诉记者，自己是第一次走进博物馆。尽管平时在课堂上，牛河梁、红山文化、中华文明起源这些词出现频率很高，但自己对这一原始文明社会觉得既遥远又亲切。通过参观，黄洁对出土的玉器、古代祭祀礼仪都有了更深了解。她告诉记者，作为建平人，自己应该对家乡历史文化如数家珍，将来把家乡文化传播更远。

李金师对“考古”充满好奇。他告诉记者，看到陈列台上的一件件文物，自己很佩服能找到它们并把它们从泥土中挖掘出来的考古人。他告诉记者，听讲解员说牛河梁遗址中还有许多未解之谜，自己既好奇又兴奋。田老师鼓励他好好学习，将来可以学习考古专业，解开更多牛河梁遗址中的谜团。

丁佳畅和爸爸曾来博物馆参观过几次。她告诉记者，爸爸对红山文化很关注，不但经常上网浏览相关资料，还买了不少书。每次来参观，爸爸都会着重介绍一件文物。刚才参观时，自己给同学们介绍C形龙、女神像、玉龟等，不少同学都表示佩服。

无论之前是否对家乡历史文化有所了解，田淑凤告诉记者，学校素质实践活动中，牛河梁遗址博物馆是每年必去之地。今年，全校5268名学生都要分批来这里参观，加强孩子们对家乡历史文化的了解和热爱。

写中国的玉器，哪能不来辽宁

地点：辽宁省沈阳市辽宁省博物馆

人物：江苏人王川

在省博物馆第一展厅门前，记者看到一位拿着录像机的参观者。上前一问得知，他叫王川，是特意从江苏来辽宁参观调研的。

王川是中国作家协会会员，是从事文学和美术创作的作家和画家。他告诉

▲ 王川专门从江苏来辽宁省博物馆参观调研

记者，自己因为新书创作，来看看红山文化时期的玉器。这是他第一次来到辽宁省博物馆，看到了许多精美玉器，也对某些馆内陈列台下方的解说词不太认同。但总体来说，王川认为若想了解红山文化，辽宁省博物馆值得一来。

之前，王川多次前往国家博物馆，此次来辽宁，希望能看到更多、更美的玉器。他透露，自己今年要写作两本新书，一本是关于世界博物馆巡览的，另一本叫《美器》，从工艺美术的角度介绍中国最精美的陶器、玉器。王川认为，这两本书的内容都绕不开辽宁省。从远古时代开始，辽宁地区就有人类劳动、繁衍生息的活动。距今7300—6800年的新乐文化、距今6000—5000年的红山文化，以及公元前4300—前2500年的夏家店下层文化……这充分说明辽宁省历史悠久，古文化源远流长。

王川说自己会在辽宁停留几天，把周边的历史文化仔细看看。由于时间有限，可能没机会去牛河梁走一走。但他希望下次的辽宁之行能给牛河梁留下充足的时间，为新书创作找到更多灵感。

读

辽宁历史文化

词条 08

石棚

距今约3000—2500年前，生活在辽东半岛南部的先民崇拜巨石，专门在山冈上造石棚做祭祀。石棚三面立石板，一面开口，下铺石板，上搭石盖，相当有特点。

| 为自己是朝阳人骄傲 |

地点：辽宁省沈阳市沈阳故宫

人物：辽宁人于鑫伟、高宝成，吉林人孙琳莹

沈阳故宫门前，四位朝气蓬勃的青年人请记者为他们合影留念。他们是在长春市读书的大二学生，其中有三人来自辽宁省朝阳市。说起家乡，于鑫伟告诉记者，上学时，在历史课上看到家乡的名字出现在课本上，感到特别骄傲。朝阳的经济虽不那么发达，但它是迄今为止发现最早的鸟类和开花植物的地方，这说明朝阳是个人杰地灵的好地方。

高宝成说，自己经常在寝室给同学们讲红山文化，讲牛河梁遗址，讲朝阳这座历史文化古城。现在同学们都对朝阳和红山文化感兴趣，张罗着放假一起到牛河梁看一看。高宝成发现，相比较而言，同学们对南方城市的历史文化了解更多，外地同学几乎都没听过牛河梁遗址。高宝成认为，辽宁的历史文化并不弱，应该加大宣传力度。

孙琳莹是第一次来辽宁，在火车上，三位朝阳籍的同学们就给她“恶补”了不少辽宁历史文化知识。她告诉记者，参观完故宫，一会还要去张氏帅府、两陵看一看，实地感受一下辽宁厚重的历史氛围。孙琳莹和同学们约定，假期一起到“龙城”朝阳，到鸽子洞古人类遗址、牛河梁红山文化遗址、朝阳鸟化石国家地质园等地看一看。

解读
JIEDU

推广红山文化，得有新思路

王守荣（沈阳故宫）：我是从黑龙江来旅游的。来之前，一些朋友告诉我，沈阳故宫、“九·一八”历史博物馆和张氏帅府一定得看一看。至于牛河梁，我还真没听说过。

曹晓小（沈阳故宫）：我是大四的学生，在哈尔滨读书。对牛河梁非常了解，因为我爸爸是朝阳人，常听他自豪地说起家乡的文化。他说牛河梁是人类文明

起源，虽然我没去过，但毕业后有机会回家乡，还是愿意去看看的。

孙俊颖：我在一号展厅值班期间，看到参观者们对玉猪龙和女神像是最感兴趣的。我们这里的参观者来自全国各地，甚至还有不少外国友人，他们都喜欢讲解员对红山文化的详细介绍，甚至能提出问题。

范晓光（省博物馆）：我今年74岁，在博物馆做讲解志愿者。今天看到这么多家长带着孩子来参观，听我讲解，很是欣慰。辽宁历史悠久，古文化源远流长。早在远古时代，辽宁地区就有人类劳动、繁衍、生息活动。我们生活在这片土地上，对过去应该主动了解。

刘福筠（省博物馆）：我今年83岁了，住在长春市。我年轻的时候在沈阳药科大学读书，常常和同学们到省博物馆参观。今天女儿和女婿带我来参观新馆，宏博壮观，真是给我吓一跳。辽宁应该大力宣传红山文化，吸引更多外地游客来参观。

边温馨（省博物馆）：我在铁岭读小学五年级，今天是第一次来参观省博物馆。刚才把第一展厅看了一遍，非常喜欢红山文化里的玉器，尤其是玉猪龙。虽然我看不懂这个造型到底是什么，但我觉得它很好看。我现在懂得的历史知识不多，主要是在学校的《辽宁历史》书里学到一些。但书里讲的没有博物馆看到的讲解和照片多。今天我觉得非常有意义，还告诉妈妈下个月还想来看看。

张砷：我的两个孩子都是三岁半，今天是第一次带他们来参观。以往，带他们去省科技馆比较多，现代的文明让孩子们拓展知识面，大开眼界。对博物馆里的古老文明，一直顾虑孩子们看不懂。今天抱着试试看的态度带他们来参观，现在都说学习历史文化从娃娃抓起，希望我的孩子们能对家乡的历史文化感兴趣。

安志学（红山国家森林公园）：我是从齐齐哈尔来赤峰办事的，来之前，朋友推荐说应该到红山看一看，公元前4000年就有古人在这里从事农业劳动。刚才看到很多半地穴的建筑遗址，觉得真是不可思议。明天打算到赤峰博物馆参观，回家后给朋友们讲讲红山文化咋回事。

杨拴朝（仰韶文化博物馆）：关注历史文化，不能一头扎进浩瀚的考古研究，还得通过旅游衍生品对当地文化做宣传，让历史文化大众化、平民化。比如今年2月，以仰韶文化为主题的电影《仰韶之恋》合作签约仪式成功举行。将仰韶文化发现的故事原汁原味搬上荧屏，不但能丰富仰韶考古事业的内涵，还用全新的视角和跌宕起伏的传奇故事向人们展示了仰韶文化不平凡的发展历程。不仅是对仰韶文化的传承和延续，也必将扩大仰韶文化在国际上的知名度和影响力。我觉得这是全国各地宣传历史文化的新思路。

潘壮志（牛河梁遗址博物馆）：因为有广州的六位客人来我们县投资考察，今天我们新市镇管委会特意带客人们来博物馆参观。没想到客人们很震撼，连连赞叹说，在这里确实看到了五千年文明的曙光。既然这里曾代表我国北方地区史前文化发展的最高水平，在这片土地投资，经济水平必将不会落后。

来辽宁，有的一看

▶ 翻开历史书籍，去追寻辽宁的足迹。

我常常想象自己是那巍峨雄壮的医巫闾山，或者是那奔腾入海的辽河，在时间的缓缓流淌中，观察着辽宁历史上的每个断面。这里的盛衰荣枯、悲欢离合，没有湮没，历史留下的无数痕迹，值得今天的人们去细细探索。

得风气之先，开风气之先

历史上的辽宁并不是一片蛮荒的土地，相反的，这里曾经比你的想象更加繁荣、充满生机。由于史料记载的缺乏，多数人只是粗略地知道，从燕将秦开却胡千里，设置辽东等六郡开始，辽宁正式纳入华夏的版图。在历朝历代跌宕起伏的更迭中，关于辽宁的记录也不算多，仿佛他只是历史舞台上一个不起眼的配角。然而，潜下心来研究辽宁历史，你会惊讶地发现这里曾经的繁华与先进，充满了生机与活力。

辽宁地处中国东北地区南部，独特的自然环境和地理位置造就了这里历史上既是多民族文化汇集之地，又是中原文化和东北文化交流的通道和枢纽。这里有山地、丘陵、平原，毗邻草原，面朝大海，农耕、渔猎、游牧文明在这里融汇。历史上，从辽西向西南越过古道，人们可以到达中原；一路向西，人们通过草原可以到达西域，进而通往中亚、欧洲；往北辐射，人们可以到达更高纬度，甚至跨越白令海峡；往东去，是朝鲜半岛和日本群岛；南临渤海湾，人们可以浮海去往朝鲜半岛、山东半岛，甚至更远。

在长期的多民族文化交流中，辽宁“得风气之先，开风气之先”，不断吸收先进的文化，发展出具有鲜明地域特色的辽宁文化，在某些时候甚至“先走一步”，以自己的独创性成为中华文明和传统文化的重要组成部分。

将中华文明起源向前推进1000多年

辽宁的历史必须要从金牛山人说起，金牛山人距今约30万年，头骨特征较同时期的北京人要进化，是国内所知最早从直立人进化到智人的古人类。此后的鸽子洞人、小孤山人延续了这种先进性。在距今约7000年的查海遗址中，那巨大的堆塑龙成为中华民族龙崇拜起源的历史见证。朝阳牛河梁遗址的挖掘，更是石破天惊的重大发现。这里出土的祭坛、积石冢、女神庙和女神像、玉雕猪龙等，表明这里存在一个初具国家雏形的原始文明社会，把中华文明的起源向前推进了一千多年。

进入夏朝后，史料中终于出现了辽宁地区的身影。这里的人们与中原文明密不可分，逐步建立了与中原的隶属关系。《禹贡》记载，辽宁地区最早为冀、青二州之城，夏商为幽州、营州之地，春秋战国时期则为燕地。秦统一中国后，秦始皇曾东临碣石，踏上辽宁大地。此后，汉武帝、魏武帝、隋炀帝、唐太宗都曾在辽宁大地留下珍贵的历史足迹，他们经略东北边郡的雄图大略，至今值得世人称道。辽宁大地也是少数民族叱咤风云的地方。扶余国、慕容鲜卑所建立的三燕、高句丽、唐朝时期的渤海盛国、金戈铁马的辽与金、发源于此的清王朝，都曾在历史上留下浓墨重彩的一笔。近代以来，日俄对辽宁的侵略与角逐、奉系军阀的坐大以及日本的殖民统治都是不可忘却的历史。新中国成立后，辽宁最早建立起重工业基地，曾被誉为“共和国长子”和“东方鲁尔”。

深深影响中华民族的发展脉络

往事穿越千年，沧海桑田之后，辽宁厚重的历史留下了一串串珍贵的足迹。史前的祭台神像、夏商周的青铜器、战国时期的燕长城、秦始皇的碣石宫、曹操东征留下的《观沧海》、慕容鲜卑所建立的都邑、高句丽的山城、辽金的佛塔与瓷器、明朝的羁縻政策与明长城、清朝的一宫三陵以及近代以来的张氏帅府、满铁、关东厅……在辽宁这块热土上，历史留下了数不清的文化古迹。

更值得一提的是，辽宁独特的历史进程深深影响着整个中华民族的发展脉络。随着考古的不断发现与研究，许多我们不曾了解的历史空白得以填补。辽宁的历史绝不是与世隔绝的，它深受周边地区的影响，并影响着周边。历朝历代，辽宁大地受中原局势的影响，有时是边疆戍卫重地，有时是军阀割据之地，有时是野心勃勃的少数民族政权，有时是向中原王朝朝贡的盛大国家。曾经在这里兴盛一时的少数民族，有的在征服中原的过程中汉化，有的长途跋涉寻找新的落脚点，有的回到深山老林等待复出，有的入主中原成就一代辉煌。

在辽宁，人们去驻足一座山、一条河流、一座城池、一条古道，去凝视一座桥、一口井、一块石碑、一块玉石、一方印章，历史的沧桑感扑面而来。这里有道不尽的兴衰故事，数不尽的风流人物。

盘点 PANDIAN

这些都别错过

在浩如烟海的资料中，搜寻辽宁的历史文化古迹，我们会发现，有许多文化古迹有着鲜明的共同点，可以归为一类，例如古城池、帝王的陵墓、曾经的宫殿、佛塔、名人故居、书院学府等。

古城 辽宁几千年的历史中，遗留下许多历史名城。现在的沈阳、辽阳、朝阳都曾经作为辽宁地区政治中心出现在历史的舞台上。著名的兴城古城、北镇古城、五女山城、赫图阿拉故城、中前所城等，都是游人向往的名胜。

帝陵 提到帝王的陵墓，人们总会忽略辽宁地区。这里不仅有着著名的关外三陵（努尔哈赤、皇太极都葬在这里），还有辽代的帝王陵墓群（辽代著名的萧太后就葬在这里）。此外，后晋的第二个皇帝，石敬瑭的养子石重贵也葬在辽宁。

宫殿 辽宁历史上的宫殿或许有很多，遗留至今的却很少，沈阳故宫就是其中的佼佼者，至今保存完好。伪满溥仪东行宫位于丹东，鲜少被人关注。历史上，辽宁地区还有秦始皇的碣石宫，如今遗址已被保护。此外，清朝的罕王宫和夏园行宫已然不存。

佛塔 辽宁的古塔有64座，其中辽塔39座、金塔5座、明塔8座、清塔12座。以辽塔最多，分布遍及全省，尤其以辽西最多。辽宁的辽塔工艺高超、气势雄伟，辽代统治阶级极其笃信佛教，这些佛塔都是辽代以举国之力，不惜血本建造的。

故居　辽宁人杰地灵，许多历史名人都曾在这里居住，留下数量可观的名人故居。张氏帅府应该就是其中最赫赫有名的一处。这里有奉系将领的住所，有地方官员的府邸，有商人名流的宅第，还有中共地下工作者的居所，有着浓厚的历史沉淀。

书院　辽宁的书院历史可以追溯到辽代，到了清代，辽沈地区出现了名噪一时的“三大书院”，如今只留下银冈书院、襄平书院。此外，辽南还有一座横山书院保留至今。近代以来，辽宁的高等学府应运而生，与旧时的书院共同彰显着这一地区过去的学风。

辽宁历史文化分布

▶ 辽宁拥有悠久的历史，数千年的积淀造就了这里数不清的历史遗址、遗迹、遗产，它们如同一颗颗璀璨的明珠，在今天的辽河两岸熠熠生辉。如今我们绘制的这份《辽宁历史文化分布图》，只将那些十分重大、引人注目的遗址罗列在案，并没能囊括所有，谨以此图展现辽宁地区最独特的历史遗迹，希望能够更直观地为读者介绍辽宁的历史文化分布状况。自家人知道自家事，对于辽宁各地最具文化底蕴的历史景观，各市的文化名人如数家珍，并一一谈了他们的看法。

沈阳

■ 沈阳故宫

沈阳故宫，又称盛京皇宫，是清朝初期的皇宫，努尔哈赤、皇太极都曾在这里办公，距今近400年历史。沈阳故宫是我国仅存的两大宫殿建筑群之一，沈阳故宫占地面积6万多平方米，有古建筑114座，500多间，至今保存完好，是一处包含着丰富历史

文化内涵的古代遗址。

游记摘录 一朝发祥地，两代帝王城。沈阳，清王朝在此立都，修建了宫殿寝陵，它们得以完好地保存，如今成为了世界文化遗产。这次我从广州出发，千里迢迢来到沈阳，就是为了瞻仰一下帝王宫的风貌。——色影姐

■ 张氏帅府

张氏帅府，又称“大帅府”或“少帅府”，是张作霖及其长子张学良的官邸和私宅。它由东院、中院、西院和院外建筑四部分组成，整个建筑群兼有中、西两种建筑风格。中院是中国传统四合院建筑；东院主要有大、小青楼各一座，大青楼为西方罗马式建筑；西院有楼房六栋，皆为北欧风格建筑；院外有赵一获住所，为日式建筑，还有边业银行、帅府舞厅等。

游记摘录 张氏帅府的传统建筑部分的设计风格恢宏大气，突出“前政后寝”的建筑功能，和明清时期的皇家行宫极其相似，这反映出张作霖头脑中的权贵思想特别明显。这种宏伟的建筑风格，无形中是在向世人宣示张氏政权的至高无上。—— 一路南风

■ 清福陵

福陵位于沈阳东郊的东陵公园内，是清太祖努尔哈赤的陵墓，因地处沈阳东郊，故又称东陵。

游记摘录 “是清朝皇陵建筑中的精美杰作，是清朝初年的最高建筑水平的体现。”——苦行僧游记

■ 清昭陵

清昭陵（也称北陵）是清朝第二代开国君主太宗皇太极以及孝端文皇后博尔济吉特氏的陵墓，占地面积16万平方米，是清初“关外三陵”中规模最大、气势最宏伟的一座。

游记摘录 北陵虽然不如清东陵规模宏大、气势磅礴，但是规制非常完整健全，且保护得很好，鲜有破坏，也没大拨游客带来的喧嚣浮躁，历史氛围相当好。——疏影清浅

东北大学旧址

东北大学旧址

东北大学是民国时期东北地区建立的规模最大的一所由文、法、理、工、教育五个学院组成的综合性大学。东北大学旧址建筑采用中西结合的建筑形式，主要建筑各具特色，保存完好，为近代优秀建筑群，具有较高的历史、艺术、科学价值。

大连

旅顺监狱旧址

旅顺监狱旧址由1898年沙俄建造，后由日本侵略者扩建、沿用至1945年8月。占地1.4万多平方米，包括牢房256间，牢房每间15平方米，地下室有4间暗牢。另有工厂15个及一座二层楼的绞刑场。四周围墙高3米，系当年东北地区最大监狱。俄日侵略者在此施用各种刑罚，残酷镇压和屠杀中国人民，留下大量罪恶实物证据。

游记摘录　今天是极有意义的一天。不轻松，谈不上享受谈不上快乐，甚至可以说很沉重，但一生也不会忘记吧。这种震撼，我想我会一辈子铭记。——苏醒

关东厅博物馆旧址

大连俄国建筑

鞍山

■ 中苏友谊纪念塔

■ 万忠墓

■ 山西会馆

海城山西会馆，旧址位于海城西门外大街路北，今海城兴海管理区东侧，“三学寺”的西侧，南约1.5华里为海城河。坐北朝南，正殿三楹，后殿五楹，大门三楹，钟楼、鼓楼各一，路南乐楼一座。山西会馆原为清代庙宇建筑，康熙二十一年（1682）由知县郑绣建立，后屡经在海城的山西商人捐资修缮后改为山西会馆。1914年重修后又改为关帝庙。

游记摘录 这里我们不难看出，旅居异乡的山西商人不但以自己的经济实力，更以自己的匠心独运，使山西会馆在海城这方土地展示着晋商独有的魅力与风采。——渡桥

■ 析木城石棚

■ 海城仙人洞遗址

■ 三学寺

■ 卧鹿山石庙

▼ 海城山西会馆

抚顺

清永陵

清永陵原名兴京陵，位于新宾县启运山南麓，是清朝定都北京之前在盛京的三座祖陵之一，号称“盛京三陵”之首。清永陵是清太祖努尔哈赤远祖、曾祖、祖父、父亲、伯父、叔父的陵园。整个陵区由前院、方城、宝城三部分组成，四周围以缭墙，既具备了中国皇家陵寝的传统格局，又保持了清朝先世女真族以及满族文化的本来面貌。

游记摘录 清永陵不仅以神奇的风水、丰富的内涵、重要的价值闻名于世，而且在建筑形制、布局、造型、工艺上都有自己的建筑特点和艺术特色。——聆听心语

赫图阿拉城

平顶山惨案遗址

抚顺战犯管理所

雷锋纪念馆

元帅陵

本溪

■ 五女山山城

五女山山城是史料中记载的高句丽第一代王城“纥升骨城”的部分遗址。公元前37年，中国东北地方政权“夫余国”王子朱蒙率领一部分人在此建国立都，号称高句丽。五女山山城依山势而建，呈不规则的楔形，南北长1540米，东西宽350至550米，分山腰的外城和山顶的内城两部分。山城东、西、北三面都是百尺峭壁，南面是险峻的陡坡，地形易守难攻。目前城内主要发现了3处大型建筑遗址以及城墙、哨所、兵营、蓄水池等遗址。

游记摘录　远眺五女山，如同一只大大的靴子，俯瞰如同一个清晰的脚印，印在桓仁的山水之间，它由一座山城砌就而成，它见证了一代雄主朱蒙开辟高句丽七百年霸业的历史足迹。——钟含3

▲ 米仓沟将军墓

■ 米仓沟将军墓

■ 清河城古城遗址

■ 温泉寺

■ 孤山堡遗址

丹东

■ 鸭绿江断桥

鸭绿江断桥原为鸭绿江上第一座桥，始建于1909年，长944.2米，宽11米，十二孔，从中方数第四孔为开闭梁，以四号圆形桥墩为轴，可旋转90°，便于过往船只航行。每次旋转需20分钟。抗美援朝战争期间被美军炸毁。中方一侧残存四孔，成为抗美援朝战争的历史见证。

游记摘录　去丹东不为别的，只是想看看鸭绿江，以及鸭绿

▲ 虎山长城

江断桥。因为那个地方让人惦记了许久，一种渴望自始至终不曾泯灭，情似“久有凌云志”。——银山智人

■ 虎山长城

■ 凤凰山山城

■ 溥仪东行宫

■ 丹东抗美援朝烈士陵园

锦州

■ 万佛堂石窟

万佛堂石窟建于北魏，距今已有1500多年的历史了，因为常年的自然风化与年久失修，大部分石窟已经破损坍塌，不复存在。万佛堂石窟是我国东北地区年代最久、规模最大的石窟群，与云冈、龙门两大著名石窟同期一脉，是由书法摩崖、石刻造像构成的艺术综合体，具有很高的历史价值和艺术研究价值，是中华民族之瑰宝。

▲ 奉国寺

游记摘录 在东北三省，能上得了我国石窟殿堂的，只有一座，就是万佛堂石窟。万佛堂石窟为我国所有石窟中，最东最北者。——公子狂人

■ 辽代帝王陵墓群

■ 奉国寺

■ 北镇双塔

■ 义县宝林楼

营口

■ 石棚山石棚

石棚山石棚建造的年代大约在青铜时代或更早的新石器时代晚期，是迄今为止在我国发现的最早的地上建筑，为巨石文化的杰作。石棚主要分布在我国辽东半岛一带，石棚山石棚是我国目前所见规模最大、做工最精、保存最好的一座，堪称世界之最。史前石棚的建造用途，目前有几种说法，有的认为是当时的墓葬，

有的认为是祭祀场所，还有的认为是宗教活动场所等。

游记摘录 很难想象，在生产力水平很低的青铜时代，先民们为建造它要花费多少血汗。——歌乐俊

■ 金牛山遗址

■ 高丽城山城

■ 西炮台遗址

■ 玄贞观

阜新

■ 查海遗址

查海遗址是新石器时代早期人类聚落址。在这里发现的玉玦等玉器是迄今为止世界上发现最早的真玉制品，被誉为“世界第一玉”；龙纹陶片把中华民族崇拜龙图腾的历史向前拉长了3000年，被誉为“华夏第一龙”。我国著名考古学家苏秉琦因此将阜新誉为“玉龙故乡，文明发端”。

游记摘录 查海遗址出土的玉器，经科学鉴定，均为透闪石软玉，做工之精美，令人叫绝。——蒙古真夫

■ 八家子城址

■ 关山辽墓

■ 瑞应寺

■ 懿州古塔

辽阳

■ 辽阳壁画墓群

辽阳壁画墓群主要分布在辽阳市北郊、东南部及太子河东岸，年代为曹魏、西晋时期，最晚到东晋初，墓主均为当时割据辽东的公孙氏权贵人物。墓顶有高大的封土堆，墓室在地下，用石板构筑成多室及回廊。壁画绘于墓壁上，题材多表现墓主人的经历和生活，常见有出行图、庖厨图、乐舞图及杂技图等，色彩鲜艳。

游记摘录 魏晋时期流行厚葬，因此才能留下如此多的壁画古物让后人静静欣赏，幻想古人宴饮骑射时的种种生活场景。——yoyo

■ 彭公馆

■ 三道壕西汉村落遗址

■ 广佑寺

■ 江官屯窑址

盘锦

■ 田庄台关帝庙

田庄台关帝庙，俗称“老爷庙”，位于田庄台镇中心商业街内，始建于清乾隆年间，距今至少已有200年历史。关帝庙历经几次重修和增建，如今形成了较为完整的古代建筑群。关帝庙主祀关羽。庙内现珍藏着原关帝庙遗物小石狮一尊，原朝阳宫遗物九甬碑碑头一座，以及乾隆年间古庙老山墙一面，是珍贵的历史文物。

游记摘录 山门前东侧有一千佛宝塔，九层，看似铸造，塔身布满浮雕佛像，须弥砖座，镶嵌壁画雕饰，讲述佛祖降生、出道、成佛、涅槃等佛教故事，非常精美。——大群

■ 田庄台崇兴寺

■ 兴隆台遗址

■ 田庄台清真寺

■ 张氏墓园

铁岭

■ 银冈书院

银冈书院位于昔日的铁岭古城内南门之右、今日繁华的银冈小区之中，是一处古朴幽静的清代园林式建筑群。银冈书院始建于清顺治十五年（1658），其创始人是清代谪居铁岭的郝浴，曾是清代著名的五大书院之一，是关东第一书院，在东北教育史上具有举足轻重的地位。它“开本邑教育之先”，培养出大批英才。周恩来总理就是在银冈书院入读小学的。

游记摘录 银冈书院是东北最早的书院，在当时与中国的四大书院齐名，并列第五。怀着对周总理的思念和对东北最早书院的仰慕，我来了。——春天_25202

■ 高崇民故居

■ 城子山城遗址

■ 铁岭白塔

■ 咸州古城

朝阳

■ 牛河梁遗址

牛河梁遗址属于新石器时代晚期的红山文化，距今5500—5000年。牛河梁红山文化坛、庙、冢等遗址和珍贵玉器的发现，以确凿而丰富的考古资料证明，早在5000年前的红山文化晚期，社会形态就已经发展到原始文明的古国阶段。她为中华民族五千年的文明史提供了有力物证，对中国上古时代的社会发展史、传统文化史、思想史、宗教史、建筑史、美术史的研究都产生重大影响。牛河梁红山文化遗址的确是中华民族寻祖问源的圣地、东方文明的曙光。

游记摘录 有人说牛河梁上古祭坛就是东方金字塔。喜爱之情可以理解。殊不知，牛河梁红山文化整整比埃及金字塔早一千年。一千年的岁月流逝，然后才有金字塔。——雪送儿

■ 朝阳北塔

■ 冯素弗墓

■ 天盛号石拱桥

■ 朝阳关帝庙

■ 燕长城遗址

葫芦岛

■ 碣石宫

碣石宫遗址经考证是当年秦始皇东临碣石的驻跸之地，总体布局为长方形，南北长500米，东西宽300米，占地面积15万平方

米。四周构筑夯土墙，墙基宽2.8米，内外壁陡直。碣宫建在石碑地高大的夯土台基上。遗址的立体建筑靠近海岸线，遗留下来的夯土台高达8米，地基边长40米，有一半沉入地下，是一座规模宏伟的高台多级建筑。立体建筑的两翼有角楼，后面有成批的建筑群，除秦都咸阳和汉都长安以外，极少见有如此大型而又布局有序的宫殿建筑群。

游记摘录 “东临碣石，以观沧海。”秦始皇不愧中国历史上第一个国王。其一统天下，傲视华夏的气魄算得上第一人。曹操平定北方来至辽西，辽阔海域，临风而立，望望远处，轻吟诗句。真所谓惺惺相惜，碣石以秦始皇名，更以曹操名。——时光倒影

- 兴城古城
- 九门口长城
- 中前所城
- 海棠山摩崖造像

▲ 碣石宫

报道组走进渤海大学，学生说——

也许我就是女神的后代

▶ 5月16日下午，《女神的微笑》读者互动活动在渤海大学政治与历史学院举行。

时　间
2018 年 5 月 16 日下午
地　点
渤海大学政治与历史学院会议室
参加人员
渤海大学政治与历史学院师生
活动流程
13:00—14:00　座谈会
学院参会师生畅谈自己对红山文化的理解，以及它在辽宁历史文化中所占地位
14:00—14:30　问卷调查
14:30—15:00　辩论赛
辩论内容：以牛河梁为中心的红山文化在中华民族文化谱系中的地位是否已经被完全认同?
15:00—15:20　学院老师总结发言

知道，却不了解

下午1点，座谈会准时开始。2014级的吕海路首先发言。由于成绩优异，他刚刚得知自己被保送山东大学历史系研究生。他说，对于红山文化，自己并不陌生。据他了解，“红山文化”四个字经常出现在各大高校历史系研究生专业课考卷上。吕海路坦言，自己对红山文化只知道，不了解。吕海路家住河南新乡，他说，说起河南，人们脑海里很容易想到殷墟、龙门石窟、洛阳牡丹或者少林寺。它们就像是河南的代言人，外地游客每到河南一定要到这些地方看一看。但与自己的家乡相比，红山文化虽然在辽宁甚至全国历史文化界占据着举足轻重的地位，但也许是年代久远，人们了解不多。

2015级的王楠楠来自朝阳市。她对红山文化的了解比其他同学多一些。她在交流中和同学们分享了著名考古学家苏秉琦曾提出的“满天星斗说”和对红山文化历史地位的评价。她说，在查阅资料时看到网上有人说红山文化申遗已是强弩之末，但自己并不这样认为。2016年的中国十大考古发现最终入围的25个项目中，辽宁朝阳市半拉山红山文化墓地的考古非常引人关注。它是继

▲ 辽宁日报大型新闻策划青年论坛在渤海大学举行

牛河梁遗址之后红山文化近些年最重大的发现，为解决红山文化研究中的一些重大课题提供了最丰厚的资料。最后，王楠楠还提到了红山女神像。“女神的外貌有些像蒙古人种，而自己也是蒙古族，也许是女神的后代。”王楠楠的话让严肃的座谈立即活跃起来。

2015级文博专业的刘致玮来自辽宁省盘锦市。他说自己最早知道红山文化是在家乡的辽河美术馆看到征集关于红山历史的展品。因为是文博专业，刘致玮对展品颇有了解。他说，女神像这类独一无二的展品以及玉猪龙等玉器为辽宁的博物馆增色不少。通过对红山文化资料的查阅，他甚至在内心假设，红山文化是否是中华文明出现最早的？中华母亲河是否是辽河？

专门研究历史地理的肖忠纯老师从原始信仰、玉器造型等方面对红山文化进行了客观评价。除此，他将红山文化与良渚、仰韶文化进行了对比，拓展了学生们的知识面。他认为，原始文化在中华大地多元发展，齐头并进，间接回答了刘致玮的疑问。

补白　座谈会上，同学们就红山文化的内容、文化内涵等侃侃而谈。不难看出，每位同学都精心做了准备，翻阅了大量资料。但是，对红山文化的不了解，导致同学们只能就红山谈红山，发言内容雷同，缺乏新意。对于这一现象，学院教师王海认为，这样的不足是日常对红山文化缺乏关注造成的。王海说，辽西地区是中国北方重要的板块。不管同学们来自哪个城市，既然在辽西的大学读历史系，就应该对辽西的历史文化多关注。开阔思路，通过红山文化去了解辽宁的地域文化。

大众认同才是真认同

接下来的辩论环节，正反双方以“以牛河梁为中心的红山文化在中华民族文化中是否已经被完全认同？”为题展开辩论。双方辩友唇枪舌剑，努力用自己的观点反驳对方。

正方用一组数据表明“以牛河梁为中心的红山文化在中华民族文化中已经被完全认同”——2003年牛河梁第十六地点的发掘被评为年度全国十大考古发现；2004年遗址被国家文物局列入重点大遗址；2006年被国家文物局列入重设的《中国世界文化遗产预备名单》；2008年，正式启动牛河梁国家考古遗址公园项目建设；2013年被国家文物局正式列入第二批国家考古遗址公园名单；2012年与赤峰市红山后遗址、魏家窝铺遗址一起列入重设的《中国世界文化遗产预备名单》。正方同学认为，牛河梁红山文化坛、庙、冢等遗址和珍贵玉器的发现，以确凿而丰富的考古资料证明，早在5000年前的红山文化晚期，社会形态就已经发展到原始文明的古国阶段。她为中华民族五千年的文明史提供了有力物证，对中国上古时代的社会发展史、传统文化史、思想史、宗教史、建筑史、美术史的研究都产生重大影响。牛河梁红山文化遗址的确是中华民族寻祖问源的圣地、东方文明的曙光。

反方同学认为，红山文化遗址分牛河梁和赤峰两部分。红山文化的居民主要从事农业，还饲养猪、牛、羊等家畜，兼事渔猎，细石器工具发达，还有磨制和打制的双孔石刀、石耜等。陶器以压印和篦点的“之”字形纹和彩陶为特色，种类有罐、盆、瓮、无底筒形器等。彩陶多饰涡纹、三角纹、鳞形纹和平行线纹。玉雕工艺水平较高，玉器有猪龙、龙形缶、玉龟、玉鸟、兽形玉、勾云形玉佩、箍形器、棒形玉等。还发现相当多的冶铜用坩埚残片，说明冶铜业已经产生。而牛河梁遗址目前对外开放两处遗址点分别是女神庙遗址、祭坛和积石冢遗址。这说明，红山人生活重心在赤峰，行礼仪之事在牛河梁。

辩论结束后，王海老师进行点评。他指出，双方焦点不应落在“牛河梁”，而应是“完全认同”。在他看来，这场辩论赛应该就红山文化是否被国民认同这一论点展开。从20世纪初，红山文化被发现至今已有百年历史。如何让红山文化走向大众，提高公民认知度，让红山文化成为全国人民耳熟能详的话题？王海还记得，有一年自己到仰韶文化博物馆参观调研，门口有当地村民卖仿制的陶埙。由此，王海想到红山文化文创产品或许是让文化大众化的途径之一。

补白　历史文化的研究不光是专业人士的事。王海老师说到的历史文化大众化，正是报道组带着策划主题走进高校、是否走进小学进行互动活动的目的。以牛河梁为中心的红山文化在中华民族文化中是否已经被完全认同，认同的主体终归是人。历史文化大众化，红山文化才有可能被完全认同。仰韶文化博物馆的陶埙可以仿制，作为纪念品带回家，红山文化的女神像、玉猪龙也可以制作成各种文创仿品，出现在辽宁的大街小巷。

通过此次互动活动，我们既看到同学们对红山文化并不十分了解，座谈时内容单一，没有形成自己的观点，辩论时偶尔离题，我们也看到，同学们在活动中对辽宁历史文化产生浓厚兴趣。正如参加座谈会的吴凤霞老师所说，辽宁历史文化既包括物质，也涵盖精神境界。同学们的视野应该更宽，应该去了解中华民族文明的起源地之一——辽宁。

延伸
YANSHEN

超过九成学生认为女神像最能代表牛河梁

我们准备了一份调查问卷，请渤海大学政治与历史学院的学生们作答。题目不多，留白很大。每道题的后面，留有空间，同学们填写完选项，可以进一

▲ 学生们认真填写问卷

步发表自己的感想。令人意外的是，每位同学都认认真真写下了选择的理由。

根据问卷调查结果，我们可以得出以下结论。

多数同学认为女神像代表牛河梁文化形象

对于问卷中“您觉得能代表牛河梁文化形象的是什么？”的问题，98.7%的同学选择“女神像”。2015级历史系（师范）专业的马鲁宁认为，美国有自由女神像，希腊也有胜利女神像，而中国一直以来却没有女神像。牛河梁女神像的发掘填补了这项空白。女神代表着希望、生育、大地和收获，象征着生命的延续。2017级历史（师范）专业的石晨认为，在牛河梁文化发掘中，最大的发现便是女神像。而其引发了学术界对中华文化起源的讨论，“文明的曙光”就此出现。

2017级历史系刘安同学认为，玉猪龙最能代表牛河梁文化形象。他的理由是，牛河梁文化内涵十分丰富，手工业达到了很高阶段，形成了极具特色的陶器装饰艺术和高度发展的制玉工艺，而玉猪龙恰恰是玉器中的精品。

牛河梁文化遗址的发掘和宣传不成正比

对于问卷中“您觉得牛河梁文化遗址的发掘与宣传是否成正比？”的问题，91.2%的同学选择“不成”。在2015级文博专业的刘致玮看来，目前非专业领域的人士对牛河梁文化是何文化知之甚少。朝阳籍学生王楠楠也认为“不成正比”。上大学之前，她在朝阳生活了十几年，却从未有机会到牛河梁遗址看一看。对红山文化、牛河梁遗址所有了解都来源于课本。王楠楠手里拿着一本《重现女神——牛河梁遗址》。她告诉记者，为了把辩论赛准备得更充分，自己特意在图书馆借阅了这本书，但这本书的借阅量不大。

2014级文博专业的吕海路说，非专业人士对牛河梁遗址以及红山文化了解不多，主要是媒体和其他信息方式都宣传不够。他认为，历史文化普及进校园是一种尝试。

也有同学认为目前牛河梁文化遗址发掘与宣传成正比。马鲁宁认为，牛河梁文化遗址正式申请世界文化遗产，也常举办各种座谈会和研讨会。准备资料期间，她还关注了“牛河梁遗址博物馆”的微信号和微博。“我看到博物馆经常更新微信和微博公众号，里面有很多有意思的内容。”

推广辽宁历史文化的方式多种多样

问卷中“您觉得什么方式能更有效地推广辽宁历史文化价值？”的回答中，选择“影视作品”的占23%，选择“情景剧或小说”的占21%，选择“新媒体推介”的占25%，选择“文创产品或游戏”的占31%。

2016级历史六班的于良夫认为，优秀的影视作品是人民群众最喜闻乐见的大众文化，把辽宁历史文化融入影视作品中更能够被大众认知。

2016级历史专业的于海茹说，现在的世界是多元化的，线上、线下全媒体推广，一定会让红山文化走向世界。就像故宫博物院，通过文创产品、新媒体推介等多种方式扩大影响力，今天的故宫博物院，就像青年一般充满活力。

但80%以上的同学都提及推广方式务必符合历史事实，虚构、夸大的内容虽然能扩大影响力，但是容易带给人们错误的认识。

解读 JIEDU

资源挖掘还远远不够

看着自己的学生们在短暂的时间内上网、去图书馆，查资料、记笔记，从对红山文化一知半解到能总结出自己的观点，从刚开始认为红山文化枯燥无趣，到活动结束后自觉了解辽宁历史文化，作为学院院长的崔向东很欣慰，同时，他也在这场活动中感受到，推广辽宁历史文化，任重而道远。

崔向东认为，辽宁历史文化具有鲜明的地域文化特征，从历史的角度看，辽宁历史文化是千百年来以华夏文化为底色，多民族文化相互融合的结果。东北振兴，也包括文化的振兴，总的来说，近年来人们对辽宁历史文化宣传和挖掘等做了很多工作，但与厚重的历史文化相比，宣传、挖掘得还远远不够，还有很大的空间。要宣传好辽宁历史文化，首先应当做好挖掘工作，既要有广度，又要有深度，要真正弄清辽宁历史文化的内涵和特色，只有这样，才能保证宣传的真实和准确，才能真正发挥文化在经济与社会发展中的作用。要在准确的基础上宣传、包装，让人们看到并领略辽宁历史文化的风采。

在崔向东看来，辽宁历史文化的普及和推广是十分重要的，对于地方文化建设具有不容忽视的意义。普及和推广历史文化的方式方法很多，全社会应共同努力。首先，政府部门应当高度重视辽宁历史文化的普及和推广，将其作为地方文化建设的重要组成部分，为普及和推广提供支持和保障。其次，文化、教育等部门要积极组织力量具体推进历史文化的普及和推广，可以采取多种灵活的方式，如知识讲座、博物馆展览、撰写科普著作、制作纪录片等。充分利用各种媒体进行宣传，如微信、微博等自媒体。最后，加大宣传力度，让更多的人参与普及和推广，了解辽宁历史文化，了解家乡，热爱家乡。

崔向东告诉记者，从目前看，辽宁历史文化的挖掘还远远不够，存在一些困境。比如研究力量不足，较为分散。另外，对辽宁历史文化重大问题关注不够，很多问题研究尚需进一步深入。不仅如此，缺乏系统性研究，标志性成果较少也是挖掘瓶颈。辽宁省内高校应当是研究、挖掘辽宁历史文化的主力军。高校学者应在辽宁历史文化挖掘方面做出贡献，如组织力量展开具体、系统的研究，深入挖掘、提炼辽宁历史文化的内涵和特色，展开诸如红山文化、契丹辽文化、满族清文化、移民文化等特色研究。在学术研究的基础上，进行文化传播和服务社会，如制作历史与文化方面的纪录片，撰写各地区通史等，进行历史文化旅游开发设计，为地方文化旅游服务。

崔向东对《辽宁日报》的最新策划给予了高度评价。他说，党报做关于历史文化的大型策划展现了文化引领的作用，《辽宁日报》举办的辽宁历史文化大型策划活动，是对辽宁地域文化的宣传，有利于人们了解家乡、热爱家乡，同时，这项活动对辽宁历史文化是一个很好的宣传，突显辽宁历史文化特色，让更多的人从文化层面认识辽宁、理解辽宁，这对提升辽宁文化形象、对东北文化振兴都具有重要意义。

沈阳市岐山一校的孩子们穿越到 5000 多年前

长大了，我们也要学考古

▶ 2018年5月17日下午，辽宁省博物馆社会教育部教育员王璐、史立慧与本报报道组记者共同走进沈阳市岐山一校乐真校区二年九班，为同学们上了一堂生动的历史公开课。两位教育员采用“启发引导＋探索体验”式的教学模式，不但让孩子们了解了红山文化，还带领孩子手工制作牛河梁遗址玉器粘贴画。记者将策划调研的一路见闻和感受分享给孩子们，鼓励他们探索更多家乡历史文化中的未解之谜。课后，孩子们恋恋不舍地围着老师，期待继续上这么有趣的历史公开课。

| 这回记住红山玉龙了 |

“孩子们，你们听说过红山文化吗？”站在讲台上，史立慧抛出第一个问题。

“红山文化我知道，我和妈妈在省博物馆看到过。过去人住在大坑里，可荒凉了。”

“我也知道，我在新乐遗址博物馆看到过，那时候有龙，因为我看到古代人用玉做了玉龙。”

“老师给我讲讲红山玉龙呗，过去真有龙吗？”

史立慧的历史公开课从红山玉龙讲起。

勾曲形，口闭吻长，鼻端前突，上翘起棱，端面截平，有并排两个鼻孔，颈上有长毛，尾部尖收而上卷，形体酷似甲骨文中的“龙”字，课件上出现的C形龙引起同学们的兴趣。对于眼前的玉龙造型，同学们七嘴八舌说起来。

李铮硕说：“我一眼就看出这是玉龙了，我最喜欢它，去省博物馆看了好几次呢。虽然妈妈说世界上没有龙，但我相信以前有过。”

李东席认为课件上的“玉龙”是人们想象出来的，他认为这也许是一只很长很细的虫子。

▲ 辽宁省博物馆社会教育部教育员史立慧为孩子们精心设计了一堂历史文化课

对于红山玉龙，八岁的郭思远十分熟悉。与不少同学第一次听说红山玉龙相比，她能说出不少关于玉龙的特征。她告诉大家，姥姥家住在赤峰市翁牛特旗，那里被称为“玉龙的故乡”。自己去年暑假和妈妈还爬过红山，看见古代的红山人住的地方保存得相当完好。

巧合的是，史立慧的课件中准备了关于翁牛特旗红山文化的内容。她一边展示一幅幅图片一边介绍说：“早在一万年以前，红山地区就有人类生存。在新石器时代，生活在这一代的先民，过着原始农耕、捕鱼、打猎、畜牧的定居生活，创造了光辉灿烂的‘红山文化’。20世纪70年代，在翁牛特旗三星他拉出土的距今5000余年前的大型玉龙，被誉为天下第一龙。证明翁牛特地区的古文化和中原地区一样，是远古中华文明的重要源流之一…… ”

史老师的介绍让同学们对红山文化充满好奇。王艺潼惊讶地说：“先民没有手机，也没有汽车，连房子都没有就能生存，太厉害了。”马晨腾期待地说：“以前只听郭思远说过姥姥家那边有草原，原来还有‘天下第一龙’。等到假期，我要和爸爸妈妈一起去看看”。

adidas
Happy Baby

女神美吗

随后，史老师讲到新石器时代晚期，讲到红山文化的重要发现——牛河梁红山文化女神庙、祭坛、积石冢的发掘。史老师介绍说，红山文化坛、庙、冢，代表了已知的我国北方地区史前文化的最高水平，专家们因而对中华文明起源史、中华古国史进行了新的思考，把中华文明起源史的研究，从4000年前提早到5000年前，把中华古国史的研究，从黄河流域扩大到燕山以北的西辽河流域。

坛、庙、冢等有着宗教色彩的话题，似乎离小学生有些遥远。眼看着同学们注意力不再集中，史老师话锋一转，为女神像揭开神秘面纱。看到“女神像”的图片，教室里像是炸了窝。

“这不是女神，太吓人了。”

“仅凭这么一个面具，怎么能看出她是女神，不是男神呢？”

“她长得不像中国人，她是外国人。”

“她是外星人，是怪物！”

……

▲ 孩子们听得很认真

孩子们的评价五花八门，令现场的老师们忍俊不禁。

史老师耐心解释道，这尊相当于真人大小的陶制女人头像，其面部特征为高颧骨，浅眼窝，低鼻梁，薄嘴唇，眼珠是用晶莹碧绿的圆玉片镶嵌而成。和女神头像同时出土的还有6个大小不同的残体泥塑女性裸体群像。

随后，史老师在课件上展示出女神像的复原。她说，牛河梁遗址出土的女神陶塑为5500年前红山人仿照真人形象所制，脸型为标准的“盾牌型”脸，飞扬眉、杏核眼、吊角目、蒜头鼻、薄唇抿嘴、大耳有轮，头上可能戴有花环、盘辫或粗布巾带。对女神的复原，首先是对出土陶塑进行了图像修复和五官图像测量与标线，然后筛选了所匹配的五官部件组合成人像，并通过细节的修改确定表情基调，最后为女神披上一头乌黑的长发。看着复原后的女神像，同学们才真正相信这是“女神”。

制作玉器真好玩

史老师的讲解结束后，报道组记者又和同学们分享了在三星堆、良渚、仰韶调研的见闻。当同学们在图片中看到良渚的玉琮、三星堆的铜人头像，眼神中闪烁着兴奋的光芒。记者说，目前，还有好多考古文化遗址由于技术不成熟等原因未被发掘，因此对于过去，留有许多未解之谜。比如牛河梁遗址发现的女神像，到底长什么样子？红山文化时期，人们居住和祭祀的地方为何离那么远？古人为什么制作玉龙？这些疑问，也许在将来的一天，你们其中的一名同学成为了专家，会为我们揭开谜底。好几位同学兴奋地说：“我以后要学考古。”

讲解结束，省博物馆的教育员们带领孩子手工制作牛河梁遗址玉器粘贴画。史老师告诉孩子们，红山玉文化是红山先祖将自然界里的形象和现象复制和概括而成的一种人类信息沟通的象形符号。红山文化出土了多种形态的玉器，主要有玉猪龙、C形龙、箍形玉器（或称马蹄形器）、勾云形玉佩、玉璧、玉镯、丫形玉器、匕形玉器、玉玦、玉臂鞲、玉枭、玉龟、玉蝉、玉凤、玉人、串珠等，这说明红山文化非常发达，当时的社会生活也比较发达。本次公开课，老师选定玉龟、玉凤、玉猪龙和勾云纹玉佩四种造型相对简单的作为样本，由同学们亲手制作出红山玉器。

▲ 认真制作

手工材料分发后，孩子们迫不及待地打开外包装。根据玉龟、玉凤、玉猪龙和勾云纹玉佩的造型，同学们先将图案拓在纸上，再将纸剪出玉器的形状。第一次制作红山文化玉器，同学们很好奇也很兴奋，他们将自己的想象力融入作品中，有的将玉猪龙的眼睛做成心形，有的将勾云纹玉佩用笔画出更多线条，还有的将玉凤做成五彩缤纷的颜色。同学们举着自己满意的作品，小脸上露出自豪的笑容。

史老师告诉记者，手工制作的过程也是知识巩固的过程。通过这一活动，同学们不但会加深对红山玉器的印象，还会对辽宁其他地区的历史文化产生兴趣。

活动过程中，班主任王军拍摄了不少视频和照片发送至学生家长群。家长们都认为，这是一堂有趣且有意义的历史公开课。

郭思远的妈妈刘磊留言说："我们平日总是觉得孩子小，历史文化对他们来说太深奥，孩子回家后拿着自己做的玉龟粘贴画爱不释手，路上就迫不及待向我讲述红山文化知识，瞬间觉得孩子长大了。"

李梓涵的奶奶说："孩子回家后就吵着要妈妈买一些关于红山文化的儿童图书，妈妈搜索了一遍，发现并没有这方面的儿童科普版图书。"她说，每个省份，都应该出版一套适合孩子阅读的历史文化图书，让孩子从小了解家乡历史，从而感受中华文化的博大精深。

现场
XIANCHANG

带领更多人重回红山时代

走进小学校园给孩子们讲辽宁历史文化公开课，对史立慧来说并不陌生。她所在的辽宁省博物馆社会教育部承担着博物馆青少年教育项目之一特色活动——“博游季”。

这一项目，秉持着“传承、自主、创新”的教育理念，整合馆校资源，构建创意课堂，将具有博物馆特色的教育课程带到校园，带到课堂上，希望博物馆的优秀教育资源惠及更多的青少年。每年，博物馆的老师们在全省各小学讲授辽宁历史文化公开课累计286学时。史立慧介绍说，此前，自己曾走进小学校园给孩子讲《瓷器上的吉祥纹饰》公开课，介绍古代瓷器的起源、发展和制作，茶文化的历史和中国人的饮茶习俗等传统文化知识，并和孩子们一起动手画出自己心中的吉祥纹饰。也曾给孩子们讲过《活字印刷》，让孩子们领略古代文明的力量，但“走进红山文化，探秘千年文明”课程，还是第一次列入公开课范畴。

与以往一样，每次上课前，史立慧要设计课程流程、制作课件。史立慧告诉记者，目前有个错误认识，人们普遍认为红山文化离自己很远，只有专家、学者、考古队员们才有近距离接触红山文化的机会。怎样让一群二年级的孩子听懂红山文化，对史立慧来说是个不小的挑战。她告诉记者，作为辽宁省博物馆的一名工作人员，以往自己对红山文化的了解更多的是侧重在文物相关的知识层面。但同时作为一名教育员，工作中还需要补充更多文物以外的其他相关知识，这样才能将文物讲活，将历史讲活。当面对一群对“考古”很茫然，不知道历史文化是什么的孩子时，更需要以丰富、充实的知识储备和灵活有效的教学模式将知识传递给他们，这样才能保证他们获得更好的知识养分，拓展更多的知识储备。

▲ 孩子们踊跃回答问题

依托辽宁省博物馆《古代辽宁》展中红山文化以及牛河梁遗址的相关文物和资料，查阅相关文献和书籍，史立慧制作了一堂专门针对小学生的红山文化知识课程。课程主要采用“启发引导＋探索体验”式的教学模式，注重整个环节的互动性和趣味性。“启发引导”环节要求学生了解和掌握什么是红山文化、红山文化所处时代、红山文化地理位置、红山文化是如何发现的、红山文化在辽宁地区的重要遗址分布、牛河梁遗址的重要性、什么是庙坛冢、牛河梁遗址典型玉器以及红山人“唯玉为葬、唯玉为礼”的习俗和制度；“探索体验”环节通过手工制作牛河梁遗址玉器粘贴画，让学生们进一步加深对牛河梁遗址、对红山文化的学习和记忆。

“红山文化是新石器时代我国北方地区非常重要的一支文化，是华夏文明最早的文化痕迹之一。特别是位于我们辽宁朝阳的牛河梁红山文化遗址的现世，将中华民族的文明史推前了1000多年。”史立慧告诉记者，这是她在制作课件时最想传达给孩子们的信息。作为祖国未来接班人的青少年们，特别是在校的中小学生，应该对家乡的历史和文化、对中华民族文明史的发展有更加清楚的了解和认识，这也是红山文化最终确定“博游季”教育课程形式的主要原因。

虽然“走进红山文化，探秘千年文明”课程知识点较多，难度也较大，但互动式教学模式课堂氛围非常活跃，这让史立慧十分欣慰。她说，博物馆这个知识宝库里，藏着许许多多辽宁的历史知识、文物知识以及传统文化知识，今后，“博游季”还会继续用最适合孩子们的方式走进校园，让更多孩子了解辽宁的历史文化。

延伸 YANSHEN

树立正确历史观，从了解家乡历史文化开始

一堂精彩的历史公开课，让二年九班的孩子们受益匪浅，也给班主任王军老师很多启示。她告诉记者，博物馆教育员介绍红山文化时，好几位同学脱口而出“女神庙”“玉猪龙”，这让自己很是意外。课后一问才知道，原来这些孩子之前参观博物馆时听过关于红山文化的故事。

王军说，这次“走进红山文化，探秘千年文明”活动不仅丰富了孩子们的校园生活，也让孩子们感受到中华民族历史文化的独特魅力。或许在这么短暂的时间里，孩子们了解的知识点不多，记忆也很模糊，但相信早期的历史文化启蒙教育会在他们心里生根发芽，指引他们树立正确的历史观。

家长们应该带孩子们多参观博物馆，多看看历史遗迹，多阅读写给儿童的历史书，感悟历史，感受文化，让家乡的历史文化在他们心中不再陌生。今后的课堂上，王军表示也会在讲课内容中融入更多历史文化内容。在她看来，一个人的历史观应从娃娃抓起。

王军认为，对于小学生，正确历史观教育影响远远大于历史知识本身的传授。讲述家乡的历史、典故、文化、风土民情等，不但可以让同学们更加直观地了解家乡，进一步培养他们热爱家乡的情感，还可以今昔对比，从远古时代发展至今，从石器时代到今天用多媒体教学播放文化遗存，能让孩子们深切感受到家乡日新月异的变化。家乡历史文化教育是学生素质教育的重要内容，也是书本以外最生动的教材。无论是老师还是家长，都应注重培养孩子们的历史观，了解家乡传统文化、地域文化和历史文化，在欣赏自然景观中关注家乡，在倾听家乡历史传说、名人逸事、风土人情中了解家乡，在感受家乡民俗习惯、乡土文化中热爱家乡，从小培养孩子们正确的历史观。

在外地的辽宁人说：

家乡厚重的文化
让异乡闯荡的我们更自豪

▶ 本报大型新闻策划《向世界叫响辽宁文化》的第一篇章《女神　你的微笑》刊发后，反响热烈，特别是引起了众多身在他乡、远在异国的辽宁人的关注。5500年前“红山女神”仿佛是一个领路人，为他们打开了通往家乡历史的窗口。

他们通过各种方式与报道组取得联系，为如何擦亮家乡文化品牌、提升家乡形象提出了不少建议。报道组选取了十位读者，他们分别来自新疆、河北、北京、上海、深圳等地，以及英国、日本等国家和地区，将他们的感言归纳为三个方面，集中展现出本次策划在社会各阶层引发的思考。

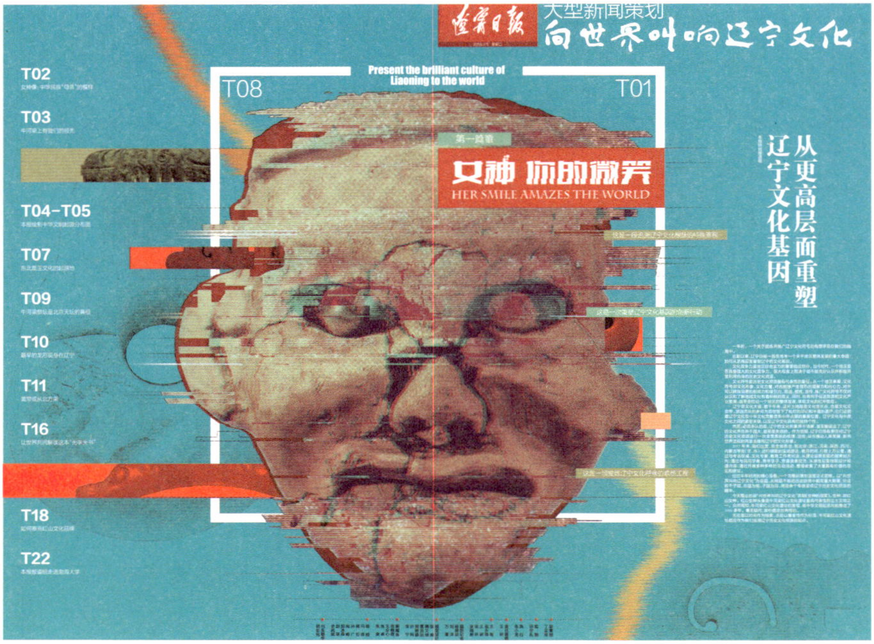

| 辽报策划很可能成为辽宁的文化名片 |

许文忠：作为一个媒体老兵，我深知，这一重大选题的操作十分具有现实意义。系列报道是当下时空环境的书签，可以刻录下时代脉搏。我是一个年逾不惑的双鱼男。“非典”肆虐的那一年，离开家乡沈阳前往上海发展，近二十年的媒体生涯中，从新闻纸到铜版纸再到无纸，从日报到周刊再到月刊，从平面媒体到网站再到短视频 APP，对国内媒体从形式到内容的潮起潮落、兴衰流变均有一线的体验与观察。此刻《辽宁日报》从源头开始梳理辽宁的历史文化，对辽宁本土的民众具有鼓舞人心、提振士气的作用，而对于像我这样身处外地的辽宁人更是能增添对家乡的自豪感。

魏茁：这一策划不单单是从红山文化、从牛河梁遗址开始，不拘泥于本地而是放眼全国，前期调研就穿越了大半个中国，北京、浙江、河南、四川、陕西……如今许多人对传统文化的兴趣逐渐淡化，更别提是深入研究。我是丹东凤城人，在沈阳读完大学后进入央视工作，作为现场导演目前在河北进行专题的拍摄。

我觉得《辽宁日报》的这一策划很有可能会像央视的栏目《诗词大会》《朗读者》《国家宝藏》一样，成为辽宁的一张文化名片，甚至让探寻历史成为一件十分热门的事。

陶蔚：我大学就读于沈阳音乐学院，毕业后前往深圳发展，从事教育工作。辽宁有着多民族融合聚居的历史，在清代是龙兴之地，受到强力保护，地广人稀，有闯关东的关内汉族移民的奋斗基因。新中国成立后一直到改革开放前，辽宁的重工业城市的历史定位，使得它依然是老大哥排头兵的位置……虽然目前的辽宁可能是

许文忠　沈阳人
现在上海某广告公司就职

陶秀琴　沈阳人
在新疆工作多年

赵丽丽　葫芦岛人
现居英国，从事财务工作

蔡晶　沈阳人
在北京从事游戏开发工作

魏茁　凤城人
在河北工作，任现场导演

陶蔚　沈阳人
就职于北京大学深圳研究院

刘姿辰　朝阳人
现为新疆电视台主持人

钟炜　大连人
在上海经营广告公司

李楸　阜新人
中央广播电视总台记者

杨雪　沈阳人
定居日本，公司职员

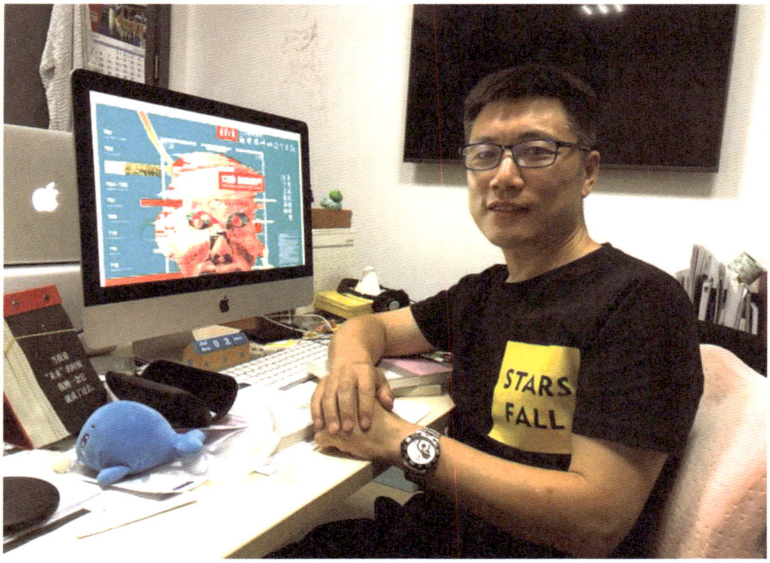

▲ 媒体出身的许文忠对辽报策划很关注

▲ 魏茁认为辽报策划这次又让人惊叹了一把

历史上相对低谷的时期，但是正是在这一时期，让大家重温历史，回顾先辈的奋斗史，让我们重新认识自己，从而凤凰涅槃，重燃新生的动力。

赵丽丽：穿越大半个中国，去寻找历史深处走来的与辽宁历史文化息息相关的记忆，辽宁日报的这个策划太有现实意义了！如果能很好地提炼历史文化的价值，并在现实中加以实际利用，这既是对辽宁历史文化的保护，也为辽宁未来发展提供了基础。

陶秀琴：看到你们的报道，才发现辽宁的历史文化如此悠久，我今年73岁，3岁时由闯关东的父母带到沈阳，在沈阳度过了学生时代，1965年离开沈阳，后辗转定居新疆。作为一个献身边疆工作的沈阳人，非常渴望家乡未来更美好，人文精神更具魅力，让我们身在异土他乡之人，充满幸福与自豪。

| 宣传历史文化应该多与新兴媒介相结合 |

蔡晶：宣传历史文化应多与新兴媒介结合，比如与动漫结合形成文化衍生品，与互联网结合将文化渗透到年轻群体中去，用创新的手段传播历史。现在的青少年特别喜欢玩手机游戏，让孩子们在玩游戏的同时，充分了解历史文化。就像我们当年玩《三国群英传》，里面出现的几十个《三国》人物名字基本都能背得下来，如果要是背历史书的话，恐怕就要累得多、难得多了。

赵丽丽：历史文化的传承不应该是独立的，它是与经济和其他社会进步紧密相连的。希望将辽宁那些精髓的历史文化沉淀下来，与经济和社会发展相辅相成。同时，也希望历史文化符号的保护能与老百姓的日常行为、日常生活紧密相关。

许文忠：归根结底，目前对辽宁来说最紧要的事情是发展经济，人们安居乐业，对家乡充满自豪和依恋感时，寻根文化会驱动我们寻找故土的文化源头和历史动因，传统文化不用动员就可以得到保护和传承。

钟炜：我是土生土长的大连人，2004年离开家乡来到上海，目前经营广告公司。每当和别人聊起家乡，很多南方人对辽宁省的印象还停留在东北老工业基地、二人转……说实在的，我能拿出来讲的大多还是大连（家乡）和沈阳（大学所在），当看了大型新闻策划“向世界叫响辽宁文化”首期《女神　你的微

▲ 陶蔚说，辽报策划让自己全面认识了牛河梁

▲ 赵丽丽希望辽宁能用新颖的方式宣传自己的文化

笑》，不禁惭愧，这是一段追溯辽宁文化根脉的特殊旅程，而这段铭刻在我血液里的文化基因原来也一直被自己所忽略。作为在异地工作与定居的辽宁人，作为行走在祖国大江南北的旅行爱好者，原来我的大辽宁有那么多地方不曾去过，有那么多历史文化已被忽视。可以像北京故宫一样，将辽宁的历史文化元素做成表情包，腾讯之前就联合北京故宫一起推出过表情包大赛，让所有动漫设计者都参与进来，设计好玩的表情包形象，最终将获奖的作品投放到市场中，效果非常不错。另外，也可以举办一些类似北京庙会形式的活动，让大家在休闲娱乐的过程中了解家乡文化及文化衍生品。消费者在购买的同时也会去琢磨其中的文化历史，起到非常好的宣传作用。

杨雪：我是沈阳人，在日本生活十年，曾辗转三个城市，现在居住在富山县，对中外历史文化都十分关注。沈阳故宫、北陵公园，这些地方都是我离开家乡前经常去的。沈阳历史悠久，更多的是人文文化，气势雄伟，但是感染力并不够，宣传和普及也不是很到位。我在日本这十年，感受到这个国家偏向于自然文化、环境保护，名片价值体现得较好，一提到某个地方人们马上能说出当地历史文化特色，特点比较突出，其实日本的很多历史遗址和中国的比起来比较简陋，但和自然景观结合得比较好。

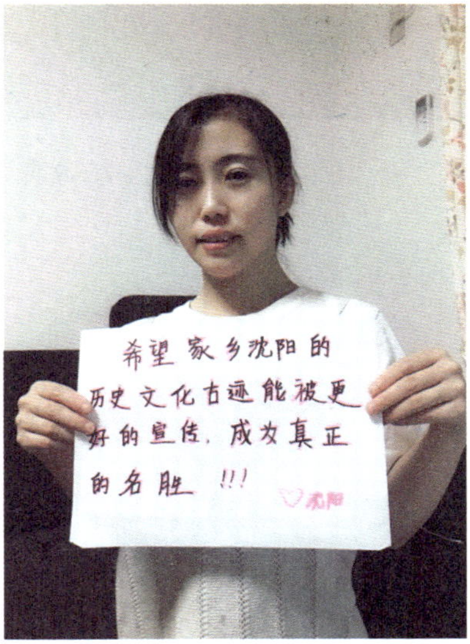

▲ 远在日本的杨雪，
希望家乡文化能真正走向世界

赵丽丽：我在葫芦岛长大，1995年前往天津南开大学求学，之后到中国科学院读研究生，2002年在北京参加工作，2008年赴英，现居英国剑桥。这个地区主要依托剑桥大学，是英国科技创新尤其是通信、计算机和生物制药的创新中心，也是传统农业创新地区。从文化传承的角度看，他们有很多值得借鉴的活动，如各种免费开放的博物馆、年度科学周、年度当地农场开放周末等。博物馆有工作人员向小朋友们展示在剑桥地区考古发掘出来的各种化石，从而能

▲ 李楸在高铁上用手机浏览了报道

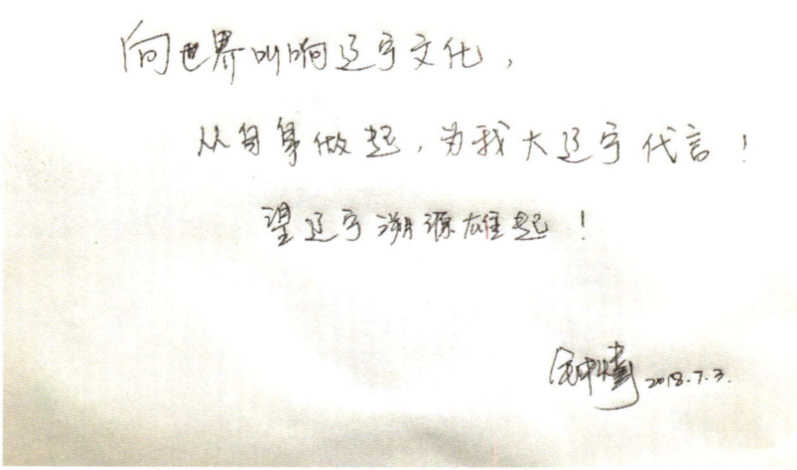

▲ 钟炜说，在外地的辽宁人都代表辽宁的形象

了解到这一地区的历史。而在文化方面，每年剑桥大学会有科学、莎士比亚文化节，任何人都可以买票去剑桥大学的大草坪欣赏经典莎士比亚戏剧表演。

李楸：辽宁是红山文化的发源地，特别是我的家乡阜新。这里出土的查海遗址，经过考古学界的鉴定，距今已经有8000多年的历史。出土的龙纹陶片、证明了我们中华文明的起源，先迈出一步的是北方。可是我们却没有把这样的文化宣传出去。我是一名“九〇后”，目前在央视任记者，在拉萨我看过文成公主大型实景剧，在阳朔看过刘三姐的实景剧，他们通过这样一种精彩的可观性强的形式把他们的地域文化宣传了出去。我希望我们的家乡也能够借鉴这类的形式，让辽宁文化走出国门，走向世界。

希望让更多的人爱上我的家乡

蔡晶：我是“八〇后”，地道的沈阳人，十多年前去北京读大学，毕业后在北京定居，一直从事手机游戏开发与运营工作。我之前对家乡辽宁的历史和文化的认识很浅薄，概念也很模糊。看到你们的大型策划后觉得非常震撼，看了报纸我才发现，原来那么多有名的历史文化都出自家乡辽宁。

许文忠：我的内心藏着家乡历史文化的底蕴，这种根子上的影响想抹去都很难。我相信地理决定论，这块土地上最主流的几支族群基因的合力，决定了这块土地上的未来走向。

刘姿辰：我是朝阳人，大学毕业后前往新疆，现任新疆电视台主持人。说到辽宁的历史文化，我就要说说我的家乡朝阳市。这里是第一朵花绽放的地方，第一只鸟起飞的地方。而我最喜欢的还是朝阳南北双塔，小时候父母常带我去玩，印象中历史悠久的辽塔，尤其是北塔里的地宫充满神秘色彩。策划把红山文化放在首期，不难看出红山文化在辽宁历史文化领域的特殊地位。它的代表文物玉猪龙，一直是我喜欢的，古朴，稚拙，简约，厚重。几千年来，红山文化也形成了朝阳这座城市的气质。所以无论走过多少地方，这里是我的家乡，我的根，我心灵安放的地方。希望更多外地人到我的家乡看一看。

感言
GANYAN

许文忠："看了你们的策划，我发现辽宁的民众、土地、资源，啥都不差，应该可再创辉煌！"

陶秀琴："《辽宁日报》的这组策划，我会一直关注并追踪到底，我要跟着你们的系列报道，更深入地了解故乡的历史。"

赵丽丽："我想，保护和传承历史就是要不断地应用，和我们每个人的日常生活息息相关，传承就是自然而然的结果了。"

蔡晶："历史不代表守旧，可以用创新的手段传播历史。"

魏茁："你们做了许多令新闻人不敢想的事。"

陶蔚："《向世界叫响辽宁文化》，我为辽宁骄傲！"

刘姿辰："几千年来，红山文化也形成了朝阳这座城市的气质。所以无论走过多少地方，这里是我的家乡，我的根，我心灵安放的地方。"

钟炜："原来我的大辽宁有那么多地方不曾去过，有那么多历史文化已被忽视。"

李楸："我希望我们的家乡也能够借鉴精彩的、可观性强的形式，让辽宁文化走出国门，走向世界。"

杨雪："其实日本的很多历史遗址和中国的比起来比较简陋，但和自然景观结合得比较好。"

手记
SHOUJI

这个策划很温暖

网络这端，中国沈阳下午2时；网络那端，英国剑桥早上7时。网络使远隔千山万水的他乡与故乡变得不再那么遥远。与定居英国的赵丽丽网络连线，开始于6月25日《辽宁日报》公众号发出的第一篇"《向世界叫响辽宁文化》首期特刊即将推出”的预告起，离开家乡辽宁近20年的赵丽丽说，当故乡只在脑海里出现时，才真正懂得了什么是“乡愁”，能够看到家乡的媒体做的如此有意义的策划，感觉到很温暖。

而与在新疆的陶秀琴老人网络连线时，记者能听出她内心的惆怅。老人说，6月初她刚刚从新疆回沈探了亲，她特意让在沈阳的亲属带她到沈阳的各处走走寻找回忆，不过像她曾经就读过的小学、中学的原址已经随着城市的发展进程不见了踪影。

无论是在他乡还是故乡，站在高楼林立满眼现代元素的街头，你是否也曾经有过片刻迷失的经历？“根”在汉语词典里有“事物的本源”的意思，追溯本源从而寻找迷失的自己；提炼并推广属于自己的文化符号，让我们的家乡更赋有历史的力量。

大连理工大学、辽宁大学、沈阳城市学院师生热议辽报策划——

《女神　你的微笑》被搬上高校课堂

▶《向世界叫响辽宁文化》第一篇章《女神　你的微笑》引发社会各界热议。报道组收到来自省内多所高校的反馈。为此，记者专门走进大连理工大学、辽宁大学、沈阳城市学院进行采访，听听师生们是如何评价的……

老师们说

提炼辽宁文化符号影响将是深远的

何熙文：辽宁地处祖国东北之南部，与祖国几千年来同呼吸共命运。辽宁文化当然也是祖国悠久历史文化的一个重要组成部分。作为我本人尤其关心辽宁京剧文化的历史、传承和当今的弘扬与发展。《向世界叫响辽宁文化》第一篇章《女神　你的微笑》刊发后，我感觉非常及时。辽宁的确需要更多的关注，需要对外展示自身的悠久历史和文化积淀，这对于增强文化自信，推动整体发展具有重要作用。

▲ 杨志安

杨志安：作为一名高校教育工作者，看到这样的高品质策划时，我感触很深。在我看来，该策划是辽宁日报贯彻落实习近平新时代中国特色社会主义思想的重要举措，是传播辽宁地域文化建构辽宁文化形象的有效手段。目前，我校师生正在集中学习新时代辽宁精神，辽报推出的《向世界叫响辽宁文化》恰好可以帮助学生们用更宽广的视野去了解辽宁文化的魅力所在。

程丽红：辽宁日报是辽宁的主流媒体，应当在推动辽宁文化建设和提升辽宁人的文化自信方面发挥作用。《向世界叫响辽宁文化》第一期推出后，我认真看了看，感觉特别精彩，于是第一时间推荐给了我的学生们，大家还一起进行了交流讨论。我认为，通过深入挖掘辽宁历史文化资源，提炼最具代表性的辽宁文化符号，其影响将是深远的。

▲ 程丽红

▲ 李超

李超：辽报用这么大体量的版面集中报道宣传辽宁历史文化，我觉得十分振奋，这个策划正与我们沈阳城市学院进行的辽河文化教学研究相契合，同时，也给我们的相关研究机构提供了一个发声的平台，通过这个平台呼吁更多人关注辽宁的历史文化研究。今天我有一堂课，就把辽报策划带进了课堂，从历史研究的角度给学生们讲一讲红山文化，讲一讲牛河梁。

綦琨：我认为《向世界叫响辽宁文化》第一期主题重大，内容可读性很强，通过文物的展示、历史的梳理、学者的解读，一方面让读者全方位地了解了以牛河梁为

杨志安
辽宁大学教授，博士生导师

程丽红
辽宁大学新闻传播学院教授，博士生导师

何熙文
大连理工大学教授

李超
沈阳城市学院语言文化学院教授

范妮
辽宁大学艺术学院副教授

李明智
大连理工大学宣传部文化科科长

綦琨
沈阳城市学院汉语言文学教研室主任

▲ 辽宁大学教授程丽红（右）和研究生们一起接受本报记者采访

▲ 沈阳城市学院语言文化学院教授李超以辽报策划为内容，专门为学生上了一堂课

中心的红山文化，另一方面也展示出了辽宁人的文化自觉与文化自信。

范妮：一方水土养育一方人，四季分明的气候、广袤的地理风貌孕育了辽宁人朴实、大气、乐观开朗的性格基因。看到辽报推出《向世界叫响辽宁文化》大型策划后，我的感受是每个辽宁人都要做好辽宁文化的传承人。

让高校成为地域文化研究与传播的载体

杨志安：振兴老工业基地离不开青年知识群体的参与。大学生是未来辽宁建设的生力军，因此，针对青年人的教育非常重要。作为高校，要努力适应大学生对校园文化建设的新需求。创新校园文化活动的内容和形式，促进大学生全面发展，积极为辽沈地区发展做贡献。

李明智：大连理工大学以树立师生文化自信为目标，助推社会主义核心价值观在大学落地生根。2014年，我们创建了文化品牌“文苑”，通过文化展演、文化沙龙、文化讲座、文化探寻等方式，礼敬中华优秀传统文化。目前已经开展了48期，有2万余人次参与。“文苑”聚焦传统文化，我们邀请了剪纸、核雕、面塑、皮影戏、川剧变脸等国家、省、市级非物质文化遗产传承人，还有著名评书表演艺术家田连元、古筝演奏家常静、琵琶演奏家赵聪、相声表演艺术家陈寒柏等文化名人来校演出，营造了浓郁的文化氛围。

李超：创新办学思路，坚持特色兴校，是我们沈阳城市学院的办学特色，学校建立了辽河文化研究院、辽河文化展览馆，目的是打造辽河文化研究学术高地，构建辽河文化研究学术体系，弘扬辽河文化精神，进而将辽宁文化推向全国，走向世界。在教学中，我们鼓励学生把对辽宁文化的认识带到创新创业的实践中去，辽河文化研究院采取由知名学者统筹、骨干教师研究、学生广泛参与的教学方式，学生在老师的指导下成立了辽河文化研究社团，还自主运营微信公众号，用生动通俗的语言把辽河故事传播出去。每学期我们还会组织学生参观辽宁省博物馆、新乐遗址等展陈场所，让学生对辽宁的历史文化资源有感性的认识。

▲ 綦琨（中）在沈阳城市学院学生活动室与学生们一起讨论辽报策划

▲ 大连理工大学非常重视历史文化教育

推广辽宁文化需要生动的形式

程丽红：发掘辽宁文化内核，是提升文化自信的关键。研究辽宁文化，要从历史的长河中去挖掘，从人类文明的发展演变中追本溯源，考察和探究其流变过程要以润物细无声的方式，潜移默化地引导和培育，唤起普通民众对家乡的热爱。我认为，新闻媒体应寓传播于服务之中，利用服务平台建设，传播辽宁历史文化，启发民智，为辽宁经济发展创造良好的文化环境。

綦琨：作为辽宁的高校工作者，我们自己首先要做到全面认识辽宁文化，并且要结合自己的专业领域扎实研究辽宁文化，然后再利用各种方式来传播辽宁文化。传播辽宁文化既需要生动的内容也需要生动的形式，我觉得讲故事就是一种很好的形式，故事对于不同的群体都有很好的传播效果。在这个文化多元的时代，传播形式非常重要，一方面可以开展以辽宁文化符号为主题的城市活动，制作一批特点鲜明的宣传品，另一方面可以开发一些适合在新媒体传播的内容。

何熙文：我生在辽宁，长在辽宁，在这片土地上工作生活了60年。辽宁文化滋养了我的一生，对于她，只有敬畏和感恩。由于个人的偏爱，我从小就受到京剧文化的熏陶，现在倡导戏曲进校园，主要是京剧进校园，这对营造高品位的校园文化氛围，进一步立德树人、陶冶情操、培养艺术情结，提高文化修养具有积极的促进作用。

李超：作为一名高校教师，我认为我们有责任告诉更多的学生，辽宁是一片有着悠久历史的土地，让青年人认识到家乡文化的重要性。沈阳城市学院在2018年召开了以辽河文化为主题的全国性学术会议，以此为平台向世界发声，做好辽宁文化的宣传。我相信通过政府部门、学术界、媒体的共同参与，一定能够展现出辽宁的文化新貌。

学生们说

辽宁不只有撸串和东北话

大连理工大学

李清泉：我来自河南，到大连上大学已经三年了。来这里之前，对于东北的印象可能就是二人转和东北话。来大工后，看了不少“文苑”的展演活动，包括阜新东蒙短调民歌、朝鲜族盘索里、抚顺秧歌等，对辽宁文化有了更深入的了解。我认为，辽宁历史文化是一个巨大的宝藏，最近看了辽宁日报大型策划《向世界叫响辽宁文化》的第一期报道后，作为外乡人，我的感受是：这样的策划有利于培养我们热爱辽宁、建设辽宁的情感，对我们深入了解中国历史、领悟传统文化的精华非常有帮助。了解历史，弘扬传统文化，践行社会主义核心价值观，是我们大学生应该做的。

辽宁大学

张帅：我是鞍山人，特别热爱家乡，我觉得辽宁是一个有文化底蕴的地方，特别是这次看了辽报的策划报道后，一方面觉得很震撼，另一方面也引发了思考。我觉得，要找到辽宁历史文化和大学生思想精神的结合点。我认为，大学生要有传承地域历史文化的意识，要从优秀传统中吸收前进的力量。

杨雪莹：我家在黑龙江省齐齐哈尔市，在辽宁生活一年了，提起辽宁，我的第一印象就是历史，比方说沈阳故宫。谈到学习历史文化，我认为，关键要继承最精粹、最本色的东西。看到辽宁日报的一系列报道后，我觉得自己被深深地吸引了，以后有机会，也想去牛河梁遗址看看，这样的策划让我从历史的角度对辽宁有了更深层次的了解。

沈阳城市学院

尉恩超：从上大一开始，老师就经常带着我们研究辽河文化。这次我们专门上了一堂“辽报策划”课，看到黑板上挂着的报纸版面，特别是印着红山女神像的封面，确实觉得很震撼。一张报纸能花这么大力气去挖掘地域历史文化资源，很难得。相信即使是对辽宁知之甚少的人，如果看了这期报道，也能对红山文化有全面的了解。我是大连人，对家乡的历史文化有一定了解，我认为，辽宁是一个具有博大胸怀和蓬勃生命力的地方，她的生命力既体现在历史中，也体现在现实中。

林嘉：在课堂上看到辽报策划后，改变了我对辽宁的固有印象。我的家乡在广东，来沈阳前一提到东北，想起的就是撸串和东北话，但辽报这次的策划，让我认识到辽宁是一个极有文化底蕴的地方。期待后续报道。

毕思雨：《向世界叫响辽宁文化》对我来说，像是打开了一个时空隧道，我是安徽人，辽宁对我来说是个比较陌生的地方，但上了这堂课后，我对辽宁有了进一步了解，这里也是有内涵、有故事、有文化的地方。

专题报架摆进创意园——

推广文化符号，咱文创产业不能缺席

▶《女神　你的微笑》推出后，包括铁锚文化创意产业园、沈阳八卦街、辽河文化产业园等在内的多个文创园区表示了关注。受铁锚文化创意产业园之邀，专题报架摆进了创意园，吸引了不少参观者的目光。

建议辽报关注工业文化符号

从沈阳大东路的北门进入铁锚文化创意产业园，道路两侧整齐的厂房看似工业区，里面却是时尚的装修和各式景观。

沈阳拓品文化传播有限公司总经理高银河在北国网看到《向世界叫响辽宁文化》首期特刊《女神　你的微笑》后说，历史悠久的辽宁有大量文化资源，其中最具代表性的是查海文化和红山文化，“龙是中华民族数千年以来最重要的图腾，查海遗址出土的堆塑龙和浮雕龙纹陶片等，将学界认定源于黄河流域的龙文化历史向前推进了千年”。

上述遗迹的发现不只具有学术意义，重要的是证明了辽宁文化与中原文化融会贯通，在中华文明历史上写下了色彩浓厚的篇章。

高银河在接受采访时向记者建议说，“我觉得辽宁日报提炼辽宁文化符号的举动非常有价值，除了重要考古发现，我认为还要关注辽宁的工业文化符号。工

▲ 专题报架摆进沈阳市铁锚文化创意产业园

业文化符号让辽宁释放影响力，是辽宁文化的重要标签”。

“工业遗产具有重要的历史价值和科研价值，保护工业遗产还能促进旅游和文化产业发展。”高银河认为发掘工业遗产丰厚的文化底蕴，将会让辽宁绚丽多彩的历史画卷更加充实，给后人留下辽宁相对完整的工业发展轨迹，“以保护沈阳工业遗产和发扬辽宁文化为初衷，诸如铁锚这样的文创园已经在沈阳遍地开花”。

“辽宁日报重大主题策划”专题报架摆入铁锚文化创意产业园这天，记者在现场进行了随机采访。铁锚文化创意产业园建在原沈阳砂布厂旧址，至今保持着当年的基本风貌。

刘秀芝是地地道道的沈阳人，老伴儿生前是砂布厂的普通职工，此次回乡探亲到砂布厂故地重游，为的是重温与老伴儿的点点滴滴。

刘秀芝指着重焕生机的砂布厂旧址说，虽然表面看起来肯定是经过大规模修缮，但是那幢差不多两层楼高的灰色厂房，跟五六十年前比没有大的变化。然而，西门外老杨树下锈迹斑驳的铁锚，以及这里与文化有关的全新业态，却让年过花甲的刘秀芝倍感陌生。

真正触碰到刘秀芝心灵的还是辽宁文化，她站在报架前翻开《女神　你的微笑》，边看边说："咱辽宁是中华文明曙光初照的地方，其实我一直想去牛河梁走走，可惜年纪大了，去一趟不是很方便，希望将来有机会。"刘秀芝对记者说，"等你们开始报道工业文化符号的时候，可以写写沈阳砂布厂。沈阳砂布厂虽然没有沈阳重型机械厂那样辉煌，但是也很出名的，跟红梅味精和双喜压力锅齐名。"刘秀芝颇为自豪地说，那时工人们为准时交付国内外订单，经常要加班到深夜甚至放弃休息日，家属们就会拎着饭盒到工厂去送饭，"你看那边那棵老杨树，旁边就是当年的工人食堂"。

希望报道组也来我们公益讲堂讲讲

"我们馆里不少人都看了《女神　你的微笑》。"辽河美术馆的工作人员手拿《辽宁日报》说，最能代表盘锦的文化符号就是辽河口文化，"河海文化显著的共同特征就是吐故纳新，我们希望把外面的文化引进来，把辽宁的文化传播出去"。

与有着"东方鲁尔"之称的沈阳相比，湿地之都盘锦对文化产业的需求更加迫切。

2003年创建的辽河文化产业园位于兴隆台区，占地近三平方公里的园区不但有辽河美术馆，还有北方文化中心、中法艺术中心盘锦基地，以及辽河青年艺术工作室等。

与辽河文化产业园同为文创产业区的沈阳奉天记忆文化创意产业园从今年初以来，在每个周末都会举行以弘扬传统文化为主题的讲堂，邀请国内各领域的知名老师到场传授书法、音乐、美术知识。这里尤其受到辽沈地区文化爱好者推崇的，还有发绣和仨拉击等非遗主题表演课。奉天记忆文创园工作人员说，仨拉击只有三块竹板和几个铜钹，由于历史的原因已经濒临失传，60岁以下的人很少听说过这种乐器，“公益讲堂不但能够丰富居民的文化生活，重要的是增强辽宁人对于辽宁文化的自信。如果有机会，希望邀请《向世界叫响辽宁文化》的报道组也来我们公益讲堂讲讲”。

铁锚文创园近来举办的王易罡绘画作品展，也同样受到来自中外的书画爱好者的喜爱，给人带来美的享受的同时有力传播了辽宁文化。

2017年末在1905文化创意园举办的犀牛市集，在三天时间演出12场话剧，举办15场文艺沙龙，在给辽宁百姓带来一场文化饕餮盛宴之时，还给辽宁与外地文化人提供了学习交流的机会。

咱们老街区也可以成为报道对象

沈阳八卦街升级改造总设计师田宁辉说，他仔细阅读过《女神　你的微笑》，他认为辽宁日报的策划特别及时，作为一张负责任的党报，站在文化的高度来观察和发现辽宁的价值，在当下十分必要。

文化符号是一个群体对一片土地的文化记忆的集中反映。田宁辉说：“辽宁文化既在中华文化中占据重要位置，同时海纳百川的辽宁文化也集百家所长。”田宁辉指着窗外的八卦街告诉记者，为抗争外埠商业而建立的沈阳南市场，在规划之初就引入八卦图形建立街巷，进而成为中华易经文化的集大成者街区，如今修旧如旧的八卦街成为来沈游客必到之处。“建筑是城市的精髓和独特的印记，既能展现城市风貌又能体现城市品格，更能读懂这里深邃而厚重的地域文化内涵。”田宁辉认为，对城市来说，老街区也是一种文化符号。

“辽宁历史悠久，文化灿烂，拥有红山文化、辽金文化、清文化和工业文化等众多文化资源。”田宁辉颇为自豪地说，虽然在八卦街不能看到全部的辽宁文化，但是在这里依然能够读懂时代留给辽宁的印记。

文化产业发展应该植根辽宁文化

提炼与推广地域文化符号，是一项系统工程。文创产业要在其中发挥重要作用。

身为辽宁文创联盟副会长的田宁辉表示，目前沈阳与大连在文化产业发展中起步最快，已经进入百家争鸣的辽宁文创产业，正在努力用文化符号打造辽宁文化地图新坐标。

“辽宁文化产业的发展应该植根辽宁文化，而不是热衷于疯狂引进海外项目。”高银河举例说，现在随处可见按比例复制的变形金刚模型，看似辽宁文化企业具有兼并包容的形象，实际上是缺乏文化自信的表现，“正如《女神　你的微笑》开篇语中所提到的，辽宁文化在很长时间以来处于失语状态，希望你们在今后的报道中，多报道辽宁文化符号的世界性价值”。

为了唤起人们对辽宁文化符号的关注，高银河正在筹备“文化辽宁　艺术沈阳”巡展，希望通过各类艺术形式表现源远流长的辽宁文化。高银河认为文化的优势是无法替代的，发展文化尤其是文创产业的重要性不言而喻。

高银河认为，文创产业要实现大发展，迫切需要政府的引导和扶持，例如设立基金优先支持文化产业发展等。与此同时，辽宁文创产业还要加快“走出去”的步伐，培育出一批能够在国内叫响知名度的文化品牌。

讨论
TAOLUN

红山玉料的来源引发热烈讨论——可能取自北票

“岫岩是‘5000年前红山先民获取玉料的主要来源地’，但不是唯一来源地。”最近，本报热心读者韩宪臣打来电话，“近几年北票市发现玉矿，玉料的主要成分就有透闪石，或许可以证明牛河梁红山先民制作玉器属就地取材。”

韩宪臣是朝阳市委政策研究室主任，之前在北票市工作多年。看到本报大型新闻策划《向世界叫响辽宁文化》首期特刊《女神　你的微笑》后，他第一时间提供新闻线索：“玉矿就在北票市北塔镇，位于努鲁儿虎山深处。”

在韩宪臣的热心帮助下，记者与玉矿的发现者徐公军取得联系，并当即进行深入交流。他说：“发现与牛河梁红山文化遗址同处努鲁儿虎山的这处玉矿，

▲ 关于红山玉料的来源，有多种说法。图为红山文化玉管状器

并逐渐探寻其与红山文化玉器的关系，我已用了8年时间。”

“半路出家”，踏上“寻玉”之路

徐公军是阜新人，2010年的一次偶然发现，让他这几年来一直在北票市北塔镇一带的大山深处“寻玉”。

因发现了“隐藏”在北塔镇的玉矿，并多方奔走，邀请各地专家学者鉴定、研究，为红山人就地取材制玉提供佐证，他现在还有另外一个身份——省红山文化研究基地的研究员。

“在8年发现玉矿之前，我对红山文化与红山文化玉器并没有专门研究。”徐公军的思绪一下回到几年前，“北塔镇的一处矿区发现了玉石，而且储量不小，但这些玉石是什么质地，当时根本不知道。”

长期在北塔镇一带工作的徐公军还发现，矿区附近的山坡上，也有不少与矿井深处的“蜂窝状玉石”看上去很相似的石头。

之后，徐公军成了“石头迷”“文化迷”，他走访藏品丰富的北票市博物馆，看到了馆藏的一把红山文化时期的石斧。在博物馆馆长赵志伟的指点下，徐公军有了这样一个疑问：北塔镇发现的玉矿，和红山文化玉器究竟有无关联？

为了找到答案，徐公军又回到大山深处寻找。不久后，他见到了一把石凿，并找到北京科技大学冶金与材料实验室的李连祥教授寻求帮助。

“仔细研究后，李教授告诉我，石凿是采掘工具，可能是古人采玉矿所用。”这坚定了徐公军继续“寻玉”的决心。

测试、鉴定、研究，猜测逐渐变为“可能”

位于努鲁儿虎山西南端的牛河梁红山文化遗址，作为红山文化的精神圣地一直引人关注，而红山人制作的精美绝伦的玉器，更被视为红山文明的象征。但是，他们制玉的原料来自何处，学术界说法不一，主流观点有两种：一是来自万里之外的贝加尔湖地区，一是就在距牛河梁遗址600公里之外的岫岩满族自治县。

此外，有专家提出，“在红山文化时期，生产条件、运输能力等都决定了玉料远道而来存在诸多制约，红山先民就地取材才是最现实的选择”。

近几年，随着朝阳、赤峰地区几处玉矿的发现，研究者不断探寻“就地取材”的可能。位于北票市北塔镇的玉矿就是其中一处。

拿着玉料的样品测试比重，徐公军发现，其结果与红山文化玉器在一个数值范围；到朝阳师范专科学校用精密仪器进行检测，省红山文化研究基地的首席专家雷广臻教授认为，“这些玉料和红山文化时期的接近”；向李洪斌、马宝军等著名玉雕大师请教，得到的回答是，“玉料里有透闪石，这是红山先民制作玉器的主要原料”。

2014年，经中国地质大学、中科院广州地球化学研究所等检测，北塔镇这处玉矿的玉石，主要成分包括透闪石、透辉石、蛇纹石、玉髓等。

“透闪石玉与红山文化玉器的关系众所周知，而透辉石玉与阜新胡头沟红山文化遗址出土的‘玉玦’成分相同。”徐公军说，“这意味着北塔镇大山深处的玉石与红山文化玉器可能有‘亲戚’关系。”

为红山先民在“家门口”取料提供佐证

2015年6月，“红山玉文化与早期用玉理念研讨会”在北票市举行。与会专家认为，经过反复调查，北票地区所发现的“红山玉”等材料，均属古代红山人用玉范畴，符合就近取材、就地取材的客观事实，更符合“红山礼玉”的内涵。

出席这次研讨会的雷广臻教授认为，基于红山古人选玉行礼“敬祖敬天敬神”的基本理念，可以证明红山文化玉器所用玉料是多元的；北票“红山玉”的探明和考察研究发现，辽西文明中红山玉文化几千年有序传承，承载和闪耀着学界共识的中华文明的曙光。

北京大学赵朝洪教授认为，北票“红山玉”的地层学与矿物学分析部分符合红山文化玉器的相关考古材料，但整体的红山用玉面貌还需要深入研究。

2017年9月，来自国内考古学界、珠宝玉石界的顶级专家再次齐聚北票，出席“中国红山玉北票高端论坛”。北京大学地质学教授王时麒到矿区实地考察后认为，北塔镇这处玉矿的成玉条件相当不错，具备形成透闪石玉的条件。他建议，确定这里是不是红山文化玉料的来源地，需要进一步对比研究和讨论。

7月5日，一直关注红山文化玉料来源的韩宪臣接受记者采访时认为：“北票市北塔镇距离阜新胡头沟15公里，距离内蒙古自治区敖汉旗兴隆洼文化遗址不到15公里，离牛河梁遗址也不到100公里，而且这里地处大凌河支流牤牛河的上游，如果古人到这里选取玉料，应该比较有有利条件。”

徐公军说：“今年10月还将举行一次‘红山玉文化’学术研讨会，继续为红山文化玉器就地取材提供学术支持。”

在辽兴业生活的外地人有了更强烈的归属感——

第二故乡的文化魅力让我们愿意留下来

人物
RENWU

靳敏 甘肃人
鲁美毕业后在沈创办国学书法工作室

吴寅和 香港人
中国香港（地区）商会沈阳分会副会长

刘相利 河北人
中国医科大学附属第一医院医生

张书强 山东人
锦州环保局办公室主任

王伟达 黑龙江人
在中共辽阳市委党校任教

郭金杰 河北人
铁岭市艺术团演员

冯重阳 黑龙江人
在沈阳从事科学教育工作

霍明望 吉林人
知名物业公司管理人员

徐晏 江苏人
在铁岭成立紫砂工作室

▶“向世界叫响辽宁文化”大型策划推出后，不少在辽宁工作、生活、学习的外地人非常感兴趣。辽宁是他们的第二故乡，对于这片土地的历史记忆与文化基因，他们怀着一种特殊的情感。我们从此类反馈中选择了一些具有代表性的人物进行了采访。受访者的共同心声是：通过认识辽宁文化，归属感更强了，希望辽宁不断提升文化形象，改造营商环境，让更多的人愿意留在辽宁。

辽报策划提升了辽宁的文化站位

靳敏：辽报的这一系列策划很切合实际，唤起了更多人对辽宁的热爱，把乡土情怀发挥出来，为繁荣振兴辽宁起到积极的作用。希望这个报道能深入延续下去，让更多的人参与进来，众人拾柴火焰高，让世界倾听辽宁的声音。我来自于祖国的西部地区——甘肃。2003年来到辽宁这块热情的土地，我在这里读完大学，在这里创业，又在这里娶妻生子，我的一切已经深深地融入这块土地上。辽宁的文化给人的第一印象就是大气磅礴，我是学书法的，这种大气磅礴的气象和颜真卿书法所表现出来的意境是一样的。

吴寅和：我来自香港，2008年有幸加入香港瑞安集团在沈阳开始的房地产项目，这也开启了我和辽宁的缘分。最近五年由于常驻沈阳，对这座城市的感情越来越深，也越来越热爱这里。我是一个很看重历史的人，而且对老祖宗留下的东西有一种敬畏。“向世界叫响辽宁文化”大型策划，让我看到了辽宁人对历史的尊重，这是一个很好的文化氛围。另外，这些年辽宁的营商环境有了很大的变化，政府的公务人员与企业的沟通更加密切，我想正是因为如此，有越来越多的优质项目都愿意落户到辽宁。

张书强：我认为这个特刊的题目就是站在世界的醒目位置。特别是微笑的女神把5500年前的故事讲述给世界，提升了辽宁的文化站位。我老家在山东省德州市陵县，我1986年入伍于赤峰某部，从那时起就爱上了红山文化。由于工作需要，于1992年调到锦州义县部队。在义县的工作和生活中，饮大凌河的香甜，从北魏建造的万佛堂，看到了历史的厚重，不知不觉就爱上了这里。从你们的特刊里我仿佛看到随着红山文化的进一步发掘，微笑的女神引领辽宁人从牛河梁的文明，走进大凌河的文明、辽河的文明，走进中华民族的文明，走进世界文明。

冯重阳：辽报的特刊不仅把辽宁文化宣传出去，也可以让像我这样留在辽宁的外地人加深地域文化的认识，从而增强归属感，让我们更快更好地融入辽宁这个大家庭中。我虽然读的是科技大学，但对历史很感兴趣，参观过很多历史博物馆。不过《女神　你的微笑》中报道的牛河梁红山文化的历史，是我过去不太了解的，尤其是看到那里还有一所牛河梁遗址博物馆，如果有机会我一定要去看看。

刘相利：从求学到工作的这些年来，我深刻感受到了辽宁人骨子里的热情豪爽，而受同学、同事等身边人的感染，我的性格也越来越东北化了。但是辽宁有如此悠久的历史，我是看到了你们的特刊才知道的。我是一名医生，日常的工作十分忙碌，也很难有时间去把辽宁省内的名胜古迹都走遍，跟着辽报特刊穿越时空、探寻历史，听听文物古迹背后的历史故事，这真是太有意义了。

霍明望：我对辽宁一直有着特殊的情结，小时候爸爸在沈阳工作，我最期盼的就是每次爸爸回来带小礼物：甜蜜回忆的不老林糖，清新爽口的八王寺汽水……而看到这个特刊，我才发现辽宁还有更值得让人骄傲的历史。我是吉林省四平市梨树县人，从事物业服务行业10余载，现在工作地在大连。因为喜爱所以在辽宁安家立业，娶妻相伴，孝敬父母，在这里有了故乡情。每当有家乡

▲ 霍明望祝愿辽宁文化能传播四海

▲ 王伟达和儿子写下祝福辽宁的话语

人提到就业发展时，我都会推荐他们来辽宁。

郭金杰：我是一名演员，1999年从家乡来到铁岭学习。可以说我能有今天的成绩，与我在辽宁的学习生活以及辽宁人对我的帮助是分不开的。现在我在电视上出现时，好多人都以为我是东北人，根本就不知道我实际上是一个土生土长的河北人。我在台上表演的风格，包括语言都是东北话，所以就给很多观众造成误解。其实，我的气质里藏着我所学习生活的这座城市的历史。

应当深入挖掘自己的独特“产品”

王伟达：辽宁文化有自己独特的地方，有明显的地域特色。辽宁人应该深入挖掘自己的独特“产品”，把现有的历史文化遗产高度凝练出一个主题，打造自己的文化“品牌”。不过我感觉身边的文化氛围还是不够浓厚，我2003年来沈阳师范大学读研，2006年到中共辽阳市委党校任教至今，其实辽阳历史悠久，但市民对其认知度还有待提高。所以我觉得你们的策划报道特别有必要，也非常及时。

郭金杰：这些年我经常到全国各地演出，接触到很多文艺界的人，给我最大的体会就是辽宁的文艺工作者具有一种独特的气质，不论是汇演还是比赛，他们都是独树一帜，体现出特有的辽宁符号。追根溯源，这种符号跟历史不无关系，是一脉传承而来的。

吴寅和：对于传统手工艺文化的传承方面，我们希望做些事情让更多的年轻人喜欢并关注。今年2月农历小年时，在沈阳天地举办了香港妙汇市集。这个市集是香港和辽宁两地文化的融合，我们展示了香港传统的舞狮精神、新春花市，同时也邀请了辽宁非物质文化遗产的手工匠人，现场展演手工艺品的制作，比如草编、蜡染、活字印刷等。受你们特刊的启发，我们未来也要多做一些有创意的活动，为辽宁历史文化的发展尽一己之力。

刘相利：这些年来，在我的视线所能触及的地方，二人转似乎成了辽宁地域文化的典型代表。但是我知道，虽然二人传脍炙人口、家喻户晓，不过这并不能完全代表辽宁文化。辽宁的文化一定是更加深远，更加深厚的。但是具体如何，却一时难以说得上来。我是一名医生，日常的工作十分忙碌，也很难有

▲ 冯重阳要做一名志愿者，宣传辽宁历史文化

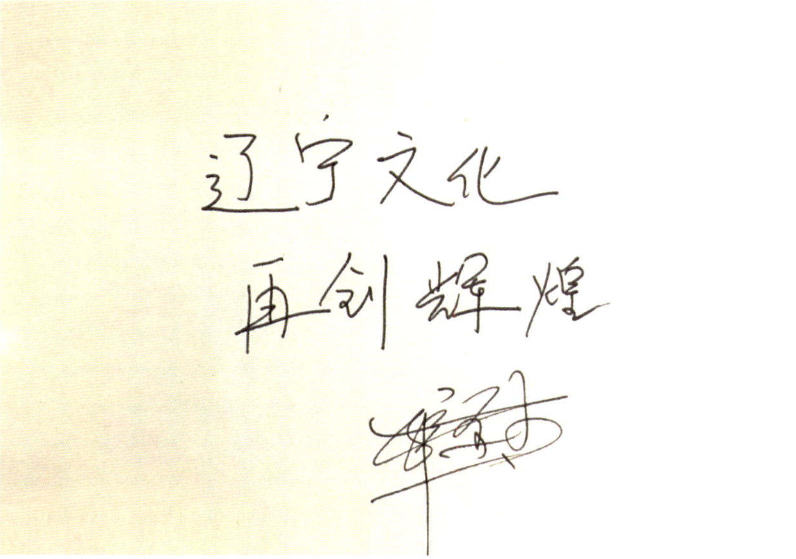

▲ 郭金杰从拍戏现场发来对第二故乡辽宁的祝福

时间去把辽宁省内的名胜古迹都走遍，我相信有许多人和我一样，愿意跟着你们的特刊穿越时空，探寻历史，听听文物古迹背后的历史故事。

“向世界叫响辽宁文化”我们也要参与其中

吴寅和：中国香港（地区）商会沈阳分会成立于2014年7月，商会自成立以来，所有执委团队尽最大的努力，举行和协办各种活动，促进两地的商务合作以及在沈港企和辽宁本地优秀企业的交流。很多沈阳本地人还把商会定性为沈阳人去香港办事的“家人”，如果沈阳的企业在香港有需要帮助的地方，我们也积极为他们搭建平台并给予专业的意见。商会也充分发挥桥梁作用，积极推动沈港共荣发展，成为经济文化交流的大使，把辽宁的历史、文化、经济“向世界叫响”。

靳敏：2010年我从鲁迅美术学院研究生毕业时，创办了书法工作室，我除了推广传统的书法艺术外，把国学也纳入其中。我还计划在将来的二十年时间做一系列的校园推广活动，祖国的未来在少年，基础教育这一块很多人都忽略了，我们要把这一块做好做强。“向世界叫响辽宁文化”我也要参与其中，因为这里是我的第二故乡，辽宁的未来，就是我们的未来。

张书强：“长子情怀　忠诚担当　创新实干　奋斗自强”，弘扬辽宁精神，向世界叫响辽宁文化。拾起女神微笑的记忆，恰在逢盛世，彰显大辽之风采，让自信的文化更加自信，自信的文明更加自信，自信的勇气更加自信。只有有了自信，在创业的路上才有远方，祝福辽宁天阔地辽。

徐晏：我2013年受邀来到辽宁的铁岭，成立了紫砂工艺工作室，为的就是给辽宁培养一些紫砂工艺人才，让紫砂文化艺术和书画相结合，目前已经培训了四五十名学员，他们有的去了宜兴继续深造，有的已经到辽宁省内的其他城市从事推广紫砂艺术的工作。我很看重辽宁的文化环境，在这里也有很多收获，现在任辽宁省工艺美术协会副会长，去年还被评为辽宁省工艺美术大师。

手记 SHOUJI

历史人文环境能够吸引人才

因为宜居的气候，冯重阳选择留在了辽宁；因为小时候向往的不老林糖、八王寺汽水，使霍明望一毕业就来到了辽宁；因为受到恩师与伯乐的无私关照与鼓励，靳敏和郭金杰对辽宁产生了深厚的感情；也或许是因为恋上一个人而恋上一座城，从此扎根沈阳的刘相利在医疗一线默默坚守；因为热爱辽宁的历史文化、热爱沈阳的风土民情，吴寅和在沈阳长住了下来……张书强说他经常会自豪地说“我就是辽宁人”，因为在这里，一个直白的眼神就能读懂心灵的一切，人与人之间没有绕弯子。正因如此，许多在辽宁的外地人融入了这里的风土人情，融入了身处的这座城市。

接触了这么多生活在辽宁的外地人，记者体会到他们离开家乡、扎根辽宁，看重的是这里的历史人文环境。

地域文化是在历史积淀下形成的，是一个地区特有的基因，也是一个地区特有的形象和力量，这股力量对外可以释放显著的影响力和吸引力，也正是这样一种吸引力将他们留在了这片土地上。

感言 GANYAN

靳敏：振兴辽宁经济，这样才能引进人才，留住人才。环境宜居住，宜创业，宜发展，这样大家就会来，并且有信心扎根于此，乐于奉献。

吴寅和：我要成为沈阳与香港间经济、文化交流推广的大使，搭建好沟通的平台。

刘相利：《向世界叫响辽宁文化》特刊是我了解第二故乡的最直接、最简便的方式，我要跟着记者们的笔去感受，去发现。

郭金杰：辽宁浓厚的地域特色是其他地方模仿不来的。

冯重阳：如果有机会我可以做一名志愿者，深入到践行传播辽宁历史文化的工作当中。

霍明望：辽宁是一个幸福感很强的地方，文化底蕴深厚，我当初选择留在这里的决定是正确的。

张书强：我在农村挂职第一书记时，深深地感受到了咱辽宁人互助、友爱、敢于牺牲自己、勇于挑战的精神。希望未来辽宁经济更加繁荣。

王伟达：策划很及时，很有必要。祝愿你们的策划报道能起到“文化窗口”的作用，辽宁需要有一个窗口让全国、全世界来认识辽宁，了解辽宁，来到辽宁，最后能爱上辽宁。

徐晏：传统文化要在继承的基础上不断创新，特刊激活了辽宁的文化起源，唤醒了人们的思考，从而共同打造一个全新的文化辽宁。

辽宁日报提炼辽宁文化符号的行动在文博界引发讨论，三位馆长共同呼吁——

我们一定要好好宣传自己

▶《向世界叫响辽宁文化》首期特刊《女神 你的微笑》推出后，各方反响持续不断，而辽宁日报提炼辽宁文化符号的行动也在文博界引发讨论。

上周，“辽宁日报重大主题策划”专题报架摆进了沈阳故宫和张氏帅府博物馆，使得不少外地游客也对牛河梁红山文化遗址产生浓厚兴趣。

辽宁省博物馆馆长马宝杰、张氏帅府博物馆馆长郭春修和沈阳故宫博物院副院长李理先后接受本报记者访问，他们对辽报策划给予高度评价，同时，也从不同角度为如何向世界叫响辽宁文化提出了建议。

人物：马宝杰

辽宁省博物馆馆长

辽报策划体现了党报的文化担当

博物馆要多跟媒体合作

辽宁日报这次推出的大型新闻策划《向世界叫响辽宁文化》，充分体现了党报的文化担当。事实上，辽宁作为文化资源大省，有很多值得对外大讲特讲的地方，比如红山文化的出现将中华文明的历史向前推进了1000年。但为什么外地人一提到辽宁，还是不知道我们到底有哪些文化资源、历史古迹？

我认为，我们近些年在宣传方面，做得太碎片化，缺乏系统性。文化宣传，归根结底要持之以恒，只有持续才会有效果。

我建议，为了更好地宣传辽宁文化，省里应该出台一个长期的系统规划。

在具体操作环节上，一定要创新形式。央视制作的《国家宝藏》给了我们很大的启发，跨界合作是宣传历史文化的一个重要手段。在国外，很多媒体跟博物馆共同举办展览，双方都获得了非常好的收益。

我透露一个小秘密，起初，我们对《向世界叫响辽宁文化》是有点担心的，担心跑偏。但从最终效果看，确实对宣传辽博乃至辽宁文化起到了很大作用。

做好宣传必须走出去

要想宣传好辽宁文化，必须要走出去，所以我们一直努力到省外乃至国外举办反映辽宁历史文化的特色展览。

受多方面因素影响，辽博与国内顶尖博物馆相比存在一定差距，但在志愿者方面，辽博绝对处于全国一流行列。许多业界人士评价说，辽博志愿者凭借自身的专业度和热情，甚至收获了比辽博还大的“名气”。自从2008年我们正式对外招募社会志愿者以来，先后有多人获得全国志愿者大奖，辽博志愿者团队同样也获得全国大奖。现在，社会上很多人以成为辽博志愿者为荣。

应当多出通俗读物

要想叫响辽宁文化，必须要突出我们的特色文化。辽博重点开发那些代表辽宁地域文化特色的产品，像玉猪龙、马镫等。这类文创产品，特别受省外游客的欢迎。

此外，我认为还应该多出一些反映辽宁文化的专著、通俗读物等。虽然这类图书此前出过一些，但数量远远不够，根本无法系统、完整地展示辽宁文化特色。

面向大众的讲座、讲坛也是不可或缺的，例如我们坚持了好多年的“辽博讲坛”，就是宣传辽宁文化的一个阵地，这样的阵地越多，知道辽宁文化的人也就越多。

人物：郭春修

张氏帅府博物馆馆长

| “向世界叫响辽宁文化”是一次系统推广辽宁文化的行动 |

用新思维新手段宣传

我老家是青岛的，来沈阳以后我就喜欢上了这座城市。但每次我向老家人讲辽宁怎么好时，大家都反问我辽宁有什么，这反映出辽宁文化对外宣传远远不够。

辽报推出的《向世界叫响辽宁文化》首期特刊《女神　你的微笑》推出时，我第一时间读了，感到非常兴奋。我认为，通过这个策划，可以系统地向全国广大读者推广辽宁文化。

我认为，媒体在宣传推广地域历史文化资源时，应该不断创新报道手段，比如在重大节假日时，是否可以进行全方位直播，聚焦一个地方的文化与习俗？东方卫视曾在2017年春节对张氏帅府进行了一次直播，社会效果和反响都非常好。

另外，有关部门也应该调动全社会的力量，挖掘本地文化底蕴，并形成响亮的口号对外进行传播，像云南的“彩云之南”、贵州的“走遍大地神州，醉美多彩贵州”、四川自贡市“一座有盐有味的城市”等，都通过媒体传播形成了巨大的社会影响力。

2016年，电视剧《少帅》红遍大江南北，张氏帅府博物馆也因此受到了更多游客的关注，很多人是因为看了这部电视剧慕名而来的，这充分地说明了影视作品对我们历史文化、地域文化的影响，但可惜的是这部电视剧不是辽宁投资拍摄的。从这个例子可以看出，要想对外宣传推广好辽宁文化，咱们要主动讲好自己的故事。

博物馆要做“城市客厅”

博物馆见证着城市的历史，是一个地区的文化橱窗和精神象征。所以，我们想把张氏帅府打造成沈阳的“城市客厅”。何谓“城市客厅”？就是大家到这里来，可以看到历史的演变和发展，可以欣赏到历史和艺术最重要的代表作以及它发展过程中的各类作品。

为了这一目标，我们不断丰富展览手段，比如观众到金融博物馆就能感受到全新的VR技术。现在，我们正酝酿"点亮"张氏帅府，让游客看到夜晚的张氏帅府是什么样子的。此外，我们还积极到国外宣传辽宁文化，让世界各地的博物馆了解辽宁，了解张氏帅府的金融博物馆。

面对当下越来越多元的文化需求，博物馆与观众要缩短的不仅是物理距离，更应该是心理距离。比如说，我们在游客中心给游客准备了饮水机，一天至少要喝掉二十桶水。喝水看似很小的一件事情，但其实拉近了我们与游客的心理距离。此外，我们还依托张氏帅府的传奇人物、优秀建筑、珍贵文物、民国文化题材等元素，陆续开发了旅游纪念品共8个品种32款产品，与鸿禧公司引进了《鸿禧画卷轴》、手工编织手表、挂件、活性炭系列9个产品。

▼ 张氏帅府博物馆的解说员向游客介绍报道

人物：李理

沈阳故宫博物院副院长

|希望这项新闻策划把辽宁文化品牌提升到新的高度|

我们的宣传推广力度不够

当下，国内其他省份均以强有力的手段大力宣传各自的文化品牌，而我们辽宁在这方面步伐不快。每次到南方一些中小城市举办展览时，总会有很多观众问：沈阳在哪儿？沈阳还有故宫吗？沈阳故宫是哪个朝代的宫殿？与北京故宫有什么区别？面对这类问题，我首先会展示一个官方版的：沈阳故宫是我国现存的两大古代宫殿建筑群之一，还是我国仅存的满族风格宫殿建筑群。接着再说一个通俗版的：孝庄就曾住在沈阳故宫的永福宫里，并在这里生下了顺治皇帝。

外地人不了解辽宁文化，原因无外乎我们宣传推广力度不够。现在早已不是“酒香不怕巷子深”的那个时代了，辽宁文化资源那么丰富，我们为什么不好好宣传一下自己？

我觉得，辽宁媒体对辽宁文化的宣传应该再加把劲，我们现在在报道形式、报道力度等方面都不如南方媒体灵活。举个例子说，沈阳故宫每年要举办和引进十场以上新展览，可本地媒体基本报道一次开幕就结束了，对展览过程中的观众反响、对文物的介绍，特别是展览背后的历史文化的深层次解读，都缺少足够的报道。

因此，当我看到辽报推出的《向世界叫响辽宁文化》策划时，感到很振奋。我希望这个策划能把辽宁文化品牌提升到新的高度。

让历史遗迹“活”起来

宣传辽宁文化，一定要打好“组合拳”。

首先，是利用丰富的历史文化资源，拍摄反映辽宁文化的宣传短片，让全国观众看看辽宁到底有什么。其次，要在央视加大广告投放力度和密度，同时在长三角、珠三角等地区也投放一些广告。最后，全省文化单位多策划一些反映辽宁文化的文艺作品。

只要我们齐心协力，就一定能把辽宁文化品牌叫响。就像我们每年春节举办的“到沈阳故宫过大年活动”，已经持续十多年了，现在已经成为全国春节期间非常有名气的品牌活动。此外，新媒体时代还要有新的宣传思维。沈阳故宫现在正全力打造智能化导览系统，将互联网的创新成果与沈阳故宫文化的传承、创新与发展深度融合，实现“互联网 + 展览”的多平台沉浸式体验。现在，游客在沈阳故宫参观，除了可以请专业讲解员讲解外，还可以利用手机免费听到各个景点的语音讲解以及随时查看文字资料、图片资料等信息。

在文创产品开发方面，也要加把劲。从我们的经验来看，这两年开发的“永福系列”“八旗系列”等千余种文创产品，极大提升了沈阳故宫的社会服务职能。

▲ 游客翻阅报道

▲ 专题报架摆在沈阳故宫门前

辽宁日报
大型新闻策划
向世界叫响辽宁

辽宁急需“爆款”文化产品

2016年初，热播剧《少帅》给“大帅府”带来巨大收益，游客数量在春节期间足足翻了一倍。

2017年底，央视《国家宝藏》介绍辽宁省博物馆馆藏的三件文物“铜鎏金木芯马镫”“唐摹王羲之《门书翰卷》”“宋人摹顾恺之《洛神赋图》卷”，让辽博着实“火”了一把。

一部电视剧和一期电视节目就让辽宁文化红遍大江南北，可见我们太需要开发自己的“爆款”文化产品了。难怪张氏帅府博物馆馆长郭春修在接受记者采访时发出这样的感慨：“电视剧《少帅》为什么不是辽宁人投资拍摄的？”

▲ “大帅府”每天都吸引着来自全国各地的游客

采访过程中，记者发现沈阳故宫和张氏帅府博物馆也在紧跟时代潮流，积极打造智慧景区、智慧博物馆。但与国内顶尖博物馆相比，我们的步伐还是有些慢，我们的思维还是不够新。北京故宫在5月18日世界博物馆日当天，一连推出多个文创产品，包括高科技互动艺术展演《清明上河图3.0》、升级发布《紫禁城祥瑞 PRO》以及“玩转故宫”小程序等，市场反应热烈。这些产品是由多家机构与北京故宫共同开发完成的。换言之，博物馆本身就是一个宝库、一个大平台，科技公司、文化公司乃至演艺公司均可利用自身技术优势、人才优势，与博物馆合作开发。所以，无论是沈阳故宫还是张氏帅府要想推出像北京故宫那样多的文化产品，都需要更多的文创企业加入。令人遗憾的是，这样的企业在辽宁数量很少，我省很多博物馆想通过高科技手段来提升博物馆软硬件水平，往往只能与北京、上海的公司合作。但外地公司对本地文化了解不多，设计出的产品也是千篇一律，很难展现鲜明的地域特色。

归根结底，开发辽宁的“爆款”文化产品得靠我们自己。如果辽宁能够打造出一条从文化创意、生产、制作到传播的成熟的完整的产业链，何愁不能叫响辽宁文化品牌？

向 世 界 叫 响 辽 宁 文 化

PRESENT THE BRILLIANT CULTURE OF
LIAONING TO THE WORLD

向世界叫响辽宁文化 2

辽金你的蹄音

丁宗皓 刘玉玮 主编

辽宁人民出版社

图书在版编目（CIP）数据

辽金：你的蹄音 / 丁宗皓，刘玉玮主编．— 沈阳：辽宁人民出版社，2019.12
（向世界叫响辽宁文化）
ISBN 978-7-205-09752-3

Ⅰ．①辽… Ⅱ．①丁… ②刘… Ⅲ．①文化史—辽宁—辽金时代 Ⅳ．① K293.1

中国版本图书馆 CIP 数据核字（2019）第 222903 号

目录

MULU

附录

跟着老杨看古塔

辽宁日报受邀参加在雄安举办的契丹学国际研讨会，专家表示——

辽宁是辽金文化的心脏

▶ 在我们倾力准备辽金历史特别报道之际，恰逢第四届契丹学国际研讨会在河北雄安召开，国内辽金史研究的权威专家学者云集。报道组受邀参会，并进行了大量现场采访。得知《辽宁日报》将推出特刊《辽金　你的蹄音》，学者们都很兴奋。他们说，辽宁这块土地可谓辽金文化的心脏，辽宁媒体大力宣传辽金文化，是所有辽金史研究者最希望看到的。

不可替代

齐心

中国辽金史学会名誉会长

北京市考古学会会长

辽宁在辽金史上地位不可替代

/

齐心，辽金史研究方面最权威的专家之一。她认为，辽宁在辽金历史上的地位不可替代。

“我家乡在辽阳，辽阳是辽五京之一，政治、军事地位十分重要。辽宁还有很多辽塔，也是能代表辽金时期辽宁地区历史文化形象的符号，说明辽宁的辽金文化十分繁盛。可以说，在辽宁有深厚的辽金文化根基。”齐心说。

齐心特别提到辽宁省博物馆的收藏。“辽宁的地理位置很好，在辽金两朝都是宝地。”齐心说，“辽金在公元10世纪到12世纪这200年时间里，在中国历史上扮演了非常重要的角色，留下了无数灿烂的瑰宝！”

“辽宁的辽金文化遗迹保存得很好，这也是辽宁的财富，比如萧氏后族，主要就活跃在辽宁法库地区。”齐心认为，辽宁是辽金文化的“腹地”，有责任也有条件做好辽金历史文化的研究与宣传。因此，《辽宁日报》推出辽金文化特刊就显得更加“恰到好处”了。

“我一直主张研究历史、报道历史必须要有充分的根据，辽宁关于辽金历史的各种实证很多，因此宣传报道也会更权威和真实。我希望这期特刊推出后，自己也能珍藏一份！”齐心说。

宋德金

中国辽金史学会会长

宣传辽金文化十分有必要

/

作为辽宁人的宋德金，觉得宣传辽金历史是一件有益于地域文化发展的大好事。

宋德金说：“辽金分别是契丹、女真在中国北方建立的王朝，为中华多元一体格局的形成发挥了重要作用。”

他表示，因为大众对辽金历史所知较少，不少人是从《杨家将》《说岳》两本小说及相关戏曲中知道的，难免存有偏见，“因此，我认为辽报报道辽金文化，很有必要”。

宋德金还提醒说，新闻报道一定要尊重历史，要有依据，“比如，要处理好历史和传说的关系，杨家将的故事很好看，但不能把传说当史实”。

宋德金认为，做学问要严谨，宣传报道也要严谨。他说：“媒体是面向大众的，特别是具有历史性的报道，更要做到‘有史可循’，给读者还原完全真实、有根据的历史。”

宋德金认为，宣传地域文化需要多依靠本地学者。他说：“辽宁有很多出色的辽金文化学者，他们也是辽宁的文化财富。”他希望辽宁能多培养辽金史研究的青年人才。

高福顺

吉林大学文学院中国史系教授

需要更多的人参与进来

/

在高福顺看来，辽代在中国古史谱系中绝对是极其重要的一个朝代，尤其是对辽宁地区的改造是任何朝代都无法比拟的。

因为历史地位重要，对辽代的研究就更显得弥足珍贵。“过去辽金史研究人员不多，关注度也不是很高。”高福顺说，但近年来，辽金史开始引起关注，“我觉得，还需要有更多的人参与进来。”

高福顺希望通过接地气的宣传报道，让大众知道辽金历史。他说：“很多人觉得辽金史晦涩，我觉得这种观点并不准确。辽金史有其特殊的风貌，在传播时要诠释得更通俗一些，激发大家的兴趣。”

张国庆

中国辽金史学会原副秘书长

辽宁大学教授

梳理地域文化资源意义深远

/

张国庆认为，作为党报，《辽宁日报》能作挖掘辽金历史的大型新闻策划，梳理地域历史文化资源，其影响和意义都将是深远的。

张国庆说：“辽金史是中国历史不可或缺的组成部分。辽金是东北古代诸民族中契丹族和女真族创立的辉煌的历史时代。这两个民族开创的历史伟业极大地促进了东北民族与中原民族的融合，对中华民族的形成都作出了伟大贡献，是中国历史不可忽视的篇章。”张国庆建议，因为辽金史料有限，希望《辽宁日报》在策划内容上要把握好准确性。

吴凤霞

渤海大学政治与历史学院教授

把这段历史更完整地展示给大众

/

谈到辽宁在辽金文化中的地位，吴凤霞用“极重”来形容。

“辽宁在辽金历史上的地位举足轻重。辽宁一直有研究辽金文化的传统，但是老的研究者大多故去了，新一批研究者正处于成长阶段。”吴凤霞坦言，因为人才流失，目前辽宁地区的辽金文化研究遇到了一些困境。

对于《辽宁日报》提炼文化符号的行动，吴凤霞十分支持。她说：“我觉得辽金文化充分展示了民族融合的过程和成就，对今天的发展有很大的启示作用。”

吴凤霞认为，人才流失的主要原因之一在于辽金历史的普及度不够。她说：“如果可以把这段历史更完整、更生动地展示给大众，一定会吸引更多人关注，从而吸引更多的人投入研究，解决人才缺乏的问题。”

吴凤霞希望《辽宁日报》的这期策划，能让更多人走进那段曾经辉煌的历史，“我期待更多的年轻人在看到你们的报道后，愿意选择辽金史研究作为自己的专业。”

| 很有价值 |

冯永谦

辽宁省文物考古研究所研究员

有助提升知晓率

/

冯永谦说，辽金两朝处在我国中古时期非常重要的发展阶段，对中华民族的发展作出了突出贡献。

他说：“这次《辽宁日报》推出大型新闻策划，相信会引领广大读者更深入了解辽金历史，并提升辽金文化的知晓率。这是一件很有意义的事情，值得称赞。”

王德朋

辽宁大学历史学院教授

可以增强辽宁人的文化自信

/

王德朋表示，法库叶茂台辽墓、义县奉国寺、沈阳无垢净光舍利塔等古迹是辽金文化遗存的物质表征，而大气磅礴、豪迈进取的地域风情则是辽金留给辽宁的文化基因。因此，研究、宣传辽金史，对于发掘辽宁文化底蕴，增强辽宁人的文化自信，具有重要意义。

任爱君

赤峰学院历史文化学院院长

这样的大型策划十分有价值

/

在任爱君看来，辽金在中国历史文化发展进程中具有承前启后的作用，可以说改变了中国历史发展的格局。

因此，他认为，《辽宁日报》推出宣传辽金历史文化这样的大型策划是十分有价值的，“希望你们能够把辽金历史生动展现出来”。

耿涛

河北大学宋史研究中心博士后

让年轻人爱上辽金史

/

耿涛觉得，辽金史研究一直面临着“巧妇难为无米之炊”的困局。史料不足使研究难有寸进，但以辽宁为代表的相关地区的考古发现极大地缓解了这一难题。可以说，辽宁是辽金时期历史发展的重要区域载体，也是辽金史研究的重镇所在。得知《辽宁日报》推出特刊《辽金　你的蹄音》，耿涛说，作为一名年轻学者，同时也是辽宁人，他感到很兴奋。“我认为宣传辽金历史文化能够极大地推动辽金史研究。《辽宁日报》参与高规格的学术会议，聆听老中青三代研究者的学术观点，兼顾了广度与深度，特别是对前沿问题很敏感，这样的态度让我对你们的报道充满了期待。”

孙伟祥

辽宁大学历史学院博士

用更多元化方式传播

／

孙伟祥建议报道组关注辽金文化文创产业的发展。

他认为，辽金文化的传播需要借助多种形式的展开。他指出：“辽宋金开创了中国历史上第二次南北朝的局面，这个时期的历史是中国历史的重要组成部分。然而，辽金长期被视为边疆政权，得到的关注度明显不够，甚至存在误读。”要改变这种现状，需要借助各种方式来普及辽金历史文化。孙伟祥说：“《辽宁日报》推出的《辽金　你的蹄音》特刊就是一次成功的尝试。当然，除了纸质新闻产品，还应该有更多的音像产品，比如大型纪录片。”

辽宁历史文化
词条 09

秦开

燕国大将。因燕受东胡侵扰，曾被送往东胡做人质。归国后，率燕军北上抗东胡。东胡人望风而退至草原大漠。燕设五郡，开始了中国东北历史上最早确立郡县制的历史时期。秦开却胡千里的故事，也成为辽沈大地流传至今的事迹。

中国现存辽塔近半数矗立在辽沈大地

不看辽塔　枉来辽宁

▶ 辽金两个王朝在中国历史长河中如星辰般璀璨，其中辽金时期修建的塔作为古代建筑遗存中的重要代表，更是留给后人的珍贵遗产。据统计，辽宁境内现存辽塔有40多座，金塔有6座，辽塔的数量占全国近半数，它们不仅是辽宁的文化符号，也堪称“中国的文化符号”。

| 在中国古建筑史中独树一帜 |

辽朝存世200余年，不但拥有强大的军事实力，而且创造了灿烂的契丹文化。随着辽朝消逝于历史的银河，能够留存千年的契丹文化并不多，辽塔是现存辽代地上建筑中最珍贵的历史遗存。

珍贵在于，辽塔屹立千年不毁；珍贵在于，辽塔是辽代高度文明的集中体现；珍贵在于，辽塔代表中国古代密檐式塔的最高水平……那么，辽代为何要

▲ 在开原崇寿寺塔采访

如此大规模地修建施工艰难高入云霄的砖塔？辽塔与同时期的宋塔乃至唐塔相比，有哪些特殊之处呢？

冯永谦表示："辽塔的主要特点是八角实心十三层密檐式砖塔，而且绝大多数的辽塔是不可攀登的。此外，辽塔在塔身上还有大量砖雕雕饰，这些雕饰的人物形象栩栩如生，具有非常高的艺术价值。从这方面看，辽塔保留着一定的唐代遗风。"

确实，辽塔塔身上随处可见的精美浮雕，这是对唐代只能在石塔、经幢等石材上雕刻小型浮雕的创造性革新。再看宋塔，多为楼阁式塔，或为外密檐内楼阁式塔。此外，宋塔每层都建筑有外挑的游廊，有腰檐、平座、栏杆、挑角飞檐等建筑部件。像河南开封著名的铁塔，两层以上的每层都能开窗眺望。

由此可见，辽代工匠雕造水平之高，已超过同期的北宋工匠。另外，辽塔修成实心的原因在于辽塔本身主要体现在外部的装饰上，并不强调登临的功能。

正因如此，每一座辽塔都堪称艺术精品，几乎将唯美艺术推到极致。可以说，用"独领风骚"形容辽塔恰如其分，其高超的营造技术水平，在中国古建筑史中独树一帜，其技术水平达到了中国砖石密檐塔营造的顶峰，后世再也没有任何时期营造过如此数量众多、技术高超的密檐式塔。

辽代留下的最好遗产

为什么现存半数辽塔留在辽宁？这些辽塔对辽宁有何价值与意义？

老沈阳人都知道沈阳有个地名——塔湾，塔湾有座舍利塔。7月22日傍晚，记者来到位于沈阳市皇姑区塔湾街上的舍利塔公园，想一睹盛京八景之一的"塔湾夕照"美景。

相传清初时，此处为山水环绕之地。高高耸立的一座古塔，每到夕阳西下之时，塔影倒映在水波之中，水波涟漪，倒影粼粼，实在是一处诗情画意的景色。家住舍利塔公园附近的摄影爱好者张宇说，自己总来此地转悠，就是想拍出"塔湾夕照"的感觉来。当记者问他对舍利塔了解多少时，张宇自豪地说："舍利塔可是咱沈阳仅存的辽代建筑，同时也是沈阳年代最久远的建筑之一。"

据记载，舍利塔建于公元1044年，即辽重熙十三年。彼时，辽代正享受着

辽宁境内的辽金古塔

我国保存至今的辽塔有100多座，主要分布在辽宁、北京、内蒙古、河北、吉林、山西。其中，辽宁现存辽塔有40多座，金塔6座。四方形辽塔，国内仅存5座，即朝阳北塔、朝阳南塔、云接寺塔、大宝塔、青峰塔，集中在辽宁朝阳辖区内。辽宁辽塔主要分布在辽西地区的朝阳、锦州、阜新、葫芦岛，辽宁中部的沈阳、辽阳，以及辽南的大连、鞍山等地。辽塔多与辽代城址相伴，或置于城内，或屹立于城外山丘之上，是辽代城址的显著标志。也有极少数辽塔，建于深山之中。从建筑材料看，辽塔多为青砖筑塔；从塔底部截面形状看，主要有四方形塔、六角形塔和八角形塔；从立体层数来看，主要有三、五、七、九、十一、十三层塔；从建筑形式看，主要是密檐式塔。此外，还有极少量的花塔、楼阁式塔和覆钵式塔。

（资料来自都惜青《辽宁地区的辽金佛教遗存》）

▲ 朝阳凤凰山接云寺塔

澶渊之盟带来的巨大红利，城市建设突飞猛进，经济、文化、艺术等全面发展。所以，辽塔就像今天城市的地标建筑一样，迅速在各个城市拔地而起。这些辽塔多与辽代城址相伴，或置于城内，或屹立于城外山丘之上，成为辽代城址的显著标志。同时也有极少数辽塔，远离当时的城址，建造于风景秀丽的深山之中。

“辽代在京、府、州以上城市，大都有寺院，随之而来的是建塔，今天能看到许多辽城都有这种砖塔。就辽宁说，比如，辽五京之一的东京（今辽阳）白塔，沈州（今沈阳）塔湾塔、小北门外白塔、白塔堡塔，双州（今沈阳石佛寺）七星山塔，贵德州（今抚顺）高尔山塔等，都是具有代表性的辽塔。”冯永谦总结说。辽宁境内现存的39座辽塔，全都见证了我省绝大多数城市的发展历程。

因为，今日辽宁城镇体系的基本格局，都是由辽代始建的古城发展而来的。比如说，锦州即辽锦州、铁岭即辽银州、开原即辽咸州、北镇即辽显州、沈阳即辽沈州。回头再看，前述的这些城市，是不是都能找到一座或几座辽塔？所以说，辽塔是辽代留给辽宁人最好的遗产。

辽宁历史文化
词条 10

碣石宫

秦汉碣石宫遗址位于万家镇南渤海彼岸石碑地村南。在25平方公里的范围内，分布着六处庞大的秦汉时期建筑址和窑址，显现了秦始皇、汉武帝东巡时，此处建有规模庞大的皇家“行宫”。碣石宫与阿房宫、甘泉宫、建章宫一样，是秦汉帝国的标志性皇家建筑遗迹。

与其他地区辽塔相比，辽宁境内的辽塔艺术价值更高，这是因为，辽宁的辽塔，以八券门、八方佛、十六协侍飞天的这种典型构图为主，在汉人居多的辽南京、西京地区（今河北、山西）等地尚无发现。所以说，辽宁的辽塔有自己的地方特色，是纯粹的契丹民族自己的创造。

让辽塔为辽宁代言

2018年7月20日上午，记者来到沈阳故宫门前，随机采访了五名外地游客，请他们谈谈哪些文物古迹能代表辽宁。大家提出的古迹，无外乎沈阳故宫、张氏帅府等。当记者问他们对辽塔知道多少时，只有一个深圳人听说过。因为，他在深圳参观了“物华天宝：朝阳北塔出土文物精品展”，所以对辽塔略知一二。

冯永谦认为，“辽塔是辽宁具有鲜明地域文化特色、较高历史文化和科学艺术价值的地上文化遗产，是研究我国东北乃至北方地区历史发展、民族文化交流和古代建筑技法的重要实物依据”。

我们不能一提起辽宁，想到的就是沈阳故宫、张氏帅府，而以辽塔为代表的辽文化更应该成为辽宁的文化符号。辽塔除了本身具有极高的旅游观光价值外，每座辽塔背后都有自己的故事。

比如朝阳北塔，以三燕宫殿夯土台基为地基，北魏的“思燕佛图”为台基，隋唐砖塔为内核，辽代密檐塔为外表的“塔中塔”“塔包塔”的构筑形式，成为世界上唯一的五世同体的古塔。更让人震惊的是，朝阳北塔在修缮时还出土了鎏金银塔、金银经塔、波斯玻璃瓶等国家级文物。这其中，产于古代波斯地区的玻璃瓶、玻璃珠等文物，反映了当时辽代与波斯地区贸易往来是何等的频繁。

遗憾的是，不仅省外人对辽塔所知甚少，就连辽宁人也对辽塔不甚关心，更不知道这一座座辽塔，正在向我们诉说着一千年前辽代曾经的辉煌。造成这一现象的根源，在于辽宁并未把辽塔的故事讲透、讲精。有学者半开玩笑地对记者说："现在人们对辽金史的了解，还停留在评书《杨家将》阶段，对辽塔不了解也在情理之中。"

那么，我们该如何让辽塔成为辽宁的文化符号呢？辽宁大学历史学院讲师孙伟祥认为，辽金古塔之所以没有被今人当作辽宁文化符号，非常重要的原因仍在于由于年代久远，民众普遍对辽金历史认识不够深入，没有意识到辽金文化一直是辽宁地区文化的重要组成部分，甚至不知遍布辽宁地区的古塔多属辽金时期。因此，要想改变这种现状，仍然首先需要进一步发掘与弘扬辽宁地区的辽金文化，正视辽金两朝历史上对于当时辽宁地区开发过程中的重要意义，增强世人对辽金两朝历史的全面认识。

位于河南开封的铁塔，始建于公元1049年，比沈阳的舍利塔还晚5年。可是，这座铁塔早在1955年被当地政府建设为公园后，已经成为开封重要的景点和AAAA级景区。与之相比，辽宁在开发利用辽塔方面，还需要补上很多的课。

旅游营销专家赵娜表示，"我们应当把辽宁的古塔，特别是辽金时期的古塔整合起来，设计几个旅游线路！加大宣传推介力度，在全国乃至世界叫响它的价值"。

延伸 YANSHEN

建筑艺术的典范之作

早已消逝于历史长河的辽金两朝，留给我们最多的历史遗存，只有那巍峨壮丽的古塔，继续诉说着辽金两朝曾经的辉煌。

在中国古代北方地区的历史中，游牧民族总是给人以神秘之感。到了辽金两朝，统治者高瞻远瞩，通过因俗而治的统治方针，开创了一个前所未有的民族大融合时代和文化大交流时代。各种文化在此交流，各种先进技术在此碰撞，各种先进思想在此交汇……

辽金塔作为辽金建筑艺术的典范之作，是研究我国东北乃至北方地区历史发展、民族文化交流和古代建筑技法的重要依据。

从辽金塔出发，我们会看见辽金两朝那些能工巧匠高超的技艺和不凡的创造力。“工匠精神”在这些默默无闻的工匠身上，体现得淋漓尽致。历经千年的风雨洗礼，辽金塔依旧气势如虹。可见，当年的工匠们是何其伟大！然而，史书并未留下这些人的名字，甚至没有过多记载修建辽金塔的艰难过程。

更令人称奇的是，这些辽金塔工匠在继承唐宋营造技术外，又结合契丹民族特点，创造了独具特色的古塔模式——辽式砖塔。即使辽灭亡，辽式砖塔也没有就此消亡。直到明清时期，中国北方地区还有大量的辽式砖塔出现，故而形成了中国古塔中一个极其重要的类型。

从辽金塔出发，我们会看见辽金两朝是如何实现民族大融合的。初期建塔的那些工匠，基本是通过战争俘获的汉人，他们将唐宋建筑中的梁柱斗拱、棂窗飞檐等引入北方地区，并将北宋的烧砖技术带到辽国。现在我们看到的辽金塔，多数都是砖石结构的密檐塔。这与烧砖技术在辽国的大发展不无关系。

工匠们在修建辽金塔过程中进行全面创新，比如辽塔多为实心，不具有登临功能；塔身有巧夺天工的浮雕图案；塔檐束腰处镶嵌铜镜……所以说，辽金塔是民族大融合的产物。试想，如果不是汉人带来先进技术，如果不是契丹人与汉人和睦相处，工匠们也不可能独自发展出辽式砖塔。通过一座座古塔，我们清晰感受到多民族共同创造中国历史的脉搏。

从辽金塔出发，我们会看见辽金两朝曾经灿烂辉煌的文化。从塔身的浮雕变化，便可知晓当时的社会文化与风土人情。最初，辽金塔的浮雕图案以羊、鹿等契丹人打猎的动物为主，显示出游牧民族的特点。随着与汉族渐渐融合，浮雕图案也越来越多元化，如麒麟、龙、凤等深受中原人民喜欢的神兽图案开始出现，说明契丹人对汉文化接受能力之快、之强。

总之，所有现存的辽金塔，在整体风格上都体现了多元融合的建筑特点，充分反映了当时民族大融合、文化交流的时代背景。这是两个王朝，留给所有中国人最珍贵的礼物。

手记 SHOUJI

凸显独有的文化气质

外地游客来辽宁看什么？在没做《向世界叫响辽宁之辽金·蹄声未远》前，记者以为不来沈阳故宫、张氏帅府，就不算到过辽宁。可是，当我深入走进辽金历史宝库后，对远去的辽金两朝肃然起敬，对屹立千年不倒的辽金古塔充满了敬畏。

辽金古塔是辽宁最为重要的文化符号之一，这在学术界已得到公认。所以说，有关部门在开发辽金塔旅游时，不妨将“不看辽金塔　未到辽宁”作为一句宣传语，告诉大家辽金塔与辽宁的重要性。

从全国范围来说，对历史遗存的旅游开发已进入尾声，但以辽金古塔为代表的辽金历史遗存尚未被全面开发，更没有成为旅游热点。目前，去观看辽金古塔游玩的人，多是历史爱好者或旅游达人，只有他们才注意到辽金遗存的历史价值和重要性。

记者在开封采访时看到，北宋时期的历史遗存基本荡然无存，但开封通过复建开封府、天波杨府等古迹的方式，重现了1000年前的繁荣景象。

而当年与宋并驾齐驱的辽金两朝，留下了那么多的历史遗存，却大多无人问津，要么躺在博物馆的展厅或仓库内，要么像辽金塔一样静静地眺望远方，等待了解它的人出现。

“未看辽金塔，不算到辽宁”应该成为推广宣传辽宁文化的一个目标，但要想达到这个目标，我们有太多工作要做。

首先，辽宁人自己要了解辽金与辽宁之间的关系；

其次，要把辽金历史遗存保护好、梳理好，然后开发好，打造多种特色旅游线路。

这么做，不仅能够更好地研究与保护辽宁的辽金历史文化资源，更能凸显辽宁独有的文化形象与文化气质。

众多遗珍在辽宁

▶ 辽宁，拥有大量辽金时期的历史遗存，无一不是难得的稀世瑰宝！

在中国古建筑史中独树一帜

辽金两朝将辽宁地区作为王朝经营的核心区域，在此修建了众多的城池。根据国家文物局主编的《中国文物地图集》辽宁分册统计，辽宁辽代的古城址有136处，包括都城、府城、头下州城、州县城和奉陵邑。其中，东京辽阳府设在今天的辽阳老城，辽代兴中府的治所在今天的朝阳老城。辽代的头下州城

▲ 辽宁省博物馆内的参观者

分布在朝阳、阜新到沈阳、抚顺一带。辽代的帝陵专门设置了奉陵邑，辽代的显州是显陵的奉陵邑，乾州是乾陵的奉陵邑，分别位于今天北镇市的老城区和北镇庙前。金代的城池大多沿用辽城，仅把名称做了些改变。

辽宁的辽代墓葬发现有上千座，其中包括显、乾两座帝陵。辽代厚葬之风盛行，随葬品不仅数量多，而且丰富多彩。辽代的汉人贵族墓葬一般在朝阳地区，契丹族皇亲国戚的墓葬多在阜新地区。辽墓有砖墓，也有壁画墓，墓志用汉文和契丹文两种文字镌刻。北票莲花山的辽朝晚期重臣耶律仁先墓的墓志，是迄今为止发现的契丹文墓志文字最多的，对于研究契丹文字极其重要。法库的叶茂台7号墓保存完整，墓内彩绘浮雕石棺上罩着一件木制的建筑式棺床小帐，两侧悬挂着绘有山水和花鸟的轴画，墓主人身上的丝织品工艺精湛，还有大量的陶瓷器、漆器、金银器、玻璃器皿、木家具和玛瑙、水晶、琥珀等装饰品及双陆棋等，是契丹民族传统和辽代社会习俗的缩影。

辽金两代佛教盛行，广建寺庙佛塔。义县奉国寺的大雄殿是世界上现存最大的单层木结构建筑。殿里的大型彩泥塑像是辽代的，十分罕见，梁枋上的辽

▲ 辽宁省博物馆内的参观者

辽宁历史文化
词条 11

候城

候城是沈阳最早的名字，西汉时期属于辽东郡，考古专家最早发现候城遗址在1993年。候城前后存在五百多年，至东晋末年毁于战火。在辽太祖耶律阿保机的时候，契丹族人进入辽东，在候城旧地重修方形土城，命名为“沈州”。

懿州

辽朝懿州就是
蒙古族自治县塔营
始建于辽圣宗时期
的孙女燕国长公主
国家行政州。古懿
代，经三百多年的
区颇具影响的历史

兴中府

辽朝兴中府位于今天的朝阳市老城，是辽朝南面官系统中除了京府之外，仅有的三个蕃府之一。兴中府位于当时东北至中原陆路交通的要道上，历来都是战略要地。这里是辽朝中京地区腹地，也是大凌河流域经济文化较为发达的区域之一。辽兴宗重熙十年将这里由霸州升为府。

贵德州

辽朝贵德州位于今天抚顺市高尔山前城址，是辽朝的头下军州。头下军州是由契丹王公贵戚建立的私城，统治对象为战争所得俘虏、陪嫁媵户和赏赐宫户。辽朝统领贵德州的人叫察割，后来因作乱被杀，他名下的头下军州改为朝廷节镇州。

八面城城址　昌图县

七家子城址　昌图县

四面镇城址　昌图县

小塔子城址（包括宝塔寺塔）康平县

西南城子城址　彰武县

塔营子古城　阜蒙县

红帽子城址　阜蒙县

九连城城址　丹东市

显州

辽朝显州是奉陵邑，在今天的北镇市老城区。显州因显陵而建，属于中京道管辖。辽中后期，显州的知名度和影响力逐渐增大，成为具有区域中心地位的重要州城和军事重地。金灭辽以后，在政权机构设置上是路、府、州、县四级建制。1123年，金朝升辽显州为广宁府。

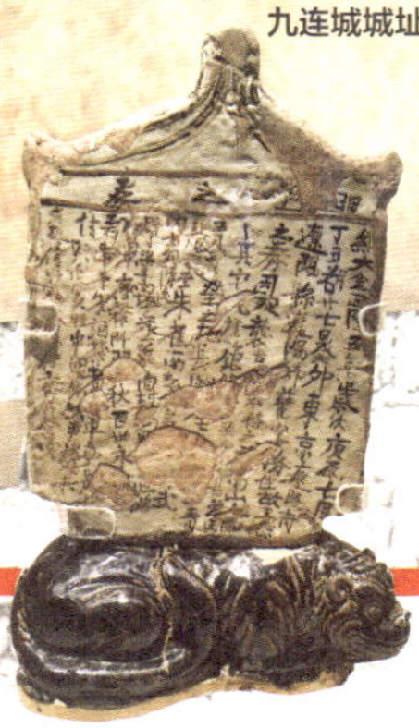

江官屯窑址保存较好。我们从《辽史》的记载中可以得知，辽朝辽阳城高两丈，幅员三十里，有八个城门。宫城在城东北隅，城高三丈，南部外城为汉城，有南市、北市贸易。

代建筑彩画保存完好。辽宁地区有50多座庄严肃穆的辽金佛塔，千百年后依然屹立不倒。佛塔一般与古城相伴，附属于寺庙，多为密檐式砖塔。在众多佛塔中，朝阳北塔是东北地区现存最早的古塔。在它的地宫里出土的辽代八角形四节石经幢，高5米多，为东北地区仅见。朝阳北塔的天宫里出土了金、银、玻璃、玉、琥珀制品等数百件佛教文物，是辽王朝与中、西亚地区密切交流的证据。

在时光长河的冲蚀下，金戈铁马的辽金不仅留下了古城址、古墓、古塔，还有辽代“五京七窑”之一的江官屯窑址，它建于辽而兴于金，产品以白釉粗瓷为主，窑址保存较好。在凌源，有座辽宁最古老的石桥，它建于金代，名为天盛号石拱桥，有“关外第一桥”的美誉。位于大连的“镇东海口”长城，据研究，是辽代建造的唯一一段长城。辽金时期还留下许多石刻艺术品，例如北镇的新立石刻、朝阳的三学寺碑、普兰店望海寺摩崖造像、庄河千佛洞石窟造像等。

延伸 YANSHEN

辽宁一直是辽金两朝的腹心重地

“万里河山有燕赵，一代风俗自辽金。”元代诗人刘静修将辽金两朝对北方地区的影响一语道破。

作为马背上建立起来的政权，辽金两朝都积极向中原的先进文化学习，迅速汉化，从政治、经济、社会制度、社会生产等多方面进行变革，逐渐由边疆的原始形态向中原封建形态发展和转换。

那时的辽宁地区地理位置优越，不仅是辽金两朝进出中原、横亘欧亚与北亚地带的核心区域，还是王朝最先占领的农耕区域，为辽金两朝的前期发展提供了有力支持，因此一直是辽金两朝的腹心重地。

历史上，辽宁地区是辽王朝版图的重要组成部分，辽北地区是辽朝一部分后族和皇族的领地，成为辽朝的腹心重地之一。辽东地区主要是汉人聚集区。辽西地区是与皇族或后族通婚的世家大族的聚居地。

到了金王朝统治时期，由于推行了一系列重农政策，加之大量中原及东北从事农耕的汉民迁徙定居辽东，使得辽宁地区的土地得到前所未有的开发，这里成为当时重要的产粮区之一。

从辽金两代出土的文物中，我们可以发现，辽宁地区农业的发展带动了金属铸造和烧窑等手工业以及商业的发展，使得这一地区经济十分繁盛。政治、经济的繁荣使得这里的文化得到发展，在金朝达到了较高的水平，许多文人脱颖而出。

链接 LIANJIE

墓葬

龙岗墓群 龙岗墓群是辽朝帝王、王侯的陵墓群，位于锦州北镇市北10公里的龙岗子村附近。1970年考古人员在这里发现了辽朝耶律宗政和耶律宗允的墓葬，为研究辽显陵、乾陵的位置提供了线索。

叶茂台辽墓群 叶茂台辽墓群位于法库县叶茂台村西北和北山的山坡，是

▲ 望海寺摩崖造像

辽丞相萧义及其家族的墓群。叶茂台辽墓群出土了许多珍贵、精美的文物及墓志和壁画等，其中以7号墓为最，为学者研究辽史提供了许多资料。

关山辽墓群 关山辽墓群位于阜新蒙古族自治县大巴镇北5公里的关山种畜场附近，是辽朝贵族家族墓，其中包括萧德温墓、萧德恭及其妻合葬墓、秦国太妃与萧谐领合葬墓等。关山辽墓都是砖室，八角形，由墓道、天井、墓门、甬道、耳室、主室组成，出土了墓志、壁画和大量其他文物，十分珍贵。

耶律仁先家族墓 耶律仁先家族墓位于北票市莲花山村东山坡上，曾经多次遭受盗墓。1983年，辽宁省考古队正式发掘时，在墓中找到了耶律仁先的契丹小字墓志铭，志文达5000多字，是迄今为止发现的志文最多的辽朝墓志铭。

柳家画像石墓 柳家画像石墓位于柳家村西北山坡下。壁石浮雕有以二十四孝为内容的人物故事，墓道雕有武士图像，立柱雕牡丹和孔雀。孝子故事是晚期辽墓画像石主要题材之一，反映了儒家的孝治思想对辽朝文化的深刻影响。

地面遗存

奉国寺 奉国寺位于锦州市义县，始建于辽代，是中国现存辽代三大寺院之一。其标志性古建筑大雄殿是古代遗存最大的佛殿，殿内有世界上最古老、最大的泥塑彩色佛像群。

天盛号石拱桥 天盛号石拱桥位于凌源市三家子乡天盛号村，建于金代，桥身通长只有5米，宽4.7米，是民间自建桥。它是东北发现最早的石拱桥。

新立石刻 新立石刻也称狮子岩石刻。新立狮子岩位于北镇市新立村东北，是一座独立的山峰，只有北面可攀登。峰顶后部的石壁上凿刻有一组五佛摩崖石刻。

三学寺碑 三学寺碑位于朝阳市北郊的狼山东麓，是金代兴中府尹高恩廉为改建三学寺而竖。

江官屯窑址 江官屯窑址位于辽阳县小屯镇江官村，为辽金时代遗址。

遗存有窑址、房址、作坊址、灰坑遗迹。除大量的陶瓷片及瓦片外还出土有陶器、铁器、骨器、铜钱、生活用品及马、狗等儿童玩具，种类丰富，品种齐全。

◀ 天盛号石拱桥

世界性价值延续至今——

“契丹”仍是中国的代名词之一

▶ 俄语称中国为Китай，直译是“契丹”。马可·波罗不仅发现了契丹，他的游记更以大量篇幅介绍契丹，称其土地辽阔，富庶无与伦比。后来，哥伦布便手握《马可·波罗游记》，去寻找前往契丹的海洋之路。

直至今日，“契丹”这个名词，仍在世界上有着广泛的影响。

｜辽代草原丝绸之路进入鼎盛期｜

著名考古学家徐苹芳在《考古学上所见中国境内的丝绸之路》一文中，勾勒出了一条“连接西亚、中亚与东北亚的国际路线”：

“中国北方的草原丝绸之路，从新疆伊犁、吉木萨尔、哈密，经额尔济纳、河套、呼和浩特、大同、张北、赤城、宁城、赤峰、朝阳、义县、辽阳，经朝鲜而至日本。”

在辽代，由于北方草原是由统一的民族政权所控制，草原丝绸之路当然也就更为通畅，丝路贸易和文化交流达至繁盛。近年来，在草原新丝绸之路沿途也发现了不少辽代遗物，其中就有琉璃器、波斯银壶等带有大食、波斯、东罗马文明元素的器物，反映出当时这条草原丝绸之路上的东西文化交流的盛况。

“只有民族的，才是世界的。”我们所生活的这块土地上，有着浓厚的文化积淀，这是辽宁特有的文化优势。但是目前，我们对契丹的认识、对辽金历史文化的认识，还远远不够。

中国学者近来认为，“至迟在公元前2000年，中国北方游牧地区与黑海沿岸之间已经存在着一定的文化交流，中国中原地区已经通过草原通道与欧洲的最东部发生了某种文化联系”。

“丝绸之路”从广义上讲，所指并非只是丝绸贸易的通道，而是指东西方之间文化、艺术、科技等各方面交流的通道。主要有沙漠丝绸之路、海上丝绸之路、草原丝绸之路及西南茶马古道。其中，草原丝绸之路开辟时间最早，持续时间最长。

据北京大学中文系古代文学教授、博士生导师杜晓勤论述，辽代，因为西夏政权占据着河西走廊，绿洲丝绸之路受阻，所以，辽与西方诸国的交流只能依靠北方的草原丝绸之路。辽太祖西征之后，打通了一条草原商道。草原丝绸之路基本把辽朝的各个城市连接起来，形成了交通干线上的全方位开放格局，进一步促进了草原地区经济文化的繁荣，草原丝绸之路进入鼎盛期。

辽朝十分重视与西域回鹘各部之间的外交互使和商贸关系。据不完全统计，回鹘公使团以朝贡名义来与辽进行的贸易就有64次。

西有敦煌，东有朝阳

在古代，我省辽西的朝阳曾是东北亚地区的中心，也是丝绸之路向东延伸的交通枢纽。在辽宁境内的丝绸之路主要是由朝阳出发，而后穿过辽东地区，再通向朝鲜半岛及日本列岛。

北京大学中国古代史研究中心教授罗新评价称：“今日朝阳在历史上的地位和价值，是丝毫不逊色于敦煌的。‘西有敦煌，东有朝阳’这个说法，我觉得并不算很夸张。”以今朝阳市为中心的辽西地区始终是一个民族和政治体的“孵化器”，这当然取决于朝阳自然地理、经济地理、文化地理和军事地理的独特条件。

朝阳市博物馆珍藏着一方辽代汉字官印。印为铜质，略呈长方形。印文刻得较深，为阳文篆书“兴中府绫锦印”六个字，为国家一级文物。辽代朝阳称兴中府，兴中府设有绫锦机构，专门掌管锦工、织纴、锦绣等，以供皇帝服饰之用。据博物馆工作人员介绍，目前在朝阳发现的众多官印中，辽代官印仅此一方，它被视作中国古代草原丝绸之路的重要物证，同时证明当时的朝阳一带纺织业非常繁荣。辽代兴中府一带，是中国对世界经济文化作出重大贡献的丝绸之路最东的起点，是古代丝绸之路的一部分，生产的丝绸通过草原丝绸之路运到西方。

西方通过发现契丹而发现中国

真正在契丹生活、游历，并留下令人眼花缭乱记录的是意大利人马可·波罗。《马可·波罗游记》在西方产生过巨大影响，被称为世界第一奇书。

作为商人，马可·波罗的主要兴趣集中在经济、商业、道路走向和地形上。《马可·波罗游记》记载了北京城（汗八里）棋盘般的整齐街道、宵禁制度、钟鼓楼。他提到北京市场上南来北往的商人，印度和中亚的贾客，他关注金银、宝石、珍珠、盐、稻米、谷物、大黄、姜、糖、香料，当然也有中国最主要的贸易商品——丝绸和瓷器。

欧洲人仰慕马可·波罗介绍的契丹，却不知其究竟在何处，当然也不明白契丹与中国的关系。西班牙地理学家拉达是认为契丹即中国的欧洲第一人，他在介绍中国地理的报告中说，我们通常称之为中国的国家，曾被马可·波罗称为契丹王国。

可以说，地理大发现的伟大壮举滥觞于14世纪，哥伦布就是手握着《马可·波罗游记》苦苦寻找契丹的。

英国著名作家威尔斯在其著作《世界简史》中，提到这样一件事：意大利航海家哥伦布苦苦寻找的“新大陆”，居然是“契丹”。只是后来因受风暴等因素影响，才阴差阳错地漂流到南美洲。这个“契丹国”，在哥伦布眼中是一处黄金、白银触目皆是的宝地。

1601年，意大利传教士利玛窦来到北京，根据他的生活经验以及对于经纬度的实测，确凿无疑地告诉欧洲朋友说：北京即马可·波罗说的汗八里，契丹（Cathay）就是中国（China）。

12世纪，耶律大石率领辽国残部西进中亚，建立的西辽武力强盛，成为中亚霸主，与中亚、西亚的一些国家以及欧洲各国均保持着政治、经济和文化上的密切联系，以至于亚欧大陆中西部国家误以为整个中国都在契丹的统治之下。于是，契丹成了全中国的代称。

据中央民族大学外国语学院教授赵春晶论述，16世纪俄罗斯越过乌拉尔山，经过若干年后，逐步扩张到中亚。因此，俄语称中国为“契丹”的原因，是受部分欧洲国家曾称中国为契丹的影响。

手记 SHOUJI

不可忽视的篇章

改变政治格局

“辽金少数民族政权的出现改变了中原地区传统的政治格局，辽金在历史上起到承前启后的作用。”中国文化遗产研究院研究员景爱这样评价辽金的历史地位。在这一历史时期，诸王朝之间的斗争和交流，繁荣的经济，灿烂的文化，发达的科技，活跃的思想，完善的制度，安定的社会，不断出现的人才，涌现的历史事件和各类奇闻逸事都使之成为中国历史上引人关注的历史时期，这是激发现代中国人民族自豪感的黄金时代。

著名学者陈述，终生致力于辽金史的研究，作为辽金史研究领域里的一代宗师，他开创了辽金史研究的新局面。陈述在《辽金两朝在祖国历史上的地位》中阐述，在辽金300多年中，祖国的历史发生了重大的变化，辽金对于祖国的历史发展，作出了很大的贡献，是不可忽视的篇章。

沟通长城南北

辽代在北方草原上建置城寨，沟通了长城南北的经济文化交流。“辽金以前，北方草地和中原农业区存在着很大差别，辽金以后，差别缩小了。”从而有力地改变了南北方经济发展不平衡的局面，为后来中国的统一和经济发展奠定了基础。

稳定祖国疆域

辽金政权开发建设了中国的东北和北方，稳定了祖国的疆域。汉唐是中国的盛世，拓宽了东北和北方的疆域，但是，对这些边疆地区采取羁縻政策，这是间接的统治。只有在辽金时代，才实行了改土归流的政策，直接派官实施统治。从间接统治到直接统治，这无疑是一个很大的进步。

在南、北对峙期间，辽金向北方发展，扩展到黑龙江以北地区；两宋则向西南，向海外发展，“可见除了稳定祖国北方、东北疆域外，对西南和海外友好往来，也起了间接促进作用，这都紧紧联系到近一千年的历史”。

延伸 YANSHEN

现今还称中国为“契丹”的国家

欧洲很多国家包括俄罗斯、白俄罗斯、乌克兰、保加利亚、克罗地亚称中国为Китай，马其顿、塞尔维亚称中国为Кина，匈牙利称中国为Kína，斯洛文尼亚称中国为Kitajska，北欧国家挪威、丹麦、瑞典、冰岛称中国为Kina，芬兰称中国为Kiina，波罗的海国家拉脱维亚称中国为Kīna，立陶宛称中国为Kinija。英语也有用“Cathay”的雅称来表示中国的情况，如“CathayPacific”（国泰航空）。

辽宁历史文化
词条 12

汉魏壁画

东汉末年至三国时期，公孙氏割据辽东五十年，留下大量历史遗迹，其中，辽阳壁画墓甚具代表性。墓内绘制的壁画以汉魏时期辽东贵族生活为内容，题材广泛、真实鲜活。

辽代推行“因俗而治”管理体系

两面官制是对中国的一大贡献

▶ 作为北方政权，契丹辽朝对中国的一大贡献是推行“因俗而治”管理体系，启发了后人的治国智慧。在辽宁省博物馆三楼辽金时期展馆内，展示有两幅巨型壁画，就像无声的老照片，鲜活而逼真地反映了辽朝南北两面官制度下与众不同的社会面貌。

具有开创性的国策

阜新关山4号辽墓出土了两幅巨型壁画，壁画内容为墓主人出行时的情景：南壁为汉人队列，共绘14名汉官和1匹白马，朝墓外方向而行；北壁为契丹人队列，共绘14名契丹人、1辆驼车以及若干马匹。壁画内容丰富，人物栩栩如生，体现了以南北两面官制为核心的“因俗而治”国策下辽朝人的社会生活。

辽太宗耶律德光在位期间（927—947），辽朝的领土已经北至胪朐河，南至白沟，西至金山，东至于海，“幅员万里”。当时，辽朝境内汉人的人口数量已经很多。诸多的汉人，一部分是因避唐末战乱主动北逃草原的，一部分是被南下的契丹军队掳掠而来的。

▲ 辽宁大学教授张国庆对两面官制有深入研究

“让汉人管理汉人，是辽朝建立之初就有的一个创举。”辽宁大学历史学院教授张国庆对南北两面官制有深入研究，据他介绍，受当时社会历史背景决定，辽朝统治者按照

“国制”（契丹旧制）或“汉制”（中原唐制）中任何一种方式进行管理，都有可能产生不可预见的统治混乱。当时草原游牧的契丹人与中原农耕的汉人之间接触较多，契丹社会内部已经有了接受汉族文化的苗头，辽太祖耶律阿保机和他的接班人辽太宗耶律德光，基于对中原汉文化的了解与认同，意识到向汉儒文化学习的重要性，便决定实施“因俗而治”的国策，让各族民众各安其业、和平相处，以实现契丹游牧文明与汉族农耕文明协调发展的目的。

为了实现这一构想，辽太宗耶律德光及其后继者辽世宗耶律阮先后对契丹辽朝的官僚制度进行了改革，制定并完善了南北两面官制，南面官依据“汉制”（中原唐制）管理从事农耕的汉人和渤海遗民，北面官以“国制”（契丹旧制）统治草原游牧的契丹人和其他游牧民族。

任用汉人管理汉人

说起辽朝的南北两面官制，不能不提一个名叫韩知古的汉人。

韩知古是辽朝最早受到朝廷重用的汉人之一，而他的家族也是辽朝第一汉族显贵，他的孙子韩德让甚至一度掌握了辽朝的实质大权。韩氏家族在辅佐辽王朝九帝200多年的历史过程中，为大辽王朝的建立、发展和强盛，为辽文化的形成、发展和传播作出了重要贡献。可以说这一家族与大辽王朝同兴衰、共荣辱。

韩知古6岁时被掳到北方，但因祸得福，后来作为陪嫁的奴臣，随述律平（淳钦皇后）一起进入辽朝皇宫，得到耶律阿保机的赏识，成了高级参谋。此后，耶律阿保机又委任他担任总知汉儿司事，负责管理境内的汉人和制定礼仪等。

不过，契丹境内日渐增多的汉人以及汉文化的冲击，让耶律阿保机有些始料不及。而契丹辽地客观存在的地理环境和契丹人“车马为家”的生活习俗，以及长城内外政治、经济和文化的巨大差异，也让耶律阿保机不可能完全复制汉人的生活方式。于是，他接受汉人谋士韩延徽的建议，建立了许多州县城堡，将汉人集中起来，保留他们原有的生产与生活习俗。其中，“头下军州”便是辽朝特别设置的一种地方行政机构。《新五代史》卷七二《四夷附录》就提到了耶律阿保机建立州县的情况：“是时，刘守光暴虐，幽、涿之人多亡入契丹。

阿保机乘间入塞，攻陷城邑，俘其人民，依唐州县置城以居之。”

为民族融合创造空间

南北两面官制是契丹辽朝一项非常重要且颇具特色的政治制度，它对辽朝的统治以及政治、经济、文化等方面的发展都产生了重大影响。张国庆从以下两个主要方面做了概括：

其一，以南北两面官制为核心的“因俗而治”国策的制定与执行，促进了辽朝物质文化，即社会经济的迅速发展。契丹人在辽朝建立以前，主要采取的是奴隶制的掠夺式经济，从事游牧，辅以狩猎，食兽肉，衣兽皮，以车帐为家，经济发展比较缓慢。辽朝建立以后，特别是采取了以南北两面官制为核心的“因俗而治”国策后，各族民众和谐相处，农业、畜牧业、手工业等诸业生产得到均衡发展，物质文化大发展，经济成果十分显著。

其二，以南北两面官制为核心的“因俗而治”国策的贯彻执行，也促进了辽朝思想文化的迅速发展。契丹兴起之时崇信以自然崇拜为核心的原始宗教，后来又有佛教传入契丹。辽朝建立后，特别是在以南北两面官制为核心的“因俗而治”国策制定后，开始转向信奉儒学。为扩大儒学的影响，辽朝统治者不仅设立了国子监、国子学等，聘请汉儒为其讲学，而且还倡导“华夷同风、汉契一体”，主张尊孔重儒。因而，以儒、佛为核心的多元文化成为辽文化

讀

辽宁历史文化

词条 13

三燕

两晋时期，慕容鲜卑在上辽河和大凌河流域活跃并发展了近300年，先后建立前燕、后燕和北燕政权。三燕时期，汉文化与鲜卑文化深度融合。

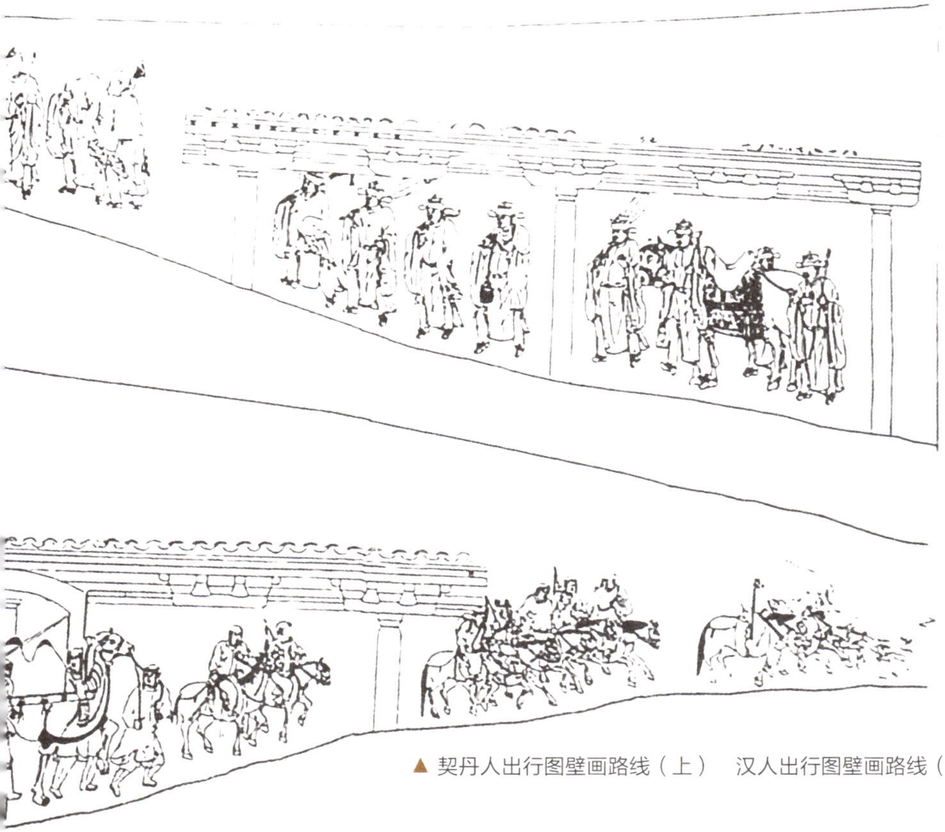

▲ 契丹人出行图壁画路线（上） 汉人出行图壁画路线（下）

的主体。

总之，以南北两面官制为核心的“因俗而治”国策的贯彻执行，为辽朝社会的进步和经济、文化的大发展，创造了一个非常宽松的政治环境。

10至12世纪的辽朝之所以在中国北方大地上存在了200余年，主要原因就是辽朝统治者在“因俗而治”国策指导下，既保持了契丹草原民族游牧文化（主尚武），又积极学习并吸收中原汉儒文化（主崇文），并使两种文化有机结合，取长补短，更好地解决了境内多民族杂居产生的各种复杂问题，为各民族之间的和平共处、共同发展提供了一个和谐良好的生存空间。这也是辽朝为后世社会发展提供的借鉴和参考之处。

延伸 YANSHEN

金代坚持借鉴吸收

女真灭辽，辽亡金兴。

女真金朝的官僚制度，从金太祖完颜阿骨打开始建设，经太宗、熙宗和海陵王，到金世宗完颜雍时，已趋完成。

金朝的官制，既有对女真人部落旧制的沿承和扬弃，也有对辽朝和北宋官制的借鉴与吸收。

金朝的中央官制，经历了由初期的“勃极烈制”向集权制的转化。所谓“勃极烈”，为女真语“官长”之意。以完颜氏为核心的女真大部落联盟首领即称“都勃极烈”。完颜阿骨打称帝建国，便设若干“勃极烈”，以辅佐他共掌国事。完颜阿骨打曾任命其弟完颜吴乞买（金太宗）

▲ 关山 4 号辽墓的壁画体现了辽朝“因俗而治”的南北两面官制度

北面官	南面官
北面朝官（如“契丹北枢密院·北院枢密使”等）	南面朝官（如“中书省·中书令”等）
北面御帐官（如“侍卫司·侍卫太师”等）	南面宫官（如“汉儿行宫都部署院·汉儿行宫都部署”等）
北面著帐官（如“著帐郎君院·著帐郎君节度使”等）	南面京官（如“上京盐铁使司·上京盐铁使”等）
北面皇族帐官（如“大内惕隐司·大内惕隐”等）	南面大藩府官（如“兴中府·知兴中府事”等）
北面诸帐官（如“遥辇九帐大常衮司·大常衮”等）	南面方州官（如“沈州昭德军节度使司·沈州昭德军节度使”等）
北面宫官（如“诸行宫都部署院·诸行宫都部署”等）	南面分司官（如“按察诸道刑狱使”等）
北面部族官（如“五院部·知五院事”等）	南面财赋官（如“山西路都转运使司·山西路都转运使”等）
北面坊场局冶牧厩等官（如“围场·围场都太师”等）	南面军官（如“殿前都点检司·殿前都点检”等）
北面军官（如“天下兵马大元帅府·天下兵马大元帅”等）	南面边防官（如“西南面招安使司·西南面招安使”等）
北面边防官（如“诸军都虞候司·都虞候”等）	
北面行军官（如“行军都统所·行军都统”等）	
北面属国官（如“女直国顺化王府·女直国顺化王”等）	

南北两面官制图示

为“大勃极烈”，皇帝率军出征，“大勃极烈”在朝居守，始开皇储为“大勃极烈”之先河。

“勃极烈”官制带有浓郁的女真贵族议事会残余，位尊权重，对皇权的威胁很大。随着金朝社会的发展，以及受辽朝和北宋官制的影响，金朝皇权的集中趋势日益明显。“勃极烈”制与集权制矛盾的凸显，是“勃极烈”制走向衰亡的主要原因。最终，金朝汉官制度确立，中央集权得到了加强。

太祖、太宗时期亦曾实行过汉官制，但目的是为笼络和安抚投降金朝的辽和北宋汉官，大都因人而设。熙宗即位后，为加强皇权，清除异己，便主动借鉴辽朝和北宋官制，改革旧制。中央设三师、三公，以三省为最高决策机构。至天眷元年（1138），最终废除了“勃极烈”制，中央确立了统一的三省六部制。海陵王上台后，为进一步加强皇权，颁行正隆官制，以尚书省主全国政务，以元帅府为枢密院掌军事，再次限制了女真贵族权力。到金世宗时，又对正隆官制稍加调整，至此，比较完善的金朝中央官制定型了。

在中原与东北之间开辟一条新通道

辽西走廊在辽代正式形成

▶ 辽代以前，辽西地区人烟稀少，在200余年统治期内，辽朝在辽宁各地先后建设了100多个州县，辽西地区也因此得到全面开发、建设。就在此时，一条连接中原与东北的交通要道——辽西走廊横空出世。辽西走廊不仅是依托客观自然地理环境形成的交通大通道，也是一条文化大通道。

功劳首归耶律阿保机

学术界对辽西走廊的权威解释是这样的：山海关与锦州之间、南临渤海辽东湾、北倚松岭山脉的一段狭长的平原地带，长约185公里，宽8公里至15公里不等，这条大道称之为辽西走廊。现在，辽西走廊仍然是最繁荣的交通线，因为102国道、滨海大道、京沈高速、沈山铁路等陆路、铁路交通线皆从辽西走廊穿过。

在辽代以前，东北与中原因为巍峨的燕山山脉阻隔，交通十分不便。即使当年说一不二的秦始皇，只是开辟了天津与葫芦岛绥中之间的驰道（相当于今日的高速公路），再往北的道路，他也是望尘莫及。后来，卢龙道与古北道兴起，成为连接东北与中原的交通线。

从地图上看，辽西走廊比卢龙道、古北道都要近许多，为何辽代以前未被发现？原来，辽西走廊受海浸海退影响，长期荒无人烟。所以，古人宁可绕远，也不愿意走这条不毛之地。

辽西走廊从无到有，其功劳首归耶律阿保机。正是他的南征北战，将大量战争所俘获的人口安置到辽西走廊上，这条连接东北与中原的最近路线才得以形成。

辽宁大学历史学院教师孙伟祥认为，“辽初几代君主与中原政权及周边民

▲ 辽西走廊的真正形态应该就是 G1 公路。这条道路距离最短，又是在狭长的平原地区通行，无论是对于大规模部队的通行还是大宗货物的贸易都是最方便的通道。但这条道路的成型却是很晚的事情，直到辽金时代才成为辽西走廊的代名词。

族政权进行了长达几十年的征讨，尽掳大批降人、俘虏迁入辽境，进一步加速了中原人口与文化向关外的流动，加速了贸易的发展，加速了通商道路的开拓”。

经过辽金两代的经营与发展，辽西走廊渐渐取代卢龙道、古北道的同时，又大大促进了东北与中原的商贸交流、文化交流。如此一来，辽西走廊成为区域经济中心。此前，靠古北道而发展壮大的区域经济中心——朝阳，开始走向没落。

人口增多、商业发达，致使辽西走廊上城市数量激增，出现了锦州、来州

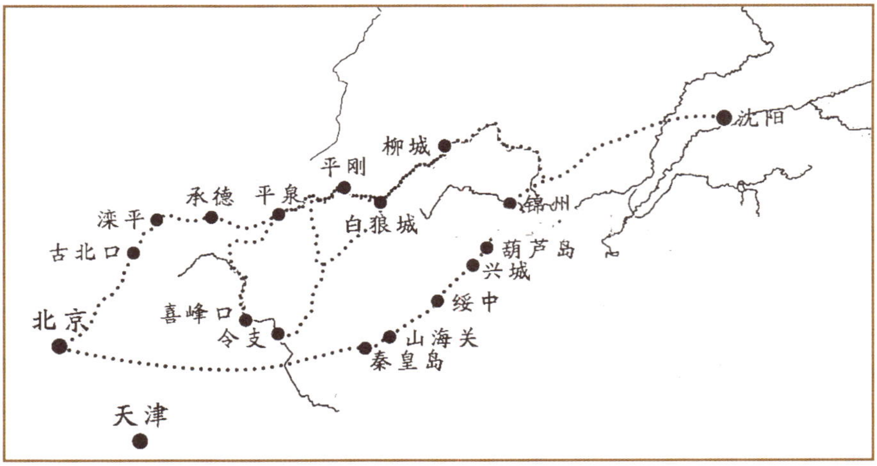

▲ 四条辽西走廊

等6州7县，另有不设州县的奚人游牧部落。这与隋唐时期辽西走廊地广人稀、没有州县设置相比，此时的辽西走廊已经发生了翻天覆地的变化。

不过，从近年来的考古发现看，辽西走廊的城市规模普遍较小，除了锦州城周长4公里以外，一般城址仅2公里左右。尽管城市体量不大，但为辽金两朝创造的财富不可估量。

草原丝绸之路的起点

辽宁省博物馆展出了辽金时期的农业生产工具铁锄、铁铡刀等文物，其中包括从绥中城后村出土的一件铁锄。除此之外，考古工作者在辽西走廊相关遗址中，同样发现了各类生产工具。这表明，辽西走廊在当时农业发展非常成熟。

据专家考证，小米是当时辽西走廊的主要粮食作物。到了辽代中后期，辽西走廊成为辽朝重要的“粮仓”和远近闻名的产桑区，并带动了纺织业的快速发展。当时，地处辽西走廊最东端的锦州，因聚集了大量擅长纺织技术的汉人，而就此得名，并一直沿用至今。

辽西走廊对辽金两朝的贡献，不单单是一条通往关外的交通大道，也不仅仅是一个“粮仓”，而是辽金时期草原丝绸之路的一个重要起点。当时，辽西走廊地区纺织业极其发达，除了向皇室提供蚕丝原料外，还从事各类丝绸服饰的生产，其工艺水平毫不逊于北宋。

从法库叶茂台辽墓出土的缂金山龙纹衾与缂金佩巾，系以金线缂成，是现知缂丝作品中仅见的缂金作品，最为华贵。一些丝织品服饰还表现了契丹服饰的特种式样，如钓墩式样的袜裤、上衣的左衽等。尽管无法知道这些珍贵丝织品的产地是不是在辽西走廊，但可见辽代纺织水平是相当高的。

根据史料记载，由辽西走廊生产的精美纺织品或其他手工制品经榷场，销往北宋或者经辽上京，通过草原丝绸之路，走向世界各地。所以说，辽西走廊也是我国草原丝绸之路的重要起点之一。

到了金代，辽西走廊的军事功能被放在重要位置。因为这里“扼山海之要冲，为京师之屏障”，为兵家必争之地。所以，金太宗决定在辽西走廊沿线，每隔40公里至50公里处置一驿所。明朝时，更是自西向东分别设立了广宁中前所、广宁前屯卫、广宁中卫所、宁远中右所、宁远卫、连山驿、宁远中左所、杏山驿、广宁中屯所、广宁中左屯卫，著名的宁锦之战、松锦之战等战役皆是由争夺辽西走廊控制权而打响的。

多元文化的集散地

辽金以后，因为大量人口迁入与繁衍，辽西走廊成了多民族聚集区以及中原与东北地区往来的常行之路。再加上辽金时期疆域较为广阔，控制范围向北及西北延伸，辽西地区已然成了辽金两朝的腹地，不同文化在此相互撞击、交流、融汇。

著名考古学家苏秉琦曾对辽西走廊在民族融合方面给予过高度评价：“中国统一多民族国家形成的一连串问题，似乎最集中地反映在这里，不仅秦以前如此，就是以后……许多‘重头戏’都是在这个舞台上演出的，而这个舞台上的演员，是汉族、东胡、契丹、女真、蒙古、满等众多民族。”

确实，辽西走廊一直发挥着民族迁徙往来的廊道作用，众多民族在辽西走廊留下了历史与文化积淀。“辽西地区在长期已形成的中原文化与东北边疆民族文化交融的交点基础上，继续承担起了向北部及西北地区传输先进文化的中转站的历史使命。”孙伟祥总结说。

辽宁历史文化
词条 14

龙城

位于今朝阳市，为三燕故都。慕容鲜卑公元341年于龙山筑龙城。公元342年，正式将都城迁入龙城。龙城逐渐成为东北的中心城市。后燕时期，龙城得到了最大程度的发展。公元409年，冯跋被慕容鲜卑拥立为王，以龙城为都城，史称北燕。

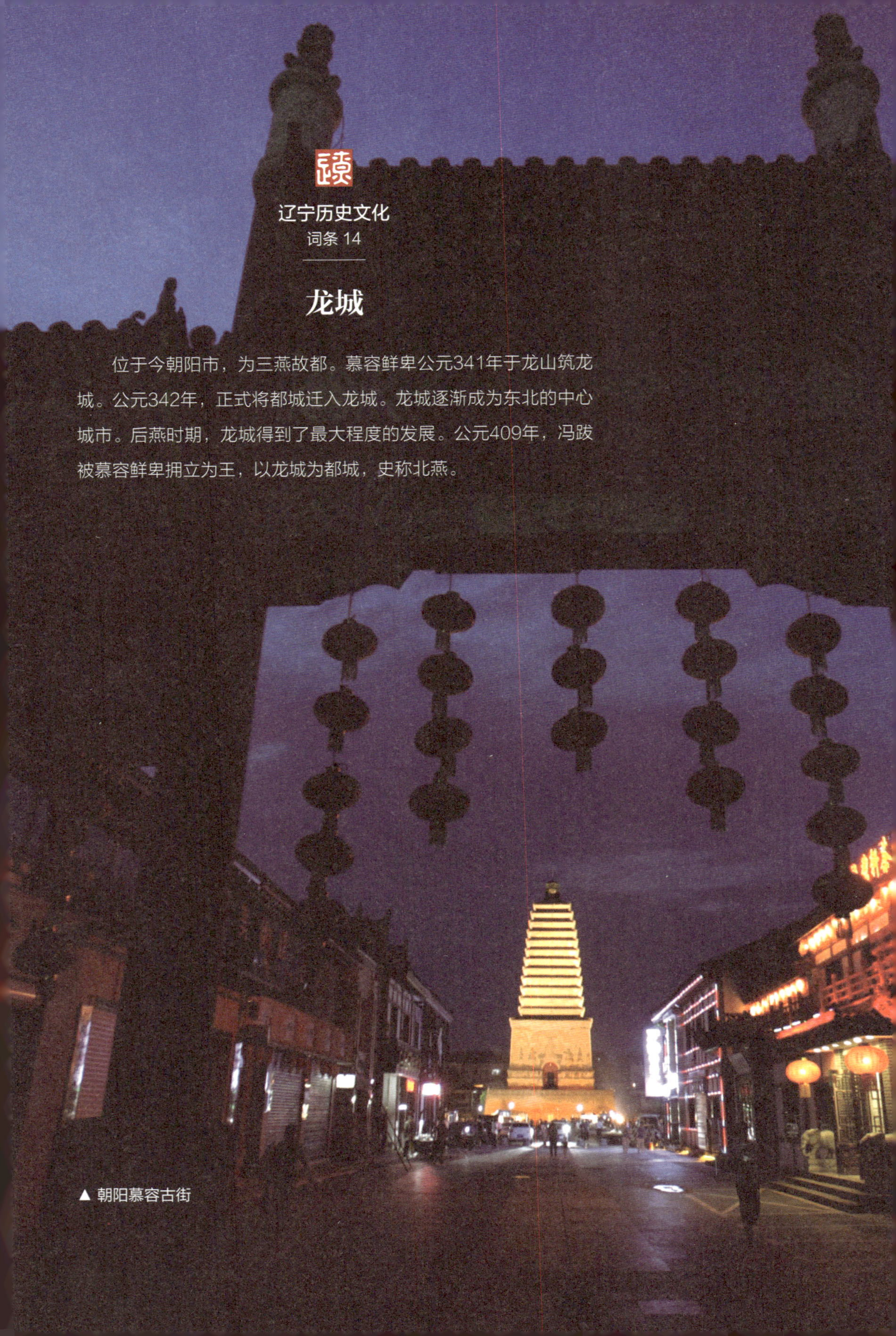

▲ 朝阳慕容古街

延伸 YANSHEN

这些地名有来由

“头下”也称“投下”，头下军州是由契丹王公贵戚建立的私城，统治对象为战争所得俘虏、陪嫁媵户和赏赐官户，以汉人、奚人等为主。诸王、公主、国舅可创立州城，创立军、县或堡。头下军州除节度使由朝廷任命外，刺史以下官员由头下主委派家奴充任。

在辽代，契丹贵族对头下军州选址很有讲究，既不能让被俘获的汉人脱离农耕区域，又不想远离草原。所以，我们现在看到的头下军州城址，多集中于今天的辽西地区，也就是辽河以西至阜新一带。头下军州的人口大多来自河北、山西等地，多为汉人。一般来说，大的头下军州有1万户左右，小的也有1000多户。

生活在头下军州的人们，一方面要向契丹贵族交地租（以粮食为主），另一方面要向辽国正常纳税。慢慢地，头下户演变成“二税户”，这就造成了一定的社会不稳定因素。辽圣宗时期，中央集权进一步加强，以前建立的一些头下军州，逐渐归中央直属管理。

辽宁地区的头下军州主要有豪州、遂州、顺州、徽州、成州、懿州、横州、懽州、新州、闾州、渭州、原州、福州等。其中，懿州、成州、徽州、渭州，都是在公主出嫁时，由皇帝连同土地一起赏赐的陪嫁户修建的，这些陪嫁户有契丹人，但绝大部分为汉人。

豪州　位于今阜新市彰武县四堡子乡兴隆村，建立于公元933年，头下主为国舅萧阿古只。此人骁勇善射，遇到敌人奋勇当先，射出的箭每次都能穿透铠甲，因此战功卓著。在平息叛乱、征西南部落、讨伐山西、克回跋城等战役、战斗中，都发挥了重要作用，被耶律阿保机称为"耳朵"，并接替萧敌鲁出任辽朝第二任北府宰相。

徽州　为辽景宗女秦晋长公主所建，位于阜新蒙古族自治县旧庙镇他不郎村。徽州也是当时阜新地区人口最多的城镇，有头下户1万户。

横州　位于今阜新市彰武县苇子沟乡土城子村，建立于辽圣宗时期，头下主为国舅萧克忠。

原州　位于沈阳市法库县包家屯乡南土城子村，头下主为国舅（萧金德），但《辽史》并未有此人。据专家推断，萧金德应为萧恒德，因为在萧恒德传记中和对北宋重大战事记载中，萧恒德参加了歼灭北宋主力曹彬、米信部队的涿州战役和进攻北宋的围沙堆战役，以致负伤时由太后亲临赐药，所以赐予他头下军州一座。

福州　位于沈阳市法库县包家屯乡三合城村，头下主为萧宁。《辽史》记载此人为北府宰相、兰陵郡王。

手记 SHOUJI

想起了河西走廊

如今的辽西走廊，早已看不出一千年前古道的模样。

每天，不计其数的火车、汽车在这条昔日狭长的古道上穿梭往来。

辽西走廊正从一个历史地理名字，变成一个区域经济圈的名字。同时，辽西走廊又是辽宁振兴发展的又一经济增长极。

这是因为，辽西走廊是京津冀经济圈与东北经济圈的交叉点。辽金时期，这里是多民族融合与文化交流的中心点，现在凭借区域内完备的铁路、公路、港口、机场等现代交通运输网络，又托起了京津冀与东北这两大经济圈。

当前，辽宁已经站在了一个新的起点上，新起点要有新气象，新时代要有新作为。曾经创造过辉煌历史的辽西走廊，也应该像凤凰一样涅槃重生，去重新书写自己新的历史。

在采访中，很多专家对辽西走廊的文化旅游开发情况不理想感到十分惋惜。山与海的完美结合，是辽西走廊的一大亮点。一千多年前，多民族的交往融合，给辽西走廊留下无尽的文化旅游资源。

可是，除辽西走廊中的个别传统景区名气大、游客多外，更多的是未被很好开发与利用的历史遗存。

辽西走廊何尝不是辽宁的文化符号？河西走廊作为甘肃的文化符号，早已经被世人所知。甘肃对河西走廊的开发与利用，非常值得辽宁借鉴。一部《河西走廊》，让无数国人对这里心驰神往。再看我们的辽西走廊，尽管每天川流不息的车辆从此经过，但又有几个人知道辽西走廊的千年往事呢？

正如甘肃人讲好了河西走廊故事，辽宁理应讲好我们辽西走廊的故事，而不是一提到历史的辽西走廊，想到的只有松锦之战、宁锦之战……

影响中国思想界及整个中国历史

澶渊之盟创造百年和平

▶ 著名学者蒋复璁这样评价澶渊之盟：它影响了中国思想界及整个中国历史！在来到河南濮阳之前，记者对蒋复璁的观点百思不得其解。因为一般人从课本里了解的澶渊之盟，评价并不高。“现在史学界对澶渊之盟的认识完全改变了。”濮阳市博物馆研究部主任王义印说，这一事件为中华民族赢得100多年的和平期，影响深远。

缔约后经济快速发展

7月13日上午，记者与王义印一同来到位于河南濮阳御井街的澶渊之盟纪念馆。该馆藏有一件极为重要的历史文物：回銮碑，又称契丹出境碑。碑文为宋真宗所赋《契丹出境》诗，相传为寇准书写。

经过千年风剥雨蚀，回銮碑只剩下了上半部，若不是旁边两个复制碑“陪伴”，我们很难获知全部碑文。诗以言志，宋真宗以“我为忧民切，戎车暂省方”来表达签订澶渊之盟后的兴奋之情，毫不在意每年送给辽朝银10万两、绢20万匹的“岁币”。

在澶渊之盟前，辽宋打了几十年的仗，每年北宋的军费开支以千万两计，而辽朝同样备受战争影响。澶渊之盟后，宋辽的经济均得到快速发展，并成了当时世界的最大经济体。

有学者统计，辽宋GDP占当时世界的八成以上。王义印说：“澶渊之盟后，宋辽双方在边境设立榷场，贸易互市。辽对宋的商品输出，主要以马、牛、羊、骆驼等畜产品为主，而宋卖给辽的商品有粮食、茶叶、药品、书籍、瓷器等。”从这些贸易商品种类看，双方具有明显的经济互补性。

据北京文物研究所的档案资料显示，燕京本来是辽朝重要的铸钱基地，但

▲ 澶渊之盟纪念馆讲解员张伟向记者讲解澶渊之盟的历史

整个幽燕地区使用的铜钱大部分为宋钱，而辽朝自铸钱币在其境内流通的货币中所占比例极小。同样，在辽宁地区发掘的辽墓中，辽钱少之又少，而宋钱比比皆是。在内蒙古自治区巴林左旗的上京博物馆内，有一件镇馆之宝：契丹大字银币。经专家考证，该银币不是流通货币，只为纪念之用。宋钱在辽朝广泛流通，说明双方的经济联系相当密切。

实现了文化大交融

辽宁大学历史学院教师孙伟祥认为："澶渊之盟加深了辽宋双方之间的认识，促成了中国历史上第二个南北朝局面的出现，在某种程度上实现了文化上的大交融局面，加速了中华民族多元一体进程。"

这一观点，在澶渊之盟纪念馆得到体现。"澶渊之盟"展览用四个字对澶渊之盟的历史作用做了概括——泽被后世。澶渊之盟后的100多年里，宋辽两国和睦相处，人民生活和平安定，社会经济和文化空前繁荣。澶渊之盟成为中

▲ 回銮碑

国乃至世界史上少见的真正的和平条约。

濮阳县文物管理所所长刘忠宇认为，辽宋缔结澶渊之盟可谓伟大的历史事件，其主要意义有三：一是促进了中华各民族的融合和互相认同；二是极大地促进了社会的繁荣和发展；三是充分证明了强大的国防是立国之本。同时也说明和平的弥足珍贵，稳定是民心所向。

澶渊之盟让辽宋一方面加速融合，一方面创造了各自的灿烂文化。众所周知，辽塔是中国古代建筑史上不可多得的瑰宝。辽代大规模修建佛塔正是从澶渊之盟后开始的。

总体来说，辽代在澶渊之盟后，政治上全面借鉴中原政权的各项制度，文化上积极向中原儒家文化靠拢，经济上农业经济在境内得到进一步推广。具体来说，澶渊之盟前，辽朝主要从事对外征战，忙于开疆拓土；澶渊之盟后，辽朝将政务重心转向内部，兴办教育，培育人才，效仿宋朝，进一步推行科举，并通过创办学校，全面发展教育文化。至于北宋的大繁荣，通过各种史料便可知晓。

据考证，公元1005年至1121年间，两国遣使贺生辰、正旦以及祭吊活动共计643次，可见交往之频繁。

辽代文明闪耀于世界

王义印对契丹民族和辽代文化，给予高度评价，他说："辽代文明一度传播至欧亚大陆，契丹民族可谓不朽的民族！”

澶渊之盟前，辽朝已从单纯的游牧经济，基本上完成了向游牧与农耕共存的经济过渡。澶渊之盟后，辽朝更是创造了以汉文化为核心，又带有契丹民族特色、时代特色的辽文化。

▲ 澶渊之盟纪念馆

通过考古发掘，一件件带有契丹文化特色的文物展现在当代人面前：精美的辽瓷、丝织服饰、金银器、鎏金马具……更难能可贵的是，从这些文物可以看出辽朝手工业的制作水平、设计能力并不逊于宋朝。

幅员辽阔的辽朝，还将自己生产的手工艺品远销到世界许多国家，让辽代文明闪耀于世界。据考证，辽的对外贸易特别兴盛，曾向北宋以外的16个国家输出过丝织品。因为辽的纺织业高度发达，丝织品产量多、种类全，很多国家对辽丝绸的需求甚至超过北宋。

延伸
YANSHEN

促成“重熙增币”的耶律仁先葬在北票

在绝大多数人印象中，自澶渊之盟签订后，辽宋之间再也没有发生过战争，双方缔结了“百年好合”。其实，其间还发生了并不为外人熟知的“重熙增币”事件。

原来，辽兴宗重熙年间，也就是宋仁宗庆历年间，北宋与西夏发生了战争。

彼时，北宋对西夏李元昊称帝的合法性不予承认，所以双方进行了为期三年的持久战。与此同时，辽朝与北宋之间发生了一场“外交大战”。

起初，北宋针对辽朝提出的“修约”要求，给予的答复是：要么宋辽联姻，要么增加“岁币”，两者只可取其一。经一番讨价还价，北宋答应增加银10万两、绢10万匹。而成功让北宋增加岁币的辽臣名叫耶律仁先。

咸雍八年（1072），耶律仁先卒于任上，时年60岁，葬于蒿簍母山，这座“蒿簍母山”就是今天北票市小塔子乡的莲花山。

在辽代，能成为一人之下、万人之上的“于越”，是无数文官武将的梦想。在辽代，只有10个人被拜为“于越”，耶律仁先便是其中之一。

他的一生充满了传奇：1042年任北院副枢密使，然后与刘六符出使北宋，成功完成“重熙增币”一事；1044年，辽兴宗与西夏发生战争，耶律仁先力谏辽兴宗不要打仗，兵败后，辽兴宗认识到耶律仁先劝谏的正确，将其晋封为吴王；辽道宗时期，耶律仁先又任南院枢密使，1060年晋封许王、北院大王；1063年7月，耶律仁先平定耶律重元叛乱，被加封尚父、宋王；两年后正式被拜为“于越”，同时平定西北鞑靼的叛乱。

著名考古学家冯永谦曾于1983年参与耶律仁先家族墓葬发掘工作。正式发掘时，大家被眼前的一幕震惊了：墓内仅剩玉带饰板、陶砚等装饰品及鎏金铜泡钉、陶螭吻等建筑构件，以及大量瓷片。

原来，耶律仁先墓曾多次被盗，分别发生在1896年、1959年和1962年。

冯永谦回忆说：“耶律仁先的墓有一个主室两个耳室，陪葬品很多，此墓清代即被盗，多次有人进去……我们当时从墓里拣出了满满四筐碎瓷片子，计有景德镇青白瓷、定窑白瓷、印花青瓷和辽地的白瓷及鸡腿坛等辽瓷器，器形有瓜棱状注壶、碗、盘、碟、杯、盅与鎏金银扣盘口瓶等，可见原葬遗物之多。”

在这次考古发掘中，最大的收获是发现了保存完好的耶律仁先的墓志铭，而且志文全是契丹小字，这为研究契丹文字提供了重要资料。

手记 SHOUJI

还历史以客观评价

准备赴河南濮阳采访前，记者特地找了几位朋友，想听听他们对澶渊之盟的认识。很遗憾，只有一人对澶渊之盟的来龙去脉特别了解，另有两人表示，历史课本曾提过澶渊之盟，太具体的内容记不清了，剩下两人干脆没听说过澶渊之盟。

有人说，如果1000多年前有诺贝尔和平奖，宋真宗与辽圣宗将无争议地获奖。一纸盟约给后世留下无尽财富，像指南针就是澶渊之盟后被广泛使用的。因为，北宋的生产力和科学技术都得到了长足发展。

可是，我们对澶渊之盟的了解比较片面，简单将其理解为给北宋老百姓增加了沉重负担的不平等条约。殊不知，那点“岁币”只是北宋一两个县城的财政收入，对北宋来说，并不伤筋动骨。

澶渊之盟深刻促进了民族融合。缔约之后，宋辽成了兄弟之邦。在长期的和平交往过程中，两个民族逐渐融合，为日后中国重新实现统一创造了条件。

今天，我们需要重新认识澶渊之盟，需要客观评价这一历史事件对中华民族发展进程的影响。

在辽金元三朝都是东北最繁华的中心城市——

“东京”辽阳与中原来往密切

▶ 7月17日上午，随着高铁缓缓地驶入辽阳城，在城市的楼宇之间，一座古塔的塔尖牢牢地黏住了人们的视线。虽然未露全貌，但古塔的肃穆与沧桑直击心灵，让人们迫切地想去感受这座城市。这就是记者与古城辽阳的第一面。

东京辽阳府不比明代辽阳城小

辽阳白塔始建于辽代，是东北地区现存最高的佛塔。辽塔多与辽代城址相伴，辽阳白塔位于辽阳城西。塔最高，就意味着这里的城池最繁华。

辽阳市博物馆副馆长张君弘说，辽阳古城的辽代文物除了白塔，还有江官屯窑址，共同见证了辽代东京辽阳府的繁荣昌盛。江官屯窑是辽代著名的“五京七窑”之一，是东北地区最重要的辽瓷烧造基地。

在辽代以前，辽阳城规模虽然不小，却形制简陋。经过辽金的发展，这里一跃成为整个东北地区最繁华的中心城市。

根据《辽史·地理志》的记载，我们可以遥想当年辽阳城的繁荣景象：城墙“高三丈，有楼橹，幅员三十里”，不比明代的辽阳城小；共设有八个门，“东曰迎阳，东南曰韶阳，南曰龙原，西南曰显德，西曰大顺，西北曰大辽，北曰怀远，东北曰安远”；宫城在东北部，“高三丈，具敌楼，南为三门，壮以楼观，四隅有角楼，相去各二里”；辽阳城分为内城和外城，“外城谓之汉城，分南北市，中为看楼；晨集南市，夕集北市。街西有金德寺、大悲寺、驸马寺，铁幡竿在焉；赵头陀寺；留守衙；户部司；军巡院”；辽代东京道人口众多，“户四万六百四”，如果按每户5口人计算，那么东京道人口在20万人以上，在当时已然具有相当的规模。

辽代东京辽阳府的农业、手工业都很发达。《宋史》中记载，辽代“辽海

▲ 辽阳白塔

编户数十万，耕垦千余里”，“辽东粟”成为当时著名商品。辽金史专家肖忠纯在《辽代辽宁史地研究》一书中写到，辽阳府的手工冶铁、锻铁工艺达到相当高的水平，生产的铁器金属制品以精好见称，驰名中原。东京道也是辽代纺织业的重要基地，辽初，东丹王每年向中央纳贡细布五万匹、精布十万匹，可见当时无论是纺织技术，还是纺织量都有很大的发展。金灭辽后，金朝统治者仍然以辽阳为东京，城市规模没有多大变化。

“辽阳”一名自辽代正式确定下来

谈到辽阳城悠久的历史，普通的辽阳人都会自豪地说上一句：“一座辽阳城，半部东北史。”张君弘介绍，辽阳是东北地区最早出现和有明确记载的城市，

▲ 辽阳市政协文史和学习委主任叶红钢说，“辽阳”这个名字是辽代定下的

有着2300多年的建置史。从战国时，燕国在此设置辽东郡，称为襄平，此后直至明末，辽阳一直是东北地区的政治、经济和文化中心，被誉为“东北之雄蕃，国家之重镇”。

在历史长河中，辽阳有过许多名字，如襄平、昌平、辽东、辽州、铁凤、东平、辽阳、南京、东京等称谓，其中“辽阳”的由来最曲折。

辽阳市政协文史和学习委主任叶红钢说：“‘辽阳’这个名字从辽代开始，首次在行政建制上被确定下来，成为这一城市的地名。”他说，最初的辽阳城位于沈阳市辽中区茨榆坨镇，如今这里的偏堡子古城遗址就是史书中记载的汉代辽阳县。

古人以“水北为阳”命名，汉代辽阳县位于大梁水（太子河）、小辽水（沈水、浑河）之北，因而有辽阳之称。根据叶红钢考证，公元238年，司马懿平辽东，在襄平大肆屠城。同年，汉代辽阳县因地势低洼，在大水灾中城毁。辽阳县与襄平县隔河相望，距离不远。襄平县作为辽东最大的都市，自然成为辽阳县人迁居的首选目标。辽阳县人来到襄平城后，虽然官方仍称这里为襄平城，但由于人口多为辽阳县人，这座城市的民间称呼便慢慢发生了改变。

“这种改变是漫长的。”叶红钢说，许多唐诗中曾经出现过“辽阳”一词，例如唐代诗人李益的《送辽阳使还军》中写道：“征人歌且行，北上辽阳城。”但直到辽代，“辽阳”才成为这里有明确文字记载的行政建制名称。

辽太祖耶律阿保机占领辽东后，919年，在这里建立了东平郡。时隔十年，辽太宗将东丹国的首府迁到东平郡，并将其地位提升为南京。938年，辽太宗改南京为东京，设置辽阳府，“辽阳”一名正式出现在史册中。

控制整个东北的战略重点

辽代分五京，除了上京临潢府外，辽阳府（当时还是叫东平郡）是第二个被确立为陪都的地方，这与辽阳城特殊的战略地位密切相关。

张君弘有这样一个观点：欲霸辽东必取辽阳。纵观战国至清代东北地区2000多年的历史进程，不难发现，中原王朝和地方民族政权都毫无例外地将占据辽东作为控制整个东北的战略重点，辽金两代也不例外。

查看辽金两代的地图，我们会发现东京辽阳就位于辽金版图的腹地。作为

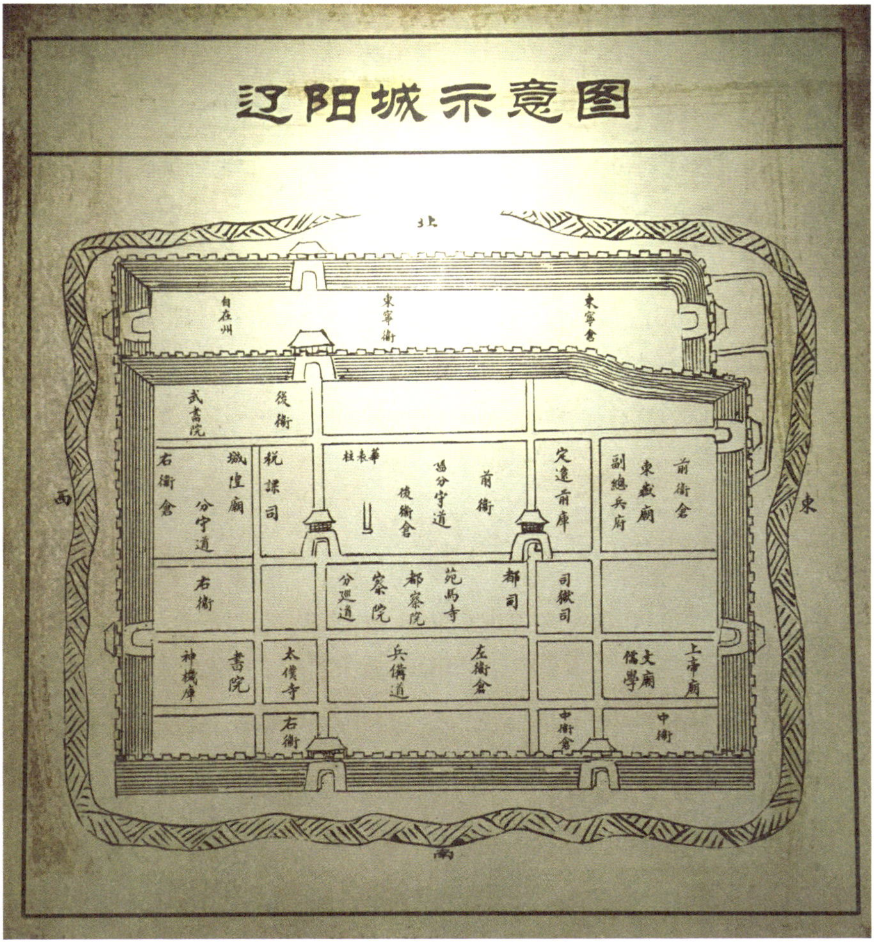

▲ 明代辽阳城

辽东地区的中心城市，辽阳在地理位置、海陆交通、军事战略、物产资源上都占有绝对的优势。

辽阳市政协文史和学习委前主任刘南方为记者简单画了一幅地图：古代辽阳，东依辽东山地，西望辽河平原，南面是辽东半岛，北通东北腹地，处于东北地区水陆交通的枢纽，是中原王朝经略东北和东北少数民族政权谋取中原的战略要地。

辽阳地区对于辽金两朝的兴起意义重大。“在单位面积里，农业能够养活的人口最多”，刘南方强调，辽阳地区历来就是东北地区重要的粮食产地，辽金两朝夺取了辽阳地区，就获得了充足的粮草供应，为年轻政权日后的扩张提供了动力。

辽阳地区还有丰富的铁矿资源和煤炭资源，是古代战争中必不可少的战略要资。《辽史·食货志》记载，“东平县本汉襄平县故地，产铁矿，置采炼者三百户，随赋供纳”，说明辽代这里的铁矿开采和冶炼很有规模。根据《辽阳市志》记载：辽代早期，“东京道把今铧子地区的采煤业收为官办。开采的煤炭用于烧陶、炼铁、铸造和炊事”。

辽金以后，元代辽阳的政治地位又得到了提升，元朝在这里设立辽阳行省，所辖范围远远超过辽金两朝。到了明代，辽阳城风采依然，留下“辽阳春似洛阳春，紫陌花飞不见尘”的诗句。

延伸 YANSHEN

耶律阿保机长子耶律倍带头汉化

在风景秀美的医巫闾山中，有两处普通人难以寻迹的辽代遗址，都与耶律倍息息相关，一处是东北最早的私人藏书楼“望海堂”，一处是葬着耶律倍的辽显陵。

汉文化修养最高的契丹贵族

耶律倍是辽太祖耶律阿保机的长子，辽朝的第一位太子。他尊孔尚儒，极力推崇汉文化，努力践行儒家学说，是契丹贵族中汉化程度最深的一位。

耶律倍文武全才，有着很高的汉文化修养。他喜好读书，曾命人从中原购买万卷书籍，藏于“望海堂”。根据记载，望海堂共两层殿宇，设十余间书室，多藏珍本，后来因为藏书越来越多，又在附近起楼宇三层，设二十余间书室，以藏新书。因为藏书众多，望海堂成为当时东北地区最早、最大的私人图书馆。如今，望海堂已然不见踪迹，在医巫闾山的山顶，我们只能找到复建后的读书堂，是耶律倍的八世孙耶律楚材教子读书的地方。

耶律倍通读了大量汉文典籍，不仅善于用契丹文、汉文写作，还精通写诗、绘画，“集中原文化于一身”，是一位博学多才的儒者。

倡导契丹族汉化

根据《辽史》记载，辽代建元立国之初，辽太祖耶律阿保机召集群臣会议，讨论制定治理国家的大政方针。耶律阿保机问大家：“受命之君，当事天敬神。有大功德者，朕欲祀之，何先？”大臣们都回答应该祭祀佛祖。耶律阿保机却连连摇头说：“佛非中国教！”这时，皇太子耶律倍对父亲说：“孔子大圣，万世所尊，宜先。”耶律阿保机听了非常高兴，便立即下诏，命令由耶律倍负责，在全国范围内修建孔庙，并规定每年进行春、秋两次大规模的祭孔活动。

在耶律倍等人的倡导下，儒学确立了在辽地的正统地位。耶律阿保机征服渤海国后，建立“东丹国”，采用“天、地、人”三才之典故，称自己为“天黄帝”，皇后述律平为“地皇后”，皇太子耶律倍为“人皇王”，正是儒学思想的体现。

悲剧的一生

耶律倍作为“二人之下、万人之上”的“人皇王”，却在耶律阿保机死后，与耶律德光的皇位角逐中失利，便将皇位“拱手相让”。

辽阳市政协文史和学习委前主任刘南方告诉记者，辽太祖死后，辽朝正处于势力膨胀时期，需要一位杀伐果决的君主，因此“地皇后”述律平选择了耶律德光，而不是主张汉化的耶律倍。

耶律倍作为皇太子、东丹国王，在夺位失败后，并没有发起骨肉相残的武装暴力争夺，与其深受儒家“仁让”思想影响有关，他使辽国皇位和平传递，因此获得“让国皇帝”的美誉。

不幸的是，辽太宗耶律德光仍然十分猜忌耶律倍，耶律倍被迫投奔了后唐，最终惨死他乡。947年，耶律德光去世。耶律倍长子最终夺回皇位，追谥耶律倍为“让国皇帝”，将他迁葬于医巫闾山。

耶律倍逃往异国他乡时，曾经写下《海上诗》：“小山压大山，大山全无力，羞见故乡人，从此投外国。”是现存最早的一首完整的辽代诗歌。

手记 SHOUJI

寻找东丹王宫

7月25日，记者在辽阳市博物馆的碑林展区，看到一块辽代的长方形刻石，刻有楷书“东丹王宫”四个字，由此开启了寻找东丹王宫之旅。

根据辽阳市博物馆副馆长张君弘介绍，这块刻石出土于辽阳市啤酒厂附近。所谓“东丹王宫”指的是辽代东丹国王宫。当时辽太宗耶律德光为了便于对前太子、东丹国王耶律倍进行控制，将他迁到现在的辽阳。东丹王宫曾经是耶律倍的宫殿。

历经1000多年，曾经的东丹王宫已然不存。在如今楼房林立的现代化城市中，我们应该如何穿越千年去寻找辽代的东丹王宫遗址呢？记者从史料中找到了线索。

《辽史·地理志》记载，东丹王宫位于辽阳城内的东北隅，并建有让国皇帝御容殿，在宫门之南立有《大东丹国新建南京碑铭》。到了明代，东丹王宫的遗迹仍然存在，《辽东志》有记载，“东丹王宫，在辽阳城内东北隅，今废”。史学家金毓黻先生曾经对东丹王宫的位置进行过考证，他认为东丹王宫就在今天辽阳老城的金银库一带。

在地图上搜索金银库，我们会发现辽阳有一个公交车站就叫金银库。记者乘坐5路公交车来到金银库，下车后不远处，有个名为金银园的公园。在绿荫掩映间，一处肃穆典雅的传统建筑吸引着往来人群的目光，它是辽阳观音寺。

在观音寺门口的展板上有着这样的介绍：“观音寺，建在被传为‘三山不显’

的土山之上。辽代为东丹王宫，明代改建为御库，俗称金银库。清康熙三十三年，始建观音寺，占地一点六八万平方米。”观音寺门口立有一个方形尖顶的石柱，高1.4米，上面刻有楷体铭文，有些模糊，大概记述这座寺庙的历史，其中“辽宫殿”三个字十分清晰。

原来，观音寺就建在东丹王宫的遗址之上。记者走进观音寺，希望能够找到一些来自辽代的古老印迹。观音寺建在土山之上，寺内地势高低衔错。记者拾级而上，看着层叠有致的殿宇，遥想当年的东丹王宫是否也如今天的庙宇这般雄奇秀丽，脚下的台阶耶律倍是否也曾走过，也许只有承载一切的这片土地知道答案。

辽代数位帝后、众多王侯均葬于医巫闾山

名山伴帝陵　中国唯一

▶ 在中国，名山之中多无帝陵，而帝陵也多不建于名山之中。但在锦州北镇，这一“定律”被打破了。根据《辽史·地理志》和《契丹国志》记载，辽代五陵中的显陵和乾陵建在医巫闾山内，两陵埋葬着包括世宗耶律阮在内的三位皇帝，人们耳熟能详的萧太后也葬在此地。

医巫闾山被视为福地

医巫闾山，绵延起伏，如一条蛰伏的巨龙，巍峨耸立，雄镇北方。

北镇市旅发委副主任贾辉花十年时间写成了一本书，书名是《大契丹国皇帝陵》，这本书主要讲述契丹王朝五座皇陵的地理位置、丧葬制度、埋葬人物，填补了中国帝王陵寝中唯独没有契丹帝陵成书的空白。

来到医巫闾山东麓的龙岗墓葬遗址，贾辉仰望面前的医巫闾山向记者介绍说，这里既有五岳的气势磅礴，又有江南的灵秀婉约，泰山之雄、华山之险、峨眉之秀尽收眼底，让人赏心悦目，流连忘返。医巫闾山恰如繁花似锦中的奇葩，汇聚北方游牧民族和中原地区文化精髓，成为特色鲜明的中华文化宝库中的重要瑰宝。

根据《辽史宗室传》等史料记载，辽代五陵中显陵和乾陵就在医巫闾山内。显陵埋葬着后来被追封的义宗耶律倍，以及世宗耶律阮和世宗怀节皇后、世宗甄皇后；乾陵

▲ 在医巫闾山龙岗墓群碑前，《大契丹国皇帝陵》作者贾辉讲述辽代历史

埋葬着景宗耶律贤和他的皇后萧燕燕，再就是辽朝末代皇帝天祚帝耶律延禧。

平王耶律隆先、秦晋国王耶律隆庆、晋王耶律隆运、周王耶律宗业、魏王耶律宗政、郑王耶律宗允、广陵郡王耶律宗教，共计七位辽代王爷也分别长眠在显、乾二陵。

为什么如此多的辽代帝后和贵族埋葬在医巫闾山？贾辉向记者解释说，公元947年，也就是世宗天禄元年，在耶律德光死后，耶律阮受到契丹贵族支持，抢先登基为帝并来到汴京迎回耶律倍的灵柩，因为耶律倍生前曾深爱医巫闾山，所以埋葬在此。虽然耶律倍生前没有成为辽朝皇帝，但是辽代九位皇帝有六人是其直系子孙，他们死后自然愿意沿袭旧俗葬于祖先的旁边。

医巫闾山是中华民族历史上唯一一处与名山相依的帝王陵墓典范。贾辉说，后来的明朝也沿用因山设陵的习俗，但是明十三陵所在天寿山不能与医巫闾山

▲ 彰武朝阳沟 2 号辽墓出土一鎏金银臂鞲

▲ 彰武朝阳沟 2 号辽墓出土
一鎏金银双面人头铃

相提并论。

贾辉还带领记者来到北镇市新立村，那里埋葬着文忠王韩德让继子耶律弘礼，远看山顶上的骆驼峰形态逼真、双峰饱满、四肢粗壮，仿佛天造地设、惟妙惟肖。“骆驼饱含着契丹人挚爱深厚的情感，既是财富的象征，更是民族的图腾。”贾辉还以乾陵所在地向记者举例，其显现的山形为“凤头龙尾”状，从远处望去好似振翅欲飞的凤凰。

正是因为辽代因山设陵、因陵设州、因陵设邑、因陵设军的帝王陵奉陵邑管理体制，让医巫闾山成为辽代第二个政治中心。

贾辉紧接着向记者解释说，辽代有六位皇帝先后40多次来到医巫闾山，比如圣宗皇帝耶律隆绪在位48年来此15次，其中有一次在医巫闾山住了四个多月时间。随着北镇辽代墓葬群的发现和挖掘，大量的国宝级文物也得到有效保护，尤其是以哀册为代表的墓葬品相继出土，为研究辽代历史和文化提供重要的参考。

帝陵位置已基本确定

虽然史料翔实记载了显、乾二陵位于医巫闾山，但是墓葬究竟在何处却是始终未能解开的谜团。

“女真人在历史上长期受到契丹人欺压，当女真建立政权后便开始疯狂地报复。”贾辉在接受记者采访时说，在《辽史》等史料中均对这段历史有所记载，而且盗墓行为不是民间的，而是官方进行的。比如《辽史》中记载：天庆九年，金人先破乾、显等州，如凝神殿、安元殿并皇妃子弟影堂，焚烧殆尽，挖掘金银珠宝。

“在很多辽墓中都能看到火烧的痕迹，比如发黑的木头和焦灼的壁画等。”贾辉还向记者介绍说，契丹民族“凿山为穴”的传统习俗，也给寻找显、乾二陵制造了很多困难。

与此同时，显、乾二陵在近代也多次遭受有组织的盗挖。比如龙岗子方形琉璃墓葬四号墓，前前后后总共有七个盗洞，涉及多个朝代，从金灭辽时期到民国的军阀混战时期，甚至是现代鉴宝热导致的盗墓狂潮，让这座琉璃大墓如今已被洗劫一空。

为尽快让医巫闾山辽代帝王陵得到有效保护，近百年来大量考古工作者始终在探寻两座陵寝方位，随着医巫闾山辽墓考古工作上升为国家战略而取得了突破。

在民间方面，自20世纪20年代以来，金毓黻和李文信等学者多次前往医巫闾山，做过不同规模的考古调查以确定显、乾二陵位置；在官方层面，中国社会科学院考古研究所和辽宁省文物保护专家组也开始对医巫闾山辽代帝王陵进行保护性发掘，并发掘出耶律宗政与秦晋国妃的合葬墓，以及耶律宗政其弟耶律宗允的墓穴。

2015年，辽宁考古研究所在北镇发现耶律弘礼墓志，确定文忠王韩德让“乾陵侧”的位置，直接锁定景宗耶律贤与其皇后萧燕燕的乾陵位置。根据现有的调查成果可以确定，医巫闾山东麓的二道沟和三道沟，分别对应为辽代帝王陵的乾陵与显陵。

“根据已经出土的哀册和墓志铭，对于修正《辽史》有着重大的意义。”贾辉对记者说，虽然由契丹建立的王朝已经消亡，但是在中华民族的形成过程中作出了重要贡献，辽代五座帝王陵分布在辽宁和内蒙古自治区，也是两地人的骄傲和自豪，更对研究辽代的政治军事、人文习俗、文化艺术有着重要的意义。

目前北镇市已经开始着手并率先建议，将当地两座辽陵与内蒙古自治区三座辽陵“捆绑”加入世界文化遗产预备名录，进而对辽代帝王陵墓进行有效保护。

延伸 YANSHEN

韩氏家族与辽代皇族同兴衰共荣辱

7月17日，在距法库县城西12.5公里处的四家子村，记者顺着村间小道向北侧的山岭一路走去，行经处是一片豁然开朗的山坡，山势不高，地面上还可见散落的辽代的瓦砾残片。与记者随行的法库县文物办主任刘洋称，这里就是“四家子城址”。而这座南北长230米、东西宽190米的土筑古城址，过去从无人知，也不了解其建置情况，又是何州县名称，是1973年被发现和考证认定为辽代汉臣韩德让所建的头下军州——宗州。

头下军州，是辽代特别设立的一种建制，但不是什么人都可以建的，只有契丹贵族才能建立自己的头下军州，按辽代当时规定是：“头下军州，皆诸王、外戚、大臣及诸部从征俘掠，或置牲口，各团集建州

▲ 法库四家子辽宗州城址（冯永谦摄）

县以居之。横帐诸王、国舅、公主许创立州城，自余不得建城郭。”可见当时这种制度还是很严格的。而在20世纪70年代发现的这座古城址，考证其为宗州以后，得知是为辽代的汉人韩德让所建。

韩德让是葬在契丹皇陵中唯一的汉人。然而，不只是韩德让一人，玉田韩氏家族在契丹政权内部地位都极其显赫，是继皇族耶律氏和后族萧氏之后的第三大家族。

韩氏家族入辽后徙居柳城，家族成员人数众多。据现有资料记载，其家族成员可追溯十二代百余人。自韩德让的祖父韩知古开始，韩氏家族成员仕辽者多达66人。韩知古六岁时被俘到辽朝，成为辽的奴隶，不过韩知古在辽朝发展很快，阿保机三年就已经是尚书左仆射。韩德让的父亲韩匡嗣，西南面招讨使、晋昌节度使，封秦王。契丹王朝对西南面戍守相当重视，可见对韩匡嗣的信任和倚重程度。

真正让韩家闻名于辽朝的

▲ 法库县文物办主任刘洋查看四家子古城址

▲ 散落的辽代瓦砾残片

是韩知古之孙，韩匡嗣之子韩德让。他在辽景宗时期就已经是南院枢密使，圣宗时期，做到了人臣极致，集辽国军政大权于一身。辽圣宗统和二十二年（1004），韩德让更被赐姓为耶律，成为阿保机这一系季父房中的一员，爵位还在亲王之上。这些还是次要的，韩德让的受宠还在于萧太后和辽圣宗对他的态度。据史料记载，涿州刺史耶律虎古，因对韩德让无礼，韩德让竟然当庭将其击死。一向以执政严明，在国内推行杀人偿命制度的萧太后眼睛一闭，硬是就当没看见。一次萧太后观看打马球，韩德让出场时被契丹贵族胡里室误撞坠马，萧太后立刻将胡里室斩首，群臣面面相觑，不敢出一言相救。

在韩德让这一“德”字辈中，有6人为节度使以上级别。第四代“遂”字辈权重位显者颇多。可以说，至此，这一家族已完全得到了契丹贵族的认同和倚重。另外，第五代“元”字辈和第六代“承”字辈的后人，均有职高位显的代表。

韩氏家族与皇族和后族有着千丝万缕的联系，其家族成员与后族保持着通婚关系，这种姻亲关系为韩氏家族形成了一种保护和庇佑。

宋史研究大家邓广铭曾经说过：辽代韩知古家族与辽代皇族同兴衰、共荣辱。韩氏家族的兴衰荣辱就是整个辽朝的一个缩影。

手记 SHOUJI

守墓人

龙岗子村位于医巫闾山东麓群峰幽壑之中，相传始建于元代的村落如今有村民2000多人，因为辽代帝陵的相继发掘而更具历史厚重感。

“最早发现辽墓还是在20世纪70年代，那天村民正在大队带领下挖防空洞。”村党支部书记崔凯宇告诉记者，结果一铁锹下去，挖出来进深有七八米的“大坑”，有胆子大的村民壮着胆子跳进去，发现那是不知何时所设，也不知何人所有的墓葬。

当大队把情况上报到文物考古部门后，最终确定那是耶律宗政与秦晋国妃的合葬墓，而相隔差不多10米则是其弟耶律宗允的陵墓所在。

事实上，在北镇市龙岗子村的考古发现不只于此，在耶律宗政墓附近，村民还发现疑似陵寝，但是碍于地表有住户并大面积种植作物，目前文物保护部门还未进行保护性发掘。

村民们还经常在盖房子和挖菜窖时，发现与辽代有关的金银首饰或器皿。比如，村民翟风君曾经捡到金镯子，村西的老人捡到过佛珠子……

因为对于历史文化的推崇，让村民们对医巫闾山的辽陵如数家珍：这里不但是辽代五陵中显、乾二陵所在地，而且还埋葬着辽代数不清的皇亲国戚。

“只要有墓就会有盗墓贼，我们对此也是格外担忧。”崔凯宇说，辽墓因为金朝的系统性破坏，至今有着“十墓九空”的民间说法，所以保护工作也显得十分重要。为此，村民们在村党支部书记的带领下，广泛开展法治工作并加强宣传教育，让村民们知道文物古迹的重要性，这也是留给子孙后代的重要财富。

她是评书《杨家将》里的反面角色

告诉你不一样的萧太后

▶ 通过评书《杨家将》，人们记住了一个反面角色——心狠手辣的契丹萧太后。那么，历史中真实的萧太后，又是什么样子的呢？

萧太后，本名萧绰（953—1009），是辽景宗耶律贤的皇后，辽圣宗即位后，被尊为“承天皇太后”。在萧太后摄政的27年时间里，在她轻徭薄赋、奖励开垦、重农抑商、促进民族融合等治国之策的影响下，辽朝国势昌运、国力强盛，使得中国北部社会、经济、文化都得到快速发展。

著名辽金史专家陈述在谈及辽代对中华民族贡献时曾说：“契丹为中华民族一支，故契丹威名之广溢，亦吾中华民族之光荣。”照此推理，将辽朝带上巅峰的萧太后，对中华民族发展同样功不可没。

法律面前人人平等

幅员万里，立国200余年的辽朝，完成了对中国北方的统一和有效开发，创造了光辉灿烂的契丹文化。更为重要的是，辽朝在我国多民族国家历史发展中起着承前启后的作用。有专家曾指出，在辽代所有统治者中，萧太后是对促进民族大融合方面贡献最大的一位。

政权建立前，逐草而生的契丹民族，并没有成文的法律体系。随着辽朝版图不断扩大，在其境内生活的民族越来越多：契丹、汉、渤海、奚、女真、室韦、迪烈、阻卜、铁骊……与此同时，契丹与其他民族之间的矛盾日益凸显。主要问题还是由于当时的法律过于偏袒契丹人造成的。

比如契丹人打死汉族人，根本不用偿命，只需赔偿几头牛或几匹马即可，如果汉族人把契丹人打死了，那就重判——死刑，而且其亲属还要去契丹人家里当奴婢。这种情况下，民族矛盾只能越积越深。公元983年，萧太后参照《唐律》，对辽朝的法律进行了全面完善与修改，像“契丹人殴汉人死者偿以牛马”这条就在这时被废除。也就是从这时起，辽朝的所有子民在法律面前人人平等，在法律上都负相同的责任。这对于一个建立时间才几十年的封建王朝来说，绝对是一个了不起的成就。

随后，为了有效地防止和避免冤假错案发生，萧太后制定了“上诉”制度和“巡回法庭”制度。假如老百姓对判决结果不满意，可以直接到御史台进行陈述。此外，萧太后还派专人到各地清理陈年旧案，对个别疑难案件，她甚至会亲自审理。史书记载，萧太后在公元984年，参与了三起死刑犯的案件审理工作。

在萧太后的努力下，辽朝的司法环境大大改善，甚至辽朝境内的监狱内一度空空如也。

迈入农耕时代

辽朝建立前，契丹人过着“随水草就畋渔”的生活，游猎是其主要的经济活动。辽朝建立后，统治者仍然坚持穷兵黩武的政策，导致萧太后摄政初期出现了民生凋敝、百废待兴的局面。在这种情况下，萧太后制定了一系列发展农业的政策。

在招农垦荒、保护农田、减免赋税等政策的带动下，萧太后时期的辽朝农业得到快速发展，同时原来从事游牧业的契丹、奚等民族，也逐渐向定居的农耕生活方式过渡，并兼营渔猎业。如今，我们在辽宁省博物馆《古代辽宁·辽金时期》专题展览中，仍可以看到多件反映辽朝农业的文物，如铁锄、铁铲等。

根据《辽史·食货志》记载，辽圣宗时期迁徙300户居民到檀、顺、蓟三州，选择肥沃的土地，给牛、种谷。为了让农民开垦荒地有积极性，萧太后给农民种地提供种种方便，除了给牲畜外，还出台了免租赋10年的优惠政策。

通过这些努力，辽朝的农业在辽圣宗时期蓬勃发展。充足的粮食不仅满足老百姓生活所需，也为辽朝的强大奠定了物质基础。

与此同时，农业、牧业、渔猎业和手工业在辽朝疆域内共同发展。经济的多面发展对辽代社会进步起到至关重要的作用，也对我国北方经济的发展产生了深远影响。此外，萧太后效仿隋、唐时期的科举考试，让大量优秀人才在辽朝有了用武之地。

与辽宁的那些事

历史上，辽宁是辽朝版图的重要组成部分，萧太后自然没少光顾这片土地。她死后，更葬于医巫闾山的乾陵，至于乾陵到底在什么位置，目前还是一个未解之谜。

在辽西地区的地方志中，关于萧太后的传说有很多。如《奉天锦州府锦县乡土志》和《锦县志略》中共同提到一个建筑——梳妆楼，在城西北15公里，山上九石柱犹存，传为辽萧太后所建。

不过，有关专家至今未找到有关这座梳妆楼的任何历史痕迹。著名学者景爱认为，萧太后曾亲自到乾州（今锦州北镇）乾陵安葬辽景宗，而锦州恰恰是其必经之地，

读

辽宁历史文化
词条 15

辽瓷

继承了唐朝、五代和宋朝的生产技术，同时又发挥地域文化特色，创造出独树一帜的瓷器佳品。辽瓷的造型富有地域特色和民族特色，比如鸡冠壶、鸡首瓶、牛腿瓶等新奇的造型，为辽瓷独有。

所以萧太后在锦州会留下她驻跸的遗迹，如行宫等，萧太后在锦州梳妆楼的传说，即与此有关。据有关专家考证，北镇龙岗子村不仅是辽代皇陵的所在地，还有萧太后驻跸的行宫，原址就在龙岗子村慈圣寺。

历史上真实的萧太后还有很多值得称赞之处，比如与北宋签订澶渊之盟，为双方开启了长达百余年的和平时期。

另外，萧太后没有效仿武则天那样称帝，而是归政给自己的儿子辽圣宗，实现了权力的平稳过渡。

延伸 YANSHEN

还历史一个真实的金兀术：他是文韬武略的统帅

20世纪80年代，听广播是人们主要的娱乐方式，刘兰芳播讲的评书《岳飞传》曾风靡一时。其中，在塑造精忠报国的岳飞的同时，也让人们记住了岳飞的手下败将：那个专横自负的金兀术。那时，对于金兀术这一形象的塑造，主要缘于清人钱彩的《说岳全传》。事实上《说岳全传》只是历史小说，虽然依托历史上真实的人物，但很多情节属于虚构，有文学创作的成分。

那么，历史上真实的金兀术究竟是怎样的人？

哈尔滨师范大学教授郝庆云以史实为依据，从中华文明多元一体的角度，对长期以来被中原地区人民深恶痛绝的金兀术进行了客观评价："金兀术作为文韬武略卓著的金朝统帅，在宋金的和战中发挥了重要的作用。他既敏锐地察觉到宋王朝的腐败，提精锐之师以图中原，同时在宋金达到均势的情况下，又能审时度势，秉势议和。从而使南宋和金南北对峙，为北方经济的恢复和发展以及女真族的历史性进步作出了重要的贡献。"

在调兵山家喻户晓

在调兵山铁法矿务局总医院工作的常虹，每天上下班都会经过矗立于兀术街内的兀术城。她说，在调兵山市，人人都能讲上几段关于金兀术调兵遣将和宋徽宗坐井观天的故事，“金朝那些事儿”真可谓家喻户晓，妇孺皆知。

调兵山市位于辽宁省北部，是铁岭市下辖的县级市，距沈阳90公里，是1982年建立的新兴煤炭工业城市。原来叫铁法市，2002年更名为调兵山市。据调兵山市委宣传部翟慧和介绍，调兵山“唐属燕州，辽属黄龙府隶上京，金属会州”，有久远的历史可考，近年来，吸引了众多考古爱好者和学者前来考证。

1987年在调兵山太平山上出土了两面铜镜，直径30多厘米，经过考证是辽金时期的文物，现收藏于铁岭博物馆。历史不仅留下了遗迹，也留下了一些金兀术调兵，徽、钦二帝曾被囚禁在调兵山市锁龙沟村的一眼枯井里“坐井观天”的民间故事，并由此而产生了相关的村名，如锁龙沟、兀术街、太平山等，一直沿用至今。

调兵山之名确因金兀术而起？徽、钦二帝是否真在调兵山锁龙沟“坐井观天”？

调兵山市旅游局局长陈捷曾在采访中表示：“传说与历史是两回事，前者只是源于民间，是约定俗成的一种说法；而历史则要拿出实实在在的证据来，以货真价实的出土文物服人。如果以后按标准论，调兵山源于金兀术在此练兵而得名，实无确考；但在调兵山一带，大量辽金时代的出土文物与年代久远的奇异地名，却又使人不免产生种种联想。”

辽金文化是调兵山文化的主线，古老的历史传说、多处历史遗址的发现和兀术城的重建，不仅给调兵山这座煤炭城市增加了历史厚重感，还形成了当地独具特色的“调兵山文化”。

悍勇刚猛闻名于世

金兀术，原名完颜宗弼，是金太祖完颜阿骨打第四子。中国文化遗产研究院研究员景爱在著作《历史上的金兀术》中评价，金兀术不仅是女真族的杰出

▼ 调兵山兀术城

▲ 调兵山兀术城内金兀术塑像

人才和金王朝的开国功臣，也是中华民族历史上的英雄人物。景爱记述了金兀术的勇敢善战、治军治国，也记述了他的纵兵杀掠和战败北归。

金兀术青年时代，在其叔父完颜杲手下为将征辽，后来在其长兄完颜宗望部下为将，攻占了开封，徽、钦二帝被掳到北方，宋朝人称之为二帝蒙尘。在这次战争中，金兀术以勇敢善战著称。不过，金兀术的主要战功，是将宋高宗追到大海之中。晚年的金兀术，长期担任左丞相兼都元帅，出将入相，主持朝政，继续对宋用兵，曾与岳飞在郾城大战，被岳家军打得大败。继而，金兀术接受宋的请求，休战讲和，双方达成和议，史称“绍兴和议”。“绍兴和议”结束了宋金长期争战的局面，客观上有益于人民生活的安定和生产的发展，也有益于南北经济文化交流。兀术直至临终，仍“坚守和好之说”。兀术死后“谥忠烈，配享太宗庙庭”。民间也为他在金中都的玉虚观里修建祠堂，旧址在今北京西城区。这说明他无论在金代朝廷，还是在金代民间都享有极高的荣誉。对女真族和金朝来说，金兀术是英雄人物。

当然在看见金兀术功绩的同时，也无须回避其历史过失。对于汉族和宋朝来说，他是纵兵抢掠的敌将，是岳飞的手下败将。他屡次发动对宋战争，给当时的中原大地带来巨大的灾难，许多无辜百姓卷入其中。除此之外，金兀术在金朝专权擅政，残害亲族，结党营私。

如何评价少数民族的历史人物，最重要的是应当明确少数民族的历史人物，都是中华民族历史上的一员。正如著名史学家翦伯赞所说：“作为一个民族，他们都是各为一个民族；但作为多民族国家的一个成员，他们都是中国人。”

王庭筠紧随苏轼、黄庭坚之后，被誉为“文人冠冕”——

熊岳王氏家族左右金代文坛

▶ 在营口市熊岳古城西北，有一座火山公园。园内有一座飞檐翘脊的古典楼阁建筑，名为“海岳楼”。楼阁正面题有楹联：紫气东来燕绕雕梁火石山涅槃浴鸾凤，红霞西映仙居华地海岳楼风雨洗庭筠。这座仿古建筑其实是仿照金代熊岳王家的海岳楼而建。

名士之后

在800多年前，建在熊岳古城内的海岳楼是辽东第一楼，由“辽东夫子”王遵古所建，高4丈到5丈，相传里面挂满了诗书画大家的字画，堪称中国书画艺术的殿堂。如今，金代的海岳楼已然不存，熊岳王家也难寻踪迹，王氏家族只有少量诗词、书画流传至今。

营口市博物馆副馆长阎海曾对熊岳王家进行过考证，他说：“在金代文坛，东北地区以熊岳王氏家族为首，虽然王氏家族在政治上不及其他家族显赫，但对文学的贡献尤为突出。”

熊岳王氏家族历史悠久，文化积淀深厚，始祖可追溯到汉末名士王烈，至今留有“王烈遗布”的典故。为了躲避战乱，王烈从山东来到辽东，定居于此。

经过几百年的繁衍发展，王氏家族在辽东逐渐成为世家大族。金初，熊岳王氏家族的王政出仕金朝，是执掌一方军政大权的重要官员，成为整个家族中官职最高、政治成就最大的人，为其家族的发展打下了雄厚的基础。

王政的儿子王遵古是金代著名的教育家、文学家。王遵古好学守道，在各个任职上都勤于政务，业绩突出。尤其值得称道的是他兴学重教，不论到哪儿为官，“所居必兴学”。由于文采风流，重视教育，天下士人都尊称他为“辽东夫子”。

▲ 营口市博物馆副馆长阎海是第一个写王庭筠传记的人

王遵古有四个儿子，其中次子王庭坚善于写诗，在当时很有名，三子王庭筠的文学造诣最高，文学艺术成就远胜其父，是金代颇负盛名的文学家。

照映一时

营口市博物馆的“营口古代文明展”着重介绍了王庭筠和他的书画作品。展板上复制了《墨竹枯槎图》，是王庭筠画作的传世孤本，笔墨不多，意趣横生，图后题文“黄华山真隐一行涉世，便觉俗状可憎，时拈秃笔作幽竹枯槎，以自料理尔”，行笔沉着，章法疏密间富于变化，展现了王庭筠独具一格的书法、绘画成果。

比起书法与绘画成就，王庭筠的文学成就更具影响力，在当时有着“文采风流，照映一时”的美誉。东北史学家金毓黻称他为“文人冠冕”。有当代文学评论家给予王庭筠这样的评价：“从某种意义上说，他曾在明昌、承安年间左右了金朝的文坛。”人们总是习惯于认为，金诗不过是北宋诗的延续，其实

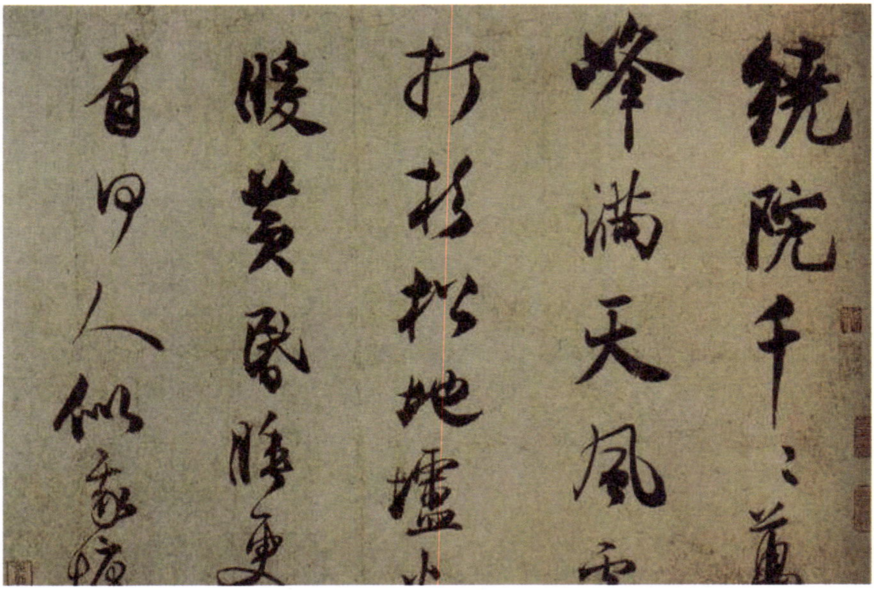

▲ 王庭筠《李山画风雪杉松图卷跋》

不然，金诗在继承了唐诗、宋诗、辽诗的基础之上，形成了独特的风貌。到了金代中期，诗歌的创作在北方地域文化的影响下，展现出不拘一格、风格多样的发展态势。王庭筠就是其中的佼佼者。

金代后期文学批评家李纯甫曾对金诗的发展变化作出概括："东坡变而山谷，山谷变而黄华，人难及也。"东坡即苏轼，黄庭坚号山谷道人，而黄华山主是王庭筠的号。在北宋苏轼这座令人仰止的文化高山面前，黄庭坚紧随其后，对金朝的文学创作影响深远。王庭筠能够排在他们之后，自成一家，足见才学之高。遗憾的是，王庭筠的许多文学作品已然散佚，只留下了《藂辨》10卷、《王翰林文集》40卷。

文化高峰

王庭筠能够在金代文坛占据如此重要的地位，与其家族的诗文熏陶密不可分。

"毋庸置疑，熊岳王氏家族的文化成就在王庭筠这里达到了高峰，而这个高峰又是耸立在高原之上的。"阎海将王庭筠比喻成文化高峰，把人才辈出的王氏家族比喻成文化高原。

在金代，熊岳王氏这样的文化世家并不是个例，各地都出现了以文化著称于世的家族。文学家族的兴盛，反映了金代汉人宗法制度和宗法文化对人们的影响，文人士族自觉以家庭为核心，进行文学创作。浓厚的文化环境、深厚的文化底蕴、良好的文化教育共同提高了这些家族中文学家的素质和才能。

此外，文学家族之间相互联姻，也为家族的兴盛提供了新的血液，为家族子弟治学营造更好的文化氛围。熊岳王氏与辽阳张氏互相通婚，王遵古“娶太师南阳郡王张浩女，生子四，庭筠则其第三子也”。王庭筠又娶了张浩的孙女、自己的表妹。

王庭筠的舅舅张汝方、张汝霖在书画方面的造诣颇深，张汝方比王庭筠稍长，曾经共同奉旨品第秘府法书名画。高氏家族的多产诗人高宪是王庭筠的外甥，“幼学于外家，故诗笔字画俱有舅氏之风”。他深受舅父王庭筠的影响，诗文书画都有王庭筠的风格。

| 影响后世 |

王庭筠无子，按照习俗他将侄子王万庆过继来当嗣子。在王庭筠的言传身教之下，王万庆深得真传，是金末元初著名的文学家。在王庭筠这座巍峨高峰之后，他的文学艺术才华被其子、侄、外甥乃至孙辈所继承，熊岳王氏家族这片高原得以绵延不绝，使得熊岳王氏的文化影响一直延续到元代。

提起金代文人，“一代文宗”元好问是最著名的。元好问自幼学习王庭筠的五言诗，深受其影响，“尝梦寐见之”。在王庭筠过世半个世纪后，王万庆找到年过花

辽宁历史文化
词条 16

万佛堂石窟

位于义县西北九公里大凌河北岸。开凿于北魏太和二十三年（499），东西长约200米，分东西二区共十六窟。是仅次于山西大同云冈石窟和洛阳龙门石窟的中国长城以北最大最早的佛教艺术宝库。

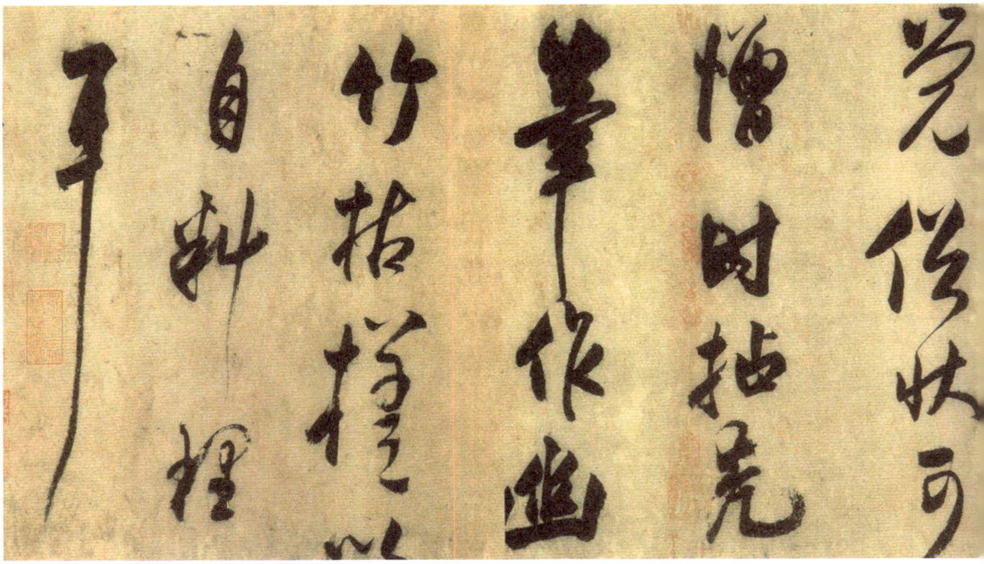

甲的元好问，请他为父亲王庭筠写一篇碑文，元好问欣然应允，从此留下了《王黄华墓碑》一文，让我们能够跨越历史去了解王庭筠的生平与成就。元好问在《中州集》中称赞王庭筠“诗文有师法，高出时辈之右”，又在《王黄华墓碑》中说他“暮年诗律深严，七言长篇尤以险韵为工”。

阎海说，明代以后，中原士人对辽金时期的北方文化缺乏了解，使得包括王庭筠在内的辽金文人长期没有得到应有的重视。连解缙这样的大文人都把王庭筠误认为是米芾的外甥，以至于以讹传讹了数百年。如今，学者对于王庭筠及其家族的研究日渐增多。“我非常荣幸能够成为第一个写王庭筠传记的人”，阎海非常推崇王庭筠，他与营口历史学者孙士承共同撰写了《王庭筠与熊岳王氏家族》一书。

延伸 YANSHEN

通过科举选拔大批汉人才俊

辽金时期的科举制度如何实施？其后产生怎样的深远影响？吉林大学文学

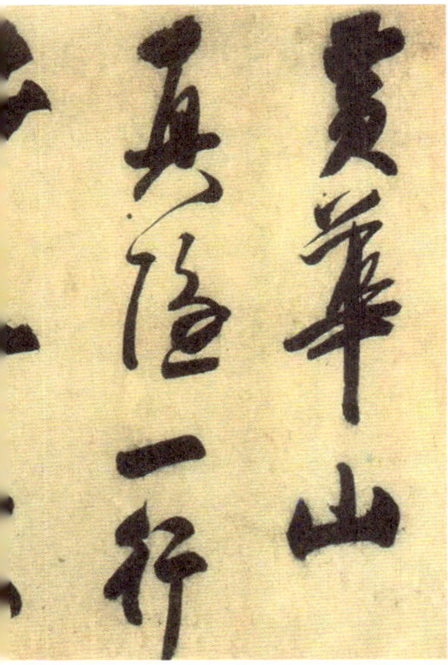

▲ 王庭筠《幽竹枯槎图》

院中国史系教授高福顺、辽宁大学历史学院教授王德朋，为大家进行了解读。

促进民族融合

太宗会同元年（938），辽朝获得“燕云十六州”后开始实施科举制度，其科举应试对象主要针对汉人，而北方游牧民族如契丹人等不被允许参加科举考试。据史料介绍，辽代科举制度当时效法唐制，设乡试、府试、省试三级，后又增加廷试（即殿试）。

“在辽朝诸帝中，最重视科举考试者，莫过于辽圣宗，据《契丹国志》记载，当宋朝‘信使’入辽，圣宗常常先取宋朝《登科记》，了解宋朝使者的科举等甲高低、进士及第年月，以作赐赉物品的依据，足见圣宗对科举进士的崇敬程度。”高福顺说，经过圣宗的不懈努力，辽朝科举考试发生巨大改变，由辽初具有随意性的特征而逐渐制度化。在圣宗朝，不仅确立了“贡举法”，使辽朝科举考试有章可循，而且还将科举考试的地域范围开放至整个辽朝统治的范围，录取规模也逐渐扩大，以至于道宗时有些科次录取人数规模达到138人。

在诸多通过科举选拔出的人才之中，高福顺特别提到了以梁援为代表的梁氏家族，是辽朝社会生活中有相当大影响的科举家族。梁援是义县科举史上唯一一名进士科状元，自幼博识强记，善于辞赋，5岁能诵读《考经》《论语》《尔雅》等儒家经典，11岁便精通“五经”，13岁能撰“牵马岭碑”碑文，得到世人称赞。26岁考取状元，步入仕途，成为辽朝官僚体制中的官员。

高福顺表示，辽代科举考试制度虽在其规模和影响，以及在管理水平和考试的标准化方面都远不如唐、宋，在实施范围上又带有一定的狭隘的民族局限性，但辽代的科举考试的实施，对于辽代加速其封建化的进程，对于儒家传统文化的传播，对于促进民族之间的融合以及促进北方文化教育事业的发展，都是有益的，它还为金代科举考试制度的发展提供了借鉴。

辽宁籍进士

虽然实权职位特别是最高层职位，大多由女真人把持，但汉人还是通过科举考试找到了进入官僚集团的重要途径。“从时间分布看，金代辽宁籍进士几乎覆盖了各个时期。”王德朋说，在金代，有越来越多的汉族官员通过考中进士，而不是通过其他渠道取得高位。

王德朋说，金代的科举制度是在总结了辽代科举制度的经验教训后建立的。“金承辽后，凡事欲轶辽世，故进士科目兼采唐、宋之法而增损之。其及第出身，视前代特重，而法亦密焉。”就是说金代科举虽采唐宋之制但能扬长避短，对进士出身者能予器重，而选举之法亦非常严密。

金朝一直在寻求的是一种妥协，它试图形成一种选拔制度，这种制度能够在作为它人口组成部分的不同民族之间达成一种平衡。在对汉人采取开科取士制度的同时，也对此加以一些限制，并为女真人的入仕升迁保证了种种优先权，这无疑是有助于社会稳定的。的确，在金朝，科举制度在人才选拔上所起的重大作用，是另外两个非汉族建立的王朝——辽与元所无法比拟的。

盘点 PIANDIAN

文学世家显赫一时

辽金时期，文学日渐兴盛，诞生了李、张、高、王四大文学家族，他们皆出自今天的辽宁地区。除了熊岳王氏家族，李、张、高三家也在当时的文坛显赫一时，但是因为金代文献散佚严重，这些文学家族的作品传世不多。

张氏　辽阳张氏一门三代出了两位宰相、四个节度使，是官宦世家，也是文学世家。张氏家族要从张浩说起。张浩是金初至金世宗五朝重臣，累迁尚书令。后人称他在朝“无事不为，无役不从，为相最久”，是金代历史上的一代名相。张浩博通经史，尤长于诗，有《华表山人集》，可惜已经散佚不存。张浩有6子，有诗文传世的有4人，他们都有着很好的汉文化修养，文学创作也足可称道。我们可以根据遗留下来的部分作品，窥见其不凡的文学成就。

高氏　高氏文学家族以高衎、高宪祖孙二人并著。高衎是金初至金世宗时期的名宦，官至吏部尚书，如今仅有《金文最》中《苏文忠公书李太白诗卷跋》一篇传世。高宪是金代末期一位非常重要的文学家。他作品良多，“年未三十作诗已数千首”，有辽东奇才之誉称。高宪生活于乱世，仕途不达，死于蒙古攻克辽阳时，是李、张、高三望族中创作成就最高、今存作品最多的、唯一有词传世的文学家。

李氏　李氏家族先后出现的重要文人有李石和他的儿子李献可。辽阳李氏在金代的政坛显赫，李石历经金初到金世宗五朝，官至宰执，颇有建树。他的姐姐是金世宗的生母，他的女儿是金世宗元妃。根据李石留存至今的4篇散文，我们可以发现李石的文风质实而少华。李石的儿子李献可是金代中期诗人，元好问编定的金朝诗歌总集《中州集》存录了他的两首诗，分别是《清水寒食感怀》《召还过故关山》，诗情盎然，具有一定的艺术水准。

中国古代保存至今最为宏大和完整的单檐四阿顶木构建筑——

应该到“千年国宝”奉国寺看看

▶ 在堆满各种资料的办公室内，辽宁锦州义县文物局局长王飞扳着手指头和记者算，还有两年，奉国寺就到1000年了。这座被梁思成评价为“千年国宝、无上国宝、罕有的宝物”的辽代皇家寺院，在经历了无数匪夷所思的灾难洗礼后，依然屹立不倒，那绝世的七尊佛像，依旧用悠长的目光慈悲地审视着芸芸众生。

世界之最

占地面积6万平方米，始建于辽开泰九年（1020），供奉着的“过去七佛”是现在世界规模最大、最古老的彩绘佛像群。

辽朝第六位皇帝、辽圣宗耶律隆绪也许不会想到，由他下令修建的这座皇家寺庙，如今进入中国世界文化遗产预备名单。

义县文物局局长王飞告诉记者，奉国寺是中国古代保存至今最为宏大和最为完整的单檐四阿顶木构建筑，它的价值用语言难以形容。

1800多平方米的大雄殿，面阔九间、通长55米，进深五间、通宽33米，高度加上月台24米。7铺做的斗拱更是建筑规格中的顶级。

9.5米高的七尊大佛像举世罕见，他们或眼眸低垂，或佛首向西，面容慈悲安详，梁架、斗拱上还有不少珍贵的壁画。

“辽代寺院都承袭唐宋风格，奉国寺也不例外。珍贵的是，历经千年还能保存这么完整的结构。”王飞告诉记者，建造奉国寺的工匠很多是汉人，奉国寺可以说是民族文化融合的最完美体现，也是彰显中华民族历史文化的重要载体！

据悉，奉国寺申遗工作正在有条不紊地进行，王飞希望能有更多的力量来保护这座千年宝藏。

▲ 奉国寺大殿

《一代宗师》取景地

在电影《一代宗师》里，有一个长达一分半钟的镜头，让很多人记忆犹新：明明灭灭的油灯，古老庄严的佛堂，这就是在奉国寺的大殿拍摄的。此外《一代宗师》开篇用到的镜头，也是奉国寺的壁画，包括电影中风雪场面的武戏、章子怡饰演的宫二思想转变的文戏等，都在奉国寺取景。

提到当时的情景，王飞记忆犹新，“《一代宗师》剧组是慕名而来的，在这里拍了足足一个礼拜”。王飞说，王家卫和章子怡对奉国寺都赞不绝口，王家卫称赞奉国寺是“一座伟大的寺院”，而章子怡则表示在这里拍戏的经历“让人难忘”！

王飞要求每位奉国寺的员工必须熟悉奉国寺的历史，解说词要倒背如流。拍摄间隙，章子怡曾找到一位在大殿值班的工作人员询问奉国寺历史，这位工作人员滔滔不绝地向章子怡作了介绍，章子怡大为感动。“后来我还和这个工作人员开玩笑说，多亏了我有先见之明！”王飞说。

其实，奉国寺曾多次出现在影视作品中，但人们记忆最深刻的依旧是《一代宗师》。

大雄殿完整留存

虽然只剩下大雄殿是当年辽代遗存，但对于一座千年古刹来说，保护得如此完整，堪称奇迹。王飞告诉记者，大殿中的那些巨大的松木柱，历经千年却依旧不朽不腐。

“奉国寺经历过很多劫难，金太祖当年辽陵都掘遍了，但奉国寺保存下来了。元灭金的时候，奉国寺也在战火中幸存下来。还有元代这里曾发生8级地震，

▼ 千年古寺

奉国寺依旧没倒。1948年的辽沈战役，义县遭到炮击，有一颗炮弹砸穿了大雄殿的屋顶，落到了释迦牟尼的手中，佛像手部损毁，但是很神奇，炮弹却没有爆炸。”后来还挖掘到三颗没有爆炸的炮弹。

王飞说，辽沈战役即将打响时，著名建筑学家梁思成曾画了一幅地图，在上面标注了一些“被保护文物”，提示交战双方远离这些文物，而奉国寺就在其中。

让文化遗产活起来

因为天气炎热，记者赶去的当天奉国寺的游人并不是很多，但几乎每个人都对奉国寺赞不绝口。

“我走过很多地方，去过很多寺院，但这里可以说是我见过的最美最恢宏的寺院。”一位来自浙江的游客告诉记者，“很后悔，这么晚才知道奉国寺！”

一位来自大连的游客是通过网上一段视频了解到奉国寺的，本来只是抱着来看看的心态，没想到奉国寺让她大感惊喜。她希望下次能带父母一起来参观。

“奉国寺是一座集佛教、古建筑、雕塑、绘画、考古等历史科学文化艺术价值于一体，独具特色、绝美天下的古代艺术品，是艺术珍品中的极品。奉国寺的大雄殿是辽代佛教建筑的最高成就，也代表了11世纪中国建筑的最高水平，具有极高的研究价值。而对于我们来说，保护它、研究它、让更多人知道它，是永远的目标。”王飞说。

2017年，奉国寺的游客总数大概30万人。对于王飞来说，这个数字是可以接受的，毕竟奉国寺的名气并不是很大，尽管它的价值足以让它达到“妇孺皆知”的程度。

“以前我们确实没有把宣传工作放在第一位。当中有很多原因，不过现在这项工作已经提到日程上来，我们开始有规模地宣传奉国寺。微信公众号、官方网站都做得很好，还会定期举办庙会等多种多样的活动。”

王飞特意向记者介绍了一项在奉国寺开展的新旅游项目：“我们组织了研学旅游项目，就是请清华、北大等院校的知名学者开课，主要讲与奉国寺历史有关的内容。不少游客来听课，效果很好。这个活动既宣传了奉国寺，又让大家增长了知识。”此外，王飞表示，奉国寺还多次组织“文化遗产进校园”活动，让更多年轻人了解奉国寺，进而了解辽金历史。

“我们希望让文物活起来！”王飞告诉记者，以后可能还会推出关于奉国寺的文创产品。

记者采访时，正赶上文保人员在大殿进行佛像修复工作。王飞说，对于奉国寺的修缮一直都在进行，“每个朝代对奉国寺都是有维修的，20世纪80年代我们曾组织一次大规模修缮。但文物修缮工作一直是世界性难题，很多难题我

▲ 俯瞰奉国寺

们还没有攻破。”

王飞特意提到不少网友提出的“佛像”太脏的问题，“我们以前也会定期打扫，但一尊佛像，面积平摊下来有近170平方米，高度有五六个人那么高，每次打扫都需要搭建脚架，而频繁踩踏佛像会对佛像造成损害。”王飞说，很多尘垢已经积结百年千年，普通方法难以清除。

“接下来会继续开展佛像除垢工作，用最先进的技术、最大限度保留佛像原貌！”王飞说。

延伸 YANSHEN

“关外第一桥”天盛号石拱桥

从辽宁省凌源市出发，驾车往南60多公里的地方，有一座远近闻名的古桥，名为天盛号石拱桥，因在天盛号村附近被发现而得名。

东北地区最古老的桥

1977年秋天，村民在整理田地时偶然发现了被埋在地下的天盛号石拱桥。这座石桥是一座五柱头、四栏板的单孔石拱桥，桥面长3.8米，宽4.7米，高3.4米，拱宽3.5米，两边有八字迎水墙，桥拱孔道跨度2.9米。

如果不能到当地去观摩，也可以通过辽宁省博物馆的天盛号石拱桥模型领略古桥的风采。天盛号石拱桥的设计美观大方。拱券两侧各有一道券脸石，雕饰着莲花纹图案，每朵莲花8个花瓣、5个花蕊，由30颗乳钉纹围起来，上下都有5厘米粗的弦纹衬托。桥面边石上的栏板为素面，望柱头雕着胡桃子状纹饰，古朴雅致。桥拱中部嵌有修桥志石一方，上面用楷书刻着：“维大定十年，岁次庚寅五月辛亥为朔乙卯日，龙山县西五十里狗河川孙家庄刘百通亲笔记，非百通独立而成，赖二刘同心而建，二刘者刘五，刘海。”由此可知，天盛号石拱桥建于公元1170年（金世宗完颜雍大定十年），建桥人为孙家庄刘百通、刘五、刘海，是民间自建桥。从时间上看，天盛号石拱桥是辽宁及东北地区发现最古老的石拱桥，被誉为“关外第一桥”。

比卢沟桥早20多年

“天盛号石拱桥的设计独特，从一侧观看石桥，桥孔状如马蹄形。”朝阳作家魏德广非常欣赏天盛号石拱桥的设计，它作为民间自建桥，虽然形状比较简单，但设计非常精巧。

根据韩宝兴《辽宁凌源天盛号金代石拱桥》一文，天盛号石拱桥采用了比较科学的倒拱式并横联的砌筑方法，不仅增大了桥下净空，而且加强了桥基的稳定性。天盛号石拱桥的上拱是半圆形，下拱为半椭圆形，以倒拱桥代替桥台与桥基。金代时的“狗河川”，应该就是现在的渗津河，是季节性河流。平常天盛号石拱桥下的河水水量不大，但遇上雨季，山洪湍急，上下拱的桥孔比起桥下平铺护底石的桥孔，有着更大的桥下空间，增大桥梁的泄洪量，从而减小水流对桥基的冲击力。倒拱式的护底石还可以作为底石的两端支撑第一行拱券基石，减轻基石负载，增加桥基的稳定性，延长桥的使用寿命。此外，由于桥下河床铺着石头，人们更容易清理桥下的淤泥沙石。从上下拱结构形式而言，天盛号石拱桥比驰名中外的北京卢沟桥早20多年。

辽西古道上的一座桥梁

天盛号石拱桥所在的村落在金代时名为孙家庄，根据桥志，由孙家庄向东25公里可以到达龙山县。天盛号村东边25公里，考古学家在喀喇沁左翼蒙古族自治县白塔子村附近发现了一处古城址，应该就是金代的龙山县。从龙山县向北经过利州（喀左大城子镇），沿大凌河往东北方向走，可以到达兴中府，也就是现在的朝阳市。天盛号石拱桥的出现，为我们描绘了辽西古道的其中一段。可见，天盛号石拱桥曾经是东北与中原交通要道上的一座桥梁，为东北交通道路史的研究提供了可靠资料。

声音 SHENGYIN

照片引疑速求证，佛像没有被破坏

《辽金　你的蹄音》中奉国寺报道的一张照片引来疑问。辽阳市江官屯窑古陶瓷研究学会会长王嘉宁对奉国寺文保工作人员修复的佛像显露出蓝色感到惊讶：“辽代佛像是没有这种蓝色的，这是一种破坏行为！”

义县文物局局长王飞对此作出回应，原来“佛像自修建至今经历过多次修复，很多漆面都有两层。有些颜色是清代时重新涂抹过的”。

著名学者冯永谦和关宝琮都表示，这一问题让大家注意到一个被忽略的课题——辽代文物为何没有蓝色？值得深入研究。

《辽金　你的蹄音》推出当天，记者收到一条非常急迫的语音微信：“辽代

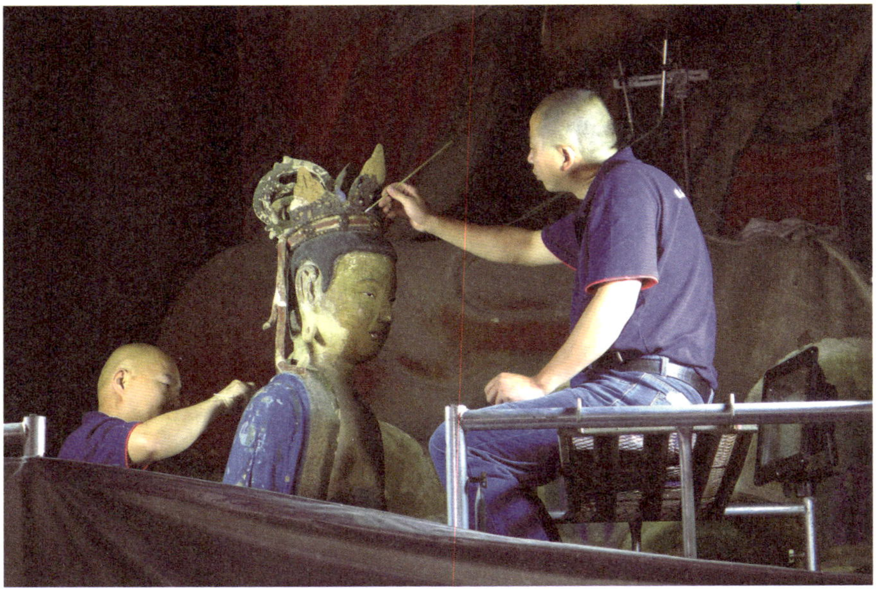

▲ 文保人员在大殿进行修复工作

佛像是没有这种蓝色的，这个佛像的肩部都给画成蓝色了，这是一种破坏的行为啊！”发来这段语音的是辽阳市江官屯窑古陶瓷研究学会会长王嘉宁。

王嘉宁对记者说：“你们能不能向有关部门呼吁一下，让这种破坏性的维修行为赶紧停下来，拜托你们了，这事得抓紧啊！”让王嘉宁感到着急的是一张照片。照片由本报记者在义县奉国寺内拍摄，内容是文保人员正在进行修缮工作。其后，王嘉宁又给记者发了两张网上热传的央视报道的文物“修复”对比图。他说，自己对辽金时期历史研究了多年，从来没有在辽代文物、遗迹中发现蓝色这一色调。接到王嘉宁的反馈后，报道组非常重视。难道奉国寺的文物修缮人员真的没有遵循修旧如旧的原则吗？带着疑问，记者第一时间与义县文物局局长王飞取得了联系。

佛像颜色艳丽并不是“后涂”的

对于王嘉宁提出的问题，王飞给出了明确答案：这绝对是误会。

“这个问题确实有很多人在问，我们也很苦恼。其实那个色彩是佛像本身的颜色，去掉污垢之后就显示出来。我们并没有做任何加工。”王飞说，“佛像

▲ 义县文物局局长王飞说，奉国寺可以说是民族文化融合的最完美体现

自修建至今经历过多次修复，很多漆面都有两层。有些颜色是清代时重新涂抹过的。”

王飞告诉记者，大家看到奉国寺内工作人员修复佛像的照片，都会质疑佛像颜色为何如此鲜艳，怀疑是新涂了颜色，其实不是。那么，工作人员拿着画笔在佛像上描涂的是什么呢？王飞回答说：“看上去是在涂抹颜色，其实是因为很多佛像的局部细小构件缺失，我们的这种修缮方法叫引线法，就是专门修补细小瑕疵的。”

王飞强调，文物修复最重要的一点就是修旧如旧，“如果有极个别缺失的地方，工作人员会酌情修补。经过修补后，可能产生与周围不和谐的感觉，所以一般会稍微加一点能使其与周边协调的颜色。但大面积修复的总原则还是保持原来固有的样子”。

广邀专家，科学制定修复方案

佛像是承载历史文化的物质载体之一，包含丰富的信息，值得研究和探讨。王飞告诉记者，从2014年开始，奉国寺邀请了不少专家通过X探光、探地雷达、

▲ 奉国寺壁画修复工作

有限元计算等先进的方法对佛像进行勘测研究，形成修复方案，该方案由国家文物局批准。在勘查过程中，专家对佛像内部和外部情况都进行了详细分析和了解。

“文物修复是世界性难题，但我们会尽最大努力寻找专家，用最科学的方法修复。”王飞表示，不久前山西文物修复项目组主任来奉国寺考察，深入探讨了奉国寺的修复工作，下一步计划邀请更多专家来测评。

王飞说：“目前奉国寺佛像修复大多集中在缺失部分的修补，比如手臂、后面的佛光颜色等，还有就是结构加固。总而言之，我们的终极目标是最大限度保护奉国寺大佛像的原貌，并且让它们以最接近原貌的样子，与广大游客见面。”

王飞还提到奉国寺壁画的修复工作。他说：“奉国寺壁画损坏比较严重，

接下来，我们将运用X光透视、红外线测试等科学手段，对壁画进行色彩分析，通过四季温差变化对壁画开裂、起包等病态做采样和保护。希望能够最大程度恢复其原来光彩夺目的样子。”

辽代遗存为何没有蓝色

王嘉宁对辽金史研究非常深入，他发现，各个历史时期文物的形制、色彩都有规律可循。因此，当他看到照片中辽代佛像上居然出现艳丽的蓝色，第一感觉就是修复工作不专业。但他没有想到，其实佛像在不同朝代经历多次修复，因此出现蓝色也是可能的。

那么，辽代遗存真的没有蓝色吗？为了进一步求证，记者与著名考古学家冯永谦取得了联系。冯永谦说，在他数十年的考古生涯中，无论是发掘的辽代文物还是辽墓内的壁画上，确实没有出现过蓝色。而正在景德镇考察的陶瓷研究大师关宝琮也发来回复说：“辽三彩和唐三彩的主要区别之一，就是辽三彩没有蓝色，只有黄、绿、白三色。同时，辽三彩的佛像也只有黄、绿、白三色。”

辽代遗存的文物为什么没有蓝色？学术界没有专门的研究。对此，冯永谦和关宝琮都表示，这一问题让大家注意到一个被忽略的课题——辽代文物为何没有蓝色？值得深入研究。

契丹人的血液仍在中华民族的肌体中流淌——

云南保山蒋家想来辽宁寻亲

▶ 契丹人的后裔现在生活在云南的大约有15万人，分布在保山、临沧、大理、西双版纳等地，其中居住在施甸县的最多。施甸县至今仍保留着许多契丹民族的文化风俗，当地的契丹后裔已改姓为蒋、李、赵、何等姓。

2018年7月底，记者前往施甸县实地采访，受到蒋家族人的热情欢迎。

在施甸我们见到了契丹后裔

7月30日中午，记者抵达云南保山机场。坐在前往施甸县的汽车上，高速公路旁一个广告牌引起记者注意，广告牌的内容是宣传施甸契丹古镇。到了施甸县后，县委宣传部工作人员何卫锋和契丹文化研究学者蒋启坤格外热情。蒋

▲ 保存完整的蒋家祠堂

启坤拉住记者的手说："老家来人了，欢迎你们啊！我们的祖先从东北走出来，今天你们从东北来这里找我们。这是缘分啊！"

▲ 蒋启坤是契丹人的后裔

"走，到宗祠看看去。"蒋启坤带路，与记者一行驱车赶往蒋家祠堂。由于下着雨，路上有些泥泞。走过几段蜿蜒的小路，车停在施甸县木榔村蒋氏宗祠的门前。"耶律庭前千株树，莽蒋祠内一堂春"，宗祠门前挂着这样一副对联。

宗祠正在修缮。天井左侧，几位老人正在聊天。听说记者来自契丹人的故乡辽宁，老人们兴奋起来。82岁的蒋蔚美自豪地告诉记者自己是契丹后裔。他从小就在这个祠堂里跟着老人祭祖，现在老了，依然愿意在这里聊天，喝茶。他指着头顶的旧照片说："这些都是我们蒋氏有些头脸的人物。能把照片挂在这里，是我们契丹后裔的光荣。"照片里有蒋启坤的父亲，他主动研究家族历史，带动了不少年轻人学习和研究契丹文化。蒋启坤小心翼翼地拿出蒋氏家谱，为记者仔细解读。

宗祠里多处出现"青牛白马图"。保山市委宣传部工作人员蒋开磊介绍说，"青牛白马图"雕像展示了契丹人的起源，代表了契丹皇族的标志。

宗祠正堂悬挂着耶律阿保机的画像。左右两边，是用玻璃罩住的几块古老斑驳的门板。蒋启坤指着门板花纹说，这些旧门板上雕刻着骑马、破冰捕鱼等北方游牧民族元素，证明契丹人迁至云南后，从未忘记过在北方的游牧生活。之所以要重修祠堂，是因为在契丹后裔看来，这里不光是他们每年祭祖的场所，更重要的是这里是他们印证身份的地方。

契丹后裔迁徙的缩影

离开祠堂，记者随蒋启坤来到了施甸长官司府署。保存完好的施甸长官司府署具有600多年的历史，对契丹民族研究具有很高的历史文物价值。

《明史·土司传》记载：洪武十七年（1384），置施甸长官司，以土酋阿干为副长官，赐冠带。洪武十八年（1385）二月朝廷任命阿苏鲁为施甸长官司长官，阿苏鲁便是契丹后裔在滇西的先祖。当时阿苏鲁管辖的地方相当辽阔，朝廷为他颁发过“牛皮圣旨”，让其子孙永世管理这里。

走上几级台阶，推开吱嘎作响的木门，整个院内只有一位孤独的看门人正坐在幽静的小院里晒着太阳。

蒋启坤说，施甸长官司始建于元代，现建筑为清代重修，分上、下两院。上院原为生活区，后改为佛寺，有山门、过厅和大雄宝殿等建筑。下院原为行政机关，有过厅、厢楼和正堂等建筑。施甸长官司在元明清时代管辖今昌宁柯街以西和施甸全县的大片土地，是当时永昌府辖下重要的土司政权之一，明代

▲ 祠堂内印刻着讲述契丹人历史的诗句

长官司副长官阿苏鲁墓就位于司府署的东坡。

记者仔细参观了长官司的下院，也就是行政机关。院子右侧有一条路通往上院。一座满是青苔的假山在院落一角，旁边的皂角树落了一地果实。蒋启坤拾起一颗告诉记者，将它们剥开挤压出汁，混在清水中洗头，能洗出一头乌黑清香的头发。

院中正堂门前摆放着展板，展板的内容是讲述施甸长官司的由来。元末明初，在元代所置的施甸长官司承袭至明初时，因永昌万户阿凤的归顺，带动了已经军转民屯110多年的施甸长官司在静观事态两年之后，迅速向明王朝投诚。因当时滇西大局未定，明朝为笼络各族民心，诏令：只要滇西各族土官愿意归顺，并向朝廷纳贡，即可保留土酋原职。这种在时代大变革时期能委曲求全而保全实力的做法，为施甸契丹后裔的发展和繁荣赢得了空间。

何卫锋告诉记者，施甸县每年会有关于契丹文化的专题研讨会。虽然县不大，但许多知名学者都来过这里。

打造契丹文化品牌

采访当天的傍晚，蒋启坤和何卫锋带着记者来到县城的月潭公园。公园四周的路灯，以日与月等契丹文化元素为造型，清澈见底的湖水、站在驼车上挥舞令旗的萧太后雕塑、空地上供孩子们玩乐的细沙……每处细节都凸显着契丹元素。

萧太后雕塑下方是她的生平简介，当记者告诉何卫锋文字介绍中萧太后所葬之处乾陵位于辽宁的北镇时，她兴奋地说："过去不知道乾陵在哪里。以后要标注上'今辽宁北镇'，这样，我们施甸就有更多契丹后裔了解

辽宁历史文化
词条 17

辽塔

辽宁境内的辽塔有40多座，占中国保存至今的辽塔总数的近一半。辽塔的建筑形式对后世影响深远。

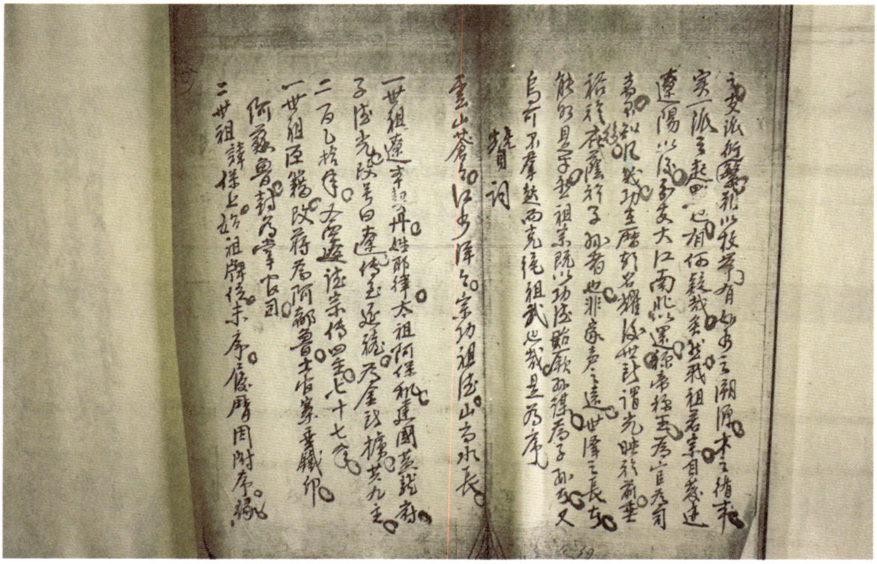

▲ 蒋启坤保留的族谱

祖先是从辽宁走到这里的。”

蒋启坤自豪地说：“全国各地的文化广场大同小异，但我们施甸的可是经过专家提意见的，非常有特色，一定会让你们耳目一新。”带着一丝好奇，记者随蒋启坤和何卫锋前往让他们引以为荣的青牛白马广场。

站在青牛白马广场，的确震撼。占地面积5万余平方米的广场上，两边分别有一座女子坐青牛、男子骑白马腾云的雕塑。广场两边分别有九根文化灯柱。灯柱上雕刻着“莽廷瑞筑姚城”“风烟豪杰——武略将军”“首任长官司——阿苏鲁”“辽太祖——耶律阿保机”等施甸《耶律族谱》记载着的传奇人物和重大事件。灯柱外延是13面契丹文化浮雕墙，从北到南，讲述契丹人的起源、历史变革、落籍施甸情况以及当下的生活现状。广场正中央是一面近百米长的大型浮雕墙。浮雕上的图案从神册元年契丹首领耶律阿保机建立辽王朝，到宋辽和平共处，到辽灭亡，契丹军队参加忽必烈南征大理国，落户施甸驻守边疆。何卫锋说，落户的契丹人与当地民族融合，反映出契丹先民保卫、开发边疆，促进民族团结。

最让记者感到奇特的是广场连接着“三馆”——县情展示馆、图书馆和城乡规划馆。所谓奇特，因为它们的外形都是蒙古包造型。这样的设计让蒋启坤很欣慰。他说，外观建筑突出契丹文化特色，有助市民和游客休闲健身之余，对自己祖先的历史文化有所了解。

蒋开磊告诉记者，这几年施甸县对契丹资源的挖掘、文化品牌推广的力度很大。无论是邀请全国各地辽金史学专家交流研讨，定期上门回访互动沟通，还是与全国各地契丹后裔联系，分享学术研究成果，对于契丹后裔占全县总人口的1/4还多的县城，充分研究、挖掘、保护和开发契丹后裔的文化元素，不但可以打造施甸的文化品牌，还对契丹文化符号保护起到事半功倍的作用。来施甸祭祖或感受契丹文化，打造好特色品牌，是每个契丹后裔义不容辞的责任。

采访结束后，蒋启坤与记者握手告别。他提出与记者合张影："还有两个月我就退休了。很高兴在快要离开工作岗位时能为家乡的记者做导游。有机会，我要去辽宁寻亲。"

延伸
YANSHEN

独特风俗延续至今

在云南施甸县蒋家宗祠采访时，72岁的蒋明勤老人热情地带领记者四处参观。在正房左侧，记者看到两个分别写有"男家法室"和"女家法室"的房间。记者好奇询问。蒋明勤告诉记者，家法室，就是给不守规矩的蒋家人关禁闭的地方。他举例说，我们契丹后裔讲究孝顺父母。如果谁家孩子对父母不好，就得带到宗祠，接受家法"伺候"。另外，契丹后裔不通婚，如果违背老祖宗留下的规矩，无论男女都得受罚。

在采访中，蒋开磊告诉记者，契丹人进驻云南以后，因长期受当地各民族文化的渗透和影响，后裔在生活方式、思想意识、风俗习惯以及待人礼仪等方面的风俗习惯有所改变。但在契丹后裔聚居密集的地方，一些风俗习惯仍被保留，成为契丹后裔特有的特点。

异姓通婚

元朝派出耶律家族的契丹人远征缅甸后，青壮年男丁就地军转民屯，娶

▲ 72 岁的蒋明勤带记者参观

妻生子。西南地区傣族人的生活习性与契丹人差异很大，契丹人只能选择与生活习性相近的山地民族“布朗族”结为对偶婚姻关系。男方对偶的是契丹人，俗称“蒋浦满”；女方对偶的是布朗人，俗称“花蒲满”。为保持契丹血统的正宗，也为了本家族的财产不落入其他家族之手，施甸契丹后裔坚持把姑娘嫁给异族，不能招赘。元代时，契丹男子须娶布朗女子为妻，而契丹女子则要嫁到布朗族群中去。到了明代，施甸县大量汉族迁入，但契丹后裔仍然保持着异姓通婚制度。这一制度延续至今，两个契丹后裔男女之间不通婚。

食生肉

辽金时期的契丹人以游猎为主，喜欢肉食。

在九九重阳当天，就有“出兔肝切生，以鹿舌酱拌食之”的记载。由于有时在狩猎后无法将捕获的猎物煮熟来吃，只能趁猎物新鲜时吃生肉用以果腹。

食生肉的习俗在契丹后裔祖先南迁时带入了施甸县。在结束采访时，蒋启坤好客地邀请记者春节前夕再到施甸县，和契丹后裔们一起品尝丰盛鲜美的年猪饭宴席。席间有一道菜叫水腌菜拌生肉，就是在入冬杀年猪准备过年时，以油菜花腌制的水腌菜和猪的里脊肉为主料，配以辣椒粉、食盐等调料。待食时，把剁成末的生肉放于水腌菜中渍白，然后加入调料搅拌而成。在施甸的旧城、姚关、摆榔、太平等一带至今还流传着这样一种说法：“杀年猪这天不吃水生，这头猪就白死了。”因为水生这道菜酸辣可口，味道鲜美，烹调简便，人人喜爱，被施甸人一代一代地流传下来，成为施甸人年猪饭的主菜。

随着社会的进步与发展，很多契丹民俗正在慢慢消失。比如契丹人被称为“鹰之族”，过去，每到春、冬季节，村民们便会来到高山之巅，把一只鹰放出去，之后坐等这只“诱饵”引来更多的鹰，群鹰一到，张网便将它们一举捕获。这就是猎鹰，在施甸，村民们都叫“捉鹰”。而现在，出于对动物的保护，这一民俗已不复存在，这是历史发展的必然。但这几年随着政府部门对文化传承的重视，很多面临消亡的风俗正逐渐恢复。

非遗传承人何晓霞受故宫博物院邀请复制国宝

辽绣并未失传

▶ 作为东北地区创造的传统艺术，辽绣闪耀在全国28个地域绣种之中，曾经与苏绣、湘绣、蜀绣和粤绣齐名。

由辽代开始形成系统绣种的辽绣，不但记录着东北地区刺绣的发展历史，而且承载着社交礼仪、民间传说和社会习俗，对于研究中国的社会、历史和文化有重要意义。

契丹人热爱刺绣

辽绣已经超越刺绣技艺的概念，进而成为特殊的历史文化符号，见证着东北地区的变迁与发展。

2018年7月5日，在北京市大兴区的工作室内，俯坐在绣绷前，何晓霞十指如春，不紧不慢，银针轻舞，丝线摇曳，全神贯注地复制国宝《丹凤朝阳图》。

今年50岁的何晓霞出生在沈阳刺绣世家，儿时的耳濡目染练就她扎实的刺绣功底，凭借优异成绩入读辽宁省工艺美术学校，又给她日后的创作打下坚实的美术基础。2009年拜师著名苏绣大师顾文霞的那天，何晓霞下决心不只要学习刺绣大师的精髓，更要守住辽绣的特色，将其推向新的高度。

作为当代辽绣创始人的何晓霞，不仅是非遗项目辽绣的代表性传承人，也是中国非遗协会刺绣艺委会培训部副主任，还是东北三省唯一的“中国刺绣大师”称号获得者。

辽绣始于辽代，源自契丹民族，历经宋、元、明、清和民国等多个历史时期，是代表东北地区各民族千百年来智慧的北方绣种。何晓霞在接受记者采访时说，从牧民的马鞍到渔民的服饰，再到草原毡房帐篷内外的装饰，辽绣兼具实用性与艺术性。“东北地区是中华民族繁衍生息之地，东北各民族祖先，也是最早用针线缝制并穿着衣物的。”何晓霞以黑龙江新开流遗址举例说，那里出土的骨针和骨锥无不表明，6000年前那里的人们就懂得缝纫。《后汉书·乌桓传》中更是记载：“妇人能刺韦，作文绣，织娄毛曷毛。”乌桓族是2000多年前生活在东北的东胡流支，说明那时的乌桓族妇女已经在皮衣上进行刺绣了。

契丹建辽后，东北刺绣依旧保留游牧民族特色，同时也开始吸收其他民族文化，进而将众多繁杂的刺绣支流合流成独具特色的辽绣。何晓霞通过研究史料发现，辽代非常重视刺绣并建立了“绫绵院”，专门负责和从事有关刺绣方面的工作。刺绣题材上，包括契丹民族日常生活、游牧活动、宗教信仰和民间传说等；艺术创作上，风格拙朴，造型夸张，色彩鲜明，体现东北各民族强壮豪迈的民族特色。

▼ 今年 50 岁的何晓霞出生在沈阳刺绣世家

始终依托东北民俗

因为经济交流与文化交流日益繁盛，辽绣在辽代时期深受中原文化影响，也同样影响着中原刺绣文化的发展。

辽宁法库叶茂台七号墓出土的文物中，共计发现超过90个品种的辽代纺织品，大致可以分为纱、绢、绫、罗和缂丝等。其中，在墓中所发现的高翅帽堪称丝绣珍品——刺绣的主体为鹿，是契丹族重要的图腾，体现崇尚自然的民族风尚，枝蔓卷草则融入“唐草”风格。

当金取代辽占据东北地区后，因为社会生产力取得长足的发展，也对辽绣文化产生了巨大推动作用。何晓霞手拿史料向记者解释，女真人的祖先长期生活在东北，非皮不可御寒，因此多着衣物。随着农业发展后期也开始织布做衣，但是在颜色上女真人自古以来崇尚白色，妇女也只是在衣服的边角处刺上简单的纹样。但是金朝的建立让生产力快速发展后，尤其是中原地区的手工匠人来到东北，也让女真人传统的服饰变得多姿多彩。

“女真人与中原地区多次交战，有大批刺绣工匠来到东北地区。”何晓霞说，在继承契丹人刺绣技艺的基础上，女真人从“渐有纹饰”过渡到“奢饰”，宫廷的服饰更可谓是“纹绣炳焕”，“史料记载，金主、金后及诸皇子、皇女皆纹绣满身，侍女和侍卫也都身着绯绣对鸾衫和紫绣飞麟袍”。

金代为维持大量的刺绣需求，开设“少府监”，其中的“文绣署”是专门服务宫廷的手工绣坊。因为宫廷崇尚刺绣，民间百姓也纷纷效仿，那时人们的服饰多绣以彩绣，甚至有钱人家还以金银线绣之。

蒙古族在中华文明历史中的迁移，也对辽绣的发展产生了深远影响。何晓霞说，这个时期的辽绣受到草原文化影响，但又不局限于单纯的一个固定形象，而是对不同民族的传统题材都有涉猎，“绣品不只有蒙古族喜爱的牛和羊，还有其他民族喜闻乐见的双鱼、鸟禽等”。

但无论时间和朝代如何变换，辽绣始终依托东北地区的民族和民俗，绣品主要颜色为大红、明黄和群青蓝，针法上以垫绣为主是辽绣最显著的特点。

◀ 复制完成的故宫博物院院藏国宝级刺绣珍品《洗马图》

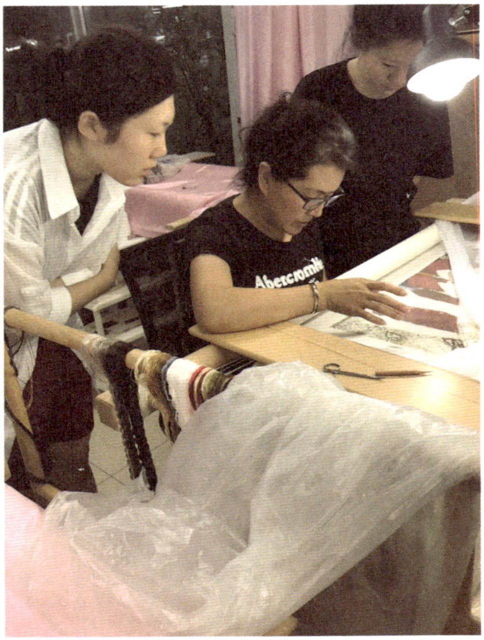

▲ 何晓霞（左二）向弟子传授辽绣技艺

重新焕发生机

辽绣在清朝时延续明朝的创作传统，题材主要为花鸟、神兽、自然风景和吉祥纹样，总体风格典雅大方、古朴自然。

此时的辽绣已经进入寻常百姓家，上自贵族小姐，下至普通民女，从小拿起绣花针学刺绣，衣服和寝具都被拿来绣上图案，等待出嫁时拿出来让婆家众人品评。

与此同时，随着社会日趋稳定和经济联系密切，绣种间也是相互学习、博采众长。辽绣与苏绣、湘绣、蜀绣和粤绣四大绣种相互借鉴，但各有千秋。

何晓霞说，辽绣经常使用苏绣中的平绣针法，粤绣的金银线绣也常出现在辽绣中，但是在题材与画面上有很大的不同。“比如苏绣经常采用双关语的手法，来表现人们对于美好生活的向往。”何晓霞补充说，虽然辽绣也有鸟兽鱼虫和吉祥图案，但却能表现东北地区特有的宗教祭祀，再就是构图饱满、画风厚重、色彩浓烈。

民国时期各军阀混战，加上西方工业革命产生的大机器时代来临，让依赖手工生产的辽绣渐渐失去实用价值。

“国内是从20世纪六七十年代开始对辽绣进行系统研究的。”何晓霞说，在相当长的时间里，辽绣处于断代状态，甚至连绣师都不知道自己所绣就是辽绣，“为传承和发扬中华刺绣文化瑰宝辽绣，我回到母亲身边系统学习。”随着技艺提高，对创作也提出更高要求，为此，何晓霞经常到苏杭等地寻找史料和材料。

“故宫博物院把复制国宝的重任交给我，既是对我刺绣技艺的肯定，更是对辽绣技艺的尊重。”何晓霞说，辽绣在清朝也是皇家的御用绣品，龙凤图案通过匠人之手绣在皇帝嫔妃服装上，文武大臣身上的官衣也都采用了辽绣特有的针法。

宫廷绣品不是掌握单一绣法就可以完成复制的，必须要对全国28个地域绣种有深入理解。何晓霞以刚刚复制完成的《洗马图》为例，这是创作于明代的顾绣作品中的杰作，不但在材料方面大量使用一丝线和两丝线（一丝线也就是一根丝线的1/32），而且在绣制时使用的针法也非常多，如水纹是用滚针绣的、马毛是用掺针绣的、树叶是斜针绣的……

何晓霞说，她的团队已经复制完成了《洗马图》《醇鸟图》《梅花翠鸟图》等作品。她希望这些国宝能够尽快跟观众见面。

市场潜力很大

随着社会经济的高速发展，尤其是人们对于美的需求与日俱增，也让依赖手工制作的辽绣开始受到市场推崇。

现代辽绣将现代绘画融入传统刺绣，在充分继承和保留传统辽绣工艺的同时，运用平绣、垫绣、锁绣和打籽绣等针法，结合晕色方法将西画立体的特点与针线结合，有机地将叙事构图感和地域民族特色进行结合，展现辽绣构图粗犷、色彩艳丽、构思独特的特点。

正是因为辽绣作品能够给人带来美的享受，所以何晓霞的作品不但被辽宁省博物馆收藏，还被美国和日本等国家艺术机构和爱好者收藏。其中，《辽绣——福寿连绵》一作更是在短时间内实现交割量过百的成果，更加说明辽绣的市场潜力巨大。

辽宁历史文化
词条 18

南北两面官制

两面官制是契丹人在中华民族政治制度史上的创造性贡献。即在国家机关中，所有官员分为北面官和南面官两套官制，因衙署分设在皇帝宫帐北、南两面而得名。两套官制职能不同，官服亦不同。南面官为汉官，北面官为契丹官。

不只是何晓霞在从事辽绣事业，我省朝阳市的章吉营子村也因为辽绣被中外游客称为“绣花村”。

章吉营子村村民告诉记者，村里的辽绣生产可以追溯到400年前，至今仍收藏着极具价值的早期辽绣作品，而且目前仍然采用原始方式种桑养蚕，纺织成线后用传统方式进行手工刺绣。据悉，章吉营子村已经培养出百余位绣工，产品深受省内外消费者的欢迎，并出口到加拿大和泰国等国家和地区。

作为沈阳市苏家屯区人大代表的何晓霞建议，在加强辽绣相关理论和技术研究的同时，应当着重拓宽辽绣产品的展示和销售渠道，进而吸引更多的年轻人加入辽绣的队伍，“例如在自然或人文风景区内，设立辽绣产品的展示展销场所，推动传统刺绣工艺与旅游市场结合”。

延伸 YANSHEN

契丹马具风靡中原

生活在马背上的契丹人爱马敬马，马匹与他们朝夕相处，同进退、共命运。为了在骑马的时候不让马匹受到伤害，契丹人会给自己的坐骑配上精心制作的马具。

必不可少的陪葬品

7月27日，在辽宁省博物馆的古代展厅中，隔着玻璃，人们注视着来自辽代的精美马具，无不啧啧称赞。朝阳四五家子吐须沟辽墓出土的鎏金银鞍桥包片，主体纹饰为双凤戏珠，左右对称，工艺高超。微微泛着金色的迦陵频伽纹马具饰件有61块，按照顺序排列，挂在墙上。木质马鞍、铁衔鹿角镳、包银铁马镫、大大小小的鎏金铜马铃等马具，使得辽代人们爱马饰马的天性呼之欲出。契丹人“事死如事生”，有厚葬的习俗，除金银珠玉以外，马匹曾经是契丹人不可或缺的随葬物。

被宋人评为“天下第一”

辽墓中发现的马具有许多都是鎏金包银，纹饰华丽，做工精致，在当时被称为“天下第一”。契丹人非常重视各类马具的制作，在唐末五代时期，契丹马具已然受到中原人们的追捧，号称“契丹样”，成为当时互相赠送的礼物，中原人因其精美华丽而纷纷效仿。到了北宋时期，契丹马具常被辽作为国礼赠予宋朝皇帝。根据《契丹国志》记载，辽朝送给宋朝皇帝生日礼物中有“涂金银龙凤鞍勒、红罗匣金丝方鞯二具，白楮皮黑银鞍勒、毡鞯二具，绿褐楮皮鞍勒、海豹皮鞯二具，白楮皮裹筋鞭一条”等，说明当时的马具制作工艺十分精湛。北宋太平老人在《袖中锦》中说，宋朝人品评契丹马具为“天下第一”，与蜀锦、端砚、定窑瓷器并称于世，“他处虽效之，终不及”。

已具备现代马具的基本形式

契丹马具不仅仅是契丹人的一件生活用品，更是一件值得炫耀的、能够彰显主人身份地位的工艺品，反映了辽代契丹人的等级制度、工艺水平和审美观点。契丹人善于接受外来先进文化，契丹马具受到唐文化的影响最大。契丹人同时具有很强的创新精神，他们根据草原骑射的经验，完善了马鞍的形制。孙建华在《契丹族的马具与围猎——从陈国公主墓出土文物谈起》一文中说：“契丹族的马具已趋于成熟和完备，而且马具的制作注重舒适和实用，便于骑乘。”

▲ 契丹马具示意图

涮肉、油茶面、冻秋梨、果脯、蜜饯等都起源于辽代

契丹人发明了火锅

▶ 东北地区的饮食文化历史悠久，富有特色。铜锅涮肉、油茶面、冻秋梨等东北美食中不可或缺的符号始于辽代，直到今天依然受到青睐。经过历史沉淀的饮食文化，至今品味起来依然带有一种亲切的滋味。

最早的火锅

火锅分为南北两派。南派以麻辣火锅为代表，而北派火锅以东北的涮羊肉和涮锅为代表。

说起火锅的起源，辽宁大学历史学院教授张国庆介绍说，由于所处之地气候寒冷，契丹人嗜肉。他们食肉经历了由生食到熟食、由简单宰杀饱腹到制作各种肉食佳肴的过程。具体一点儿说，契丹人早期宰杀牲畜或猎获野兽后烤食。后来，随着社会的进步、文明程度的提高及对汉族人饮食文化的吸收，他们逐步改变了传统的饮食方式，由生食、烤食改为烹调熟食，并开始制作各种肉食制品。

契丹人不论贵族还是平民，最常见的食肉方式是煮鲜肉——将肉放入大铁锅内，加水烹煮。煮熟后，放入大盘内，用刀切割成小薄片，再蘸以各种佐料，如蒜泥、葱丝、韭末及酱、盐、醋等食用。当年契丹使者出使北宋，宋人尊重契丹人的饮食习惯，特意为其准备了具有契丹风味的肉食——羊、鸡连骨肉，置盘内，“皆以小绳束之，又生葱韭蒜醋各一碟”。

1995年秋天，内蒙古赤峰市敖汉旗羊山3号辽墓中发现了《契丹烹饪图》。该壁画纵150厘米，横110厘米，位于墓室的醒目位置，逼真形象地反映了契丹人煮肉、食肉的场面。画面中高大的穹庐内有4个烈火熊熊的火盆，上面放着煮肉的大铁锅，其中一口锅正冒着热气，锅里煮着几只肥美的羊腿。

除了煮食大块鲜肉，契丹人还发明了用火锅涮食肉片。敖汉旗一处辽墓出土的壁画上，就有契丹人食火锅涮肉的场面：三个契丹人于穹庐之中，围着火锅席地而坐，正用筷子在锅中涮食肉片。火锅的前边放着一张方桌，桌上放着盛佐料的两个篮，还有两只酒杯，桌的右侧备有火酒瓶，左面有一特制的铁筒，里面盛满了肉块。张国庆说，契丹人发明的火锅涮肉，后来相继为北方地区其他少数民族所沿用，直到今天依然影响着北方人的饮食习惯。

面食至今受欢迎

东北的黑土地十分肥沃，契丹辽地的农作物品种多，粮谷类食物的原料也很丰富。应有尽有的粮食品种，丰富了契丹人的食物品类，改变了他们单一的饮食结构。契丹人对粮谷类食物的加工和食用，既适应他们的生产和生活习惯需要，也极富民族特色。据文献记载，契丹人食用粮谷的方法很多，最常见的是粥、炒米和炒面。

关于喝粥，张国庆说，契丹人煮粥的方法，与今人并无分别。他们发明了一种“乳粥”，是专门用来招待客人的食品。所谓乳粥，就是往粥里掺奶酪、奶油。契丹人喜食奶制品，视乳粥为珍品，而由中原北上的宋使则觉得腥膻不堪，难以入口。张国庆说，宋使吃不惯乳粥等奶制品，又不好当着主人面退回，有时便等主人不在时，悄悄将其送给驿馆中当差的契丹仆人食用。

契丹人居家时多食粥，而一旦外出放牧、渔猎或差遣、行军作战时，为了方便路上食用就要随身携带炒米或炒面。因为炒米、炒面不仅制作简单，食用时夏日合水，冬天煮雪即可，十分适合于游牧民族的生活方式，深受契丹人的喜爱。炒面，即今天在超市就能买到的油茶面。

到了辽代中后期，由于受汉人饮食习俗的影响，契丹人在粮谷食物的制作技术上不断改进和提高，食品种类也大大丰富起来。他们不仅开始制作和食用馒头、煎饼、糕、水饭、干饭等，还能制作美味可口的酥乳饼、带馅糕点等食品。酥乳饼的主要原料为乳制品，是一种典型的游牧民族食物。除此之外，契丹人还特别喜欢食用黏性食物，如糯米饭等。

契丹人不仅能蒸馒头，有时还将面团擀成薄片做其他食品。内蒙古赤峰市

▲ 河北宣化辽墓壁画《备宴图》

敖汉旗北三家1号辽墓有一幅壁画，画上有一半跪的契丹女仆正在做面食。她上身前倾，双手在平案上做揉面状，左手伸直按一面杖，右手半握拳，用食指转动一圆形面片，很像今天北方人在擀饺子皮。面案左边有一桌，桌上还摆放不少其他食物。今天，辽宁人餐桌上的主食，除了米饭，面食也占据着一席之地，这或许正是延续了契丹人的饮食习俗。

巧用自然吃美食

北方气候冬冷夏热，食物容易腐坏。为了长久食用美食，契丹人巧妙地利用自然条件，发明了不少美食加工的方法。为了将吃不完的肉储存起来以备随时食用，契丹人把羊肉用盐制成咸羊肉干，并将羊肉干作为礼物赠送给宋使。

契丹人平时猎鹿最多，新鲜鹿肉一时吃不完，便将其制成“鹿脯”和“鹿腊”，也就是肉干。根据文献记载，契丹人进行祭祀活动时，一般用“鹿脯”做祭品。另在契丹皇帝送给北宋皇帝的礼物中，也有“鹿腊”和“腊肉”等肉制品。

根据腌制肉脯的方法，契丹人还发明了用蜂蜜制作果脯和蜜饯，这也是中国食品的一大发明。辽代契丹人制作的“果脯”，在历史上被称为“渍果”或“蜜果”。他们还创造了用酒浸渍的“酒果”。今天的东北人，仍用酒浸枣，做成酒枣，香甜膨软，非常可口。

契丹人还创造了“冻梨”。宋使庞元英曾详细记载契丹人冻梨的制作和吃法，他还把从南方带来的柑橘如法炮制，演绎出一段南北饮食文化交流的佳话。这种冷冻保存水果的方法一直沿用到今天。

总之，契丹人的饮食习俗，依然影响着今天生活在北方地区的人们。

手记 SHOUJI

辽墓壁画呈现最早的“吃瓜”场景

夏天吃西瓜解暑，对于人们来说是再平常不过的事了。

但西瓜是从何时出现在餐桌上的？最早记录西瓜的是谁？带着这些问题，记者采访了内蒙古自治区文物学会副会长王大方，他对辽代“西瓜图”颇有研究。

1995年，考古队员在赤峰市敖汉旗羊山1号辽墓壁画中发现了目前我国已知时代最早的“西瓜图”。图中，墓主人的前方摆放着一具供台，台上有两个大果盘：一盘盛放石榴、杏、桃等5种水果，另一盘盛有3个碧绿色的长圆形西瓜。

据考证，此处为契丹贵族的墓葬。那么，西瓜是否为契丹人所种植？五代人胡峤曾在《陷虏记》中写道：“至上京……始食西瓜。契丹破回纥得此种，以牛粪覆棚而种，大如中国冬瓜而味甘。”这段记述是中原人士对西瓜及其传入北方草原经过的最早记载。王大方认为，可以基本确定：

西瓜是公元10世纪初叶，辽太祖征西域以后将其引种到北方地区的；西瓜在辽太宗在位时期已在辽上京附近有所种植；西瓜从西域得以成功引种到寒冷

▲ 内蒙古赤峰敖汉旗羊山 3 号辽墓壁画

的北方草原，最重要的是契丹人创造了“牛粪覆棚”的新技术。而这种技术，在今天的内蒙古自治区东北部依然是瓜农们栽培西瓜时所使用的技术。

此外，胡峤关于辽上京附近种植西瓜的记述也在考古发掘中得到间接证明：在对辽上京遗址进行发掘时，在皇城南部厚2.5米至4米的堆积层中发掘到辽代残碎的砖、瓦、陶瓷片、兽骨、铜钱、残铁块、西瓜籽、香瓜籽和粟、高粱等已腐朽的粮食。

除了在辽上京的发现之外，关于辽代西瓜的形象资料还有两例——第一例发现于北京市门头沟斋堂辽晚期壁画墓。据发掘简报所述：壁画中绘有一侍女，手捧果盘，内盛石榴、鲜桃和西瓜。这一壁画的呈现说明西瓜在辽燕京地区至少已被上层人士享用。第二例就是敖汉旗羊山1号辽晚期壁画墓。它表明西瓜在辽的草原地区也已为上层人士享用。

而且，西瓜被视为珍奇的果品，其形象与石榴、鲜桃等以“享宴图”的形式加以表现，可见西瓜在当时还不是普通的水果。

金灭辽后，继续采用“牛粪覆棚”的技术种植西瓜，并且引种到更为寒冷的今黑龙江地区。关于此事的记载，可于南宋洪皓的《松漠纪闻》中找到。《松漠纪闻》详细描述了西瓜的外形、颜色、味道和特性，以供当时朝野人士了解西瓜的全部内容，弥补了胡峤对西瓜记述的不全面之处。

洪皓在出使期间，被金人扣押，直到15年后，金帝大赦天下，他才得以返宋。回到宋后，洪皓把西瓜种子带回南方，从而开创了西瓜在我国南方地区种植的先河。

直到元朝时期，西瓜仍是珍奇的果品。据记载，每年六月，各地陆续向元大都宫廷进献水果："进桃、李、瓜、莲，俱用红油漆木架。蔬菜、茄、匏瓜、青瓜、西瓜、甜瓜、葡萄、核桃等，凡果菜新熟者，次第而进。"一直到明代，西瓜才开始"南北皆有"，成为常见的水果。

由此可见，1995年在内蒙古自治区赤峰市敖汉旗羊山1号辽墓中发现的"西瓜图"是目前已知保存最完整、时代最早的"西瓜图"，契丹农艺师发明的"牛粪覆棚"西瓜栽培技术是对我国古代园艺业的一个杰出贡献。

延伸
YANSHEN

游牧民族也爱茶道

在辽宁省博物馆参观时，一张图片吸引了记者的注意——河北宣化辽墓壁画之《备茶图》。原来，契丹民族也有饮茶的习俗。

赤峰学院历史文化学院的研究者胡畔对辽金时期茶文化有所研究。她告诉记者，契丹人在吸收中原茶文化的同时，形成了具有自己特点的饮茶习惯。

契丹人饮茶习俗的兴起和茶制品的来源，都来自于中原地区的熏染。契丹民族生活在北方草原，长期食用肉类和乳类，饮茶不仅可以化解油腻、助消化、暖身体，还可以有效补充维生素。由于契丹人生活在北方草原，气候寒冷，境内不出产茶叶，只能从唐、宋等中原地区以贸易、赠礼和战争掠夺的方式输入。

胡畔介绍说，现今发现的辽代壁画中的茶道图，均属辽代晚期。根据壁画所绘，辽代茶道不但讲究程序，还形成了与其他饮食相结合的饮茶习俗。据《辽史·礼志》记载，契丹宫廷礼仪中大多有"行茶"仪式。河北宣化7号辽墓中，

▲ 河北宣化辽墓壁画《备茶图》

还发现了栗子、枣、葡萄和豆、面制品等实物果品和点心类的陈设。敖汉旗羊山1号墓西南壁的《茶道图》中，也出现了果子和枣子等果品的描绘。这说明饮茶礼仪不仅在宫廷中相当讲究，民间也有边饮茶边进食果品的习俗。这是契丹人在借鉴中原茶文化的基础上形成和发展起来的饮茶风尚。记者在采访期间走访了几家茶楼，发现今天的饮茶方式与契丹人大同小异——瓜子、花生等干果或蜜饯，配以各种茶饮。

胡畔说，上品茶只有契丹皇室才有资格享用，平民只能饮用散茶。尽管在与宋朝密切的贸易交往中，契丹人的饮茶品种已与中原地区相差无几，但长途贩运导致茶叶形体的破坏，契丹人便将茶叶与草原民族特色相融合，制作成了奶茶，就是在熬好的茶中加入鲜奶、盐等调料，形成我国北方游牧民族最早的奶茶。这种奶茶不但为蒙古奶茶的形成奠定了基础，而且延续至今，成为草原牧民不可缺少的日常饮料。

记者采访了几位内蒙古自治区的居民，今天生活在那里的人们依然喜欢在家自制奶茶招待客人——将茶叶煮后加入牛奶，再加入白糖或盐，做成甜味和咸味两种，深受欢迎。

契丹人饮茶形式多样、程序讲究、分工明确、茶具齐备。仅仅从茶文化的传播，不难看出契丹人“对汉族文化不仅不加排斥，而且相当积极地加以吸收”，这恰恰显示出契丹民族文化的包容性。

带你一起
鉴赏辽瓷精品

▶ 到辽宁省博物馆参观，一定要看看精美的辽瓷。辽瓷，是辽代在继承唐朝的传统技术，吸收五代和北宋中原地区新工艺的基础上发展创新的一种独具特色的陶瓷。它鲜明的地方色彩和浓郁的游牧民族特点，反映了古代契丹民族勇猛、刚烈、剽悍的部族气质，是当时政治、经济、文化等社会生活的凝聚和缩影。

如果辽瓷会说话，它一定会给我们讲一讲这个崛起于辽河上游、“转徙随时，车马为家”的游牧民族的故事。报道组邀请著名辽瓷研究专家关宝琮，带领我们一起鉴赏辽宁出土的辽瓷精品。

鉴赏指导　关宝琮

中国工艺美术大师、中国陶瓷艺术大师，研究辽瓷五十余载，多年来将2000多件藏品无私捐赠给故宫博物院、首都博物馆、辽宁省博物馆等。其中，捐赠给辽宁省博物馆的辽瓷藏品就有130多件。

辽瓷玩具

辽阳江官屯古窑址采集

辽宁省博物馆藏

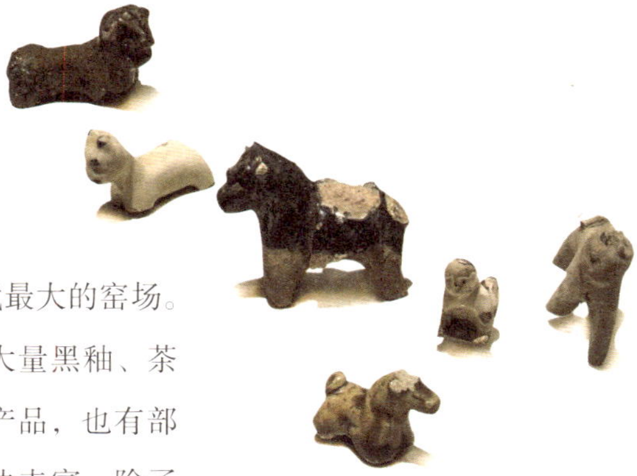

辽阳江官屯窑是东北地区古代最大的窑场。辽代以产化妆土白瓷为主，另有大量黑釉、茶褐釉、白底铁锈花与黑瓷窑变釉产品，也有部分三彩器与白釉剔花器，装饰技法丰富。除了图片上展示的各色瓷制人、兽小像外，辽宁还出土了大量的辽瓷玩具，有人像、小动物、围棋、象棋等，还有哨子、埙等乐器。

辽代一般的窑场在烧制瓷器前，摆放好主要的产品后，窑位都会有很多空余的空间，制瓷者就会做一些玩具，顺手一捏，非常生动。然后在卖瓷器的时候会将这些小玩具当赠品，有人买瓷器就会赠送一个小玩具，说明那个时候人们就很有做生意的头脑。现在，河南的一些窑场还在延续这一做法。

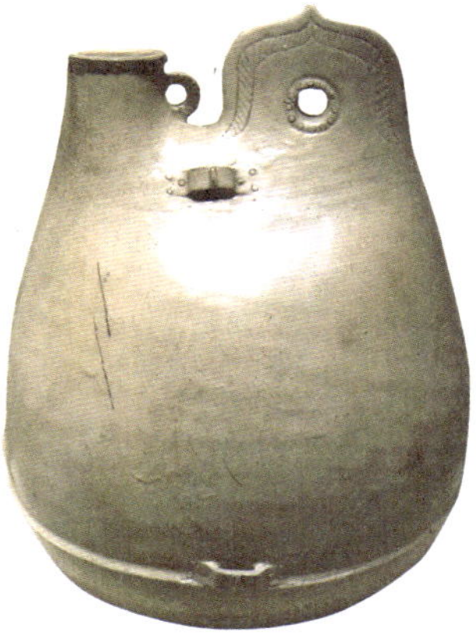

◀白釉穿带鸡冠壶

阜蒙县卧凤沟七家子辽墓出土

阜新市博物馆藏

酱釉鸡冠壶▶

法库叶茂台7号墓出土

辽宁省博物馆藏

鸡冠壶是辽瓷中最具特色的代表器形，又称“皮囊壶”或“马镫壶”。这种壶上面有一块像鸡冠子，非常形象，有黑的、黄的、绿的。制作灵感来源于契丹人马背上携带水、乳的皮革制皮囊，所以许多鸡冠壶上把皮页缝线、皮扣皮条、皮绳环等装饰都逼真地表现出来，充分保留了游牧生活的痕迹。鸡冠壶的早期式样为扁身单孔，稍晚的是扁身双孔式样，辽晚期鸡冠壶式样则为圆身环梁式和矮身横梁式。

陶瓷最容易做的就是圆器，把陶瓷做成这种扁扁的样子，不是很容易的事。这是契丹人文化上的追求，完全是文化的力量。

三彩卧虎枕

辽宁省博物馆藏

辽三彩大多为日常实用器，装饰技法采用剔刻、压印、贴塑完成胎体装饰，多面器采用

分体模压，镶接组拼，压模制品的纹饰随压制时一次成型。辽三彩也有建筑构件、少量陈设用品及相生瓷件。

茶绿釉鸡腿坛

法库叶茂台7号墓出土

辽宁省博物馆藏

又称鸡腿瓶。小口，器身细高，可以插在马后面的兜里，上丰下敛，形如鸡腿，所以得名。坛身以弧棱形弦纹为饰，有的器身饰瓦垄纹，是为了防滑。肩部常有铭文，或为汉字，或为契丹字，是契丹族普遍使用的贮藏器，产量很大。是游牧民族用以盛甜酒、奶浆等饮料的容器。辽代壁画中有契丹人背细长坛罐的画面，说明这类瓷器是为适应游牧生活的需要而制作的。

三彩釉印牡丹双蝶纹海棠式长盘

新民巴图营子辽墓出土

辽宁省博物馆藏

该盘为海棠花形，宽折沿，卷边，浅腹，平底。盘内底模印一株折枝牡丹，两只蝴蝶翩翩起舞，纹饰以黄、绿彩涂染，浓重处呈浅褐色，口沿处施绿彩卷云纹。

辽代工匠崇尚写实与表意兼具的风格。他们把卷草、梅花、牡丹、菊花、莲花、鸟、鱼，通过刻、印、划、彩绘等多种手法在陶瓷上艺术地表现出来，蓬勃自然，生气涌动。

白釉雕牡丹纹提梁注壶

辽阳南林子墓出土

辽阳博物馆藏

该壶于1972年辽阳市南林子出土。辽代盛酒水器，壶体近似椭圆形，剔雕缠枝牡丹花及飞蝶。壶顶内凹，留一小灌注口，口上贴塑飞鸟。短直流。十字形绳纹提梁。白瓷胎，胎质细腻坚硬，通体施白釉。为辽瓷中的精品。辽代白瓷与宋代中原白瓷产品为传承关系，高档的精细辽白瓷直接受定窑影响，粗白瓷与后期白瓷制品发展过程中又渐渐融入磁州窑的风格。

绿釉剔花凤首瓶

喀左出土

喀左博物馆藏

这个凤首瓶呈花式瓶口，塑贴凤首，颈部有弦纹，腹部施三彩釉，缠枝牡丹纹。剔花，陶瓷器装饰技法之一。先在器物坯体表面施釉或施化妆土，并刻画出花纹，然后将花纹部分或纹样以外的釉层或化妆土层剔去，露出胎体。器物烧成后，釉色、化妆土色与胎地形成对比，花纹具有浅浮雕感。

三彩摩羯鱼壶

阜蒙县于寺乡辽墓出土

阜新市博物馆藏

摩羯鱼，反映的是鱼化龙的瞬间，脑袋已经变成龙头，身子还是鱼尾巴。摩羯鱼壶是辽代瓷器中极为特殊的一种。

延伸 YANSHEN

关宝琮：应尽快兴建辽宁的辽瓷博物馆

千年的历史湮灭不了这里曾经窑火烛天的繁华，精美的辽瓷向人们诉说着这里绵延不息的遗韵。

距辽阳市区东北约30公里处，太子河从这里蜿蜒而过，在河的南岸随处可见的古瓷残片似乎在告诉人们，这里就是辽“五京”之一的东京江官屯窑的古窑址。2013年起负责这里考古发掘的辽宁省文物考古研究所研究员梁振晶评价：江官屯窑填补了中国陶瓷史的若干空白，是目前东北地区唯一一处保存较好的最大的手工窑场遗存，是中国东北陶瓷手工业发展传播的源头，可谓“东北第一窑”。

陶瓷大师关宝琮也呼吁，应当尽快兴建辽宁的辽瓷博物馆，来填补这一空白，而最恰当的地点就是辽阳的江官屯窑址附近，在这里展示辽瓷的精品。

辽瓷最早在沈阳认定

说起辽瓷，沈阳文史馆馆员初国卿对记者说，有两个人不得不提：“辽瓷

▲ 关宝琮（左一）

之父”金毓黻和给辽瓷下定义的辽瓷专家李文信。

20世纪20年代初，在北京琉璃厂的古玩市场里出现了一种工艺粗糙、纹饰质朴，与中原和南方风格迥异的瓷器，人们不知道这种瓷器出自何处，只知道是从东北地区流出来的，于是就称其为“北路货”。而1930年，金毓黻的偶然发现，人们才知道“北路货”就是辽瓷，开启了“辽瓷元年”。

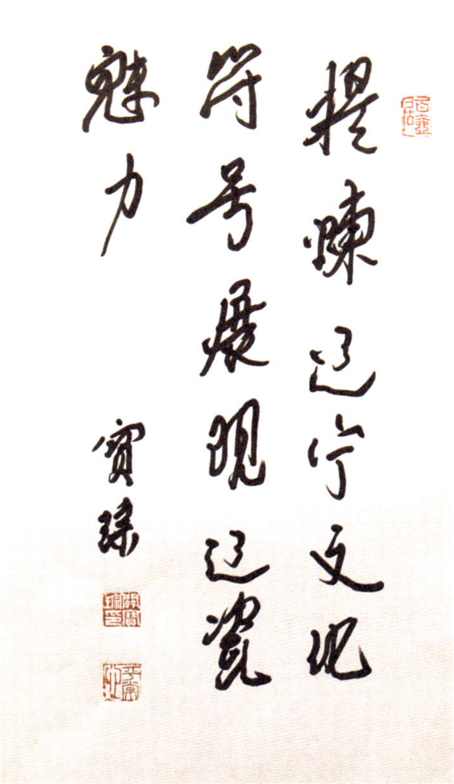

关宝琮寄语

1930年4月22日，沈阳大东边门外的一个工地在掘土时发现了一座墓，墓中有一石棺和一青釉黑花瓶。时任省教育厅厅长的金毓黻得知消息后立即前往察看，并从石棺铭文的内容印证出，该墓石棺中出土的青釉黑花瓶属辽中期。1958年，辽瓷专家李文信第一次给辽瓷下了定义：所谓辽陶瓷，指辽土烧造和辽人使用的陶瓷器，包括硬质日用瓷器和单色或三色釉陶器，素陶器不录；在时间概念上，是以契丹建立开始至灭亡为止的，即由907年至1125年的200多年间为限，而不包括其建立前和后来的西辽时期。在地理分布上，辽瓷以东北辽、吉、黑三省及内蒙古自治区和河北、山西两省北部出土物为主。

江官屯窑场也烧官用精品瓷

江官屯窑址位于辽阳市文圣区小屯镇江官村，发现于20世纪三四十年代，为全国重点文物保护单位。辽宁省文物考古研究所研究员梁振晶称，通过对该遗址的瓷器进行微量元素成分分析，确定了该遗址的早期可到辽代。江官窑烧制的白瓷、黑瓷中都有一部分精品，说明该窑场不仅烧民用瓷，也烧官用精品瓷，据此，关于辽金瓷器史或东北地区的瓷器生产史都要改写。北京陶瓷专家对江官屯窑的瓷片进行了检验，得出的结论是“瓷化度之高，非民窑所能”。

开发文化旅游产业

1988年，江官屯窑址被确立为辽宁省文物保护单位，2013年又进一步被确认为国家级重点文物保护单位。多年来，辽阳市文广新体局和辽阳市民政局也大力支持辽瓷文化的研究，成立了辽阳市江官窑研究学会。2015年初，在辽阳市两会上，“开发利用辽瓷资源，加速创建国家历史文化名城”正式写入政府工作报告。

7月底，辽阳市文广新体局局长张春雷接受记者采访时表示，2017年，江官屯窑的考古发掘阶段性结束后，辽阳对古窑址做了相应的保护，之后还有大面积的古窑群有待继续发掘。而对于这一地区的保护开发，张春雷描绘了一个大的蓝图：可以将太子河南岸的江官屯窑遗址、北岸的燕州城山城以及太子河沿岸风光带作为一个整体来统一规划，形成文化旅游产业。围绕江官屯窑址搞一个模仿当时实际生产的场景，让历史重现，把历史优势变成现实优势，把潜在文化变成现实文明，让辽阳成为古代文化与现代文明交相辉映的城市。

范培发：让新一代辽瓷走遍祖国大江南北

法库，辽金源陶瓷的厂房内，入伏以后气温居高不下，再加上刚刚出炉的瓷器还散发着热气，使室内更加高温难耐，但十几名工人仍在有条不紊地忙碌着。条板上一排排摆得整整齐齐待烧的深素色胎体，透出古朴的质感。这些仿辽瓷窑变釉瓷坛烧好之后，将被运往全国各地的酒厂。它们的出品人范培发说，这些酒坛是他因循古法，精心烧制而成的。范培发给这种复古辽瓷起了个名字，叫金丝驼绒窑变釉，这是他多年来研究出的两项仿辽瓷技术之一。

法库历史悠久，有据可考的历史从湾柳街古城开始，已经过3000多年的历史沉淀，在辽代更是城郭相望、道途相连、村镇密集、市井繁荣。据《契丹国志》

和《辽史》记载，法库曾出过萧袍鲁、萧义等六任辽代北府宰相。叶茂台辽墓群7号墓出土过千年古酒。现代法库被誉为“中国瓷谷”，陶瓷产业是当地支柱产业。辽宁法库经济开发区管委会常务副主任张洪占介绍，7月初刚刚举办了第15届“法库陶博会”。多年来，“法库陶博会”累计吸引域内外企业达1200余家，累计实现销售收入超200亿元。

▲ 范培发介绍金丝驼绒窑变釉的瓷坛

范培发是唐山人，毕业于唐山大学，学的是制瓷硅酸盐专业，2008年来法库。他说吸引他来法库并一待就是10年的原因是法库的投资环境，还有制瓷的资源优势和市场优势。“同时，也怀着重振大辽古瓷雄风的美好梦想。”范培发认为，辽瓷断代了几百年，不是因为市场，也不是因为资源，是没有与时俱进，少了创新。

▲ 辽金源车间

“我在来东北之前就研发出了两项技术，一是做高白瓷器，就是用东北当地的原料，做很细腻的高白度的瓷器，这个历史上还没有过。东北有非常高品质的滑石，用这个原料做出来的瓷器非常白透，滋润度比景德镇瓷要高很多。”2007年，范培发研发出这种产品后，就想到东北发展，他清楚地认识到，只有在辽瓷的基础上，依靠当地的资源，发挥自己的文化特色、工艺特色，产品才有生命力，从而让新一代辽瓷具有实用价值，体现市场价值。

而范培发带来的第二项技术，就是做辽瓷黑釉系列的窑变釉。“辽瓷里的窑变釉是非常漂亮的，不亚于现在的工艺手段和技术下的产品，细腻程度非常高。”范培发现在主要的产品都是利用这一技术，生产的窑变釉瓷坛不仅受到省内外多家著名酒厂的认可，还远销到贵州茅台镇。

王嘉宁：斥巨资建博物馆让历史地标重焕生机

他是手足显微骨科专家，他也是辽阳市江官屯窑古陶瓷研究学会会长。这是两个完全没有关联的领域。如果说医生职业是孜孜以求的事业，那么对于辽瓷的追求便是他发自内心的热爱。

从2012年8月第一次踏足江官屯窑址，6年来，王嘉宁已经从不懂辽瓷到深入研究成为专家，甚至为了对辽瓷、对家乡的这一腔热爱，不惜斥巨资数百万元，在江官屯古窑址旁兴建一座400平方米的辽瓷专题博物馆，让历史地标重新焕发生机。

7月12日清晨，记者冒着大雨登上去往辽阳的高铁。让记者欣慰的是，列车到站时雨已经停歇。在从辽阳市区到江官屯的路上，王嘉宁的电话一直不停，其中对他来说最重要的一个电话，是托人找北京的名家为博物馆题字的事情有了眉目，他迫不及待地制订了第二天做完一台手术后去北京的计划。

▲王嘉宁收藏了近万件藏品，每一件都爱不释手

对于辽瓷，王嘉宁不以价格的高低来衡量它的价值，“我就是喜欢这些缺胳膊断腿儿的‘历史小玩意儿’”。哪怕是一盏残破的油灯都让他爱不释手，“这种物件在古董商眼里可能没什么价值，

可在我看来它是那么美”。王嘉宁说，这些是辽阳的宝贝，希望有更多的辽阳人能意识到这些东西代表着辽阳以及辽宁的文化，遇到了就把它们收藏保留下来，尽量别流落到外面去，散落了，就不是值几个钱的事了。

▲ 建设中的辽阳江官窑博物馆

在深入研究辽瓷的过程中，除了研读《辽史》、琢磨辽瓷的装饰技法外，只要有时间，王嘉宁便会去江官屯，几乎成了瘾。而为了踏查古窑址的群落，这些年来江官屯周围的山沟、村落，几乎都被他走遍了。

7月12日，王嘉宁带领记者沿着雨后泥泞的山路踏查古窑址群，其间他十分感慨：“作为沉睡于我们身边地下的这颗璀璨明珠，作为辽金时期具有官窑性质的古窑址，它的保护、研究远未达到与它历史地位相匹配的程度。”

2013年6月5日，辽阳市江官屯窑古陶瓷研究学会成立。作为学会的会长，王嘉宁觉得自己肩负着重要而神圣的职责，他认为要按照“保护、研究、规划、开发”的原则放宽视野，在辽阳全域范围内发掘、研究历史文化遗存。

7月底，站在即将竣工的辽阳江官窑博物馆前，王嘉宁如释重负，他说要尽自己最大的能力让江官屯古窑址的历史地标焕发出新的生机。

孙天舒：用双手“复活”辽瓷

按照导航从沈阳市区驱车来到浑南区东湖街道古城子村，一个建筑风格迥异、古色古香的院落立即映入眼帘。远远望去，便会让人感觉到这里一定蕴藏

▲ 孙天舒的目标是将辽瓷打造成辽宁的文化名片

着非同一般的故事。院落的主人叫孙天舒，这里是她创办的辽宁省龙呈文化创意产业园。她和她的团队用了一年的时间，亲手“复活”了沉睡千余年的辽瓷。

今年30岁的孙天舒毕业于沈阳理工大学，她说最初接触辽瓷，是缘于偶然看到的一本有关辽瓷的书。书中展示的辽代契丹民族的典型器物是她以前从没有见过的，鸡冠壶、鸡腿瓶、凤首瓶……从书中她了解到辽代北方那段浓厚的历史，并且这段历史又承载着一个深厚的制瓷技艺。孙天舒被这段历史记忆所震撼。她学的是艺术设计专业陶瓷方向，因此觉得自己应该为此做些什么，将古老的文明传承下去。

2014年，孙天舒被陶瓷大师关宝琮认可，关宝琮把恢复辽瓷的技艺毫无保留地交到了她的手里。“使命感促使我选择做这个事，但是第二天，我觉得好像不该接这个担子，因为太重了。”孙天舒说，她不是不愿意吃这个苦，而是怕自己做不好。虽然当时很犹豫，也很纠结，但是这种心理波动并没有跟别人说，而是自己渐渐想明白了，要义无反顾地去做这件事，“我想尽最大可能，既无愧于老师对我的信任，也无愧于年轻，奋斗一回，所以就坚持下来”。

其实接下这个传承使命的时候，孙天舒并不知道能不能把辽瓷恢复出来，

就是恢复出来了，也不知道能不能做得好，能不能做得有市场。

2015年9月，产业园在家人的倾囊资助下建成，2016年开始做研发。一年的时间，孙天舒几乎是不眠不休，每天都在研究配料、工艺、烧制以及工序之间的衔接……终于，用了一年的时间，辽瓷在她的手中“复活”了。2017年春节后，孙天舒开始研发创新品，“这是我们必须要走的路，传承并不是墨守成规，我们必须在传承的基础上创新”。

孙天舒的下一个目标是将辽瓷打造成辽宁省的文化名片。“在外国人眼里瓷器就是中国的形象，而且它没有国门的限制。不仅如此，一些外省来辽宁的游客想买点伴手礼带回去，却不知道买点什么。如果把辽瓷的一些小物件作为伴手礼，不仅方便携带，还有一段故事可讲。”

84 岁的考古人冯永谦用双脚丈量历史——

我尝过古墓里的辽代老酒

▶ 今年84岁的冯永谦，是新中国第一代考古人。60多年的考古生涯里，冯永谦的足迹遍及辽金所辖的广大地域，调查的古城址有400多座。两件曾轰动全国的文物：辽代绢本画《深山棋会图》和《郊原野趣图》，也是他发现的。

为《辽史》纠谬补失

冯永谦的书房里堆满了各类图书，学术论文、专著以及《辽史》《金史》《宋史》等史书，他个人电脑里留存的研究文稿和影像资料更是多达2TB。正是依靠实地调查和雄厚的历史底蕴，冯永谦为《辽史》补充和纠正了很多谬误。

众所周知，辽朝也曾设有国史馆，修纂有起居注、日历、实录、国史等，但这些原始材料大部分散佚，致使元代编修的《辽史》错误百出。冯永谦这些年为《辽史》纠谬所取得的成果颇丰。

▲ 考古人冯永谦

比如，辽朝乾州历来也没有正确定点，各家所指其地出入极大，冯永谦经实地考古调查在北镇小常屯发现城址，才解决了这一历史悬案。辽朝懽州，因阜新半截塔村西山塔基地宫出土有碑铭，载有懽州，于是就将大巴村的辽城址定为懽州。冯永谦去北票发掘辽朝耶律仁先家族墓，乘车途经大巴村，由于考古养成的习惯和经验，看到车外的地理环

▲ 冯永谦在辽阳文物管理所研究江官屯辽代窑址出土瓷器（1975）

境、山川走势，感觉不对，碑铭与现地不合，于是中途下车调查，果然在半截塔村发现此前不为外界所知的辽朝懽州，而将原大巴辽城址考证为顺州。文章发表后，我国历史地理学大师谭其骧主编的八大本《中国历史地图集》，懽州、顺州就都采用了冯永谦的研究成果，并对这种随时随地注意观察的治学精神大加赞扬。

除了调查辽金时期数百座古城址外，冯永谦很早就开始调查辽陵，这是一个历史难题。几十年间他对各陵都分别多次前往，《辽史》记载的辽代皇陵——显陵和乾陵就在医巫闾山中。在很多人的记忆中只知有清代的“关外三陵”，几乎无人知道辽宁还有两处辽代皇陵。回忆起几次调查辽陵的过程，冯永谦仍历历在目，“1961年5月，北镇的桃园村发现有墓，认为是辽陵，于是我前往当地调查，在该村医巫闾山东麓山谷中，见有砖瓦遍地，显露出皇陵的端倪。后来，我又在龙岗子村山谷里发现非常罕见的绿琉璃釉大瓦，这一看就是陵殿建筑上的用物”。

2013年，辽宁省文物考古研究所向国家文物局提交了《医巫闾山辽代遗址考古工作计划（2014—2018年）》，并得到国家文物局批准。这意味着，冯永谦当年找到的那些蛛丝马迹成为国家级重大考古项目。获悉这一消息后，冯永谦激动不已，“我年纪大了，不能亲自参加考古发掘，希望早日有重大考古突破”。冯永谦寻访辽金遗存时，还为全国重点文物保护单位——辽阳白塔的年代做了纠正，到底是金塔还是辽塔做了定论。此前普遍认为辽阳白塔是金世宗完颜雍为其母修建的，冯永谦对白塔本身等各方面进行研究，提出是辽塔的学术观点。其后在1980年文物普查时，在辽阳发现了完颜雍为其母建塔的塔铭，“由于塔铭的发现，可证该塔早已毁坏，才使地宫内的塔铭流出，其塔的地理位置与现存的辽阳白塔毫无关系。再说辽阳白塔的建筑风格、使用材料等与其他辽塔基本吻合，据此可证，辽阳白塔为辽代中晚期的建筑。”冯永谦说。此外，开原老城白塔，过去也被认定为是金代的，冯永谦根据他的研究，认定为辽代，现在为学术界所接受。

▼ 冯永谦田野考古调查辽代遗迹（2015）

亲历叶茂台辽墓发掘

作为全国重点文物保护单位的法库县叶茂台辽墓群，自从被发现以来，出土的辽代珍贵文物不计其数，像辽宁省博物馆藏的绢本画《深山棋会图》和《郊原野趣图》便是其中的代表。

发掘过多处辽金古墓的冯永谦，至今仍对1974年春天叶茂台7号辽墓的发掘过程念念不忘。因为，他在这里喝到墓葬里的千年辽酒，他还亲自护送《深山棋会图》和《郊原野趣图》到北京修复装裱……

▲ 冯永谦（左）在新民发掘巴图营子辽墓（1956）

再次回忆起40多年前喝辽酒的往事，冯永谦说："我是在主墓室东南角的木桌底下发现有白瓷注壶和白瓷壶，其中一件瓷壶的重量比正常壶重很多。我断定，这里面装有什么，不然不会这么重！壶口是封着的，我们就议论起来了，最后大家都认为盛的肯定是酒。"是酒？但凭直觉不行，考古不能随便定，必须经化验才能断定注壶里是不是酒。

但因当时现场的考古条件所限，注壶里的液体要送回沈阳才能化验，但运回过程中极有可能挥发，所以最好的办法就是当时先尝尝。谁尝？在墓里埋了近千年！这可是个难题，大家一时闷住了，墓里寂静无声。过了一会儿，主持墓室发掘工作的冯永谦说："我尝尝！"他倒进烧杯些许，轻轻地呷了一口，细细地品味，好似没尝出来，又喝一口，闭目品味，大家等不及了，就问："怎么样？什么味？"他说："现在感觉不出来，有土腥味。"事后的化验结果证明，壶中的液体果真是酒。冯永谦说："在法库的辽墓中出土千年古酒，是辽代考古史上的第一次，也是我国考古史上一次非常重要的发现。"

叶茂台7号辽墓最重要的发现，当数两幅辽代绢本轴画。原来，在这两幅画发现之前，人们对辽代绘画缺乏真切的了解，而对古代绘画装裱形式的认识，也是一片空白，这两幅画的发现就解决了这个问题。正因如此，《深山棋会图》

和《郊原野趣图》被发现后轰动一时。“我清楚地记得，这两幅当时是竖着挂在棺床小帐左右两边的山墙上，后脱落坠到地上的。”冯永谦说，“在辽墓首次出土绢画，而且是一组两轴，这是考古史上的又一次重要发现。”

考虑到这两幅画的重要性，当时的国家文物局局长王冶秋要求尽快送画“进京”，交由故宫博物院专家进行装裱修复。据冯永谦介绍，“当故宫的专家们看见这两幅画后，每个人都感到震惊。因为，它们是如此的完整，在地下埋了千年，至今没有破损和残缺。更难能可贵的是，这两幅画色彩鲜艳、质地坚实、构图精美，绝对是名副其实的‘国画’”。

| 坐在家里，做不出学问 |

有人说，考古学家与历史学家是两条平行线，彼此之间是无法相交的。因为，考古学家必须眼见为实，而历史学家用史书研究历史。冯永谦说：“考古界和史学界的研究方向是一致的，只是工作程序略有不同，殊途同归，一个好的考古学家和历史学家都要精通这两方面学问。”

一直用双脚丈量历史的冯永谦，提出了“大考古学视野”这一概念，他认为，历史学、考古学、传播学、文学、摄影学等学科都是不可或缺的。因此，除了专业的文物考古书籍，冯永谦还在工作余暇阅读了先秦诸子百家和“二十四史”及其他文献，以拓宽眼界。他还看了大量的国内外优秀的文学著作，连《蜀山剑侠传》等神幻武侠小说，他都予以通读，时隔多年，言及其中的精彩章节，仍能娓娓道来。

考古调查和发掘需要绘图、测量、摄影等，一张珍贵历史图片的价值甚至远超洋洋洒洒的万语千言。为此，冯永谦自学测绘、学美术、练绘画、钻研摄影。从1954年起，在考古工地这些工作就都由冯永谦来做，他兼管了省博物馆和考古队的研究和展览所需照片的拍摄与洗印放大工作，还曾写了一本《考古摄影》的专业书。当年冯永谦为辽宁省文物考古研究所拍摄了大量古城址、古墓葬、古遗址的照片，如今这些遗迹很多都消失无存了，他所拍摄的那些照片就显得弥足珍贵！

延伸 YANSHEN

别让辽金史研究继续“冷”下去

辽宁大学历史学院讲师孙伟祥，颇受老一代辽金史专家的垂青与关照。因为，像他这个年纪的年轻人，愿意投身到辽金史研究的极少。更难能可贵的是，他并不是辽宁人。

谈及为何从山东到辽宁发展，孙伟祥说：“辽宁地区是辽金两代活动的重要区域，留下了丰富的历史遗存。譬如，埋葬了辽代四位皇帝的两座帝陵就选在北镇医巫闾山区域，还有数量繁多的辽金城址、贵族墓葬，出土了大量精美的文物。这为开展辽金历史研究创造了得天独厚的条件。”

正因为有如此深厚的历史积淀，在老一代辽金史专家中，辽宁人比比皆是，如李锡厚、宋德金等人，均是学术界扛大旗的代表人物。但如今的辽宁，很少有年轻人像孙伟祥那样，钻进枯燥的辽金史料堆里搞历史研究，以至于辽金史研究队伍老龄化严重。

研究队伍青黄不接，年轻学者数量过少，是辽金史研究面临的一大危机。更大的危机是辽金史研究与现实的长期“脱钩”。

据孙伟祥介绍，辽金史的研究与宣传工作主要由部分高校的科研工作者进行，受各种条件限制，尚未将相关问题的研究成果进行最大程度的社会普及。因此，老百姓对辽金史的了解，还停留在评书《杨家将》的阶段。

孙伟祥有些无奈地表示：“当前除了专门从事历史研究的学者之外，民众对辽金史的相关印象普遍停留在演义类艺术形式层面，这是一个不容忽视的尴尬事实。”

宋德金曾呼吁广大学者把自己的研究成果用较通俗的方式发表出来，去抵制那些戏说、胡说之类的言论。可惜效果并不明显。学术成果与社会普及始终未能良性循环，加之辽金出版物数量很少，使得辽金史研究只能继续处于冷门范围。

但近年来，辽金史研究迎来了自己的春天。现在，很多与辽金、契丹、女真活动有关的地区都在尝试推进辽金文化产业发展，对辽金历史遗存进行合理开发与利用，这让大众开始了解辽金史，而学术研究成果也终于有了一定的转化之地。

不过，有学者提醒说，各地挖掘本地辽金文化的思路没错，但不能牵强附会，或夸大宣传各地在辽金时期的作用。稍有不慎，可能会跟清史一样，陷入戏说的怪圈。

总体来说，辽金史研究要取得重大突破和进展，不仅需要新老学者共同努力，更需要政府有关部门打破旧有思路，架起一座学术研究与社会普及的桥梁，这样辽金史研究才不至于越来越“冷”下去。比如，浙江卫视曾制作五集纪录片《南宋》，真实还原南宋繁荣昌盛的历史景观，再现南宋时期波澜壮阔的历史进程。这一做法，非常值得借鉴。要通过老百姓喜闻乐见的形式，让社会各界深入了解辽金两代的真实历史。

手记 SHOUJI

想说爱你不容易

7月28日下午，记者来到辽宁省博物馆“古代辽宁·辽金时期”展厅，恰巧碰见志愿者尹东郁正在讲解。在将近一个小时的讲解中，十多个听讲的现场观众没有一人提出问题，大家只是默默地听。

在沈阳故宫，讲解员向游客讲解时，游客一般都会就某个建筑、某个历史人物向讲解员提问。“我也希望有观众能向我提问，我回答不了的，可以向辽博的专家请教，但我讲解辽金史快两年了，只是偶尔有观众会与我交流某件文物而已。”在尹东郁看来，因为大家对辽金历史太缺乏了解了，所以没法向她提问。

用一句老歌词来形容民间对辽金史的认知更为恰当：想说爱你不容易。造成全社会对辽金史缺乏足够了解的原因很多，其中一个非常重要的原因在于，辽金在历史上很长时间内一直被国人视为偏居在东北地区的相对落后的地域性政权，从而忽视了辽金在中国历史上统一多民族国家进程中发挥的重要作用和历史地位。

简单地说，辽金与两宋共同开创了中国历史上第二个南北朝局面，在双方长期的对峙过程中互相影响，促使东北乃至整个北疆地区的进一步开发与文明化，辽金的历史地位与作用需要我们重新进行定位与认识。

辽宁作为辽金两代的重要行政区域，不仅要在辽金历史研究领域扛起大旗，更有责任、有义务去宣传辽金历史文化，以及辽金对中国历史发展的重要作用。此外，对辽金史的宣传，应当借助多种传播形式与社会力量共同进行。只有这样，或许在不久的将来，老百姓对于辽金史的认识水平才会不断提高，不会对家门口的辽金历史遗存感到陌生。

两朝腹地不应留下文化记忆的“空白”

辽宁需要一座辽金博物馆

▶ 在今天的辽宁境内，保存完整的辽金古塔有几十座，被专家发现的辽金古城遗址多达上百座，辽代的东京城在辽阳，安葬四位辽代皇帝的显陵、乾陵在北镇，辽太祖耶律阿保机修筑的镇东海口长城在大连……

除了拥有大量辽金时期地上遗存外，考古工作者还在辽宁大地上发掘出土了不计其数的辽金时期的城址、遗址、墓葬、塔基、窑址、窖藏等遗存，出土了大量珍贵文物，如刻少有的契丹和汉文字的辽代哀册、墓志铭、独树一帜的辽代陶瓷器、难得的辽代绢轴画、精美的金或银鎏金各种器物与饰件、异彩纷呈的玉、珍珠、玛瑙、水晶、琥珀、蜜蜡、琉璃等各种装饰品，以及各类生产工具、武器、鞍马具等，无一不是难得的珍稀遗物、人间瑰宝。

由于种种原因，这座先人赐予我们的历史宝库始终是“养在深闺人未识”，致使辽宁人自己都不清楚曾经辉煌无比的辽金文明。记者在开封采访时发现，当地人对一千年前北宋都城发生的那些事如数家珍。

很多专家都发出同样的慨叹：“我们对辽金历史的普及做得远远不够，导致辽宁人守着辽金宝库不知道做什么！”那么，辽宁有没有必要建设一座辽金专题博物馆，让如星辰般璀璨的辽金文明有一个永久展示之地？

辽金文物散落全省各地

辽宁是辽金两朝统治的重要区域，也是经济最发达、文化最繁荣的地区之一。新中国成立以来，我省考古工作者先后发现了阜新清河门辽萧慎微祖墓群、法库叶茂台辽墓群、前山辽萧袍鲁墓、葫芦岛辽萧孝忠墓、北票莲花山辽耶律仁先家族墓、阜新关山辽墓群、建平张家营子、硃碌科、新民巴图营子、康平张家窑等地的数以百计的辽代墓葬，以及鞍山陶官屯金代农家遗址、朝阳师范

▲ 辽宁省博物馆内，正在观看辽金史展区的参观者

学院马令墓、铁岭冯开父母合葬墓、朝阳李干妻翟氏墓等金代墓葬，这些只是其代表性的遗存。

通过考古发掘，陆续出土了数万件珍贵辽金文物。如今，这些文物基本被辽宁省博物馆或各市博物馆收藏。比如，在辽宁省博物馆常设的《古代辽宁》和《辽代瓷器》展览中，我们就可以看到数百件各类辽金文物，像辽阳博物馆的镇馆之宝便是辽代白瓷雕牡丹花纹提梁注壶。

辽金文物散落于全省各地，既说明辽宁出土的辽金文物数量多、品类全，也反映出辽宁缺少一个规模宏大的辽金专题博物馆。在我省著名考古学家冯永谦看来，“要想让辽金文化成为辽宁的文化品牌，迫切需要建设一个辽金历史博物馆，把博物馆收藏的重要辽金文物陈列在这个专题馆里”。

河南濮阳市博物馆研究室主任王义印也认为，“在辽宁大地上出土如此之多的辽金文物，太应该建设一个专题博物馆，以便于社会各界人士深入了解辽金文化”。确实，记者在濮阳采访时看到，当地著名的澶渊之盟纪念馆内只有一件现存的重要文物——回銮碑。即便如此，当地政府还是投入了近千万元修建了澶渊之盟纪念馆，以此告诉当代人，这里曾经发生过的重要历史事件——澶渊之盟。

只有辽宁没有辽金博物馆

如今，全国很多地方都建有辽金博物馆。建馆历史悠久且规模较大的有：内蒙古自治区赤峰市的辽上京博物馆，馆藏有辽代文物17000余件；位于黑龙江省哈尔滨市阿城区的金上京历史博物馆，是全国唯一集中收藏和展览金代文物的博物馆，馆藏金代文物2000余件。

这两家博物馆分别在辽上京遗址和金上京遗址修建，以便与古代遗址互相配合，形成一个旅游景区。

北京市辽金城垣博物馆、天津宝坻区王卜庄镇耶律各庄村辽金文化博物馆和吉林省扶余市辽金历史陈列馆都是规模较小的辽金专题博物馆，但各馆也都各有特色，辽金城垣博物馆是一座建在金中都水关遗址上的专题遗址博物馆，而扶余市辽金历史陈列馆以展出辽金时期的生产工具、生活用品和军事装备为主。

由此可见，在辽金统治的主要区域里唯有辽宁没有一座反映辽金历史的专题博物馆，而辽宁恰恰又是现存辽金遗址和出土辽金文物最多的地区，辽宁的“缺席”，不得不说是一件憾事！

冯永谦表示：“我建议辽宁修建一座中国辽金历史博物馆，将我们这些考古发掘的辽金文物汇聚于此，再加上先进的科技辅助手段，去生动地展示辽金时期的历史文化风貌，进而成为展示弘扬辽宁历史文化的传播平台。”

假如修建辽金专题博物馆，博物馆选址何处呢？冯永谦给出两种方案：首选方案在沈阳，毕竟沈阳的辐射面广、影响力大；次选方案是选择在一处重要的辽金遗

辽金专题博物馆一览

辽上京博物馆：
位于内蒙古自治区赤峰市
馆藏有辽代文物1.7万余件

金上京历史博物馆：
位于黑龙江省哈尔滨市
馆藏金代文物2000余件

辽金城垣博物馆：
位于北京市
建在金中都水关遗址上的专题遗址博物馆

辽金文化博物馆：
位于天津市宝坻区王卜庄镇耶律各庄村

辽金历史陈列馆：
位于吉林省扶余市
以展出辽金时期的生产工具、生活用品和军事装备为主

址建馆，好处是博物馆可以与遗址互为补充，并形成一个旅游景点。

王义印认为，遗址加博物馆的方案更符合潮流。“赤峰的辽上京遗址和哈尔滨阿城的金上京遗址早已成为当地的热门景区。众所周知，每一处古代遗址都是值得当代人探索的‘史书’，遗址与博物馆相结合，既传承了历史文脉，又让人们体验到博物馆展示古代文明的独特魅力。”

不妨先搞辽金文明巡展

罗马不是一天建成的。修建一座博物馆至少需要三五年，甚至更长的时间才能完成。面对我们眼前的辽金文化“宝库”，该通过怎样的挖掘途径，使之成为辽宁人引以为豪的文化符号呢?

正在做《辽金历史文化遗产保护与开发研究》课题研究的辽宁大学历史学院教授王德朋，通过研究发现，辽宁对辽金文化遗产开发利用的意识不够，甚至不知道辽金文化也是辽宁重要的文化符号。“提到辽宁，大家马上想到的是满族文化、共和国长子等文化符号，其实在辽宁发展史上，辽金两朝是非常重要的历史时期。法库叶茂台辽墓、义县奉国寺、沈阳无垢净光舍利塔等古迹是辽金文化遗存的物质表征，而大气磅礴，豪迈进取的地域风情则是辽金留给我们的文化基因。研究、宣传辽金史，对于我们发掘辽宁文化底蕴，增强辽宁人的文化自信，具有重要意义。”。

对于如何挖掘辽金宝库，王德朋给出的建议是，先搞个辽金精品文物巡展，“修建辽金专题博物馆当然是好事，但这是一个非常大的工程。我认为，应该由省文化厅出面，对辽宁各个博物馆馆藏的辽金文物进行整理，挑选出一批有代表性的辽金文物，到全国乃至世界各地进行巡展，这样才能让更多人知道辽宁有着厚重的文化底蕴”。

记者查询相关资料时看到，内蒙古博物院、山西大同博物馆等文博单位经常携馆藏的辽金文物巡展，而辽宁的博物馆很少有类似的举动。其实，让文物走出库房，是推广普及辽金文化的重要渠道。像近期在深圳举办的“物华天宝”朝阳北塔出土文物精品展，让很多深圳人对辽金文化有了最直接的了解。

当我们在保护与开发辽金文化资源方面缓慢前行之时，内蒙古赤峰市早已行动起来了，正在以辽上京国家考古遗址公园和辽祖州祖陵国家考古遗址公园建设为契机，全面打响辽文化品牌，促进当地经济社会发展。“希望辽宁也能尽快打响辽文化品牌，其实我们的资源并不逊于外地，且有优势，是大有可为的，前途无量！”冯永谦语重心长地说。

延伸 YANSHEN

辽金文创产业发展路在何方?

“打马过草原，穿越梦辽金”，在广阔的辽宁大地上，有着无数辽金历史文化遗迹，纵使时光穿越千年，我们依然能够感受到曾经的荣耀带给这片土地的馈赠，而辽金文创产业如何发展，如今成为摆在辽宁人面前一个新的历史使命。

悠久深厚的辽宁是“辽金文化”聚宝盆

作为辽契丹文化的发源地之一，辽宁阜新就一直在寻找一条合适的辽金文创产业发展之路。辽宁工程技术大学政法系法学教授张志勇告诉记者，辽金文化在辽宁底蕴深厚，文化我们有很多，重要的是如何把文化变资源，资源变产业，这才是我们继续探讨的问题。

张志勇曾独立完成国内第一部有关辽代法律方面的学术专著《辽代法律史研究》，对于辽金历史他颇有研究。在他看来，辽宁简直就是辽金文化的聚宝盆，“别处先不说，就拿阜新一地来算，现存辽代遗迹就有210多处，辽城27座，辽塔16座，辽墓170座，已经定论的头下军州就有10座”。而这只是辽宁辽金文化遗迹的一小部分。

“可以毫不犹豫地说辽宁作为辽金时期的政治文化中心之一，也是多民族文化融合的聚居地。这里有无数的奇珍异宝、碑字文献、古城遗迹，我们并不缺文化，也许我们缺的只是宣传文化的手段！”张志勇告诉记者。

宣传薄弱定位偏差导致产业方向失准

宣传是硬伤，张志勇告诉记者，虽然底蕴深厚，但挖掘得却并不够深刻，

“以前对于辽金历史的研讨会两年一开，现在已经好几年不做了。对于这方面的宣传力度也并不是很大”。不仅如此，对于辽金文化产业的定位也并不是很准确，张志勇特别提到了决定整个辽王朝兴衰荣辱的是萧氏家族，他们主要就活跃在阜新地区，“这本来应该是很好的一个文化招牌，但显然我们运用得并不是很好”。

数年前阜新地区曾自主拍摄过几部影视作品，但题材却和这些原本该引以为傲的辽金文化并无关联，且不久就夭折了，影响力几乎为零。“辽金文化其实是我们的一个金字招牌，里面有很多题材可以深度挖掘打造成影视作品。”张志勇特别说到辽道宗皇后萧观音，“作为辽代著名才女她坎坷的身世鲜为人知，这就是很好的影视剧题材”。张志勇告诉记者，现在，他们已经完成了一部关于萧观音影视作品的前期筹备。“除了萧观音，萧和家族的兴衰史，萧绍业和岩母堇的爱情故事，都是可以打造成影视剧的好题材！”

“大力宣传，明确定位，这是辽金文创产业能够发展的基础！”张志勇表示，以后最好能够建成以辽金文化产业发展基地，“也可以建设诸如辽金文化主题广场或民俗村这样的地方，也可以多做一些文化节、博览会，这些都可以更好地推介辽金文化，也能为辽金文创产业发展创造更有利条件！”

创新和人才是辽金文创产业发展的最大原动力

张志勇告诉记者，现在辽金文创产业问题还有地域文化特色不突出，文化品牌打造不够鲜明。

此外，对于辽金文创产业的桎梏还存在于创新力度小和人才资源弱的方面。“历史不能更改，但宣传历史的手段可以创新，这方面我们做得也并不是很好。”张志勇表示，而且文化和本地特色产品的融合也并不完美，“像阜新盛产玛瑙，我觉得完全可以将辽金文化和玛瑙结合在一起，推出有自己特色的和辽金文化有关产品。而且还可以充分利用现代多元化的宣传平台，比如利用‘互联网＋’平台，以及各种多媒体手段，打造一个展示自己的舞台”。张志勇表示，还可以多做一些展示辽金文化特色的微电影和小视频，甚至动漫、评书等，这都是可以尝试的方式。

此外扶持此类文化产业建设的资金相对较少，人才缺失对辽金文创产业发

展也带来阻力。“我们其实很缺这方面的人才，尤其是高端人才更是极其匮乏！也希望能够通过宣传让更多年轻人投入到这个产业中。我感觉辽金文创产业未来，是有巨大潜力的！”

文化和旅游产业需要更深度的结合

文化和旅游一直是关系密切的两个产业，“没有文化的旅游没有魅力，没有旅游的文化没有活力”，张志勇告诉记者，厚重的历史和文化，都是不可或缺的旅游资源，而构建辽金旅游文化链，让游客充分感受文化的魅力，也是辽金文创产业发展的重要方向。

资源是可以枯竭的，文化才能生生不息，历史是根，文化是魂，这些都说明文化旅游的重要性！张志勇表示，随着人们收入水平不断提高、消费结构不断升级与城镇化建设的持续加快，必将会引起旺盛的旅游休闲需求！

而提到特色旅游，赤峰学院历史文化学院院长任爱君也给出自己的建议：“我觉得可以按照各地文化内容不同做出自己的特点，不能千篇一律，否则就会形成内部竞争，这是不好的现象。”任爱君说，以赤峰现在的旅游产业为例，他就建议各个地区做出自己的招牌：“有了区别和特色，产业就更容易发展。

而且辽金文化本身就有其与众不同的独特性，而如何利用这种独特性打造特色旅游，让游客流连忘返，是需要花时间研究的，也只有把辽金文化和旅游产业深度结合，充分发挥地域和资源优势，才能进一步扩大地区影响力，形成属于我们自己的辽金文化品牌！”

在这一方面，辽宁已经有些地区开始“试水”。辽宁省葫芦岛市红山文化产业创意有限公司就与大连一家公司达成协议，合作开发本地特色的南票紫砂、彩陶项目。此外他们还根据葫芦岛市地方文化特点进行挖掘搜集整理，利用这些文化背景的根基衍生出具有地方文化特色的文创产品。

而在辽西北地区，辽金旅游产业也一直在发展改进，比如在巴尔虎山区域就有丰富的辽金文化资源，辽金时代的古城遗址就已发现6处，此外还有不少辽代军事遗址以及辽代望族萧氏墓葬群、辽宗州古城墙遗址。近些年，该地的文化旅游产业取得了相当的成绩，比如建立了辽代民俗文化节、民族风情度假村以及景观公园等。

不仅如此，很多“辽金产品”也开始渐渐走近大众。不久前在沈阳举办的一场创意设计周活动中，辽瓷工艺品就受到不少人的关注，其中辽瓷创新品比如生肖作品、茶具等更受到很多商家的青睐。

从东北到西南，报道组奔走上万公里——

辽金　隔代千年有回声

▶ 采写工作持续长达两个月，报道组在全省各地以及北京、吉林、河南、河北、云南等多个省市细致踏访，采访了数十位辽金史研究专家和民间学者。

这一段从东北到西南，行程上万公里的寻辽觅金之路，收获颇丰。

▲ 辽绣传承人何晓霞

在北京采访辽绣传人

作为东北地区特有的传统民间艺术，辽绣在全国24个地域绣种中闪耀其中。作为辽绣技艺非遗传承人的何晓霞，从小立志发扬辽绣艺术，成为东三省唯一被授予“中国刺绣大师”称号的刺绣艺术家，作品3次在中国东北文化产业博览交易会亮相，并代表家乡非遗民间文化进驻辽宁全运“文化驿站”……那么，辽绣是如何诞生的？背后还有哪些历史故事呢？带着疑问，记者赶赴北京采访辽绣大师何晓霞。

▲ 记者张昕（右）在云南保山施甸县蒋家祠堂内采访

远赴云南保山追寻契丹后裔

辽灭亡后，契丹人去哪儿了？这是许多人的疑问。

与辽宁相隔数千公里的云南保山施甸县，生活着十几万耶律氏的后人，他们被称为“最后的契丹后裔”，现在，他们都姓蒋。

报道组远赴云南，寻古迹，访百姓，在老祠堂里听旧事，在土司府前听新声。82岁的蒋位美说，他只知道祖先是从遥远的北方迁徙而来，而他自己，一辈子都没离开过这座边陲小城。

到河北保定与60余位权威专家学者对话

▲ 记者赵雪、陈琳琳赶赴河北保定采访，二人在高铁上商讨采访方案

报道组受邀参加第四届契丹学国际研讨会，海内外60余位辽金史学研究大咖齐聚一堂。

采访间歇，记者还随机采访了几位当地市民，对于契丹文化以及辽金时期的历史地位，他们表示也开始逐渐了解。这次活动很多志愿者都是河北大学的学生，他们告诉记者，现在很多他们的同学都开始对辽金的历史文化产生浓厚兴趣，不少人甚至重新翻出以前和契丹文化有关的电视剧，认真地开始“纠错”了。

在河南濮阳“澶渊之盟”旧址重回历史现场

▲ 记者卢立业在河南濮阳采访

“澶渊之盟”被称为中华民族历史的重要拐点。1000多年过去了，报道组在河南濮阳寻找那段历史留下的痕迹。

在濮阳老城里，“回銮碑”上刻着宋真

宗所赋的《契丹出境》诗，相传为寇准书写，字大如掌，苍劲挺拔，秀丽流畅。

▲吉林大学文学院中国史教授高福顺

到吉林长春求教辽金科举制度的情况

为深入了解辽金时期科举制度的情况，报道组赴吉林长春采访辽金教育研究专家、吉林大学文学院中国史系教授高福顺。

高老师极度负责的态度，让记者心生敬畏。他大力配合采访工作，帮忙查阅相关历史文献，帮忙划重点提炼科举制度发展特色，希望可以用通俗易懂的语言帮助更多读者了解辽金历史。

在辽宁全省各地遍访辽金遗迹

在全省范围内探寻、拍摄辽金古塔。累计自驾车行程4600多公里、坐火车行程600多公里，徒步穿越登山16座以上，穿越辽北、辽西、辽宁中部和南部大部分地区，拍摄了大小58座古塔。

在辽阳市区追寻昔日“东京城”的风华，在江官屯踏查辽金时期东北最大陶瓷业手工作坊的旧影；在沈阳法库破解一座土筑古城之谜；在锦州北镇感受辽代帝陵的壮丽，在义县为奉国寺感叹；在朝阳凌源遇见金代石拱桥……

辽金，蹄音未远……

▲ 记者杨靖岫在全省范围内探寻、拍摄辽金古塔

▲ 记者贾知梅与辽阳市江官屯窑陶瓷研究学会会长王嘉宁
踏访江官屯古窑址二期

▲ 北镇市旅发委副主任、《大契丹国皇帝陵》作者贾辉，
向记者讲述医巫闾山辽陵的故事

这十九个问题
大家最关注

▶《辽金 你的蹄音》推出后，反馈众多。令我们感到意外的是，读者的反馈以问题为主。由于对辽金历史比较陌生，许多人通过本期特刊才第一次真正了解那一时期的文化。但受报道篇幅所限，一些话题不能深入展开，于是引来不少问号。读者所提的问题涉及方方面面，最受关注的是辽塔、辽陵、辽瓷、辽绣以及契丹人的去向，还有一些历史上广为流传的人物故事。我们从中选择了一些具有代表性的问题，一一解答，也将其作为特刊的补白，希望让大家更了解辽金历史文化的细节。

辽西走廊怎么走

为何说辽西走廊是草原丝绸之路的一个重要起点？

辽宁大学历史学院博士孙伟祥：辽代草原丝绸之路比较兴盛，线路繁多，基本上是以五京（辽上京临潢府、中京大定府、东京辽阳府、南京析津府、西京大同府）为中心向西北及北部辐射。

辽西走廊地区在辽代之前即一直作为东北地区重要经济、文化中心存在，物产丰富，同时在辽代属于辽代中京大定府管辖区域，经济、文化事业得到进一步发展，因此，辽西走廊可以视为当时草原丝绸之路的一个重要起点。

在辽西走廊没产生前，东北通往中原的卢龙道与古北道是怎么走的？

辽宁大学历史学院博士孙伟祥：根据目前学界相关学者的研究可知，早在商周时期即已形成的卢龙道出喜峰口，沿瀑河北上至平泉，到达右北平郡治平刚，再沿大凌河至白狼城（喀左黄道营子），最后到达柳城。春秋以前形成的古北口道从渔阳出古北口，东北行经白檀，渡濡水（滦河）东南行，于承德折向东北，趋宇县，再由平泉抵平刚，与卢龙道合。

辽西走廊是怎么走的？

沈阳大学文法学院副教授姚韫：辽西走廊在山海关与锦州之间，是南临渤海辽东湾、北倚松岭山脉的一段狭长的平原地带。这条线路是东北—西南走向，从东北到西南分别是锦州、葫芦岛、兴城、绥中和山海关。

奉国寺建于何时

在奉国寺彩绘泥塑修复过程中专家有哪些发现？

义县文物局局长王飞：在为佛像去尘清理过程中，我们的专家发现了原来很多看不到的东西，包括纹饰和下面的图案，红色、蓝色一圈一组的连续性图案。而据史料记载，它的维修次数至少有五六次，包括泥塑的维修，其中，清朝至少维修了两次，一次是有花纹的，一次是纯色的，还能看到裙子下摆和袖子垂下来的纹饰部分，这些制作工艺和历次维修都透露着一些信息，我们以后会对这些进行更深入的探讨。

奉国寺的具体修建时间到底是在什么时候？

义县文物局局长王飞：关于奉国寺修建的年代，据大元国大宁路义州重修大奉国寺碑记载，为辽开泰九年（1020）处士焦希赟创建。同时，民国十九年（1930）《义县志》记载："开泰九年，负责修建奉国寺的处士焦希赟于城西南隅建十三层八面高塔，每一面都有一佛像，可惜文献中所载之塔现已坍塌不见。"其实这里还有一个千古之谜，那就是焦希赟的身份是处士，也就是普通没做过官的人，他为什么有这么大能量修建这样级别的佛寺，史书并未记载。很多人推测，奉国寺前身其实是辽义宗耶律倍的府邸，很有可能是辽义宗的曾孙辽圣宗把它托付给焦希赟改成寺庙的！

奉国寺大殿东南的一个柱子看上去像没有柱基，这是为什么？

义县文物局局长王飞：当时还有个传说，说大殿修建的时候，这里是一片松林，特意找了一根天然的松树做柱子。其实根据目前考古发现，这个柱子是有柱基的，只不过被埋在地下，不容易看到。这个还有一个传说，据说当年大殿佛像的一根柱子在临用时开裂了，大家一时找不到替换木材，想讲究又怕不结实，忽然有个老人说，用麻绳捆扎结实就万无一失了。工匠按照老人提出的方法试验果然奏效，再看老人，早已没有踪迹。据说现在仔细看这根柱子，还有绳捆的痕迹。当然这些都是传说，但也反映出奉国寺大殿在建筑上的不朽成就。

辽塔为何实心

为什么辽塔大多是八角实心密檐式塔？

民俗学家王光：辽代以前，中国建塔以方塔为主，层数没有具体的定式，很多为15层，有些甚至达到17层。而到了辽代，除兴中府五座方塔之外，几乎所有的辽塔均为八角实心密檐式塔（极少数为六角形），13层塔成为最高等级，以后成为定式。具体原因现在说法不一，有的说因为八角形塔稳定性更好，也有专家认为八角多层塔始于五代，辽代八角多层塔建筑形式的来源，也许不仅仅受宋代影响，可能也有一部分受五代的影响。

为何辽代以后很少再修密檐式塔？

辽宁大学历史学院博士孙伟祥：一般认为，密檐式塔是借鉴中国古代阁楼式建筑样式而来，主要分布在中国北方地区，辽金之前即已出现。辽代密檐式塔属于这一类型的佛塔进一步改良并集中出现阶段，之后朝代的密檐式佛塔仍有修建，只是在具体样式方面有所变化。按照梁思成先生的研究可知，辽代密檐式佛塔正好处于中国古塔发展史中由古拙向繁丽的转变时期。

辽代修建了很多辽塔，修辽塔的钱从何而来？

辽宁大学历史学院博士孙伟祥：辽代修造了大量佛塔，在当时出现了“海内塔庙相望”“列刹交望”的景象。概括起来，辽代修建佛塔的经费来源主要有三种：由皇帝借助国家财政收入敕令修造；贵族在自己的头下军州或家族聚居地以私人出资形式修造；寺庙依托自身财力或者佛教徒集体出资修造。

沈阳大学文法学院副教授姚韫：辽代崇佛，故大建佛塔、佛寺，辽宁作为大辽王朝的腹心区，是辽代塔寺的密集聚集地。

修造佛塔、寺院，耗费巨大，这与辽宋两国签订“澶渊之盟”后形成的百年和平有关。辽宋发展生产，经贸互通，GDP 总量占当时全球总量的90% 以上。宋的贸易面向海外，并形成了早期资本主义萌芽。辽幅员万里，打通丝绸之路，与中亚、西亚、欧洲经贸往来活跃而频繁，辽五京均为辽与周边国家商品交易、物资交流的枢纽，各国客商云集，万物荟萃，人口众多，盛极一时！无此雄厚财力为基础，无大辽王朝的高效治理为依托，修造雄伟之佛寺、塑立高大之佛塔、兴盛华丽之文明，绝无可能。

黄花滩塔真的是大凌河航运的“灯塔”吗？

民俗学家王光：很多人认为朝阳县大凌河北岸山头上的三座辽塔都跟大凌河的航运有关，它们起着航标的作用。去过那的人都会发现黄花滩塔的正面并不是正南方向的，而是朝着东南方向，也就是说，黄花滩塔的券龛正面对着川流不息的大凌河。而且据考证，辽时的大凌河在此处或许存在一个转弯，而且我在考察的时候也发现，黄花滩塔须弥座第一层束腰上雕刻有卧蟾，这也能证明黄花滩塔的修建跟大凌河有关。

天盛号石拱桥可以走车吗

天盛号石拱桥的名字挺特别，为什么叫这个名字？

朝阳作家魏德广：天盛号石拱桥得名于天盛号村，而村名又得自一个商号名。“天盛号”是清朝时当地的一个商号。过去，从锦州至赤峰是一条贩盐、贩皮毛的大道，经过天盛号村一带，相应就产生了杂货铺，后来逐步扩大为商号，称作“天盛号”。天盛号由山西人融资建造，不仅买卖批发山货等，还贩卖烧酒，规模较大。

天盛号石拱桥是否仍在使用，还能走车走人吗？

朝阳作家魏德广：天盛号石拱桥发现时已经被埋在土里，废弃已久。自

1988年起，天盛号石拱桥被列为辽宁省省级重点文物保护单位。当地政府将天盛号石拱桥保护起来，四周建有围墙，设有专人管理守护，游客可以游览参观。

近几年，天盛号石拱桥又进行了维护，将一侧的洪沟发掘、恢复，使原本在一个方坑里的石拱桥，现出本来的面目，看起来更接近洪沟上的石拱桥的面貌。

天盛号石拱桥为上下拱，上拱呈半圆形，下拱呈半椭圆形，这种石拱桥上下拱会越压越紧，走车走人一点问题都没有。

辽绣算名绣吗

辽绣在历史上为什么能与中国四大名绣齐名？

非遗项目辽绣代表性传承人何晓霞：在中华文明中只要有民族的区域就有刺绣，辽宁也不例外。源自契丹民族的辽绣就是其中的代表。辽绣风格拙朴、造型夸张、色彩鲜明，体现了东北各民族强壮豪迈的民族特色。虽然辽绣与苏绣、湘绣、蜀绣和粤绣间风格各异，但五者在清代的多民族融合中相互借鉴、各有千秋。清代时期，辽绣飞速发展，能够熟练运用乱针和滚针等技巧，而且丝线分缕的独特技巧让辽绣作品栩栩如生，与四大名绣齐名，同样具有纤细、精巧和工致的特点，成为皇家御用刺绣。

辽陵能参观吗

到医巫闾山能看到辽陵吗？

北镇市旅发委副主任贾辉：显陵与乾陵就在医巫闾山东麓，大体位于北镇市龙岗子村、高起村和桃园村附近。目前，只有位于龙岗子村的耶律宗政墓，也就是乾陵的陪葬墓经整修后对外开放。

辽代为何“凿山为穴”建帝陵？

北镇市旅发委副主任贾辉：《辽史·地理志》中明确记载：“太祖陵凿山为殿，曰明殿。殿南岭有膳堂，以备时祭。”辽代帝王之所以有这种习俗，首先是利用山岳雄伟的形势体现帝王宏伟的气势，其次是防止盗墓。对于运输和建筑技术尚不发达的辽代来说，运送山石建造墓穴确实是非常困难的。山势自东北向西南走向的医巫闾山，占地630多平方公里，有名峰50多座，有着数不清的天然石洞，也就是说契丹人完全可以利用这些石洞，而不必耗费巨力挖掘石室来作为墓穴。

上哪儿买辽瓷

在哪能买到“复古”辽瓷产品？

辽宁日报记者贾知梅：2018年8月21日之前，可以去位于沈阳苏家屯区的沈阳国际会展中心逛逛，那里正在举办第七届辽宁省工艺品精品文化节，其中就有三个展位正在展销复古辽瓷产品。另外，日常在沈阳故宫旁的“非遗辽瓷盛京好贺儿”店、沈阳太原街玖伍文化城、阿里巴巴的网店，都能买到像“辽瓷三宝”、龙凤杯、小挂件、福缸杯等各类复古辽瓷产品。

契丹后裔为啥姓蒋

契丹后裔为啥不姓耶律而姓蒋呢？

云南保山施甸县契丹文化研究学者蒋启坤：元末明初，在滇西的契丹后裔还保持着耶律姓氏，后因明王朝的禁令不得不改为“阿”姓。到了明朝正统年间（1436—1449）三征麓川，契丹后裔因被抽调随军征战，为便于统率地方土军而报请官府改为“百濮头人”之意的“莽 ”姓，此时，多数族众随头人改“莽”姓，部分族人则仍然保持“阿”姓，同时也存在过“阿莽”“莽阿”连用的情况。万历十一年（1583），明朝永昌参将邓子龙率领包括施甸契丹后裔在内的地方土军，与入寇的缅甸莽应里王朝戍边作战后，“莽”姓给契丹后裔带来耻辱，滇西契丹后裔，再次报请官府而改为“蒋”姓。但事实上，滇西契丹后裔除改称“阿、莽、蒋”姓的这支约占2/3人口之众的主流之外，其余支流后裔，仍有改杨、李、赵、王、茶、段、何等多个姓氏的。

契丹后裔有什么特别的节日吗?

云南保山施甸县契丹文化研究学者蒋启坤：施甸契丹后裔在组织传统节庆活动的同时，还在一些特定的日子举办具有地方特色的活动。举个例子，长官司城隍会是大竹篷附近村民为了纪念蒋姓老祖，自发组织的传统盛会。农历二月初九这天，寨寨出动，户户参与，杀火烧猪打份子，遛马、耍龙、舞狮、游抬阁、踩高跷、弹古乐，人山人海，热闹非凡。

中原人喜欢契丹的饮食吗?

辽宁大学教授张国庆：辽与宋的饮食文化交流频繁，文献多有记载。据《契丹国志》载，大宋皇帝生日时，契丹会派人送去很多贵重礼物，其中食物主要有蜜渍山果、榛、栗、松子、枣、楞梨、堂梨、牛、羊、野猪、鱼、鹿腊等。而大辽皇帝生日时，宋也会派人送乳茶、岳麓茶、盐蜜果、干果等。可以看出，辽与宋之间互送的礼物多为本地特产。

附录

跟着老杨看古塔

▶ 2018年6月至7月，辽宁日报摄影记者杨靖岫走遍省内十座城市，拍摄了47处共58座辽金古塔。拍摄过程中，他遇到了很多困难，也收获了不少感悟。

辽宁的辽金古塔如此丰富绚丽，应该好好利用，这本身就是一条充满魅力的历史文化旅行线路。今天，我们回应这些古塔千年召唤的方式是让它们的风貌如初，让通往它们的道路更畅通，让更多的人去探寻、欣赏和品味它们。

航拍古塔视频（短版）

航拍古塔视频（长版）

跟着老杨看古塔

文／杨靖岫

从1991年考上大学开始，我一直生活在辽宁省省会沈阳市。

这么多年来，除了工作，我最大的爱好就是旅行——徒步穿越、自驾车、坐火车，自认为已经走遍了辽宁的山山水水，比很多土生土长的辽宁人更了解辽宁。但，原来我错了。

2018年6月21日，我开始了探访和拍摄辽宁辽金古塔的旅程，在这段旅程中，我重新认识了辽宁：这片土地上居然存在着如此重要的恢宏璀璨的文化印记——辽金古塔。

它们巍峨壮丽、俊秀飘逸、古朴神秘。

有的仍矗立在城市中心，被世人瞩目仰望，如辽阳白塔、锦州广济寺塔、朝阳南塔、北塔。

有的默默无闻地安居在乡间田地里，如康平小塔子塔、凌源十八里堡塔。

有的隐居深山难觅踪影，如葫芦岛磨石沟塔、凌源四官营子塔。

无论身在何处，无论世间如何跌宕起伏，它们只静静“站”在那里，任凭日晒风吹雷击雨打，哪怕残破了，依旧以最骄傲的姿态宣告着自己的千年见证。

我不禁对自己的第二故乡刮目相看，不对，不只如此，应该说是顶礼膜拜。

2018年盛夏的31天里，我在全省范围内探寻、拍摄辽金古塔。累计自驾车行程4600多公里、坐火车行程600多公

▲ 杨靖岫操作无人机

里，徒步穿越登山16座以上，穿越辽北、辽西、辽宁中部和南部大部分地区，分别拍摄位于沈阳、铁岭、抚顺、辽阳、鞍山、大连、锦州、阜新、葫芦岛、朝阳10个城市的47处大小58座古塔。

为了把它们一个一个找出来，一个月的时间里我吃尽了苦头：烈日暴晒、暴雨倾盆、蚊虫叮咬、翻山过河、泥沼陷车……为节省时间经常只以一块军用压缩干粮作为午餐，连赶路带拍片和处理稿件经常一天从早到晚工作18个小时，经常会背负沉重的摄影器材在高温中考验体能的极限，但每次经历种种痛苦之后我都得到了最丰厚的回报——当我登顶锦州义县八塔山的三号山峰、在日出的金色阳光中看到八塔的壮美气势时，当我与朝阳八棱观塔一起站在孤零零的山巅时，我想我看到了！我找到了！塔分明就在这里等着我，塔在召唤我，这是千年不渝的召唤！

▲ 工作中的杨靖岫

我回应了这千年的召唤，我把它们一一找到并拍摄记录下来。

辽宁省内辽金古塔的分布如下：沈阳4座、铁岭2座、抚顺1座、辽阳2座、鞍山6处7座、大连3座、朝阳14处15座、锦州5处13座、阜新3座、葫芦岛7处8座。辽西四市耗费了我最多的时间，因为那里的辽金古塔最密集，有29处39座之多！

我不是考古学者，也不是历史学者，对于塔的体会和感悟可能更多停留在视觉和身体的感受层面，但对于千年前就居住在辽宁这块土地之上的先民的建筑智慧和施工能力还是佩服有加。像辽阳白塔和锦州广济寺塔，塔高都在70米以上，无法想象在没有现代大型工程机械、脚手架和电力设施的情况下，我们的先人是如何把如此巨大的工程精准地完成的，包括上面的精美砖雕，现代人站在这等巨型古塔的脚下都会有一种“人太渺小”的感觉，更何况千年之前的古人呢？可以想见在这两座塔建成的时候，看到塔的古人会是何种的崇拜和敬畏！

如果说在辽阳、锦州、朝阳这种古代就是都市的环境中建塔能够吸引足够的眼球和膜拜的话，那么在大山里荒僻道路的尽头建塔是一个什么样的目的？

对此，我就很难理解了。因为那里即便现代人使用现代交通工具都很难到达，更不用说道路交通不便的古人了。我在寻找葫芦岛磨石沟塔、凌源四官营子小塔、葫芦岛妙峰寺双塔的过程中都是要么“穷途末路”，要么“极限穿越”，虽然最终还是找到了，但这等艰难是不想让人看到吗？也许古人的思维不是如此，入世和出世在他们的价值体系中都是能够被接受的吧。

对于古塔资源的保护和开发，不管是全国重点文物保护单位，还是省级的、市级的，至少都能得到最基本的维护和基本设施建设。如塔身修缮，参观平台、道路建设等。大部分修旧如旧，但个别的塔在维修中丧失了古风古韵。如大连瓦房店复州城的永丰塔，不仅砖雕都没有恢复，连佛龛内的佛像都换成了白色的石像，看起来年代风格上与古塔很不搭调。

有的则缺少必要的道路设施，让人难以窥见庐山真面目。如葫芦岛磨石沟塔、凌源四官营子小塔。前者在进山道路被洪水冲垮后没有重建，后者则根本就从来没建过道路。据塔友考证和专家鉴定，这两座塔无论从艺术价值还是从历史价值上看都还是很高的。又有多少个想去看塔又兼备户外专家级能力的人呢？

再有就是报批国保的进程有些是不尽如人意的。如喀左大城子塔，那是一座楼阁式与密檐式相结合的形制极为特殊、砖雕极为精美的古塔，据说当年古建筑专家罗哲文先生看到喀左大城子塔时，为其精美绝伦的艺术风格所倾倒，不禁惊呼：“这么好的东西，为什么不申报‘国保’？”可现实情况是，这座珍贵的古塔至今仍是省级文物保护单位。

我想，辽宁省的辽金古塔资源如此的丰富，的确应该更好地保护和开发。全省10座城市40多处辽金古塔，可以构成一条很有魅力的历史文化旅行线路。我相信，古人把如此浩大的工程建设好并把它们馈赠给我们，我们一定能够把这些遗产发扬光大。

巍

“塔”这一极具东方特点的传统建筑形式，汇聚了这片土地上生活的人的灵性与创造。

瑞士著名心理学家卡尔·古斯塔夫·荣格有段关于塔的论述：塔是个孕育生命的地方。它给我一种感觉，我好像在石头中获得了重生。尤其是当我看到了锦州广济寺塔、辽阳白塔，朝阳云接寺塔、北塔、南塔，葫芦岛白塔峪塔等一批体量巨大、形制宏伟的辽代古塔时，仅仅用“震撼”一词已经很难准确描述自己内心的感受了。

细想那虽然不过是一堆青砖而已，但就是那样一堆青砖，却聚集了千年的历史和人文信息，仿佛已经拥有了巨大灵性和魔力，让人叹为观止的同时，心灵也受到强烈的召唤，让人身不由己地要绕上几圈，不惜顶礼膜拜。

朝阳北塔

拍摄手记

自然情况简介 朝阳北塔始建于北魏孝文帝太和年间（485年前后），称为宝安寺塔。现存的砖塔始建于唐代。辽初和辽重熙十三年两度维修，更名为延昌寺塔。形成了现今以三燕宫殿夯土台基为地基，“思燕佛图”的台基为台基，隋唐砖塔为内核，辽塔为外表的朝阳北塔。其独特的“塔上塔”“塔包塔”的构筑形式，以及“五世同堂”的悠久历史，十分罕见，是东北地区年代最早的佛塔，被称为“塞外第一宝塔”（“东北第一塔”）。北塔为砖筑方形空心十三级密檐式，高38.7米。现高42.6米，由夯土台基、砖台座、须弥座、塔身、塔檐、刹顶组成。其主体结构塔身上，四面砖雕密宗四方佛、八胁侍菩萨、二十四飞天、八大灵塔及塔名等图案，精美异常，引人入胜。北塔对研究佛教艺术和历史具有极为重要的价值，1988年被列为全国重点文物保护单位。

路书 朝阳市北塔广场。

贴心提示 看起来似乎北塔的夜景比白天更加绚烂迷人，建议游人千万不要错过北塔的夜色！

探访感受 北塔附近空域同样受到管制，不能航拍。只好背上佳能单反和徕卡卡片机，趁路灯刚刚点亮去拍点北塔夜景。要知道，从今早六点多从葫芦岛南票出发，这已经是我一天内连续探访的第九座塔了，是我一个月来拍摄效率最高的一天，有时候长途奔袭一天却只能拍到一座塔。朝阳的辽金古塔分布十分密集，总共有14座之多。对于我这样一个要限时完成任务的“古塔摄手”来说，到朝阳还是蛮幸福的！北塔的灯光十分迷人，那是一种柔和的金色，刚刚入夜的天空还没有黑下来，天空是一种浓重的深蓝色，金色与蓝色对比反差极大，加上广场上数千市民在休闲娱乐、遛弯锻炼，因此显得十分热闹。在这里，古风与现代、灯光与夜空融合得十分完美。

朝阳云接寺塔（摩云塔）

拍摄手记

自然情况简介 云接寺塔建于辽代，为方形实心十三级密檐式砖塔，高37米。分为塔座、塔身、塔檐、塔顶四个部分。此塔与朝阳市区内的北塔均为佛教密宗金刚界之舍利宝塔，塔身四角为圆形倚柱，塔身四面正中各雕一尊坐佛，端坐于莲花宝座之上，坐佛两侧各有一尊胁侍，头戴冠，身披络，神态恭敬。塔身上为十三塔檐，由下至上逐层收敛。云接寺塔具有很高的艺术价值，其造型之挺拔隽秀，雕刻之高超精美，气势之雄伟壮观，实为辽代佛塔艺术的精品杰作。1963年9月被列为辽宁省文物保护单位，2006年5月25日被列入第六批全国重点文物保护单位名单。

路书 朝阳市区东南凤凰山中寺。

贴心提示 云接寺塔在朝阳市凤凰山景区内部，车子只能到达山门之外。那里距离云接寺大概4公里山路，走起来颇费时间，还是乘坐景区内摆渡电瓶车比较实际。持记者证第一门票免费（正常旺季40元），电瓶车来回各10元不能免。

探访感受 到达中寺后就能远远地看到高处的云接寺了，想细看的话必须徒步上山走景区的专门道路，大约10分钟就到了。先不说塔本身，那周围的山景就足够一饱眼福了，群山环抱之中，蓝天白云映衬之下，颇有万千气象，塔

也显得更有气魄了，以前还真不知道离朝阳市区这么近的地方还有这么好的去处。云接寺塔是第六批全国重点文物保护单位，其塔身上手法高超、圆润精美的浮雕是其在第七批大量辽宁古塔成为国保之前8年即跻身国保的重要砝码。云接寺塔塔身浮雕立体感超强，几乎是在3D全尺寸上的真人放大，其砖雕水平在朝阳诸方塔中无出其右者，就是放在所有的辽塔中一起比较，估计也能位居三甲。

朝阳黄花滩塔

拍摄手记

自然情况简介　黄花滩塔建于辽代，塔为八角实心十三层密檐式砖塔，高约32米。塔基上有束腰两层，第一层束腰内每面各有壶门一个，门内砖雕卧蟾一只，束腰上为须弥座。第二层束腰每面各有佛龛两个，内砖雕坐佛一尊，束腰上为砖雕须弥座。座上为塔身，塔身八角为砖雕圆柱。塔身东南面设券门，内置木门已不存，门洞内彩绘佛像和罗汉像，门顶部砖雕华盖及飞天。此塔于1938年曾经有过一次修缮，约在2013年前后大修。2013年列入第七批全国重点文物保护单位。

路书　朝阳市龙城区大平房镇黄花滩村西塔山上。

贴心提示　此塔与东平房塔距离只有9公里，看东平房塔必要看黄花滩塔。

探访感受　我从东平房塔出来到黄花滩塔只有9公里的路程。但最后两公里的道路十分糟糕，乡间的土道在雨后形成很多的水坑和泥沼，需加大油门力度冲过去，否则两驱车很容易陷在那里。到黄花滩村才发现，其实车是在沿着河道上行，大小不均的鹅卵石河床就是路面，对车的底盘很是考验。好在这样的路不过几百米，还是能够开到塔底下的。我发现黄花滩塔一个与其他塔的不同之处，就是在塔身浮雕的佛像旁边刻有榜题，榜题的内容是一些世俗的名字。这是黄花滩塔的又一个特点。如塔身西南面，佛双手举向胸前，佛像头部左侧浮雕楷书汉字“刘节度母”四字。

朝阳喀左大城子塔

拍摄手记

自然情况简介 大城子塔，省级文物保护单位。该塔建筑雄伟，独具一格。塔砖筑八角九级楼阁加密檐式（楼阁两级，上为密檐七级），空心起券门。各檐均砖雕斗拱，上部收度小，基座石砌，是后世增补的加固工程。第一级塔身高7米，第二级塔身高约4米。正东、正西、正南、正北四面都设有类似佛龛的门，另四面雕立佛两尊，檐下有砖雕斗拱，三级以上除砖雕斗拱外，无其他装饰，这种形式与一般辽金砖塔不同，在东北地区甚为少见。该塔原残高31.4米（维修后的高度为40米左右），塔于1963年列为辽宁首批文物保护单位。

路书 朝阳市喀左县大城子镇东古塔街西侧，喀喇沁左翼蒙古族自治县第一中学院内。

贴心提示 大城子塔位于喀左县第一中学院内，这种特殊的保护形式让任何游客都很难顺利进入。带长焦镜头可以在院外透过铁栅栏拍摄塔身砖雕细节。如果用无人机航拍则可以通过远距离遥控畅快地拍摄各个角度的照片。

探访感受 大城子塔是我在朝阳最后拍摄的一座古塔，它也是辽宁辽金古塔中形制最为特殊的一座。辽宁省内的辽金塔大都是典型的辽式密檐塔，但有两座特殊：其一是凌海班吉塔属花塔类型，再有就是这座算得上半座楼阁式塔的喀左大城子塔。两层塔身，第一层为八大金刚，第二层为八大菩萨。塔身以上为七层密檐，均为砖雕斗拱出檐，拱眼是砖雕花卉。所有浮雕造型优美，在早晨六点多金色阳光的照射下，塔身的雕刻更显苍劲古朴，是一组稀有的砖雕艺术品。

朝阳南塔

拍摄手记

自然情况简介　朝阳南塔建于辽大康二年（1076），为方形空心十三级密檐式砖筑，塔高45米，修复后塔高56米。塔基方形每边宽20米，高10米。须弥座有两层束腰，设壶门、镶砌着砖雕莲花，云龙图案，至为精美。塔身南面中央辟券门，上雕体盖，内通塔心室，其他三面设假门，门楣饰卷云纹，上垂华盖。塔身以上密檐叠起，层层内收，高耸云霄，蔚为壮观。塔于1999年开始修复，并于1988年12月列为辽宁省文物保护单位（今此塔未入国保原因未详）。

路书　朝阳市双塔区慕容街与新华路交会处。

贴心提示　无人机飞行受限，观看南塔塔身和砖雕细节可以在塔下广场上随便找角度，要俯拍或平视的话必须在南塔东侧或西侧寻找高层楼房楼顶或能进入的房间拍摄。

探访感受　以前就听说整个朝阳市区内的空域都是受管制的，不能使用无人机航拍，我偏不信邪要试一试。结果，别说航拍，开机后螺旋桨干脆连转都不转，全国各地的航空限制区域数据在无人机出厂前就已经被输入芯片了，航拍计划只得作罢。这些天对无人机有些依赖，一旦不能用，很多角度的拍摄都实现不了，立马有点蒙圈。迅速整理思路，四处观看高点，没有太好的，找了一家离南塔大概300米的商务酒店住下，跟总台要求必须是面朝南塔方向有窗户的房间，上去之后实拍发现背景凌乱，效果不佳，不禁有些懊恼。好歹在地面上拍了一些，入夜后在城市灯光映衬下拍了几张，都不太满意。

大连瓦房店永丰塔

拍摄手记

自然情况简介 永丰塔，改建于辽重熙十三年（1044），是大连地区最早的古塔。塔由塔座、塔身、塔顶三部分构成，塔身分为两层，第一层塔身高6米，八角每面各有一个佛龛，龛内佛像已不存在。塔高22米，一说24米，为辽塔中较为矮小者。永丰塔也是辽宁省地理位置最南的辽塔。1997年6月1日至2001年9月8日，大连文管会和当地政府投资160万元在原处重建永丰寺庙宇和城楼、维修永丰塔。2003年4月永丰塔被列为辽宁省文物保护单位。

路书 位于大连市瓦房店市复州城镇东南隅永丰寺东侧。

探访感受 永丰塔在永丰寺东侧，塔身呈现很多现代维修的痕迹，佛龛内摆放的明显不同颜色的现代雕塑佛像上披着红色绸缎，总体来说缺少古风古韵。我看到永丰寺前面是一个很大的广场，周围居民会到那里散步乘凉，一个小型足球场吸引了很多年轻人来踢球，随便跟来这儿遛弯的居民聊起这座古塔时，他们都很难说清楚塔的年代和来历，倒是这个以塔为中心的广场为大家提供了惬意的休闲空间。

阜新塔营子塔

拍摄手记

自然情况简介 塔营子塔，也叫懿州城塔，于1963年即被公布为辽宁省首批文物保护单位，2013年列入第七批全国重点文物保护单位。此塔的建造年代应在懿州城修建的同时或稍后，约在辽太平三年（1023）以后至辽清宁（1055）之间。塔为八角十三级密檐式砖塔，原塔残高约31.5米（现已修复）。该塔的形制具有典型的辽代佛塔特点，体量宏大，做工精细，砖雕精美，应属辽塔中等级较高的佛塔。

路书 塔营子塔位于辽宁阜新市阜新蒙古族自治县塔营子乡塔营子古城址内。

贴心提示 该塔所处位置在三岔路口，过往车辆较多，停车下车要小心。

探访感受 7月8日，我从沈阳棋盘山行车近188公里来到阜蒙县塔营子乡，一路阴雨连绵，连续几天的拍摄我发现辽宁省内辽塔众多，却都有一个共同特点：但凡有辽塔的地方，其乡村、屯的地名大都带“塔”字或直接以塔名命名，如塔营子乡、小塔子村、塔城子、塔子沟、辽滨塔村、白塔峪等。想来大概是因为省内辽塔的年代久远，大都近千年，虽然经历改朝换代和新中国的行政规划多次变更，但塔不会变，哪怕是残破，它们就矗立在那里，没有什么比用塔命名更贴切了。一个塔营子塔，其周边范围内涉及的地名就涉及塔营子乡、塔营子村，塔营子古城址和塔营子塔，这些在百度或高德地图上都清晰可见。

葫芦岛白塔峪塔

拍摄手记

自然情况简介 白塔峪塔，位于辽宁省葫芦岛兴城市白塔满族乡北四公里九龙山下。塔建于辽大安八年（1092），八角十三层实心密檐式。高43米。青砖砌筑为须弥式，分基座、塔身、塔檐、塔顶四部分。须弥座的转角处有砖雕天王力士做承托状，塔身八角各嵌有石刻倚柱，上刻八大灵塔塔名。塔身佛像与鸟兽雕工精美。白塔峪塔维修工程于2001年启动，2013年1月竣工验收。维修后高度达42米以上，塔于1963年被列为辽宁首批文物保护单位，2013年入选第七批全国重点文物保护单位。

路书 葫芦岛兴城市白塔满族乡塔沟村塔沟屯西小山上。

探访感受 我本该在3天前就能看到白塔峪塔，由于7月14日在磨石沟塔附近陷车而未能成行。今天从沈阳出发单独拍白塔峪塔，就选择了“高铁＋出租车”的交通方式，虽然葫芦岛高铁站到白塔峪塔只有30公里，可打车来回也花了157元。算起经济账来，要是能提前做好攻略把一个区域的塔一次性全部游遍的话，还是自驾车比较方便而且省钱。白塔峪塔在一处山坳里的空通山悟寂院内，环境十分清幽，塔下还有果园可以采摘。给我的第一感觉就是比起同样四十余米高度的其他辽代砖塔，白塔峪塔的第一层塔身更显粗壮，更具足够的空间展示塔身表面细腻的砖雕，塔身砖雕十分清晰、精美。

無量壽佛
菩提樹下成佛塔
諸行無常

保持卫生

锦州北镇崇兴寺双塔

拍摄手记

自然情况简介　在辽宁省北镇市区东北隅，双塔东西对峙，相距43米，形制相同，秀丽挺拔，均为八角十三层实心密檐式青砖砌筑。创建年代无文献记载，从塔的结构和风格看，应属辽代中晚期的遗物。是中国辽代密檐式砖塔的重要实例。1963年崇兴寺双塔被列为第一批省级文物保护单位。1988年中华人民共和国国务院公布为全国重点文物保护单位。东塔高43.85米，西塔高42.63米。

路书　锦州北镇市广宁街道内北大街。

贴心提示　由于塔周围有崇兴寺院墙和大门，只有白天开门允许参观，门票5元；每天入夜后东西两座塔身的造型灯光亮起，双塔与夜空相映十分亮眼（灯光不是整夜点亮，晚九点后熄灭，拍双塔夜景最佳时机在灯刚刚亮起天还没有彻底黑透的时段）；想拍摄平视照片需用无人机或到远处北镇市人民医院的高层楼上。

探访感受　在记者近一个月的奔波探访辽金古塔的过程中，总共看到了47处58座古塔，崇兴寺双塔无论是夜景还是雨中都是最美丽的，没有之一。那天早晨下雨，本来一腔热情的记者不禁有些失望，但还是在烟雨蒙蒙中冒险起飞了无人机。等无人机操控手柄的屏幕上传来双塔雨中的照片时，记者不禁惊呆了，简直太美了！背景中的绿植和远处的雨雾很有江南水乡的美感，然而那里又哪有如此古朴秀丽大气恢宏的辽代双塔呢？相信如果摄影爱好者们等到日出、日落的金色阳光斜射或下雪的场景，也一定能够拍到绝美的照片。

锦州广济寺塔

拍摄手记

自然情况简介 锦州广济寺塔建于辽清宁三年（1057）；八角十三级实心密檐砖塔，现高71.25米；体量宏伟，是辽西最高的古代建筑，是京沈途中唯一能从列车上望到的辽代高塔，也是锦州古城的标志，位于锦州古塔区，坐落在广济寺内，全国重点文物保护单位。塔原高63米，存高57米，1996年按原貌进行全面维修后，塔高71.25米，由基座、塔身、塔檐、塔顶、塔刹五部分组成。此塔具有重要的历史和艺术价值，塔与广济寺合称广济寺古建筑群，2001年6月被国务院公布为第五批全国重点文物保护单位。

路书 该塔距离沈阳市226公里，距离北京477公里，位于锦州市古塔区广济寺内。

贴心提示 由于广济寺位于锦州闹市区，周边停车位较为紧张，我就在较远处停好车步行前往。

探访感受 高大、宏伟、震撼，让人叹为观止。在塔身上栖息着成百上千的鸽子，不时成群起飞，为古塔平添几分祥和气氛。广济寺古建筑群现在被建成一处对外全天开放的公园，我看到许多锦州市民围着广济寺塔徒步锻炼身体，像我这样的外地游客可以免费参观。与那些在荒野或山顶上孤零零的古塔不同，这座古塔俨然已经是人们心中的一座地标性建筑，一个人气指数超高的古代艺

术作品，一个可以靠着古塔的人气在周边做诸如餐饮、古玩、旅游等各类生意的好地段（锦州广济寺外围四面环绕着各种店铺数百家）。我认为这可能是省内辽金古塔最具“赚钱效应”的成功典范。

锦州义县广胜寺塔

拍摄手记

自然情况简介　广胜寺塔，全国重点文物保护单位。塔建于辽乾统七年（1107）。此塔经历代维修，保存较好。塔为砖筑八角十三层实心密檐式，高42.5米。上为第一层檐，檐下为砖雕斗拱，以上各层用砖叠砌出檐，塔顶已颓废。2011年修复。塔身四面都有拱龛，中雕一佛坐于莲座之上，龛外两旁各有一胁侍，身披袈裟，头戴法冠，垂手站立，顶上均有宝盖，上有飞天，体态轻盈，衣盖飘拂。两飞天之中有一面铜镜。广胜寺塔是北方诸多辽塔始建年代久远且保存完好的古塔之一。1988 年12 月公布为辽宁省文物保护单位；2013年5月列为第七批全国重点文物保护单位。

路书　位于锦州市义县城内西南马圈子胡同。

贴心提示　由于广胜寺位于义县的一大片棚户区中间，进入广胜寺的道路均为狭窄的小胡同。车辆可以停在稍远处，步行进入胡同比较方便。到了义县，辽西水豆腐值得推荐，美味且超级便宜。许多街边小店里一碗水豆腐 + 一碗高粱米水饭 + 一碟肉酱总共才五元钱，实惠到没朋友！

探访感受　广胜寺塔修缮和维护得很好，塔身高大雄伟，砖雕复杂而古朴。但是周边环境不算太好，从空中俯瞰，广胜寺塔矗立在一大片低矮的棚户区当中，进入广胜寺之前无论从哪个方向走都必然要穿过狭窄的小胡同才能接近，显得鹤立鸡群却又十分萧条。

沈阳康平宝塔寺塔（小塔子塔）

拍摄手记

自然情况简介 宝塔寺塔，原名小塔子塔，省级文物保护单位。塔与祺州城，均建于辽太祖耶律阿保机天赞、天显年间，即公元922年至926年。塔为青砖实心八面十三层密檐结构，突兀拔起，巍峨壮观。其塔身粗壮，高约25米。塔身各面均雕有佛龛，内供奉诸佛。现塔身微向东南倾斜。塔曾于2001年进行加固维修，2010年再次维修。古塔前照壁、石狮、石旗杆，为后人所建。

路书 位于辽宁省沈阳市康平县东南约25公里处郝官屯乡小塔子村东，坐落在古祺州城西北角。

贴心提示 车载导航在到达小塔子村附近可能出现偏差，记者就曾按照高德地图导航被直接领进苞米地里！现在小塔子村西口正在修建的一处高大牌坊是显著标志，如导航提示不清晰可停车稍加打听，很容易找对地方。

探访感受 记者的探访路线是从石佛寺到康平郝官屯镇，路上经历了烈日暴晒之后的暴雨倾盆，一度汽车风挡玻璃上的雨水即便使用雨刮器的最快档也难以看清路面。到达小塔子村时却风和日丽，难道这座塔神奇到了这种地步吗？由于塔处在村子东头，在高处向东望去，在塔和辽河之间只有大片的农田并无其他遮挡，觉得此塔确是在冥冥中守护着这方水土不受天灾侵害。据记者回忆，辽宁省内的辽金古塔似乎只有此塔面前建有一座影壁墙，另外其主尊、胁侍和飞天的砖雕十分精美，对古代建筑艺术有兴趣的朋友可以深入研究。

辽阳白塔

拍摄手记

自然情况简介　辽阳白塔位于辽阳市白塔公园内。全国重点文物保护单位。塔始建于辽代中晚期。基座塔身都以砖雕的佛教图案为饰。塔身八面都建有佛龛，龛内砖雕坐佛。塔顶有铁刹杆、宝珠、相轮等。八角十三层，实心密檐式，逐层稍内收。高达70.4米，是东北地区最高的砖塔，也是全国六大高塔之一。全塔工程浩大，造型浑厚优美，规模壮观，雕刻形象逼真，刚健有力，是国内现存辽金诸塔中的代表作。1988年1月被列为全国重点文物保护单位。

路书　辽阳市白塔区中华大街一段路北白塔公园。

贴心提示　很容易找到，无人机航拍可以大展身手。

探访感受　辽宁省内现存体量最大的两座辽塔之一（能跟辽阳白塔有一拼的只有锦州广济寺塔）。白塔公园各种设施建设相当完善，我看到很多人在白塔公园中进行各种休闲娱乐活动，喧闹中白塔静静地慈祥地俯视着大地苍生已有近千年，而现代人似乎也早已经习惯了白塔的存在，天天经过的人已经感受不到它的视觉冲击力，而我这个专门为它而来的探访者还是深深地被它的巨大和宏伟气势所吸引和震撼了！

俊

辽宁的辽金古塔，分布极其广泛，它们有的在山巅，有的在城市，有的在乡村。

在千年的岁月历史长河中，塔经受着风吹、雨打、日晒，还有地震和人为破坏等灾难性事故，但存留至今的个个都透出苍劲的古风和与周围环境相依存的美感。

有些塔身形制极其优美，如北镇崇兴寺双塔、沈阳无垢净光舍利塔，记者曾在北镇拍摄崇兴寺双塔的时候赶上了阴雨连绵，本以为拍摄工作无法完成了，却在雨雾中拍到了如诗如画般的水乡双塔美景。

有些则因为周边环境而增色，如葫芦岛妙峰寺双塔、鞍山海城铁塔、凌源十八里堡塔。

有些则因塔身砖雕精美绝伦而让人如醉如痴，如喀左大城子塔、葫芦岛白塔峪塔等。

在奇、秘、巍、俊这四个字中，有些塔占据两个以上的要素，相信探访者每个人的心中自有评价。

如佛金色身
亦以大悲心
南無阿彌陀佛
南無阿彌陀佛
南無阿彌陀佛
南無阿彌陀佛
南無阿彌陀佛
南無阿彌陀佛
南無阿彌陀佛
南無阿彌陀佛

鞍山海城析木镇铁塔

拍摄手记

自然情况简介　海城析木镇铁塔建于金代，2014年列为辽宁省第九批文物保护单位。塔造型较小，高约10米。塔基须弥座早已破坏，座上雕仰复莲瓣花纹。塔身六角有砖砌仿木圆形柱，有柱头，补间四铺作斗拱，每面有砖雕立佛一尊，高约1.5米，上有宝盖。第二层塔身较矮，每面有砖雕小坐佛两尊，形态各异。其上各层密檐用砖叠砌，略有收度，塔顶为覆钵式，铁刹杆插于其上，塔上佛像神态各异。

路书　位于鞍山海城市东南20公里析木镇析木村。

贴心提示　由于该塔身处析木村的民房包围中，塔身周边电线杆和电线也不少，使用无人机航拍的话，需注意回避电力设施。

探访感受　今天到达析木镇的时间在18：30左右，天气晴好，落日前的光线质量非常好，透过镜头和无人机的操控手柄都可感受到金色阳光洒在塔身上，反射出瑰丽的光泽。我迅速按动快门，仔细调整无人机的机位，由于塔边上电线较多，居民也较多，必须回避电线以保证安全，金色的古塔、小镇与远处的小山环抱相映成趣，很有美感。

铁塔

鞍山海城析木镇金塔

拍摄手记

自然情况简介　析木镇金塔建于辽代，为八角十三级密檐式实心砖塔。塔分塔座、塔身、塔檐、塔顶四部分。全高31.5米。辽宁地区较多辽塔中，能完整保存下来的并不多，金塔的规模仅次于辽阳白塔，有很高的历史、文化价值。1963年9月30日被公布为辽宁首批省级文物保护单位。2013年列为第七批全国重点文物保护单位。

路书　位于鞍山海城市东南20公里析木镇羊角峪村西山坡上。

贴心提示　到达羊角峪村后，需从村里小路向西穿玉米地来到海城河边，找到小桥过河，沿河对岸土路向南行进，找到折往山脚下的岔路口即可沿小路直接行驶到金塔脚下。此段路经过沙石路、土路，路况不好，有四驱车最好。

探访感受　今天在19：10左右才到达金塔附近，落日光线已经被它后面的山体挡住，拍摄照片已经没有刚才拍铁塔时的金色质感了。金塔30多米的高度和体量在山坳中显得十分雄伟，塔身雕刻别致，有吉祥富贵的牡丹图案。两侧壶门内，还有舞俑、侍者、伎乐人等，人物神态栩栩如生。其中的四个身着契丹族袍服，高靴长袖、回身旋舞的男舞人的造型尤具有典型辽代契丹族文化特征，雕于下层须弥座的雄狮挺胸昂首，粗壮威猛。

朝阳东平房塔

拍摄手记

自然情况简介　东平房塔建于辽代（一说金代）。塔为六角实心九层密檐式砖塔，高约24米。须弥座上束腰每面有佛龛两个，龛内雕坐佛一尊。须弥座每角雕力士像，肩扛塔身。塔身南面设券门，门两侧各有一胁侍和飞天，门顶华盖下垂；北面设壶门，两侧浮雕武士、飞天，门顶雕华盖；其他四面中央各浮雕坐佛一尊，佛旁为胁侍，佛顶砖雕华盖，两侧为飞天，六角皆有砖砌圆柱。塔先后于1985年、1991年列为县、市级文物保护单位；2007年列入辽宁省第七批文物保护单位；2013年晋级第七批全国重点文物保护单位。

路书　朝阳市龙城区大平房镇东平房村塔子沟自然屯东南山丘顶部。

贴心提示　最后两公里村村通水泥路面很窄，基本没有会车的空间，提醒大家开车前往参观时一定要小心慢行。

探访感受　在朝阳这样一个古塔林立星光耀眼的环境背景下，作为全国重点文物保护单位的东平房塔却显得稍有些平淡。塔的周围是大片农田，一根穿越农田的电线杆距离塔的基座很近，很是扎眼。其实，凭借东平房塔的24米身高的宏伟体量、精细浮雕的塔身和近千年的历史，塔还是有很多的看点的。通过无人机高空俯视会发现，塔与远处的小山和大凌河遥相呼应，很有气势，看来古人给塔选址还是很有讲究的，也许应该把整个朝阳市的辽金14座古塔穿成串统一包装一下，也许会成为很好的辽金历史文化旅游项目，古迹也会由此得到更多的资金来保护。

朝阳市凤凰山北沟大宝塔

拍摄手记

自然情况简介 大宝塔建于辽代。砖筑方形空心十三级密檐式。高16.5米，砖铺塔基。须弥座上层雕有一周梵文，其上下边缘以连珠状纹带作装饰，塔座周围雕梵文为辽代塔建中所少见。须弥座南面设一券门，须弥座顶双层仰莲承托塔身。第一层塔身很高，大宝塔下有一天然清泉，水势甚旺，终年不竭。晴和天气，塔影倒映于水面，泉映宝塔，堪称佳景。2014年10月列为辽宁省第九批文物保护单位。

路书 位于朝阳市双塔区凌风街道八宝村，坐落在凤凰山北沟中部一隆起的小丘顶上。

贴心提示 进村前最好停下来问一下村民具体走法，最后几百米是狭窄转弯沙石路，车性能好的话可以直接开到大宝塔脚下一块空地上。

探访感受 下午六点多才找到大宝塔，这已经是我今天拍到的第七座塔了，效率还是蛮高的。这座塔给我的第一观感就是虽然不算高大，但挺有个性：四棱的塔身苗条清秀，立在小山之上很是挺拔苍劲。夕阳透过低矮的云层斜射在塔身上，塔身立时有了些许金色，塔身下沿一圈挂满了经幡，在微风中鼓动，此景让我想起了西藏雪山脚下和圣湖边上在风中猎猎作响的风马旗，虽不似藏区那般原始和粗犷，但青砖古塔在山林之中也别有神韵。我马上蹲下平视，用我的小徕卡相机记录下此时大宝塔的特殊光线和质感。

朝阳凌源十八里堡塔

拍摄手记

自然情况简介　十八里堡塔系辽代所建。塔东面紧邻辽代榆树城址（榆州，辽太宗时置），为辽代榆州僧俗众人礼敬佛祖，弘扬佛法而建造的密宗塔。当代维修后，塔为八角七级。密檐实心砖塔，塔基座部有近代石砌保护工程，须弥座上部各面有砖雕菩萨坐像，两侧为胁侍立像，上有砖雕斗拱，该塔存高24米左右。1981年，塔被列为县级文物保护单位，1988年列为市级文物保护单位；2014年列为辽宁省第九批文物保护单位。

路书　朝阳凌源市城关镇街道十五里堡村西十八里堡屯内。

贴心提示　十八里堡屯紧邻101国道，重载卡车比较多，开车探访古塔必然进出国道，行车需注意安全。

探访感受　被农舍与蔬菜大棚围在中间的十八里堡塔显得古朴自然，并不张扬，塔下的小广场是周边农户平时休闲纳凉的好地方，翠绿的大地与青色远山背景相呼应，古塔融入其中别有一番田园乡土气息。

朝阳县西营子乡青峰塔

拍摄手记

自然情况简介　青峰塔又称五十家子塔，在朝阳县西营子乡五十家子村。全国重点文物保护单位。塔为辽代所建，砖筑，方形空心十三级密檐式，存高约36米，曾残损严重。基座南面开券门，有门楼式抱厦，砖雕斗拱承挑瓦檐，是此塔造型特殊之处。塔北面半腰处有一大洞，一些塔檐和塔四周砖雕已脱落，塔的四面依稀能看见一些佛像和飞天形象浮雕。塔南面立有一碑，碑上有“青峰塔”三个大字。塔南面塔身下也有一个大洞，塔下面有现代砖修葺痕迹，说明这座塔经过了多次的维修和保护。最近的一次修复在2013年前后。

塔于1993年被公布为辽宁省文物保护单位；2013年列入第七批全国重点文物保护单位。

路书 朝阳县西营子乡五十家子村西小山上。

贴心提示 青峰塔距离大道也就300米，车可以沿村内小路开到离塔比较近的坡上一块小空地，旁边就是苞米地，在空地上展开无人机和其他设备、车辆掉头都可以从容进行。

探访感受 几天来为了节省时间赶路和拍摄，我的中午饭一般都是一块军用压缩饼干（能量足、体积小、没有异味、耐储存，简直是自驾游神器）和一瓶矿泉水，在行车期间就能搞定了，这样下车就能拍摄。在7月12日中午，我从葫芦岛南票区开车进入朝阳市管辖范围，到达了朝阳众多辽塔（含朝阳北塔13座）中的第一座——朝阳县西营子乡青峰塔。这座塔虽然有过多次维修和保护，最近一次在2013年，但整体看来古风依旧，尤其是塔身上那些凸凹不整斑斑驳驳但很特别的砖雕；另外形制上与大多数辽塔（实心）不同的是塔的基座设计有门，有中空的塔心室，另外后补的木门。塔身形状修长，不像多数辽塔那般敦实，显得更加高耸，与塔东面远处的山峰遥相呼应，颇有气势。

抚顺高尔山辽塔

拍摄手记

自然情况简介 抚顺高尔山辽塔建于辽道宗大安四年（1088），是抚顺市最早的高层建筑，现为省级文物保护单位。该塔用多种形制的青砖砌筑而成，塔身八角形，九级密檐，塔身腹部直径6.8米，向上逐级缩小，通高14.1米。塔身高自下而上，用密檐、斗拱分出比例匀称的层次，每层又用磨砌立柱，构成8个对称的圆弧犄角。在八面塔身上各有深约15厘米的长方形佛龛，上有砖雕宝盖，龛下有飞天拱托，各自组成一幅完整的浮雕图案。

路书 高尔山塔位于抚顺高山路高尔山公园内山上。

贴心提示 该公园环境优美，小山小水，林木茂密，草坪如茵，经常会看到抚顺市民前往休闲，踢毽子的、搭帐篷的、爬山锻炼的和散步的人很多，从停车场前往高尔山辽塔需要爬山约10分钟。塔周有院墙，现在有人管理，18:00后关门，不过跟管理者商量一下说是远道来的，还是能够通融一下放行的。

探访感受 很容易到达，风景不错，依据山势而建，塔显得很有气势，高尔山塔所处的位置较高，能够在那里俯视抚顺市全景，用无人机航拍的效果很好。第一层塔身上的佛像为后放上去的，颜色和质感都与塔身相差很远，能看出来不是同一年代的产物。塔刹也是后修的，感觉上与辽代建筑风格不太一致。

葫芦岛妙峰寺双塔

拍摄手记

自然情况简介 妙峰寺双塔也称塔子沟双塔，位于辽宁省葫芦岛市绥中县永安堡乡塔子沟村。全国重点文物保护单位。双塔建于辽代乾统年间（1101—1114），因塔下有妙峰寺而得名。双塔一大一小，东西相望，相距40米，其结构、造型、雕刻等基本相同。大塔为八角九级密檐式砖塔，高24米；小塔为砖造六角五级密檐式，高9.14米。现今塔身砖雕保存基本完好，佛像逼真，图案鲜明，花纹清晰，形象如初，观后使人流连忘返。辽代建塔很多，但塔身上雕有“皇帝宣赐”字样的却极为罕见，由此更增加了妙峰寺双塔的历史价值、艺术价值和研究价值。双塔于1988年被公布为省级文物保护单位。2013年晋级为第七批全国重点文物保护单位。

路书 妙峰寺双塔位于葫芦岛市绥中县永安堡乡塔子沟村北妙峰山上。

贴心提示 山路漫长、狭窄，开车要有耐心，控制好车速和方向，遇对面来车一定记得提前停车避让，否则双方都会过不去。

探访感受　在狭窄、颠簸不堪的泥泞的山路上不断转弯、爬坡行进了35公里后，在道路的尽头我终于看到了位于永安堡乡塔子沟村的妙峰寺双塔，再向前已经没有路了。而山坡上的双塔如此俏丽，真是不虚此行。来路上山水美如画，有一段峡谷峭壁像极了新疆库车大峡谷；而妙峰寺双塔的对面，重峦叠嶂、水光潋滟，恍惚间让人错以为是到了“山水甲天下”的桂林。据考，塔子沟系燕山余脉，妙峰山即在塔子沟中。悬崖峭壁举目皆是，形势之险刀削斧劈。谷壑幽深狭窄，在辽金时代，妙峰山腰筑有寺院，香火极其旺盛。寺里修塔两座，寺因山名，塔因寺名，沟因塔名。眼前这双塔便是了！极力推荐大家到此处访塔、观山、看水。

葫芦岛南票双塔沟塔

拍摄手记

自然情况简介　双塔沟塔，位于葫芦岛市南票区沙锅屯乡双塔沟村。塔基周长为11.5米，塔高11.2米，占地面积约11平方米，2006年维修。塔为青砖砌筑，共分七层，每层檐角插三拱把之，周围雕刻海水波纹，细致雅观。塔身为六角形，实心密檐式，建在莲花座上，塔座须弥式。各面都有拱形佛龛，龛内有砖刻菩萨，左右各有宝盖和飞天浮雕。建筑宏伟壮丽，根据该塔形制，断定该塔为辽塔。

路书　葫芦岛双塔沟塔位于南票区沙锅屯乡双塔沟村村部西南处的大塔山山顶。

探访感受　7月12日上午9点多，当我从几公里外的安昌岘村赶到双塔沟村时已是烈日当空，村西头的山顶上正是我要拍摄的双塔沟塔。村口十几位年长者正在乘凉聊天，当听说我是从沈阳专门赶来拍摄他们村的这座古塔时，大家立刻兴奋地围上来纷纷跟我说起他们家乡的塔。其中一位74岁的老人孟宪廷说起这座塔来更是如数家珍：原来这里是双塔，现在能看到的是大塔，小塔早就损毁了。据他听上上辈传下来的说法："塔在修建的时候（辽代）还没有脚手杆子（脚手架），都是用人力背土堆起一座土山，工匠们是站在土山上修的这座七级宝塔，你不信去看看，还有那时遗留下来的土堆呢，那塔砖很大，工匠们的手艺好，砖和砖之间的灰口小，结实着呢！"

辽阳县塔湾塔

拍摄手记

自然情况简介 塔湾塔建造年代为辽晚期。塔为八角七级密檐式实心砖塔，高27.66米（一说22.6米）。塔座直接筑在岩石平台上，每面宽2.14米。塔身每面一高大砖雕坐佛，八面形态各不相同，佛顶置一对飞仙，垂幔式宝盖，转角为砖砌倚柱。塔湾塔的砖雕工艺和建筑造型具有较高的艺术水平。此塔也是古代中朝两国使者的交通标志。1983年11月被列为市级重点文物保护单位。1988年1月被列为辽宁省级文物保护单位。

路书 辽阳市辽阳县甜水乡塔湾村，坐落在塔湾山上。

贴心提示 因塔湾塔处于小山顶上，山顶空间很小，想拍摄全景的话推荐使用无人机航拍。

探访感受 体量不算大，但做工很精细，砖雕很精美。塔湾塔的细比、收分、密檐部分高度比、层间束腰比例等，确实与典型辽代密檐塔还存在着一些差异。纵使甜水驿站的历史可追溯到金代，我仍觉得辽阳塔湾塔应该为明代辽东边防将士修建的一座仿辽式塔。

沈阳塔湾无垢净光舍利塔

拍摄手记

自然情况简介 塔湾舍利塔，又名无垢净光舍利佛塔，建于辽重熙十三年（1044），清崇德五年（1640）重修。塔为八角十三层密檐式砖塔，高约33米。“塔湾夕照”是著名的沈阳八景之一。清代诗人张百龄有《沈阳道中作》诗云：“一湾塔影水流春，寒食烟生树树新。好是雨余青到眼，十里山色欲留人”，就是写的舍利塔和塔湾一带的美丽景色。塔于1998年12月被公布为辽宁省文物保护单位。2013年晋级为第七批全国重点文物保护单位。

路书 沈阳市皇姑区塔湾街45巷15号。

探访感受 在沈阳生活多年，却还是头一次看到塔湾舍利塔，甚是惊讶这里居然有这么漂亮的一座塔，以前怎么就不知道呢？细想想，“塔湾、塔湾”，连这片区域都叫塔湾，还有塔湾街、塔湾农贸市场等诸多与“塔”有关系的地名，心里却从未意识到，这一切名称都与这座在这里矗立近千年的古塔有关。舍利塔下是一个小小的公园，景致很不错。我走在其中，忽然间听到一阵悠扬的号声传来，细听听竟然是苏联民歌——《一条小路》，那动人的旋律低沉而婉转，在塔湾公园里久久回荡，美丽的白色舍利塔静静地矗立在那里，它也在聆听着，见证着千年来人世的沧桑巨变，一股怀旧的情愫不禁激荡在心间。

沈阳新民辽滨塔

拍摄手记

自然情况简介 辽滨塔为省级文物保护单位，八角形密檐十三层砖塔，塔高31.4米。始建于辽乾统十年（1110）正月，塔由塔台、塔座、塔身、密檐、塔刹等五部分构成。塔坐落在约1.5米高的塔台上，塔身八面，整体构成了一佛二菩萨二飞天的传统辽塔装饰格局。根据出土文物，可以明确辽滨塔当为以密宗为主的舍利塔。建成于辽天庆四年（1114）八月，此时已处于辽朝末期，经济趋于萧条，国力日益衰败，在建筑上也同样有所反映，建筑材料的质量已远不如前期，施工工艺没有前期精细。

路书 辽滨塔位于新民市西北29公里公主屯镇辽滨塔村内。

贴心提示 该塔的塔台面积很大，有矮围墙和台阶，很多村民喜欢在傍晚时分到那里聚会休闲。如果想了解更多人文方面的信息，最好赶在傍晚前到达，既能拍到好照片又能看到很多村民。

探访感受 我通过无人机从空中俯视辽滨塔，看到村村通的水泥路通向远方，远处的辽河和秀水河也依稀可见，让人不禁联想起关于辽滨塔的民间传说：因辽河多年泛滥，修塔供佛以镇辽河，防止其泛滥成灾，以祈得风调雨顺，保佑五谷丰登。在悠长的岁月中古塔一直是许多当地人崇拜的偶像，把它看成神灵的化身，直到现在当地人依然对他们家乡的这座古塔感到十分亲切。一位看起来50多岁的村民说，他和小伙伴们小时候经常到塔底下来玩，那时塔身上还有许多原装的精美砖雕佛像，后来被破坏了，塔下地宫在1993年沈阳、新民两市文物保护部门筹资的抢修工作中，还出土了许多宝物。现在虽然年纪大了，自己和当年的小伙伴们依然保留了每天到这里来玩的习惯。

铁岭白塔（圆通寺塔）

拍摄手记

自然情况简介　铁岭白塔，原名圆通寺塔，铁岭白塔为其俗称。八角十三级密檐砖塔，高32米，是辽北现存最早的古塔。该塔在明代即已破败不堪，明万历十九年（1591），辽东总兵李成梁夫人出资，予以修缮“白塔横云”。为铁岭八景之一，省级文物保护单位。塔始建于辽代。塔身为青砖垒造，砖长2.4尺，厚6寸，略呈锥形。塔身涂白，故称白塔，于2008年12月31日被列为辽宁省第八批文物保护单位。

路书　该塔位于铁岭银州区古城中心银州贸易城东南侧，古铁岭城西北隅。

贴心提示　该塔位于闹市区街角圆通寺内部，圆通寺晚间不开放，最好白天去参观。由于寺庙院墙距离塔身很近，拍照片全部为仰角。想拍摄平视或俯视图片必须携带航拍无人机，城市内信号遮挡明显，飞行需谨慎。

探访感受　傍晚掌灯时分，圆通寺周边却热闹起来，周边人群聚集在塔下圆通寺院墙外部，唱歌的、跳舞的、乘凉的，很是喧闹。32米的塔高在几公里范围内算不上最高，且古塔的建筑风格与现代城市建筑格格不入，锥形的塔身直指夜空，静静地矗立在那里，宽容、温和地俯视着十字路口穿梭的车流和五彩绚烂的城市灯光，似乎在告诉人们：“千年来，不管你们的脚步有多快，我就在这里。”

铁岭开原崇寿寺塔

拍摄手记

自然情况简介　始建于辽乾统年间（1101—1110），也有资料称此塔始建于金正隆元年（1156）。学术界关于该塔的始建年代争议颇多。形制、特点：八角十三级密檐式砖塔，通高45.82米；省级重点文物保护单位。现全高66米，塔身八面佛龛，八佛端坐。龛上宝盖各有一组飞天浮雕，线条流畅，形态逼真，各角木檐上悬有铜铃，塔尖呈锥形，穿有五个铜珠。塔身各层挂有数百铜镜，西面悬有铜鼓一面。1980年，由辽宁省人民政府拨专款对古塔进行维修。此塔于1963年被列为辽宁首批省级文物保护单位。

路书　位于铁岭市开原老城西南隅崇寿寺内。

贴心提示　目前崇寿寺正在重新改扩建，崇寿寺塔下正在施工，对参观古塔者的情绪稍有影响。

探访感受　崇寿寺塔是开原老城的制高点（现全高66米），塔形偏锥形，与其他常规辽塔形状有点不同，它俯视着老城及老城周边几公里的范围，更显古风和精神领袖气质。关于始建年代，辽派说法和金派说法各有依据，对此历史有兴趣的爱好者不妨实地考察和多方验证。

奇

有些古塔，相当特别，它们并不十分“高大上”，但其特殊的形制、形态让人过目不忘、印象深刻。

比如说位于沈阳市沈北新区的石佛寺塔，那是一座位于断崖之上的残塔，残得只剩下塔基和半壁残骸，半截实心塔身的青砖断面斑斑驳驳很不均匀地泛着灰白，却平添了几分沧桑感。

绥中斜塔的“斜”十分离谱，那倾斜的角度似乎随时要倒下来砸到观者，可就是这样的角度它却屹立不倒，静静地站在那里好几百年了。

义县八塔子的奇在于这八座塔本身并不出奇，甚至没什么雕饰，但它们各自脚下所镇的山头连起来极像一条巨大的龙脉，空中俯视十分雄奇险峻。

还有辽宁省唯一的花塔——凌海班吉塔、被盖在遮风挡雨的亭子中的朝阳槐树洞塔，看起来都是独一无二的神奇。

鞍山海城接文镇银塔

拍摄手记

自然情况简介 接文镇银塔建于金代，全国重点文物保护单位。该塔为六角九级密檐实心砖结构，高20余米，塔基面长2.8米，塔座分两层。须弥座上边雕有莲瓣、水羊、鸳鸯、缠枝牡丹等花纹装饰。属于金代古塔。佛像姿容端庄，飞天轻盈活泼。

路书 位于鞍山海城市接文镇西塔子沟村北山，坐落在接文镇敬老院后小山坡上。

贴心提示 银塔就在道路旁边的小山上，因道路狭窄，停车需谨慎。从敬老院侧面绕过去就可以爬上小山来到塔跟前。

探访感受：塔顶的形状与我半个月来见到的其他辽金塔很不一样，没有塔刹，顶部看起来更像一个层层叠叠的蘑菇形状（据学术说法那叫莲花瓣宝瓶）。背靠小山的银塔面对的也是群山环抱，无人机从塔背后面向环山拍摄可以看到很美的画面。

鞍山香岩寺北塔

拍摄手记

自然情况简介　香岩寺北塔，为全国重点文物保护单位香岩寺的附属文物。为金代建筑。塔六面九级实心密檐砖石结构，高20余米。须弥座每面雕有乐舞俑及花纹，基座上面是转角，补间四铺作斗拱承载塔身。塔的六个角雕仿木莲花柱，檐下有柱头，补间砖雕四铺作斗拱。塔身南、北两面有佛龛，龛内有坐佛。龛的上面雕有宝盖，两侧雕有胁侍和飞天，塔顶为宝瓶式。千山香岩寺于2013年被列为第七批全国重点文物保护单位。

路书　鞍山市千山区西南部，香岩寺寺东的南、北两座山头上各建有密檐式砖塔一座，称为香岩寺南、北塔。

贴心提示　北塔很容易找到，就是山林中树木枝叶繁茂，塔下的空间很小，想拍塔的全身像不太容易，无人机航拍的话基本能拍全，只是密檐以下部分拍不完整。

探访感受　去香岩寺可以走千山景区外面公路，也可以穿过千山风景区内部道路。我按导航指引走的千山景区的内部道路，通过费按每台车40元标准收费，觉得这笔钱花得非常不值，怎奈是高德地图导航过去的，而且导航一旦进入景区还经常导错，容易走冤枉路。因此我最后到达香岩寺停车场还真是费了不少周折。作为金塔的北塔形制与这半个月来看到的辽塔风格差别挺大，我多角度记录了下来，当时正值中午，烈日当头，山林里一点风都没有，大批千山上特有的小蚊虫围着人转，很让人抓狂。

鞍山香岩寺南塔

拍摄手记

自然情况简介　香岩寺南塔建于辽代。形制、特点：六角九级密檐式实心砖塔。现状：国保附属。高15.71米。石质塔基，两层须弥座，一层砖雕弹琵琶乐舞俑，二层砖雕莲珠，上有转角，补间四铺作斗拱，六角均有砖雕力士。塔身南面有佛龛，内有坐佛。龛上有砖雕宝盖，两侧砖雕胁侍和飞天，其余五面塔身中间有砖雕直棂窗代替佛龛。

路书　鞍山市千山景区香岩寺东南山上。

贴心提示　就在香岩寺的东南方向不远处的山上，千万不要走得太远，否则极容易走错，7月19日我最大的插曲就是“误上仙人台”。原本拍摄香岩寺北塔一路顺利，其实南塔离北塔并不远，也就五六分钟的山路。但由于我的道听途说和误判导致浪费将近一个小时的时间并极大地消耗了体力。要知道，中午时分千山景区气温在34摄氏度以上。以下是我当天写在采访本上的记录：我就是走错路误上了“仙人台”。

探访感受 从香岩寺北塔下来沿石径向右侧走去，由于树林茂密，在山下根本看不到塔。刚才听一位在这工地施工的大哥说，15分钟就可以到南塔。山高林密，一种不知名的小蝇子奇多，而且紧紧地围着人嗡嗡地转，一不小心就会钻进眼睛或鼻子里，让我十分抓狂。酷热中背着摄影器材步履艰难，每走两步就会有汗珠直接滴到石台阶上，15分钟过去了，还是没有看到塔，于是我继续向上，可能是近两年锻炼身体的效果显著，自己爬山的速度比一般人快，总之越爬越高，半个小时过去了，我开始觉得不对头了，正巧碰上从沈阳来的一家人下山，我就问他："大哥，知道南塔在哪里不？"大哥非常认真地回答："兄弟，南塔在沈阳啊！"我无语，我也知道沈阳有南塔，可是我说的是香岩寺的南塔啊。他们说："我们就是从你上来的路来的，也没看到有什么南塔，不过，现在马上就到仙人台了，那可是鞍山市的最高峰，来都来了，上去看看吧。"于是，我登上了千山的最高峰仙人台，千山美景尽收眼底……可我没时间停留了，再待下去我就要"羽化成仙"了。于是匆匆拍了几张风景照，就赶紧下山——继续寻找南塔。回程快到山下时，突然发现一条很不起眼的向左转的石头小路，天哪！原来南塔近在咫尺，那时从北塔过来到这个小路口最多也就5分钟时间，早就该把南塔搞定并去寻找下一座塔了，我却上了仙人台！南塔到了，初看时我都蒙了，这不是北塔吗？不过仔细看，虽然两座塔形制基本一致，但塔身上的砖雕还是有些不同的，没错了，这就是南塔！平时我每周大约要进行三次10公里的越野跑，今天虽然没有按规律去锻炼，可是登山的体力消耗似乎一点也不比跑上10公里差。

朝阳八棱观塔

拍摄手记

自然情况简介　八棱观塔建于辽代早期，国家级重点文物保护单位。为八角十三层实心密檐式砖塔，存高34.4米（一说29.43米）。八角形须弥座建于很矮的台基上，座上有三层束腰，其中上、下两层束腰外面砌有三个小龛，龛内及两侧浮雕雉凤、蟠龙、伎乐人和侍者。每层束腰上、下分别刻仰覆莲和连珠图案。每层塔檐递次内收，使塔的外部轮廓十分秀丽。八棱观塔塔檐雕有斗拱的做法在辽塔中别具一格。

路书 位于朝阳市西约45公里大平房镇八棱观村塔营子屯北山顶上。

贴心提示 到达半山腰后有一处平台，车可以停在那里。人必须沿着只有一米多宽的水泥陡坡道路爬山，六七分钟就可以爬上去。

探访感受 我从黄花滩村过来到这里已经接近中午12时了。前不着村后不着店，34米高的八棱观塔孤零零地矗立在山顶上，使用无人机和单反相机分别在各个角度拍摄过后，忽然间觉得我和这座塔一样孤单，只是它的任务就是站在那里哪里也不能去，而我的任务却要不断前行。此塔因山下清代建有八棱观而得名。现如今古塔在，清代八棱观已无踪影，看来塔这种建筑还是非常耐久的，再孤单和寂寞塔也耐得住。为补充体力，我拿出今天中午的午餐——一块90式军用压缩饼干，三分钟不到就吃完了——不能吃得太饱，吃饱了开长途容易犯困，这是我多年自驾游的经验。

朝阳建平美公灵塔

拍摄手记

自然情况简介 建平美公灵塔为砖筑六角密檐式，修前存高四级，约6.3米。据塔身“大定十六年”刻铭可知，此塔创修年代当不晚于金世宗大定十六年（1176）。塔现已修复，为五级。1988年列为朝阳市文物保护单位。2014年10月列为省级文物保护单位。

路书 位于辽宁省朝阳市建平县深井乡小马厂村南山坡下，建三线公路东侧。

贴心提示 如果旅程时间不充分的话可以选择放弃此塔行程。

探访感受 体量不够大，形制上也没有特别之处，塔身砖雕花纹也消失殆尽。

朝阳县槐树洞塔

拍摄手记

自然情况简介 槐树洞塔位于辽宁省朝阳市槐树洞风景区，即朝阳市区南28公里南双庙乡，建于辽代。塔为石板叠筑，八角形，空心，存高2.6米。塔基座砌在岩石上，用两层石板叠筑，八角形，每边长90厘米，各面均刻壶门，门内外有浮雕人物、走兽图像。第二节塔身用八块石板立置而成，中空，每面设一龛，圆雕兽首。其上又有第三节塔身，中空，每面浮雕伎乐人物两个，有吹笙、笛、箫的，也有弹琵琶、打腰鼓、敲钹、击方响的，还有跳舞的，共八种姿态，刻工精细，栩栩如生。塔属省级文物保护单位。

路书 此塔位于辽宁省朝阳市槐树洞风景区，即朝阳市区南28公里南双庙乡。

贴心提示 需要爬山15分钟左右，由于已经有四角凉亭的遮盖，想拍好完整的槐树洞塔不太容易，只能各个角度拍局部了。

探访感受 到达槐树洞景区时，正值下午一点半。本来早上葫芦岛南票地区是暴雨倾盆，到了朝阳县又改成烈日烧烤模式了。塔在景区里边的山上，按照景区管理人员的热情指引下（记者证免票不说），我背着设备前往，山虽不高可是气温颇高，一会儿就汗如雨下了。但怎么也没想到槐树洞塔居然是这样一种状态：一座木质四角凉亭盖在只有两米多高的石塔上，想是为了保护石塔免受日晒雨淋风化吧。记得来之前在网上查到的槐树洞塔是没有遮挡的，个人认为这样还是有些煞风景的，但据景区工作人员讲，整个东北三省现存的止水塔就这么一座，还是很珍贵的。给我留下深刻印象的是塔身石雕十分生动，这座塔很特别。

葫芦岛南票沙锅屯石塔

拍摄手记

自然情况简介　沙锅屯石塔，也称沙锅屯泰和女真塔，位于葫芦岛市南票区沙锅屯村东北处一道山口中央突兀而起的石岗之上。风水塔。第七批全国重点文物保护单位。建于金代泰和六年（1206），为六角密檐式，高4.6米，全用当地褐色花岗岩雕筑，共用18块石材雕刻接砌而成，置于山冈突起上面的一块沉积岩上。塔分基座、塔身、密檐、塔刹四部分。此石塔是辽宁省迄今为止所

发现最古老的密檐石塔之一，对研究金代佛教建筑有一定历史价值。1963年该塔被列为辽宁省文物保护单位。2013年列为第七批全国重点文物保护单位。

路书 葫芦岛市南票区沙锅屯村东北处一道山口中央突兀而起的石岗上。

探访感受 看惯了辽塔的高大宏伟和精细砖雕风格，突然间看到这座金代的花岗岩雕筑塔，不禁眼前一亮，无论是材质还是造型风格，明显更加粗犷些。与其说是塔，倒不如说像一根雕刻精美的石柱。塔身和基座上有不少现代人的涂鸦，显得很不协调。

葫芦岛绥中前卫歪塔

拍摄手记

自然情况简介　绥中斜塔，古称瑞州歪塔，有“怪塔”之称。省级文物保护单位。塔建于辽代，现存塔高约10米（文物资料为7.2米），石筑塔基，砖砌塔身，实心三级呈八角形。塔身有砖刻图案，佛龛中的佛像、顶盖、飞天已无存。塔身向东北倾斜12度，塔尖位移达1.7米，但斜而不坠。

路书　坐落在葫芦岛市绥中县城西南27公里的前卫镇内。

贴心提示　前卫歪塔距离102国道不过200米，因该塔处于大片民房中间，塔身不高，很难在远处看到，最后几百米按导航走并不算便捷，到前卫镇后最好找当地人打听一下。

探访感受　我在102国道下道后在小胡同中穿行，七拐八拐后赫然看到了眼前这并不算太高的斜塔，那倾斜的角度着实惊人！我曾在意大利见过比萨斜塔，那角度似乎并不比眼前的前卫斜塔大，而它居然历经几百年的风吹雨打和各种侵蚀还没有倒下，不能说不是个奇迹！塔身砖雕的花纹十分清晰精美，可惜缺失了很多。斜塔面前不到8米就是一栋涂成黄色的民房，隔着窗户主人见我拿出无人机准备航拍，立刻从院中走出来打招呼，还拿来几张宣传单给记者看，上面印着几十年前还未曾修缮的斜塔照片。那时的斜塔看起来更加触目惊心。前卫斜塔虽然是得到学术界认可的世界第一斜塔，但以往对它的宣传推介和旅游开发还很不够，以致它的知名度并不高。如果前卫歪塔在旅游品牌包装方面多下下功夫的话，相信一定会得到更多世人的关注和很好的经济效益。

辽宁省第九批省级文物保护单位
前卫歪塔
辽宁省人民政府
二〇一四年十月十七日公布
辽宁省人民政府立
五年七月

锦州凌海班吉塔

拍摄手记

自然情况简介 班吉塔是全国第七批重点文物保护单位。始建于辽道宗清宁四年（1058），纪年明确，清代曾维修。1989年对班吉塔基座的维修很差，仅仅为加固，把门窗都砌在了里面（下图），期待下次维修能恢复原貌。班吉塔体量虽小，高度仅11.25米，但却是辽宁省唯一的花塔，并具有与众不同之处，值得珍视。

路书 锦州凌海班吉塔位于凌海市班吉塔镇西北，小凌河北岸。

贴心提示 由于记者的行程是从义县前往凌海班吉塔镇的，高德地图在到达班吉塔镇前的几公里处的一个村子里迷路了，在村里掉头好几次也找不对方向，后来还是下车问了一位老大爷才弄清楚，沿村外的一条沙石路经过3公里的颠簸终于到达了班吉塔镇。因此强烈建议自驾游客一定要按照路书走大道。

探访感受 班吉塔虽然不算高，形制却十分特殊，是辽宁省内唯一一座花塔，二层檐的莲瓣为班吉塔的一大特色，为国内其余花塔中所未见；塔身供奉的一圈圈白色小佛像也是其他辽塔上看不到的样式，非常值得一看。在塔下的小广场上，记者看到了班吉塔镇农民武东开着电动三轮车带着孩子们来玩，他说，自己从小到大就是看着这座班吉塔（小时候管它叫半截塔）长大的，他的孩子们也一样，经常要来这里待上一会儿。

辽宁义县八塔子塔

拍摄手记

自然情况简介　八塔子塔又称辽代八塔，俗称八塔子，省级文物保护单位。据考证，八塔子（塔群）建筑年代和奉国寺建造年代一致，是辽圣宗帝为纪念佛祖一生八个阶段而建，是中国唯一纪念佛祖一生八个阶段的塔林。八座塔建筑在一条险峻山脊的八座山峰上，塔高在1.91至3.45米之间不等。其造型奇特，风格各异，有正方形、五角形、六角形、八角形、十面形，均为青砖砌成，在中国古塔群中实为罕见。八塔子塔于1988年12月列为辽宁省文物保护单位。

路书　位于辽宁省锦州市义县西南10公里前杨乡八塔村。

八塔村村民于书芹，52岁。她说，他们村的人都很喜欢这座八塔山和山上的塔，每天她都会在山脚下放羊的时候看一会儿塔，那样才会很安心。

贴心提示　前杨乡八塔村，村以塔命名，山也以塔命名，八塔的脚下即八塔村，八塔就建于八塔子山上，山下有座八塔寺，环境清幽。山路上经常能看到野兔不时跃起。那里民风淳朴热情，每到傍晚，村民或在各家门前乘凉聊天，或到八塔山上遛弯散步，对外地人来参观八塔已经习以为常。因为距离县城较近，游客食宿还是回到县城里比较好。

探访感受　八塔子塔的每座塔并不算高，但在山下只能仰视，不是每座小山都能爬上去，一号塔（最东面的那座）和二号塔如果不是专业攀岩或登山人士绝难爬到近前。当我背负沉重的摄影装备沿狭窄的山路爬到三号塔的跟前时，已是大汗淋漓，接近日落，向西高一点的方向正好能看到远处八号塔的剪影，在金色阳光的背景中那直指苍穹的塔顶熠熠生辉，心里不觉一颤：它在那里召唤我前往！赶紧拍完，趁天黑前要每个都亲自看一遍。其实塔身也没有什么雕刻纹饰，但主要的特色在于分别建在八座小山头上，造型各不相同，依托山势而显得奇俊秀美，从空中俯视那山势的确像极一条龙脉，而这八座小塔恰好镇住龙头和龙身，如此一来这些并不高大的塔身充满了灵气和威严，让人不得不叹服千年前古人的设计灵感。摄影爱好者可以根据日出日落的斜射光线寻找自己中意的角度找到多个上佳拍摄点，使用无人机航拍则会增添很多极佳视角，相信如果能赶上下雪，那八塔的气魄又将加倍。

沈阳石佛寺塔

拍摄手记

自然情况简介　沈阳石佛寺塔，又名七星山残塔，净居院舍利塔，建于辽道宗咸雍十年（1074）。塔一说毁于1931年雷雨季节（载于《铁岭县志》等），另说毁于 1905年的日俄战争炮火，现只剩半壁残骸。当代保护性维修，此塔是辽双州双城县时家寨净居院舍利塔。塔为六角七层实心密檐砖塔，塔角为圆形倚柱，正中有佛龛，两侧有胁侍，上有宝盖、飞天抖拱等。1982年对其地宫进

行发掘时，出土有辽代石、铁、银、金套函各一件，其内盛有水晶、珍珠、玛瑙、舍利子等大小103粒，石碑两侧上镌刻有资助建塔人员姓氏及该塔建筑年代。塔于2013年6月17日被列为沈阳市级文物保护单位。

路书 位于沈阳市沈北新区石佛寺朝鲜族锡伯族乡最北端的七星山主峰上。

贴心提示 该塔所处的山体由于多年采石，在正面形成了山南通往山顶仅剩下不到一米宽的峭壁道路可行，两侧都是人工采石形成的绝壁。为安全起见，记者还是建议游客从山的西北侧缓坡登顶，这样虽然费些时间，但能确保人身安全。另外，去往石佛寺塔的途中经过辽河七星湿地公园，湿地景观美不胜收，可谓是辽塔之旅的额外福利。

探访感受 这座塔是与辽宁省内另外46处辽、金古塔显著不同的，因为只有它的维修没有按照恢复原貌的方式，而是保留了残缺的状态，虽然在建筑形式上无法窥其全貌，却反倒让人在远观与近瞧中都能感受到千年古塔的古风犹存，一股颓废的美感油然而生。残塔仿佛有生命一样，用残破的身躯诉说着千年来大辽国契丹先民们的种种故事。

景区安全
人人有责

秘

辽宁省内辽金古塔的位置，大家在网上大都可以搜到。但实际去过才知道，有的位置信息并不准确。尤其是在山沟里的古塔，只有一个村屯的名字和大概的方位，人一进山导航就不灵了，它们的指示常让人来回兜圈子。

我在探访凌源四官营子小塔的过程中就遇到了类似的情况。到了四官营子镇汤杖子村小塔子沟屯之后，车不能开了，山林茂密，几乎看不出有什么道路。后来才知道，那里距离古塔至少还需要两三公里的徒步穿越。因为灌木丛生，穿越难度不小，要不是幸运地找到一位村民做向导，我恐怕很难见到四官营子小塔的庐山真面目。

还有葫芦岛磨石沟塔、普兰店西山一塔和二塔、朝阳县双塔寺双塔等，找起来都很费劲。建议访客提前做好心理准备和更细致的功课。

鞍山灵岩寺双塔

拍摄手记

自然情况简介　灵岩寺双塔，建于金代，又称千山双塔，位于鞍山市千山景区灵岩寺后山。千山双塔东西并峙，相距十几米，塔身均为六角七级密檐实心石塔，为千山粗粒花岗岩石建筑，雕莲花瓣，其建筑风格与无幢塔相同。

路书　鞍山市千山景区灵岩寺后山。

贴心提示　千山景区面积很大，虽与香岩寺同属一个景区，但最好从景区外部沿千山东路进入千山景区正门，停车场停车后步行从游客中心进入，再坐景区内电瓶车到达灵岩寺附近。

探访感受　这两座石塔藏在灵岩寺后面很不起眼的一块空地上，不仔细找还挺难发现的。石塔的风格明显与规模宏大的辽塔精细砖雕的风格不同，基本在塔身上没有雕刻和其他花纹装饰，每座塔都用石雕围栏圈了起来，在夏季枝叶繁茂的树木遮挡下，想一个镜头把两座塔都拍全还挺难的。无人机也无法施展，看网上古塔爱好者们上传的双塔图片中，在冬季拍摄的效果还挺好，没有任何遮挡。

朝阳凌源四官营子小塔

拍摄手记

自然情况简介 四官营子小塔建于辽代，为双六角五级密檐式实心砖塔，高约12米。塔外体喷以白灰浆，每层出砖檐，檐坡用板瓦和筒瓦建筑，底层每面皆雕一菩萨像。塔附近曾发现辽代瓷器残片和辽代寺庙旧址，在塔基堆积中出土过塔檐脊陶兽及黄釉琉璃瓦残片等遗物。1984年进行维修，已基本恢复原貌。朝阳市级文物保护单位，2007年5月被列为辽宁省第七批省级文物保护单位。

路书 朝阳凌源四官营子小塔位于凌源市四官营子镇汤杖子村小塔子沟屯大黑山下山洼内。

贴心提示 到达塔子沟屯后一定要停下来，找当地村民打听准确进山路线，因为岔路很多，即便说清了也很难找到正确道路。最好的办法就是请一位村民做向导，否则很容易迷路或无功而返。有徒步穿越爱好的朋友最好来此探访，难度系数中等，但既能看景又有文物古迹。

探访感受 进山之前找了一位向导是我这次探访成功的关键！我把车开到四官营子镇汤杖子村小塔子沟屯时已经是18：00时，恰好一位看起来五十来岁的女村民正在村口树下乘凉，我就顺便向她问起关于四官营子小塔怎么走，对话中得知对方姓佀，她丈夫也姓佀。那座小塔在一处山坳里，一向自诩方向感比较好的我听了半天还是不着边际，看看时间不早，如果再走错路恐怕今天就拍不到塔了。我就厚着脸皮求佀大姐看看能否带我进山，没想到佀大姐爽快地答应了。于是我轻装上阵，背上无人机和一台徕卡小型相机、两瓶水（一人一瓶）就匆匆进山了。

一路上她告诉我有不少像我这样的外地人来看塔，很多人走迷路了，累得够呛不说，根本连塔的影都没看到。前天还有两位外地来的中年妇女，说是自己能找到，结果进了苞米地好不容易才走回村里来，累得不成样，塔也没看到，很是失望。说着走着，路越来越难走，坡度还不算太陡，就是灌木丛和荆棘遍地，把路都盖上了，连佀大姐自己都得时不时停下来辨认一下方向，一时不小心一根又尖又硬的荆棘刺进我的手臂至少有一厘米，我咬着牙没吱声原路退回一步，刺还好好地在灌木上，我的胳膊上却留下一个小血洞。

大概绕了三座小山，终于在一座更高的大山的山坳里，我终于见到了这“羞于见人”的四官营子小塔，迅速展开无人机航拍，小塔确实不大，但显得十分质朴清新，画面中自己和侗大姐两人显得很渺小，背面的群山没有任何人类活动痕迹，非常原生态，简直如诗如画仙境一般。下山时，侗大姐告诉我，那扎人的灌木叫“禁烧”，是他们村冬天里的一种主要燃料。

朝阳木头城子镇双塔寺双塔

拍摄手记

自然情况简介　双塔均建于辽代。山崖上两座古塔间距23米。形制上，两座塔比较奇特，大塔称其为楼阁式比较贴切。小塔造型奇特，可称其为花塔，亦可称为覆钵式密檐式混合构型。两座塔都是空心塔。南塔为覆钵式塔，高约13米，由基座、须弥座、塔身、塔檐和塔刹五部分构成。塔身和塔檐都是八角形，三层仰莲承接塔身，塔顶像倒扣钵盂。北塔为密檐塔，基座、塔身与南塔相同，塔高11米。双塔的砖雕精美。2003年，双塔寺被列为辽宁省第六批文物保护单位。于2013年被列为第七批全国重点文物保护单位。

路书　朝阳县木头城子镇召山咀村和郑家杖子村中间，道路旁边的峭壁上。

贴心提示　网上关于这座塔的地址描述不够清晰，我就为此多跑了十几公里。导航应设置朝阳县木头城子镇双塔寺，过召山咀后留意道路左手侧，塔在峭壁上，并不在现在的双塔寺寺庙中。

探访感受　十分叹服古人的坚定意志，在如此陡峭的悬崖峭壁上修建这样复杂的古塔，那时也没有现在的电力和工程机械，他们是如何做到的呢？双塔形制与我这半个月来看到的绝大多数辽塔都不同，看起来更像是电影里欧洲的古堡，在险要处占据地利，御敌于城堡之外。无人机飞到贴近峭壁处从纵向去观察这两座塔或拉高拉远俯视时，在背景中大山的映衬下那种险峻的感觉更甚。

大连普兰店西山二塔

拍摄手记

自然情况简介 普兰店西山二塔又名滕屯石塔，建于金代。此塔距唐屯石塔约5公里，因此称双塔，双塔镇名称始此。二塔为金代石塔。该塔为花岗岩建筑，由16块圆形花岗岩堆成五级，高约5.6米。底座宽1.6米，长1.25米，厚0.3米。塔身为八角形，逐层上收，每层都雕有莲花。顶部有浮雕坐佛。塔的形式与一塔相似，只是不如一塔精细，雕像模糊，还有后人在塔身上刻的字，塔也有些倾斜。2014年同被列为辽宁省第九批文物保护单位。

路书 位于大连市金普新区墨盘乡滕屯村滕屯塔山上。

贴心提示 上山的路只有一条，沙石沟壑很深，坡度也很陡，典型的越野路段。行车需闷住油门不要缓脚，两驱车需谨慎。下雨则不要开车上山了。车停在村里徒步上山也是不错的选择，二十来分钟就可以登顶。

探访感受 今天的天空雾气阴霾，我的“导游”周明元老汉告诉我，两座塔之间距离5公里，在天气晴朗的时候，站在滕屯塔山的二塔边上可以看到远处的一塔。塔身略有倾斜，塔身上的雕刻几乎看不到了。无人机在十几米的高度上在二塔背后向对面和远处看去，还很有些朦胧神秘气氛。

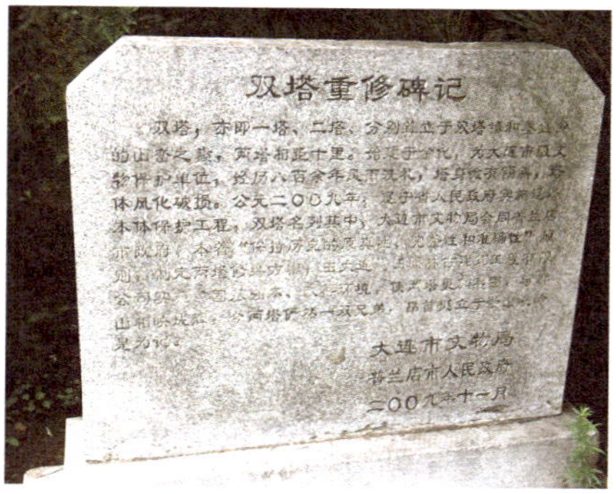

大连普兰店西山一塔

拍摄手记

自然情况简介 普兰店西山一塔，也称唐屯石塔，建于金代。2014年被列为省级文物保护单位。公元1115年，金取代辽统治今大连地区，普兰区当时隶属复州，故有此塔。塔周围四面环山，东临塔底屯，西临排子沟，南临小滕屯，北临周家沟。该塔为花岗岩建筑。高约7米。塔座似大磨盘，由第二层起，每层都雕成莲花座，座中间的小龛中雕有坐佛，共十尊。塔身为八角形，逐层上收，每层上盖均有檐。该塔砌石有十九层，每层之间没有白灰、水泥黏合，近看就是一些不规整的石块堆积而成。

路书 位于大连市金普新区双塔镇唐屯村西山上。

贴心提示 不要以为西山一塔就在地图上的一塔村，一塔村离一塔还有好几公里远。最近的村子是塔底屯，从塔底屯上西山最好问一下村里人正确道路，普通车在上山的土路上开，在没有雨的季节还是可以的。

探访感受 今天有缘在一塔村里结识了71岁的老汉周明元。老人家问了我的来意，见我到了一塔村就告诉我，这里离西山一塔还挺远。于是自告奋勇地要为我带路，老人上了车，沿着村村通小路抄近道十来分钟就来到了塔底屯西山脚下。他说，小时候他和小朋友们经常上西山一塔下面去玩，所以路很熟。上山途中见一辆红色外地牌照的小车正在下山，周大爷说“一看就知道是来看塔的，近些年几乎每天都有外地人专程过来”。到了山顶的空地，那座石塔赫然呈现在我的眼前了。实话实说，很难把这座塔与我近一个月看到的大多数辽金塔划归一类，因为初看去那就是用一堆石板堆起来的石柱，让我想起了前些天在葫芦岛南票沙锅屯乡看到的石塔，只不过那座塔的塔身上还有很多精致清晰的雕刻，这座的雕刻已经风化到模模糊糊几乎看不出来的程度。

阜新塔红帽子乡东塔山塔

拍摄手记

自然情况简介　东塔山塔，位于辽宁省阜新市阜新蒙古族自治县红帽子乡境内，全国重点文物保护单位，建于辽代中晚期。该塔位于辽代成州城西约2公里塔子山山坳中。塔为八角十一级密檐式空心砖塔，残高24.4米，由地宫、基座和塔身三部分组成。地宫总高8.98米，宫底平面正方形，边长2.37米；基座为须弥座，高6.11米。此塔于近年（2009—2011）得到维修。塔于2013年被列为第七批全国重点文物保护单位。

路书　位于辽宁省阜新市阜新蒙古族自治县红帽子乡境内两家子村，进村后沿山路一直进山沟三四公里，在塔子山山坳中就能看到塔了。

贴心提示　该塔在地图上看，距离阜蒙县红帽子乡东塔子山比较近。但实际上由于道路问题，附近村民想去看塔山塔的话都会从村西的两家子村山道进山，水泥路尽头再就是沙石路，最后3公里比较崎岖难走，普通车辆的话对驾驶技术和底盘有些考验，如果是SUV或越野车的话会好些。

探访感受　在两家子村山沟曲曲弯弯的小路上颠簸前行了3公里左右，远远地在道路左侧看到塔山塔矗立在远处，居然好像还有一群羊在塔下的草地上闲庭信步，真是美景！塔根底下放羊的是两家子村的村民裴春，今年49岁。他说，村子里80岁的老人都说不清这座塔建成的具体年代，只知道是辽代的，村里一共一百来口人，都习惯有这座塔了，他们都觉得这塔挺好看的。他还说近年来经常有外地人慕名前来参观，几乎每天都会有几拨。正说着，一队一看就是外地游客模样的人从山脚下走来。“看，又来人看塔了！”

阜新十家子镇塔山塔

拍摄手记

自然情况简介 十家子镇塔山塔也称闾州辽塔、十家子塔，塔建于辽会同元年（938），塔砖结构，八角九级密檐，高28米，座基32平方米。此塔与阜新其他地区辽金时期砖塔有所不同，塔身只有正东、正南、正西有佛龛，具有独特建筑风格，塔面上砖雕佛像、文字、莲花及宝瓶等图案，人物栩栩如生，高大美观，体现了辽代劳动人民聪明才智和砖雕艺术的高超技艺。此塔历史考古价值很高，1985年被公布为市级文物保护单位。2014年10月被列为辽宁省第九批文物保护单位。

路书 位于辽宁阜新市阜蒙县十家子镇塔北村，坐落在村南2公里的塔山山顶。

贴心提示 到达该塔前有一两公里是狭窄的乡间土路，最后几百米是红砖铺的仅有两米多宽的步道，急弯且陡坡，如果开车上去的话要求驾驶技术较高。半山腰车辆掉头的空间也狭小，建议进入红砖路前停车步行上山。到达山腰处小庙后需徒步爬山，七八分钟碎石山路陡坡上行，绕塔时由于山高风力较大，步行道路狭窄，需注意安全。

探访感受 在由南往北去往十家子镇塔山塔的路上，必然会经过全国最大的玛瑙产品加工地——十家子镇，该镇群众从事玛瑙行业已有百年的历史。由于我当天的拍摄行程安排非常紧，实在是没有时间前去参观，镇中的玛瑙加工和销售店铺鳞次栉比，粗略估计也有两三千家，十分壮观，估计在全国任何别的乡镇也见不到这样集中的玛瑙集散中心。据说这里与国内其他同类的玛瑙市场相比，十家子玛瑙价格低，产品种类、款式齐全，而生产加工的能力和规模更是首屈一指。在国内各大中城市及各大工艺品销售市场中，大约有近一半的玛瑙产品出自十家子。探访十家子塔山塔的行程中，玛瑙之旅是个额外福利哟！

葫芦岛南票安昌岘塔

拍摄手记

自然情况简介 安昌岘（xiàn）舍利塔，原称大金国舍利塔，位于葫芦岛市南票区暖池塘镇安昌岘村东山。省级文物保护单位。

该塔建于金天德四年（1152）。塔身青砖砌成，八角七层实心密檐式，高18米（维修前经实测残存17.11米）。有浮雕佛像，莲花台座。塔下有碑刻一座，字迹清晰。该塔由塔座、塔身、密檐三部分组成。现已整体大修过，于1988年12月列为辽宁省文物保护单位。

路书 葫芦岛市南票区暖池塘镇安昌岘村西面的小山上。

贴心提示 山路上有一段没有手机信号，导航可能失灵。中间逢岔路口最好下车问一下当地人路线。

探访感受 7月12日早晨7:19，我从葫芦岛南票出发前往今天古塔拍摄的第一站——南票区暖池塘镇安昌岘村，那里的辽塔名字就叫安昌岘塔。刚刚进入山路，就发现昨夜和今日凌晨的一场暴雨威力不小，一些路段上洪水正从上面

山坡上流过冲向下面山坡，当时时间尚早，路上车辆很少，也没有行人，导航在山里也失去了信号，我一时有点担心别走错路，而且不知前方水情是否更严重，于是在水面前停了一阵，等有当地车经过，问对方司机前面路况和水情。当得知前方道路畅通后方才放下心来，开车涉水前行沿着曲曲弯弯的山路一口气开到了安昌岘村。刚刚进村，就看到道路右手侧村西面的小山包上，安昌岘塔正静静地等着我的到来，就是你了！我不由得心里一阵窃喜。无人机起飞后，雨后的安昌岘塔远处背景一片朦胧，还挺有气氛的！

兴城磨石沟塔

拍摄手记

自然情况简介 磨石沟塔建筑年代：辽；形制特点：八角九级密檐式空心砖塔；全国重点文物保护单位。尚存高17.4米。此塔建立在地势如袋形的山谷之一。1963年4月、1977年8月，文物部门曾两次修复。塔身建在塔座上方的一层仰莲上，塔身八面。此塔构造既雄伟又精致，形式少见。特别是有异形文字的碑碣，可做研究辽宁省民族地方史及少数民族文字等方面的参考。

路书 磨石沟塔位于兴城古城西北12.5公里的红崖子乡二道边村磨石沟屯西沟里。

贴心提示 磨石沟塔位于磨石沟屯西沟，目前道路已冲毁，不能开车直接到达，可经由龙王咀村西北方向一条新修的水泥路（地图上没有）接近磨石沟塔。最好轻装带水，徒步进山约1公里才能到达。最好请当地人做向导引路，因为导航在那里很容易导错路。

探访感受 今天运气不好，在赶往拍摄磨石沟塔的路上在龙王咀村附近的泥沼中陷车，右后轮陷得很深，前不着村后不着店，自己努力想办法脱困未果。徒步求救在500米附近只有一户人家，两个69岁热心肠的老乡套上驴车来帮忙，驴累得够呛，三个人也没能把车弄出来。后来还是走到更远一些农户集中的龙王咀村里，找到了村长刘亮，他把自家的卡车开过来，终于把我的车拖出了泥沼。村长还自告奋勇地带我去山里找那座磨石沟塔，由于几天前的暴雨冲毁了山里的沙石路，越野车也无法到达了，只好放下车背上无人机和照相机跟着村长徒步进山，终于在19:30左右到了磨石沟塔的跟前。此时，时间已经过去两个多小时，原本17时多非常好的光线，变得暗淡无光了，不过毕竟看到它了，趁天色没完全暗下来之前完成了航拍。

C

辽西北线

约 1500 公里

HANG PAI GU TA

一个月数千公里

航拍古塔

D

辽西南线

约 1400 公里

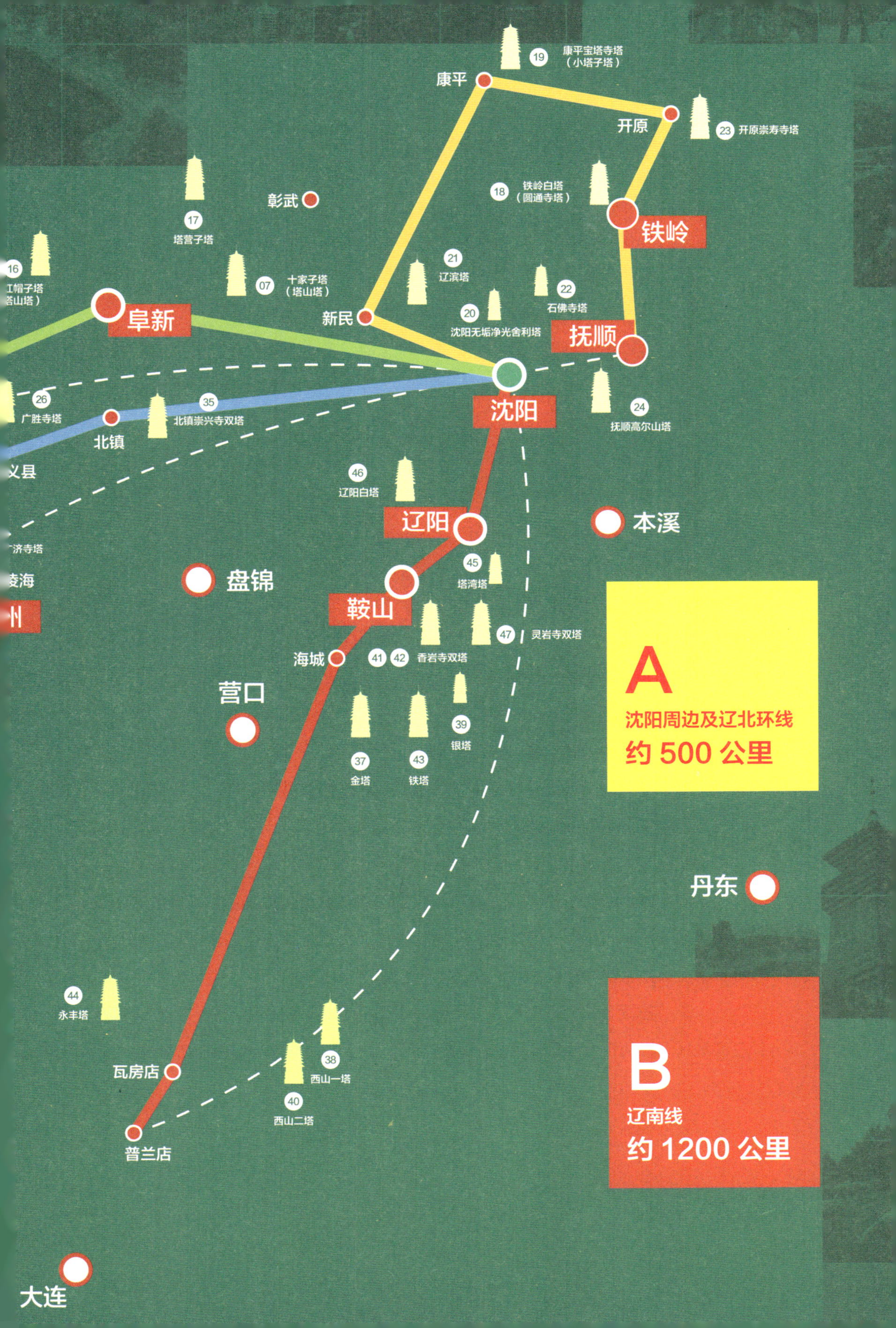

19 康平宝塔寺塔（小塔子塔）
康平
开原
23 开原崇寿寺塔
18 铁岭白塔（圆通寺塔）
彰武
17 塔营子塔
铁岭
16
07 十家子塔（塔山塔）
21 辽滨塔
22 石佛寺塔
阜新
新民
20 沈阳无垢净光舍利塔
抚顺
沈阳
26 广胜寺塔
35 北镇崇兴寺双塔
24 抚顺高尔山塔
北镇
义县
46 辽阳白塔
辽阳
本溪
45 塔湾塔
盘锦
鞍山
47 灵岩寺双塔
海城
41 42 香岩寺双塔
营口
39 银塔
37 金塔
43 铁塔
A
沈阳周边及辽北环线
约 500 公里
丹东
44 永丰塔
38 西山一塔
瓦房店
40 西山二塔
普兰店
B
辽南线
约 1200 公里
大连

C
辽西北线
约 1500 公里
云接寺塔
15
11
朝阳北塔
13
美公灵塔
东平房塔
09
12
八棱观塔
朝阳
建平县
06
黄花滩塔
02
青峰塔
10
朝阳白塔
08
十八里堡塔
大城子塔
14
05
大宝塔
南票
凌源
04
双塔寺双塔
朝阳县
喀左县
34
安昌岘塔
03
四官营子小塔
01
槐树洞塔
36
沙锅屯
石塔
25
白塔峪塔
HANG PAI GU TA
一个月数千公里
航拍古塔
30
磨石沟塔
兴城
绥中
29
妙峰寺双塔
33
前卫歪塔
D
辽西南线
约 1400 公里

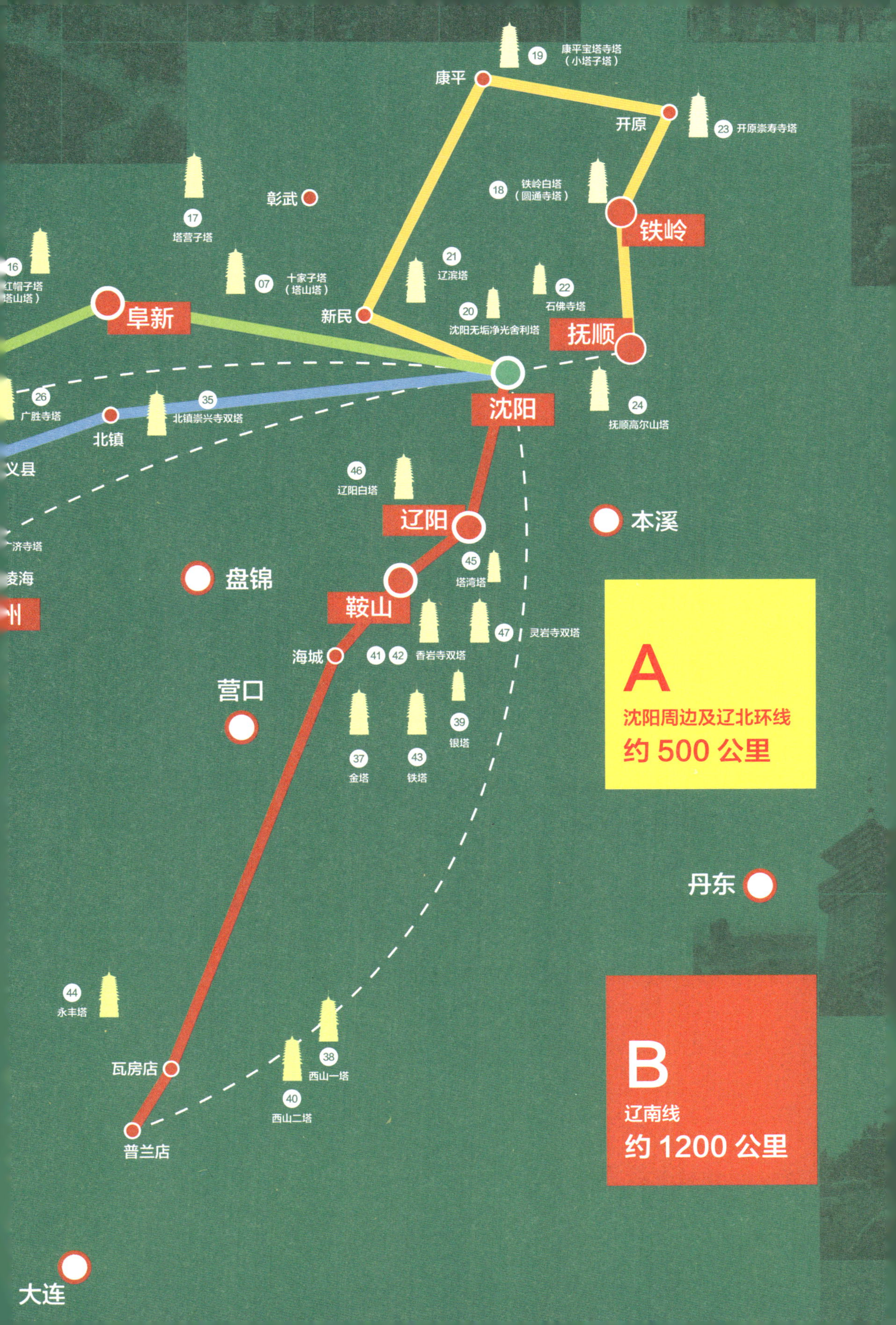

19 康平宝塔寺塔（小塔子塔）
康平
开原
23 开原崇寿寺塔
18 铁岭白塔（圆通寺塔）
彰武
铁岭
17 塔营子塔
16 红帽子塔（塔山塔）
07 十家子塔（塔山塔）
21 辽滨塔
22 石佛寺塔
新民
20 沈阳无垢净光舍利塔
阜新
抚顺
沈阳
26 广胜寺塔
35 北镇崇兴寺双塔
24 抚顺高尔山塔
北镇
义县
46 辽阳白塔
辽阳
本溪
济寺塔
45 塔湾塔
凌海
盘锦
鞍山
47 灵岩寺双塔
海城
41 42 香岩寺双塔
营口
A
沈阳周边及辽北环线
约 500 公里
39 银塔
37 金塔
43 铁塔
丹东
44 永丰塔
38 西山一塔
瓦房店
40 西山二塔
普兰店
B
辽南线
约 1200 公里
大连

关于古塔探访路线图的说明

辽宁省内的辽金古塔，主要分布在沈阳、铁岭、抚顺、辽阳、鞍山、大连、锦州、阜新、葫芦岛、朝阳10座城市，其中沈阳4座、铁岭2座、抚顺1座、辽阳2座、鞍山6处7座、大连3座、朝阳14处15座、锦州5处13座、阜新3座、葫芦岛7处8座。全省共计47处大小58座古塔，其中辽西四市的辽金古塔最密集，有29处39座之多。

由于记者每次的出发地都是沈阳，因此可大体分为沈阳周边及辽北，辽南，辽西南、北（由于辽西四市面积广阔、古塔众多，探访路线过于漫长，所以辽西分为辽西南线和辽西北线分两次走完）。

图中所标公里数为县、区及以上地名之间的长度，真正的古塔行程应该至少再加上30%（主要是用于县乡村内部道路的往返）。

1. 沈阳及辽北的线路最短，约520公里，从沈阳出发的话基本可以在两天内从容搞定，一天的话赶路过紧。

2. 辽南线路长约1000公里，最好按照辽阳、鞍山、大连各一天总共3到4天行程安排，基本能够完成从容旅行及参观拍摄。

3. 辽西北线指的是阜新和朝阳各县，这两个城市共17座塔，从沈阳往返的里程数也在1400公里左右，少量山区和需要徒步穿越的路线，建议用4天时间来游玩。

4. 辽西南线指的是锦州、葫芦岛，虽然里程数不过1300公里，但由于涉及山区路线较多，最好按照义县、北镇及凌海、锦州市及葫芦岛南票、兴城和绥中各一天，从沈阳往返总共4至5天时间完成较为理想。

注：若读者从北京等关内方向出发来辽宁参观，或是从吉林、黑龙江等北部地区出发的话，可参照记者提供的里程及古塔信息自行调整进出辽宁的线路。

千年辽塔静待更多懂它的人

▶《辽金　你的蹄音》受到社会各界的广泛关注。许多读者对辽塔这一辽金时期特有的文化符号非常感兴趣，而以辽塔为主要内容的八连版也成为集报爱好者们争相收藏的目标。

有读者表示，自己曾专门去西安观赏大雁塔，也曾到杭州游览雷峰塔，但一直不知道辽宁境内有如此多的辽塔。也有读者留言表示，希望报道组邀请专家给普通游客讲讲攻略——应当如何鉴赏辽塔之美？而面对网上真假难辨的信息，又该如何判断辽塔的建筑年代？带着读者提出的各种问题，记者回访了致力于辽塔研究的民间学者郎智明。

观塔前要做好功课

看到一座座辽塔被刊登在报纸上，以八连版的形式呈现，郎智明十分高兴。

郎智明一直关注着《辽宁日报》的此次策划，他认为，一张报纸能够投入如此大的成本和精力将辽宁宝贵的历史文化完整呈现，让辽宁人看到气势磅礴、雄伟壮阔的辽塔，这一做法值得点赞。

同时，郎智明认为，能用短短一个月的时间把辽宁境内的辽塔比较完整地拍摄下来，这是《辽金　你的蹄音》特刊可圈可点之处。他告诉记者，除了位于凌源的四官营子小塔，他也遍访了省内的辽塔。他建议，如果能将每座塔的塔身细节都细致展示出来，一定可以吸引更多的人爱上这些千年辽塔。

郎智明认为，特刊中有关辽塔的介绍，特别是建筑年代有一些值得商榷之处。还有，辽塔的“双塔”并非类型之一，密檐式、楼阁式、花塔、覆钵式是辽塔的四种类型，其中，“覆钵式”这种类型常被忽视。

郎智明指出，建塔年代和建城年代被混淆，是目前各种资料中经常出现的错误之一。

郎智明说，过去常把塔所在的城的建成时间误作为塔修建的时间。还有一些出土文物中的年款被张冠李戴在塔的身上。2009年开始的“辽塔保护工程”对辽塔的建筑年代有了更新的认识，但一些错误的信息仍被继续传播着。

郎智明提醒有意前往观塔的读者：观塔前要做好功课，不要轻易相信资料，以免出错。

重点欣赏砖雕艺术

郎智明说，外行看塔，主要是看高度。但辽宁的辽塔不能只看高度，还要看它们的砖雕艺术。

郎智明说：“我们向全国乃至全世界推介辽塔，主要是推介它们的艺术价值。辽塔的艺术成就主要体现在两方面，一是以砖仿木，二是造像雕刻技术。”

由于我国的建筑是木结构体系，在砖石营造上，仿木一直是工匠的追求。放眼全国各地的古代遗存，早至四川地区的汉阙，汉朝的石结构就已有仿木的斗拱。到了唐末，楼阁式砖塔出现了八边形和以砖仿木的苗头，比如西安的玄奘塔，塔身就有简单的仿木砖雕。但唐代大型砖塔仿木还不成熟，而辽代砖塔的最大成就，就是以砖仿木的艺术水平发展到了登峰造极的程度。

对于辽塔塔身的雕刻，郎智明介绍，唐代只有石塔、石经幢才有浮雕，但受石材体积的限制，无法雕刻大型浮雕。而辽宁建筑辽塔的工匠，却在塔身上成功雕造出大型浮雕。原来，在建塔时，把砖垒砌在一起，就不再受单体砖石体积的限制了。具体做法是先在塔身预留空位，再将砖垛砖雕菩萨像补砌进去。这种砖质浮雕的做法是由辽代辽宁地区的工匠创造的。工匠们的刀法娴熟，浮雕精美、生动，因此，可以说辽塔是辽宁最有代表性、标志性的古代建筑。

多向高手请教

听说有不少读者看过特刊后对辽塔产生了浓厚兴趣，郎智明倍感欣慰。

郎智明告诉记者，全国范围内的塔友，也就是专门进行辽塔研究的人很少。辽塔研究者多是过去参与过“辽塔保护工程”的人员。据悉，沈阳建筑大学有三名研究生做过辽塔专题研究，他们将研究成果结集成册，出版了一本专业书籍。在内蒙古工业大学和赤峰学院等高校，也有一些学者和学生从事相关研究。

郎智明还与记者分享了自己的研塔经历。那么，想要研究辽塔，应该做些什么功课呢？他说，首先，要热爱家乡，对家乡的历史文化有所了解。其次，要大量阅读书籍。刚接触专业书籍时，他也经常看不太懂，于是，他就向古建筑研究高手请教。

郎智明说，对于辽代砖塔建筑，有着独特的描述方式，这在北宋官修的建筑行业国家标准《营造法式》中能找到答案。了解了专业术语后，还要借助历史、宗教以及美术等学科的帮助对塔身浮雕进行研究。经过这些学习后，才能逐渐成为“懂塔之人”。

郎智明感慨地说，研究辽塔千万不能急功近利。“其实我过去也犯过这个毛病。早年写博客时，我常顺手在网上搜索塔的建造年代。”郎智明认为，研究辽塔不能一口吃成个胖子，必须多看文献，多与塔友交流，多看别人写的文章，多看专业书籍。他笑说，自己写博客就经历了一个成长的过程，“早期的博文现在回过头根本没法看”，要多积淀才能真正认识辽塔。

古塔更接地气

郎智明回忆起过去举办的两届“中国的塔QQ群古塔评选大赛”活动，让他感到遗憾的是，两次大赛辽宁古塔均未入选。

“中国的塔QQ群”是一个学术氛围很浓的古塔研究群，但由于辽宁对古塔的宣传不够，很多人即使来过辽宁，也不太清楚辽宁辽塔的情况。

郎智明曾两次以深度讲解员的身份带团探访辽塔。他带的旅行团团员多是历史文化爱好者，来自全国各地，他们专门来辽宁参观辽塔和奉国寺。但两次带团，团内都没有辽宁本地人。

郎智明说，这几年，很多塔友千里迢迢赶到辽宁拍摄辽塔。

这些塔友大多饱览过祖国各地的大小石窟、古寺、名塔，但当他们亲临辽宁古塔后，顿时惊叹不已。通过对比，他们一致认为辽宁的辽塔具有非常高的历史价值、文化价值和艺术价值。

郎智明希望将来能有更多的辽宁人加入挖掘家乡历史文化的队伍中来，通过对辽塔等古代建筑的研究和宣传，不断提升辽宁的文化形象。

另外，郎智明也建议多开发辽塔的文创产品。他曾经把辽宁辽塔的图片制作成一副扑克牌，送给广大塔友。

郎智明认为，还可以把辽塔图片制作成书签、明信片、邮票、模型，甚至是孩子们喜爱的积木、斗拱拼插玩具等，让千年辽塔更加接地气。

向世界叫响辽宁文化

PRESENT THE BRILLIANT CULTURE OF
LIAONING TO THE WORLD

向世界叫响辽宁文化 3

河海 你的相遇

丁宗皓 刘玉玮 主编

辽宁人民出版社

图书在版编目（CIP）数据

河海：你的相遇 / 丁宗皓，刘玉玮主编．—沈阳：辽宁人民出版社，2019.12
（向世界叫响辽宁文化）
ISBN 978-7-205-09752-3

Ⅰ．①河… Ⅱ．①丁… ②刘… Ⅲ．①地方文化—介绍—辽宁 Ⅳ．① G127.31

中国版本图书馆 CIP 数据核字（2019）第 222904 号

目录

MULU

为河海所滋育、因河海而繁盛

河与海是辽宁重要的文化符号

▶ 辽宁，毗邻黄海，环抱渤海，流淌着大小3000多条河流，是中国为数不多的依河向海省份，大河与大海在这片土地相遇，浪起潮落，碰撞交融，留下无比丰厚而又独一无二的财富。为河海所滋育，因河海而繁盛。对辽宁而言，这句话不仅仅是历史，也是当下，更是将来。

整理河海文化具有现实意义

著名考古学家王绵厚认为，《辽宁日报》此时推出挖掘辽宁地区河海文化内容的特刊正逢其时。因为，从广义上来研究辽宁的河海文化，对东北亚地区丝绸之路的认识和文化意识的提升，都具有现实意义。

“大河流域的文化是人类文明非常重要的载体，从古罗马开始，世界上几大文明的起源都离不开河流的滋养。”王绵厚说，黄海、渤海以及辽河流域是中华文明发展起源的重要地区之一，今天来挖掘这一河海文化，可以把传统文化和现代文明很好地结合起来。

王绵厚认为：“我们辽宁有丰富的历史文化遗产积淀，过去我们做了很多工作，但还有很多挖掘不够的地方，任何一种现代的先进文化都需要在继承传统的基础上发展，这是先进社会应该对历史遗产所持有的一种科学的、开放的认识。我认为，科学发展观首先要有科学

2018年8月11日、12日、23日和9月10日，这是记者在一个月内4次采访著名历史学家王绵厚先生的准确日期。王老刚做完腰椎手术，他不顾病体，细心讲解。在报道组踏上重走东北亚丝路之旅前，王老给予了指导。9月10日，记者又来到王老家中，他坚持从床上坐起来，写下了“辽宁日报重走东北亚丝绸之路的文化壮旅！”两行字。这是对我们工作的鼓励与认可。

▲ 王绵厚

▲ 曲金良

的文化观、科学的历史观和科学的哲学观。”

东北亚丝绸之路是世界丝绸之路的重要组成部分，它是连接黄海、渤海和日本海岸的重要的文化通道。王绵厚说，过去在研究传统丝绸之路的时候，对中国东北、东北亚丝绸之路的研究相对滞后，有的时候被忽视并处于边缘地带。实际上，具有几千年历史的中国东北和东北亚，不仅是丝绸之路东端的重地，而且在连接中国及日本、朝鲜、俄罗斯的广阔地域中，具有重要的历史地位。关于东北亚丝绸之路，至今在国内还没有媒体对此进行过系统性的梳理以及专门的采访报道，所以这一工作非常及时。

中国海洋大学海洋文化研究所所长曲金良同样认为《辽宁日报》的行动很有意义，因为河海是相通的。他说：“我是研究海洋文化的，但不是说海洋文化就是一个独立的体系，在我们整个中国的历史上，中国文化中原本陆海、河海是一体的，研究海洋文化离不开陆地、离不开河流，反之亦然。以往我们国内学界研究的视角，把更多的精力放眼在陆地上，对海洋的研究有一定的忽视，因此我们有必要将海洋在中国历史上所起作用的原貌恢复出来。”

在曲金良看来，辽河、辽海，历史就摆在那里，一方面需要人去挖掘，另一方面就是人们挖掘出来之后对它的评价、地位、内涵的认定，都离不开学者的重视。他说：“但是我觉得以往辽宁对河海文化重视的程度远远不够，因此没有凸显出来。虽然也有人在研究、挖掘，但是没有在国内学术界起到提振作用。你们这次的重大策划报道很及时，是一次河海文化研究的引领行动，也希望能通过你们的报道，来引发辽宁河海文化学术研究的热潮，从而增加你们的文化自信，增加底气，把辽宁的底蕴亮出来。”

赤峰学院历史文化学院院长任爱君认为，辽海的文化作为辽宁地域文化的称谓和文化符号，一直被认为表示着历史与现实的双重含义，这绝对是值得深入探讨和研究的一种文化类型。他说，河流孕育文明，辽河的文明发展进程更是一幅荡气回肠的画卷，而对于这些历史的研究，对于现代的意义堪称重大。

▲ 任爱君

“现在对于这方面研究的人才不多，一旦挖掘开发，就会有意想不到的效果，文化被发掘，进而逐渐形成文化品牌，可以持续大力开发文化节点，应用于旅游和文化建设，从而大力推动经济社会的发展。这是一件相当有意义的事情。”任爱君说，“《辽宁日报》这期的策划选题很好、很及时，辽宁的河海众多，历史悠久，如果不做科学的研究，可以说是重大缺失。而一旦做好了，就一定是一项创举。”

为振兴发展提供文化依据

辽宁是辽河与辽海的文明与文化的诞生地，在历史长河中孕育出璀璨的中华历史文明。渤海大学东北亚走廊研究院院长崔向东认为，《辽宁日报》系统梳理和报道辽河的文明与辽海的文化，十分难得，更重要的是，将东北历史与文化置于更大的地理空间、文化场域、历史背景和国际环境中，不但有助于深刻认识东北历史上与周边国家和地区的文化交流与商贸往来，同时也可以为东北全面振兴和国际区域合作提供智力支撑和文化依据。

河与海是辽宁重要的文化符号，由此造就出文化商贸交流的通道。崔向东说，民族走廊和丝绸之路向来都是紧密联系在一起的，凡是民族走廊也必然是文化交流和经贸往来之路。我国有3条经常被人提及的民族走廊，分别是西北走廊、藏彝走廊和南岭走廊，但是东北地区的民族走廊很少被提到。东北亚走廊是族群迁徙、文明传播、经贸交流和边疆控制的重要通道。

我国著名学者费孝通也曾提及东北的民族走廊，他在《谈深入开展民族调查问题》中说："一条西北走廊，一条藏彝走廊，一条南岭走廊，还有一个地区包括东北几省。倘若这样来看，中华民族差不多就有一个全面的概念了。"辽宁，正是东北亚丝绸之路的枢纽，起着连接南北和沟通东西的作用。"深入发掘辽宁丝绸之路的历史，对于辽宁文化发展有积极作用，对当下经济发展也有着巨大贡献。"崔向东说。

▲田广林（左）

辽宁师范大学历史文化旅游学院院长田广林说，对于辽宁的河海历史文化研究属"瞻前"行为，其意在"顾后"。他表示，一个地区的文化符号所涵盖的区域范围，有一个历史自然积累、沉淀形成的过程，"然而有太多人不了解辽宁的海文化、河文化，通过梳理和挖掘历史报道，一方面可以体现出《辽宁日报》的媒体权威性，另一方面能够起到普及大众的教育意义。回顾历史不在于仅仅弄清一些过去的事情，重要的是能带给我们对于今天现实的把握，梳理出历史遗留给今天的内在脉络，挖掘出历史文化的张力和惯性力，推动现代文明社会的车轮前进"。

辽阳地方史专家李大葆说："《辽宁日报》当下挖掘辽宁地区的河海文化，是一次具有重要意义的行动。要把历史的记忆巩固住，不要忘了我们这块土地上曾经发生过什么事情。辽宁的河海文化历史悠久，无论是在政治、文化上，还是经济交流上，对中国历史的发展进程具有相当大的贡献。"

"把辽宁河海文化的历史重新摆在当前，引发思考，能使我们现代人重新关注辽宁地理位置，它究竟是一个闭塞的地域还是一个开放的地区？"李大葆说，博古通今，放开眼界，"我们对辽河的文明、海洋的文化兼收并蓄，用大河、大海一样宽阔的胸襟，多元的思维，来思考当下，视野势必会更加开阔”。

▲ 李大葆

回望历史，漫长的岁月，细密的足迹，历代辽宁人就有着与不同地域人之间的交流，就是开放的地区。“如今我们生活在这样一块很温情、很开放、有深厚文化底蕴的土地上，又有着新时代辽宁精神的鞭策、肩负着共和国长子的重任，同时，我们还怀揣着对明天积极的设想，能没有广阔的发展空间吗？”李大葆表示，挖掘辽宁河海文化，重走东北亚丝绸之路，就是一次留住记忆、找回记忆、增加底气的意义深远的行动。

发掘与整理辽宁河海文化，是《辽宁日报》大型新闻策划“向世界叫响辽宁文化”的一项特别任务。其特别之处在于：到目前为止，提出“河海文化”概念并以之为主要视角来认识和解读辽宁地区历史文化的内涵和地位，尚属首次。

辽宁毗邻黄海、环抱渤海，流淌着大小3000多条河流，是中国为数不多的依河向海省份。大河与大海在这片土地相遇，浪奔潮涌，碰撞交融，创造出无比丰厚而又独一无二的财富。对辽宁而言，为河海所滋育、因河海而繁盛，这句话不仅仅是历史，也是当下，更是将来。

河海文化无疑是辽宁文化的重要组成部分。而提炼、宣传辽宁文化符号，就必须对辽宁的河海文化进行较为系统的梳理和阐释。因此，我们将“河海文化”作为“向世界叫响辽宁文化”的一个独立专题，从历史、文化、地理、社会、经济等多个维度来呈现河海文化赋予辽宁的独特气质。

为了使本期特刊的内容更加生动，报道组分赴省内各沿海市县实地采访，更远至山东、陕西、内蒙古等地广集线索。与此同时数十位省内外知名专家为特刊把关定向，提供了强有力的学术支撑。

以下，几位权威学者对辽宁河海文化资源进行总结，并深入剖析了加强辽宁河海文化研究与宣传的意义，同时也阐明了大力发展河海文化的现实意义。

要继续深入挖掘与传承

地理环境与人文历史往往有着最紧密的联系。梁启超曾说："高原适于牧业，平原适于农业，海滨河渠适于商业。"

▲ 阎海

营口市博物馆副馆长阎海说，大自然赋予了辽宁一张巨大的水网，这里有大小300多条河流覆盖其上，这里毗邻黄海、环抱渤海，有着2000多公里的海岸线，占全国海岸线的12%。巨大的水网滋养出悠久的水上商贸历史，并形成了辽宁独具特色的河海文化。

"营口是河海交汇的地方，这里已然形成的商贸文化、产业文化、金融文化、建筑文化、戏曲文化、民俗文化、饮食文化等，都深受河海文化的影响。"阎海说，营口是个移民城市，如今的营口人大多是当年闯关东和东南沿海经商至此的人的后代。营口人思维活跃，善于学习，勇于接受新鲜事物，有着击水弄潮的文化品格。近代时，大量的外来文化传入营口，在这里发展、融合、创新，形成了营口独特的地域文化特色。

"我们在研究辽宁河海文化的同时，应该通过对历史的研究，进一步挖掘、提炼城市和地区的人文精神。"阎海说。

作为中国七大江河之一，辽河是沟通东北与中原的重要水道。盘锦市文物管理办公室原主任杨洪琦对辽河有深入研究，他表示，清代以后，随着东北移民渐渐增多，辽东大地得到渐深渐广的持续开发，使之有能力做了一个相当漂亮的转身——由仰食于内地，转而成为互补于内地；由单向输入，转而成为双向对流。这样一来，辽河不仅是沟通南北的黄金水道，还是繁荣地方的经济血脉。但是从清末民初起，随着铁路、港口、陆路的逐渐兴起，再加上

▲ 杨洪琦

辽河的淤积愈加严重等原因，辽河航运到20世纪80年代基本终结。

“辽河还有一个特点，那就是随着渤海辽东湾海岸线的持续缩进，辽河入海河口也不断西移，河口码头因此几经更迭，由牛庄而田庄台，再由田庄台而营口。”杨洪琦说，辽河因此成了一条逐年都在长个儿的河流。

1958年，为根治水患，在盘锦市盘山县与鞍山市台安县交界的六间房处建设了堤坝，使辽河干流来水由双台子河（辽河）于盘锦西南独流入海，原河道即今大辽河，则只纳浑河、太子河于营口和盘锦之间入海。至此，盘锦成为辽河唯一的入海口。

许多年来，盘锦地区形成了独具特色的地域文化——辽河口文化。像湿地文化、辽河文化、渔雁文化、帆船文化、河蟹文化等，它们是支撑辽河口文化的“四梁八柱”。

值得一提的是，很少有人知道，中华民族的祖先在辽东半岛临河、临海的山丘或山顶上，留下了不计其数的石棚。辽宁大学教授华玉冰认为，辽东半岛石棚是中国东部地区面向海洋部分相关文化的重要策源地之一，对相关人类共同体多元文化的影响作用不容低估。

关于石棚的用途，学术界有墓葬、祭祀建筑、祭祀兼墓葬等种种说法。不过，石棚的结构是不同的，流行年代较长，不能一概而论。部分石棚可能是一种宗教祭祀建筑物，或氏族举行活动的公共场所。

辽东半岛石棚分布区以千山山地为中心，多建于适宜人居的两侧滨海丘陵地带，石棚建造有统一的模式，多一大一小，赫然独立。小石棚、盖石墓成群交错分布于岗地，俨然可见一个等级森严的王国（方国）。金代大文学家王寂看到石棚后惊叹道：“人力不至疑天成。”

“其实，考古发现之所以让人感到惊奇，多缘于低估了古人的智慧与能力。在凝聚了古代先民血汗表象的每座石棚背后，又有怎样的精神力量呢？”华玉冰认为，这恰恰是要深入发掘与传承的东西。

▲ 华玉冰

早在 30 万年前，人类已在这片土地上依水而居

辽宁是中华河海文化诞生的起点之一

▶ 距今约30万年前，辽东半岛的金牛山人最早开始进化到智人阶段；距今约数万年前，小孤山人已会制作能够捕捉大型鱼类的带倒刺的骨鱼镖；距今5000年前，中华文明的曙光在辽河流域升起……

行记 XINGJI

沈阳 辽阳 锦州 营口 盘锦 丹东 大连

2018年8月14日下午，大辽河入海口。河口处极为宽阔。无人机升至300米高处，遥控手柄的屏幕传来影像，河海交汇在极远处已分不清水和天空的界线。“看来这雨还得下呀！”来遛弯儿的老人黄贤维说，“小的时候河里鱼、虾、螃蟹可多了，我和小伙伴常来捡拾一种被称为‘烧夹子’的小螃蟹。”专门来入海口看风景的人挺多。

旧石器时代

金牛山位于今大石桥市，是渤海之滨的一座小山丘。金牛山遗址出土的动物化石中包括巨河狸，这表明遗址附近曾有辽阔的水域。

庙后山遗址位于本溪满族自治县山城子乡山城子村村东庙后山南坡。根据考古发现，庙后山人依靠渔猎生活，他们在汤河中捕捞鱼、贝，使用的工具是一种用植物藤蔓编制的类似篱笆形的“网墙”。

骆驼山遗址在大连普湾新区骆驼山上。该处遗址发

现了大量古生物化石。庙后山、金牛山、骆驼山遗址均位于辽东半岛地区，它们一同见证了中国东北地区最早的人类活动情况。

小孤山遗址晚期遗存发现了带倒刺的骨鱼镖。这种骨鱼镖比欧洲同类制品早得多。在小孤山发现骨鱼镖前，中国乃至东亚北部旧石器遗址中尚未见报道过，其价值十分重大。

前阳洞穴遗址在东港市西南前阳乡白家堡村。洞前室有一片开阔台地，沟谷间一条古河道从东南面向宽阔的平原，一直延伸到黄海北岸。

西八间房遗址在凌源市八间房村西南草帽山东北坡上，东距大凌河1000米。

▲ 小孤山遗址出土的骨鱼镖

新石器时代

查海聚落遗址是西辽河地区最具典型意义的新石器时代中期遗存。对于这处远古遗迹，人们最为熟知的就是位于遗址中心区域的龙形堆石，还有迄今我国发现年代最早的真玉器。查海遗址的价值在于佐证了辽河流域、大凌河流域是中华文明起源地之一，辽海的文明开始起步。

新乐聚落遗址在沈阳市北郊新开河两岸的台地上，是下辽河流域目前发现的时代最早的新石器时代文化。下辽河流域地处辽河平原中南部，靠近渤海湾和辽河出海口。

辽东半岛聚落遗址包括长海县广鹿岛小珠山、长山岛上马石、东港后洼等。

▲ 尹家村大坞崖遗址出土的铸铜鱼钩石范

青铜时代

双坨子遗址在大连西部营城子后牧城驿村北。双房遗址位于大连普兰店区。双坨子文化和双房文化表明，辽宁渔业经济在青铜时代已经相当发达。发现了数量较多的石、陶网坠，特别是发现了部分重达2千克的巨型石网坠，显然是用于深海捕捞作业的。捕捞方式也相当多样化。而陶制舟形器的出现、鱼类的大量储存和海产鱼类的增多，证明这一时期辽东半岛的居民已掌握了到较远海域捕捞的能力。

大嘴子遗址位于大连，遗址中发现了装有鱼骨的大型陶壶、陶罐，内壁上多有盐碱状的物质，证明当时已经使用了海盐。

红山文化的北界过西拉木伦河，东界到达下辽河西岸，南界东段抵渤海沿岸，西界在河北张家口的桑干河上游。红山文化的中心位于朝阳牛河梁遗址，牛河梁因梁间有大凌河支流牛河而得名。牛河梁遗址的发现将中国历史提前了1000年，是中华五千年文明的重要象征。

四平山积石冢位于深入渤海的黄龙尾半岛上。从其墓葬所处的位置、规模和随葬品分析，辽东半岛在小珠山三期文化时期已经跨入古国时代。

秦汉时期

秦汉碣石宫遗址在绥中县万家镇南渤海边的石碑地村南。碣石宫遗址规模宏大，其性质为秦始皇行宫。秦始皇巡游到达碣石，“与议于海上”。此处遗址的发现表明，秦始皇具有了拥有海洋、管理海洋的观念。汉武帝也曾“并海上，北至碣石，巡自辽西”。

徐福东渡日本是中国历史上一次重大的航海活动。东渡的航路分为三段，其中第二段、第三段航路均经由辽东半岛沿岸。徐福被称为“中国远洋航海第一人”，第一次将当时东方最先进的科学文化与生产技术传播到日本。

《汉书·地理志》记载，汉代辽东郡的平郭设有铁官和盐官。大连市旅顺口区牧羊城、鲁家村窖藏和营口市盖州九垄地汉墓等遗址出土了多种类的铁器，几乎包括了春耕、夏锄、秋收所需的各种农具。而辽东沿海的煮盐业更是对汉王朝的财政收入做出了贡献。其实，早在春秋战国时期，辽东半岛已凭盛产海盐而闻名。《管子·地数篇》中，管仲对齐桓公说“燕有辽东之煮”，指的就是辽东沿海的煮盐业。

魏晋南北朝

公孙氏割据辽东半个世纪，其间，曾“越海收东莱诸县，置营州刺史”，可见当时已经可以通过海路由辽东半岛直达山东半岛。此后，公孙氏与东吴交往，孙权遣万人舰队赴辽东，“金宝珍货，九锡备物，乘海授渊，封渊为燕王”。司马懿讨伐公孙氏也是自水路而来。根据历史学家研究，公孙氏与东吴、曹魏的海陆交通主要线有3条：一是从山东登莱入海，经庙岛群岛，到达马石津（今大连旅顺口老铁山一带），然后北行登陆。这是一条最便捷的海上交通线。该时期主要是由政治原因引起的泛海交通和舟楫往来。二是由山东东莱郡和齐郡东北海行入安平口和裂口道。三是由山东海行入辽河入海口，溯大辽河和大梁水（今太子河）舟行至襄平道。

辽金元时期

▲ 绥中三道岗沉船出水的磁州窑婴戏图罐

辽东半岛南端的镇东海口长城建于辽太祖时期，它表明当时环渤海北部海域及其岸线已为辽所有。根据考古资料显示，镇东海口长城位于大连湾镇，全长约4公里。辽修建此长城的目的，应是强化海上交通管理。

绥中三道岗海域，发掘出水了大量精美瓷器，可以肯定是元代磁州窑系的产品，由此也可确定沉船是一艘贸易商船。磁州窑位于河北省磁县。

▲ 绥中三道岗沉船出水的磁州窑瓷器

元代辽东的海上航运港口主要是盖州、锦州和金州。盖州大清河入海口的连云岛，时称“盖州港”。元代盖州港是辽东重要的海运枢纽，开创了营口历史上的国际航运先河。

辽宁历史文化
词条 19

辽河

辽河，中国七大河流之一。汉代以前称“句骊河”，汉代称“大辽河”，五代以后称“辽河”。发源于河北省平泉县七老图山脉的光头山，流经河北、内蒙古、吉林、辽宁四省区，注入渤海。

明清时期

明代在辽东实行以陆防海策略，修筑城堡和烽火台。重要的城堡有金州卫城、复州卫城、旅顺城、木场驿、归服堡、羊倌堡等。沿海烽火台以金州卫城为最多。

1419年6月13日夜，金州卫城望海埚烽火台上的士兵发现倭寇进犯，辽东总兵官刘江连夜赶至，率兵与倭寇激战，全歼敌军。望海埚大捷是明初抗倭斗争的第一次重大胜利，保证了辽东与山东之间的海路畅通，保障了辽东地区的

经济发展。

辽东航线。来自天津、山东、江苏、浙江、福建、广东等地的商船在辽东航线上载客、贸易、运输，有少量官船。

19世纪40年代后，旅顺口和大连湾已被称为“旅大”。19世纪80年代，北洋海军在旅大建港坞、筑炮台、驻军队。旅顺口被选定为北洋海军军港，被称为“国防门户”。

1861年，营口港对外开放。这座小渔村迅速发展为港口城市，各国领事馆进驻，商贸机构林立。中国东北地区的农业生产随之加速商品化并走向世界市场。根据统计，光绪十八年至二十年（1892—1894）期间，营口港输出大豆49.9万吨、豆饼47.2万吨、豆油1713万吨。到了光绪二十五年（1899），一年就输出了大豆三品共55.07亿吨。此外，营口的榨油业、炉银业等也迅速发展起来。

1902年，大连港已经初具规模并投入使用。大连港水深港阔，不淤不冻，城市建设发展迅速，工商繁盛。到1919年，大连港便成为全国大港，除香港外，仅次于上海港。

——

资料来源：《辽宁海洋文化的行程与发展研究》《中国海洋文化（辽宁卷）》《辽宁历史与文化》。

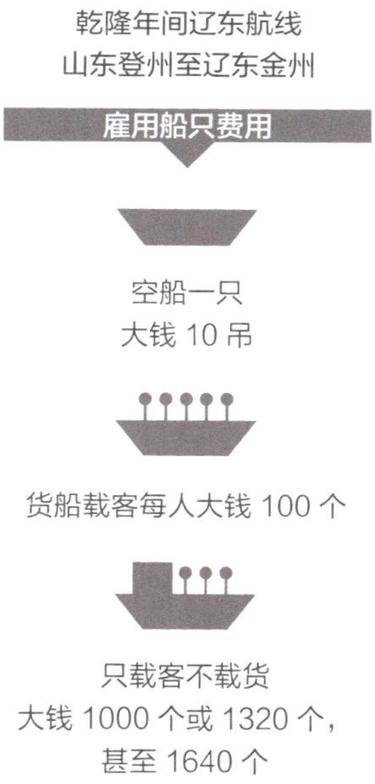

拥有2110公里长海岸线、3000余条河流

辽宁河海　资源丰富

▶ 许多人都知道，辽宁是沿海省份，有众多河流。但若进一步深究辽宁海岸线的长度、河流的数量、有多少座海岛、哪座城市河流最多等问题，能说清楚的人便寥寥可数了。为此，我们遍查资料文献，收集各类地图，希望借由此次策划，为广大读者呈现较为完整的辽宁河海分布情况。

行记 XINGJI

沈阳　鞍山　锦州　营口　盘锦　丹东　大连

翻查辽宁河流资料，不时见到或美丽或逗趣的河流名称。美丽的有海棠河、雅言河、鹤鸣河、苔碧河、少冷河、碧流河等；逗趣的有大妞河、芹菜泡河、靠边河、碗铺河、大不起眼河、挂牌子沟河等。河流名称的来由大多已不可考，河流的故事更是渐渐被湮没了。或许是文人雅士流连到此，题名为念，流传至今；或许是百姓随口取名，岁岁年年，代代相传，也就叫到了今天。

▲ 记者在大凌河入海口

| 一条母亲河 |

在辽宁的众多河流中，辽河是最主要的，也是流域面积最大的河流。辽河是中国七大河流之一，它不仅是辽宁这片土地的母亲河，也可以说是中华民族的母亲河之一。因为早在5500年前，辽河就孕育了红山文化，点亮了中华文明的曙光。

汉代以前，辽河有一个充满古意的名字——句骊河。在作家齐邦媛的自传里，我们又看到了它另外一个名字——巨流河。其实，早在春秋战国时期，《吕氏春秋》等典籍中便出现了关于它的记载，它流淌过的岁月，远比我们想象的更久更远。辽河的命运，有坎坷曲折也有通达畅顺。它奔涌的轨迹几经更改，它承载着舟楫所到之处，无不客商云集、繁盛一时。今天，这条古老的河流依旧充满生机，一如千百年来那样滋养着土地，只是

变得更加深沉平和了。

两海交汇处

“老铁山头入海深，黄海渤海自此分。西去急流如云涌，南来薄雾应风生。”这首诗流传甚广，描绘的正是黄、渤海汇流时的壮观景象。说起天涯海角，人们总会想起海南岛；其实，站在辽东半岛最南端的老铁山上，一样可以一览天涯海角之风光、感受天涯海角之苍茫。据说，老铁山水道是中国最凶险、最湍急的水道。试想，一面是骇浪狂澜，一面是悬崖峭壁，山水彼此撞击又彼此依傍，其景怎不令人神往！最惊奇处还是两海汇流时，相交却不相融的独特景致——两海交界处有一条泾渭分明的“海线”。

3处入海口

作为沿海且河流众多的省份，辽宁有多处入海口。其中，有3处入海口是较为人熟知的，分别是辽河入海口、大辽河入海口和大凌河入海口。这3处入海口位于盘锦、营口两地，构成了辽河三角洲。河海相遇，碰撞交融，来自大河文明的质朴踏实与来自海洋文明的开放包容产生化学反应，最终孕育出独特

▼ 大凌河入海口

N
W
E
S
老哈河
据说"老哈"来自契丹语，意为"铁"。属辽河水系。红山先民生活在老哈河河畔。
大凌河是辽西最大的河流。早在《水经注》中便有记载。是东北地区最古老，也是最有文化底蕴的河流之一。它承载着红山文化，流经医巫闾山，最后注入渤海。大凌河料还有万佛堂石窟、奉国寺等重要的历史遗存。
朝阳
大凌河
锦州
小凌河
小凌河属于山溪性河流，河水清澈，河鱼肉质鲜美，明清时期为朝廷贡品。
葫芦岛
阜新
大凌河
绕阳河发源
新，至盘锦入
阳河边有座
镇，那里降水
日照充足，
之乡。
大凌河
锦州湾
大辽河为浑
和太子河汇
后的河流，
营口入海。
青龙河发源于河北，流经朝阳凌源，在凌源有青龙河自然保护区，保护区内有多种植被和野生动物。也有辽代古墓遗址。
青龙河
六股河是绥中县与兴城市的界河。辽、金、元、明、清时期称六州河，因汇大宁、建州等六州之水而得名。又因河之上游摩该图河、呼鲁伯楚特河、额里叶河、布勒图河及四道沟河五条支流汇入主流，合而为六，改称六股河。六股河是辽西地区三大河流之一。
六股河
觉华岛
辽东
复州河被瓦房店人称为母亲河。其旧名为沙河，后因流经复州城，而易名为复州河。
复州湾
葫芦山湾
普兰店湾
金州湾
蛇岛
大连
渤海

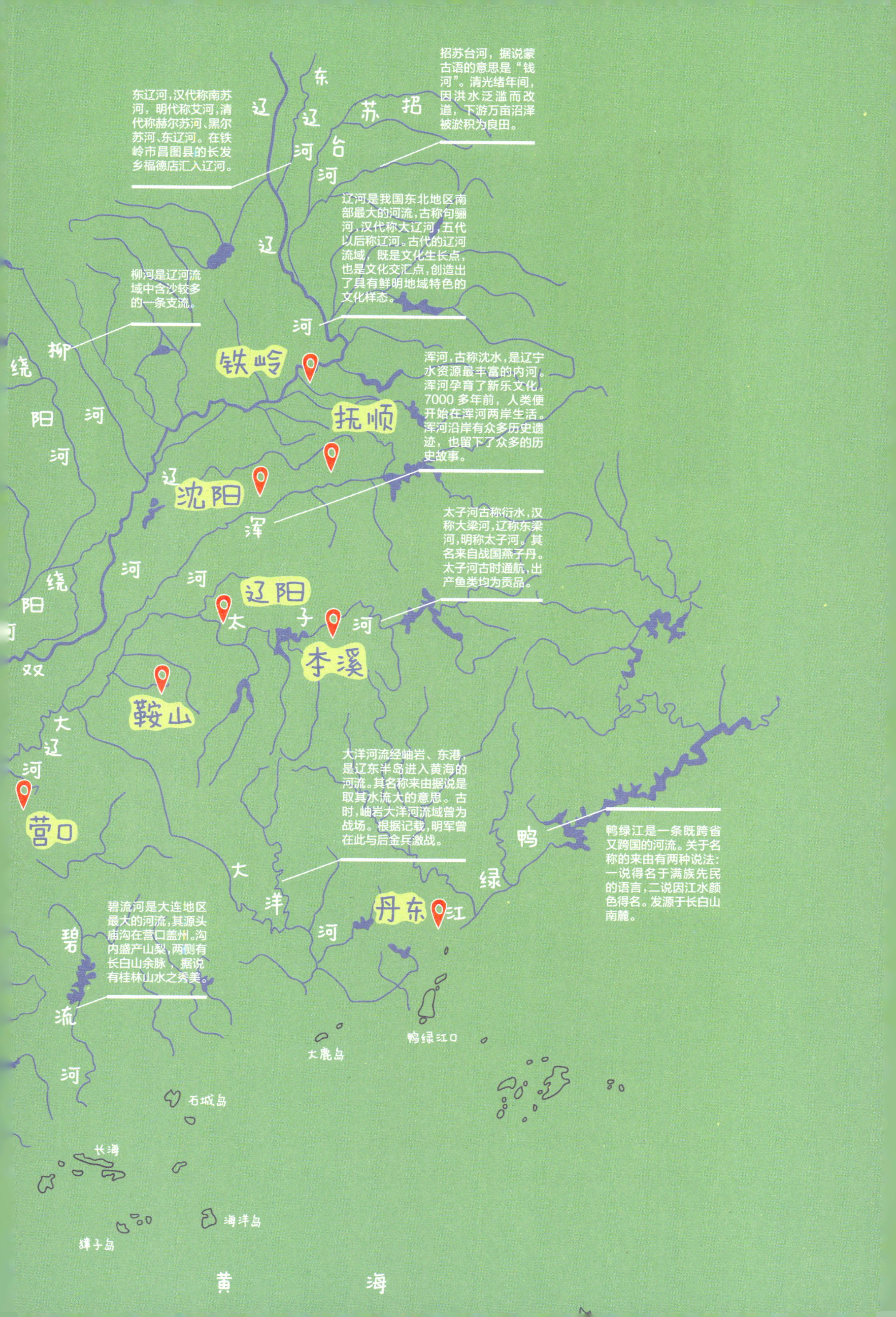
东辽河，汉代称南苏河，明代称艾河，清代称赫尔苏河、黑尔苏河、东辽河。在铁岭市昌图县的长发乡福德店汇入辽河。
招苏台河，据说蒙古语的意思是“钱河”。清光绪年间，因洪水泛滥而改道，下游万亩沼泽被淤积为良田。
辽河是我国东北地区南部最大的河流，古称句骊河，汉代称大辽河，五代以后称辽河。古代的辽河流域，既是文化生长点，也是文化交汇点，创造出了具有鲜明地域特色的文化样态。
柳河是辽河流域中含沙较多的一条支流。
浑河，古称沈水，是辽宁水资源最丰富的内河。浑河孕育了新乐文化，7000 多年前，人类便开始在浑河两岸生活。浑河沿岸有众多历史遗迹，也留下了众多的历史故事。
太子河古称衍水，汉称大梁河，辽称东梁河，明称太子河。其名来自战国燕子丹。太子河古时通航，出产鱼类均为贡品。
大洋河流经岫岩、东港，是辽东半岛进入黄海的河流。其名称来由据说是取其水流大的意思。古时，岫岩大洋河流域曾为战场。根据记载，明军曾在此与后金兵激战。
鸭绿江是一条既跨省又跨国的河流。关于名称的来由有两种说法：一说得名于满族先民的语言，二说因江水颜色得名。发源于长白山南麓。
碧流河是大连地区最大的河流，其源头庙沟在营口盖州。沟内盛产山梨，两侧有长白山余脉，据说有桂林山水之秀美。
东辽河
招苏台河
辽河
柳河
绕阳河
铁岭
抚顺
沈阳
浑河
辽阳
太子河
本溪
鞍山
双
大辽河
营口
大洋河
丹东
鸭绿江
碧流河
鸭绿江口
大鹿岛
石城岛
长海
海洋岛
獐子岛
黄海

河

辽宁省河流分为三大流域、七大水系。

3 大流域

三大流域包括辽河流域、黑龙江流域、海河流域。

7 大水系

七大水系有辽河水系、鸭绿江水系、辽东湾西部沿渤海诸河水系、辽东湾东部沿渤海诸河水系、辽东湾沿黄海诸河水系；滦河及冀东沿海诸河水系；松花江水系。

3536 条

10平方公里以上河流共有3536条。

3419 条

10平方公里以上河流中山地河流3419条：流域面积5000平方公里以上的16条、1000至5000平方公里的32条、50至1000平方公里的740条、10至50平方公里的2631条。

117 条

平原河流117条。

1490 条

在辽河水系中，流域面积10平方公里以上的河流有1490条。

资料来源：辽宁省水利厅网站

的人文生态。辽河三角洲，没有长江三角洲、珠江三角洲和黄河三角洲那般闻名，但同为河海交汇处生长的开拓自信并不缺少一分。鲜红的翅碱蓬、金黄的芦苇荡，丰沃的湿地、云天无际的入海口，正在激荡出新的动能。

| 四座多河城 |

根据2017年发表的《辽宁河流分布情况及特征探析》一文所述，国务院水利普查办将山地河流面积在50平方公里及以上河流列入普查范围，流域面积达到100平方公里及以上的河流计算流域水系自然特征、水文特征。辽宁达到普查标准的有845条河流。按照流经情况统计各城市河流水量后表明：朝阳流经的河流最多，为131条；第二是沈阳，有98条；第三为丹东，有92条；第四是抚顺，有83条。而流经河流最少的城市是盘锦，有29条。这个结果，是不是有点出乎意料呢？

| 十大美海岛 |

如果你是大海的拥趸，如果你热爱旅游，不妨来辽宁，逐海登岛。

随手翻开一篇登岛攻略《辽宁十大美海岛》，原来是它们：拥有中国北方

海

辽宁地处东北亚地区中心位置，面向太平洋，是我国万里海疆的最北端。

- **2110** 公里　大陆海岸线长2110公里，位居沿海省份第五位。
- **927** 公里　海岛岸线总长927公里。
- **52** 个　海湾52个。
- **80** 余种　经济鱼类80余种。
- **500** 平方米　面积500平方米以上海岛378个，海岛总面积501.3平方公里。
- **6.8** 万平方公里　近海水域面积6.8万平方公里。
- **38** 处　优良港址38处。
- **100** 余个　沿岸天然海水浴场100余个。

资料来源：辽宁省海洋与渔业厅网站

唯一能看到夕阳西下的海滨浴场的西中岛，被誉为“辽宁马尔代夫”的广鹿岛，有“中国海上园林”之称的大长山岛，与神话传说相伴的凤鸣岛，据说是为了纪念嫦娥而命名的“玉兔岛”，有6公里长岩礁带的排石岛，中国万里海岸线最东端的第一岛獐岛，景观众多的海王九岛，辽东湾最大的岛屿觉华岛，还有中国北端最大海岛大鹿岛。其实，辽宁美丽的海岛何止这10座。

行记 XINGJI

沈阳 盘锦 营口

在辽河航运鼎盛时期，有3条著名的航路。由营口经田庄台，再至三岔河，三岔河是3条航路的分岔处：由此入辽河，可至辽中、新民、铁岭、开原，直至郑家屯；入浑河，可至辽中东部，直至沈阳；走太子河，可至牛庄、小河口、辽阳，直至本溪境内。

▲ 盘锦市文物管理办公室原主任杨洪琦手绘辽河入海口分布图

辽河是战国前东北亚唯一载入正史的中华名川

《吕氏春秋》中已有“辽水”的记载

▶ 河流与人一样，是有性格的。喜怒无常的河流，要么奔腾跌宕，要么一汪平静。我们用喜、怒、哀、乐、悲、欢、离、合这八个维度，来细读辽河的前世今生。

喜：逐年“长个儿”

从地图上看辽河，犹如一棵枝繁叶茂的大树。辽河有东、西辽河之分，其中西辽河为正源，而西辽河又是由老哈河与西拉木伦河合流而成的。老哈河从河北省七老图山脉的光头山出发，向东北流入内蒙古自治区赤峰市境内，与自西向东流的西拉木伦河汇合后成为西辽河。

东辽河从吉林省西南部的哈达岭出发，向北流经辽源市，穿行二龙山水库，在辽宁省昌图县福德店与西辽河汇合成一条干流。辽河在此一路向南，流经康平县、法库县、开原市、铁岭市、沈阳市、新民市、盘锦市等城区后，进入渤海。

据盘锦市文物管理办公室原主任杨洪琦介绍，为根治辽河水患，辽宁省政府于1958年在六间房修建了堤坝，使辽河干流来水由双台子河（辽河）于盘锦西南独流入海，而原河道即今大辽河，则只纳浑河、太子河，于营口和盘锦之间入海。至此，盘锦成为辽河唯一的入海口。

只知道辽河的大致走向，不算你真正了解辽河。因

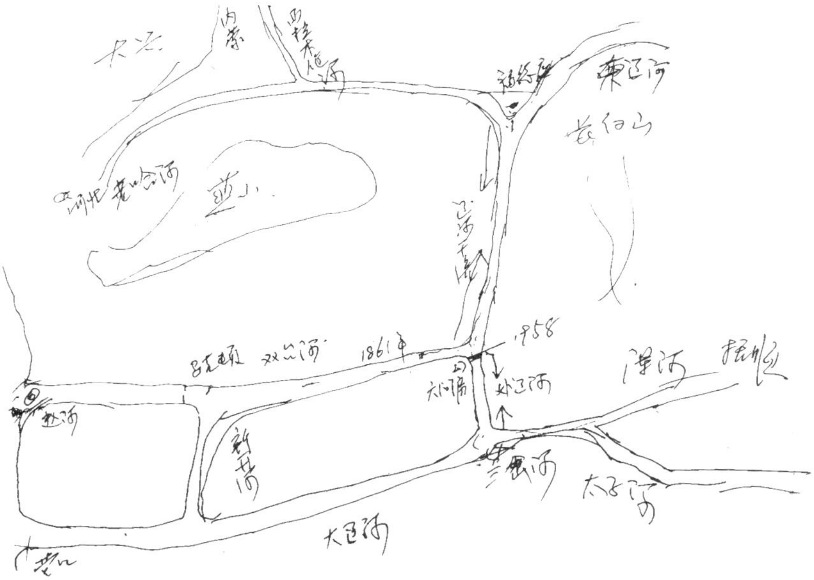

▲ 盘锦市文物管理办公室原主任杨洪琦手绘辽河入海口分布图

为，辽河还有一个鲜为人知的秘密：一条逐年都在“长个儿”的河流。“以前说辽河总长1345公里，最新数据显示，辽河总长是1430公里。”杨洪琦认为，辽河变长是因渤海辽东湾海岸线的持续缩进造成的，“学术界研究表明，与汉唐之际相比较，今天的辽东湾海岸线已向西南退缩约45公里，盘锦境内的退海之地便是由此而来”。

｜怒：泥沙淤积与河口变迁｜

9月2日下午，记者来到大辽河大桥盘锦一侧。此时的大辽河正静静地流淌，奔向不远的渤海。泛黄的河水之下，尽是从上游携带的泥沙。

对于辽河之怒，杨洪琦总结说：“辽河有泥沙之怒、冰封之怒、洪泛之怒、改道之怒！”

当我们翻开辽河的历史会发现，入海口不断在变。其主要原因便是辽河泥沙过多，造成河道淤积，使得入海河口一直西移。辽河入海口也因此几经变更，由牛庄而田庄台，再由田庄台而营口，现在则在盘锦。

牛庄在明代时成为辽河口，南来北往的客商云集于此，让牛庄繁荣昌盛好几百年。到了1800年前后，牛庄因河道变窄，慢慢失去了以往的风光，而田庄台开始走上历史舞台。但随着营口于1861年开埠，田庄台逐渐沉寂，变为辽河边的普通码头。

1861年至1958年之间，辽河还经历了“独流—分流—独流”的变迁，入海口先从营口西郊的“辽河口”，变成盘锦的“双台子河口”，也就是今天的辽河入海口。

辽河的冰封之怒，是每年长达4个月的漫长冻冰期，航运被迫停止。辽河的洪泛之怒，是历史上的辽河经常发生特大洪水，严重影响着辽河儿女的正常生活。针对总发脾气的辽河，辽河儿女一直在为治理好辽河而努力。

哀：战争与和平

与长江、黄河相比，辽河在史书上的记载相对较少，但这不等于辽河没发生过改变历史进程的大事件：三国时期，孙权建吴称帝后，为了联合辽东的公孙渊共同抵御曹魏政权，于公元233年，组织1万余人渡海溯辽河，最终来到襄

平（今辽阳）。公元238年，善于用兵的司马懿率大型船队，趁辽河雨季水涨泛滥之际，运兵至襄平城下，一举灭亡了公孙渊政权。

到了明朝初期，明军进入辽东，所有军需物资都由山东海运再经辽河运输。洪武时期“辽东海运，连岁不绝”，规模浩大，史无前例。

鞍山师范学院教授张士尊做了一个对比：郑和下西洋是历史壮举，船队人数达到2.5万人左右，但是在洪武二十九年（1396）的一次去往辽东的海运中，人数是郑和下西洋船队的3倍。《明太祖实录》记载了当时的情况：朱元璋“命中军都督府佥事朱信、前军都督府都督佥事宣信总神策、横海、苏州、太仓等四十卫，将十八万余人由海道运粮至辽东，以给军饷”。

乐：古来闻名

在很多文人墨客的笔下，关于长江、黄河的文学作品不计其数，而很少有人去赞美中国第七大河流——辽河。但这不能抹杀辽河在历史上的贡献。首先，辽河是一条历史悠久的大河。辽宁省博物馆原馆长王绵厚说，辽河是战国前东

▼ 辽河湿地

北亚唯一载入正史的中华名川。

在秦国丞相吕不韦所著的《吕氏春秋》中，便有关于“辽水”的记载。《山海经》中更是把辽水确定为中国古代六川之一。到了辽代，人们将“辽水”改为“辽河”，并一直沿用至今。

沈阳大学文法学院副教授姚韫表示，“辽河，是辽宁人民的母亲河；辽宁，是她的长子”。奔腾不息，一路向海的辽河，孕育了华丽的红山文明，辽宁省博物馆“古代辽宁”展览的开篇里说：辽西的牛河梁，是黄帝部落迈向中原的始发地；穿越群山、永不停歇的辽河，诞生了深沉的夏家店文明，他们中的一些人跨过燕山，来到中土，与当地部落渐次融合，共建了传奇的商朝……

| 悲：被低估的辽河 |

数千年来，比之黄河与长江，同样伟大的辽河，却被低估了。

作家何骞认为，辽河的文明有力促进了中华文明的成长进步。“距今8000年至5000年，是辽河文明的启蒙期，辽河地区在此时开始向文明迈进。”他进一步解释说，查海人在广场上搭建的石堆龙，这是中国目前发现最早的龙形象；新乐人出现了诸多母系氏族社会特征，而且还创造了凤鸟图腾。

进入封建社会，辽河儿女同样有着可歌可泣的故事。在东汉末年，自曹操征三郡乌桓屠柳城，慕容先祖莫护跋率部入辽西起，东北开始正式发声，诞生了风华绝代的“四大太祖”：燕太祖慕容廆、辽太祖耶律阿保机、金太祖完颜阿骨打、清太祖努尔哈赤。他们缔造的帝国与开创的文化，在中华历史中应占一定的篇章。

那些别离故土的辽河儿女，虽处异地他乡，同样创造了令人仰视的丰功伟绩。北魏冯太后及其追随者、东北拓跋孝文帝，实现了首次民族大融合，一个全新的、生机勃勃的中华民族，从祖孙二人手中冉冉升起。

| 欢：商船林立 |

张士尊说，辽河地处东北，冬季寒冷，封冻期较长，限制了辽河的航运能力。虽然辽河的航运能力较长江、黄河相差甚远，但在历史上也非一片空白。

明初由山东海运而来的物资种类繁多、数量巨大，主要是粮食、军服、布匹、棉花等，当时这些物资和人员的进出和集散都在辽河上的牛庄港进行。到了永乐初年，大规模的海运停止了，但是辽东所需要的布匹和棉花仍需要海运。牛庄附近的西四乡有个“布花堡”，就是因为明代这里是布匹和棉花的集散码头而得名。

据营口市博物馆副馆长阎海介绍，辽河航运的商业运输是从清代中期开始的。明代中后期实行海禁，辽河航运受到了严重影响，直到1682年，为了缓解东北粮食紧张，清朝率先在东北沿海解除海禁，从山东运粮到东北，在辽阳、开原等地建立存粮基地。如果说此前的辽河航运主要以政治、军事为主要目的，那么清代中期以后，由于海运至辽河的商船迅速增加，辽河航运转向了商业运输。

到了清末，随着关外移民的北上，东北辽阔的土地得以开发，源源不断的农副产品通过辽河出海输送到全国，辽河航运十分繁盛。据张士尊统计，从康熙到嘉庆时期，盛京地区每年输出粮食应该在数十万石甚至百万石以上。

▲ 辽河中的渔船

1861年，营口的开埠极大地刺激了辽河的航运。张士尊说："辽河航运的兴起，不仅因为东北有着巨大的消费市场，还因为这里是个丰饶的货源地。"外商来东北倾销洋货、攫取资源和农副产品，使得辽河的航运达到巅峰。

｜离：航运终结｜

昔日的辽河桅帆林立，现在的辽河静静地流淌。"清末民初起，随着铁路、港口、陆路的逐渐兴起，再加上辽河的淤积愈加严重等原因，辽河航运到20世纪80年代基本终结。"杨洪琦慨叹道。

张士尊对辽河航运走向没落的原因进一步分析说，辽河航运最兴盛的时期只延续了近百年，而衰落的主要根源是中东铁路的修建。1903年，中东铁路通车后，对辽河航运产生了较大影响。中东铁路与辽河航线方向一致，而速度更快，运费也不贵，往往将上游的农产品货源截走，使得辽河航运在竞争中逐步衰退。

此外，辽河日趋淤浅，不利于民船航行也是辽河航运逐步衰退的原因之一。尽管有关方面多次治理辽河，但依然无法阻止航运的消亡。据史书记载，1904年辽河航行的船只共有4万艘，到了1906年，船只数量就骤减至5000艘。而到了1930年，辽河上的船只不足900艘。

辽河航运的衰败是必然的，它作为一种古老的传统交通方式，终究无法适应更快的社会发展节奏。在铁路运输的冲击下，辽河航运已然无法重铸往日的辉煌。

｜合：不说再见｜

有人说，辽河对我们已没什么价值和作用。住在辽河两岸的人们，顶多在河边瞥上一眼，或者再对身边人说，现在这辽河太安静了。

其实，辽河并没有跟我们说再见。虽然辽河码头的遗迹基本无存，但辽河摆渡功能仍然存在，个别河段正在尝试恢复航运。记者在大辽河大桥下意外地发现了一个辽河渡口。工作人员说，这是辽河流域最后的渡口，"别看前边就是大辽河大桥，每天仍然有几千人要坐轮渡船往返于盘锦和营口之间"。

如今，越来越多的游客慕名来到这最后的辽河渡口，坐上轮渡船，去体会辽河之美。记者发现，这个最后的辽河渡口，俨然成了“网红景点”，以及一个有关辽河永不消逝的历史记忆。

解读 JIEDU

母亲河的颜色

本期特刊的关键词是“河海”，自然绕不开我们的母亲河——辽河。但关于辽河的资料实在有限，即使是研究辽河的学者，也只是对辽河的某一方面有所了解，比如辽河的航运史、辽河的河口文化等。看来，想了解辽河是挺难的一件事。

如果我们用红、黄、绿、白、蓝来描绘辽河，或许可以令大家更容易了解她。

辽河的红色，来自闻名全国的红海滩。红海滩是辽河与渤海共同创造的奇观，是全国面积最大、景色最壮丽的红海滩。据说，黄河入海口也有红海滩，但与辽河的红海滩相比逊色不少。

辽河的蓝色，是汇入渤海后才能看见的。由老哈河与西拉木伦河合流而成的西辽河，加上发源于吉林的东辽河，历经千难万险后与大海融为一体，蔚为大观。

代表辽河黄色的是河流下的泥沙。泥沙从何而来？一说沿河两岸水土保持不好；另一说是老哈河与西拉木伦河本身含沙量就高。

辽河的白色，是她冬天时的样子。一年4个月左右的冰冻期，让辽河多了一份洁白的气质。据说，辽河流域先民就是崇尚白色的。

关于辽河的绿色，是指辽河源头的山林、辽河中游的茫茫草原，还有辽河浇灌的农田……

碣石是秦帝国统一中国的重要象征之一

最早的海上“国门”在绥中

▶ 9月6日，止锚湾海滨。不远处的碣石像位历经沧桑的老人，静静矗立在海中央。止锚湾村村民于建说，前一天他看到四个大学生一直游到碣石下，上岸后都很兴奋，在沙滩上大声背诵曹操的名篇《观沧海》。

2018年9月6日，从沈阳出发，乘坐火车在东戴河站下车。下车后乘坐出租车前往万家镇止锚湾村，到达碣石宫遗址采访。在碣石宫遗址采访结束后，东戴河站已经没有回沈阳的车了。记者从碣石宫遗址乘坐出租车到达山海关车站，乘火车回到沈阳。

早于秦时就天然存在

站在碣石宫遗址的高处放眼望去，一面是一望无际的大海，一面是大片绿色的耕地，两者既被遗址隔开又与遗址交融在一起。海上大小不一的三块碣石，秦时是两块并列于海中的巨石，就像一扇天然的庄严大门。经过岁月的变迁，沿海基岩不断风化和被海水侵蚀，如今的碣石已变成三块。如果近看，还可以看见浪打石洞。据专家鉴定，这些石洞是已有8000多年历史的海蚀穴。这说明，碣石早于秦时就天然存在。

对绥中历史颇有研究的赵洪德根据古典文献《尚书》《说文解字》和《康熙字典》的记载，对碣石这样定义——科学名叫“海蚀柱”。从位置界定，它是海旁特立之石。从形状界定，圆者为碣，方者为碑。从神貌上界定，碣，劲怒貌。

行走于遗址，脚下的土地被当地人称为“石碑地”，之前是一片废墟，当时地面上零星散布着不少瓦片。

▲ 碣石是秦帝国统一中国的重要象征之一

1982年，辽宁省考古部门进行文物普查。对于什么是文物，村民似懂非懂，他们从石碑地捡来一些瓦片请考古队员鉴定。专业人员看出这些碎瓦片是灰陶绳纹瓦，初步推测这里是汉代窑址。1984年，专家在石碑地遗址的南部发现了一处大型夯土台，断面夯土层清晰，地面零星散布着大型柱础石、空心踏步砖等建筑构件。通过挖掘，遗址现场还出土了空心砖踏步、夔纹大瓦当、大型陶制井圈的高台建筑。经过分析比对，挖掘现场就是秦始皇东巡碣石的行宫——碣石宫遗址。

此后，我省对于碣石宫遗址的考古调查就此展开，目前仍在继续。1988年，国务院公布碣石宫遗址为全国重点文物保护单位。1993年，省考古工作队开始对碣石宫遗址中秦汉建筑遗址特别集中与密集的石碑地遗址进行大面积发掘。1997年，碣石宫遗址获评当年的全国十大考古新发现；到2000年，发掘总面积累计达4万平方米。2015年，考古队员进行水下考古，耗时一个多月，完成了我国水下考古史上最大规模的水下测绘工作，发现一些石块明显带有人工加工修整的痕迹。这一重大发现，为研究海上姜女石与岸上秦汉宫殿建筑之间的关系，探讨秦汉帝国的海洋观念和信仰传统，提供了新的线索。

7位帝王亲临

以往很多研究历史的爱好者认为共有5位帝王到过碣石，其实不然。除了秦始皇与秦二世胡亥，魏武帝曹操、汉武帝刘彻、北魏时期的文成帝拓跋濬、北齐的文宣帝高洋、唐太宗李世民也都曾造访碣石，也就是说共有7位古代帝王曾与碣石结下不解之缘。

▲ 行宫正殿与海上碣石南北相对

▲ 碣石宫渗水井，出土的陶圈完好无损

公元前221年，秦始皇完成统一大业，结束了自春秋战国以来长达500多年诸侯割据的混战局面，建立了中国历史上第一个多民族统一的中央集权封建大帝国。据史料记载，秦始皇统一六国后五次东巡，四次到海边，其中第四次北上到达碣石。他东巡的主要目的是"考入海方士"，求取长生不死之药。秦始皇第四次东巡，在碣石处设置国门，修建宏大的行宫。据《史记・秦始皇本纪》记载："三十二年（前215），始皇之碣石，使燕人卢生求羡门、高誓，刻碣石门。坏城郭，决通堤防。"早在1986年，我国著名考古学家苏秉琦就指出，碣石宫遗址是具有纪念性意义的大建筑群，好像当时的"国门"，是秦帝国统一的象征。

根据《史记・秦始皇本纪》的记载，不仅秦始皇到过碣石，秦二世胡亥于公元前209年再"东行郡县，李斯从。到碣石、并海。南至会稽，而尽刻始皇所立刻石……遂至辽东而还"。在秦朝立国的仅仅十余年内，秦始皇父子竟两次东巡至碣石，可见碣石在秦代的特殊历史地位。

东汉末年，中央集权已被统治阶级内部激化的矛盾大大削弱，各地的州郡牧守争权夺地，较大的割据势力之间展开了激烈的混战。当时还是汉丞相的曹操在官渡之战中消灭了北方最大的割据势力袁绍，袁绍的儿子袁尚投奔乌桓王蹋顿，期盼有东山再起之日。

为了巩固北部边防，扫除后患，曹操谋划并实施了征伐乌桓的军事行动。为了方便运输军需，曹操在渤海湾的西北岸地区专门开凿了平虏、泉州二渠，以连接海上运输。

汉献帝建安十二年（207）秋天，曹操亲率大军北征乌桓，本打算经碣石道，傍海向辽西、辽东郡进兵，利用碣石海港转运军需粮秣。怎奈当时雨后大水，沿海道路受阻，不得不转道出卢龙塞（今河北省遵化市喜峰口一带），越五百里山路，在白狼山下的凡城（今河北省平泉县境），曹操大破乌桓和袁尚联军，斩蹋顿降伏乌桓。

九月，曹操自柳城（今辽宁省朝阳市）回师途中，南下途经碣石道，登临碣石，曹操写下了千古名篇《观沧海》："东临碣石，以观沧海。水何澹澹，山岛竦峙。树木丛生，百草丰茂。秋风萧瑟，洪波涌起。日月之行，若出其中。星汉灿烂，若出其里。幸甚至哉，歌以咏志。"是为与北征乌桓同誉辽海的咏传千古的"碣石篇"。

与秦始皇东巡目的一样，汉武帝刘彻出行也是为了祭祀。据《汉书·武帝本纪》记载，公元前122年至前87年，汉武帝外出祭神、巡行、封禅共达29次。公元前110年，汉武帝刘彻"行自泰山，复东巡海上，至碣石"，并在山顶修建祈仙求神台。因此，仙台顶又名"汉武台"。据《史记》载："上乃遂去，并海上，北至碣石，巡自辽西，历北边至九原。"

贞观十九年（645）春天，唐太宗李世民亲征高丽，途经碣石，留下《春日望海》一诗："……洪涛经变野，翠岛屡成桑。芝罘思汉帝，碣石想秦皇……"

在东北亚交通史上有重要意义

碣石宫遗址门前的简介中讲，碣石是极著名的历史地名，发生过诸多相关历史事件——如大禹循碣石治水……目前关于碣石的记载，多数是从夏禹治水说起。《尚书·禹贡》中说："岛夷皮服，夹右碣石，入于河。""太行、恒山至于碣石，入于海。"

之后的夏商时期，居住在东北地区的先民要向中原地区进贡。东北到中原，渡海是最好的选择。在没有指南针等辨别方向的时期，碣石被当作渡海转向进入黄河的天然航标。战国时，碣石是燕国的大港，这里既是商贸往来之地，也是方士聚居之地。

对于7位帝王来到碣石的主要目的，著名考古学家王绵厚认为，帝王们渴望扩大领土的政治目的不可小觑。比如，短暂立国的秦代在中国东北和东北亚历史上，具有国家意义人文交通的重大史事，当首推秦始皇和秦二世父子两代的陆路东巡。这是公元前3世纪，东北亚历史上第一个幅员辽阔的帝国秦国，以"览省远方""宣威圣德"为目的，以举国之力进行的交通举措。在东北亚交通史上，秦与同时代大部分处于部族和方国阶段、以"部族交通"方式进行的东北亚地区其他部族、方国间的交通往来，无论在交通动员的人力和物力、交通设施的先进、交通管理制度的完备还是交通活动产生的影响等诸方面，都占有翘楚地位。

而曹操北征乌桓虽然时间只有数月，但它在辽宁地域文化的影响中留下了不朽的篇章。曹操写下的"碣石篇"，同考古发现重见天日的辽西"碣石宫"遗址一样，成为秦汉时期辽宁历史文化的珠联双璧而饮誉海内外，也是辽宁交通文化中独领东北亚大区域之风骚的佼佼之篇，在中国东北和东北亚交通文化史上可彪炳千秋。

解读 JIEDU

唯一的讲解员

写碣石宫，有一个人是绕不过去的。

他既不是考古专家，也不是历史学者，但到过碣石宫的人，大多见过他并印象深刻。他叫赵洪德，在绥中县守护碣石宫遗址20余载。

赵洪德今年81岁，退休前是一名教师。2000年，考古工作队对碣石宫遗址进行发掘，需要当地村民帮忙处理草坪。赵洪德得知消息后报了名。工作之余，赵洪德经常和考古队员聊天。

此后7年，赵洪德几乎每天都到考古工作站翻阅大量资料，跟着考古队员现场挖掘。2007年，考古工作告一段落，但赵洪德仍然坚持每天早上8点准时出现在遗址，傍晚5点左右回家，守护着遗址。

2013年碣石宫遗址对外开放，赵洪德主动给大家做讲解，久而久之，他竟成了遗址展厅唯一的讲解员。赵洪德的讲解很有自己的风格，既引经据典，又夹杂民间传说，通俗易懂，很受欢迎。用他的话说，自己的讲解是对历史、文学、科学三方面的结合。

2017年开始，遗址陈列厅暂时关闭。赵洪德也已步入八旬，所有人都以为，他肯定解甲归田了。却不想，赵洪德还和以往一样，骑着自行车，车后座上放俩馒头做午餐，每天出现在碣石宫遗址。他说，实在是舍不得。每天在遗址走一遍，看看是否有安全隐患，已经成了生活中不可或缺的部分。

让赵洪德最得意的是，今年他又培训了8名讲解员，为日后遗址博物馆的成立储备了人才。采访结束后，赵洪德将记者送至大门口。看着他黝黑瘦弱的身躯，记者不禁有些感动。15万平方米的遗址，这位孤独的守门人站在其中显得那么渺小，然而他执着的身影又是那么高大。

▲ 碣石宫遗址的守门人赵洪德

辽宁历史文化
词条 20

凌河第一湾

位于朝阳市喀喇沁左翼蒙古族自治县。长约3公里，宽约1公里。凌河水借着山势绕过一个大大的 S 形弯，形成山水相依的奇观。

体系完备、遗迹明确，在中国北方10余省市中资源最为丰富

辽宁长城
跨河抵海独具特色

▶ 作为我国长城资源十分丰富的省份之一，辽宁长城的修筑历史可以追溯到战国时代，目前全省已探明的长城遗迹长度达2350公里。辽宁现存较为完整的是燕秦汉和明长城，而且14座城市都有长城遗迹分布。值得一提的是，辽宁长城多为结合河海分布而筑成，与其他地区相比，此为一大特色。

| 燕秦汉和明长城分布最广 |

辽宁是东北亚古代文明的中脊和前沿地带，屹立在此的长城是不朽的人文胜迹和历史丰碑。

著名考古学者王绵厚告诉记者，辽宁的长城资源体系完备并且遗迹明确，是我国北方10余省市中史迹最为丰富的省份，燕、秦、汉、北齐、辽金和明均在此修筑过长城。

考古工作者通过查阅史料和实地勘察，探明辽宁境内主要有12条长城史迹，分别是：燕长城、秦长城、汉长城、西晋长城、北齐长城、北周长城、隋长城、辽金长城、辽东诸侯国长城和明长城。涉及地域最广的是燕秦汉长城和明长城，燕长城分南、北两线，由内蒙古与河北进入辽宁，汉长城在辽宁境内也被分为前汉和后汉两条长城。

“人们过往的观点是长城始建于秦朝，但是辽宁长城历史推翻了这种论断。”王绵厚说，辽宁最早的长城可以追溯到燕，时间约是公元前331年的燕昭王时期，其遗迹就在朝

▼ 锥子山长城

▲ 小河口长城

阳市建平县努鲁儿虎山之中，当地人叫作“土龙”或者“石龙”的遗迹就是长城。

辽宁境内已探明的汉长城遗迹，主要分布在沈阳、朝阳和抚顺境内，至于北齐长城则位于葫芦岛市绥中县。

人们耳熟能详的明长城在辽宁分布最广，已知晓的主要有两段，分别是自西向东贯穿辽宁全境的辽东镇长城，以及人们非常熟悉的中国唯一的水上长城九门口长城。

截至目前，辽宁发现明长城遗迹长度达到1218.81公里，我国已经掌握的明长城的总长度为8851.8公里，而明万里长城在北京境内的总长度为526.65公里。

“长城在修筑中朝代上多有重合，但是后人又不完全照搬前人。”王绵厚解释说，比如人们经常去游览的九门口长城，就是始建于北齐，并在其他朝代逐渐完善。

结合河海分布修筑而成

辽宁明长城大多结合河海分布修筑而成，其中最具代表性的有鸭绿江畔的虎山长城，以及位于葫芦岛市绥中县的九门口长城。

▲ 九门口长城

拍遍祖国万里长城的辽宁省摄影家协会副主席田立，指着由中国长城学会提供的《中国历代长城总图》对记者说，明长城在辽宁境内的走势基本上呈现为一个“M”形：从辽宁西边的山海关向东出渤海湾向东北方修筑，抵达广宁后陡然向南沿辽河中下游地区南下，等到达三岔口后又开始沿着辽河东岸向北直达开原，最终又从那里一路南下，直至鸭绿江畔的丹东虎山。

田立掰着手指粗略计算了一下：“由渤海向东经大凌河、辽河、太子河、浑河，最终到达的终点是鸭绿江，同样与水有关。”

“气势磅礴的辽宁明长城跨河抵海，其修筑特色在国内可谓独树一帜。”王绵厚表示，河流不但是人类文明的诞生地，更被人们作为天险加以利用。

正是因为明长城沿河而筑，导致历史上河流改道而冲毁了部分长城，甚至还有不少长城遗迹被淹没在河流下。

“河与海能繁衍人类、孕育文明，说明其重要的特性就是包容性。”王绵厚以虎山长城举例说，那里自西汉设立西安平县以来就是军事要地，但是虎山长城的修筑不是为扩张，而是为止战，巍峨耸立的长城往往会给敌方带来心理压力，“在虎山长城身后还有一条名叫平安河的河流，这也都饱含着人们向往和

▲ 锥子山长城

平与安康的意思”。

在辽宁最负盛名的长城当数九门口长城，作为世界文化遗产的九门口不但被誉为“京东首关”，而且是中国万里长城中唯一的一段水上长城。九江河从城下的九道水门飞流直下，进而呈现出“城在山上走，水在城下流”的壮观场面。

辽宁长城需深入研究

王绵厚和田立在接受记者采访时，不约而同地为辽宁长城发声：这里既有“第三八达岭”西沟长城，也有明万里长城东端起点虎山长城，还有中国唯一一段水上长城九门口长城……

王绵厚总结说，辽宁长城时间跨度长，从战国时代的燕开始到明，基本上各个时期都修筑长城；辽宁长城分布地点广，在14座城市都有长城遗迹，遗迹总长度达到2350公里；辽宁长城遗迹保存多，很多长城遗迹是旅游景区，最著名的就是虎山和九门口。

田立也表示，锥子山长城山势险峻、沟壑林立，长城依山而建，犹如长龙一般沿山势蜿蜒盘旋，“山顶有很多地方非常险峻，只能容纳一人通过”。田立绘声绘色地向记者描述说，即便胆子大的人走到那里也会心惊胆战，手心里攥出来的汗像水一样多。

由于辽宁平原地缘人口稠密，不少遗迹已被辟为耕地。燕长城因为修筑年代远，很难辨认其当初的模样，甚至因为自然侵蚀而全部消失了。

据悉，辽宁已经开始着手推动保护长城文化遗产的工作，并在2018年首次将单一文化遗存——长城作为省级文物保护单位。

目前，辽宁省长城资源已有2865个点段列入省级及以上文物保护单位，占全省已认定长城资源总量的89.56%，余下的则为2012年国家文物局认定的消失段落。受到保护的不只是长城墙体，还有敌楼、壕堑、关隘和烽火台等相关遗存。

“辽宁长城文化内容丰富，需要研究的课题有很多。”王绵厚说，保护辽宁长城对于研究辽宁历史文化有着非常大的历史价值。比如说辽宁长城是农耕文明与游牧文明的分界线，同时也是中原地区连接东北边疆的重要建筑体系，更在促进民族融合进程中发挥着重要的作用。

行记 XINGJI

沈阳 丹东 绥中

辽宁省摄影家协会副主席田立在8月23日、26日和9月7日三次来到辽报，向报道组讲述辽宁长城的历史渊源，许许多多与长城有关的故事鲜为人知。田立说，希望更多的人能关注辽宁、关注辽宁长城，希望《辽宁日报》的报道能像桥梁那样，把长城架到每个人心里面。

一组长城选题拍了20年

保护辽宁长城 就是保护我们的族谱

▶ 为拍摄长城，田立的足迹遍及全国各地的长城沿线，其中让他最为记忆深刻的还是家乡辽宁的长城，辽宁长城在他的镜头下，不但没有距离感，反而成为近在眼前的生活。田立说，他想用手中的相机继续拍摄长城，尤其要给辽宁长城留存更多记忆。

| 拍长城摘得国际大奖 |

田立是辽宁省摄影家协会副主席，曾任职于辽宁画报出版社做摄影报道，他拍摄的长城图片多次登上国际领奖台。

为向读者深入解读辽宁长城的历史与现状，记者多次采访田立。已经两鬓斑白的田立是地道的东北人，身

▼ 九门口长城

▲ 辽宁省摄影家协会副主席田立接受专访，讲述 20 年来拍摄祖国长城的故事

材魁梧，为人实在，虽然与记者只有三面之缘，但按他的话来说是秉性相投，越是接触越是有话可说。

田立告诉记者，儿时家里的读物多数与长城有关，爱好美术的他从小便天天画长城，长大后又开始用镜头记录长城，“越是品味长城，越能感受到祖国山河的美好。别说工作机会了，平时我也常去长城脚下寻找灵感”。就连田立的爱人也没有想到，他就这样把长城一直拍了下去，一拍就是20年。

2000年左右，田立经常到辽宁与河北交界处拍摄长城。在名叫城子峪的山村为田立引路的是长城守护员，也就是日后那组获得国际大奖的照片中的主角张鹤珊。田立从张鹤珊口中得知，戚继光任蓟镇总兵后从浙江调遣精兵强将来此戍边，张鹤珊的祖先跟随队伍到这里修建长城、戍边屯垦，“平时像农民一样在长城脚下务农，到战时拿起武器成为骁勇的士兵”。

村里至今还保留着吃菠萝叶饭的习俗，那是当年城墙上的士兵才能吃到的美食，而守城将士取暖用的火盆在村里沿用至今。

《长城建造者的后裔》组图共有7张照片，它们从23个国家和地区的15万幅作品中脱颖而出，摘得《国家地理》杂志全球摄影大赛一等奖，田立也成为首位摘得该奖的中国摄影家。评委对作品的评价是：“多数长城图片只是表现建

▲ 田立拍摄的组照《长城建造者的后裔》
获得美国《国家地理》杂志全球摄影大赛一等奖

筑，反而造成距离感，而田立的照片却将人、历史、建筑非常好地结合起来。”

两大箱胶片记录辽宁长城历史

田立粗略计算这些年的拍摄行程，如果按照长城的修筑年代划分，河北的明长城、山东的齐鲁长城、河南的楚长城、山西的晋北长城、内蒙古的金界壕、陕西的魏梁长城，甚至是吉林和黑龙江两地的辽金时期长城，以及远在新疆库尔勒地区的长城，都曾经留下他的足迹。但他说，记忆最深刻的还是辽宁长城。为真实呈现辽宁长城的现状，田立踏访辽宁14个城市的154处长城遗迹，留下整整两大箱、上千卷胶片。

田立的笔记本电脑里储存着详细的辽宁长城拍摄目录，包括沈阳的八家子长城、抚顺的安家峪烽火台、阜新的鸡冠山长城石筑墙体，还有朝阳市建平县的烧锅营子长城……有些遗迹地处人迹罕至的地区，有些遗迹因人为因素早已湮没。田立回忆说，2000年前后他到北镇寻找长城遗迹，因为根据史料记载，北镇是明辽东九边重镇。然而，当田立来到北镇市大一村时，并没有看到想象中的长城，村民也只是听老人提过长城。一个细节引起田立的注意，当地村民常常说起“石龙”，直觉告诉田立“石龙”应该就是明长城。“因为修筑长城时大多会因地制宜，穿山越岭时往往要凿石垒砌，经平川时就会筑土夯建。”田立解释说。

| 记录长城的形与神 |

发现明长城遗迹是在大一村的张凤贞家，起初张家人还觉得这道石墙有些碍事，后来为节省石头，还依托“石龙”筑起了围墙。直到田立过来拍摄“石龙”以及长城资源调查组来后，张凤贞才知道原来家里的“石龙”大有来头。

田立说，张凤贞家从来不让外人打“石龙”的主意，就连小孙子都不许爬到“石龙”上去玩耍。因为保护意识增强，当地还复建长城，那里如今已经变成旅游景点供游人参观，虽然张凤贞老两口已经搬走，但还会不时回去走走看看。

因为多年以来执着于拍摄长城，让田立与照片中的主角成为至交，张凤贞老伴儿就经常跟田立通话唠家常。“有时候可能就是长城那里下雪了，或是老人们到长城脚下扭秧歌。”田立说，其实乡亲们就是想让他去拍长城，是长城让他们的家乡变得越来越美。

已届花甲之年的田立说，以前一起拍长城的老伙伴大多已经回家与儿孙们共享天伦之乐了。就连张鹤珊每次到长城脚下巡视，也都是儿子陪伴他一起完成。“老伴儿常劝我，是时候退休了。”田立说。

田立说，保护辽宁长城也就是保护辽宁的族谱。他想用手中的相机继续拍摄长城，用镜头去记录长城的形与神，尤其是多给咱们辽宁的长城留些记忆。

手记 SHOUJI

万里长城东端起点

2018年8月31日下午，记者站在丹东虎山长城脚下。几名结伴而来的老年人正在“虎山长城”4个石头雕刻的大字前，围着各种鲜艳颜色的纱巾欢乐地拍照。广场上回荡着她们的笑声。4个大字下方，写着“万里长城东端起点”。

13年前，记者也到过虎山长城，一别多年，这里发生了巨大的变化。变化最大的是周围的环境，比过去气派了许多。

路上遇到一群年轻人，他们正在操作无人机航拍虎山长城。

虎山长城是明长城的东端起点。《明史》有记载：“终明之世，边防甚重。东起鸭绿，西抵嘉峪，绵亘万里，分地守御。”

不久前，我拜访了著名考古学家冯永谦，其间聊起了虎山长城。20世纪90年代，正是他发掘了虎山南北连绵不断的长城墙体和墙基，从而发现了明长城遗址。

这天，天气凉爽，气候宜人。攀爬过程中，长城两侧的果树吸引了不少游客的目光。果树结满了果实，但几乎没人认得这果实是什么。原来，就是人人都爱吃的栗子。

路上，有人尖叫着跑下来，因为遇到了蛇；有人在拍婚纱照；有人坐在台阶上喘着粗气，因为每级台阶都很高。

爬上峰顶，环顾四周，既能看到鸭绿江大桥，也能远望到丹东市区。与我一同站在峰顶休息的游客来自凤城，他陪着姐姐和姐夫来游览。虽然凤城距离丹东不远，但他也是头一回登上虎山长城。

下山路上，偶遇三个操着外地口音的年轻人。攀谈后了解到，他们是从贵州来的，到丹东公干，顺道来虎山长城一游。问到对虎山长城的印象，三人都说不虚此行。

来到山脚，天色已暗。出口处，开杂货店的老板娘已经煮好面条，拉脚的司机也吆喝着，等待拉最后一批游客回程。

◀ 虎山长城

辽宁长城导览

▶ 根据国家文物局公布的统计数据显示，目前辽宁已掌握的长城长度达到2350千米，占据全国长城资源的比例达6.86%，仅次于内蒙古、河北、山西和甘肃，位列第五。

▲ 田立拍摄的古长城

辽宁目前有战国时期至明长城资源点3199个，种类涵盖长城墙体、敌台、壕堑、关隘以及烽火台等，其中2865个点段已经列入省级及以上文物保护单位，余下的则为2012年国家文物局认定的消失段落。

王绵厚将辽宁省文物局编著、由他作为总撰稿人的《辽宁省燕秦汉长城资源调查报告》赠送给记者。这本厚近400页的图书详尽记录着辽宁长城的起源，让人们领略辽宁地区2000年前早期长城史迹的同时，还能了解中华长城所蕴含的深厚文化内涵和历史价值。

王绵厚说，位于朝阳市建平县烧锅营子长城，其历史可以追溯至战国时代的燕时期，也可以说是辽宁发现最早的长城遗迹。记者在图上看到，在地面上有一条类似“石龙”的凸起，事实上那里就是燕时期修筑的长城

▲ 辽阳东京城

遗迹。在建平县不仅有烧锅营子长城遗迹，还有马家湾长城、羊草沟长城等33处长城遗迹。

田立对于辽宁长城也是如数家珍：虎山长城是明万里长城东端起点，九门口长城是中国唯一的水上长城，锥子山长城能尽览辽宁、河北两地风光……田立把他珍藏的“宝贝”拿给记者看，这是由中国长城学会印制的《中国历代长城总图》，在上面可以清晰地看到秦汉长城和明长城在辽宁的分布。

昔日的辽宁长城旌旗猎猎，将士凛凛，民屯熙熙，长孺怿怿，现如今随着斗转星移、时空变幻，先前活生生的关城商贾市民早已消失得无影无踪。田立告诉记者，正因如此让更多的历史爱好者踏足辽宁长城遗迹，通过砖相石貌寻找那些已经远去的故事。

那么，辽宁有哪些长城资源可以游览呢？

▼ 辽宁省绥中县九门口长城

| 明及北齐长城 |

1 **虎山长城** 明万里长城的东端起点，在这里还有虎山长城历史博物馆和古栈道遗址，附近的山水风光也值得品鉴。

2 **宽甸明长城** 宽甸在历史上是兵家必争之地，在宽甸古城南大门的位置至今还有明长城城池遗迹，当地百姓说这道城墙以前足有3米多高。

3 **清河城长城** 在本溪满族自治县清河城村，这里北枕群山、南临清河，是明代清河堡的故址，在村边的移动通信塔附近就能找到长城城池遗迹。

4 **双台子村烽火台** 在抚顺市新宾满族自治县下夹河镇双台子村，部分烽火台被保存下来，都是由石头堆砌而成。

5 **昌图四方台** 位于昌图县西南部通江口镇境内，墙体是由土筑的单道墙体。到当地打听“土龙”就能找到具体位置。

6 **双楼台长城** 在开原市庆云堡镇西侧，这段边墙长度只有500米左右。

7 **兀术城** 在距沈阳96公里处的铁岭市调兵山风景区。如今的兀术古城是复建的，也是明万里长城中的重要城关之一。

8 **老边台** 在铁岭县老边台村内。明代辽东镇所属长城，在铁岭境内呈“几”字形。

9 **辽东城** 在辽阳老城东北方向，有内和外两重城垣，在内城有两层和三层建筑物。

10 **八道壕烽火台** 位于锦州市黑山县八道壕镇文化广场，是明代军事要地“镇安堡”边塞。

11 **小虹螺山长城** 在葫芦岛市南票区虹螺岘镇团山子村小毛家沟南侧，这就是鲜为人知的小虹螺山长城。

12 **北镇长城** 位于北镇市罗罗堡镇北石门子村，也就是医巫闾山脚下。

13 **大茂堡古城** 位于锦州凌海市温滴楼镇，出锦州沿着209省道到温滴楼镇政府后，再向北行驶约7公里，就能看见一座绵延数百米的古城墙。

14 **绥中长城遗址群** 绥中县是我省长城资源非常丰富的地区，既有人们熟知的中国唯一一段水上长城九门口长城，也有西沟长城和小河口长城、锥子山长城等。九门口长城位于李家乡新台子村，始建于北齐、扩建于明洪武年间；西沟长城位于西沟屯，是目前保存最为完好的一段明长城；小河口长城位于小河口屯，是辽宁境内的明长城主干线；锥子山长城位于金家沟屯，站到锥子山上，可以看到两道长城系统，一边是蓟镇长城，一边是辽东镇长城。这些长城遗址相距只有几公里、差不多七八分钟的车程，距离山海关也只有几十公里。

▲ 开原老城

15 **阜新蒙古族自治县、北票市燕秦长城遗址** 在北票市和阜新蒙古族自治县接壤的位置，有一条自西向东的燕秦长城遗址，分别是大黑山长城、赵户沟长城、生金北沟长城、宝善堂长城、六合成长城、鸡冠山长城、红石砬子长城、西杖房北长城、李家窝堡长城和北昌营子长城。其中，位于阜新蒙古族自治县的鸡冠山长城，是目前省内外游客探寻燕长城最常去的一处长城。

| 燕、秦汉长城 |

16 **沈阳烽火台** 沈阳地区存在较多燕、秦汉时期的长城遗址，在浑南区高坎镇的上马村有上马东山烽火台，东陵公园东山烽火台和新乐遗址西烽火台也都距离市内不远。

17 **烧锅营子长城** “醉美屏屏喇嘛山，长风猎猎燕长城”，描写的正是朝阳市建平县烧锅营子乡的长城。事实上，在整个建平县都有燕秦长城遗存，包括马家湾长城、羊草沟长城、烧锅营子长城、九间房长城等共计33处。

| 清朝海防及烽燧 |

18 **营口炮台** 位于营口市渤海大街西段，是清末东北的重要海防要塞，也是东北最早的海防工程之一。

19 **仙人岛烽火台** 位于盖州市仙人岛风景区北部，建造于明代，距今已经有600多年。

| 辽长城 |

20 **哈斯罕关** 辽代修筑的长城，也是文献记载中辽宁最短的长城，位于大连市大连湾街道的二道岭，那里杂草丛生，到处是不起眼的小土包，立有“哈斯罕关址”的石碑。

2018年10月10日，牛庄镇副镇长顾玉君向记者介绍了牛庄古城的建设蓝图。为了重拾历史记忆，牛庄古城将依托历史文化资源，以游古城、看古迹、逛古庙、品美食为主要内容，打造东北地区文化旅游古城，建设甲午战争纪念馆、枭姬娘娘庙、邮便总局、海关旧址、巡检司衙门等主体建筑；打造玉石、古玩、民俗体验等特色商业街。利用3年至5年时间，让古镇牛庄变成文化旅游名镇。

明、清两代辽东河、海、陆联运集散地

牛庄
曾是“东北第一港”

▶ 清代，牛庄的历史进入了最为辉煌的时期，其背后的支撑就是辽河航运。嘉庆、道光时期，牛庄更是繁盛一时的水陆商埠，聚集了来自河北、山东、山西、河南一带的商人，成为区域经济发展的重要枢纽。

繁盛一时的丝路节点

“悠悠辽水，北溟之阳，河海相衔，古城牛庄。千年津渡，营海之邦，百年名镇，辽渊之乡。南望渤碣，遥指青徐岱岳；北顾襄平，哺桑海邑故壤。忆虞夏，无虑雄奇，首开北镇之尊；启禹贡，燕秦故塞，踵连辽队之原。展千华，翠列剑戟，丁令神传飞鹤；下辽口启渡登莱，横跨庙岛扬帆……”著名考古学家王绵厚的《海州牛庄赋》，为我们展开了中国历史文化名镇牛庄的历史文脉。

牛庄地名的由来有多种说法，其中一则为：牛庄位

于太子河畔，很早以前这里就是重要的海运、河运码头，当时在太子河运输物资的船只称“牛船”或“牛子”，因为牛庄是重要的港口和物资集散地，停泊的“牛船”很多，到了晚上，河面上灯光闪烁，交相辉映，与村庄无异，故称为“牛庄”。这种说法正确与否虽无法考证，却因此能看出牛庄曾作为辽东与关内的交通枢纽海陆码头、东北亚丝绸之路的重要节点，创造了其辉煌的历史。

辽河下游地势低洼，河道交错，湖泊连绵，难以通行，故唐代就有“辽泽”之名，也就是“辽河沼泽”的意思。历史上的牛庄，地理位置得天独厚，处于辽河平原下游，辽泽的东部，恰好在辽东、辽西交通的孔道之上；受地形的影响，辽河众多支流汇为一道，在牛庄旁边南流入海，这又使牛庄成为背靠辽河流域腹地，走向大洋的前沿。

牛庄建城始于明代，朱元璋挥师东进，一举收复辽东后，在这里建立了驿站。明初，辽东海运的主要物资是粮食、军服、布匹、棉花等，“明代的牛庄是东北第一港”。鞍山师范学院教授张士尊向记者描绘了当时的盛况，洪武时期“辽东海运，连绵不绝”，规模浩大，史无前例。

当时辽东每年需要粮食约60万石，其中本地屯田解决30万石，其余约30万石要靠海运，在当时来说，这个数量是相当大的，牛庄港已经成为整个辽东地区的物资和粮食河、海、陆联运的集散地。此外，战马、武器、人口，甚至辽东军人的尸骸也要靠海运回归故里，而这些人员和物资都要在牛庄港进出和集散。

到了清代，牛庄的历史进入了最为辉煌的时期，其背后的支撑就是辽河的航运。从顺治元年（1644）直至清朝灭亡的260多年时间里，牛庄一直处于独立的八旗驻防城地位。

▼ 牛庄街景

▲ 牛庄太平桥

嘉庆、道光时期，牛庄成为繁盛一时的水陆商埠丝路节点，聚集了来自河北、山东、山西、河南一带的商人，促进了区域经济的发展。清乾隆年间，牛庄商贾云集，较大的商号就有300余家。山西商民于牛庄建成关帝庙，会馆即设于庙内。山东设有“冀兖青扬会馆”，此馆建有两层殿宇，门前有影壁，馆内供奉海神娘娘，会馆为内地商人在牛庄从事商业活动的据点。“冀兖青扬会馆”石匾现存于沈阳故宫博物院。

| 多位皇帝在此留下足迹 |

牛庄古城因地理位置的重要性，历史上曾有多位皇帝在此留下足迹。

据牛庄镇副镇长顾玉君介绍，1623年，努尔哈赤决定重修牛庄城。1626年，皇太极遵父命御驾牛庄，他见到新修的牛庄城，青砖筑就，墙高2丈，壮观坚固，故以牛40头犒赏筑城民夫。崇德元年（1636），由于当时明朝残余军队的抵抗和征讨，皇太极决定加强驻防机构，派遣武英郡王阿济格驻守牛庄，岳托和萨哈璘都曾带兵驻防牛庄。

1682年，康熙平定了三藩之乱后率皇后、皇太子及王公大臣，起銮东巡，驻跸盛京。先后赴永陵、福陵、昭陵祭祖。返京途中曾到辽阳游千山，过海城，到牛庄驻跸（驻留过夜）。当时的海城县知事郑绣前往牛庄迎接圣驾，在他撰写的《牛庄迎驾恭记》当中，对当时的隆重场面进行了细致的描述。离开牛庄，康熙驰马西行至三岔河，兴致高昂，会群臣“设打鱼之戏”。

历代兵家必争之地

牛庄在历史上不仅因贸易港口而著名，也是重要的军事要塞。早在三国时期，牛庄便以便利的水陆交通条件成为驻兵、运兵之地。

张士尊介绍，三国时期著名的“辽队（亦作“辽隧”，古县名）之战”就发生在牛庄附近。曹魏第一次征讨公孙渊时，数万魏军屯驻辽队，准备进攻襄平，结果大雨连绵，河水暴涨，魏军只好撤军。公元238年，曹魏再次征讨辽东，司马懿领兵讨伐公孙渊，水路大军就是由山东登州航海至辽南的金县，再沿海岸北上至辽河口，由此上溯至三岔河、牛庄港，经太子河直达襄平（今辽阳）城下。最终，公孙渊和儿子公孙修被司马懿杀死在太子河畔。

从明万历四十四年（1616）努尔哈赤建立后金，到清顺治元年（1644）清军入关，总计28年时间，在这段时间里，明、清两个封建王朝进行了殊死的较量，而牛庄正是这场较量的前沿阵地。

中日甲午战争时期，牛庄也成为重要战场。当时日军由丹东、岫岩、析木一线向海城、牛庄一带发起进攻。尽管中国军民奋勇抵抗，并重创日本侵略者，但终因寡不敌众，牛庄于1895年2月失陷。

甲午战争之后，清政府曾于1900年在牛庄西门外修建了阵亡将士纪念碑。

读

辽宁历史文化
词条21

牛庄

牛庄位于海城市西部，背靠太子河，东临海城，北依鞍山市，西接盘锦市，南与营口接壤，是一座历史悠久的古镇，亦是东北地区最早开放的商埠。它的崛起，源于商埠码头的建立，而它的衰落，亦因商埠码头的停滞。2008年，牛庄被评为“全国历史文化名镇”；2015年，又被授予“第三批全国特色景观旅游名镇”荣誉称号。

解读 JIEDU

开原古城是丝路上的唯一“丝关”

2018年9月28日，从开原市内驱车往威远堡的路上，记者的目光不由得被一座神秘悠远的古城吸引过去。城门上“迎恩门”三个大字，似乎在向熙来攘往的人们述说着它的过去。

这座古城便是全国现今保存最为完好的辽金古城，也是明、清两代的“丝关”——开原古城。

“开原古城是目前全世界范围内丝绸之路上唯一一座‘丝关’。”开原市旅游局原局长、开原地方史研究专家刘兴晔曾任开原古城建设工程指挥部副总指挥，主持了开原古城的复建工作，他把这座“丝关”看作丝绸之路上的活化石。

明清城垣保存较为完整

开原古城周长7公里，城池呈方形。据刘兴晔介绍，复建前，开原古城明清城垣保存较为完整，全城设有四门，东称“阳和门”，西称“庆云门”，南称“迎恩门”，北称“安远门”。城墙之上设有四座角楼，城墙宽阔，可通马车。城外四

▼ 开原古城

周设有一道护城河，城市中心建有钟鼓楼一座。整个城池建筑宏伟，蔚为壮观。

明末清初，由于屡遭战乱，加之年久失修，致使城池残破不堪。1778年，乾隆到东北巡围狩猎时，决定对开原城池进行修葺。这次修城工程于1782年竣工。此后，城内居民渐多，各种手工作坊、商号、客栈、酒馆、茶馆等多达400多个，城内人口2万之众。1823年，老城城池再次修葺，历时4年完工。

如今，古城遗迹依旧甚多，有千年古塔崇寿宝塔、600年的清真古刹。古代开原八景中有“古塔朝霞”“龙岗北枕”“清河夜月”“线河烟柳”“仙石云屏”五景齐聚古城。清朝诗人王恩明曾道出他眼中的开原古城：“望中烂漫渺无垠，踏遍苏城柳色新。翠莩遥分边塞外，朱阜不让洛阳春。”

老米湾码头“丝关”水陆枢纽

“丝关”这一概念最早源于明代。开原古城是明代长城首镇辽东镇长城的第一重镇，是东北亚丝绸之路的起点，连接了中国、朝鲜、韩国、日本、俄罗斯和蒙古国等东北亚六国。

明代开原老米湾码头是东北内陆漕运的最重要的码头，具体位置在今庆云堡镇兴隆台村。东北亚丝绸之路正是以“丝关”开原城西老米湾码头来承接中原运抵东北的丝绸等货物，再经“丝关”开原转运至东北亚各地。据明代《全辽志》记载，明代开原用于防备的一些军用粮草，均凭借着这个城西码头用以运输装卸，而且这处老米湾码头可通达渤海。

开原因其地理位置重要，也是兵家必争之地。开原以东10公里即为长白山浅山区，以西10余公里为沼泽地，南北交通千里一线必经开原，“丝关”正好扼守这一咽喉要冲和战略要地，是一夫当关、万夫莫开的雄关要塞。

水路，从山东半岛经渤海海运，入辽河漕运至“丝关”开原，一段陆路后至伊通河转漕运入松花江再至黑龙江，并达俄罗斯滨海地区及日本。清代吉林、黑龙江地区进贡永陵的祭品，也由清河至苏子河至永陵。

陆路，从辽西走廊或辽东半岛两条路线至开原城，然后出长城古塞。明代从开原城出万里长城的新安关、广顺关或镇北关，清代从开原城出柳条边的法库边门、英额边门或威远堡边门，以达内蒙古科尔沁大草原、长白山及朝鲜半岛地区、吉黑地区直至日本或俄罗斯滨海地区。

▲ 开原古城老街

开原马市是"丝关"重要丝源地

说起设置"丝关"的目的，多年潜心研究古籍史志的刘兴晔一语道破："最初明王朝就是为了在这里设关互市。"开原东北部长白山区的女真族，西北部蒙古草原的蒙古族，他们的生产、生活用具都需要到开原马市上交易才能获得，长城内的汉民族以丝绸、铁器、瓷器、茶叶、食盐等，与女真、蒙古等少数民族交易马匹、貂皮、人参、东珠等物品。

明代辽东档案记载了哈达部的一次交易：哈达部一次在开原交易物品，包括绢两轴、貂皮1803张、羊皮153张、狍皮168张……对于朝廷需要的马匹，由兵部定其值：其上上等，每马绢8匹、布12匹；上等，每马绢4匹、布6匹；中等，每马绢3匹、布5匹；下等，每马绢2匹、布4匹。

据记载，当时的铁器价格昂贵，易货一个铁锅，需要用貂皮把锅整个覆盖，不能露出生铁。用覆盖铁锅的貂皮换走铁锅，今天看来是不可想象的。

牛庄十二名吃

古镇牛庄是重要的港口和商品集散地，古代东北亚丝绸之路的重要节点，因此汇聚了南北各地的美食名吃。

在众多饮食精品中，牛庄十二名吃独具特色。其中，牛庄馅饼已成为经典品牌，名扬国内外。牛庄馅饼的正宗传人之一赵洪才师傅多次受邀到人民大会堂烙制牛庄馅饼，党和国家领导人及各级领导都品尝过牛庄馅饼，并给予了高度赞誉。另一位传人崔春清制作的牛庄馅饼荣获2008奥运会推荐食谱菜品展金奖。牛庄速冻馅饼还填补了我国200多种速冻食品的一项空白。

十二名吃是：海记馅饼（回族刘海春馅饼）、山记馅饼（高晓山馅饼）、韩记熏肉（韩家肉案子）、高记烧鸡（高大汰烧鸡）、丰记糕点（永丰德果匠铺）、丁记元宵（子阳斋食品店）、回记油条（回记果子铺）、田记大饼（田家大饼子铺）、马记烧麦（马家烧麦馆）、刘记晶包（刘家晶面包）、西府火烧（西域福饭庄）、陈记炸糕（陈记炸糕店）。

行记 XINGJI

沈阳 大连

前不久，记者来到大连青泥洼桥一带，行走在这里的大街小巷，听着当地别具地域特色的大连话，看着错落有致的店铺摊肆前一定少不了海鲜这一味重头菜。有着7000年食用海鲜历史的大连人，直到今天依旧未改对大海的那份深深眷恋。

▲ 记者在大连汉墓博物馆采访

先民的渔业生产早于农业生产

五千年前 大连就有造船工匠

▶"靠山吃山，靠海吃海。"有着7000年食用海鲜历史的大连人，直到今天依旧未改对大海的那份深深眷恋。作为沿海港口城市的大连，这里的海洋文化是何时形成的？都有哪些独特性和重要性？带着疑问记者采访到了辽宁师范大学文化旅游学院教授田广林和《大连港史》的作者刘连岗。

7000年前已会用网捕鱼

"说起大连的海洋文化历史，那要追溯到7000年前了……"辽宁师范大学历史文化旅游学院教授田广林说，7000年前的大连地区，自然环境与现在有很大区别，比现在要温热湿润，雨量也较充沛，适合鹿、獐等中小型动物生活，这也为先民提供了食物来源。经考古发现，在贝丘遗址中大量出现的狍、马、牛、熊、虎、鹿、獐、猪等人为食用过的动物骸骨就是最好的证明。然而，燃起大连地区第一缕人类炊烟的小珠山先民又向海洋进发，渔业和滩涂成为那时人们获取食物的又一个重要来源，正所谓"靠山吃山，靠海吃海"。

据介绍，长海县广鹿岛的小珠山遗址，是大连地区新石器时代贝丘遗址中最为重要的一处。小珠山海拔仅20余米，俗称"土珠子"，山下有一条小河。1978年，辽宁省内考古工作者进行发掘时，首次发现了小珠山下、中、上三层文化相互叠压的地层关系，分别命名为小珠山一、二、三期文化。从小珠山贝丘遗址中，考古工作者发现地层中含有大量的牡蛎、蛤子、蚬子、海螺等贝类的壳，这说明，大连地区的原始先民最初的渔业生产是要早于农业生产的，先民早就与大海结下了不解之缘，向大海索取衣食资源。他们在沿海滩涂采集藻、贝、鱼和虾，日积月累就形成了贝丘堆积。在遗址中还出土了石制和陶制的网坠，并发现了长约8厘米的高等鱼类的鳍刺和鲟鱼骨，这也表明小珠山先民们已经具有了一定的捕鱼技能。

到了小珠山二期文化时，渔猎技术有了更大的进步。在位于今天旅顺口区铁山街道的郭家村贝丘遗址中，出土了大量的箭镞，这些箭镞既可以用来射兽类，也可以用于射鱼。此外，还出土了编织渔网的工具——网梭。它的制作方法是将动物肢骨劈开，一端磨尖，一端作柄，柄中凿有圆孔，以网梭出现而产生的捕鱼网具使捕鱼手段得到明显提高。箭镞和网梭的大量发现，都表明当时渔猎技术达到了较高的水平。

天然的古港湾

刘连岗从事大连地区港口历史研究40余年，他说，大连地区三面环海，南部面向渤海海峡，东、西两侧是黄、渤二海，海域辽阔，其中水深40米以内的浅海水域面积达5240多平方公里。海岸线绵长，东起庄河市南尖镇，西至瓦房店市李官乡，海岸线走向呈“V”字形，全长1906公里，其中岛屿岸线618公里，渤海区域828公里，黄海区域1078公里。

此外，大连沿海有大大小小海湾30余处，总面积超过1000平方公里。按照地貌可以划分为近封闭海湾、半封闭海湾、敞口海湾。近封闭海湾口小腹大，湾口有屏障，湾内风平浪静，如太平湾（长海县海洋岛）、旅顺口、普兰店湾等，海湾面积近50平方公里；半封闭海湾大澳深而不淤不冻，十分有利于建设商港，如大连湾、大窑湾、小窑湾等，海湾面积超过200平方公里；敞口海湾抗风浪能力较差，水较浅，如庙东湾（长海县）、塔河湾（旅顺口区）、金州湾、复州湾、葫芦山湾、青堆子湾（庄河市），海湾面积超过了800平方公里。

▲ 刘连岗（右）从事大连地区港口历史研究40余年

刘连岗介绍说，“小珠山遗址出土了距今约5000年前的舟型陶器，郭家村出土了距今约4000年前的舟形陶器。根据事物的发展规律，先有实物，再有模型，也就是说，在距今5000年或更早以前，大连就有了造船的工匠，大连就有船作坊。有了船，港口就会生动起来、丰富起来、集散起来。从原始渔港到通航港口，船也刷新了港口的概念。换句话说，大连港口的历史与中国其他港口的历史一样悠久，是名副其实的古港。”

与此同时，大连海湾众多且类型多样，自然突出了大连在辽海中的重要位置，面向太平洋，航运价值极高，腹地广袤，资源物产丰富，具备了开发建设大型商港、军港、渔港和工业港的条件，同时也是天然的避风港。

中国最早的海外交通港口之一

“大连港口不仅是中国最古老的港口之一，也是中国最早的海外交通港口。”刘连岗说，据考古资料记载，青铜时代，大连海外交通的活动得到进一步发展，在朝鲜半岛、日本列岛多次发现具有中国青铜时代文物特色的铜剑、明刀钱、安阳布等。

值得一提的是，独具大连青铜时代特色的“巨石文化”——石棚，在朝鲜半岛多有发现，其中支石墓分布在朝鲜半岛中部和北部。朝鲜半岛上的大连新石器文化和青铜文化多分布在南部及东南部沿海地带，在内陆很少见到，说明大连与朝鲜半岛的经济文化交流首先是从海上开始的。

青铜时代大连港口海外交通最有意义的事情莫过于将中国的稻作技术等东传到朝鲜半岛和日本列岛。根据目前考古资料记载，1987年在大连市大连湾镇大嘴子青铜时代遗址出土了一批炭化谷物，经专家鉴定，分别为粳稻和高粱两个种属，其年代为距今3000年左右。从时间和种属上看，正符合中国稻作技术东传朝、日所要求的条件，从而为中国稻作技术由大连港口东传朝鲜半岛和日本列岛提供了实物证据。中国稻作技术传入日本，对日本社会经济和社会生活产生了巨大影响。在稻作技术传入之前的绳文时代，日本尚无农业可言。

然而，战国时群雄割据，位于北方的燕国不断拓边，当时大连地属辽东郡。战国末期，燕国发展成为中国北方除齐国外又一航海大国。大连是燕国重要区域，港口作用不可忽视，海上交通向西沿渤海沿岸可达今秦皇岛海域；沿渤海湾入河水通赵、韩、魏；向北沿辽东湾入大凌河、辽河以通东北腹地；向南越渤海海峡以通齐、鲁；向东沿黄海海岸以通朝鲜半岛乃至日本列岛。大连遂成为中国北方海上交通要津。从大连地区出土的各国货币看，数量多，流通广泛，表明商贸往来频繁，从以朝贡贸易为主发展到以商业贸易为主，成为中国北方重要的商贸港。

自汉唐以来，港口活动日趋活跃。尤其到了辽明清代，辽海岸线港口是非常发达的。明代，大连港口在边粮运输中勃兴。清康乾年间，港口繁盛一时，海运旺季，港内帆樯林立，船只往来不绝。总之，数千年来，从大连的港口贸易往来流通看，都是海洋文化的重要体现。大连凭借独特的天然地理优势，充分发挥港口价值作用，成了东北亚海洋文化的中心枢纽。

向东北亚全方位开放的国际主枢纽港

“1899年大连开港，进入现代商港时代。这一时代可划分为沙俄统治、日本统治、苏联代管和中国自行管理四个时期。然而，在大连城市乃至东北区域发展过程中，大连港始终发挥着龙头作用。不同时期不同目的但内涵相近的定位是港口发展的主要因素。”刘连岗说，他认为只要研究大连的历史，就绕不开大连港。近代史上的三次主要战争——甲午战争、日俄战争、抗日战争，都跟争夺大连的港口有关。可以说大连港不但改变了大连，也影响了中国，并在某种意义上影响了世界。

1908年至1939年，日本殖民统治者先后在大连湾南岸、西岸沿线完成了大连码头、寺儿沟油码头、甘井子煤码头、黑嘴子码头等码头的扩建，大连港成为拥有40个泊位、可同时停靠37艘3000吨以上的船舶、年吞吐量超千万吨的深水大港。

1950年2月，中、苏两国一揽子解决了大连港、旅顺港、东北铁路和苏联驻军等一系列历史遗留问题。1951年1月1日，中国正式收回大连港，结束了自1899年开港以来便由外人统治和管理的历史，开始了大连港历史新纪元。

通过港口建设和技术改造，1976年形成新港港区，1985年形成香炉礁港区，

▲ 大连港建成了国际一流的港口设施，实现了“世界上有多大船，我们就有多大码头”的发展夙愿。图为全球最大油轮“泰欧”号靠泊大连港。

1988年形成大连湾港区，1993年形成大窑湾港区，2008年形成长兴岛港区。2015年年初，国家发布的《推动共建丝绸之路经济带和21世纪海上丝绸之路的愿景与行动》(以下简称《愿景与行动》)中明确指出，加强大连等在内的15个沿海城市港口建设，大连是东北唯一纳入该《愿景与行动》的港口城市。

大连港现有国内外航线100多条，辐射全球160个国家和地区的300多个港口。依托覆盖东北全境及连接欧洲的铁路网和遍布全球的航运网络，大连港积极融入"一带一路"建设，全面提升港口服务功能，打造环渤海中转物流服务体系，构建覆盖东北全域海铁联运网络，搭建连通亚欧国际物流大通道，加快建设面向东北亚全方位开放的国际主枢纽港，促进东北新一轮振兴和东北亚国家互联互通共同发展。

2017年10月，在大连港成功开通大连—斯洛伐克中欧班列，这是我国首条直达斯洛伐克的中欧班列，为东北腹地高端制造业开辟了全新的物流通道，带动东北地区对外开放水平再上新台阶。

解读
JIEDU

跨海交融

汉武帝扫清了北方海阻后，从山东等地大规模移民北上，到大连等地区垦殖定居。山东居民的大批涌入，使大连地区人口迅速增长，具备了建县的条件。汉武帝元封四年（前107），朝廷在大连南部设置了历史上有记载的第一个县级建制——沓氏县。大连地区成为汉朝的重要经济区，除农业外，畜牧业特别是冶铁和盐业也都有较大发展。当时辽东郡人口已达272539人（沓氏县人口约2.5万人《汉书·地理志》）。

大连史志办研究员王万涛说："在大批涌入辽东的山东人

▲ 大连史志办研究员王万涛对大连历史有深入研究

士当中，还包括管宁、邴原等一些名家学者，他们对辽东一带的学风及社会风气乃至生产力均产生了深远的影响。”

名儒入辽

东汉末年，中原大地烽烟迭起，唯辽东一带地处偏僻，未被战乱波及。管宁听闻辽东太守公孙度令行海外，便与邴原、王烈等人相约共同避乱，纷纷跨海路过大连投奔公孙氏在辽东避难。

数尽辽海文化名人，第一个当为管宁。管宁虽非出生在辽海，但平生大部分时间都是在辽东度过的。《三国志·魏书》提到，“宁在辽东，积三十七年乃归”。他传授儒家经典学说，并身体力行，以儒家的道德观潜移默化地影响和教化他的学生及周围的人们。

管宁、邴原、王烈入辽带来了中原先进文化，热心办学，教化民众，尽力传播先进的思想文化和生产技术，对辽东一带的学风及社会风气乃至生产力均产生了深远的影响。他们是辽东文化的引路人和传播者，为辽东经济、文化的发展做出了卓越的贡献。

辽东读书人到山东赶考

"随着社会的发展和航海工具的不断改进，辽东与山东之间的文化交流更加频繁。"王万涛介绍说，明朝统一辽东后，就在辽东设立学校，开展儒学教育；自洪武十七年（1384）至万历年间（1573—1620），共设都司卫学15所、永宁监学1所及自在州学1所，另有书院7座，随卫建立的社学25所。虽在数量上无法与内地府、州、县学相比，但在辽东教育史上达到了空前完备的规模。

其中岁贡是科举时代贡入国子监生员的一种。与内地府、州、县学自洪武十六年（1383）就有岁贡生员不同，辽东都司卫学要成化二年（1466）后，才能获得向国子监岁贡生员的资格。

据现有史料统计，自此至明末，辽东共有岁贡765人。他们或经考试后被明廷直接选任为府、州、县学教官，或经廷试后入国子监肄业，再经历事而获得选任中央及地方各级行政官职的资格；由此，岁贡成为辽东都司卫学生员最主要的入仕之路。

此外，辽东生员与内地生员一样，自明初就可通过科举考试入仕；因明代辽东一直没有获得单独举行乡试的资格，因此辽东士子必须到邻近省参加乡试，先到的就是山东，嘉靖十三年（1534）又改至顺天。自永乐十八年（1420）至崇祯九年（1636），辽东士子共参加56科乡试，共考出208名举人；又以此为基础自正统十年（1445）至崇祯四年（1631）考中72名进士。由此形成了明代辽东士人建立在都司卫学基础之上的生员、岁贡、举人、进士四级宝塔式群体结构，成为明代辽东文化的主要承载者及其发展的主要推动者；同时，因明代实行任官地域回避制度，故具有选官资格的辽东岁贡、举人、进士除少部分担任中央官职外，一般都是到辽东以外的各省任官，他们中的大部分官员为任官地的经济、文化和社会发展做出了贡献。

辽宁历史文化

词条 22

九门口长城

九门口长城是世界文化遗产，坐落于葫芦岛市绥中县。南端起于危峰绝壁间，与自山海关而来的长城相接。是中国唯一的水上长城。

行记 XINGJI

大连 旅顺口

记者在旅顺采访当日，天降大雨。上午，记者走进旅顺博物馆。令人惊讶的是，尽管下雨，博物馆内依然人山人海。博物馆的展品告诉大家，旅顺有着厚重的历史。它的发展变迁，始终离不开大海。

从博物馆走出，雨过天晴。记者拜访当地历史学者，进一步深入探寻旅顺的历史。

19 世纪远东地区最大的海防工程

旅顺船坞见证 中国工业文明发展

▶ 在大连现代博物馆馆长姜晔看来，旅顺船坞是大连的重要文化符号之一。这座在19世纪堪称奇迹的工业建筑，是大连地区最早的、最有影响力的民族工业遗产，它的建成标志着大连工业的诞生。如今，这座老船坞虽然历经战乱，但仍坚固如初，履行着自己的功能，它也是中国工业文明发展的见证者。

19世纪的奇迹建筑

2018年9月下旬，国家文物局证实在大连庄河海域发现甲午海战中北洋舰队“经远号 ”残骸。这是继“致远号”之后，我国甲午海战遗迹水下考古工作获得的又一重大成果。

北洋舰队曾是亚洲第一，这支中国近代化海军舰队成立于1888年，是清朝建立的4支近代海军中实力最强、规模最大的一支。北洋舰队的基地就位于大连旅顺。大连现代博物馆馆长姜晔说，旅顺船坞是大连重要的工业文化符号。这座在19世纪堪称奇迹的工业建筑，是大连地区最早的、最有影响力的民族工业遗产，它的建成标志着大连近代工业的诞生。如今，这座老船坞虽然历经战乱，但仍坚固如初，履行着自己的功能，它也是中国工业文明发展的见证者。

从1840年鸦片战争到1883年中法战争，短短40余年，外强入侵中国达8次之多。清政府统治下的中国有海无防，只能被动挨打。从朝廷到地方，官员们一致认为外患已成“心腹之疾”，而非“肘腋之患”，“海防关系紧要，既为目前当务之急，又展国家久远之图”，必须加强海防建设。

从1861年兴起的以“求强”“求富”为目的的洋务运动到修建旅顺港坞，此时洋务运动的特点是以筹建海防为中心，在从朝廷到地方洋务派官员中，李鸿章是经办洋务最多、历时最长、影响最大的洋务运动代表人物。李鸿章时任直隶总督兼北洋大臣，拥有军权、政权和外交大权，他决心兴办中国自己的近代军港和修船大坞。1880年前，洋务派已建成了江南制造总局、福州船政局、天津机器局、广东军装机器局、大沽船坞。它们加上后来完工的旅顺船坞，就是近代中国舰船工业史中所谓的“四局二坞”。

加强海防建设，一个很重要的项目就是建立一支近代海军。为此，清政府成立海军衙门，并责令李鸿章专司其事。

北洋海军于1876年筹建，至1888年成军，有外购和国产的各种军舰，这支初具规模的舰队必须有归宿停泊之地和修理之所。而此时我国仅有4处船坞：广东黄埔船坞，1845年由英国人所建，1876年由两广总督刘坤一购回，但规定25年后才准许中国用此坞修军舰；江南船坞；福州船坞；大沽船坞。除黄埔船

▲ 大连现代博物馆讲解员向观众介绍旅顺船坞

辽宁历史文化
词条 23

旅顺船坞

旅顺船坞始建于1883年，为清北洋水师保障基地，是洋务运动后期一项规模浩大的工程，是近代中国船舶工业“四局二坞”之一，在当时被称为“远东第一大坞”。船坞架设了东北第一条国内电报线路和中国第一条国际电报线路，建成了国内第一条自来水管线，形成了东北第一批产业工人队伍，带动了大连城市的建立与发展。2018年1月，入选中国工业遗产保护名录。

▲ 旅顺船坞 2013 年被列为国家级重点文物保护单位

坞外，都是泥坞或木坞，只能修一些小战船，远远满足不了北洋海军修舰的需要。外国人讥笑中国“有鸟无笼”（即有船无坞）。李鸿章上奏朝廷“至铁舰收泊之区，必须有大石坞预备修理……故修坞为至急至要之事”，福建巡抚丁日昌奏请朝廷，铁甲舰来华后“驾驶之员，养船之费，修船之坞，事事均关紧要”。我国是拥有万里海疆的濒海大国，在何处建军港，在何处建大船坞，曾在清廷中引起不少的争论，直隶总督兼北洋大臣李鸿章力主把军港船坞建在旅顺口。

工程历时10年

姜晔告诉记者，从1881年开始，到1890年9月11日竣工，旅顺船坞工程历时10年。其间，袁保龄、陆昭爱以及许多不知名的中国人，为船坞建设挥洒汗水，甚至牺牲生命，终于建成旅顺船坞这样“国内尚且无有”的重大海防工程。就在袁保龄奉调海防营务这年夏天，他前往北洋各港口实地勘查。他的考察结论是，中国北方所有港口“环观无以易旅顺者”，“旅顺为北洋第一险隘，可战可守。前有老铁山，与南北城隍岛最近，然亦四十余里之海面。若水师得力，此两山炮台水雷足以助势，敌舟无敢轻过”。一年以后，袁保龄临危受命，出任旅顺港坞工程总办，身兼军、政二职。

旅顺船坞是借助西方的科学技术建成的，但在施工中，中方工程局官员和工人对西方的科学技术并未完全照搬照抄。比如在建坞用材问题上，国外技术人员坚持用砖，旅顺口工程局总办袁保龄坚持用石，经过数月的争论决定用石砌坞，保证了大坞百年完好如初。再如，外购机器合同签订后，袁保龄发现外商的合同件与中方的不同，又召集各方重新修订了合同。即使是把旅顺口工程承包给法商，中方也没撒手不管，而是派津海关道周馥和工程局会办刘含芳主持旅顺口工程局，专门监督法国工程人员组织的施工。

在旅顺船坞建成之前，整个东亚还没有如此规模的大型船坞。所以当时外国人给予了旅顺口一个别名——远东的直布罗陀，把它跟英国皇家海军在直布罗陀的要塞相媲美。

为了建好旅顺船坞，不少爱国人士主动加入其中，渴望为国家富强出一份力。姜晔讲述到，1884年7月，原籍广东工程师陆昭爱从德国留学归来，他听说北洋水师正在建设属于自己的军港并举步维艰时，毫不犹豫地回国赶往旅顺口。主动要求承担参与建设军港。由于他对大型起重机器船的构造和组装“所言具有本末，条理秩如”，得到旅顺口工程局总办袁保龄等的支持和信任，并任命陆昭爱为这项工程的实际指挥者。他独立地设计出船体合龙和锅炉、机器装配工艺，画出图纸。同时顶着洋人帮办的干扰阻挠和清政府官僚的冷眼旁观，四处筹集材料，督匠加工，现场指导，“独任其难，昼夜未尝离厂一步”达数日之久。1885年春，当工程进展过半时，陆昭爱因操劳过度而病倒，2月18日病故于旅顺口。

行记 XINGJI

旅顺口 — 老铁山

去老铁山的路上，一个个渔村散发着质朴的气息。从山脚一路向上，无论是让人叹为观止的黄渤海分界线，还是经历百年沧桑的灯塔，都让人由衷地感慨：老铁山，确实是辽宁的一处独特符号，值得更多人关注。

辽东半岛最尖端有座老铁山

山上的百年灯塔仍在指引航路

▶ 一山担双海，一港写春秋。一港说的是旅顺口，一山则是指老铁山。人们把中国版图比作一只傲立东方的雄鸡，那么辽东半岛最南端的老铁山就是这只雄鸡的嘴尖。老铁山主峰是旅顺第一高峰，它南濒烟波浩渺的黄海，西临波涛滚滚的渤海，形成了“一山担双海”的奇特景观。

| 老铁山下的生活 |

老铁山海拔 465.8米，方圆6.2万平方公里。独特的地理位置和适宜的自然环境，使它成为候鸟迁徙途中的停歇站。

1893年修建的灯塔，被称为“中国第一灯塔”。黄渤海自然分界线全球罕见。山下有距今5000年的郭家村新石器遗

▲ 于家村的渔民们为出海做准备

址，还有2000多年前的汉代牧羊城遗址，城边生长着一棵有650年历史的古树。

老铁山距离旅顺城区比较远。8月29日上午，记者从旅顺汽车站出发，因通往老铁山的公路正在修建，车子只能在附近村中绕行。虽然耽搁了不少时间，但也让记者对当地的人文生态有了更深入的了解。

距离老铁山最近的村庄叫于家村。8月底正是开海前渔民最忙碌的日子，不少农家院里堆放着渔网，女人们围坐一起，补着渔网上的洞。院子对面的空场中停靠着渔船。村民于振海一边整理麻绳，一边跟记者聊天。

于振海说：“听老一辈人说，我们家的老祖宗是穿过铁山岬到这里安家落户的。”靠海吃海，于家村世代以打鱼为生。过去家家户户都养渔船，富裕的人家都有打鱼好手。这几年，村民们看到水果采摘很受青睐，于是纷纷建大棚种起了樱桃。不过，捕鱼依然是各家各户主要的经济来源。

“来村里的人都说我们村里有股腥味，我从小就生活在这里，没有这股味还不习惯呢。”于振海说。

除了于家村，老铁山脚下还有刁家村、王家村。说起王家村，旅顺地方史研究者李华家说，他在王家村调研时曾听说，王家村祖先是闯关东而来，那时连船都没有，就是在大笸箩下钉上木板，漂到王家村现址安家落户的。

绕过于家村，就到了位于大连市旅顺口区西部、辽东半岛最南端的老铁山。伴随着海风，记者一路向上走。只见路边立着一个石碑，石碑上刻着关于“唐王过老铁山岬”的传说。

传说唐太宗李世民东征时经过此地，在老铁山岬被湍急的海浪阻住了去路，经过一番曲折，最终化险为夷。这段小故事让记者记住了当地流传的几句顺口溜：“无风三尺浪，有风浪三丈。若过铁山岬，小心把命丧。”

上山时，海面上不时传来放鞭炮的声音。一位当地人告诉记者，为了庆祝休渔期即将结束，渔民会专门放几挂鞭炮来祈祷平安。

李华家进一步解释说，休渔期结束意味着就要开海了，渔民第一次出海打鱼一定要在船上放鞭炮祈求丰收、保佑平安。到了正式开海的日子，有的人家

不仅放鞭炮，还会在岸边自家停船的地方摆上供品。

不仅如此，每年正月十三，渔民们都要在黄海岸边举行盛大的祭海仪式。

马石津？乌石津！

著名考古学家王绵厚说，旅顺自古就是重要的海上交通节点、港口。这在古代文献中，从汉代开始就有明确的记载。

旅顺的第一个名字是东晋时期的马石津。

“津”是“渡口”“港口”之意。汉魏时期，由中原经海路渡往辽东的水道方向，在汉魏以来的史籍中有所记载，其从南至北，从山东齐郡北行，主要经

▼ 白玉山上俯瞰旅顺全景

由的交通地点有三山岛、马（乌）石津、沓津等。

汉魏至隋唐，由山东半岛的北海郡渡海赴辽东，必先经莱州湾的三山岛水上交通枢纽，然后由三山浦舟横北行，在今老铁山一带登陆。

之所以选择这样一条道路，王绵厚说，主要是这条路有很好的自然导航条件。在古代没有现代罗盘的条件下，全靠自然导航，所以当时人们渡海通过旅顺老铁山和大连青泥洼港口到东北内地，这条航道是早于丝绸之路存在的。

老铁山即晋人所称的“马石津”，实为“乌石津”，即以老铁山一带乌黑的山岩命名的出海码头。据《资治通鉴》记载，咸和九年（334）八月，“拜慕容皝镇东大将军、平州刺史、大单于、辽东公，持节，承制封拜，一如廆故事，船下马（乌）石津”。

汉魏时辽东半岛南端海路上的港湾“马石津”，据金毓黻先生在《东北通史》中考证：“马石津即马石山之津口，今称旅顺口。愚谓‘马、乌’二字形似，马石山应作‘乌石山’，今为老铁山，其石色焦黑，因以得名。”金毓黻之说颇有见地。汉魏以来从山东北海诸郡渡海向辽东的海路，应发自莱州湾之“三山浦”，向北舟行经庙岛群岛海峡，到达辽东旅顺口老铁山渡口登陆，“马石津”实为“乌石津”。

|著名一景|

老铁山地势十分险峻陡峭，西南端有一处海拔86.7米的岬角，被称为“老铁山山岬”。这一位置三面环海，北面为渤海，西面和南面为黄海。这处山岬上，

矗立着一座白色圆柱形建筑，它是渔民们遥望家乡的标志，也是他们满载归航的指路明灯，它就是老铁山上的著名一景——老铁山灯塔。

清廷在旅顺为北洋水师建设军港后，为了保障北洋水师军舰的出行安全，同时也为了给从此处经过的商船、货船和渔船提供导航的便利，1893 年，由清朝海关负责，由法国人负责设计制造内部构件，由英国人完成勘测和修筑。老铁山灯塔在老铁山西南近海平缓处拔地而起，塔身高14.2米，灯高100米。

灯塔配备当时最新式头灯，八面牛眼式透镜，采用水银浮槽式旋转镜机，用重锤、铰链和减速齿轮箱装置带动透镜旋转，燃煤油白炽灯。

1905 年日俄战争爆发后，老铁山灯塔相继被俄、日占领并利用。1945 年8 月，苏联红军接管旅大，同时接管灯塔。1955 年5 月，苏军撤离旅大回国，旅大海域的航标设施全部交给海军旅顺基地管理。1959 年，灯塔接入大连市供电网。1980 年，海军旅顺基地管辖的海上公用航标移交交通部天津航道局管理，并在大连设立航标区。

随着科技的飞速发展，电灯代替了油灯，电机代替了旧机械。1977年，灯塔增设全球卫星高精度定位系统，2002 年装备船舶交通管制雷达站，2004 年又建设了船舶

辽宁历史文化
词条 24

老铁山

老铁山位于辽东半岛的尖端，是千山山脉的余脉，与山东半岛隔海相望。老铁山水道是我国最湍急的水道。老铁山上建有灯塔，为清朝海关于1893年请法国人建造，由英国人修筑，保存完好，至今仍为过往船只导航。

▼ 黄渤海分界线

自动鉴别导航系统，老铁山灯塔以崭新的面貌为我国的航海运输事业继续发挥着重要的作用。1998 年，它被国际航标协会认定为世界100座著名灯塔之一。

值得一提的是，辽宁举办的第十二届全运会圣火的火种就取自老铁山。辽宁境内的高山比老铁山有名的多得很，为什么选择老铁山呢？李华家说，老铁山地处辽东半岛最南端，是黄、渤海分界点。圣火火种在这里采集，这与老铁山独特的地域环境、沧桑的历史、战略位置等多种因素有关，昭示着辽宁将以海纳百川的胸怀，以更加开放的姿态，面向大海，引领未来。

手记 SHOUJI

黄渤海分界线

辽宁是中国大陆同时拥有黄海和渤海的两个省份之一，有2738千米长的海岸线和6.8万平方公里的近海水域。而拥有得天独厚的自然地理环境的黄渤海分界线，更是吸引着来自各地的游客前来观赏。旅顺老铁山岬与山东蓬莱角一线为黄渤海自然分界线，形成原因是黄海和渤海的浪潮由老铁山岬角两边涌来，在分界线处交汇。由于海底地沟的作用，又因黄海和渤海各自海水颜色不同（含泥沙量不同），黄海海水较蓝、渤海海水略黄，形成一道清晰的水线。有时呈直线，有时呈“S”形，天然地划分出两个海域。

与省内许多著名景点相比，老铁山的大门实在简陋。售票处的工作人员坦言，黄渤海分界线虽是难得一见的奇观，但知名度不高。专程来参观的人不多，但每一个从山上下来的人，评价都是不虚此行。

从老铁山山脚一路向上，可以看到沿途设有多个观景台。登得越高，眼前的黄渤海分界线越清晰。有一处刻有“一山担双海”石碑的观景台，在此处向海中央远远望去，依稀可见两海间颜色略有不同。

记者一直走到老铁山最高的观景台。山体上挂着几个红色大字——辽东半岛最南端。这里是老铁山急流水道，有“北方天涯海角”之称。由于特殊的地理位置造就了这里水流湍急，素有“鹅毛浮不起，芦花定沉底”之说。站在高处，黄渤海分界线尽收眼底。两海分界线的海水与两边的颜色差异很大。在黄

▲ 老铁山上的标语

渤海蔚蓝的海面上，分界线处土黄色的海水十分明显。离护栏最近的海边，人们有的兴奋地欣赏着神奇的景观，有的拍照留念。海水拍打着礁石，有风刮过时，海水溅到人脸上。远处，海鸟叽叽喳喳叫个不停。这也是最让人称奇之处，分界线交汇处盘旋着许多海鸟，它们停留在海面上，仿佛彼此交谈。对于海鸟只在分界处停留的原因，旅顺地方史研究者李华家认为，老铁山素有“东北亚大陆候鸟迁徙重要通道”之称，被誉为“老铁山鸟栈”，南北迁徙的候鸟春秋两季都要在老铁山歇脚。也许是因为铁山岬地势险要，无人打扰，加之分界线两海对撞风大浪高、滩涂食物丰富，所以海鸟比较多。

看着神奇的黄渤海分界线，听着海浪拍打岩石的声音，记者不免感慨，古人从制作人类最早的独木舟开始，从未停止过对这片海洋的探索。他们在这片海域漂泊，在海边停留下来生存、繁衍、建立聚落、搭建半地穴式的房屋，逐渐过上稳定的生活。如今这里的人们，依靠这片海依然生活富足。经历了沧海桑田，变的只有自然环境，不变的是人们的命运与养育他们的大海紧紧相连。

青铜时代辽东半岛部族的重大工程

临河临海处 建了百余座千年石棚

▶ 自1979年以来，辽宁省共发现石棚53处123座，主要分布于普兰店、瓦房店、盖州、大石桥、海城、岫岩、庄河等地。从石棚规模看，这些地方的石棚涵盖了大、中、小3种石棚。另外，在辽宁东北部的清原满族自治县、新宾满族自治县、抚顺等地，也有一些中型和小型的石棚分布。

行记 XINGJI

沈阳 海城 盖州

我们的祖先在辽东半岛临河临海的山丘或山顶上，留下了很多石棚。

这些特殊遗存对相关人类共同体多源文化的影响作用不容低估。它们的存在也让辽宁成为中国“巨石文化”的中心之一。

何谓石棚？

辽宁师范大学教授刘俊勇介绍说：“最初，民间以石棚状若冠冕，称其为‘冠石’。后来，又渐渐演变成‘石棚’，文人笔下则雅称为‘石室’。”

无论是石室还是石棚，从外观看，就是简易的房屋，用专家的话说，石棚属于封闭式的室状地面建筑。此外，散落于辽东半岛上的各种石棚，与其他类型的巨石遗迹一样，以其神秘的作用和抽象的建筑魅力，让后人不断寻找破解巨石之谜的钥匙。

石棚是干什么的？

关于用途，学术界有墓葬、祭祀建筑、祭祀兼墓葬等说法。在刘俊勇看来：“石棚先是作为墓葬使用的，其

▲ 海城析木石棚

意义如同埃及的金字塔。到后来，人们为纪念故去的先人，才会来到石棚进行各种祭祀活动。”

墓葬说的理由是，考古工作者在不少石棚中发掘出人骨和随葬品，如大连普兰店双房二号石棚曾出土了人骨、石纺轮、陶壶等。墓葬说也得到了官方的认可，《中国大百科全书·考古学》中对石棚的定义是：新石器时代晚期至铁器时代早期的墓葬形式之一。

不过，在一些专家看来，仍不能定论，因为石棚的结构是不同的，不能一概而论。部分石棚可能是一种宗教祭祀建筑物，或氏族举行活动的公共场所。如海城市析木镇等地的大石棚多被认为祭祀建筑物。

海城市析木镇文化站给记者提供的相关资料中写道，析木镇石棚是祭祀建筑物，产生的背景与古代人类对大自然的崇拜及原始宗教活动有关。由于当时石制生产工具的产生，使得人类产生了对自然石物的崇拜。

刘俊勇坚持认为，“不能孤立去看石棚的用途，辽东半岛的多数石棚一定是集墓葬与祭祀功能于一体的建筑物”。

在辽宁大学教授华玉冰看来，确实有些石棚不适合作为墓葬使用，但其功能如何，也难下结论。

石棚建于哪个年代？

考古学家许玉林在20世纪80年代给出这样的结论：上限可能早到新石器时代晚期，但绝大多数石棚是在青铜时代，有的可能晚到春秋。

不过，随着考古工作及学术研究的深入，石棚年代得到进一步确认：上限到商周，下限不晚于战国，也就是建于3000年至2500年前。辽东半岛石棚属于青铜时代的证据是，其所在地都发现了青铜时代的遗址，像大荒地、榆树房等遗址，出土的扁平斜刃石斧、双孔石刀、石矛等文物，其年代相当于距今3000年以前，这就直接证明了辽东半岛石棚出现的年代。但也有个别石棚年代更早一些，像盖州市石棚山石棚、海城市析木镇石棚距今都超过3000年。

华玉冰认为，目前对石棚年代范围的判断大体无误，但多是“类型学”的逻辑推断或“文化格局”下的排除法，直接证据不多，亟待多学科合作，引入科技测年手段。

谁的石棚？

在浮渡河畔西岸的一座小山顶上，一片果园簇拥着世界上最大的石棚——盖州石棚山石棚。当记者走进石棚时，立即被祖先们的勤劳与智慧深深折服。盖州市文物管理所业务科科长孟丽说，她每次站到石棚前时，都会情不自禁地产生敬畏之情。

读

辽宁历史文化
词条 25

王庭筠

金代著名文学家、书法家、画家。获得时人“文采风流、照映一时”的赞誉。他留下许多书画珍品，其一生的文学实践，为中原文化发展作出了不可磨灭的贡献。

石棚山石棚由4块花岗石板构筑，东、西、北三面由3块巨大的立石板相互支撑在一起，棚盖倚石撑起，棚檐四展，如凌空翱飞，极为壮观。巍然耸立于蓝天与高山之间，浑然一体，堪称奇观。

值得一提的是，该石棚的盖石重达60多吨，石材的开采、运输、打磨、修建全下来，绝对是当时的重大工程。那么，如此巨大的石棚其主人是谁呢？孟丽认为，“可能是一个氏族首领的石棚，普通人是不可能修建这么大一座石棚的”。据专家推测，辽东半岛现存的石棚，其主人应该是氏族首领。

石棚是怎么建造的？

金人王寂看到盖州石棚山石棚时曾惊叹：“人力不至疑天成。”盖州石棚山石棚所用巨石产自10多公里外的三道河龙潭瀑布附近。对于具体的建造方法，刘俊勇根据模拟考古结果推断说：“首先在石棚外壁垒个土坡，然后把巨石拉上土坡，最后再把土坡清理掉。”

那么，巨石是如何运来的呢？孟丽指了指山下的浮渡河说：“通过浮渡河运到山下，冬天时，人们往上山的路上洒满水，形成一条冰道，将巨石经冰道拉到山上。”

也有专家表示，先民是将圆木垫在巨石下面，再利用杠杆原理让巨石在圆木上一点点滚动前行。总之，一座石棚的建造，需要无数人的付出。

令人称奇的是，历史上辽南地区发生过多次大地震，但众多石棚毫发无损，任凭岁月风雨侵蚀，仍旧岿然傲立，万古长存。

辽宁石棚有何特点？

石棚出现在临河、临海的地方，主要是跟当时人类生活区域有关。辽东半岛石棚的建筑特点是：小石棚建筑比较简单，大石棚建筑相对复杂。据华玉冰介绍，从整体上看，辽东半岛石棚分布区以千山山地为中心，多建于适于人居的两侧滨河滨海丘陵地带，大石棚建造有统一的模式，多为一大一小。小石棚、盖石墓成群交错分布于岗地，俨然可见一个等级森严的王国（方国）。

古代人怎么看石棚？

《后汉书·袁谭传》载，东汉中平元年（184），公孙度为玄菟郡守，“会襄平社生大石丈余，下有三小石为足，度以为己瑞。”沈阳大学文法学院副教授姚韫解释说，建在襄平延里神社附近“下有三小石为足”的大石建筑，就是我们今天所说的石棚。文中还透露一个信息，公孙度把石棚当作自己发迹的一个祥兆。

到了金代，时任提点辽东刑狱的文学家王寂，在《鸭江行部志》中对盖州石棚山石棚有过重点描述："己酉游西山，石室上一石纵横可三丈，厚二尺许，端平莹滑，状如棋局，其下壁，立三石，高广丈余，深亦如之，无瑕隙，亦无斧凿痕，非神功鬼巧不能为也。土人谓之石棚。"

石棚里的文字代表什么意思？

盖州石棚山石棚东壁石内侧有两个上下排列的阴刻文字，对此，众说纷纭——

梵文。考古学家许玉林认为，这两个文字属于梵文，其特征是刻字较深，棱角明显，年代较近，应该是修建石棚庙时一起镌刻的。

原始图画文字。学者张维绪和郑淑艳曾提出，这两个字是原始社会后期，部落联盟首领禅让冠冕祭祀场所的文字见证。

早期汉字。熊岳当地学者陈振殿认为，这两个字是汉文融合时代的标志，是始建石棚竖写祭文或铭文残余下来的两个汉字。

古东夷文字。《营口通史》第一卷中指出："如果不是原始图画文字，至少也是东土文字，即秦国未统一六国时的燕、齐两国文字。"

辽宁石棚影响了谁？

从欧洲的丹麦、法国、德国、英国，到非洲的埃及、突尼斯、摩洛哥，直到亚洲的日本、朝鲜、韩国等国家和地区，都随处可见各种类型的石棚。在我国，吉林、山东、浙江等省份也都有石棚的身影。

据华玉冰介绍，国外学者曾提出，中国辽东、辽西的青铜器文化，成为朝鲜半岛青铜器文化的母胎，也就是说辽东半岛石棚与日本、朝鲜和韩国的石棚有着密切关系。华玉冰说："似乎可以这样认为，辽东半岛石棚是中国东部地区面向海洋部分相关文化的重要策源地之一，对相关人类共同体多源文化的影响作用不容低估。"

手记 SHOUJI

姑嫂石

8月13日傍晚，记者来到位于海城市析木镇东南4公里左右的全国重点文物保护单位析木石棚，可以精确导航至石棚所在小山上的石棚围栏跟前。

石棚顶盖巨大的石板剪影在远处山坡背景和落日余晖的映衬下，显得十分神秘深远。一名村民带着小孩和家人开着面包车过来玩，记者跟他聊起了石棚。这位村民名叫裘荣满，今年46岁，他就住在山脚下的蒲草峪村，是从小在石棚

▼ 海城市析木镇蒲草峪村村民裘荣满和孩子经常来石棚玩

边上玩大的，他说这个石棚原来有两座，当地人称“姑嫂石”，另外一座稍小的“嫂石”已经在几十年前毁掉了，连他这个年龄的人都没有见过。他只知道这座石棚的年代十分久远，村里人都说不清楚它的来历。有人说是古代首领的坟，也有人说是用来祭祀的场所。

记者仔细围绕着这座近3米高的石棚拍摄，石盖长约6米、宽5米。记者在石棚内壁上看到大大小小几十个直径5厘米至10厘米的凹坑，凹坑深约2厘米至3厘米，不知道是自然力造成的还是先民凿刻的神秘图案。

哪些石棚值得一看

如果想实地看石棚的话，以下几处遗址是一定要去的。

盖州石棚山石棚：1996年跻身全国重点文物保护单位的石棚山石棚，是目前国内保存最好、面积最大的石棚。尽管经过3000多年的风雨侵蚀，仍保持历史原貌，属于祖先留给我们的最好的历史遗产。

海城市析木镇石棚：2001年跻身全国重点文物保护单位的析木镇石棚，原

▲ 海城析木石棚内部石壁分布多个圆形坑

有两座，一座建于山上的“姑石”，另一座建于山下的“嫂石”，姑嫂升天的传说便由此得来。遗憾的是，“嫂石”已不存在。

大连金州小关屯石棚：关于小关屯石棚，有个动人的传说。相传唐朝名将薛仁贵征东时，路过这里，躺在石棚休息，至今石棚的盖石板上还隐约可见薛仁贵当年留下的脚印痕迹。

庄河白店子石棚：该石棚位于庄河市吴炉镇小房身村姑嫂石山上。石棚内铺底下曾出土一件石纺轮和石化碎骨，石棚外曾出土黑陶片和残石器。现除东壁有可容一人出入的豁口外，其他部分保存完好。

它们是极具开发潜力的历史文化资源

辽宁石棚群
应申报世界文化遗产

▶ 辽宁拥有不少石棚，但真正知道、了解石棚的人很少。采访时，无论是专家，还是文物保护工作者，都反复跟记者说：辽宁的石棚不该这样静静沉睡，要尽快唤醒，要向全国、全世界叫响我们的石棚文化。辽宁师范大学教授刘俊勇建议，可考虑将辽宁石棚群申报世界文化遗产。

行记 XINGJI

沈阳　海城　盖州

石棚在世界很多地区都有发现。欧洲石棚主要集中在丹麦、法国、德国、英国、荷兰、比利时、西班牙和意大利，其中西班牙的安特克拉石棚已成为世界文化遗产。非洲的埃及、突尼斯、摩洛哥等国家也发现了大量石棚。而在亚洲，石棚广泛分布于中国、日本、朝鲜、韩国、马来西亚和印度。

|我国现存最大的石棚|

闻名于世的盖州石棚山石棚：3块打磨光滑的花岗石板围成东、西、北三壁，另有1块大石板为盖石。盖石四面伸出各立壁之外，相互对称，南、北两面伸出较长。石棚下部有底石，但南壁立石不见踪迹。石棚内部，除了有存在争议的阴刻文字外，内壁墙上与顶部还有彩画，据推测可能为后人所绘。

盖州市文物管理所业务科科长孟丽自豪地对记者说："这是我国现存最大的石棚，也是保存最好的一座地面巨石建筑。"

站在石棚面前，尽管记者感到自己的矮小，但还是想跟石棚做一次穿越时空的对话。

记者：你知道我们对你还不太了解吗？

石棚：其实我没有那么多的秘密，只是我的主人没

▲ 盖州石棚山石棚

有留下什么文献资料，让你们觉得我很神秘。

记者：看你外表尘迹斑斑，你的主人从没好好打理你吗？

石棚：我当初可是被你们人类的祖先打磨出来的，不信你看石壁与石壁之间的接合处，连接得多么严密。

记者：你还想继续沉睡下去吗？

石棚：我已在山上沉睡千年，我与山脚下静静流淌的浮渡河水，见证了你们一代又一代，不知道哪代人能唤醒我。

谁都知道，石棚是古代最早的一种建筑物，它为研究我国古代建筑的发展、原始社会的状态具有很重要的价值。但真正知道、了解石棚的人少之又少。无论是盖州石棚山石棚，还是海城析木石棚，每年游客数量均不足1万人，而游客群体除了国内外石棚专家、历史学者外，再就是一些考古爱好者、资深驴友等。

几天前，记者专门到沈阳故宫门前随机采访外地游客，问他们是否了解辽宁有一座全国最大的石棚。遗憾的是，只有一名山东游客说，他知道辽宁与山

▲ 俯瞰盖州石棚山石棚

东都有石棚，再详细的就不清楚了。

全世界都在唤醒石棚

在遥远的新石器时代至青铜器时代，以石棚为代表的巨石文化盛行数千年之久。这些以奇特造型而著称于世的巨大石质建筑物，分布于世界各地。最近几十年，随着有关石棚的考古发现越来越多，一些国家开始用各种方式唤醒石棚。

在推广石棚文化方面，韩国走在了世界前列。韩国的高敞、和顺和江华的支石墓（我国称“石棚”）遗址在2000年跻身联合国教科文组织世界文化遗产名录，它被认为是研究和评价支石墓文化形成过程与韩国青铜器时代社会构造的重要遗产。

据辽宁大学教授华玉冰介绍，韩国高敞地区的支石墓共有1550个，被列入世界文化遗产名录的有447个。在这里，汇集了可在韩国看到的所有类型的支石墓。另外，西班牙最近也有支石墓成为世界文化遗产。

与此同时，韩国也非常重视支石墓的旅游开发。“我曾参加过韩国的支石墓文化节，世界各地的专家与游客都聚集到支石墓前，不仅能欣赏到带有本民族特色的文艺节目，更能看到还原古代人下葬、祭祀的全部场景。”华玉冰回忆说。

长期组团到韩国的导游王铁军告诉记者，韩国江华郡的支石墓文化节早已成为江华郡的特色观光庆典，游客可以参与支石墓的建造再现、陶器制作、原始狩猎等活动，尽情体验丰富多彩的原始生活。

在国内，也有个别省份开始重视石棚。像浙江省文物考古研究所出版了《浙南石棚墓调查发掘报告》一书，全景展现了浙江地区的石棚文化。国内一些对辽东半岛石棚感兴趣的年轻学者、历史爱好者，也很想了解辽东半岛的石棚文化。关于辽东半岛石棚，比较详细的文献仅有许玉林的《辽东半岛石棚》与华玉冰所著的《中国东北地区石棚研究》。

石棚研究是否已到尽头

韩国支石墓之所以能成为世界文化遗产，并被打造成当地著名的旅游景点，韩国学者起到了至关重要的作用。正是因为有了学术界强大的智力支持，韩国的支石墓文化节才搞得热热闹闹。

既然辽宁拥有不少石棚，我们有没有可能也举办石棚文化节或石棚文化论坛？华玉冰谨慎地说，从现在的实际情况看，很难实现，“因为，我们目前对石棚的研究还不够深入，除非有重大考古发现，才能支持学术研究的重大突破”。

记者在中国知网上搜索“辽东石棚”，有关的学术文章不过20余篇。即使搜索“石棚”，也不过200余篇，而且大多出自2000年以前。可见，中国学术界对石棚问题研究之弱。

“石棚研究停滞不前，是多方面原因造成的。最主要的是考古专业人员总量不足，专门研究者更是凤毛麟角。没有新资料，很难取得新成果。”华玉冰说。

有学者认为，从全世界范围来看，各国对以石棚为代表的巨石文化的研究都面临困境，韩国属于例外，因为他们考古力量比较强，而且从石棚中出土了大量重要的随葬品。

让石棚会说话

近年来，我国文物界一直在努力尝试“让文物说话”。对于沉睡千年的石棚来说，我们该如何让它也能说话？刘俊勇给出两个方案：第一，尽快启动辽宁石棚群申遗工程，将石棚及其附近的史前遗址捆绑在一起；第二，精心打造一条辽宁石棚群旅游专线，让更多的人走进石棚、了解石棚。

然而，申遗绝非易事。要知道，中国的申遗预备名

辽宁历史文化

词条 26

望儿山

望儿山位于营口市熊岳镇东2公里处。山顶有一座青砖塔，名叫望儿塔。该塔建于明末清初，远望仿佛母亲伫立山头，盼子回乡。此山因母爱传说闻名于世。

单中有好几十个项目，辽宁石棚群申遗底气何在？刘俊勇说，联合国教科文组织世界遗产委员会出于遗产多样性的追求，近几年对史前遗址格外青睐，而且国际上也有石棚成为世界遗产的先例。再则，辽宁有不少石棚本身已是全国重点文物保护单位，是具备申遗条件的。另外，辽宁石棚数量多、类型全，完全可以组建一个石棚群。据统计，我省已发现石棚53处123座，而浙江石棚只有13座，山东石棚数量相对更少一些。

针对刘俊勇提出的申遗建议，一些基层文物工作者认为，筹备申遗过程注定是漫长的，但这个过程有助于人们关注石棚，也会推动石棚研究向前发展。石棚申遗是一个远期目标，但打造一条辽宁石棚群旅游专线应该不是一件难事。

记者在海城析木镇采访时，看到一个巨大的析木石棚指示标牌竖立在去往姑嫂石村的主干道上。可见，当地政府已有意识要打好石棚这张文化名片。据析木镇文化站站长孙焕介绍，“海城市政府计划在石棚周围修建一座石文化博物馆，吸引更多游客来参观游玩。”

像海城市析木镇这样将石棚视为文化资源大力开发的地区，在辽宁还是很少见的。

他们眼中的石棚

莎士比亚说：一千个人眼中就有一千个哈姆雷特。那么，我们当代人眼中的石棚又是什么样子呢？

孙焕说：“记得上小学时，大队辅导员带领我们四五十名学生到姑嫂石村参观石棚。看到几块巨大石头组成的建筑，很是惊叹！巨大的石头是从哪里来，又是怎样搭建到一起去的呢？直到听了辅导员的讲解，我们才恍然大悟，纷纷为古代劳动人民的聪明智慧点赞，神奇的传说把我们带进了充满想象的空间。”

沈阳大学文法学院副教授姚韫说：“石棚，古代称‘冠石’，有人认为是巨石坟墓，也有人认为是古代宗教的场所。总之，石棚属于青铜时代的产物。在东北亚地区广泛存在，是具有地域特色的上古文明。绝大多数石棚背山面水，任凭风雨洗礼，傲然挺立于山川之中。石棚是祖先留给我们的重要遗产，我们对它要倍加珍惜。”

沈阳文保志愿者陈赫说："每次看见石棚，都让我对古代先人的智慧深深折服。他们能够在没有任何先进工具的条件下，修建如此巨大的地上建筑，这不是奇迹是什么？况且，每块石板轻则几吨，重则几十吨，先人们是如何运来，又是如何搭建上去的呢？围绕石棚还有太多未解之谜，希望有一天我们能解开石棚身上所有的谜团。"

手记 SHOUJI

奇迹

2018年8月14日上午9时20分左右，记者在高德地图导航的指引下来到了位于盖州市南约45公里的二台乡石棚山村。由于并没有路标指示，只好不断地向当地村民打听石棚的具体位置。村民们都说："哦，你要去大庙吧，就沿着这条路一直向上走。"大庙？记者心下犯疑。在网上看到的石棚就是几块巨大石板搭起来的石头盒子形状，怎么会是"大庙"呢？

石棚山是高出地面几十米的一处台地，山上种满果树，也有许多葡萄棚。种葡萄的农民谢在利成为记者的"石棚导游"。老谢今年61岁，在这里生活了一辈子，种葡萄也快20年了。关于这座石棚的来历，他也说不清楚，村里最老的老人也说不出，只知道从前人们拿它当作庙来用。

沿着不到3米宽的小路走到尽头也就是山顶处，记者看到了用仿木纹理的

▼ 盖州市二台乡石棚山村果农谢在利说，村里最老的老人也说不清石棚的来历

▲ 盖州石棚山石棚棚顶的壁画

水泥栏杆围起来的全国重点保护文物单位——盖州石棚山石棚。

走到石棚近前时，记者被这座简单到极致的建筑的气势所震撼。当时天气极其闷热潮湿，石棚山上乌云压顶，有种要压垮一切的感觉，但石棚在此处岿然不动，屹立了数千年。它看起来就像一个三面有墙却没有门的石屋。

石棚高约3.1米，盖石呈圆角长方形大石板，南北长约8.6米，东西宽约5.7米，厚约0.5米，探出东西壁后，形成较大棚厦。根据花岗岩的密度为2.79~3.07克/立方厘米，记者推算出这块盖石的重量至少有70吨。数千年前，人类的生产力还处于原始状态，工程机械根本谈不上，单单就是把一块几十吨的巨石举高到3米以上这一动作就可谓奇迹了。

从石棚内部仔细看去，顶盖上刻有分不清楚是一种鸟还是祥云之类的壁画。

老谢说，以前石棚山上长的都是松树，有一棵最大的盘龙松有8个大杈，其中的一枝大杈就压在石棚的顶盖上，种果树园是近20年的事了。说话间，一场憋了许久的暴雨终于倾泻而下，记者跟老谢跑到他家的葡萄棚里躲雨，老谢剪下几串红里透紫的葡萄招待记者。

虽然现在也经常有人来看石棚，但还是不成气候。老谢说，要是能把石棚开发成旅游项目，外地游客自然就多了，他们果农也会跟着石棚借光。

西炮台遗址见证近代中国求强求变的风雨历程

营口曾被誉为“关外上海”

▶ 营口是个湿润的城市，是大辽河与渤海牵手的地方。2018年8月27日，记者乘车从营口东站去往营口市区，窗外水汽氤氲。半个小时的车程中，出租车司机孙师傅自豪地向记者介绍营口的风貌，在他看来，西炮台是最值得一游的去处。

行记
XINGJI

西大庙 — 辽河老街 — 辽河广场 — 牛庄邮便局旧址 — 俄国领事馆旧址

沿着辽河南岸，寻找近代营口的影子。记者从西大庙出发，漫步于营口辽河老街，这里有曾经的银行、粮坊、杂货铺、运输公司等。继续向东，前往辽河广场附近，曾经的东海关旧址、正隆银行旧址、牛庄邮便局旧址、俄国领事馆旧址将记者的目光带回百年前，去发现近代营口的政治经济变迁。

西炮台由中国人设计建筑

营口的西炮台遗址位于市区西部。由于营口是河海联运的交汇点，谁能控制这条运输枢纽，谁就能取得战争的主动权，因此营口历来都是兵家必争之地。

西炮台是清末东北的重要海防要塞，也是东北最早的海防工程之一。它整体形如城郭，呈“凸”字形，占地约6万平方米，设有炮台、城墙、城门、护台壕、影壁墙、蓄水池、水洞、吊桥、军械库、火药库和兵营等建筑。记者经由小营门进入西炮台遗址内部，登上居中的大炮台。这里是整个西炮台的制高点，高昂的炮筒直面海洋，防御着来自海上的威胁。

西炮台是近代中国求强求变的产物。面对西方列强的坚船利炮，清末掀起了一场“师夷长技以制夷”的洋务运动。西炮台就是在这一大背景下开建的，是当时的中国人依据德国军事教科书关于炮台修建的论述设计的。营口市西炮台遗址管理处副处长王辉介绍说，为了军事保密和工程质量，西炮台的修筑全部由清军官兵完成，没有邀请外国设计师，也没有征调老百姓。

“整个西炮台没有采用砖石筑，而是用三合土夯筑而成的。”王辉说，西炮台虽然装备着来自德国的当时最精良的克虏伯大炮，但是它的构筑方法是中国传统的夯土板筑建筑技术。营口西炮台遗址是东北地区规模最大、保存完好的生土材料建筑。使用夯土板筑建筑西炮台，不仅可以就地取材，节省人力物力，还可以抵御洋枪洋炮的攻击，飞来的炮弹只能在上面留下一个点痕，避免了砖石筑炮台遭受轰击时，残砖碎石飞溅对守军的危害。

百余年间，西炮台在战火和风雨的侵蚀下，围墙等建筑都留下了坑坑洼洼的痕迹。历经甲午中日战争、日俄战争、抗日战争、解放战争，沧桑的西炮台犹如一员戍边老将，依然屹立于渤海之滨。

河海交汇造就营口

西炮台所在的营口，是一处“宜人宜居宜商”的土地。营口的历史学者们经常一起探讨研究，结合这里出土的古代“千秋万岁”瓦当、“长宜子孙”铜镜、大量的窖藏钱币，以及近代营口港的繁荣昌盛，将历史与现实结合，找出了河海文化带给这里的现实价值。

大辽河一路蜿蜒奔腾，在汇入渤海之前，转了一个华丽的大弯。营口的辽河公园沿河而建，记者徜徉其中，往东可见现代码头，往西是大辽河入海口的辽河大桥，“四通八达”是对这里最好的形容。

作为如今大辽河的入海口，营口有着得天独厚的自

读

辽宁历史文化
词条 27

西炮台

西炮台原名“营口炮台”，初名“没沟营炮台”。由于它的地理位置处于营口市西郊，营口人都称其为“西炮台”。西炮台建于清光绪八年（1882），竣工于光绪十四年（1888）。它是清政府兴办北洋水师在东北沿海建筑的重要海防要塞，为东北地区近代最重要的海防工程之一。

然地理优势。这里河海交汇，由于转弯水流的冲刷，大辽河入海口的南岸形成了天然的陡坎，是理想的港湾。史书对于辽河航运的记载可追溯至汉末。在三国时期，辽河的入海口称为“辽口”，两晋时称为“历林口”，明朝时称为“梁房口”，清代时称为“没沟营”。

营口市博物馆副馆长阎海说：“营口港兴于河而盛于海。”营口的海运与辽河航运是密切相关的。明代史料记载：南方海船“至梁房口，入三岔河，收牛庄码头泊”。由于明代的海运时断时续，仅为应急性的，真正意义上的海运从清康熙二十一年（1682）解除东北海禁开始。那时东北的高粱、大豆通过辽河航运集中在辽河下游的码头，如牛庄、田庄台、没沟营，再通过海运输出到南方。

随着辽河流域的逐步开发，没沟营作为出海口的重要地位逐渐凸显，辽河下游的商业码头逐渐由牛庄的小姐庙移至田庄台和白蒿沟，再移至没沟营。据道光十八年（1838）统计，停泊在没沟营的商船已达859艘。在《奉天通志》里记载，在道光三十年（1850），没沟营已成为“粮商囤积之所”。阎海认为，处于这样一个优越的地理位置，营口港的兴盛是历史的必然。

加速南北文化交流

记者听闻营口的西大庙在雍正四年（1726）重修时，曾留下“舳舻云集，日以千计”的碑文，是营口开发史的重要记录，决定前去看看。虽然如今石碑已然不存，西大庙也经过重建，但这里依然是南北文化交流的见证。

西大庙位于大辽河南岸，临近中午，这里大门紧锁。旁边的商户告诉记者，西大庙每逢初一、十五才开放，这段时间里面正在维修，可以到后门碰碰运气。记者穿过施工脚手架，进入西大庙，发现这里既是天后宫，也是龙王庙，同时还供奉着药王。

阎海告诉记者，雍正四年（1726），人们在原龙王庙的基础上建立了没沟营天后宫，这标志着妈祖文化在东北的传播。妈祖文化通过频繁的海上贸易从南方传播到北方的各个港口，随着海运的兴盛，从闽浙一带来到没沟营做生意的商人越来越多，天后宫的建立说明闽浙商人的势力在营口已经达到一定数量。

由于商贸繁荣，移民日益增多，在开埠以前，没沟营作为一个粮食贸易港口，呈现出蒸蒸日上的发展态势。1861年营口开埠是营口历史上最浓墨重彩的一笔。第二次鸦片战争后，营口成为东北第一个对外通商口岸。对外开埠打开了营口通向国内外的大门，外国的轮船与本国的木帆船同时涌入营口港，将大量的商品投入到东北这个巨大的消费市场，也将东北丰饶的物产销向世界。与此同时，国外先进的科学技术、先进的生产设备纷纷传入，第一时间在营口生根发芽，例如榨油业、纺织业都引进了机器生产。

曾是东北地区经济中心

阎海把辽河的内河航运比作一条连接营口与东北腹地的大动脉，把营口的海运比作一张连接营口与国内沿海省份及世界各国的交通网。营口作为当时东北唯一的通商口岸，进出东北的大宗商品都要在此交易，很快就发展成为东北的经济中心，在当时有“东方贸易总汇”和“关外上海”之称。

记者从西大庙出来，往东不远就步入了闻名遐迩的营口辽河老街，也叫“西大街”，是营口近代商业的发祥地。去过营口辽河老街的人们，都会惊奇地端详这些遗存下来的老建筑，“瑞昌成”“东记银号”“兴茂福”……有的连在一起，有的单独矗立，这条老街是近代营口留给后世的一段斑驳印记，供今人去感知

▼ 西大庙

▲ 营口港

这里曾经的繁盛。

营口历史学者王金令总结，营口曾经是东北的航运中心、商贸中心、金融中心、实业中心。辽河航运与海运在营口交汇，在19世纪末，在辽河上航行的民船多达2万艘，满载着农副产品顺流而下，达到营口，在这里集散。当时的辽河上，船只“大有掩江之势”。

营口的陆路交通也十分便利，每逢冬季封河时节，人们会用大车、爬犁将农副产品送往营口。王金令说，营口的金融业包括炉银、本国银行、外国银行三大块，其中炉银是营口发展初期最重要的支付结算手段。炉银是以银为本位的虚码信用货币，在交易的过程中以银锭为单位，但是不动用现银结算，既方便又保险，吸引了大量的客商来营口经商。

营口开埠后吸引了全国各地的资本，从而促进了营口早期民族工商业的形成。大豆加工业、纺织业、盐业是近代营口三大实业支柱。在清末的最后30年，营口大豆加工业的产量、输出量居东北之首。历史悠久的纺织业和盐业在近代引进先进技术后，都焕发出新的活力。

手记 SHOUJI

辽河广场的近代建筑

营口辽河广场位于辽河边上，曾经有不少老建筑，随着城市的变迁，如今遗留下来的不多。

营口市博物馆副馆长阎海说：“辽河广场这一带在近代时，各国领事馆扎堆。”营口开埠后，英、法、美、日、俄、瑞典等列强纷纷在营口设立领事馆。阎海给记者画了一张简易地图，标注了辽河广场周边曾经的各国领事馆位置，如今遗存的仅剩俄国领事馆旧址。

营口俄国领事馆旧址位于营口市市府路与建设街交会处的营口市第一中学院内西北角，以前是学校的图书馆。记者穿过辽河广场，向西南方向望去，在营口市第一中学大门旁，一座东正教堂风格的建筑格外引人注目。

远远望去，在大树的掩映中，这座建筑屋顶是红色的，墙壁为淡黄色，还有一个拜占庭式的楼亭。走近俄国领事馆旧址，记者发现它已从营口市第一中学院里隔离出来，临街的窗户开着，里面正在进行修缮。俄国领事馆旧址最初是俄国民政厅，1900年，沙俄军队占据营口时，用拆毁西炮台兵营的青砖、石料，以及兵备道衙门备用的木料建成这座建筑。俄国在营口的领事馆设立于1897年，在三义庙租民房开馆，后来迁至现在的俄国领事馆旧址。

从俄国领事馆旧址出来，往北走不远处有一座红色

▲ 东海关旧址

的二层建筑，由条石、红砖砌筑墙体，开设拱形门，设有虎头窗两处，墙上挂着“中国红十字运动发源地纪念馆”几个大字。

1904年2月，上海成立了万国红十字会，同年3月10日，万国红十字会在营口设立了第一分会，是中国第一个红十字分会。如今，这座典雅古朴的二层小楼已经修缮为中国红十字运动发源地纪念馆。据工作人员介绍，中国红十字运动发源地纪念馆自2017年5月份开馆后，来此参观学习的人络绎不绝。纪念馆面积560平方米，设置序厅和6个展厅。大量丰富的资料、照片，展示国际红十字组织起源、中国红十字运动、辽宁红十字事业的发展全过程。另外，这座建筑也曾经是牛庄邮便局旧址。牛庄邮便局是近代日本在营口开设的邮局。

近代营口的日本领事馆在各国领事馆中比较特殊，由于历史原因，曾经三次开馆闭馆。1876年年初，在西方列强纷纷在营口开设领事馆之际，日本政府令其天津总领事池田宽治到营口筹办领事馆事务。日本人最初租借民房开设领事馆，委托旗昌洋行代理领事业务，在中日甲午战争时，领事馆一度撤销。甲午战争后，日本在东北南部的势力激增，再次在营口开设领事馆。1897年，日本租赁东永茂商号房屋，恢复了日本驻营口领事馆，此后为了活动方便，馆址

▲ 牛庄邮便局旧址

设于日商驻营口的三井物产株式会社营口支店。日俄战争爆发后，日本领事馆关闭。1905年8月，日本领事馆再次开馆。因为房屋面积小，功能和设施不完善，1912年，日本将领事馆迁往新市街。新的日本领事馆为二层砖木结构，位置在今天的辽河广场西南角，营口市第一中学北门的路北，如今已被拆除。1937年，日本侵略者鉴于其扶植的伪满洲国已经控制了东北地区，在当年6月关闭了驻营口领事馆。

盘锦和营口站在辽河三角洲上的一场对话——携手激活辽三角

行记 XINGJI

沈阳 营口 盘锦

辽河三角洲地处辽河、大辽河入海口交汇处。这里有绵延数百平方公里、面积居世界第一的芦苇荡，有一望无际的天下奇观红海滩。营口与盘锦分别处于辽三角的两翼。

▶ 三角洲，即河流流入海洋、湖泊或其他河流时，因流速降低，所携带泥沙大量沉积，逐渐发展成的冲积平原。放眼世界，每条大河的入海口一般都有一个三角洲，三角洲地区不仅孕育文明，也孕育财富。我国的长江三角洲和珠江三角洲，很早就是我国经济实力最强的区域之一。黄河三角洲也不甘示弱，试图通过蓝色经济区来逆袭长三角与珠三角。

沿中国海岸线继续向北，有一个被人们忽略的三角洲——辽河三角洲。辽三角主要有两个城市：营口与盘锦。一个是东北近代开埠第一城，另一个是因石油而兴的新兴城市。位于辽三角两翼的她们，会不会成为辽宁经济的新增长极？

盘锦：向海而生的故事刚刚开始

盘锦，一座向海而生的城市。

走出盘锦火车站，向海大道会最先映入人们的眼帘，并提示所有外地人，这是一条奔向大海的公路。

现在的盘锦，如同这条向海大道一样：向海而生！“原先都说盘锦只有石油，如今你们再看盘锦，我们有河蟹、有大米、有红海滩，还有盘锦港。”盘锦出租车司机刘先生自豪地对记者说。

2016年4月底，盘锦市行政辖区由原来“两县两区”变为“三区一县”。大洼撤县设区意味着盘锦由县域经济、城区经济并重，向着全域城市化发展理念转变；由城乡要素互为支撑，向着用城市要素驱动市域经济发展转变。

盘锦市政府在沿118公里的海岸线上，分别在辽河左岸开发建设了辽东湾新区，在辽河右岸规划建设了辽河口生态经济区，形成了以盘锦港为核心的纵横域内外、贯穿东北腹地的集疏运体系，结束了盘锦“有海无港”的历史，成为东北及内蒙古东部地区最近的出海通道。

未来的盘锦，注定不是一座普通的滨海城市，而是一座面向东北亚且活力四射的国际化都市。

在这里，向海而生的故事刚刚开始。

从“南大荒”到“南大仓”

嘉宾／《盘锦日报》记者林松

我生在盘锦，长在盘锦，工作在盘锦。

作为退海之地，盘锦“多水、无山、少树，苇塘、潮沟遍布”，素以贫瘠荒凉、生活艰苦著称，曾有“南大荒”之称。而今，盘锦河蟹、大米等特产已走向全国，享誉海内外，“南大荒”变成了“南大仓”。

▼ 红海滩国家风景廊道　宗树兴／摄

盘锦的今天，是一代代盘锦人不怕苦、不怕难、创新实干、奋斗自强的结果。

盘锦118公里海岸线，附近海域是辽东湾著名的天然渔场，有“肥沃的河田”之美誉。原来，辽河携带丰富的有机质穿盘锦城区而过，与大辽河、大凌河一起注入辽东湾，为鱼群带来丰富饵料的同时，改良了近海海水盐度，特别适合鱼的洄游繁衍，被渔民称为日进斗金的“聚宝盆”。

盘锦人充分理解“红滩绿苇就是金滩银滩”的道理，原本不很显眼的翅碱蓬草汇聚而成的红海滩，如今已成了盘锦的一张旅游名片、文化名片，举世闻名。

打造辽河口文化

嘉宾／盘锦市文物管理办公室原主任杨洪琦

自从1958年辽河入海口改道盘锦以后，便形成了独具特色的地域文化。

渔雁文化发祥于辽东湾的二界沟，关内外渔民持续着一种候鸟式的生产与生活方式：春天时从四面八方会聚到二界沟，以其为落脚点，并进行为期数月的外海捕捞，冬天封海前再返回各自的家乡。

盘锦帆船文化有两大特点，既有悠久的时间纵深，又有广泛的空间分布，并由此使一大批人得以赖水、赖船为生。盘锦渔民以前在辽东湾进行渔业生产时，素以帆船为主要作业工具，现在的二界沟渔民还保持木板船的传统，但用发动机替换了桅帆。

湿地被称为“地球之肾”，盘锦作为“湿地之都”，有着厚重的湿地文化。盘锦人利用丰富的芦苇资源，使苇编业一度成为本地最发达的手工业。清末民

▲ 二界沟停泊着的渔船

▲ 渔民正在劳作

初时，盘锦的苇席以结实著称，并畅销全国，田庄台更是由此形成了专业的“席市”。此外，以苇织席还是盘锦相传已久的生活习俗。

移民城市的开放精神

嘉宾／“辽河口老街”文化项目创始人、辽河口文化研究会副会长史光东

盘锦自古以来就是一座移民城市，像著名的田庄台，就是靠移民发展起来的。在盘锦的城市基因中，与生俱来就有开放与包容。

在盘锦，很少有人说自己是原住民，因为盘锦的历史就是一部移民史：闯关东移民、渔雁渔猎移民、军垦移民、知青移民、油田移民、农垦招户等。面对移民，盘锦没有排斥，而是主动拥抱。

比如闯关东移民，山东、直隶（今河北）等地的百姓，成群结队来到辽宁，

潮涌二界沟　林松／摄

来到盘锦。他们以农民的身份而来，亦以农民的身份在这片土地上扎根。

再比如，1963年到1979年，盘锦共接收安置了沈阳、大连、鞍山等地的14万名城市知青。知识青年在这片盐碱荒地上兴修水利、垦荒种田、科学实验、传播先进文化和生活方式，他们为盘锦农垦事业发展做出了重大贡献。

值得一提的是，当外来文化与本地文化发生碰撞后，双方并没有产生激烈冲突，而是根据本地的自然资源，共同经营脚下的这块土地。作为移民城市，盘锦人具有敢闯、敢创，能融、能容的思想与性格，既能引进来，也可走出去，是东北地区市场化较开放的地区。

做大做强文旅产业

嘉宾／盘锦某金融公司高管孙刚

虽然石油化工产业仍然是盘锦经济发展的主力，但结构性调整逐步给盘锦的经济发展、社会生活带来改变。

近年来，盘锦以打造“国际生态旅游目的地”为目标，以天下奇观红海滩为依托，大力发展文化旅游产业，并把文化旅游产业定位为牵动服务业提升发展、推动相关产业转型发展、拉动经济稳步发展的战略支柱性产业。像大米博物馆、河蟹博物馆、稻草艺术节、二界沟开海节、中国最北海岸线冰凌穿越、冬季温泉旅游等一大批文化旅游项目，引来全国各地客人来盘锦游玩。

现在，盘锦的文化旅游产业正成为盘锦经济的新引擎。接下来，盘锦要继续努力，把文化旅游产业做强，从而带动辽三角的全面发展。

我叫李响，是土生土长的盘锦人

嘉宾／盘锦青年创业者李响

目前盘锦大米和盘锦河蟹已经成为享誉国内外的东北特产，大学期间记者带领几名盘锦大学同学老乡回到老家国营新开农场，开启了人生中第一次返乡创业。

现在是返乡创业热潮期，众多的人才回到家乡创业，同时我们也要注重与互联网结合，年轻人应多帮助年长者多渠道宣传销售，严格把控质量，因为盘锦河蟹、大米现在已经享誉全国，但是很多非法商家假冒盘锦河蟹、大米进行销售，这也是我们所不能容忍的。我们要精挑细选每一粒米、每一只蟹，把真正的盘锦特产献给大家。

营口：为东北打开面向世界的窗口

在辽沈大地上，浑河与太子河汇流之后，被称为“大辽河”。大辽河一路蜿蜒向南而去，在即将汇入渤海时，左岸为营口市区，右岸是盘锦。临近入海口处，一座大桥将两市牵在一起。

营口坐落在大辽河口左岸，历史上这里曾是中国东北最早开埠的口岸，是东北近现代文明曙光升起的地方。

营口是一座古老而又年轻的城市，传统工商业的余荫犹在，新兴产业已然在此大展拳脚。位于东北亚经济圈、环渤海经济圈接合部和辽宁沿海经济带、沈阳经济区的叠加位置，营口是东北腹地最近的出海口、沈阳经济区唯一的出海通道，这里交通便捷，拥有海陆空齐备的立体化交通网络。营口物产资源丰

▼ 辽河特大桥

富，拥有巨大的经济发展潜力。除此之外，营口还是一个适宜人居旅游的滨海城市。营口依托港口和旅游资源发展大物流、大工业、大商贸、大旅游，努力树立“宜居、宜游、宜工、宜商”的形象。

“我的营口你的家，胸怀有多大，舞台就多大，绽放热情和才华，我们手挽手，让梦想开花……”这是一首咏颂营口的歌谣。营口山水激荡，河风海韵，既有历史文化底蕴，又有开放包容、海纳百川之风，是镶嵌于大辽河口的一颗明珠。

近代东北第一个对外开埠的口岸

嘉宾／营口市档案史志管理中心副主任李占坤

营口的历史十分悠久，早在26万年前，金牛山人就在这里生息繁衍。青铜器时代，这里出现了大量的石棚建筑，并遗留至今。2000多年前的西汉时期，营口地区就开始使用比较先进的铁制农具。清代，营口逐渐成为辽河上最重要的码头之一。

营口是中国东北近代史上第一个对外开埠的口岸，直至1906年大连开港前，是东北唯一的对外港口。1861年，营口被迫开埠，英国、法国等11个国家纷纷来营口设立领事馆或领事机构。1866年以后，清政府官文将“没沟营口岸”简

▼ 大辽河入海口

称为“营口”，营口城市自此得名。营口也成为东北地区近代面向世界的窗口。营口开埠后，东北乃至内蒙古东部、俄国远东地区的货物经辽河汇集至营口出海，运往中国沿海或海运到世界各地，东北地区对外贸易量激增。外国资本也相继侵入，各类洋货大量涌入东北市场。营口一度成为东北经济金融中心、货物贸易集散地，被誉为“装不完的上海，卸不完的营口”，有着“东方贸易总汇”和“关外上海”之称。伴随着国外先进技术的传入，营口地区乃至整个东北的工商业和手工业也迈上了一个新的台阶，传统的榨油业、纺织业、酿酒业、盐业得到发展，并且出现了火柴、卷烟等新产业。

恰似“东北簸箕口”

嘉宾／营口市政协文史和学习委员会主任刘品毅

我国东北部的地势犹如一个巨大的簸箕，东、西、北三面环山，南面是簸箕口，千古辽河汇合大小支流，一路奔腾向南，汇入渤海。在大辽河和渤海的交汇处，大辽河入海口的左岸，营口这座城市恰似“东北簸箕口”，其交通优势得天独厚。

大辽河河道蜿蜒曲折，在营口境内，画出了一条完美的弧线。大辽河口自古以来就是中原与东北地区政治军事交流的交通要塞。营口开埠后，海上南行，可以直达山东龙口、烟台、威海、青岛等地，并转至上海、温州以及厦门、广州、香港等地，这是南航线；北航线可以直达大连、旅顺、安东（今丹东）等地；西航线直达葫芦岛、秦皇岛、天津等地；溯辽河而上，可以到达整个东北三省，并可转达蒙古国以及俄罗斯西伯利亚地区。如今的营口是东北腹地最近的出海通道。

在人类历史上，大江大河是上天赋予人类的宝贵资源，它们供养生命，孕育了人类文明。在大江大河的下游和入海口往往形成了冲积平原和三角洲，不仅是地质变迁、沧海桑田的历史见证者，也是世界各国经济、文化发展最早、最活跃的地区，被称为“黄金三角洲”。从全国来看，辽河三角洲的经济发展尚不能比肩长江三角洲、珠江三角洲等地，但因为有着大河大海汇聚一处的天然地理优势，辽河三角洲有着巨大的发展潜力。

襟海带河的神皋天府

嘉宾／营口市博物馆副馆长阎海

营口作为襟海带河的神皋天府，在历史上留下了辉煌灿烂的多元文化。这些历史文化犹如一场场生动的人间话剧，你方唱罢我登场，共同组成了营口独特的地域文化。

营口地处辽海门户，水运的发展奠定了近代营口城市的基础，河海文化成为营口地域文化的主体，不仅可以涵盖其他文化，还能体现营口人善于因势利导、勇于拼搏创新的地方性格。从古至今，在河与海的共同滋养下，勤劳朴实的营口人创造了丰富的物质文化和精神文化，如今仍然在延续。在物质文化方面，营口既有农耕文化，也有海洋文化，更有商贸文化、产业文化、金融文化、建筑文化、军事文化。营口称得上是鱼米之乡、水果之乡，同时也是赶海捕鱼、煮海为盐、摆渡航海的典型之地。

历史上，营口曾经海纳来自五湖四海的客商，工商业、金融业都十分发达，留存至今的有许多中西合璧的建筑，也有抗御外侮的西炮台。在精神文化方面，营口至今留存有异彩纷呈的民俗文化、雅俗共赏的戏曲文化、感发生命的诗词文化等，在新时代下焕发出新的生机。

营口港由河向海发展

嘉宾／营口港务集团党委工作部安大波

1984年开始，营口港由河向海发展，在鲅鱼圈开设海港。如今辖有营口、鲅鱼圈、仙人岛、盘锦和绥中5个港区。

比起河港，海港水深条件好，不容易淤积，同样能够依托于东北的经济腹地，拥有更好的港口条件和设施，有着更优惠的价格优势。现在，营口的河港仍在使用，但吞吐量相对很小，有政协委员提议，将“营口老港”改造成“辽河港口与航运文化产业园”。

营口港地处辽宁沿海经济带和沈阳经济区，是东北及内蒙古东部地区最近的出海港，也是辽宁省第二大港。营口港倚靠着东北地区广阔的经济腹地，与多条高速公路、铁路相连，陆路交通十分方便，具有极强的货物集散能力，有着得天独厚的区位优势。

2017年，营口港的货物吞吐量排名全国沿海港口第八位。营口港拥有包括集装箱、汽车、煤炭、粮食、矿石、钢材、大件设备、成品油及液体化工品、原油等九类货种专用码头，其中矿石码头、原油码头分别为30万吨级，集装箱码头可靠泊第五代集装箱船。东北经济腹地是营口港发展的强有力支撑，同时营口港也极大地带动了东北经济的发展。为更好地服务腹地经济发展，营口港将港口功能前移，成立了多个陆港公司。未来，营口港将发挥独特的优势，全力服务辽宁省乃至东北三省经济的转型发展和对外开放。

手记 SHOUJI

小营与小盘的私聊记录

营口：小盘，听说网上有不少人总是拿咱俩进行比较。

盘锦：我们只有一河之隔，地缘相近，文化差异不大，有许多相似之处，也有许多不同。我们都有港口，都有河流入海口，都是物产丰富、景色秀美、旅游业发达的海滨城市，人们的生活水平、生活习俗与习惯都很接近，但又处处有所不同。

营口：对呀！我这里的入海口是大辽河口，你那儿的入海口是辽河口。

盘锦：盘锦大米、盘锦河蟹畅销全国。

营口：盖州的苹果、葡萄同样远近闻名。

盘锦：在辽河三角洲湿地上，有开阔的平原地貌，有美丽的稻田，有世界上最大的苇田，还有被誉为“天下奇观”的红海滩。

营口

我的历史悠久，有东北地区最早的金牛山古人类遗址，有巨石文化神秘的石棚，有古老的熊岳、盖州古城，有明代沿海烽火台和爱国主义教育基地西炮台遗址，有中西合璧建筑以及营口西大街近代建筑群。

盘锦

我的资源丰富，中国第三大油田辽河油田坐落在这里。

营口

我的菱镁矿储量居世界首位，镁质材料产量居亚洲第一，世界上60%的钢铁企业高炉使用的耐火砖都来自营口，被誉为“中国镁都”。

盘锦

盘锦市是全国首批36个率先进入小康的城市之一，国民生产总值常年位居全省前列，人均国民生产总值连续八年居全省第一。

营口

假如工作安排在辽东湾，建议在营口买房住，因为辽东湾离营口市区更近。

盘锦

其实我俩不仅地缘近，早先还属于一个城市，应该算是亲缘关系最近的两个市，应该多交流，共同发展才是硬道理。

营口

我们都有港口，盘锦港是营口港的重要港区，我们在发展上优势互补、互惠合作、实现共赢。营口港是中国东北地区最便捷的出海口之一，也是中国所有沿海地区20个主要港口之一。目前，营口港已成为中国连接欧亚大陆桥新的通道，也是我国新丝绸之路东线重要的枢纽站。

盘锦

我们两座城市之间虽然已通公交车，但仍然有人建议再修一条城际轻轨，看来城际之间的人员交往越来越紧密了。

营口

可不！大辽河大桥没建成前，从营口到辽东湾只能坐摆渡船，现在一脚油就横跨两座城市。听说，大辽河大桥下面的辽河渡口已成“网红景点”，不少游客慕名来坐船。咱们之间应该规划一条旅游线路。

盘锦

这个我赞成，周末两天时间，正好盘锦一天、营口一天。逛完红海滩，吃完大河蟹，坐着摆渡船，就到营口了。然后，去西大街走走，到西炮台再看看。时间允许，再去鲅鱼圈吃顿海鲜大餐！

营口

小盘，你看咱辽三角什么时候可以比肩长三角、珠三角？

盘锦

还是立足于自己的特色，充分挖掘本地资源，继续努力。相信假以时日，辽三角也能腾飞。

行记 XINGJI

沈阳 盘锦 辽东湾 田庄台

辽河流域的古渡口基本所剩无几，盘锦市大洼区西安镇上的上口子古渡口，是迄今为止保持最完好的一个渡口。那么，历史上的辽河到底有过多少渡口？据不完全统计，大约不到200个，比较有名的渡口是郑家屯、三叉河、沙岭等。

古渡口变身“网红小镇”

100多年后 田庄台又火了

▶ 田庄台位于盘锦市最南端，东依大辽河，西临辽东湾。历史上田庄台曾“八里河岸，泊船上千；市井繁华，铺户栉比”。用现在的话说，田庄台既是物流中心，又是商贸中心。

如今，田庄台作为东北地区唯一现存的渡口古镇，再度焕发生机。

无人不商

2018年春节期间，田庄台格外热闹。原来，因为被拍进了央视纪录片《记住乡愁》，这里瞬间成为“网红小镇”。

田庄台张记烧锅传承人张朝伟回忆说：“今年春节期间，我们田庄台的各类小吃，从初一开始就忙得不可开交。营口的、盘锦的、沈阳的乃至全国的数万游客，不约而同地涌进了田庄台。”

据史书记载，田庄台曾经“八里河岸，泊船上千；市井繁华，铺户栉比”，同时还有着“商贾辐辏之地”的美誉。

2018年9月2日下午，本报记者与盘锦市文物管理办公室原主任杨洪琦一起来到久负盛名的田庄台。进入小镇后，记者一边听杨洪琦介绍街路两旁的那些老字号商

▲ 田庄台老字号小吃

铺，一边仿佛回到了几百年前，熙熙攘攘的客商在此讨价还价……

田庄台大约从清雍正至道光年间，成为辽河航道的重要河口码头。“在这100多年里，关内外物产交流兴旺，南来船只，北来大车，均聚集于田庄台。”杨洪琦说。用现在的话说，彼时的田庄台，既是物流中心，又是商贸中心。

田庄台沿河右岸码头多达20多处，而进出码头的船只种类众多：帆船、驳船、“小火轮”等，每年进出的船只多达2万余艘。因此，田庄台以“商贾辐辏之地”而载入史册。小小的田庄台出现了无人不商的局面。

外地客商云集于此后，迅速带动了田庄台商业发展，甚至产生了一些新的商业业态，如旅馆、饭店、澡堂子等，这些商铺挤满了田庄台2.2万平方公里的每一个角落。

田庄台的客商多来自山东、河北等地，来时携带家乡的布匹、瓷器、纸张等，到田庄台后，卖给当地的“批发商”，由他们销往东北各地。这些客商返程时，再把从田庄台搜罗的杂粮、药材、豆制品等带回老家。

由于辽河有长达4个月左右的封冻期，所以田庄台的商贸往来也是有一定季节性的。比如，外地客商必须在春天时过来，再趁河水未结冰前返回去。

与众不同

在田庄台鼎盛的100多年中，外地客商陆续举家迁往田庄台，让这里从一个码头渐渐发展成一个因商而兴的小镇。

由于田庄台属于移民小镇，所以有着与众不同的渡口文化。南来北往的人们聚集在田庄台，使得不同地域、不同民族的人交融杂居，其饮食习惯也都不尽相同。有需求就有商机。商业嗅觉极其灵敏的田庄台人，创造了各式各样的特色小吃。

许多当年的特色小吃已经成为今天的非物质文化遗产，如刘家果子铺、郭家饭店、凤桥酒、正兴合糕点、王把黏食等。这些传承了几百年的老字号，不管创始人来自何方，大家都不约而同地把“良心做事、诚信做人、诚信经商”作为安身立命之本。

在纪录片《记住乡愁》之《田庄台镇——摸着良心做事》中介绍了很多鲜为人知的故事：

正兴合糕点老掌柜守护他人财物数年最后物归原主；吴家铁匠铺吴连军宁可亏损也不卖不合格镰刀；魏家大饼传承人用好面烙放心大饼；老于头手包饺肉馅只用新鲜猪肉……

做人做事不昧良心的行为准则，也成为一代代田庄台人恪守的价值标准。那么，现在的田庄台商人还跟以前一样吗？“必须一样！”张朝伟斩钉截铁地说。田庄台小吃之所以口碑好，一方面是各商家严把质量关，另一方面是大家谁也不乱涨价、乱杀价。

自产自销

随着1861年营口开埠，田庄台的往日商势被减去大半。几十年后的那场中日甲午战争又使田庄台险些毁于战火，商业更是一片萧条。倔强的田庄台人很快就重整旗鼓，田庄台陆续恢复了商业活力。

与此同时，田庄台也开始形成了自己独有的商业基因。据杨洪琦研究，田庄台的老字号普遍存在相同的经营模式：前店后厂，自产自销。

▲ 田庄台街景

记者进入刘家果子铺时看到，前屋的货架上堆满了各式糕点，而后屋就是传统的生产车间。

自产自销的经营宗旨，也是在前店后厂的基础上得以实现的。即使在各种商业模式大爆炸的今天，田庄台的老字号仍坚持自产自销的传统模式。多个老字号商铺传承人表示，之所以不搞加盟，就是担心产品质量把控不好，而砸了自己的老招牌。

魏子军是魏家葱花饼的第五代传人，他至今记得，当年爷爷常挂在嘴边的一句话就是："咱做的是入口的生意，赚的是良心钱，来不得半点马虎。"

记者在与这些人交谈中发现，这些人普遍担心自家的手艺外传。因为，一旦搞加盟，传家手艺还能不能保住就不好说了。但杨洪琦认为，田庄台人从未有过靠手艺发家的想法，他们内心深处是想把传统商业文化延续下去。所以，才一直坚守"艺不外传"的祖训，尤其专注于自己的手艺。

为了适应时代潮流，田庄台有些老字号也在尝试新的经营模式。比如，品三鲜的第三代传人宛丽告诉记者，以前她家从不做外卖食品，现在全国各地哪来的食客都有，应大家的要求店里做了真空可邮寄的包装，结果把店里所有人都忙得团团转。

值得一提的是，许多老字号的新一代传承人，在最近几年陆续回到了田庄台，开始重操祖业。张朝伟说："我前些年也一直在外地打工，后来发现越来越多的人喜欢上了田庄台小吃，我一合计，自己从小就跟家里人学手艺，老在外边都荒废了，干脆回来吧。"

田庄台镇相关负责人对记者说，随着田庄台特色小吃的声名远播，一些在外地打拼的年轻人纷纷回乡创业，他们为家乡的振兴带来了新的生机和希望。

年轻人的回归，让田庄台老字号又充满了活力，父子与父女携手经营的商铺比比皆是，如三合居的杨闻和郭家饭店的郭丽娜，就跟父亲一起把祖业做大做强。

| 文化符号 |

记者随便走在田庄台的大街小巷，面香、油香、酒香扑面而来。

田庄台镇政府在辽东湾新区管委会官方网站上这样介绍自己：当前，轻工业和服务业是田庄台镇的重要经济支柱……田庄台镇正借助得天独厚的区位优势以及深厚的历史文化底蕴……致力于传统文化和旅游产业融合发展……把田庄台建设成为盘锦最具特色、最富活力的文化产业门户，建设成为国家级特色小镇和全国知名的生态历史文化名镇。

众所周知，每一座古镇都有着自己悠久的历史文化、独特的建筑风格，原汁原味的东西。这东西既有外在的，也有内在的，总之这是老镇的历史文化价值所在。离田庄台不远的荣兴，也在进行全面改造，但那里只有几十年历史的农村老宅，没有成为一片瓦砾，反而被改造为民宿。

在重塑辉煌的道路上，田庄台还在继续前行。据田庄台镇相关负责人介绍，他们今后将持续挖掘古镇文化特色，以明清风格商业古街为基础，开启地域特色商贸、餐饮、休闲、娱乐模式，通过将历史文化、乡村景观、百年小吃等旅游要素有机相融，让人们来到田庄台就能够"走进历史，感受人文，体验生活，记住乡愁”。

另外，田庄台镇政府将进一步开发和包装庙会、龙舞、放河灯等非物质文化遗产项目，开展一系列大型综合性节庆活动，助推全镇旅游经济发展，服务文化旅游圈建设。同时，把“田庄台清真小吃”申报为省级非物质文化遗产，最终成为同盘锦大米、河蟹齐名的盘锦特色文化符号。

田庄台因码头而兴，又因商而扬名，但距离成为全国知名小镇，还有很长的路要走。据统计，田庄台目前每年接待游客不过60万人，跟南方同类型的历史小镇每年几百万游客相比，田庄台还需再努力。

解读 JIEDU

古镇繁华一战散尽

1895年3月9日凌晨，辽河两岸炮声隆隆。清军与日军的数万人鏖战于田庄台，结果这个拥有2万多人的繁华古镇，变成了一片焦土。

《辽宁地域文化通览·盘锦卷》对甲午战争田庄台战役的评价是：这是甲午战争期间最大的一次陆战，也是甲午战争的最后一次陆战……清军兵力2万余人，火炮40门；日军兵力近2万人，火炮109门……田庄台无山险扼敌，唯有辽河可为仰赖，辽河却正值冰坚，策马可渡……

战斗的结果不言而喻，清军惨败，阵亡将士达2000余人，而被大火烧了一天一夜的田庄台，变成一片废墟。甚至连停泊于岸边的数百只木船，也全部化为灰烬。

日军火烧田庄台，与清军的顽强抵抗有关。在和日军进行巷战的过程中，清军将士以门缝、窗口、墙壁为阻击阵地，向日军射击。最终，日军下令火烧田庄台，刹那间黑烟笼罩全城。这些誓与田庄台共存亡的清军将士，其“捐躯赴国难，视死忽如归”的精神感天动地。

田庄台战役结束后，田庄台幸存者自发集结起来，默默地分3处掩埋了将士尸体。100多年过去了，清军将士墓只有一处尚存，即鬼王庙附近。当地政府于2001年9月在原有墓址基础上修建了甲午末战殉国将士墓。

据田庄台镇相关负责人介绍，甲午末战殉国将士墓属于田庄台甲午末战遗址群的一部分，另有甲午战争田庄台战场遗址、田庄台古炮台等。目前，该遗址群已成为全国重点文物保护单位。

甲午末战殉国将士墓主要由清军阵亡将士墓、纪念牌坊、将士雕像、纪念浮雕和陈列室等组成。每年约有5万人前来参观。

陈列室主要展出的内容有：甲午战争田庄台战役全部过程和甲午战争殉国将士墓概貌的相关资料，另有清军服饰、田庄台被毁后的遗物等珍贵文物。将士雕像高3.99米，形象逼真地展现了清军将士英勇杀敌的壮举，雕像后为殉国将士墓。

甲午战争田庄台战场遗址是中日甲午战争田庄台之战的主战场，位于田庄台的久远社区，南北长约950米，东西宽平均约80米。现在，这里被改造为小型公园。而古炮台位于田庄台西南2公里的碾房村，但古炮台毁于甲午末战的战火。

辽宁历史文化

词条 28

红海滩

位于盘锦市，总面积1.3万余公顷。红海滩由翅碱蓬构成，由湿地做依托，芦苇荡为背景。每年4月吐芽，10月由红变紫。

行经 20 多座城市，全程近万公里

记者重走
东北亚丝绸之路

▶ 三路记者，行经20多座城市，行程近万公里；10天，踏访博物馆、遗址，采访专家学者。路途中，有连夜赶车、全程站票的艰辛，枯坐10个小时的寂寞，也有海上漂泊数百海里的愁思……这是一次与海洋、与草原、与古道对话的历史之旅、文化之旅，也是思考之旅。一路所见，那些纵横交错的节点，依然蕴藏巨大商机。

一条没有脚印的蓝色文明通道

站在高高的甲板上，远望着陆地上的港口工人将牵绊着客轮的缆绳缓缓解开，那一刻，巨轮仿佛也挣脱了对岸边的依赖，立即投入大海的怀抱。被强烈的阳光映射至海岸线上航行者的倒影，也随着船的离岸远去而渐渐消失。越是驶向海的中央，迎着海风，闭上双眼，脑海里越是不断闪现出古代奔走于海上丝绸之路的商贾们循海岸水行的影像。

可以想象古人向外探索的艰辛，尤其是面对一望无际、波涛汹涌、充满未知与不确定性的大海。这些当年以物易物来经商的勇敢者，在水面上踏出了一条没有脚印的海路。

沧海桑田，斗转星移。而今，沿着河、驶向海：辽阳、海城、营口、大连、烟台、蓬莱、威海、青岛……为了寻找古人来时的路，历时10天，集齐了印有10个城市名称的车票、船票，往返近2000公里。12个博物馆、遗址，15位专家学者、文史爱好者，两个大型国际贸易港口……

时间紧张而充实，每天感受着历史与现代的碰撞与冲击。

从远古流淌到现代，太子河、大辽河无时无刻不在寻找她奔向大海的脚步，最终与大海交融。河流延展向海，便拥有了她更加深邃与浩渺的身姿。在向海而去的旅途中，留下了历史的足迹。汉朝时襄平（今辽阳）港及辽东海运日趋繁忙，汉魏后直到隋唐，辽东半岛及渤海湾的航运规模扩大，至元、明时代牛庄港开始兴盛。当海运发展到远洋航线，船的载重量增大，内河航线已不能相容，随着河道逐年淤塞变浅，大船无法航行，清代转而至拥有河海之利的没沟营（今营口），港口繁荣日甚，取代了上游的沿河港口。

相对于1877年德国地理学家李希霍芬对“丝绸之路”的命名来说，“海上丝路”的提法出现较晚，直到1913年才由法国的东方学家沙畹首次提及。从此之后，有关“海上丝路”的使用和研究越来越多，划分也越来越细。而朝贡、册封、赏赐、文化、贸易，这些正是历史上东北亚海上丝绸之路所具有的功能与特性。

大连汉墓博物馆陈列的金质“十龙”带扣，营口博物馆馆藏的鋬耳金盏，大连大嘴子遗址稻米的发现，蓬莱古船博物馆中展出的4艘元、明古船及随船出土的北方窑瓷器……这些古代遗存，宛如星星点点的帆，散落在时间的银河上，散落在与古人随行的路径上，无不印证了古代丝绸之路在文化交流中起到的纽带作用。

时间永远在路上，过去的每时每刻都在渐行渐远，只有记录下来的历史，才可以告诉我们从前的样子和曾经走过的道路。我们与海洋面对面，通过文物调查、考古发现以及学术研究的深入，才将东北亚海上丝绸之路的内涵逐步丰富与完善，贸易种类从丝绸扩展到茶叶、陶瓷器以及大豆、稻米等生活物资，从单纯的贸易路线，走向与文明对话的政治、经济、文化整体路线。在这个过程中，人们以船为工具，以交易货

▲ 记者乘坐客轮从大连前往烟台

▲ 记者与山海关长城博物馆工作人员、辽宁老乡李解（左）合影

物为载体，以朝贡贸易为途径，兼具传播文化的使命，通过海洋实现了文化繁荣、经济发展和社会进步。

再次打通由西向东的商路

一缕丝绸，连接千年历史；一条商路，承载千年文化……

很早以前在历史课本上读过丝绸之路，那是汉武帝派遣张骞西行，打通西域的文化、经贸长廊，那时的西域无疑是个风险重重又令人向往的地方。

张骞一定知道，西去的路上必定充满艰辛和不测；张骞一定不知道，这次跌宕而又险象环生的旅程注定被载入史册。

事实上，翻阅史料查看秦汉时期地图，甚至是唐、宋、元、明、清时期地图，由今天的西安向东经不同路线却都指向辽宁，由此衍生出历史上又一条著名的丝绸之路。

这是古时一条以辽宁作为交通枢纽，连接南北、沟通东西的文化与经贸走廊，向西连接西汉时期我国政治与文化中心西安，向东延伸到朝鲜半岛、日本列岛甚至是白令海峡。

这就是东北亚传统丝绸之路，一条与西北走廊、藏彝走廊、南岭走廊媲美的民族走廊，将中原农耕文化与东北渔猎文化和北方草原文化紧密相连。

探寻这条民族走廊的成因、起源和发展，必须反身回向深入源头，包括这条走廊的骨骼、血脉、基因，甚至是她蒙童时期哪怕是稚嫩的涂鸦。

10天时间重走东北亚丝绸之路，到访锦州、山海关、北京、大同、定州和洛阳，最终抵达东北亚传统丝绸之路的终点西安。

古时戈壁坚硬、山路崎岖、草原泥泞，时过境迁，如今的东北亚传统丝绸之路所经之处高楼林立、车流穿梭，高铁无疑是最好的出行工具。例如，锦州到山海关只有60分钟车程，而且每天有多达23个车次可供选择。

10天到访7座城市，高铁里程达2500公里，总的乘车时间虽然看起来只有30个小时，但是算上候车有60多个小时与列车有关。

在厚厚的调研资料和采访提纲中，锦州是重走东北亚传统丝绸之路的首站，如今这里是环渤海经济区重要的沿海开放城市，作为锦州地标的古塔依旧矗立在城中央。

与锦州古塔遥相呼应的是西安大雁塔。秦血、汉韵、唐风，3个曾经无比辉煌的朝代，留给人们一个令人向往的西安。

还有东汉时期的政治、文化中心洛阳，自古就有“天下之中”和“十省通衢”之誉。塞外平城大同，自古就是丝绸之路的节点，气势恢宏的云冈石窟独一无二，在古城出土的鎏金高脚酒杯和琉璃碗，件件都与丝绸之路有直接关联。

北京、定州、山海关，3座古城3座博物馆，3位专家谈古论今，在历史的肌理深处，在流沙坠简似的过往岁月中，讲述东北亚传统丝绸之路究竟给辽宁乃至东北带来了什么。

重走东北亚传统丝绸之路，这虽是一条曾经被忘却的荒芜英雄路，但已成为一条被重新启封的贸易大道。

打马重唱《敕勒歌》

很早之前曾读过高适的一首《营州歌》，说是有个城池在一条河边上，这条河有个霸气的名字，叫白狼河。一群好友聚在一起，一会儿亲热一会儿翻脸，一会儿喝酒一会儿干架，热闹非凡。营州边塞少年们千杯不醉，猎猎北风吹得狐裘蒙茸。而这里的营州即是如今的辽宁朝阳，古代草原丝绸之路的重镇，也是此行东北亚草原丝绸之路的起点。

蜿蜒的古地图拿到手里，生疏的地名用绿色的记号笔细细描好，拿笔算了算，大概5个城市的行程，从沈阳出发，总计要走上2000多公里，够去4次北京，而这一路，几乎没有高铁！

近10天的行程，5处博物馆，倒腾了七八趟的火车，最长在火车上发呆了近10个小时；为了等待采访，足足在博物馆门口看了4个小时的蓝天白云；为了赶时间，时常半夜才到另一个城市，背着相机和电脑，站在漆黑的路边，心里却满满都是如“明天的博物馆该怎么走”的问号。

但这依旧是一次奇妙的旅程！我们穿过时间的空隙，去看走过的每一座城市，左手是前世，右手是今生！

从沈阳出发到朝阳，山是青的水是绿的，燕都不复往日繁荣，但青山绿水依旧，路边卖水果的大爷面颊晒得黑红，不知他的血液里是不是也有慕容皇族的血统；巍峨的南北塔，路边就是车水马龙的马路，塔上铁马随风摇摆，像千

▲ 记者在呼和浩特

年前旅人马上的摇铃。阜新的晨风很凉，这里曾经到处都是异族人的影子，哪怕如今，它已经与任何一个东北小城无异，酷热、干燥，看不出与众不同，但这里是文明曙光升起的地方，也是草原丝路的重要节点。天高云淡的赤峰，乌兰布统草原的风都带着古松州的豪气。那座褐色孤峰上，有一根一根黑色的印记，像粗黄麻线，仿佛连接了这座城市的过去与未来。这里也曾是草原丝路喧嚣的榷场，迎来送往全世界的珍贵宝物。而呼和浩特如今作为内蒙古自治区的首府，似乎并没有忘却昔日的繁华，这座“青色的城市”有一座极为恢宏壮观的博物馆，昭示了它对过往历史的骄傲与自豪。当年，赵武灵王在阴山下筑长城设云中郡，郡治故址就在如今呼和浩特市西南的托克托县境。而这个名字其实也很适合如今的呼和浩特，从阴山边地要塞，到草原工业心脏，呼和浩特也曾演绎过一段波澜壮阔的历史。而那道大青山边著名的“白道”就是商旅们迈进草原丝绸之路的开始！

这些曾在草原丝路上扮演重要角色的城市，每一个都有辉煌的历史，也都有灿烂的今天。走在这些城市的大街小巷，仿佛依旧可以听到来自过去的回声，可以看见那些打马走过的胡商，身披秦朝的明月，像突然造访的诗人，满眼都是唐朝的光芒。

走在那些千年前旅人们曾历经千辛万苦走过的茫茫草原之路上，似乎可以看见时间缓慢经过，像置身一场无声电影，仿佛苍天降一场雨，敕勒人就会用鲜卑语在你的耳边再次吟唱起那首不朽的《敕勒歌》。

辽宁历史文化

词条 29

浑河

浑河，古称“沈水”，又称“小辽河”，发源于抚顺市东部，曾经是辽河最大的支流，流经抚顺、沈阳、辽阳、营口等地。

走过古道驿站，进码头，出港口，穿行两个半岛

古代辽宁
有条河海相连的商路

▶ 从蓬莱经庙岛群岛中的众多岛屿，直至辽东半岛。群岛中每两岛之间的距离最多不过10余公里，将这条海上之路穿成了一线，像锁链一样互相连接。没有导航仪的古人也能凭着肉眼、泛一叶扁舟循岛而行，一站一站驶向辽东。

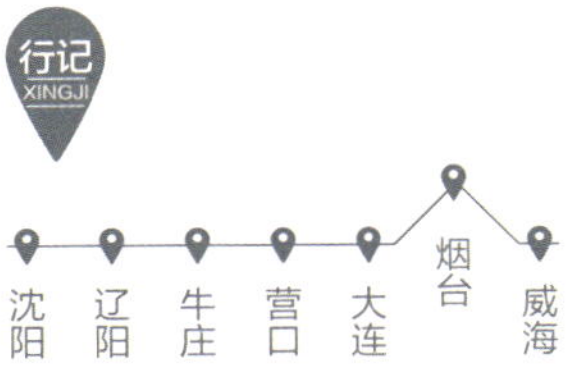

2018年9月4日，在威海市博物馆光影交错的墙面上，一束暖光打到一段凝固的历史时光上。这个恒温恒湿的国标展柜里陈列的巨幅画作，再现了东北亚海上丝绸之路的繁华。威海市博物馆馆长部毅说，想通过这幅于1994年由山东大学教授部力华创作的“威海版《清明上河图》”，生动而直观地再现海上丝绸之路的历史，让每位观者都能对这段历史一目了然。

旅顺博物馆展出的陶甗

古道驿站

辽阳位于辽河平原和辽东山地接合部的东缘，滔滔太子河从山地中奔涌而出，由东向西流入平原，形成一个弧形弯曲，向南汇入辽河入海。襄平、昌平、辽东、辽州、东平、铁凤、南京、东京、辽阳，每一个不同的称谓，都代表着古城前行的坐标，而襄平是最早的称谓。

2018年8月27日，记者从这里出发，沿河向海。

时间闪回到汉末三国时期，太子河畔渡口处处，渔火点点，脚夫穿梭，船只往返。公孙度及其子孙三代四世执掌辽东政权50年，与中原三国有了政治和经济上的来往。据辽阳地方史志专家李大葆介绍，那时孙吴政权主动来东北购买马匹、纹皮（兽皮），便是从海上行船而至。一时间，南方的丝绸穿在辽东贵族的身上，东北的貂裘、名马亦可与吴侬软语朝夕相伴。

唐代诗人杜甫的诗句“云帆转辽海，粳稻来东吴”

▲ 辽阳史志专家李大葆（右）受访

描绘了唐代海上交通的景象，一条发自中原漫长而曲折的水陆补给线，悠悠行进，通向辽东海河相接处，通向浑河、太子河冲积平原……

13世纪，元世祖忽必烈在金代鹰路的基础上完善了驿站制度。今天的东北地区，属于元朝的辽阳中书行省，有南、北两大驿路干线，共辖有135个驿站。至元灭，驿道亦荒废。

而明朝时，连接东西的驿站，以辽阳为中心被充分利用。永乐七年（1409），明成祖朱棣下旨：复设前朝旧有驿站。此后，在明廷“厚往薄来”的召唤下，各族人民频繁朝贡，继而出现了“借贡兴贩”——明廷除了给予朝贡者数倍于贡品的赏赐外，还允许朝贡者携带部分土特产在京师出售，朝贡者也以此找到了获利的机会。

此时，也许将他们称为“商人”更为合适。他们往返于古道之上，用毛皮、山货换来中原地区的精美丝绸、瓷器，行李动辄多至千柜，少亦数百。车队如龙，人马如蚁，“贡道”变成了“商道”，这条使东北亚地区与中原地区紧密联系在一起的“丝绸之路”达到了辉煌。同时，此条丝路交通工具也呈现多样化，水上有巨舟扬帆，也有小船欸乃，陆路有马铃叮当，也有牛铎悠扬。

第一码头

来到牛庄镇，古老的太平桥头有五六位老者在晒着太阳、聊着天。对于牛庄的历史，他们都能讲上一段故事。

东汉，牛庄是辽队（也作“辽隧”，古县名）之战的古战场；元代，朝廷运粮船曾经由此溯辽河而上，直达辽东腹地；明代，辽东巡按李善在《奏复辽东国边事疏》中写道：“宣德年间，海运直通辽阳、铁岭，以达开原。”而此时的牛庄就是海运之船进入内河停靠的第一码头；清代，在乾隆二十五年（1760）有碑记载明：“兹如年庄城，北有巨川焉，聚艨艟通商旅，西连津沽，南接齐鲁、吴楚、闽粤，各省悉扬帆可至……”此时的牛庄已南接闽粤，呈现出繁荣的景象。由此不难看出，牛庄自古就是南北海运重要的中转站。

历史上，牛庄不仅作为中央政府向东北戍边军队输送给养的主要渠道，还是域外使团进京朝贡的必经之路，它还是东西方文化交流的重要载体。

“在相当长的时期里，牛庄一直是辽河下游的交通孔道、东北地区南部的战略要地、海运的口岸和河运的码头。”鞍山师范学院教授张士尊阐述了牛庄的重要性。

河海接驳

8月28日，站在辽河岸边，看着辽河在营口城北缓缓流过，这是记者第一次与母亲河如此近距离接触。美人鱼造型的航标灯静静地伫立，往左望去辽河大桥若隐若现，右首不远处，货轮正在码头装卸着货物。

古辽河长1430多公里，可行船航线625公里。营口自明代以来，因具有海洋、辽河的水运便利，沟通南北，货殖东西。直、鲁、江、浙、闽、粤的客商渔户扬帆而至。最早来营口的海船都是国内的木帆船，营口开埠通商后，外国轮船逐渐增多。近代营口既是河船停靠的码头，也是海船的港口，河道里船帆点点，海湾里汽笛声声。

三国时，营口称“辽口”，那时辽河称“大辽水”，其入海口称“辽口”；两晋时期叫“历林口”，明代称“梁房口”，都与辽河口有关。而《清圣祖实录》

▲ 牛庄太平桥

里记载：康熙二十七年（1688）“拔张家口外巴尔虎蒙古暂住牛庄一带游牧”……部分巴尔虎人在牛庄管辖的辽河口一带放牧，他们居住的窝棚搭建在潮沟旁，像一排排的营房，海水涨潮沟壑被水淹没，潮落又现，“潮沟”与营房依稀相连，“没沟营”称谓不胫而走，成为营口清代时的名称。

▲ 营口西炮台遗址管理处副处长王辉

在辽河水运发达的年代，营口是名副其实的大码头，据营口地方史专家、营口市西炮台遗址管理处副处长王辉介绍，辽河里航行的船只最多时有2万艘，那时从营口出发，共有3条航线，往南可以通达我国沿海各处港口，往北主要是通往我省的港口，往西通往河北及天津等地。营口海运航线还能通往南洋、西亚、东亚和欧洲各国及远东各地。

王辉称，当年最早到营口的商人是福建人，他们在营口迅速扎根。商人们往来时，船都是满载的，来时，带来南方的茶叶、纸张、瓷器、布匹、糖、竹制品。货卸下来后，再装满东北特产如高粱、玉米、大豆等，除了运到我国南方，还运送到日本和东南亚一带的国家。

那时，营口就好比中转站，海船和河船在这里接驳。庞大的海船无法行驶至河，而河船压不住风浪，不能在海里航行，营口完全满足了河、海运输接驳点的功能。

岛链相连

大连、旅顺、金州、长海，烟台、青岛、蓬莱、威海……这些都是古代辽东半岛与山东半岛海上丝绸之路的重要节点。9月初，记者在两个半岛间穿行，寻找先人留下的印记。

烟台市博物馆副馆长王富强说，辽东半岛和山东半岛的交流大约在6000年前新石器时代中期就开始了。从蓬莱经庙岛群岛中的众多岛屿，直至辽东半岛。群岛中每两岛之间的距离最多不过10余公里，将这条海上之路穿成了一线，像锁链一样互相连接，使没有导航仪的古人也能凭着肉眼、泛一叶扁舟循岛而行，一站一站驶向辽东。

“辽宁省长海县广鹿岛小珠山下层文化类型的遗址中，发现了山东北辛文化中晚期的一些器型，比如三足觚形器、圆锥足的盆形鼎、实足鬶等陶器。”辽宁师范大学教授刘俊勇列举出当时往来交流的实证。同时，庙岛群岛上也发现了来自辽东半岛的典型器物，这类器物在山东半岛地区很少见，比如辽东数量最多、富于特征并一脉相承的压印之字纹筒形罐。说明这一时期的庙岛群岛已成为辽东半岛和山东半岛文化的交汇点。

鲁东大学教授刘凤鸣也表示，经考古发现证实，在史前文化时期，古代山东半岛地区通过庙岛群岛，经辽东半岛和朝鲜、日本也有了一定的文化交流。数千年前的先民们从山东半岛和辽东半岛顺着海岸向东北行驶，来到朝鲜半岛

▲ 记者与烟台市博物馆副馆长王富强（右）

和日本列岛。而后他们开始反复穿行于这条水道，逐渐形成了一条相对固定的航线。另外，距今4500年至5000年的栖霞杨家圈遗址发现稻粒和稻壳等遗存，距今约3000年的大连湾大嘴子遗址出土了炭化稻谷，均证明日本的栽培稻技术是从山东半岛经过辽东半岛、朝鲜半岛再传到日本的，这条稻作东传的北方之路也是山东半岛与东亚之间海上廊道的重要实证。

秦时，徐福自这条航线东渡日本，成为较大规模的移民集团，为东北亚海上丝绸之路的发展和繁荣奠定了基础。徐福生活在齐国时期山东半岛沿海地区，对齐国开辟的海上丝绸之路和与朝鲜、日本的交往情况应该说是了如指掌。山

▼ 辽河

东龙口徐福研究会副会长曲玉维表示，徐福第二次东渡，所带船队庞大，五谷百工、童男童女达数千人，由于当时的航海条件达不到横渡海洋的能力，因此循岛而行到大的港口必将补充淡水、粮食，那么当时的旅顺口很可能是徐福东渡停靠补给的一站，随后到达朝鲜半岛，再由朝鲜南下至日本列岛。

解读
JIEDU

东北亚海上丝绸之路

从广义上讲，东北亚海上丝绸之路不止一条。其中，明初海运路线主要有两条。

一是从苏州太仓刘家河港口出发，经山东登州，渡海到旅顺口，然后沿辽东半岛西岸北上，经海州卫所属的梁房口进入辽河，到太子河南岸的牛家庄码头卸载；二是从山东登州出发，渡海到旅顺口，再到牛家庄码头卸载。

沿着河，走向海

合力打造“蓝色辽宁”

▶ 重走东北亚海上丝绸之路，是对历史的追寻，也是对当下的审视，更是对明天的探索。无论是过去还是现在，这条路上各个城市的开放与交流、不同文化的碰撞，都推动了经济的进步与发展。如今，这条丝路上的人们正凭借着“蓝色产业”的优势，用看得见、摸得着的实实在在的努力扬帆远航。

2018年8月28日，在位于鲅鱼圈的营口港集装箱码头，记者壮着胆爬上了30余米高的岸桥梁架上，望着码头上一排排码放整齐的集装箱、远眺着海上驶来的货轮，不由得感慨现代国际贸易海港的气魄令人叹为观止，古人一定想象不到，曾经人挑肩扛的港口货物装卸，已被现代港口的电动装卸桥、八爪鱼式的大型机械所取代。

古河道再开发

辽阳人世世代代接受着太子河的滋养，对于这条河的感情不言而喻。辽阳文史爱好者张祖俊畅想说：“辽阳是个安逸、静谧的城市，还有很多历史文化资源可以挖掘和利用。虽然现在太子河不像古时能行船通航，但可以沿着太子河两岸建设几座专题博物馆，展示不同时期的历史，让辽阳人有更强的归属感，也能让外地人更加了解辽阳。”

辽阳市文广新体局局长张春雷也提出了建设辽阳美丽山村文化特色小镇的构想，结合当地太子河资源打造水上项目、房车基地，结合两岸产业特色形成相应的产业链，打造旅游风光带。

目前，辽阳正在加强太子河生态长廊建设，新建观光路33.86公里，实施“十里桃花”“千亩花海”景观工程，栽植水生植物近90万株，让太子河国家湿地公园成为黑天鹅等各类水鸟、候鸟的最佳栖息地，吸引市民和游客融入自然、融入生态。

小镇踏上新丝路

牛庄镇位于海城市西部，太子河下游左岸，是辽南地区最古老的内陆河港城镇，也是东北地区最早开放的商埠之一。昔日的繁华与喧嚣如今已褪去，只有古护城河上的太平桥和桥柱上的石狮、石猴在静静地延续着历史。

太平桥始建于清道光二十九年（1849），完全由花岗岩修筑，采用石礅石梁结构，桥长50米、宽4.5米，有15孔。此桥历经百余年仍完好无损，即便是1975年海城地震，也未造成明显损坏，这说明其结构科学合理，是难得的历史遗物。

2008年，牛庄镇被授予第四批国家级历史文化名镇。2010年，沈阳经济区经国务院批准为国家综合配套改革试验区，牛庄镇作为沈阳经济区城际连接带重点规划建设的新市镇之一，迎来了新的发展机遇。只要有时间，牛庄镇主管

▲ 牛庄镇主管文化的负责人顾玉君介绍太平桥

文化的负责人顾玉君就会到太平桥上走一走，他最希望牛庄古城文化旅游产业园项目能够早日落实。牛庄古城文化旅游产业园项目规划面积1.43平方公里。主要建设项目包括：古城恢复建设及庙宇恢复：以“保护古城，恢复古迹”为重点，形成“四大景区、八大景点”。

▲ 采访陆维萍

▲ 记者与西柳业户王晓辉（左）

距牛庄镇不到20公里，是著名的西柳服装市场。2018年8月27日，虽然快到下行的时间了，但市场内仍然人气不减。记者随意走进一家商铺，店内主营丝绸、里子布。店主陆维萍是浙江嘉兴人，她在西柳经营已经有12年了，她店里的丝绸、西服衬里面料单是销售给市场内做服装的业户，每年就能卖出700万至800万米。

西柳服装市场起源于20世纪80年代，是国内起步最早、规模最大、影响最广的专业批发市场之一。市场经营服装、面料、辅料、针织、小百货、家纺等二十大类2万余种商品。2017年市场交易额突破600亿元。近年来，西柳市场持续开展“丝绸之路·西柳驿站”贸易拓展活动，先后在全国完成了东北、西北、中原、中南地区“驿站”布点30余个。西柳“放眼全球，走向海外”。2017年9月，作为针对蒙古边境贸易的二连西柳国际商贸城启动运营；11月，霍尔果斯西柳国际商贸城启动运营。2018年2月，西柳首个海外分市场——中国西柳服装城在蒙古国首都乌兰巴托正式开业运营，标志着中蒙俄贸易大通道第一节点顺利打通；4月，第二家西柳分市场也在乌兰巴托启动运营。

8月27日，提起西柳未来的发展，正准备到新疆出差的海城经济开发区商务局副局长郭永民利用午休时间向记者讲述了下一步计划。西柳市场集群将继续向外输出此种拓展模式到俄罗斯、中亚五国等“一带一路”沿线国家，推进建设中蒙俄贸易大通道。

两座港口的行动

1861年，营口开埠之后，在辽河航行的河船和进出大海的海船就停泊在后河沿一条5公里长的沿岸码头上。那时候繁忙的作业全凭人力完成，靠出卖体力赚钱的码头装卸工人被称为“扛河船”的或者俗称“扛扛”。当时，无论是卸货还是装船，所有的货物都是凭人力，通过跳板往船上装运，每个人一次扛一麻袋货，重量是100公斤，每天从早6点至晚6点干12个小时。如果能有时光穿梭机，让当时的码头装卸工人来这个时代看看，现代化港口的景象一定会让他们大吃一惊，感叹无法想象。

▲ 韦国远是营口港集装箱码头的一名电动装卸岸桥司机

韦国远是营口港集装箱码头的一名电动装卸岸桥司机，利用现代化的电子机械设备从货轮往岸上卸货，他一个人一小时就能运80个集装箱，而每个集装箱的重量是30吨，这样算来，一个工作日的装卸量相当可观。8月28日，记者随同韦国远爬上高30多米的岸桥梁架上，在操作室他自如地把控着操纵杆，很轻松地便把一个巨大的集装箱从船上运送到岸上。

8月30日，在大连港的散杂货码头，一艘货轮正在等待着远航，运送大米去往非洲。记者看到，过去需要一袋一袋扛上船的大米，都被码入集装网，通过大型吊装设备运到船上。大连港杂货码头理货部的调度负责人孙明波介绍，每个集装袋能吊装1吨货物。不仅如此，如今火车能直接开到港口内，海陆无缝衔接。

营口港现有营口、鲅鱼圈、仙人岛、盘锦、绥中5个港区，地处丝绸之路经济带和海上丝绸之路的交汇区及“京津冀协同发展”与“东北老工业基地振兴”两大战略区的结合部，是国家“一带一路”倡议中既在“带”上又在“路”上的港口，是丝绸之路经济带东线在中国境内的最近出海口，是承接中欧物流运输重要的中转港，也是沈阳经济区、环渤海经济区的重要枢纽港。现有外贸直航航线4条，分别是东南亚航线、日本关东航线、韩国釜山航线、韩国仁川航线（国际客货班轮航线）。营口港海铁联运网络已覆盖东北三省和内蒙古东

▼ 大连港内，火车能直接开进港口，海陆运输无缝衔接

▲ 记者采访理货部调度负责人孙明波（左）

部地区，海铁联运量在中国沿海港口排名前列。

2016年11月7日，营口港与俄铁签署合作协议书，成功入股莫斯科最大的国际物流中心——别雷拉斯特物流中心。营口港先后开通了直达波兰华沙、白俄罗斯岑特罗利特、斯洛伐克多布拉，盘锦港直达莫斯科等中欧班列，班列总数已达12条。

大连港始建于1899年，是历经百年风雨洗礼的中国东北最大港口。大连港背靠东北三省，扼守京津冀，辐射东北亚，是中国面向太平洋最近的国际港口，也是东北三省及内蒙古东部地区通过海路走向世界的重要海上门户。大连港如今可停靠45万吨油轮、40万吨矿石船舶和2万 TEU 集装箱船舶，实现了"世界上有多大的船，大连港就有多大的码头"的发展夙愿。并陆续开辟辽满欧、辽蒙欧、中韩俄等多条中欧班列，初步建成辐射日、韩、东南亚及中国东南沿海、连接欧洲地区的国际物流大通道。目前，大连港与世界上160多个国家和地区、300多个港口建立了经贸航运往来关系。

2003年，国家在振兴东北老工业基地战略中，明确提出把大连建成东北亚重要的国际航运中心。大连港已成为国内首家拥有 A+H 股双融资平台的港口类上市公司，货物吞吐量、集装箱吞吐量分别跻身世界港口前十强和前二十强。2014年，大连港携手中远海运集团首次开通北冰洋航线，为开辟“冰上丝绸之路”做出了积极的探索和实践。该航线比经马六甲海峡、苏伊士运河传统的航线缩短2800多海里，航行时间缩短9天，全程燃油成本降低近30%，为亚欧搭建起一条跨越北冰洋的“海上高速公路”。

2018年7月，大连港联手招商局集团与有着“东非之角”之称的吉布提联合投资的非洲最大自贸园区——吉布提国际自贸区——正式开园，这是大力拓展“21世纪海上丝绸之路”的又一成功实践。

来自民间的力量

在东北亚海上丝绸之路的重要节点大连，记者接触到一位普通的大连市民周兴，他学的专业是计算机应用，从事的工作是大数据信息化管理，但他利用业余时间默默担负起文物守护的工作。

周兴在初中时迷上了古钱币收藏，曾经的志向是读考古系，报志愿时家人建议他选择计算机专业，但他仍执着于对古文化的爱好。参加工作后，周兴

▲ 大连文保志愿者周兴

逐渐觉得自己搞收藏只是自娱自乐，他希望让身边的人都能了解大连的历史。2014年至2015年，周兴在大连现代博物馆当了一年的志愿者，从此开始通过各种渠道宣讲大连历史。他与朋友共同出版了《大连老明信片》，使大量珍贵资料公之于世，此书被中国国家图书馆、辽宁省图书馆、大连图书馆分别收藏。

近4年的时间，周兴把绝大多数的业余时间都用在了辽南地区史前遗址的探寻上。大连市内、旅顺、金州、普兰店、瓦房店、庄河、长海……近200处遗址，一次次实地踏访，只为了用自己的眼睛去见证家乡这片土地的文化根脉。

周兴说，个人的力量是很薄弱的，但是如果能让大家都有文物保护意识的话，就可以起到聚沙成塔的作用。

紧密连接中原农耕文化、东北渔猎文化和北方草原文化

辽西古廊道
将丝路延伸至东北亚

▶ 在中国国家博物馆的“古代中国”展厅，一幅“汉代中外交通示意图”格外引人注目。一条曲曲折折、弯弯绕绕的古代交通网络，把西安与朝鲜半岛、日本列岛连接起来，其中的交通枢纽就是位于东北地区的辽宁。在中华民族历史上，辽宁一直是中原通往东北亚各地的必经之路。

行记 XINGJI

10天7座城市，行程5000公里，经常要为继续前行而赶夜路、饿肚皮，采访的意义不只关乎这条地理大通道的起源，更多的是要用今天的眼光来审视那段波澜壮阔、跌宕起伏的历史。

神秘权杖

作为锦州市博物馆的“镇馆之宝”，联珠纹连柄青桐型权杖正静静地躺在展柜内，好似在等待器物的主人重新开启那段金戈铁马的岁月。

锦州市博物馆副馆长刘振陆说，权杖是1986年在小凌河边的农户家出土的，起初村民并未在意，但是考古专家发现后认为，此权杖不但是辽宁的国宝级文物，而且是国内的孤品。

岁月虽然已经磨去了权杖的锋芒，但仍然让记者感受到其铸造之精良、纹饰之精美和造型之独特：长80厘米左右的权杖戈头与柲合铸而成，每个菱格内又填以小而密集的联珠纹，柲的顶端有“冒”，而底端有光素无纹的“鐏”。

“戈是中国先秦时代重要的战斗兵器，为便于把持

▲ 渤海大学东北亚走廊研究院院长崔向东，在地图上标记东北亚传统丝绸之路走向

戈柲大多数用木头制成。”刘振陆说，但是“镇馆之宝”与戈头连接的却是铜柄，而且戈头有凹槽用来镶嵌绿松石等饰物，“在战火纷飞的年代，兵器为何制造得如此精巧？所以这不是实用的兵器，而是象征王权的权杖”。

有关专家在鉴定权杖后还得出结论，这是东北地区与中原文化交流的有力证据。刘振陆解释说，权杖周边起框、中间下凹的特征，常见于商代二里岗文化时期戈的造型，联珠纹也能在中原二里头文化中觅得踪迹，而用于镶嵌绿松石的凹槽又具有本地民族特征，所以铸于夏商之际的权杖具有珍贵的历史研究价值。

在渤海大学东北亚走廊研究院，院长崔向东告诉记者，神秘的权杖不只是东北与中原文化交融的产物，还证明锦州是东北亚传统丝绸之路的重要节点。

历史上的辽西地区以辽西古廊道为媒介，把中原农耕文化、东北渔猎文化和北方草原文化紧密联系起来。辽西是指燕山山地以北、西拉木伦河以南、医巫闾山以西和老图山以东的区域，崔向东铺开中国地图向记者指出，上述区域包括辽宁的锦州、朝阳、阜新、葫芦岛，以及内蒙古的赤峰市和地处河北东北部的承德市。

南端连接着华北地区、直达中原，北端连接着广袤的东北大地、直通腹地，催生出辽西地区灿烂辉煌的古代文明。

崔向东说，辽西有兴隆洼文化、赵宝沟文化和小河沿文化，被誉为“中华文明曙光”的牛河梁遗址也被发现于辽西古廊道之内。

我国著名学者费孝通曾在专著中描述说：“一条西北走廊，一条藏彝走廊，一条南岭走廊，还有一个地区包括东北几省。”这样来看，中华民族差不多就有一个全面的概念了。

在崔向东和辽宁历史学家王绵厚看来，这条“包括东北几省”的民族走廊，正是辽西古廊道。

“经过辽西地域通往东北的通路，从历史考证看主要有四条。”崔向东说，一是古北口—平刚—柳城道，二是卢龙—平刚—柳城道，三是无终—平刚—柳城道，最后一条是临渝关—锦州傍海道。

与西北丝绸之路和西南茶马古道相比，东北亚传统丝绸之路更突出文化交流。崔向东认为，夏家店上层文化南山根等石椁墓中出土的青铜礼器，充分说明那里的部族首领或贵族效仿中原诸侯国的礼俗。与此同时，包括玉器、青铜礼器和各类典籍，也都从汉晋时期不断经由辽西古廊道进入东北。

王绵厚介绍说，早在舜、禹时代，东北地区很多民族就与中原有着联系，秦始皇首次东巡走的也是辽西古廊道。

至于民间的文化和经贸往来更是日益频繁，丝绸、瓷器、书籍、香料被源源不断运往东北，肥马、黑貂、

辽宁历史文化
词条 30

阜新玛瑙

阜新查海遗址出土了8000年前用玛瑙打制的器具。阜新玛瑙储量丰富、质地优良，雕刻精细，享誉全国。

仓栗鼠、零碎丝绸和金银等也向中原输出。

说到碣石和丝绸，必须提一下山海关，这里曾经是连接中原地区与辽宁的重要关隘，也是曾经的“边市”“马市”等物资交流之地。

茶马互市

山海关北依燕山、南襟渤海，向北就是辽西走廊西段，它是连接华北与东北的咽喉之地。

山海关长城博物馆副馆长赵宏利说，山海关在商周时期是众多方国中孤竹国的辖地，既是商王朝的边防要地，也是沟通中国东北地区和朝鲜半岛的要道，无论在过去还是当下，都与辽宁有广泛的文化交流与贸易往来。

即便是作为防御工事的长城也有经济作用，可以将其看作中原农耕经济与北方游牧经济相互作用的调节手段。

这种发生在长城附近的经贸文化交流的窗口，有的地方叫“关市”，有的地方叫“榷场”，山海关与东北地区的经贸交流则叫作“茶马互市”。

“你可能不知道，每位背夫的

▲ 山海关长城博物馆副馆长赵宏利，为记者标注东北亚传统丝绸之路走向

▲ 河北省非遗项目缂丝技艺传承人王鹏巍，向记者展示缂丝技艺

肩膀上，都要负重两三百斤茶叶。”赵宏利描述当年的场景说，因为东北地区不产茶叶，又对茶叶有着强烈需求，所以大量的茶叶、丝绸和生活用品由此运往东北地区，而东北地区的牛马和金银也由此被运往中原各地。

河北省文史研究馆馆员梁勇也说，河北是中国蚕桑丝织的发祥地之一，丝绸之路上最精美的绫罗绸缎就产于定州。在河北定州古城内的缂丝艺术馆，河北省非遗项目缂丝技艺传承人王鹏巍说，缂丝技艺源于汉、兴于唐、盛于宋，与刺绣、玉雕和景泰蓝并称中国四大特种工艺品。色彩变化丰富自然的缂丝技艺，可以如龙袍凤帔般奢华，也可以如丹青翰墨般雅致，更加可以水样写意、鸟样缤纷。王鹏巍说，唐宋以来缂丝都是皇家御用织物，常被用来制造皇帝和皇后的服饰，还通过“茶马互市”的方式流入东北亚各地区。

缂丝，尤其是由定州出产的丝绸涌入辽宁，极大地改变了游牧民族的习俗。比如在法库叶茂台辽墓出土的棉袍，绣着双龙和簪花，几乎与北宋风格完全一致。

“东大门”

国家博物馆研究馆员、海昏侯考古专家组组长信立祥说，要想向读者交代明白东北亚传统丝绸之路的来龙去脉，想要系统梳理东北亚传统丝绸之路的交通网络，就一定要去国家博物馆看看“古代中国”展。

“古代中国”展清晰勾勒出中国古代文明的架构，各个时期的中外交通图完整绘就了东北亚传统丝绸之路的脉络。

“秦时期全图”中由咸阳出发，经云阳、九原、云中、雁门、代郡、上谷、渔阳、右北平和碣石，进入辽西和辽东；“汉代中外交通示意图”中，经长安和洛阳到太原、雁门、代郡、北京、右北平，进入辽西和辽东并连接朝鲜半岛和日本；“唐代中外交通示意图”中，由长安出发经太原到云州、北京，临渝关、营州，到达辽东城后深入东北腹地。

在上述地点中，“雁门”就位于今天的大同市附近，古代的大同叫作平城，是北魏中期的都城所在，大同博物馆正在举办名为“融合之路”的丝路专题展览。

闫宇声是大同市实验小学三年级学生，也是大同博物馆年龄最小的志愿讲解员。他带领记者来到位于三楼的“融合之路”专题展览展厅，指着“北魏时

▲ 山西大同实验小学闫宇声，帮助记者绘制重走东北亚传统丝绸之路的线路

期丝绸之路路线图”对记者说：“由西安经太原、大同，到北京，之后进入辽西。”

明代时大同曾经设立过马市，是九边各镇中最繁华的地方，大同商人也是从这里开拓北方市场，将茶叶、丝绸、土布、铜器和瓷器销往东北。

“融合之路”专题展览的联合办展单位包括洛阳博物馆。东汉时期，洛阳作为都城的时间近200年。洛阳博物馆陈列部主任王军花说，张骞应该没有想到，由他开辟的经贸长廊，会在后世被德国人李希霍芬用短短四个字命名为“丝绸之路”。

多元一体

洛阳，古称“天下之中”，与西安是东汉与西汉不同时期的丝绸之路起点，也是连接海陆丝绸之路、草原丝绸之路和万里茶马古道的枢纽。

王军花站在丝绸之路示意图前为记者介绍说，汉魏时期洛阳与东北地区许多民族有商贸往来。根据《三国志·魏志》记载，其中最重要的交通路线是经大同、河北进入辽西。

▲ 洛阳博物馆陈列部主任王军花讲述丝绸之路往事

西安博物院副院长王锋钧说，西安在丝绸之路中的重要作用不言而喻。“西安在古代与东北地区的商贸往来，史料记载的内容其实不多。重要的还是在政治方面以及文化方面。西安是西汉和唐朝的政治中心，而东北许多民族部落都要到这里朝贡。有朝贡就有恩赏，这种往来可以反证商贸往来，因为有交通网络必然会存在民间贸易。”

陕西历史博物馆的“丝绸之路示意图”明确标出由西安和洛阳出发经大同到北京，进入今辽宁朝阳和辽阳的路线。

王锋钧说，中原地区与东北地区主要的贸易商品，应该包括丝绸、锦袍、绢帛、锦采、袭衣、绫罗、绣绸和丝布，可以说与丝绸之路上的主要贸易商品没有太大区别。

渤海大学东北亚走廊研究院院长崔向东认为，正是东北与中原之间的迁徙、交流和融合，让东北诸民族不断融入中华民族大家庭，其间产生的文化碰撞与交流让中华民族实现了更高层次的多元一体。

解读
JIEDU

东北亚传统丝绸之路

说起丝绸之路人们往往想到河西走廊，那是汉武帝派遣张骞西行凿空的文化与经贸长廊，但是在同样的时间由如今的西安向东也出现了一条民族走廊。这是由西安向东通过洛阳、大同、北京、山海关，经辽西走廊通向辽东半岛、朝鲜半岛和日本列岛的东北亚传统丝绸之路。通过这条走廊把中原地区的丝绸源源不断地运往东北亚地区，而这里的牛羊、黍种、金银、皮毛等产品也运往中原地区。

丝路老城蕴藏新商机

开辟纵横西东的“黄金大道”

▶ 汉代的张骞和近代的李希霍芬没有想到，也没有发现，对于丝绸的强烈渴望，让东北广袤的黑土地与中原地区结成如天网般的商贸大道。今天，在经济全球化的背景之下，辽宁正在探寻东北亚传统丝绸之路究竟能带来怎样的新机遇。

行记 XINGJI

开拓进取，披荆斩棘，刻骨铭心，是古时东北亚传统丝绸之路的代名词。复兴东北亚传统丝绸之路，重现东北亚传统丝绸之路昔日之辉煌，理所应当是向世界叫响辽宁文化的重要组成部分。

▲ 记者重走东北亚传统丝绸之路，在第一站锦州，采访渤海大学东北亚走廊研究院院长崔向东（右）

蓝海放牧

2018年8月22日清晨，锦州市古塔公园附近的一处普通民宅内，刚刚吃完早饭的刘立成匆匆出门，赶往通勤站。

刘立成出生在大草原，祖辈世代过着日出而作日落而息的生活，大学毕业后他来到锦州港工作，每天都要与远洋货轮打交道。

虽然在锦州生活还不满10年，但刘立成对锦州的历史非常了解。古时，中原地区的丝绸和瓷器等商品，通过锦州所在的辽西古廊道源源不断地运入东北，而产自东北的肥马和以黑貂为代表的毛皮也由此运往中原。

“现在东北与华北、华南的物流运输，很多也是通过锦州尤其是锦州港完成的。”锦州港宣传部部长王金辉告诉记者，不断蓝海“放牧”、域外“采薇”的锦州港将目光远放海外，是辽宁建设“一带一路”亮点纷呈的北方第一港，2017年完成外贸吞吐量1150万吨，同比

▲ 渤海大学东北亚走廊研究院院长崔向东，通过查阅史料和实地走访得出结论：辽西古廊道是把中原农耕文化、东北渔猎文化和北方草原文化紧密联系起来的媒介

增长32%。

2018年上半年锦州港的“朋友圈”继续扩大，来自四面八方的朋友持续为锦州港点赞，完成吞吐量近5500万吨、集装箱吞吐量77万标箱。

2017年年末开通的锦州到莫斯科的中欧班列，将运输周期由原来的40天缩短到15天，成为辽西乃至东北腹地开辟的一条全新通道。

京辽一线

站在写着“天下第一关”的城楼上，闯关东的场景依稀浮现，当年关内的人就是通过这里进入东北地区的。

钟鼓楼与近在咫尺的山海关车站遥相呼应，蜿蜒曲折的万里长城在这里忽而探入辽宁，忽而过道河北。

如果不去深入了解山海关的前世今生，也就无法理解跌宕起伏的东北亚传统丝绸之路。

昔日旌旗猎猎、将士凛凛的山海关，如今依然扮演着连接东北地区与中原地区交通枢纽的重要角色，这一突出的地缘优势吸引了不少辽宁人在此投资与就业。

北京距沈阳约700公里，两座城市往来密切，正携手协力推动老工业基地振兴发展。根据统计，北京已经成为沈阳引进国内资金最多的地区，截至2018年5月，两座城市共推进落实合作产业项目153个，计划总投资2253亿元，实际完成投资363亿元。

削面功夫

在山西省大同市一间不起眼的面铺里，赵振刚手中的弧形削面刀微微泛着银光，刀片在灵动的手腕作用下在面团上轻轻划过。短短几秒钟面团便被削成雪白的面条，在空气中经过如彩虹般的抛物线后，纷纷落入滚沸的开水中如精灵般上下舞动。

这就是驰名中外的山西大同刀削面。削得一手好面的赵振刚其实是铁岭人，但是他的削面手艺比大同人还精。他削的面条无论是宽度、厚度还是长度都一样，令人啧啧称奇。“辽宁人也非常爱吃面，这行竞争激烈，没有过硬的本领无立足之地。”赵振刚说，山西大同刀削面已经跨出国门，沿着“一带一路”

▲ 大同市博物馆中的展品，向中外参观者展示大同作为丝绸之路节点的历史地位和作用

飘香到很多国家。

正如大同市博物馆的文献资料所记载的那样，作为北魏中期都城的大同，经营丝绸之路近百年，其中最有说服力的证据就是保存完好的云冈石窟。

云冈石窟不仅记录下大同商贾云集的辉煌盛世，也记录下北魏与中亚和西亚国家交往的历史。

平城遗址出土的大量文物都是外来器物，比如鎏金高脚酒杯、仿波斯银盘、镶宝石金戒指等，还有各种中亚伎乐俑和牵骆驼的俑，都与丝绸之路有关。

现如今出现在全国各地的山西会馆，既是古代山西商人沿途落脚的驿站，也是串起全国山西商人的纽带。

丨转身向东丨

地处洛河之阳而得名的洛阳不只有牡丹花海，如今的古都洛阳正依托自身丰富的文化资源，力争成为河南乃至全国闻名的“博物馆之都”。

行走在洛阳到处都能发现历史的足迹，比如经过孟津时出租车司机就向记者说：“不懂历史都不怕，看没看过电视剧《封神榜》？这里就是武王伐纣时与八百诸侯会盟的地方。”出租车司机口中只是轻描淡写的一句话，马上就把3000年前的历史拉到现在，眼中依稀看见那段金戈铁马、腥风血雨的日子。

外地游客最常去的洛阳古迹就是丽景门，南、北两侧13根描金龙柱是古都的象征，好像昂首挺胸的勇士在用生命守卫古都。

沿着历史的轨迹进入丽景门内的古街，虽然这里的建筑大多保持着古代风格，但是各色店铺里现代化的简约装修，却好似在昭示着这里如今的繁华热闹。古城里最常见的商业业态是古玩字画，再就是遍布街头巷尾的各种特色美食，比如说让人垂涎欲滴的洛阳水席和不翻汤。

但是古街最好的生意属于宣纸，当地人打趣说如今“洛阳纸不贵”，而“洛阳纸贵”的典故正是出自洛阳。

在当地经营汉服的高博雅告诉记者，洛阳的文化名片绝对不只是丽景门而已，游客们最爱去龙门石窟和欣赏“国花”牡丹，现如今博物馆却是游客们经常挂在嘴边的。

洛阳市博物馆陈列部主任王军花说，十三朝古都洛阳留下了不同时期的文化印记，尤其是作为丝绸之路东方起点的洛阳更是有故事可讲。正是依托着厚重的历史文化底蕴，所以洛阳的博物馆规模是河南之最：洛阳建成并开放的博物馆有68个，其中国家级博物馆就多达19个。

来自洛阳市有关部门的统计数据显示，2017年当地博物馆接待旅游达800万次左右，成为城市名片的同时也支撑起洛阳文化的脊梁。

古都新姿

▲ 西安博物院副院长王锋钧向记者讲述西汉都城长安与东北文化往来

钟楼、大雁塔、兵马俑、古城墙……当一连串的名字被连接起来，就构成西汉都城西安的历史框架，砖相石貌或许还默记着已经远去的岁月。

钟楼是西安的地标和著名旅游景点，两位步履蹒跚的老人引起记者的注意。只见夫妻模样的二人不时驻足自拍留念，而且还会使用视频软件向老伙伴讲述旅途故事。老夫妻用熟悉的家乡口音向记者说："我们都是沈阳人，这次专为造访西安古迹而来，看完央视的《国家宝藏》就感觉自己'燃'起来了，这次正好借着送孙子来上学的由头来探寻历史。"

年过古稀的祁志国告诉记者，电视机里的葡萄花纹银香囊让他记忆犹新，这枚据传是杨贵妃的所用之物除牵出一段乱世秘史之外，其实更多的是联系中国历史上一段跌宕起伏的篇章。老伴张桂芹抢过话茬儿说："杜虎符和《阙楼仪仗图》才是真正的历史记忆，刘奕君饰演的嬴杜和郭涛饰演的李涛，把那两段历史活灵活现地重现在观众面前。"

如今的西安是辽宁人重要的旅游目的地城市，尤其是位于鼓楼北侧的美食街更是不可不去——牛羊肉泡馍、灌汤包、清真水饺、酸菜炒米、烤牛羊肉、陕西凉皮……这里没有太多的光怪陆离也没有无谓的觥筹交错，一瓶本地人最爱的“冰峰”便足以享受西安的宁静。

出租车司机马致远告诉记者，2018年暑期来西安的游客照比往年多许多，这或许跟如今西安是“网红城市”有关系。

也正是因为《国家宝藏》栏目让西安被更多的人认识，西安开始成为各大短视频平台中出现频率最高的城市，而仅仅是永兴坊的摔碗酒就足足收获过几千万个赞。来自国内某短视频网站的统计数据显示，在2018年春节至劳动节期间有关西安的内容达60万个，播放总量达到近40亿次，相当于每名中国人看两三次。

无论是古朴的历史还是网红的潮流，这里依旧是能够找到丝路足迹的古都。

而我们重新走过这些丝路上的“旧城”，也正是为了要从昔日的印记里探寻新的风貌。

读

辽宁历史文化

词条 31

鞍山岫玉

鞍山岫玉，历史悠久，因产于鞍山岫岩而得名。岫玉玉质细腻、晶莹温润，被誉为中国的“四大名玉”之一。

辽宁西部是东北亚草原丝绸之路东端的中心地带

西有敦煌
东有朝阳

▶ 东北亚草原丝绸之路，曾是一条被俄国学者称为“黑貂之路”的豪迈之路。近2000公里的行程，5个城市的奔波，我们重新拾起那些旧日荣光，在慨叹唏嘘中，再次见证了那一段段辉煌的历史。人不在，路还在；风不在，梦还在。历史淹没辉煌，岁月尘封掌故，但一路走下来，它绝不是一条静悄悄的逝去之路……

行记 XINGJI

赤峰学院历史文化学院院长任爱君一直忙于赤峰学院博物馆的装修，采访那天，他兴致勃勃地拿出博物馆珍藏的宝贝给记者看。出土于辽代墓葬的丝绸残片，用一个大木盒子小心翼翼地包裹着，里面的宣纸都是特制的，防潮防虫。任院长开玩笑地说：“别大口呼气，不然会把丝绸残片吹跑的！”

咽喉要道

“营州少年厌原野，狐裘蒙茸猎城下。”这是唐代著名边塞诗人高适所写的《营州歌》。这里面所说的营州，

▶ 赤峰学院历史文化学院院长任爱君展示辽代丝绸残片

就是现在的辽宁省朝阳市。朝阳见证了东北亚草原丝绸之路的辉煌与没落。

“朝阳自古以来就是连接中原与东北和东北亚地区的交通要道。也是东北亚草原丝绸之路东端的中心地带。”朝阳博物馆副馆长韩国祥告诉记者，“朝阳位于大凌河谷，西南连接青龙河，这两条河谷是跨越燕山山脉和松岭山脉连接东北与中原的交通要道。”因为地理位置重要，朝阳一度成为东北地区政治、经济、文化中心，地位显赫一时。韩国祥在地图上向记者指出，作为东北亚丝绸之路向东延伸的交通枢纽，考古学上还曾有“西有敦煌，东有朝阳”之说。

| 营州风华 |

▲ 朝阳博物馆展出的瑞兽燕雀葡萄纹镜

在朝阳博物馆里有很多三燕时代的出土文物：波斯古币、金步摇、波斯人形象的陶塑等，还有北票的北燕冯素弗墓出土的著名的鸭形玻璃注（现存于辽宁省博物馆），以及朝阳北塔出土的波斯玻璃瓶，带有明显西域纹饰的金盖玛瑙舍利瓶，这些文物都在向我们传递一个共同的信息，那就是朝阳曾是东北亚丝绸之路上的重要中转站。韩国祥透露，朝阳出土文物的数量占全省的三分之二。

▲ 朝阳博物馆展出的骑骆驼胡人俑

“北魏时期，朝阳还曾是东北少数民族向北魏进贡的重要节点。而唐代是朝阳最鼎盛的时期。”在韩国祥的描述中，窗外车水马龙的街道仿佛瞬间变成营州城喧嚣的马路，那是唐开元年间，作为出关入关的交通要道，营州城外白狼河边毡帐叠彩，摊铺挂红，牛羊嘶叫，骏马长啸，身穿契丹、突厥、东胡、鲜卑、大唐等服饰的人如潮似浪，小贩的叫卖声不绝于耳……

朝阳历史文化研究会副会长周亚利告诉记者，当时朝阳作为重要中转站连接了东西方贸易，在日本出土的同时期墓葬文物中很多都和朝阳出土的文物“一脉相承”：“我们在朝阳还曾出土许多草原刀，包括带有西域特有的忍冬纹饰的饰品，都证明当时朝阳确实是东北亚草原丝绸之路的重要节点。”

民族交融

历史上，阜新地区是汉族农耕和匈奴、乌桓、鲜卑等马背民族游牧生活的地区。到了燕时期，随着燕人大量迁入，阜新农牧手工等行业飞速发展，也进一步促进了商业贸易的繁荣。此时燕国开始与周边各国和辽西、辽东等地展开广泛贸易交流。可以说阜新当地商贸往来的频繁和经济的飞速发展也将东北亚草原丝路影响进一步延伸。

阜新市博物馆馆长胡健跑了十年野外考古。他告诉记者：“在古代，阜新是农耕文化与草原文化的接合部。中原的农耕经济随长城延伸，进入塞外，并将中原粮食、麻、丝及手工制品输入塞外，同时将草原牛、马、羊及皮、毛、乳等带回中原……形成一条农业与畜牧业往来不断的商贸通道。”

大量钱币出土

在阜新博物馆，记者看到很多古代钱币。中国辽金史学会理事、辽宁工程技术大学教授张志勇告诉记者，在辽代，阜新商贸活动达到顶峰，而货币经济的发展加速了商业贸易的发展。

辽宁历史文化
词条 32

朝阳紫砂

以朝阳当地一种稀有陶土紫砂为原料制成的陶器，其色调红紫，质地细腻坚硬，既可作生活用品，也是精美的工艺品。

据胡健透露，阜新曾出土大量窖藏钱币，“进入辽代，阜新地区更是北方草原丝绸之路的重要组成部分。现阜新福宇博物馆就藏有一件辽代凤纹织锦。这件藏品可谓北方草原丝绸之路的重要实物资料。与此同时，阜新曾有大量辽代、金代钱币窖藏发现，以唐、北宋钱币为主。大量钱币出土是当时阜新商贾云集、经贸往来的佐证，更是草原经济与农耕经济的体现”。

值得一提的是，这种贸易的繁荣一直持续到清朝，当时阜新形成了几个大型交易市场。据胡健介绍，清顺治之后，阜新东北的养息牧场、西南的清河边门、西北的王爷府，均成为阜新地区内外经贸往来的重要场所。这种牛羊肉加兽皮换回先进农耕技术以及生产生活资料的交易，促进了草原文化向农耕文化的过渡。

｜草原通道｜

赤峰最有名的是“红山文化”，但它在东北亚草原丝绸之路上的地位，并不被大多数人所知。按照赤峰学院历史文化学院教授孙永刚的话来说，赤峰地区曾有一条比张骞开辟的丝绸之路更早的草原通道横贯而过，赤峰就是这条通道上的重要节点。

“赤峰位于华北平原和东北平原的对接口，生物多样性明显，很早的时候就有文明产生，而发达的文化就产生虹吸效应，使得人口大量聚集。”孙永刚说，“赤峰绝对是一个让文化东西汇聚、南北交融的重要节点。”

“在新石器时代伊始，赤峰地区就已经有贸易存在。在西亚和两河流域，曾出土女神石雕以及伴出石容器，而这些只在长城沿线及北蒙古高原有过发现。而最初的草原丝绸之路，就是沿着长城诞生的。”孙永刚在赤峰还曾发现数座粟特商人墓，陈国公主墓里也有大量金银器图案带有浓郁异国风情，还出土了不少玻璃器。

｜中转站｜

在辽时期，赤峰成为整个东西方文化交流碰撞整合的关键地带。孙永刚说：“当然，这条草原丝路也并非一直通畅。唐朝时期草原丝路就开始衰落。”辽太祖耶律阿保机非常重视同西域地区的联系，曾先后两次率军从东部草原西征，将辽西部的疆界扩展到河西走廊，并且征服了分布在丝绸之路咽喉地带的一些少数民族政权，才使通往辽上京的两条丝绸古道再次畅通。

“当时中国的中草药源源不断地沿着草原丝路传出，大黄就是通过草原丝路运出的中草药中的一种。此外，游牧民族都很重视茶叶，茶叶也是当时运输的主要货物。”孙永刚说，从西方传来的东西，都要经过赤峰，再继续向中原其他地方运输。

赤峰市文物局博物馆管理科工作人员郭勇告诉记者，当时在赤峰，很多奇珍异宝都会在庆州城（今巴林右旗索博日嘎镇）中转交易。

“白道”

从呼和浩特北郊出发，北上大青山，从坝口子村向北，经过河槽约8公里到达坝底村，再走一段可见在山沟东岸有一段石灰岩构成的山梁，其颜色灰白如石灰，这便是著名的“白道”。从这里出发西行，可以抵达中亚和欧洲。作为古代草原丝绸之路的重要组成部分，它见证了一段又一段历史与传奇。无数来往商旅通过这条窄窄的“白道”，开启漫漫的草原之旅。而这条“白道”作为连接阴山南北交通的重要通道，直至近代公路修通前，一直是南北通行的便捷之路。

“大青山一直绵延至呼和浩特，其南麓东西一线向来都是这一地区最重要的交通通道。”呼和浩特市文物管理处主任王大方说。内蒙古博物院副院长傅宁也表示，因为呼和浩特处于“过了阴山就是草原”这样的关键地带，所以成为唯一连接中原地区和草原的咽喉，“游牧民族逐水草而居，草原丝绸之路路线其实也一直在变化”。

考古工作者曾多次在土默川平原上发现东罗马金币和波斯萨珊王朝银币及东罗马商人的墓葬，阴山下也出土过不少西方商人留下的遗物，还有不少胡人俑、狮子造型的饰品等，这些都是北方草原地区东西方文化交流的见证，也证明呼和浩特地区的确曾一度是北方各地的交通枢纽和军事重镇。

马可·波罗到过丰州城

很多人将呼和浩特地区的这条“白道”称为“茶叶之路”，傅宁说，因为蒙古族居民喜好喝茶，茶叶一直是从“白道”外运来的主要货物，特别是元明清以来，尤其是清朝，这条“茶叶之路”上牛来驼往，川流不息。

据说，鼎盛时期的归绥商行大盛魁光骆驼就有5万峰，一年里，几乎天天都有大盛魁的驼队出入“白道”。“当时大批明代移民来这里生活，使得这一地区富裕繁荣，而这条草原丝路的繁盛，也推动了晋商、徽商的发展。”傅宁说。

内蒙古文物考古研究所副所长张文平对记者说，现在呼和浩特还有很多地方可以看见当年商人们留下的印记：“呼和浩特市东郊白塔村以前叫丰州城，曾是辽在西南部兴建的一座军事重镇，马可·波罗到过丰州城。而在呼和浩特东郊的万部华严经塔上，现在还有很多商人留下的诗文。”

▲ 内蒙古博物院副院长傅宁为记者标记地图

解读
JIEDU

东北亚草原丝绸之路

有学者指出，在丝绸之路（主道）开通前，早已存在着一条鲜为人知的沟通东西文化的天然大道，那就是途经欧亚草原的草原丝绸之路。

草原丝绸之路主要是指蒙古草原地带沟通欧亚大陆的商贸大通道，也是丝绸之路的重要组成部分；主要路线由中原地区向北越过古阴山（今大青山）、燕山一带长城沿线，西北穿越蒙古高原、中西亚北部，直达地中海欧洲地区。而与传统意义上的丝绸之路相比，草原丝路分布的领域更为广阔，只要有水草的地方，就有路可走，所以，草原丝绸之路的中心地带往往随着时代的不同而改变着。而其位于亚洲东北部的这一段，就被称为东北亚草原丝绸之路。

这不是一条荒芜古道

草原丝路依旧忙碌

▶ 草原以“中介”的形式，将东西方文化进行交会融合，碰撞出巨大的火花，也留下了丰富的文化财富。今天，通商古道正在重新焕发生机。

行记 XINGJI

在朝阳市慕容街，路边清一色是卖玛瑙、书画和化石的小店铺。记者走进一家店铺，老板正忙着打包商品，他说他开了一家网店专卖当地特产玛瑙石，生意好得不得了。“以前要是刮风下雨，实体店生意就不好，现在不担心了。网上卖得比店里还多。”因为都是卖土特产，商铺几乎都是本地人开的，每到傍晚，每家店铺门口都会摆个小桌子，人们坐在桌边，喝茶水，看北塔日落，远处佑顺寺的钟声幽远苍凉。

经济交流只是一种形式，最终依旧是文化唱主角。

用“传统”换来新商机

曾几何时，东北亚草原丝绸之路上交易的货物是丝绸、瓷器、茶叶、珠宝，而如今，在很多地方，这些古时的“丝路商品”依旧在用特殊的方式走向远方。

在阜新市喀喇沁左翼蒙古族自治县，记者结识了一位来自湖北的小伙儿，他叫宋振。宋振虽然早已习惯喀左的生活，但还是操着一口浓重的湖北口音。

宋振经营着一家名叫“荣富陶瓷”的公司，生产的陶瓷制品已远销国外。宋振说，他看上了当地的陶土资源，所以来这里开工厂，如今生意红火，他觉得自己没来错。宋振对草原丝绸之路的历史并不了解，在记者简单介绍之后，他告诉记者，明年公司要出产一批极具民族特色的瓷砖。“这批产品也许会卖到哈萨克斯坦，你说这算不算也走了一趟草原丝绸之路？”宋振乐呵呵地说。

在朝阳，北塔和南塔之间有一条很长的步行街，两边都是贩卖古董和当地特产的商铺，这条街叫慕容街。

▲ 朝阳市博物馆副馆长韩国祥绘制路线

一位在树下乘凉的经营者对记者说，傍晚时分可以看到古塔伴日落的景象，那种感觉，苍凉又美好。

豪德贸易广场位于朝阳市龙城区，广场内聚集着来自全国各地的商人，经营的产品种类也五花八门。看着广场里人来人往，记者似乎看到了草原丝绸之路上昔日营州城的风貌。城不是那个城，人也不是那些人，但不变的是勃勃生机。

让商品能够走得更远

中国的北方草原是北方游牧民族的诞生地，也是草原丝绸之路产生和发展的地方。如今，在这条路上，融入了更多科技的力量。

在内蒙古自治区赤峰市红山区云计算产业园，互联网科技正带给当地人翻天覆地的变化。产业园已经建设各类云计算运用项目16个，吸引了110多家企业入驻，为赤峰市及东北地区的用户提供云计算服务。在产业园里，还有一个草原产品线下体验馆，里面展示着各种奶制品、肉制品、野菜等，可以先尝后买。不仅如此，产业园每年还会举办草原特产博览会，吸引各地客商。

开发和建设草原丝绸之路经济带是一次难得的创新机遇，也是一次大胆开发的历史性挑战。这些曾经的丝路重镇有着得天独厚的条件。

朝阳历史文化研究会会员肖景林建议："东北亚草原丝绸之路是一条黄金之路，如何开发和利用值得探讨和研究。理论上清楚了，才能确定发展思路和发展重点。"肖景林说，只有发挥自身优势，发挥出辽宁优势，打造出有地域性、唯一性的品牌符号，才能为东北振兴发展提供强大助力。

记者在朝阳和阜新转车时，都因火车班次太少，一度耽误了行程。此次重走东北亚草原丝绸之路，记者最担心的事情也是交通。

不过，一张巨大的交通网正在搭建中。京沈高铁沈阳至承德段即将开通，届时，沈阳到朝阳仅需1个小时，阜新至乌兰木图段也蓄势待发，赤喀高铁贯通后，沈阳到赤峰只需两个小时。现在从呼和浩特乘火车可直达全国27个直辖市、省会城市，还可直通蒙古国、俄罗斯。沉寂已久的通商古道正在重新焕发勃勃生机。

读

辽宁历史文化
词条 33

本溪辽砚

本溪辽砚兴于辽代，距今有上千年历史。

解读
JIEDU

边走边看

赤峰博物馆：最有特色的"白色博物馆" 赤峰博物馆的建筑颇具特色。据工作人员介绍，赤峰博物馆建筑总高25.7米，馆舍建筑面积6800平方米；建筑风格体现了东方古典建筑庄重典雅和现代建筑流畅简洁的完美结合。博物馆主楼呈长方形，下托以古典式台座，台座周围施以勾云纹仿汉白玉栏杆，几十根通台柱拔地而起，

▲ 记者采访朝阳历史文化研究会会员肖景林

直冲楼顶。主楼体雄伟庄严，在洁白的楼面上端，饰以剪边琉璃檐，白墙金瓦相互辉映。塔楼为四角三层攒尖顶亭台式建筑，重重飞檐凌空飞翘，崇楼巍阁直入云天。这种建筑设计吸收了唐代、辽代博大雄浑的建筑特色，也借鉴了我国传统宫殿建筑中轴对称、主从有序、中央大殿、四隅崇楼的布局手法。

喀左：最欢乐的60年县庆　记者在朝阳采访时，恰逢喀喇沁左翼蒙古族自治县举办县庆活动。喀左县历史悠久，"喀喇沁"原为部落名称，蒙古语是"保卫"或"看守"之意。县境在商代为孤竹国地。从1958年到2018年，喀左成立自治县正好60年。县庆期间文体活动可谓丰富多彩，在龙源湖和人民广场经常能看到身着蒙古族服饰的人们载歌载舞。

陈国公主墓：出土文物最丰富的契丹贵族墓　在内蒙古博物院，很多精美的文物都标注着辽"陈国公主墓"出土。这位陈国公主家世显赫，伯父是辽圣宗，祖母是萧太后，父亲是辽景宗第二子。她的驸马的姑妈是萧太后，妹妹是辽圣宗的皇后。"陈国公主"其实只是她的封号，公主去世时年仅18岁。驸马也在36岁的时候因病死去。他们的婚姻只持续了两年。陈国公主与驸马合葬墓室也是迄今为止发现的保存最完整、出土文物最丰富的契丹贵族大墓，共出土金器31件、银器147件，金、银器共用金约1700克、用银1万余克。

行记 XINGJI

前不久，记者有幸受邀参加在沈阳举办的“辽河文化研究现状和展望高峰论坛”。国内研究辽河历史文化的权威专家学者齐聚一堂。值得一提的是，学者们专门提及辽宁日报社大型新闻策划“向世界叫响辽宁文化”第三期特刊《河海　你的相遇》，并给予了高度评价。

《河海　你的相遇》获学术界高度肯定

策划要点抓得很准
采访编排扎扎实实

▶ 2018年10月19日，“辽河文化研究现状和展望高峰论坛”在沈阳城市学院举行。本报记者受邀参会。论坛期间，辽宁日报社大型新闻策划“向世界叫响辽宁文化”第三期特刊《河海　你的相遇》成为学者们热议的话题。大家纷纷表示，媒体能够花大气力挖掘辽宁的河海历史文化资源，是所有研究者最希望看到的。

| 要重视河海文化的研究 |

辽宁省博物馆原馆长王绵厚在发言时专门向与会学者介绍了辽宁日报社近期推出的河海文化特刊，并跟大家分享了感受。他说：“这期报道图文并茂，采访扎实，制作精美，是一期有深度、有广度、有意义的反映辽宁历史文化特色的特刊。”

王绵厚认为，从横向的社会层面来说，辽河文化具有“先导性”“多元性”和“地域性”这三个特质；而从纵向的历史时空来看，辽河文化发展具有五个重要历史时期，分别为先秦时期、战国秦汉时期、魏晋南北朝至隋唐时期、闾山辽陵文化时期和“盛京文化”时期，这也是辽河文化研究的五大亮点。此外，王绵厚提到，“从辽宁的地理优势看，辽宁自古就是东北亚海洋文化的核心区域。然而，过去在研究传统丝绸之路的时候，我们

▲ 著名考古学家郭大顺（左）对辽宁文化标识的提炼十分关注

对中国东北、东北亚丝绸之路的研究往往被忽视并处于边缘地带。实际上，具有几千年历史的中国东北和东北亚，不仅是丝绸之路东端的重地，而且在连接中国及日本、朝鲜、俄罗斯的广阔地域中，具有重要的历史地位”。

郭大顺看到本报记者倍感亲切，他说，“从发布第一期特刊，我就开始关注辽宁日报社‘向世界叫响辽宁文化’这个策划，看到你们扎扎实实地坚持做，真是难能可贵。而呈现的效果，不论是从内容安排上，还是对采访依据的把握上，都很扎实。策划内容要点抓得很准确。对于辽宁的历史文化特色，以往对此的宣传梳理还做得不到位，我认为，辽宁历史文化具有全国性的意义高度，更具有向世界叫响的价值。”

“从本次策划的内容形式上，把握恰到好处。”郭大顺认为，辽宁境内的河、海之间的关系，可以形象地比作同心圆式、互为表里的不同层次的姊妹文化关系，其圆心是辽河，而其延伸的半径不同。二者既不存在非此即彼的排他性，也不存在孰重孰轻的关系。

郭大顺特别提到，“保护好历史资源才有对历史发声的主流话语权。我注意到这期策划中提到辽宁境内的入海口问题。从历史资源的保护意识上看，辽宁这一方面做得不错。而我们在研究中，注意到中国境内的入海口位置有很多，但是因为要发展经济，往往有关部门忽略了对历史资源的保护，把原本无价的历史文化财富给破坏掉了。我认为，我国历史文化资源的开发应该在保护的基础上追求社会效益和经济效益的增加，市场调节和政府调控必须结合起来”。

为振兴发展铸魂

“看完辽宁日报社推出的河海文化特刊，我非常兴奋，也很受鼓舞。”辽宁社会科学院研究员彭定安说，“这是第一次看到有省级党报在深入挖掘辽宁历史文化资源方面做出如此大的投入。”

目前辽宁正处于推动振兴发展的关键时期，彭定安认为：“文化是明天的经济，文化是经济的养育系统和深层控力。辽宁日报社投入这么大力量，这么多篇幅，连续报道辽宁的历史文化，不仅体现出媒体的文化担当和文化自觉，更会对当下辽宁的经济发展发挥重要影响，能够为老工业基地振兴发展提供文化养分。”

彭定安强调，如今，文化已经从经济社会发展跟跑的角色，变为领跑的力量，“经济发展与文化发展是一体的。我们讨论振兴发展必然要探讨文化力的开发问题。辽宁日报社所做的报道，恰恰能够起到推动引领的作用”。

▲ 著名学者彭定安（右）认真翻阅《向世界叫响辽宁文化》

彭定安除了对策划的意义给予肯定外，还对特刊的内容做出评价。他说：“我看了一下这期特刊，感觉体现了全局性，观点把握得也很准确，紧紧抓住了辽宁的河和海两方面进行报道。辽宁过去在宣传自身历史文化方面，特别是对海洋文化的关注不够。我认为，在辽宁，海是非常重要的文化符号。辽宁日报社将辽河、辽海并重来做，很到位、很有说服力。”

辽宁大学文学院教授王向峰说：“辽宁日报社这期关于河海文化的策划，主题抓得很有价值，恰到好处地找到了辽宁人生存发展的源头。”

王向峰说，从辽宁的地理位置看，向南看是海，向东看也是海，又有很多条河流贯穿辽宁大地，辽宁人之所以能在这片土地上休养生息许多年，就是因为拥有得天独厚的地理资源优势，“而这个优势正是咱们辽宁人生存发展的源头”。

王向峰说：“过去在研究挖掘历史文化资源方面，投入精力较多的是高校或研究机构，但是，不论是从科普性还是从推广性上来看，都远远做得不够。党报能够积极发挥舆论引领作用，将历史文化的挖掘和宣传推向新高度，由此产生的效应会直接影响社会各界，从这方面来评价，其意义是十分重大的。”

王向峰认为，将学术研究转化为生产实践，进而推动思维、思想的转变，需要多部门联合起来，共同探寻方向。他说：“我认为，学术研究要服务于现实发展。当下我们要从辽宁丰富的历史文化资源中，找到振兴发展的突破口，这也需要全社会共同努力。”

为提升文化自信注入强心剂

辽宁社会科学院文学研究所原所长白长青说：“很长一段时间以来，辽宁人对家乡文化缺乏自信，认为我们辽宁的文化土层很薄。而辽宁日报这次的选题恰逢其时，为提升辽宁文化自信注入了一支强心剂。辽宁的河海资源，的确是辽宁最亮丽的名片之一。”

白长青认为，辽宁历史文化悠久，曾发生过许多带有里程碑意义的重要事件。他说：“从横的历史断面上看，辽宁这块土地以‘龙出辽河源’为开端，演绎了中华文明在北方的起源和发展。得天独厚的地理优势造就的辽宁文化土层非常厚实。辽河是‘母亲河’，也是一种母体文化，说到辽宁文化自然离不开辽河文化。此外，辽宁地域本身也离不开大海，特别是沿海城市发展，包括辽西走廊研究，都与大海息息相关。因此，辽海文化也是辽宁地域文化的一大特质。”

▲ 辽宁社科院文学所原所长白长青（左）接受采访

谈到今后如何开发利用辽宁的河海文化优势，辽宁大学历史学院教授、中国辽金史学会理事王德朋认为，辽河文化的定义具有爆发性、鲜明性、粗糙性和连续的向心性等特点，“相关机构应当通过成立文化传承保护基地、编制辽河文化遗产目录等方式来保护和推动辽河文化的研究与发展”。

辽宁省文史研究馆馆员、辽宁大学原副校长顾奎相则提出，辽河文化底蕴丰厚，传承千年，有极高的研究价值。对于如何占领辽河文化研究高地，他认为，最重要的一点就是要创新，要“讲前人之未讲”，要在学术方面争取新的突破和发展，也可以对前人的一些谬误进行改正。

“只有创新才能使辽河文化发扬光大。同时还要明确自己的研究方向，有针对性地对课题进行探究，这样才能更加专业化。”顾奎相说。

应用到创新创业实践中去

沈阳城市学院语言文化学院院长李超表示，《辽宁日报》利用几十个版面的篇幅全面梳理辽河流域早期人类起源和文明发展的进程，从向大众普及辽宁历史文化的角度来看，具有重大意义。

2018年5月25日，沈阳城市学院曾举办辽河文化研究院成立大会暨首届学术年会，本次高峰论坛是对辽河文化研究的进一步延伸和探讨。李超说：“辽宁的历史文化源远流长、博大精深，是我们宝贵的财富。作为高校，我们会利用各种方式深入开展研究，并将辽宁的历史文化知识融入教学实践中，一方面是丰富教学资源，另一方面也有助于培养青年对辽宁历史文化的热爱。”他表示，学校还会鼓励学生把对辽宁历史文化的认识带到创新创业实践中去，“今后，学校将依托专家智库，一如既往地致力于辽河文化研究学术体系的建构，致力于为新时代辽河文明的再次闪耀贡献一份力量”。

向 世 界 叫 响 辽 宁 文 化

PRESENT THE BRILLIANT CULTURE OF
LIAONING TO THE WORLD

向世界叫响辽宁文化 4

清前你的金戈

丁宗皓 刘玉玮 主编

辽宁人民出版社

图书在版编目（CIP）数据

清前：你的金戈 / 丁宗皓，刘玉玮主编．— 沈阳：
辽宁人民出版社，2019.12
（向世界叫响辽宁文化）
ISBN 978-7-205-09752-3

Ⅰ．①清… Ⅱ．①丁… ②刘… Ⅲ．①辽宁—地方史
—古代 Ⅳ．① K293.1

中国版本图书馆 CIP 数据核字（2019）第 217802 号

目录

MULU

我国唯一保存完好的山城式都城在抚顺

赫图阿拉
将女真人推上历史舞台

▶ 赫图阿拉系满语，意为“横岗”。明万历三十一年（1603），努尔哈赤率部迁至赫图阿拉并开始筑城。13年后，努尔哈赤在赫图阿拉建立后金政权，为中国最后一个封建帝国的崛起写下序章。

群山环绕的赫图阿拉古城如今山水如画，成为记录中国历史和传承民族习俗的重要平台。

三京之首

“关外三京”是史学界长期以来研究的热点，其中的赫图阿拉因为是清朝的发祥之地，其历史和建筑在清前史中具有重要地位。

赫图阿拉位于辽宁省抚顺市新宾满族自治县永陵镇，群山环绕的古城流水潺潺，风光旖旎，秀美古朴，城前的努尔哈赤雕像头戴兜鍪，身披铠甲，威风凛凛。

清史学者、赫图阿拉城党支部副书记唐旭哲告诉记者，赫图阿拉系满语，意为“横岗”，指平顶上的山冈，根据史学家和地理学家考证，赫图阿拉的确建立在横岗之上。

唐旭哲带领记者登上赫图阿拉古城门，遥望远方，城东依白塔山，城西连烟囱山，正南为羊鼻子山，北面的苏子河作为护城河又成为古城的天然屏障。

题记 TIJI

清前史

从明万历十一年（1583）至清顺治元年（1644），这61年间，是清王朝在中国东北地区奠基发展的阶段，被史学界认定为“清前史”。

清前史实际上是清王朝的先祖满族以盛京为中心兴起、发展、奋斗的历史。清前史与明朝中后期的历史相交错，故也是明朝衰落及明清（后金）争战史；同时，清王朝的中央机构和国家雏形也是在清前期奠定和确立的。

努尔哈赤就出生在赫图阿拉。不过，让努尔哈赤得以大展拳脚，尤其是起兵收复东北女真各部落的地方，是在距赫图阿拉差不多3公里远的费阿拉。

努尔哈赤曾任明朝的建州左卫都指挥，其后，他在费阿拉建立了自己的政权机构，其间还招徕女真各部、创制满文、改编牛录和发展生产。

因为费阿拉城取水十分不便，努尔哈赤产生了迁居的想法。赫图阿拉三面环山、一面邻水，地势相对平坦并易守难攻。

另外赫图阿拉的井水充盈，清澈见底，严冬不封，酷暑清凉。明万历三十一年（1603），努尔哈赤从费阿拉迁移到赫图阿拉并开始筑城，1605年筑成内城后紧接着又用3年时间建造外城，如今人们所看到的赫图阿拉古城为内城的所在。

努尔哈赤在赫图阿拉期间励精图治，率部消灭了哈达部并平定东海和黑龙江女真，还通过联姻的方式与科尔沁和喀尔喀等部交好。

明万历四十四年正月初一（1616年2月17日），努尔哈赤在赫图阿拉定国号

▼ 据史料记载，赫图阿拉城内的古钟铸造年份是清乾隆二十九年（1764）

▼ 赫图阿拉内城复建的汗宫大衙门，是努尔哈赤曾经居住和发布政令的地方

为“金”（史称后金），他被拥戴为“天命抚育列国英明汗”。

后来，皇太极在盛京（今沈阳）发布《汗谕》，尊称赫图阿拉为“天眷兴京”——女真兴起之都。

| 女真特色 |

沿着东门稍微有些崎岖的山路进入赫图阿拉古城，最高处大约有4米高的城墙就是古城的内墙，因为年代久远，古城的外郭已不明显。唐旭哲说，根据史料记载和考古分析，其大部分建筑采用砖、石、木等材料建造，内城东西长551米、南北宽512米，占地面积25万平方米左右；外城东西长1335米、南北宽1352米，占地面积156万平方米左右。

赫图阿拉内城，主要供努尔哈赤眷属及贵族们居住，有汗宫大衙门和八旗衙门；赫图阿拉外城，主要用来安置八旗将士和囤积粮草，建有弓箭场和烘炉坊等。根据史料记载，赫图阿拉内城与外城共住有2万多户人家，八旗官兵最多时达10多万人。

赫图阿拉古城现存古建筑及遗址33处，其中包括人们耳熟能详的赫图阿拉古城墙，以及汗宫大衙门、正白旗衙门和罕王井等遗迹。

清史学者李声能专门研究过赫图阿拉的建筑，并为此撰写了《满族早期都城的空间特点分析》一文。他认为，从建筑学的角度出发，赫图阿拉城的特点主要为：第一，内城和外城的空间形态为内城随山就势，外城较为规整；第二，城内略具功能分区，但是没有轴线；第三，努尔哈赤的宫与殿分离，同样没有轴线；第四，山头多筑有房屋；最后，多台上楼。

赫图阿拉的建筑风格也独具女真民族特色，比如三间房多在最东面的房子南侧开门，也就是百姓们常说的口袋房。这种建筑风格能够达到御寒的目的。

“女真民族有逐水草而居和善于骑射的特点，其早期的生活方式主要以狩猎和畜牧为主。”唐旭哲告诉记者，从努尔哈赤筑城建都开始，女真人进入了定居时代，这在女真民族发展史上具有划时代的进步意义。

“后来满族入关，清廷依旧派重兵把守赫图阿拉，加上当地保护意识强，让赫图阿拉成为中国保存最为完整的山城式都城。”唐旭哲说。

辽宁历史文化

词条 34

赫图阿拉

赫图阿拉是后金政权都城。又称兴京。位于今辽宁省抚顺市新宾满族自治县。该城分为内、外两重城墙，遗址有汗宫大衙门、八旗衙门、协领衙门等。

400年古城

后金的建立尤其是在赫图阿拉集聚人力物力，为努尔哈赤日后进攻辽沈地区创造了有利条件。

作家王开通过研究史料发现，努尔哈赤在此时还建立健全八旗制度，使得赫图阿拉不但是政治军事中心，同时也成为女真民族的文化中心和经济中心。著名历史学者阎崇年在《清入关前满洲的社会经济形态》中写道："在赫图阿拉时期，按八旗普遍实行牛录屯田，标明其封建土地所有制取得了支配地位；万历四十四年建立后金政权，则是其封建制取代奴隶制的政治标志。"

从1603年努尔哈赤迁都赫图阿拉开始，至今已过去了400多年。现在的赫图阿拉，旧城堡被重新"装扮"起来，重现那段峥嵘岁月。

唐旭哲说，虽然赫图阿拉没有北京紫禁城的雄伟豪壮，也没有沈阳故宫的意气风发，但复原的宫阙楼宇仍能述说当年的威仪。唐旭哲指着汗宫大衙门告诉记者："那里是努尔哈赤发布政令和商量军机之地，如今门上的八角飞檐冲天而起，肩挑日月，门上的飞龙也似蓄势待发，见证历史变迁。"

汗宫大衙门不远处是正白旗衙门，那是一座五开间的四合院式建筑，皇太极曾在此办公。到赫图阿拉探寻历史的游客邢书艳说，她最喜欢看关于清朝的电视剧，不少剧情涉及努尔哈赤和皇太极，"这里的建筑风格别具民族特色，有身临其境的感觉"。

每逢节假日古城都会举行"努尔哈赤称汗大典展演"，吸引了大批中外游客前来观赏。与此同时，当地还深入挖掘和利用浓厚的满族历史文化，通过开展满族冬捕、满族歌舞表演和满族农庄过大年等活动，积极传承满族文化遗产。

▶ 赫图阿拉城"汗宫大衙门汗王殿"遗址鸟瞰图

解读
JIEDU

为何弃东京进盛京

明万历四十七年（1619）六月初十，努尔哈赤率兵攻打明朝辽东重镇开原，最终以努尔哈赤方的胜利宣告战役结束。

努尔哈赤此时做出重大战略决策，离开让他崛起和登位称汗的赫图阿拉，将都城迁往距离明朝边界更近的界藩。明万历四十八年（1620）九月二十日，努尔哈赤又决定迁至萨尔浒居住，这里可以顺着浑河水陆并进，为日后拓展版图打下坚实的基础。

明天启元年（1621）二月，努尔哈赤率兵携带攻城器具进攻沈阳，胜利后又直扑辽阳。

其后，努尔哈赤决定将后金都城由萨尔浒迁移到辽阳，第二年又在辽阳城东另建新城，也就是日后人们耳熟能详的东京。

辽阳古称襄平，又称辽东城，明朝时设立辽东都指挥司，是辽东的政治文化和经济中心。作家王开告诉记者，辽阳对东北地区历史发展具有重大影响，这座城市当时的影响力甚至辐射整个东北亚。

但是，努尔哈赤在辽阳只短暂定都4年，随即离开辽阳前往沈阳，将沈阳作为后金政治中心。努尔哈赤为何做出这样的决定呢？

太子河和浑河两大水系让辽阳地区土地肥沃，得天独厚的地理条件让辽阳十分适宜农耕种植，但是也正是因为充沛的河水让道路泥泞难行，导致努尔哈赤出兵辽西每每受

▲ 考古工作者在赫图阿拉内城发掘的长柄刀，是当年努尔哈赤率领的八旗将士常用的兵器

困于河泽之内。另外，当时后金政权西有明朝，北有蒙古，东有朝鲜，东南沿海还有明将毛文龙盘踞的皮岛，可以说随时都有被各方势力联合吞并的风险。

“其实努尔哈赤并未担心其他政权，他的主要竞争对手是明朝。”王开说，从沈阳可以通过都尔鼻路迅速出击辽西，周围山近兽多而且浑河也非常适宜，“即便后来迁都北京，沈阳依然作为陪都发挥着作用，成为当时东北地区的政治、文化和经济中心。”

公元1619年，历史在萨尔浒拐弯

一场战役 决定两朝兴替

▶ 一陷抚顺，二陷清河，疾如飘风，轻如举翼，势如破竹，浩如烟海……

在接二连三的对明战斗中，努尔哈赤率领的八旗将士频频告捷。明朝起用杨镐任辽东经略并总揽全局，集中十多万精兵强将分四路杀向努尔哈赤，后世称之为决定明清兴亡的萨尔浒之战由此展开……

题记 TIJI

萨尔浒之战

《清史稿》中曾这样记载萨尔浒之战："萨尔浒一役，翦商业定。迁都沈阳，规模远矣。比於岐、丰，无多让焉。"

萨尔浒之战，以后金军胜利而告结束，是教科书般以少胜多的典型案例，也是明清战争史上的一个重要转折。

连克要塞

层峦叠嶂、溪谷纵横的萨尔浒风景区，位于烟波浩渺的抚顺大伙房水库的东南方向，既有清丽婉约的水乡风貌又有雄壮幽奇的山岳景观。

明朝与后金之间的萨尔浒之战就发生在这里，此役被认为是两者之间战争史中的重要转折。

抚顺市社会科学院原副院长曹德全告诉记者，萨尔浒之战发生的准确地点是在古萨尔浒城东门，与古界藩山城西的吉林崖之间两公里的水陆地带，但是这片古战场如今已经淹没在眼前波光粼粼的水镜之下。

明万历四十六年（1618）四月十三日，建国称汗不久的努尔哈赤在赫图阿拉告天反明，正式宣告同明廷决裂并首先进攻近在咫尺的抚顺。

▲ 抚顺市社科院原副院长曹德全说，
萨尔浒之战关系明清兴亡，是重要的历史转折点

部分国内史学家的研究指出，努尔哈赤建国不久辽东地区便接连遭受自然灾害，发起战争能够解决后金所面临的内忧外患。

但曹德全认为，努尔哈赤作为女真杰出的政治家与军事家，其战略目光不只局限于女真内部问题，而是着眼于推翻整个明朝。

努尔哈赤率领两万将士在宣告反明的第二天，采用里应外合与突然袭击的方式轻松夺取抚顺城，紧接着又攻下花豹冲、三岔儿和白家冲等17处城池。

为争取日后同明朝的战争能获取足够的优势，努尔哈赤又马不停蹄地夺取了辽阳东侧门户清河堡，战事的惨烈程度在明朝与后金的史料中都有记载。

清河堡位于今天的本溪清河城镇，是当年连接沈阳、本溪、辽阳和抚顺的要塞，也是关乎明朝与后金势力消长的重要生命线。

相继丢失包括抚顺在内的辽东战略要地，让明神宗万历皇帝逐渐感到事态的严重，遂发严旨命兵部左侍郎杨镐任职辽东经略，重整防务的同时从中原各

辽宁历史文化
词条 35

萨尔浒

萨尔浒位于今辽宁抚顺东大伙房水库附近，因萨尔浒战役而闻名。1619年2月到3月间，努尔哈赤在萨尔浒以及附近地区大败明军四路进攻，是明朝与后金辽东战争中的战略决战。此战役是明清兴亡史上一次具有决定性意义的战争，是以少胜多的典型战例。

地抽调精兵强将。

经过差不多大半年的时间准备，由川浙等地调遣而来的兵力在辽阳集结，在杨镐的指挥下分四路杀向后金中心赫图阿拉。

以弱敌强

曹德全用数据对比的方式再现了萨尔浒之战的全貌：

明朝方面由辽东经略杨镐坐镇辽阳总揽全局，总兵马林由开原出发在浑河上游从北面进攻，总兵杜松由沈阳出抚顺入苏子河从西面进攻，总兵李如柏从清河走南路直奔赫图阿拉，总兵刘綎从辽阳走宽甸从东路进攻。

▲ 在萨尔浒风景区俯瞰抚顺大伙房水库

与此同时，祁秉忠、张承基、柴国柱等将领，一方面驻守辽阳作为机动部队进行增援，一方面驻守广宁来保障后方交通和粮草辎重。

兵力方面，从大同、宣府和山西调集精骑约3万，从延绥、宁夏、甘肃、固原发兵2.5万，从川、粤、鲁、陕等地发兵约2万，再加上东拼西凑的兵将共计11万多人。

为达到鼓舞士气的目的，明廷发布赏令，凡斩杀或擒拿努尔哈赤者可得赏银万两，擒斩努尔哈赤其余亲属者也都论功行赏。

努尔哈赤所率领的后金方面，只有赫图阿拉的不到6万八旗兵将，有专家认为其真实兵力只有2万左右，而且也没有明军的火铳等新式兵器。

明万历四十七年（1619）二月二十一日，杨镐在辽阳誓师并议定最终战斗方案，二月二十五日当天四路大军齐发赫图阿拉。

几乎遍阅清前史料的抚顺作家王开说，面对四路来势汹汹的明朝军队，努尔哈赤将全部兵力集中在一处，其用兵之法被后世记录为：凭你几路来，我只一路去。

“通过准确的军事情报，努尔哈赤获悉，西路大军为明朝主力。”王开说。

明万历四十七年二月二十九日，杜松率领的西部大军来到浑河北岸，但是，杜松没有采纳部下在此扎营的提议，而是要求将士脱掉盔甲连夜渡河，第二天又急忙横渡同样冰冷刺骨的苏子河。

努尔哈赤只留下五百兵马阻击刘綎部，清河方向的明军被险峻的地势所困，马林率领的北路军也因行动迟缓未能抵达，于是，孤军直入的杜松在萨尔浒山附近遭遇了后金军。

| 重要转折 |

位于界藩山的吉林崖是后金军临敌之处，面对来势汹汹的明军，他们扼守天险以抗敌，成功牵制杜松的同时为努尔哈赤争取到了时间。原来，杜松攻打界藩山吉林崖之前，将部分未能过河的士兵留驻在萨尔浒山，而努尔哈赤迅速偷袭并打败这部分明军后，赶到界藩山与那里的后金军会合，对杜松部形成了合围之势。

曹德全说，山势险要的铁背山古时叫界藩山，这里沟壑纵横，居高临下，是兵家必争之地。王开也说，界藩山吉林崖位于铁背山西侧，南控苏子河口、西俯浑河峡谷，居高临下的后金军在这里用滚木礌石阻击明军攻势，杜松在明万历四十七年三月一日战死在界藩山下。

击败杜松部的努尔哈赤又接连击退马林部和刘綎部，李如柏部因为行动迟缓未进入战场便接到撤退命令，在遇到小股后金军袭扰时部队还出现踩踏事件导致伤亡。

萨尔浒之战最终以后金军的胜利而告结束，杨镐因指挥不当引咎辞职并在日后遭受极刑，李如柏也遭到言官弹劾，此后自杀明志。根据史料记载，包括杜松在内，明军战死将领300多人，损失兵力近5万人，丧失骡马近3万匹，损失枪炮等兵器2万多支。

王开分析说，明军失利的主要因素有四点：首先，大部分将士来自南方地区，不适应北方的寒冷气候；其次，战场位于起伏不定的山林地带，不利于火

▼ 萨尔浒风景区内的努尔哈赤雕像

▲ 叶赫满族镇的文物保护员说，康熙朝重臣纳兰明珠的祖父金石台就战死在叶赫部的东城

炮等大型武器通行；再次，杜松孤军面对后金军且无险可守，因指挥失误让自身兵力被截为数段；最后，明朝处于内忧外患之中，粮饷不足、军心不定。

“此役过后，明朝再无力对后金用兵，努尔哈赤逐渐掌握了辽东控制权。”王开说，乾隆皇帝曾专门为萨尔浒之战赋诗：“铁背山头歼杜松，手麾黄钺振军锋。于今四海无争战，留得艰难缔造踪。”

曹德全总结说，萨尔浒之战为努尔哈赤夺取辽沈地区创造了条件，也为后世清军入关进入北京及夺取全国政权奠定了基础。

解读 JIEDU

努尔哈赤为什么“恨”叶赫部?

明万历四十七年（1619）六月十日，取得萨尔浒之战胜利的三个多月后，努尔哈赤率兵北上并攻下辽东重镇开原，紧接着又大破铁岭，解除了界藩城北部的明军威胁。

此时的努尔哈赤再也没有后顾之忧，他集合全部优势兵力向叶赫部进发，发誓要报“七大恨”中的“四大恨”之仇。

虽然史学界认为这只是努尔哈赤的借口，但也足以说明后金与叶赫之间存在矛盾。

据专家介绍，叶赫是女真最古老的部落之一，长期居住在今吉林省四平市叶赫满族镇，依据那里的山形地势修建了东城和西城两座古城。

记者来到叶赫满族镇时发现，如今那里只有东城的遗迹尚可分辨，西城因为历史原因早已无处可寻。当地的文物保护人员告诉记者，叶赫东城是叶赫部酋长褚孔革长子台柱、次子台坦柱及其子孙杨吉努、那林布禄、金台石等人居住，始建于明嘉靖二十五年（1546），毁于明万历四十七年（1619），沿用了70余年。其外城垣为土石混筑，周长3500米，内城位于外城正中，一座突起的平顶山丘之上，周长900米。

努尔哈赤与叶赫部的恩怨可追溯至万历初期，包括明军暗中支援叶赫士兵和武器攻打努尔哈赤，以及叶赫部食言将许诺嫁给努尔哈赤的美女许配他人……直到后来叶赫部还会同其他九大部落攻打努尔哈赤，双方的仇恨逐渐上升为你死我亡的程度。

明万历四十七年（1620）八月二十二日，后金军向叶赫东西二城发起进攻，据守东城的金台石眼见兵败纵火自焚，西城的布扬古投降后仍被努尔哈赤所杀。

叶赫部最有名的是两位清朝皇后，分别是慈禧和隆裕。有民间传说叶赫首领在战败时声称，即便叶赫只剩下一个女人也要报仇。但真正的历史并非如此，例如康熙朝重臣纳兰明珠就是叶赫后人，他的祖父就是叶赫部统领金台石，而金台石的妹妹是努尔哈赤的妃子、皇太极的生母。

与西安古城、荆州古城、平遥古城齐名

兴城有座清兵唯一未攻入的城池

▶ 绕兴城古城的城墙行走一周，就是3274米，城墙上的“袁”字旗，在风中猎猎飘扬，耳边仿佛回响起战马的蹄声……人们常说的宁远城就在兴城古城的位置，当时叫宁远卫城。宁远城位于山海关外200里，居辽西走廊中部。它三面环山，东临大海，扼守着辽西走廊的咽喉之地。

题记 TIJI

兴城城墙

学者们认为，研究中国古城墙，兴城城墙必不可少。

据说，为了使城墙坚固，具有强大的支撑力，避免内心的夯土松动，城墙在建筑之初就用不规则城石砌筑内壁，然后将壁面凿平，所以称为“毛石墙”；由于石料大多是就地取材，远望去颜色近似虎皮，所以又被称为“虎皮毛石墙”。

咽喉要地

采访当天，葫芦岛市历史学会理事、中国长城学会会员张志平向记者着重介绍了兴城古城的历史概况：兴城古城始建于明宣德三年（1428），为宁远卫城，清代重修，改称宁远州城。兴城古城与西安古城，荆州古城和山西平遥古城同被列为我国迄今保存完整的四座古代城池。

人们常说的宁远城就在兴城古城的位置，当时叫宁远卫城。宁远城位于山海关外200里，居辽西走廊中部。它三面环山，东临大海，扼守辽西走廊咽喉之地。

▶ 中国近现代史史料学学会副秘书长张恺新手绘关宁锦防线图

最早发现其军事价值的是明朝将领袁崇焕。从地形来讲，宁远城背山面海，居山海要冲，扼边关锁钥。城外山海之间有一条通道，向北可以通到沈阳，向南可以到达山海关。首山位于宁远城东面，与窟窿山相对，两山之间仅有百米宽的通道。除此之外，宁远城外的海中还有一座觉华岛，此岛可以作为屯军和储藏粮草的基地。

宁远大捷

宁远城重修工程刚刚完工，就迎来了第一场决定关外归属的大战。1626年正月十四，努尔哈赤兵发辽西，号称30万大军。袁崇焕估计敌军数量在13万左右（袁崇焕当时负责宁前道，大致包括锦州、宁远、松山、杏山、右屯及大、小凌河一带）。

不管来了多少，当时的辽东经略高第直接下令放弃山海关外所有土地，全军退回关内。正在宁远筑城的袁崇焕说："我宁前道也，官此当死此，我必不去。"结果高第一声令下，袁崇焕负责的宁前道各地守军全跑了，只剩下袁崇焕待的宁远城。已经是孤城的宁远城只有军民不足2万人，独对努尔哈赤大军。

▼ 葫芦岛市历史学会理事张志平（左）介绍红夷大炮

面对后金强大攻势，袁崇焕驻守孤城宁远。但在其领导下，全城军民决心和后金决一死战。袁崇焕采纳诸将的建议，制定了“孤守、死守、固守”的守城策略。袁崇焕本人则“刺血为书，激以忠义，为之下拜，将士咸请效死”。在他的激励下，全城军民都决心死守，袁崇焕则坐镇于城中鼓楼，统率全局，督军固守。

在宁远城楼上，袁崇焕早就布置好红夷大炮。在整个宁远城楼上，一共布置了11门红夷大炮。除此之外，袁崇焕还吸取了以前战斗中的教训，严防奸细，这就是史书中记载的“宁远独无夺门之叛民、内应之奸细”。袁崇焕在紧张而有序地保卫宁远，努尔哈赤的铁骑则在一刻不停地奔向宁远城，大战一触即发。自信攻占宁远会势如破竹的努尔哈赤万万没有想到，后金军队在严寒中攻城多日，直到城楼下堆满了后金士兵的尸体，却依然没有攻破这座袁崇焕负责镇守的小小城池。不仅如此，努尔哈赤还在攻城的过程中身负重伤，不得不放弃了进攻。袁崇焕在这场宁远大捷中名声大噪。宁远之战是明朝从抚顺失陷以来和后金交战的第一个大胜仗，袁崇焕和宁远城也因此永远联系在一起。

在与后金的军事对抗中，宁远城有重要的战略意义。但是它的作用在早期并没有引起重视，这是因为明朝的军事家们都把广宁当作明朝辽西的军事重点。明朝后期，在后金咄咄逼人的军事进攻下，明朝失去了许多重要的军事要塞，当广宁失守后，山海关成为明朝阻挡后金大军的一道重要关卡，宁远城的战略地位也由此显现出来。在孙承宗的重视下，袁崇焕开始采取各项措施来构建宁远至山海关的军事防线。

| 建筑瑰宝 |

为何城墙历经580多年的风风雨雨仍巍然屹立？记者专门采访了当地文史学者、中国近现代史史料学学会副秘书长张恺新，“城墙的完整性和独特性使之成为中国古代建筑艺术的瑰宝”。兴城城墙是当今中华大地上为数不多的明清古城墙建筑，是明代军事防御型城市的标本，也是中国现存唯一的正方形城墙，受到联合国及欧盟文化遗产保护专家和为数众多的中外游客的青睐和关注。

明代是中国城墙结构高度成熟的时期，城墙上的相关功能设施，如城楼、瓮城、箭楼、马面、角楼、敌楼、闸楼等均已定型，成为城墙的固定构造内容。现在从城外看古城，城墙皆外包青砖，兴城古城墙基砌青色条石，外砌大块青砖，内垒巨型块石，中间夹夯黄土。城墙顶端外沿筑有垛口，守城官兵可以以此护身、瞭望、射箭；内沿筑有女儿墙，高度低于垛口，起着加固城墙的作用。用于人员行走的砖面称为“海墁”，“海墁”系青砖铺就，中凸外低，便于排水和减轻城墙夯土的承重压力。

文化魅力

在中国保存完好的古城中，兴城古城有其自身的特色，“中国明清时期军事防御型城市的样本”即是其一，这是兴城古城区别于平遥古城的晋商文化、西安古城的古都文化、荆州古城的三国文化、临海古城的抗倭文化的特色之所在，今后在兴城古城知名度打造方面也将凸显其历史上发挥出的军事防御型卫城功能，展现其作为古代卫城的军事防御文化魅力。

兴城古城的旅游宣传语“一座宁远古城，半部明清战史”是基于兴城古城在明清战争历史上所起的重要作用而提炼出的古城历史内涵概括和定位。兴城古城的历史亮点在明清战事，但目前古城景区对这方面的宣传推介还有很大的拓展空间。

张恺新正在撰写《努尔哈赤兵败袁崇焕》一书，他希望通过历史普及读物的形式，向读者展现历史上著名的军事经典战例“宁远大战”的来龙去脉，让更多人了解兴城古城承载的“宁远大战”历史信息。兴城古城土生土长的明清祖氏家族，先后走出了以祖承训、祖大寿为代表的100余名文官和武将，留下了祖氏石坊、祖大寿故居旧址等历史遗存，目前对这个家族的历史研究和宣传推介比较有限，如挖掘祖氏家族的家风家训文化、名人文化亮点、传说故事等，更好地展现祖氏家族等兴城古城名门望族的历史文化内涵。此外，明末宁远城在宁远大战之后还发挥过“大明王朝在山海关外最后的城市”等作用，对这方面的宣传推介还比较薄弱，未来还将从“明朝最后的关外孤城”等角度进行人文内涵挖掘和旅游宣传推介。

关宁锦防线是中国历史上著名的军事战略防线之一

关宁锦防线又称关锦防线，是明朝末年为抵御后金政权所修筑的自山海关经宁远（今辽宁省兴城市）至锦州的一条防线。关宁锦防线以山海关为后盾、宁远为中坚、锦州为先锋，其间筑有多个堡台作为联防据点，是中国历史上著名的军事战略防线之一。

兴城历史学者张恺新对关宁锦防线构建情况颇有研究。他介绍说，构建关宁锦防线的设想，起初形成于明天启二年（1622）九月，当时的大学士、兵部尚书孙承宗督师蓟辽后，在山海关调整指挥系统，命监军袁崇焕修营房，总兵官李秉诚练火器，司务孙元化筑炮台。天启三年（1623），孙承宗没有采纳辽东巡抚阎鸣泰提出的“主守关内”的意见，坚持守关外，奏报称“若失辽左，必不能守榆关；失觉华、宁远，必不能守辽左”，孙承宗的战略意图是：山海关外以宁远为重点，将沿线原有各城都恢复起来，派驻军队，层层设防，将山海关至宁远的二百里之间收为内镇，建成关宁防线。后来，在孙承宗的努力下，又将防线扩展二百里，自宁远经连山、塔山、松山、杏山、锦州，抵达大凌河城。

在关宁锦防线的防务设想中，宁远城的战略价值凸显。担任兵备佥事的袁崇焕坚决支持孙承宗的意图，他提出：“若保关内，必守关外；若保关外，必守宁远。”袁崇焕力排众议，在孙承宗的支持下，主持重修了宁远城，“定制城高三丈二尺，雉高六尺，址广三丈，顶部二丈四尺”，于天启四年（1624）完工，成为关外一军事重镇。天启五年（1625）夏，孙承宗与袁崇焕计议，遣将分据锦州、松山、杏山、右屯及大、小凌河各城，修缮城郭居住，这样，宁远成为“内地”，至此正式构筑了以宁远为中心的关宁锦防线。三年多的时间里，关宁锦防线由设想变为现实，明朝关外防务得到加强。

明与后金战争中，在关宁锦防线上，先后发生了柳河之战、宁远之战、宁锦之战、大凌河之战、松锦之战等十余次激烈战事，后金军多次试图突破关宁锦防线，但一直未能奏效。

天启六年（1626）正月，努尔哈赤亲率众兵攻打关宁锦防线的中心点宁远城，遭遇袁崇焕率领全城军民誓死抵抗，不得不兵败撤军。次年五月，皇太极为报父仇，再次率军进攻关宁锦防线上的重镇锦州和宁远，再次兵败撤退。后金军由于无法突破关宁锦防线，皇太极不得不于崇祯二年（1629）八月绕道蒙古草原，长途奔袭北京，致袁崇焕下狱身死。但由于祖大寿等将领加强对关宁锦防线的防卫，祖大寿本人亲自镇守锦州，关宁锦防线仍然坚守在明军手中。松锦大战后，关宁锦防线的山海关至宁远段“关宁防线”又被明军坚守了二年，直至崇祯十七年（1644）三月明朝灭亡前夕辽东总兵吴三桂撤离宁远。

关宁锦防线存在的长达21年时间里，发挥出重要的防务作用，也沉淀了丰厚的历史文化内涵。中国军事史上著名的雄师“关宁铁骑”就是在这条防线上造就的，孙承宗、袁崇焕、祖大寿、洪承畴、吴三桂、曹变蛟等一大批军事将领在这条防线上领兵御敌。关宁锦防线周边还曾经广泛屯田，“以辽人守辽土，以辽土养辽人”。孙承宗、袁崇焕等军事将领和路经此地的文官还留下很多诗篇文章。至今，昔日的关宁锦防线文物遗存犹在，兴城古城、祖氏石坊、前所古城、三台子烽火台等许多历史遗迹见证着这道坚固军事防线的历史沧桑。

解读 JIEDU

小城里有大历史

兴城，一座海滨小城。走在四方街上，仍能感受到这里蕴含着一段波涛汹涌的大历史。

当地历史学者张恺新自豪地介绍说，这里每年都吸引着成千上万的人来旅游，这些来到兴城的人，大都是冲着它的另一个名字——宁远古城来的。古城是一座四四方方的城池，城墙四面各有城门一座，并建有箭楼，城墙四角高筑炮台。城中央有钟鼓楼，东西南北贯穿四条大街，是一座典型的防卫型古城。虽经岁月考验，但城楼和城墙保留得比较完好。

宁远古城中所有有价值的历史遗迹都和袁崇焕有关。在古城的城楼上，还插有写着“袁”字的战旗，城楼上架设着11门红夷大炮，当年清太祖努尔哈赤所率领的大军，就在红夷大炮的攻击下吃尽了苦头。

15年前，记者曾跟家人一起来过兴城，再次来访依旧感觉很亲切。10月16日，记者一行途经兴城火车站前，第一眼就看到矗立在火车站广场上的石雕塑像。“这是谁啊？”几名游客心中疑惑，看着这位身穿铠甲、腰挂宝剑、目光炯炯的将军喃喃自语。在获知是英雄袁崇焕后，游客便露出肃然起敬的表情，开始仔细打量。出租车司机每天都穿梭在这座海滨古城，当被记者问到兴城有什么好去处时，第一个答案便是宁远古城。虽然他们对于袁崇焕了解不多，但也能略作评价：“袁崇焕是著名的抗清将领嘛，以少胜多的宁远大捷就在这儿打的。”

辽宁历史文化
词条 36

兴城古城

兴城古城是我国目前保存最完整的四座明代古城之一，位于辽宁省兴城市老城区中心。古城始建于明宣德三年（1428），为宁远卫城，清代重修，改称宁远州城。明代，古城为边防重地，明将袁崇焕驻兵于此，屡败清兵。

五个关键词讲述努尔哈赤的一生

老罕王本身就是重要的文化符号

▶ 他从一个采蘑菇、拾松子的穷苦少年，成长为中国最后一个封建王朝的开创者、奠基人。清太祖努尔哈赤何以成功？近年来，关于努尔哈赤的传记、论著、小说以及影视作品层出不穷，但很少有人从成功学的角度出发，还原“老罕王”的创业路。记者从成功学中挑选了五个关键词：勇气、隐忍、创新、学习和果断，讲述努尔哈赤波澜壮阔的一生。

题记 TIJI

十大贡献

清史专家认为，努尔哈赤的历史贡献约有十件：

统一女真各部、统一东北地区、制定满洲文字、创建八旗制度、促进满族形成、建立后金政权、丰富军事经验、制定抚蒙政策、推进社会改革以及决策迁都沈阳。

勇气——集中兵力　各个击破

后金天命十一年（1626）正月二十三，努尔哈赤率领八旗军约6万人，兵临宁远城下。次日，著名的宁远之战正式打响。连攻三日后，后金大军突然撤退。此前战无不胜的八旗铁骑，为何突然放弃宁远城？

对于弃城原因，《明熹宗实录》记载说：炮毙一大头目，用红布包裹，众贼抬去，放声大哭。有学者认为，这个“大头目”就是努尔哈赤。而《清太祖武皇帝实录》记载说：帝自二十五岁征伐以来，战无不胜，攻无不克，唯宁远一城不下，遂胸怀愤恨而回沈阳。同年八月，68岁的努尔哈赤在返回沈阳途中去世。

宁远之战，既是努尔哈赤一生最后一战，也是他44年军事生涯中仅有的一场失败。从25岁凭“十三副遗甲”

起兵，到兵败宁远城，努尔哈赤一生先后取得古勒山之战、乌碣之战、抚清之战、萨尔浒之战等12次大捷。

一次失败，抹杀不了杰出的军事成就。史称努尔哈赤“用兵如神”，那句“凭尔几路来，我只一路去”，充分彰显了他敢作敢为毫不畏惧的英雄气魄。戎马一生的努尔哈赤，让人最为佩服的经典战役，当数以少胜多的萨尔浒之战。

后金天命四年（1619）二月，明朝集结近10万部队进攻赫图阿拉，得到明军兵分四路来袭的情报后，努尔哈赤果断采取集中兵力、各个击破的战略部署，用6万精锐部队逐一“死磕”劳师远征的明军。结果，5天内连破三路明军，歼灭明军约5万人，缴获大量军用物资，此战役以明军大败而告终。

著名清史学家阎崇年在总结努尔哈赤军事成就时认为，他在作战指挥艺术上，对许多军事原则，如重视侦察、临机善断、诱敌深入、据险设伏、巧用疑兵、集中兵力、各个击破、一鼓作气、速战速决、里应外合等，都能熟练运用并予以发挥，丰富了中华古代军事思想的宝库。

｜隐忍——看边进贡　忠顺已久｜

明万历二十三年（1595），明朝敕封努尔哈赤为“龙虎将军”，并赐宝剑一把。这把龙虎将军剑现为沈阳故宫博物院的镇院之宝。

如果万历皇帝能够预知几十年后，努尔哈赤的子孙将入主中原，他一定不会重奖这位“不安分”的臣民。明万历十一年（1583），25岁的努尔哈赤召集部众百人，以“十三副遗甲”起兵，替祖父和父亲报仇。此后，努尔哈赤以“顺者以德服，逆者以兵临”的策略，拉开了统一建州女真以及整个女真各部战争的帷幕。

努尔哈赤在东北地区的军事实力越来越雄厚，明廷非但不加以干涉，反而给予“奖励”，这是为什么呢？沈阳故宫博物院原院长武斌认为，努尔哈赤最初起兵，只是针对对他有威胁的女真各部落，进而统一女真，并不是要反皇帝、反大明王朝。那时的努尔哈赤还没有实力与明王朝分庭抗礼、兵戎相见。所以，他对明朝的态度始终暧昧，经常说自己给大明王朝“忠顺看边”。

据记载，努尔哈赤从万历二十年（1592）到万历三十九年（1611）间，先后到北京朝贡七次之多。“频繁进京朝贡，起初肯定是为了向朝廷表示‘忠诚’。”武斌认为，从偏远的辽东山区来到京师，紫禁城的巍峨壮丽，帝都的市井繁华，不能不给努尔哈赤以巨大的心灵震撼，也许，就是从那时起，他产生了“王侯将相宁有种乎”的感慨，生长出取而代之的野心。因此，后来的“朝贡”更大的意义可能在于侦察和迷惑朝廷。

即使到了明万历四十三年（1615），也就是努尔哈赤建立后金国的前一年，他还曾到北京朝贡。明末清初史学家谈迁在有关记述努尔哈赤朝贡的文章中写道：此行收获极大，礼品带得足，让朝中得到实惠的大臣们极为高兴，异口同声地褒扬努尔哈赤，蓟辽总督还向朝廷奏称其“唯命是从”，就连万历皇帝都赐予了诸多钱物。

根据东北师范大学教授穆鸿利的研究，努尔哈赤其实很早就有称王称汗的准备，“早在建费阿拉城时，即‘自主称王’”。

正是这样一边不断朝贡称臣，一边发展和壮大，从而一步步地为称汗立国做着准备。明万历四十四年（1616）正月，在八旗贝勒大臣拥戴下，努尔哈赤正式称汗，并建立后金国，年号天命。

回过头来再看努尔哈赤不断进京朝贡的举动，更像是因实力不济而不得不做出的隐忍退让之举。

创新——并肩同坐　共议大政

在很多人的印象中，八旗制度是努尔哈赤留给后人重要的政治遗产。八旗制度的建立，结束了满族“部落无统”、关系涣散的落后局面。事实上，除八旗制度以外，努尔哈赤还创造了鲜为人知的八和硕贝勒共议国政制。

讀

辽宁历史文化
词条 37

努尔哈赤

清太祖爱新觉罗·努尔哈赤（1559—1626），清朝的奠基者。明神宗万历四十四年（1616），努尔哈赤在赫图阿拉称汗，建立后金，割据辽东，建元天命。萨尔浒战役后，迁都沈阳。之后席卷辽东，攻下明朝数十座城池。

阎崇年称其为“贵族共和制”，也有人形容是“八王共治”。

努尔哈赤立国之初凡遇军国大事，必于“殿之两侧搭八幄，八旗之诸贝勒、大臣于八处坐”，共商大计。这便是“并肩同坐，共议大政”的雏形。辽宁省社科院历史所所长廖晓晴认为，当时满族处于奴隶制向封建制转变之际，尚存有浓厚的奴隶主贵族军事民主的习俗，所以才有了“八王共治”制度。

沈阳故宫的大政殿和十王亭便是努尔哈赤时期“君臣合署办公”政治体制的写照，这与千百年来封建帝王们为体现唯我独尊的朝政体制而形成的那种宫殿布局形式迥然不同。那么，这种“贵族共和制”有什么好处呢？原来，该制度强调“同心谋国”，共议国是，在政治上汗王与八和硕贝勒处于平等的地位，国家大事的决策，军事义务的承担，掠获品的分配，司法权的行使，都要经过大家共议才能决定。

天命六年（1621）二月，努尔哈赤命四大和硕贝勒按月分值，国中一切机务，俱令值月贝勒掌握。天命七年（1622），努尔哈赤以代善、阿敏、莽古尔泰、皇太极、济尔哈朗等八人为八和硕贝勒（即旗主贝勒），实行“八王共治”。不过，“八王共治”在皇太极时期逐渐变为“南面独坐”，而不再是“并肩同坐，共议大政”。

天聪六年（1632），随着阿敏被幽禁，莽古尔泰遭受处罚，原有的大贝勒阶层开始解体，八和硕贝勒共议国政制就此退出历史舞台。

学习——推崇汉化　以儒治国

努尔哈赤年轻时，到山上挖人参、采蘑菇、拾松子，然后到抚顺的马市交易。这一过程中，不仅开阔了他的视野，还让他结交到很多汉族知识分子。在努尔哈赤身边，有龚正陆、方孝忠等多位汉人老师，这些人对他了解中原文化起到了重要作用。

据说，努尔哈赤特别爱读《三国演义》和《水浒传》。明万历四十三年（1615）四月，努尔哈赤在赫图阿拉建起供奉孔子及先贤的文庙，可见他已经认同中原文化。

另外，在逐渐形成以儒治国的思想体系过程中，努尔哈赤着重提出搜集、

▲ 辽宁省社科院历史所所长廖晓晴认为，努尔哈赤的历史贡献值得进一步深入研究

整理中原民族治国理政得失的典章、制度。中国社会科学院民族学与人类学研究所研究员滕绍箴指出，努尔哈赤从天命建元前后，侧重运用儒家思想和理念改造社会，试图建立以尧舜时期为模式的协和社会。

努尔哈赤积极吸收汉族先进文化的同时，不仅没有放弃本民族文化，甚至还将满族文化发扬光大，比如创制满族文字。明万历二十七年（1599），努尔哈赤命巴克什额尔德尼和扎尔固齐噶盖，用蒙古字母拼写满语，这就是无圈点的老满文。皇太极时期，又对老满文加以改进，改成加圈点的新满文。我国现存满文图书1000余种，满文档案200余万件。

辽宁省社科院历史所所长廖晓晴回忆说："我上大学的时候，老师带我们去北京故宫的皇史宬参观，老师冲着堆积如山的满文档案说，这些档案你们一辈子都研究不完。所以说，满文是人类重要的文化财富。"

满族之所以迅速崛起，与努尔哈赤善于学习中原先进文化并勇于创新密不可分。

|果断——迁都沈阳　开创帝业|

在廖晓晴看来，努尔哈赤就是沈阳之父，没有努尔哈赤的迁都之举，哪来今日的沈阳城？

确实，在沈阳的城市发展历史上，努尔哈赤在沈阳定都，是一个具有重要影响的节点。沈阳由一个普通的关外小城而一跃成为一代都城，成为东北地区的中心城市，努尔哈赤功不可没。

天命十年（1625），在努尔哈赤的主张下，后金都城由辽阳迁至沈阳。从此，开始了沈阳作为都城的历史。关于迁都沈阳一事。大臣普遍持反对意见，但努尔哈赤坚持己见，他认为："沈阳形胜之地，西征明，由都尔鼻渡辽河路直且近。北征蒙古，二三日可至……朕筹此熟矣，汝等宁不计及耶！"这一决定，把后金政权的统治中心移到沈阳，使沈阳具有了政治、经济、文化中心的综合性城市功能。关于迁都的原因，武斌认为，迁都并非仓促间决定并实行的，"迁都的原因，按《清实录》所记，是努尔哈赤为日后发展的考虑"。

总之，迁都沈阳为进一步与明朝抗衡，最终图谋天下提供了广阔的发展空间。努尔哈赤于天命十年（1625）三月初三早晨率部众离开东京城（辽阳），当晚宿于距沈阳十里的虎皮驿，次日正式进入沈阳。正是努尔哈赤的果断之举，一个有关"一朝发祥地，两代帝王都"的故事，便由此拉开序幕。

解读
JIEDU

汉臣

自努尔哈赤于明万历十一年（1583）起兵，到顺治元年（1644）清军入关，这60余年中，在清太祖、清太宗身边，活跃着范文程、洪承畴等许多著名汉臣的身影，正是依靠他们的出谋划策，清王朝才得以入主中原。

范文程　北宋名相范仲淹十七世孙，是清初最重要的一位汉臣。他去世时，康熙亲自为其撰写祭文，可见其贡献有多大。

范文程是沈阳人，于万历四十三年（1615）在沈阳考取了秀才，时年18岁。随着努尔哈赤不断在辽东地区攻城略地，范文程主动求见正求贤若渴的“老汗王”。此后，他很快就脱颖而出，清初的很多规章制度皆出自他手，史称清初文臣之首。

到皇太极时期，范文程更受器重，讨伐明朝的策略、策反明朝官员、进攻朝鲜、抚定蒙古、国家制度的建设，等等，他都参与决策。

顺治元年（1644）四月初四，范文程上书多尔衮，奏请立即出兵伐明，夺取天下。当多尔衮顺利拿下北京后，在范文程等人的建议下，北京故宫得以保存。康熙五年（1666），范文程去世，终年70岁。

洪承畴　在反映清初的清宫戏中，关于孝庄劝降洪承畴的故事反复被提及。其实，正史上对此事没有任何记载。但皇太极为得到这位明朝大将，也是费了很大周折。清入关后，顺治任命洪承畴为太子太保、兵部尚书兼都察院右都御史，入内院佐理军务，授秘书院大学士，相当于当时的宰相。

吴三桂　他是一位饱受争议之人，人们对他的评价贬多于褒。

在1644年这一特殊年份中，他的“冲冠一怒为红颜”，改变了中国历史的进程。

崇祯十七年（1644）降清，在山海关大战中大败李自成，封平西王。顺治十六年（1659），吴三桂镇守云南，引兵入缅甸，迫缅甸王交出南明永历帝。晚年的吴三桂，又起兵反清。

“三顺王”　在清朝，汉人一般是不能封王的，但在清初，为了笼络汉人，清朝统治者曾对多位降清的明将封王。

孔有德被封为恭顺王、尚可喜被封为智顺王、耿仲明被封为怀顺王，由于每个人封王的名字中都有“顺”字，故而称为“三顺王”。

辽宁以多种形式加强研究、保护和传承工作

学满文的大学生找工作不发愁

▶ 随着清朝退出历史舞台和种种历史原因，活态的满语已渐渐在世界语言大家庭中消失，进而被联合国教科文组织列入世界濒危语言名录。为抢救和传承非物质文化遗产满文，辽宁不但在部分中小学开展满语文教学，而且还着重培养满族语言文化研究高层次人才。

题记 TIJI

抢救满文

满文是满族的民族文字，在中国历史上留下过浓重的笔墨，还有浩瀚如海的文史资料有待开发利用。

通过满族语言文字这把历史的钥匙，不但能够打开研究明清历史的大门，而且对研读中华璀璨的文明同样有重要意义，故而抢救满文和培养满语人才成为当务之急。

推动发展

9月27日8时30分，在长春海航紫金花大酒店会议室，一场关于满族文化传承的学术研讨会上，足足有10位专家的发言涉及满文的保护。

长春师范大学满族文化研究所所长吕萍说，努尔哈赤是杰出的政治家、军事家和清朝奠基者，在抚顺新宾期间他通过战争与招徕等办法统一建州女真，使得女真社会的政治、军事、经济和文化得到发展。此时的努尔哈赤却尴尬地发现，虽然女真有民族语言却没有文字，与明朝的往来公文中只能用蒙古文，已不能适应女真社会的全面发展需求。

努尔哈赤在明万历二十七年（1599）发令，让额尔德尼和噶盖仿照蒙古文创制本民族的文字，女真人自此再也不用借助蒙古文进行日常书写了。

“此前女真人大多使用蒙古文，额尔德尼就是以此

▲ 新宾满族自治县定期开办满语文课程，吸引省内外零基础学员前来学习

创制了满文。”吕萍在接受记者采访时说，但是满文与蒙古文又有着本质区别，如蒙古文与满文相比有的词语末段有分段。这个时期的满文尚不完善，有部分字母兼带两个或两个以上语音，给使用者造成很多麻烦，所以通行时间也不长，后世将这个时期的满文叫作“老满文”。

日后即位称汗的皇太极为消除老满文弊端，在盛京（今沈阳）让达海改良满文并日臻完善。皇太极所改革的满文主要有四个特点：首先，原先雷同的字母得到区别，做到一母一音；其次，创造特定字母，做到准确拼写外来语借词；第三，创制满文字母的连写切音形式，解决人名、地名等词语出错问题；最后，规范满文书写字体，做到书写形式统一。

吕萍告诉记者，这就是日后人们所指的满文，也叫作“新满文”，在清朝时期作为官方法定文字进行推广使用。

满文在书写上发展出楷书、行书和草书，其中，楷书的使用范围最广，主要应用在诏书、奏折和公文的缮写中。乾隆皇帝还仿照汉文篆字创制满文篆字，确定包括玉筋篆在内各体篆字的满汉合璧名称，还用32种字体印刷《御制盛京赋》来推广满文篆字。

中央民族大学历史系教授赵令志说，民族识别的根本性标志就是语言与文字，努尔哈赤和皇太极在辽宁期间创制与改革满文，有助于推动女真社会进一步发展和政权的建立。

中央民族大学少数民族语言文学研究所所长赵志忠说，满文是一种拼音文字，属阿尔泰语系满—通古斯语族，与东北许多民族语言有千丝万缕的联系。满文的书写由上而下，由左而右，直行书写，字形优美。满文还是一种简单易学的语言，只要按照读音就能轻易拼写满文，相反，按照文字也能够说出口语，这都是传承满语所具备的重要优势。

▼ 长春师范大学满语文专业的学生们书写的满文

等待抢救

由于历史上的种种原因，满文逐渐被淡忘，以至于在2009年联合国教科文组织公布的濒危语言中，满语已经被列入极度濒临灭绝的语言名录里。

辽宁抚顺作家王开告诉记者，为研究明清历史和满族文化的起源，她曾专门到黑龙江省三家子屯访问。那里至今还有十多位老人会说满语，也就是现在人们所说的活态的满语。现在，这些满族老人中已经有部分离世，即便健在者其年龄也都在80岁以上。王开认为，如果这些老人过世将造成活态满语的消失，也就意味着阿尔泰语系从此残缺不全。

与此同时，中国有着数不清的满文档案与书籍，是中华民族文化遗产的重要有机组成部分。比如，《满文老档》就记录下后金建立的全程，人们耳熟能

详的《尼布楚条约》也有满文的痕迹，是记录东北变迁和中国历史的重要史实，所以有人将满文比喻为打开历史大门的钥匙。

赵志忠介绍说，中国第一历史档案馆保存有上百万件满文历史文献，包括辽宁省档案馆在内的各地档案馆也有可观的满文文献，这些历史文献对于研究中国历史具有相当重要的意义。沈阳故宫博物院研究馆员邓庆也举例说，关于清宫尤其是沈阳故宫存在的许多问题，只有利用满文在满文的历史文献中才能找到答案，比如继思斋之复原陈列就是以《黑图档》为依据。

满语以“华丽转身”的转化方式继续留存，形成鲜为人知的“此时无声胜有声”，是研究中华民族语言历史沿革的活字典。

北京大学满通古斯中心主任赵杰说，北京也是清朝时期满族聚居的地区，所以北京方言中存在着大量的满语词语。比如，由京腔北京话塞入普通话中的“轻音”和“儿话”，还有“掰扯”（东北话中较常见，指说话或者讲道理），其实就是源于满语“baicha”，后在历史过程中演变为“瞎掰”和“楞掰”等。

满族是一个历史悠久的民族，对丰富和发展中华文化有重要贡献。由于历史上种种原因造成满文岌岌可危，抢救与保护满文这项非物质文化遗产势在必行。

吕萍在接受记者采访时说，此前人们对满语的现状有所误解，认为满语已经失传成为书面上的语言，但事实上逐渐消失的是活态的满语。吕萍还紧接着向记者说，比如当天与会的满文专家都会说满语，因为满语就是这样，会说一定会写，会写也一定会说。

与此同时，长春师范大学经过教育部正式批准，在2015年开设中国少数民族语言文学——满语文本科班，这是我国除民族院校之外普通院校开设的第一个满语班。

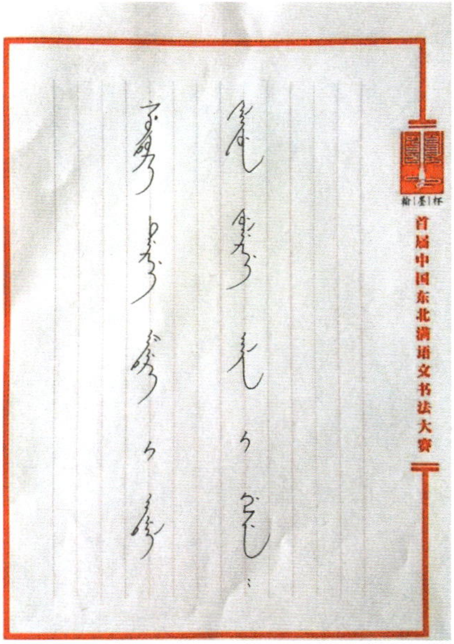

◀ 意为“福如东海，寿比南山”

▲ 长春师范大学满语文本科班大四学生李欣潼能够熟练地书写满文

| 培养人才 |

长春师范大学满语文班大四学生杨洪哲说，他是考取长春师大后调剂到满语文专业学习的，虽然起初不适应，但是很快就建立起学习兴趣，很多时候他的感觉是满文比英文还要好学。

同班同学李欣潼也告诉记者，通过学习满文还能深入了解满族文化习俗，比如说很多人都喜欢吃的“沙淇玛”就来自满语，回家和父母看清宫剧时她也有了更多的谈资。

长春师范大学历史文化学院教研室主任谷颖说，她现在所带的2015级学生即将面临毕业走向社会，因为满语文人才稀缺，所以这里的学生变得十分抢手。比如，已经有国内著名IT企业承诺全员接收学生们，用于与北京故宫博物院合作的历史文献研究工作，但是更多的学生还是准备考研继续深入学习满语文。

事实上，为做好满族历史文化的挖掘、整理、保护和传承，在满族的肇兴之地抚顺新宾满族自治县永陵镇，早已经着手在县内的中小学定期开展满语文第二课堂。

新宾满族自治县永陵满族小学校长黄志勇说，该校满族学生人数占在校学生总数的九成以上，为让学生们深入了解满族历史和传承非物质文化遗产满文，该校6个年级的学生每周都要上一次满语课。目前，在校学生都可以熟练地运用满语说礼貌用语，而且学校还开设有满族剪纸课和满族舞蹈课。

为让更多的零基础社会学员也能学到正宗的满文，新宾当地还成立了启运学堂，免费开办满语文培训班。启运学堂的石玉华老师告诉记者，从2016年12月至今已经开设5期培训班，近2000人次在这里接受正规的满语文培训。起初，来接受满语文培训的学员主要来自周边地区，大多是农家院的经营人员为满足经营需求而接受培训。慢慢地，许多省内外的文创产业工作者也来到新宾学满文。尤其是今年暑假期间举办的满文夏令营，不但吸引了包括沈阳音乐学院在内的高校大学生，来自欧美等国家的留学生也来到新宾。

与此同时，辽宁大学作为辽宁满语和满族历史文化培养基地，近年来也在着力加强满语及满文的研究、保护和传承工作。沈阳师范大学也开设有满语文人才培训班，其中大部分受训人员为省内在职中小学教师，他们通过培训不但能拼读和书写常用的满文，而且借助工具还能查阅满文历史资料用于教学。

辽宁社会科学院为加强智库建设和重点学科发展，抢救濒临失传的满语文和培养专门的高层次人才，特意聘请清史专家和满语文专家开设满语文培训班。

虽然满文和满语已经越来越受到重视，但是在王开和赵志忠等省内外专家看来，还是应尽快多培养满文研究的高层次人才。

辽宁历史文化
词条 38

皇太极

清太宗爱新觉罗·皇太极（1592—1643），后金第二位大汗、清朝开国皇帝。后金天命十一年（1626）努尔哈赤去世后，皇太极继承汗位，改次年为天聪元年。崇德元年（1636），在盛京（今沈阳）称帝，建国号大清。皇太极在位17年，为清王朝入主中原打下了坚实的基础。

清帝

你的金戈

解读 JIEDU

它们都源自满语

虽然活态满语已经被列入濒危语言名录，但是在普通话中含有不少习焉不察的满语，其中不少百姓都喜欢吃的沙琪玛最有代表性。

北京大学满通古斯中心主任赵杰向记者举例说，档案中的“档”源自满语，其罗马转音为“dangse”；哨卡中的“卡”源自满语，其罗马转音为“qarun”；再比如形容做事慢慢悠悠，在现代汉语普通话叫作“磨蹭”，其实也是源自满语，其原意为“迟钝”的意思。

与此同时，中国境内有很多地名也都源自满语，比如作为清朝发祥地的赫图阿拉古城，意为“横岗”，指平顶上的山冈；哈尔滨也是源自满语，其罗马转音为“galouwen”，是天鹅的意思；而齐齐哈尔在满语中的意思是济沁河边的哨卡。除地名外，比如胳肢窝、嘀咕、旮旯、棒槌，也都是源自满语。

抚顺市社科院原副院长曹德全告诉记者，在辽宁至今不少地方还保留有满语地名，是研究辽宁乃至中国历史文化的重要史迹。

▲ 抚顺市新宾满族自治县永陵满族小学开设的满语文课

“比如在抚顺新宾满族自治县上夹河镇的马尔墩村，其渊源可追溯到努尔哈赤建立后金前。”曹德全在接受记者采访时说，马尔墩在满语中是阻隔或陡峭的意思，有史料将这里记载为马儿墩和玛尔墩。努尔哈赤曾在这里与讷申进行激烈战斗，经过4天的激烈厮杀，以努尔哈赤胜利结束，进而控制了马尔墩这个建州西部的重要门户。

后来随着山海关内的移民来到抚顺安居，马尔墩这个地名逐渐被改称马二屯，直到乾隆皇帝东巡知晓此事在此立碑，才把地名重新改回马尔墩并沿用至今。全国第一次地名普查得到的信息显示，在抚顺地区有294处地名源自满语，其中后金时期的城名与堡名占148处，对研究后金时期满族起源有重要意义。

▲ 新宾满族自治县启运学堂的满文与满语学员

与此同时，满文也是研究满族习俗的重要工具，东北农村地区至今还流行的嘎拉哈这项满族民俗游戏也是源自满语。曹德全告诉记者，其在清代的汉字写法是“背式骨”，指猪和羊等动物膝盖部位的骨头，在当代则利用塑料等合成材料制作而成。

“起初，嘎拉哈是女真人沙盘上的棋子，替代山、林、河用于排兵布阵。”曹德全紧接着告诉记者，后来逐渐演变为满族姑娘冬天里的室内游戏，而且由东北地区逐渐传播到北京与河北等地，至今还是东北地区很多百姓喜爱的运动项目。

内方外圆　四塔对称　八门八关

盛京城的规划是独一无二的

▶ 沈阳，北方一座古老的城市，它的另一个名字似乎更加让人神往，是的，那就是盛京。作为中国最后一个封建王朝开创的都城，盛京城继承了满族建都筑城的文化特色，也汲取了汉族都城建设的思想，同时还深受藏传佛教文化的影响。城中之城，内方外圆，四塔八门，可以说盛京城的规划，在中国古代都城规划实例上是独一无二的。

题记 TIJI

重大项目

作为国家社科基金重大项目“盛京城考古与清代历史文化研究”子课题负责人，沈阳考古研究所副所长赵晓刚对盛京城有独特的感情。他说：“沈阳在2000年前就是燕国管辖下的候城，又是清朝的陪都。可以说沈阳的地下世界埋藏的是悠悠千年的历史文化。我希望能够有更多人关注起文物保护工作，让我们有更多渠道去了解这座美丽的盛京城。”

定都

从明代一座边城到后金都城，再到最终成为清代第一座都城，盛京城可谓历尽波折。

“努尔哈赤最开始并没有选择在沈阳定都。”沈阳市文物考古研究所副所长赵晓刚告诉记者，“夺取辽阳后，努尔哈赤决定迁都辽阳。由于辽阳城年久失修，加之汉人反叛不断，因此努尔哈赤在太子河北岸修了新都城，也就是东京城。城还没完全建好努尔哈赤就率众搬了进去，不过很快，努尔哈赤又决定迁都沈阳”。赵晓刚表示，努尔哈赤决定迁都沈阳除了因为沈阳的地理位置外，更多是由当时的政治和军事形势决定的。

“作为明代东北地区统治中心，当时辽阳城里汉人很多，努尔哈赤的军队遇到激烈抵抗，而且当时后金东有朝鲜，北有蒙古，都对努尔哈赤构成极大的威胁。从战略地位考虑，沈阳优于辽阳，且距赫图阿拉又很近，当时沈阳城内汉人也很少，便于管理。进可攻，退可守，于是努尔哈赤最终决定迁都沈阳。”

赵晓刚说，沈阳作为后金国都是从1625年三月初四开始的，这个日期很值得纪念，因为努尔哈赤迁都沈阳后，给这座城市带来空前变化。“在迁都之前，沈阳只是一座普通的军事城堡，因为努尔哈赤的迁都才成就了后来的盛京城。”赵晓刚说。

改造

将盛京城打造成独特都城的是皇太极。“皇太极即位后不久就开始重新规划改造沈阳城。”赵晓刚说。

关于盛京八门，有说是皇太极将沈阳城的四门改为了八门，也有说是努尔哈赤改造，但不管怎样，八门的建设让沈阳城格局发生了巨大变化。

“原本的十字街变成了井字街九区，城内原居民迁到城外。初期因为努尔哈赤宫室位于明代北门之内，所以明代南北大街还是通的。这条主要大街名曰通天，现在沈阳这条街南部仍然叫通天街，可能也始于此。”赵晓刚说，皇太极还修补加高了城墙，护城河也由明代两道改为一道，并兴建了钟楼、鼓楼、

▲ 汗王宫出土的瓦当

辽宁历史文化
词条 39

盛京

盛京是清朝（后金）在1625至1644年的都城，即今辽宁省沈阳市。天命十年（1625），清太祖努尔哈赤把都城从辽阳迁到沈阳，并在沈阳修建皇宫。天聪八年（1634）清太宗皇太极尊沈阳为“盛京”。顺治元年（1644）清朝迁都北京后，沈阳为留都。

堂子以及太庙等礼制建筑。这次改造可谓意义重大，“满族是山地民族，都城几乎都修在山上，而沈阳是平地城，皇太极的这次改造，既遵循了中国传统都城的规制，也沿袭了本民族的固有习俗，二者巧妙结合，使得盛京城成为中国都城发展史上浓墨重彩的一笔”。赵晓刚说。完成改造后不久，皇太极改沈阳为“天眷盛京”，简称盛京。

内方外圆

努尔哈赤和皇太极改建的盛京城为砖城，平面呈正方形，周长九里三百三十二步。康熙十九年（1680）在盛京城外修筑关墙，史料记载，“关墙用土夯筑，近似圆形，高七尺五寸”，此外边墙还新设八个“边门”。这八个“边门”与盛京方城八门是相对的。

“内城为方形砖城，外城为圆形土城。盛京城内城与外城形成内方外圆之势。”赵晓刚表示，中国古人认为天圆地方，所以盛京城又有“内方外圆，天地定位”的说法。不过，赵晓刚认为盛京应该还有三重城，因为当时有大量人口进入盛京，已经大大超过方城承受范围，而且自古以来中国都城都是三重城圈，赫图阿拉也是三重城。

根据研究，从大体规制来看，盛京城城方廓圆、城内廓外，二者中心点又重叠于城中心的皇宫。整座城池坐北朝南，中轴对称，这种内方外圆、对称四塔、八门八关间以放射状街道相连的城市形态，堪称中国古代都城规划的最后范例和完美布局，中国唯一，也是世界罕见。

四塔四寺

赵晓刚告诉记者，盛京城在经过努尔哈赤、皇太极以及康熙三个时期的大规模建造后，不仅承袭了很多满族、汉族建设都城的规划思想，也受到藏传佛教文化的影响。他说："盛京城四面的四个塔寺，就完全采用了藏传佛教塔寺的样式。"

皇太极在沈阳郊区先后修建了实胜寺和四塔四寺。据赵晓刚介绍，皇太极敕建的盛京护国四塔寺，都是有"内涵"的。"四座寺庙形状、体量、建筑材料大致相同。分别建在盛京城外的东、西、南、北四个方位，可形成一个圆环，将皇城乃至皇宫环绕在其中。"赵晓刚说，这样修建的寓意是保护盛京"国无祲灾""五福斯来"。

历经数代帝王的修缮之后，盛京城阙逐渐形成了内方外圆、四寺四塔、八门八关的完整格局。

多元文化

在沈阳故宫的西侧，有一座很小很小的庙宇，叫中心庙。那就是盛京城的中心。加上钟鼓楼、四座塔……这些建筑的数字联系起来，就有了一种说法：盛京城其实很像一座八卦城。

赵晓刚说，这种说法自民国开始形成，"中心庙为太极，钟鼓楼像两仪，四塔是四象，八门像八卦，郭圆像天，城方为地。角楼和敌楼各三层共三十六像天罡，内池七十二像地煞，角楼、敌楼共十二像四季，城门、瓮城各三像二十四气。"不过赵晓刚认为，这种说法更像后人的附会，而不是皇太极修建盛京城的思想。

"盛京城除了规制独特，其历史意义也相当深厚。"中国人民大学清史研究所教授刘凤云说。

"在17世纪女真族进入中原后，传统渔猎经济开始发生变化，农耕开始逐渐介入。随着时间推移，最终形成以农业为主、渔猎为辅的体制。而皇太极大量接受汉人建议，包括清代官制都基本承袭明朝。盛京城的建设更是积极吸纳了汉、蒙古、藏等民族的优秀文化，盛京城的独特意义就在于让更多其他民族文化逐渐融入了汉人文化圈。"刘凤云说。

▲ 汗王宫宫门

盛京城考古

随着大众对清文化认识的不断深入，盛京城的历史也开始受到关注，2014年，“盛京城考古与清代历史文化研究”国家社科基金重大项目正式立项。课题组在沈阳汗王宫遗址、盛京德胜门瓮城遗址、盛京通天街遗址、沈阳清昭陵妃园寝遗址等处的发掘基础上，整理完成了考古发掘报告，同时也发表了多篇学术论文。课题组还结合古今舆图资料与现代科技手段，对沈阳现存的清代宫殿、衙署、寺庙及墓葬进行了系统性调查。课题组还将全面收集和整理盛京城的相关历史和考古文献资料，进行深入系统的科学研究。

刘凤云说：“对于盛京城的研究，其实一直在继续。‘盛京城考古’是新提出的一个概念。对于考古学来说，因为距离时间比较近，清代一直不被认为是‘古’，‘盛京城考古’概念的提出拓展了中国考古学的范围，是相当有意义的事情。”

刘凤云表示，因为盛京城内很多清代遗迹附近都已经是居民区，考古发掘工作很难开展，这也是很遗憾的事情。

“过去很多研究都只是把盛京作为地方史研究，过于碎片化。这是远远不够的，我觉得对于盛京城的研究应该重新开始。”刘凤云说，应该从文化的深层次构建全新的“盛京文化”体系，“我们需要置身于更为广阔的文化空间和学术视野来研究盛京城，从一个大的盛京城视角来研究这段历史”。

中国社会科学院历史研究所研究员定宜庄也认为，国内对盛京城的研究较为全面但并不精细，盛京城研究的很多问题也都值得仔细分析。“可以说，无论是从大的方面的宏观分析和理论构建，还是从小的方面的精细分析和案例研究，盛京城研究都可能产生更多成为学术经典的研究成果。”

链接 LIANJIE

遗址现状

东城墙 位于今东顺城街西侧，长1270米。

内治门（小东门）及其瓮城 遗址位于今东顺城街与中街路交叉路口，已拆除。

抚近门（大东门）及其瓮城 遗址位于今东顺城街与沈阳路交叉路口，已拆除，现存的城门及其明楼建筑为1998年在原址基础上复建。

南城墙 位于今南顺城路北侧，长1280米。

德胜门及其瓮城 遗址位于今南顺城路与朝阳街—大南街交叉路口，已被拆除。2007年，沈阳市文物考古研究所发掘了德胜门瓮城遗址，并在原址保护展示。

天佑门及其瓮城 遗址位于今南顺城路与正阳街—小南街交叉路口，已被拆除。

西城墙 位于今西顺城街东侧，长1270米。

怀远门（大西门）及其瓮城 遗址位于今西顺城街与沈阳路交叉路口，早年被拆除，现存的城门及其明楼建筑为1994年在原址基础上复建。

外攘门（小西门）及其瓮城 遗址在今西顺城街与中街路交叉路口，已被拆除。

北城墙 位于今北顺城路南侧，长1280米。

地载门（小北门）及其瓮城 建筑位于今北顺城路与正阳街—小北街交叉路口，已被拆除。

福胜门（大北门）及其瓮城 建筑在今北顺城路与朝阳街—大北街交叉路口，已被拆除。

九门 遗址在北城墙中段，今白塔小学南，1959年进行了发掘，

1977年被拆除。

内城墙西北角楼 位于西顺城街与北顺城路交叉路口东南侧，新中国成立后，随城墙一起被拆除，2000年在原址复建，为三檐歇山顶结构，高12.3米。除角楼外，还复原了与角楼相连的西、北城墙及其女墙和垛口各一小段。复建之前，沈阳市文物考古研究所对盛京城西北角楼遗址进行了发掘，厘清了清代城墙与明代城墙的关系及角楼的砌筑方法等问题，为按历史原貌修复角楼提供了可靠依据。

外城城墙 位于今沈阳老城区外缘，东至万泉公园和新开河左岸一线，南至万柳塘公园和青年公园一线，西至青年大街和惠工街一线，北至惠工广场环岛和新开河左岸一线。城墙及其城门大部分被城市街路覆盖，少部分被城市建筑和公园覆盖。

东面城墙 北迄今新开河沈吉铁路桥，南至万柳塘公园西端的南运河。从北向南分别被今东边城街、万泉公园、先农坛路、万柳塘公园覆盖。东面城墙原有2处水栅，均无存。北面水栅位于今万泉公园东北、小河沿路南，南面水栅位于今万柳塘公园西北、东滨河路东。东面城墙设2座城门，间距约900米，遗址早已湮没。

南面城墙 东迄今万柳塘公园西端的南运河，西至今奉天街、风雨坛街和南关路交叉路口。从东向西分别被住宅小区、南关路覆盖。南面城墙设2座城门，间距约600米，遗址早已湮没。

西面城墙 南迄今奉天街、风雨坛街和南关路交叉路口，北至惠工广场。从南向北分别被今顺通路、青年大街、市府广场、惠工街南段、惠工广场覆盖。西面城墙设2座城门，间距约1200米，遗址早已湮没。

北面城墙 西迄惠工广场，东至今沈吉铁路新开河大桥。从西向东分别被今惠工街北段、联合路、大东广场、北边城路覆盖。北面城墙设2座边门，间距约1600米，遗址早已湮没。

汗王宫

后金天命十一年（1626）八月十一日，努尔哈赤病逝于浑河岸边的叆鸡堡（今铁西区翟家镇大挨金村），在这里他度过了生命中最后一年的时光。而在此前他住在什么地方，清代史料中未有明确记载。

随着在北京中国第一历史档案馆发现的一张标号为“舆字225号”的满文《盛京城阙图》的出现，这个谜团最后被解开，在图正中最北端的一个院落赫然以满文标注着“太祖居住之宫”。原来，努尔哈赤当年就住在沈阳城北部，北面紧邻明代沈阳城北门、南面正对通天街的位置。

2012年沈阳北中街路北地块整体拆迁，沈阳市文物考古研究所在此地发掘出一座明末清初建筑遗址，而从遗址的地理位置、平面布局、层位关系以及出土遗物的年代看，都与《盛京城阙图》中的“汗王宫”相吻合。而这一考古发现还入选了当年“全国十大考古新发现”终评名单。赵晓刚当时也参与了挖掘工作，他告诉记者，汗王宫为满族典型的两进院高台式建筑，南面有围墙，墙的中央位置是正门，有6个柱础石，撑起一个门房。前院比较平，北面高台建筑还是二进院，汗王宫就建在高台之上。值得一提的是，汗王宫的砖大部分使用的是明代的砖，没有为汗王宫专门烧制的砖，可见当时修建汗王宫着实有些“寒酸”，“这也是因为当时建汗王宫比较仓促，而且清初的经济实力较弱，所以连砖都是从四面八方弄来的”。赵晓刚说。

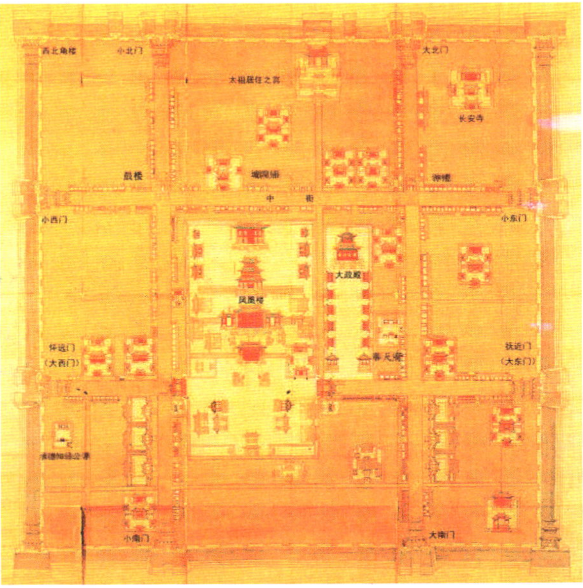

▲ 清人绘制的《盛京城阙图》

清前 你的金戈

既表现了帝王宫阙应有的仪制，又不失满族人的传统习惯

沈阳故宫
融合多民族建筑艺术精华

题记
TIJI

黄瓦窑

宫殿建筑群的琉璃砖瓦出自何处？据研究，海州（今海城市）黄瓦窑为清代东北地区唯一的琉璃官窑。海州窑最初为地方性小民窑，明末，祖籍山西的侯氏家族来到海州析木城附近定居，烧造以绿釉为主的生活器皿。努尔哈赤修建东京城宫殿使用的琉璃砖瓦皆由侯氏家族制造。沈阳故宫自然也使用黄瓦窑的琉璃砖瓦。海州黄瓦窑作为大清宫廷的关外御窑厂，兴盛了近300年。

▶ 与北京故宫的汉族建筑风格不同，沈阳故宫建筑群不仅具有浓郁的东北地域特色，更融合了汉、满、蒙古、藏等多个民族的建筑艺术精华。按营造年代顺序，沈阳故宫分为东、中、西三路建筑群。每路建筑群的风格恰好反映了当时的时代背景。可以说，沈阳故宫是清王朝不断发展与变化的一个缩影。

| 大政殿和十王亭最具代表性 |

中国古代皇家宫殿，一般由两部分组成：宫和殿。“宫”为起居生活之所，“殿”为处理政务、举行庆典等礼仪活动的地方。然而，努尔哈赤迁都沈阳后，他并未按“前朝后寝”的格局修建皇宫。

努尔哈赤生前的寝宫位于沈阳城北，也就是现在的汗王宫遗址。他在城中偏南的位置修建了大政殿与八旗亭，加左、右翼王亭，即今日的“大政殿”与“十王亭”。这就构成了我们广泛熟知的东路建筑群。

东路建筑群始建于后金天命十年（1625）。这一年的春天，努尔哈赤力排众议，将都城迁到沈阳。当时的沈阳城，街道冷清、人烟稀少，随处可见废弃的房屋。财力并不雄厚的努尔哈赤指示属下一方面收集城内的砖头瓦块，另一方面海城的黄瓦窑源源不断地提供琉璃砖瓦，一个独具匠心的清初建筑群拔地而起。

大政殿是整个东路建筑群的灵魂，于中轴线的最北端，十座亭式建筑分列

在中轴线的两侧，这组建筑从形式上生动再现了清朝开国时期的国家政体和八旗制度。沈阳故宫博物院副院长、研究馆员李理解释说："后金时期，八旗行军、作战、围猎、驻守均有严格的规制：汗王居中，八旗分为左、右两翼各四旗，分别由左翼王和右翼王统领。"

大政殿是盛京皇宫内举行新君即位、颁诏、元旦庆典等重大活动的地方。现在每逢节假日，沈阳故宫便在大政殿前举办皇家礼仪表演——海兰珠归嫁皇太极。

在大政殿与十王亭的建筑群中，自然要突出汗权、皇权的尊贵，所以大政殿不论体量、举架及装饰艺术均不同凡响。它建在高约1.5米的须弥座台基上，单从建筑结构看，大政殿的重檐、廊柱式、大木架结构、飞檐斗拱是汉族传统建筑做法的传承。而大政殿的须弥座式台基、殿顶瓦上的相轮、火焰珠、八条垂脊上的鞑人、殿内天花板上的梵文装饰等，又体现了蒙古族和藏传佛教的建筑特点。另外，殿出八角、八面皆门，殿内八根彩绘金柱还是满族八旗制度的象征。再看十王亭，两两相对，平面上呈"燕翅"状排列。各个建筑平面布局、建筑形式、规模形制基本相同，均为歇山卷棚顶周围廊亭式建筑，青砖青瓦，红柱红门。清入关前，八旗官员办公和典礼排班都在此进行，属于清初"君臣合署办公"制度在建筑上的一种体现。

▲ 沈阳故宫博物院副院长、研究馆员李声能介绍沈阳故宫的建筑特点

可以说，大政殿和十王亭建筑群是沈阳故宫最具代表性的一组建筑。沈阳故宫博物院副院长、研究馆员李声能告诉记者，努尔哈赤将多民族文化集于一座大殿之上，使沈阳故宫就此成为皇家宫殿建筑史上的一个创举。在东路建筑群中轴线的最南端举目北望，"八"字形排列的十王亭将透视的"灭点"集中于大政殿，这种视觉上的引导，突显出大政殿显赫的地位，以及皇权的威严和遥不可及，使得整个建筑群气势如虹、巍峨壮观。

乾隆皇帝东巡时，缅怀祖先开基创业的艰难，曾赞美此处建筑为历代皇家宫苑所鲜见。

宫高殿低的紫禁宫阙

在迁都沈阳之后，除了建造大政殿广场和汗王宫之外，努尔哈赤还没有来得及进行大规模营造都城的活动，就于后金天命十一年（1626）离开人世。随后，皇太极成为新的统治者。他在位的17年，也是沈阳故宫建设突飞猛进的17年。现在沈阳故宫的中路建筑群便是皇太极时期修建的。

崇德元年（1636）四月，皇太极改国号为清，对沈阳宫殿各主要建筑分别正式命名。中宫为清宁宫，东宫为关雎宫，西宫为麟趾宫，次东宫为衍庆宫，次西宫为永福宫，台东楼为翔凤楼，台西楼为飞龙阁，正殿为崇政殿，大门为大清门，东门为东翼门，西门为西翼门，大殿为笃恭殿。此后又在大清门前东、西两侧分别建文德坊、武功坊两座牌坊，因坊心有“崇德二年孟春吉日立”，可知建成于1637年，这也是清入关前唯一有确切年代记载的宫殿建筑。

沈阳故宫中路建筑群，也就是清入关前的“紫禁宫阙”。这里有一个鲜为人知的秘密：该区域是在皇太极“四贝勒府”基础上增建改造而成的。据专家考证，皇太极当皇子时的府第应在靠近大政殿的西侧，即现在“紫禁宫阙”所在的地方。关于皇太极将自己的王府改建成“大内宫阙”的时间，大体在天聪二年（1628）至天聪六年（1632）之间。

另外，中路建筑群处于盛京城中轴线偏西。沈阳文物考古所副所长赵晓刚说，汗王宫与大政殿才在盛京城的中轴线上。在沈阳故宫博物院研究馆员佟悦看来，中路建筑群尽管位于盛京城中轴线稍偏西，但基本符合“天子至尊，国中立宫”的原则。

作为入关前精心营造的“紫禁宫阙”，从天聪二年（1628）开始营造，直到天聪十年（1636）告成。据李理介绍，“紫禁宫阙由南向北分为五进院落，分别为候朝空间、常朝空间与后宫区域的过渡空间、寝宫空间以及生活空间”。第一进院落以大清门为主，包括其南面的东西朝房和东西朝楼、东西奏乐亭、文德坊、武功坊等；第二进院落是朝政空间的核心，由崇政殿、左右翊门、月台和两侧的附属建筑构成；第三进院落为高台上的凤凰楼；第四进院落为“台上五宫”；第五进院落有磨房、碾房、二十八间仓等，主要是后勤服务场所，为帝后供应御膳之用。

一心想入主中原的皇太极，在续建皇宫时抛弃了其父的宫与殿分离的模式，而是遵循中原王朝“前朝后寝”的宫殿规制。但是，沈阳故宫的“前朝后寝”又与北京故宫迥然不同。沈阳故宫是“宫高殿低”，著名的“台上五宫”便建于3.8米的高台之上，北京故宫则是“殿高宫低”。这其实是与满族的生活习惯相符的。满族的先民女真人以渔猎为生，为避免野兽的攻击，为瞭望敌情以保自身安全，山地民族居住区一般都选择在高台之上建筑。

清入关前的紫禁宫阙，是在加强中央集权制的过程中积极推进封建化的结果，是满汉文化融合的产物，既表现了帝王宫阙应有的仪制，又不失满族人的传统习惯。入关后，盛京皇宫基本闲置，但入关后的清朝皇帝均对其“龙兴之地”十分重视并妥善修葺，皇太极时期的宫殿建筑群至今仍保持旧有面貌。盛京皇宫的建成，标志着满族政权建制的完备，标志着中国历史上一个新的，也是最后的王朝由此诞生。

风格迥异的东巡行宫

皇太极在世时，曾提出“若得北京，当即徙都，经图进取”。这个千载难逢的机会，在1644年出现了。《顺治迁都》的作者关捷表示，自迁都北京以后，作为“祖宗发祥之地”的盛京地区，得到顺治帝及其子孙的高度重视。“顺治以盛京为陪都，建立起相应的陪都制度。在政治上，树立先人们的神圣地位，以皇帝赴盛京祭祖谒陵的形式，强化其不忘记国家之大根本，凝聚国民心志的深层含义。”有清一代，先后有四帝十次东巡，这给沈阳及整个东北的政治、经济、军事、文化带来巨大而深远的影响。

在康熙、乾隆、嘉庆和道光东巡谒陵祭祖的同时，他们对祖宗发祥地盛京皇宫给予了特殊关照。东巡期间，清代诸帝驻跸于盛京宫殿，在此举行了升殿、筵宴、祀神、阅射、行赏等一系列活动，成为陪都宫殿历史上无以复加的盛事。

尤其在乾隆东巡期间，陆续增建了东所、西所及西路建筑群。李声能认为：

▲ 沈阳故宫一角

“东、中、西三路建筑群从肇基到完成，历时近160年，显示出不同时期的建筑特征。”

乾隆首次来到盛京谒陵祭祖时，清王朝对中原汉族文化和典章制度已相当适应，与宫殿建筑相关的物质条件和技术条件也远超入关前。因此，乾隆并没有像康熙那样，三次东巡未增建宫殿，而是为解决驻跸需求，对盛京皇宫进行了扩建与修缮。

东所位于崇政殿之东，是清帝东巡时，随驾皇太后的行宫。西所位于崇政殿之西，是清帝东巡驻跸的行宫。其中，迪光殿是清帝驻跸期间处理国家军政要务之处。通过迪光殿两侧的抄手游廊，便是皇帝寝宫——保极宫。与保极宫游廊相连的继思斋，是随驾后妃的居所。

同期修建的敬典阁，主要尊藏爱新觉罗皇室的宗族家谱。而崇谟阁上下两层主要贮藏清代历朝《实录》与列帝《圣训》以及清初一些宫廷秘档。

乾隆四十六年至四十八年（1781—1783），又修建了包括嘉荫堂、戏台、文溯阁等西路建筑群。以戏台为主的西路建筑群，整体风格自然典雅。李理总结说：“这是沈阳故宫最富文化气息与休闲韵味的建筑群。”随着乾隆三年（1738）后一部分宫殿建成，沈阳故宫不仅增添了皇家园林建筑的特征，又完成了满族地方政权宫廷建筑文化向传统封建皇家宫禁文化的发展。

盛京皇宫始建于后金天命十年（1625），全面建成于乾隆四十八年（1783），历经努尔哈赤、皇太极和乾隆三朝的不间断改建与增建，形成了多个时期宫殿建筑并存的积累式面貌。同时，也给后人留下了多民族文化艺术融合的一大杰作。佟悦表示，沈阳故宫在营建之初并没有一个完整的规划，而是在不同时期根据实际需要逐渐改建、增建和补充的。这种积累式建造的宫殿建筑群，是沈阳故宫的主要特色之一。

解读 JIEDU

特殊建筑

沈阳故宫拥有500余间各类宫殿建筑，每间建筑都有说不完的故事。辽宁日报记者着重挑选3个比较特殊的建筑，加以重点介绍。以后再去沈阳故宫参观时，不妨看看特殊的建筑到底特殊在哪儿。

以黑瓦为顶的文溯阁 文溯阁的屋顶、墙壁和门窗油饰，以黑、白、蓝、绿等色调为主，彩画图案均选用与书卷有关的素雅题材，在金色和红色为主调

▲ 沈阳故宫一角

的沈阳故宫中独具一格，并形成鲜明对照。究其原因，主要是担心文溯阁失火。按中国传统的五行说，金、红颜色属火，这正是藏书楼最怕的颜色。所以，黑色代表水，文溯阁以黑瓦为顶，就是出于以水克火的用意。

盛京八景之凤凰楼 凤凰楼是通往“台上五宫”的门户，三层三滴水歇山楼阁砖木结构，为清代沈阳城最高建筑。“凤楼晓日”还曾是著名的盛京八景之一。据史书记载，皇太极与后妃经常在凤凰楼读书、小憩和宴会。清入关后，凤凰楼用于恭贮《圣训》《实录》，清初皇帝御玺“盛京十宝”和清历代帝后的“行乐图”画像。

手记 SHOUJI

敬畏

记者从2005年负责沈阳故宫这条战线报道开始，去过沈阳故宫不下百次，写出来的稿件也有几百篇之多。起初，我与很多人持同样的观点：沈阳故宫有什么可看的？又有什么可写的？但当你真正走进这座皇家宫殿建筑群时，你一定会对它充满敬畏，也只有敬畏它，你才会知道沈阳故宫的伟大。

尽管沈阳故宫面积只是北京故宫的1/12，馆藏文物不过10万件左右，与北京故宫的180多万件文物相比，简直是小巫见大巫。但沈阳故宫所具有的历史价值、艺术价值和科学价值是独特的、唯一的、别致的。

大政殿广场的“一殿位北方，十亭居两翼”格局，与中路建筑群的“宫高殿低”，既反映出清初独特的宫廷建筑特色，又表现出满族与汉族不同民族文化之间的差异与相互传承。从这方面看，我们必须向努尔哈赤和皇太极表达我们的敬畏之情。

有专家说过，努尔哈赤从兴京到盛京，所走的这条道路，是一个民族不断崛起壮大的道路，更是中华民族历史上一段很辉煌、很壮观的道路。因此，我们不应该总是对沈阳故宫不屑一顾，而是要用敬畏的眼光去对待它。

辽宁历史文化
词条 40

沈阳故宫

沈阳故宫位于辽宁省沈阳市，是中国仅存的两大宫殿建筑群之一，又称盛京皇宫，为清朝初期的皇宫，始建于后金天命十年（1625）。清朝迁都北京后，这座皇宫被称作“陪都宫殿”“留都宫殿”。沈阳故宫占地面积6万多平方米，至今保存完好，是一处包含着丰富历史文化内涵的古代宫殿遗址。

努尔哈赤的宝剑、皇太极的腰刀，还有乾隆御笔的匾额

盛京皇宫
堪称清文物宝库

题记
TIJI

皇家御用珍品

乾隆皇帝分别在33岁、44岁、68岁、73岁时，来到盛京祭陵，并在盛京宫殿驻跸多日，留下许多皇家御用珍品。尽管因文物南迁等历史原因，部分原藏于沈阳故宫的文物现分别存于国内各博物馆，但今天的沈阳故宫仍以丰富的清宫原藏宫廷遗物和历史文化珍品闻名于世。

▲“沈阳故宫清宫后妃生活用品展”之刻凤纹黄铜手炉

▶ 有清一代，沈阳故宫作为清朝“开国圣迹”，受到极大的推崇，藏有十余万件奇珍异宝，与北京故宫、承德避暑山庄并称三大皇家宝库。然而，20世纪上半叶的沈阳故宫，屡遭劫难，不计其数的馆藏文物流落他乡。新中国成立以后，沈阳故宫重获新生，再现金顶朱垣、雕梁画栋的昔日风采。

屡遭劫难的盛京皇宫

“20世纪的沈阳故宫，是以惨痛开篇的，腐朽的清政府无力保护祖宗留下的遗产。”沈阳故宫博物院研究馆员邓庆说。

1900年10月1日傍晚，沈阳故宫突然被一伙沙俄哥萨克兵强行占领。此后的两年半时间里，沙俄士兵的马靴随意践踏这座皇家禁地，造成部分宫殿损坏以及上万件宫廷藏品丢失。让人气愤的是，当时的盛京将军增祺，在沙俄兵到来之前，只是派人将凤凰楼内所藏之帝后圣容、玉宝运出，却置盛京皇宫与十多万件珍宝于不顾，仓皇弃城出逃。邓庆认为，这次大劫难使沈阳故宫元气大伤，尽失昔日辉煌。

沙俄兵撤走后，沈阳故宫仍藏有逾十万件的国史旧籍、先帝遗物、御赏古董等稀世珍品。不过，1913年冬天，

袁世凯的一纸命令让沈阳故宫彻底变成了“广寒宫”。

当时的北洋政府内务总长朱启钤呈文，经袁世凯批准，决定在北京故宫乾清门以南的“外朝”部分，筹备建立“古物陈列所”。为此，内务部决定将沈阳故宫和热河行宫所藏清代宫廷文物征调至北京，作为清宫艺术品陈列展览之用。

▲“沈阳故宫清宫后妃生活用品展”之湘竹股彩绘花鸟纹折扇

1914年1月至3月间，沈阳故宫的明清书画、内廷玉器、御用武备、明清瓷器等115199件珍宝踏上南迁之路。这批刻有“奉”字标识的文物，在北京“安家”不久，又跟着北京故宫的大批文物，开始了广为人知的文物南迁。

沈阳故宫的南迁文物，少数藏于台北“故宫博物院”，多数则存放在南京博物院和北京故宫博物院。

前些年，沈阳故宫博物院曾派人到台湾了解这批文物的情况，经调查，台北“故宫博物院”收藏有沈阳故宫的书画、瓷器、青铜器、珐琅器四大项近2000件文物。

南京博物院副研究馆员杨海涛告诉记者：“南京博物院收藏的奉天行宫文物中，绝大部分是清代官窑瓷器，这些瓷器本身器型丰富、纹饰精美、工艺独特。”据悉，南京博物院的“盛世华彩”展览展出了少量沈阳故宫南迁文物，而其他绝大多数文物则静静躺在南京博物院的库房里。

伪满时期，沈阳故宫馆藏文物除图书外，仅有“清初三陵”移存的祭器和奉天宫殿旧有的卤簿、兵器等，数量不足1700件。这些文物分藏于伪国立博物馆、伪国立图书馆、伪奉天陵庙承办事务处三处。

到了1948年辽沈战役爆发前，国民党将除文溯阁《四库全书》之外的沈阳故宫馆藏瓷器、铜镜、档案运至关内。经历这4次劫难后，号称清宫艺术品宝库的沈阳故宫，已是物去楼空。

辽宁历史文化
词条41

文溯阁

文溯阁位于沈阳故宫西路，建于1782年，仿照明代大藏书家范钦在宁波所修建的天一阁而建。文溯阁是为存放举世闻名的《四库全书》与《钦定古今图书集成》而修建的，与承德避暑山庄的文津阁、圆明园的文源阁、紫禁城的文渊阁、江苏扬州大观堂的文汇阁、镇江金山寺的文宗阁、浙江杭州圣因寺的文澜阁交相辉映。

张学良带头捐献文物

社会各界一直不遗余力地保护沈阳故宫这座皇家宫殿。在新中国成立前，张学良在众多捐赠者中最有代表性。

1925年冬天，北京故宫博物院的建立，为沈阳故宫的进一步发展指明了方向。以沈阳故宫为基础的东北三省博物馆在1926年应运而生。邓庆说："从1926年11月16日这天起，清王朝的皇家禁苑正式向社会公众开放。"不过，彼时的沈阳故宫，馆藏文物所剩无几，只有从北京复还不久的文溯阁《四库全书》和《钦定古今图书集成》"压阵"。

等到张学良主政东北后，他对沈阳故宫给予了极大的支持。除了增加馆藏文物数量，还带头捐献文物，并积极推动沈阳故宫全方位对公众开放。据有关文献记载："1929年5月，东北航空大队赠送飞机一架，陈列在大清门。张学良赠送大周张臬墓志，市政公所赠送奉天大西、大东、小西各城门砖额残碑及各方赠品诸物，均陈列于协中斋。"

清朝覆亡后，沈阳故宫建筑群多年失修，加之被外界占用又受到不少损坏，邓庆说："张学良尽其所能，使盛京皇宫以博物馆的形式继续存留于世间，尽到了保护历史的职责。"

新中国成立以后，沈阳故宫重获新生，再现金顶朱垣、雕梁画栋的昔日风采。1954年，有关部门将沈阳故宫确定为明清历史艺术性质的博物馆后，通过整理原藏、政府调拨和数十年的持续征集，馆藏数量不断增多，逐渐形成了独具特色的院藏体系，包含瓷器、绘画、漆器、织绣等34个门类。

据北京故宫博物院原院长郑欣淼透露，从1949年至

▲ 沈阳故宫内景

1980年间，北京故宫先后将近万件宫廷藏品及珍贵文物调拨辽宁，其中，沈阳故宫得到7546件。截至2016年，沈阳故宫博物院馆藏文物计105085件（套），一级文物490件，二级文物3020件，三级文物35785件。其中包括少量努尔哈赤、皇太极时期使用的物品，如满文、蒙古文、汉文信牌及印牌等。

为何太祖与太宗两朝的重要宫廷用品，在沈阳故宫存量较少？原来，顺治迁都后，大部分宫廷用品被一同带往北京。而清帝开始东巡后，大量的清宫珍藏、重要典籍又陆续被送到盛京皇宫，这才使得沈阳故宫能够与北京故宫、承德避暑山庄并称清代三大皇家宫廷艺术宝库。

这些“国宝”够牛

沈阳故宫作为一座博物院，自然也有很多“镇院之宝”。其中10件珍品不被外界熟知，包括努尔哈赤御用宝剑、皇太极御用腰刀、皇太极御用鹿角椅、后金天命云板、金代交龙钮大钟、郎世宁《竹荫西狑图》、王翚等人绘制的《康熙南巡图》、雍正款青花红龙大盘、乾隆款嵌珐琅缠枝花卉钵以及乾隆御笔“紫气东来”金漆赶珠龙纹匾。

记者邀请沈阳故宫专家为大家简要介绍一下部分“镇院之宝”的价值。

努尔哈赤宝剑 做工精良，纹饰图案丰富多彩，具有极浓的汉民族文化气息。根据明万历二十三年（1595）明朝廷曾敕封努尔哈赤为龙虎将军一事，专家推断该剑即为明朝所授“龙虎将军剑”。乾隆年间曾为此剑佩以皮条，其上用汉、满两体文字书写“太祖高皇帝御用剑一把，原在盛京尊藏”等字样。值得一提的是，该文物是努尔哈赤现存唯一的宝剑。经考证，这把剑不是斩杀所用，而是用于指挥作战。

皇太极腰刀 为实战器械，应是皇太极带兵打仗时的御用之物。刀形似朴刀，刃口锋利，钢质极优，刀身铸有两道血库；外包鲨鱼皮，有固定铜系环两个，镂空龙纹鎏金铜箍四道。乾隆年间附制长形皮条，上书满、汉两体文字“太

▲《康熙南巡图》局部

宗文皇帝御用腰刀一把，原在盛京尊藏”各两行。

皇太极御用鹿角椅 鹿角椅上部以鹿角制成靠背形状，椅下部为木制，椅面呈长方形，椅心以棕绳编织；椅下四腿外加护板并浮雕花卉，涂以金红色漆面，椅腿下部为四足托泥式；椅前下部有木制脚踏。该椅为皇太极御制，后面另有乾隆帝的御制诗文。

“紫气东来”匾 不少游客喜欢在凤凰楼下拍照，乾隆御笔“紫气东来”被无数次拍进镜头。但很少有人知道，现在悬挂在凤凰楼的“紫气东来”是仿制的，原版“紫气东来”金漆赶珠龙纹匾作为文物存在展柜中。

康熙南巡图 最近到沈阳故宫参观的游客一定大饱眼福了，因为仅存于世的稿本卷《康熙南巡图》第二卷正在敬典阁展出。图中所绘内容为康熙第二次南巡的场景。画卷以纸本、小青绿为主绘制，手卷包首以黄色锦地花绫布制成，上以楷书撰题签“圣祖仁皇帝南巡回銮图，第二卷”，其下另题小字“宋骏业进呈，王翚制”。

解读
JIEDU

遥望《四库全书》

文湖阁与《四库全书》分分合合的往事，想必很多人都略知一二。

据沈阳故宫博物院副院长、研究馆员李声能介绍，1914年，《四库全书》和《钦定古今图书集成》被运往北京，但在社会各界人士呼吁下，《四库全书》终于在1927年初重新入藏文溯阁；1950年6月抗美援朝战争爆发，《四库全书》等重要文物被送到黑龙江，第二次离开沈阳故宫后不久，《四库全书》于1954年1月回到沈阳；1966年3月，文化部做出“基于备战需要，将《四库全书》拨交甘肃省图书馆收藏”的决定。

从此以后，《四库全书》远赴甘肃，至今未归。甘肃方面最初将《四库全书》存放于距兰州市区70多公里的一个山洞中。1999年5月，甘肃省政府决定在兰州的九州台修建文溯阁《四库全书》藏书楼。2005年7月，仿沈阳故宫文溯阁的《四库全书》藏书馆正式开馆。该藏书楼在建筑风格上承袭了“古制古貌”，外观颇具皇家气派。

与甘肃几十年的守护相映成趣的是，辽宁方面一直坚持文溯阁《四库全书》回归故里的努力，以求实现“书阁一体”。时至今日，文溯阁依然屹立，但里面只有空空如也的藏书架而已。

尽管我们只能遥望《四库全书》，但承载着众多历史故事的文溯阁《四库全书》，已经成为中华文化发展进程中的一个符号，一个带有传奇色彩的文化象征。

手记
SHOUJI

你在他乡还好吗？

9月28日下午，记者走进南京博物院，以为能见到沈阳故宫的“南迁文物”。但没想到，偌大的南京博物院内，只有两个小展厅展出沈阳故宫和承德避暑山庄的宫廷文物。两个展览分别为“陈设清宫——南京博物院藏清代宫廷文物展”和“盛世华彩——康雍乾官窑瓷器展”。

令人遗憾的是，南京博物院没有给展出文物标注具体来源地，这让记者无法判断哪件是来自沈阳故宫。记者求助工作人员，但工作人员摇了摇头说：“我们也不清楚哪件是来自沈阳的。”

如果展厅内的上百件瓷器会说话，相信它们一定会告诉我，自己来自哪儿。关于这批文物，南京博物院在几十年前曾流露过让它们分别回到沈阳和承德的想法，但不知何故此事最终没有下文。

尽管它们最终未能回归故里，但分散各地的盛京皇宫文物却在更广阔的地域里诉说着曾经的故事。沈阳故宫博物院一位专家说，它们曾经的“家”——沈阳故宫，将一如既往地为它们喝彩、为它们鼓掌。

多尔衮家和阿济格家就隔一道墙

方城里的 11 座王府都找到了

▶ 1625年，清太祖努尔哈赤定都盛京后，王公大臣也随之迁往盛京。沈阳故宫的位置大家都很熟悉，但当年王爷们都住哪里，就鲜为人知了。沈阳文保志愿者团队队长陈赫根据清人绘制的《盛京城阙图》，与记者一起实地踏访了11座王府的遗址。

题记 TIJI

留存历史记忆

十一座王爷府，至今没有一处复建，这不得不说是一件让人遗憾的事。而更遗憾的是王爷府原址并没有得到保护或是挂牌。也许根据整体规划，重建是很难实现的目标，但是，在原址附近立牌说明，则并不难做到。

一座城市的历史记忆也是城市形象的重要组成部分。如果我们能站在这样的高度来思考问题，那么，很多困难便不再是困难了。

豫亲王府：最“体面”的王府

豫亲王府遗址位于沈阳北中街路北，距沈阳汗王宫遗址20米，是清太祖努尔哈赤的第十五个儿子多铎的王府。多铎于崇德元年被封为豫亲王，推测王府当建于此时。遗址发掘于2012年，平面长方形，占地2000余平方米。豫亲王府是目前清盛京城发掘的第一座王府，砖石铺砌甬道、石砌台阶等是清朝同等级建筑中的代表，有较高的鉴赏和历史价值。豫亲王府的石雕影壁现保存于沈阳故宫博物院，为国家一级文物。之所以说豫亲王府“体面”，是因为在记者踏访的所有王府中，只有它以小型博物馆的形式展示在人们面前，而且参观者络绎不绝。豫亲王府的地面由玻璃罩覆盖，下面清晰可见已发掘的部分。展厅四周是清史介绍以及志愿者捐赠的老照片，屏幕上滚动播放着有关清史的纪录片。

睿亲王府：与英亲王府一墙之隔

从豫亲王府走出，在钟楼与鼓楼之间的路北，在通天街与中街交会处路东，便可找到睿亲王府。从《盛京城阙图》中可见，睿亲王府与英亲王府距离很近，甚至可以说只有一墙之隔。说起睿亲王，不少人或许一头雾水，但说起多尔衮，大家就非常熟悉了。睿亲王府的主人便是清太祖努尔哈赤的第十四个儿子，清太宗皇太极的弟弟多尔衮。多尔衮初为镶黄旗贝勒，后来改为镶白旗。崇德元年被封为和硕睿亲王，顺治初年因辅佐年幼的皇帝被封为摄政王。今天的睿亲王府，已是中街商业街繁华的主街上的一家品牌服装店。从这里经过的人们，大多不知道自己经过之处，竟然是多尔衮住过的地方。

▲ 庄亲王府遗址所在地

▲ 庄王府巷门牌

英亲王府：让人“大跌眼镜”的王府

英亲王府的主人叫阿济格，是努尔哈赤的第十二个儿子，多尔衮的兄长。阿济格骁勇善战、战功显赫，为清朝初期平定江山立下汗马功劳。阿济格初为镶黄旗贝勒，后改为镶白旗，崇德元年被封为武英郡王，顺治初年被封为和硕英亲王，后来因为获罪被赐死。英亲王府与睿亲王府只有一墙之隔。之所以说让人“大跌眼镜”，主要是因为它的面积比记者想象中的小了许多。沈阳文保志愿者团队队长陈赫告诉记者，王公大臣初入盛京时，所住居所都不大，生活条件也很一般。后来到了北京城，居住条件提高不少。

| 庄亲王府：唯一搬迁过一次的王府 |

在一处老旧小区的院子里，记者看到一个蓝色街牌，上面写着“朝阳街庄王府巷”。根据《盛京城阙图》所示，庄亲王府原位于宫殿西墙外街东，约在今天的沈阳故宫博物院文溯阁处。王府的主人是皇太极第五子硕塞。顺治八年，硕塞被晋封为和硕承泽亲王。庄王府初建时在故宫西侧，乾隆年间故宫增修文溯阁等建筑时，庄王府移建。陈赫介绍说，在盛京城内所有的王府中，庄亲王府是唯一一座搬迁过的王府。庄亲王府迁至今天王府花园住宅小区的位置。陈赫说，王府花园是沈阳市早期的花园小区，因为地段好，价格高，当时能入住其中的都是经济富裕的家庭。而小区以“王府”命名，也是因为那里曾居住过清代亲王的缘故。

| 饶余郡王府：附近老百姓眼中的四合院 |

饶余郡王府位于怀远门内大街路北、肃亲王府西侧。王府主人是阿巴泰，努尔哈赤第七子。崇德元年被封为多罗饶余贝勒，顺治元年被封为饶余郡王。走到饶余郡王府所在位置时，巧遇一位王先生。年过六旬的他从小在怀远门附近长大，住在皇城脚下60多年。听到记者的来意，王先生主动当起向导，他告诉我们，自己闲暇时喜欢在皇城里闲逛，

▲ 位于沈阳市沈河区沈阳路 78 号的饶余王府遗址

儿时的记忆中，饶余郡王府所在地是一座四合院，他的同学就住在里面。“上学那会儿，我对四合院充满好奇，还特意跑到同学家做客。长大后，才知道这里曾经是王府。”王先生回忆说，2000年前后，皇城内的王府陆续拆除了，他觉得很可惜。

| 肃亲王府：家族中有个女间谍 |

肃亲王府与饶余郡王府相邻，位于怀远门内大街与正阳街交叉口路北。王府的主人是皇太极的长子豪格。崇德元年被封为和硕肃亲王。说起肃亲王豪格，人们想到的多是他与多尔衮争夺皇位一事。其实，他的家族中还有一位“名人”——川岛芳子。陈赫向记者介绍说，第十代肃亲王，也就是豪格的十世孙善耆是川岛芳子的生父。清朝灭亡后，善耆欲借日本之力复国，将女儿显玗送给川岛浪速做养女。显玗从此改名为川岛芳子，被送往日本接受军国主义教育，成年后返回中国，长期为日本做间谍。日军战败投降后，川岛芳子以汉奸罪被判处死刑。

| 郑亲王府：“交给”人民警察的王府 |

郑亲王府，位于小南门内大街路西、怀远门内大街路南。王府的主人是努尔哈赤的弟弟舒尔哈齐的第六个儿子济尔哈朗。崇德元年，济尔哈朗被封为和硕郑亲王。郑亲王府所在地现为沈阳市沈河区交通警察大队办公地点。陈赫告诉记者，郑亲王府是王府中拆得比较晚的，不少老人见过它的“真面目”。随着老人们的离世，能清楚描述郑亲王府原貌的人越来越少。陈赫遗憾地表示，如果当年用相机将未拆除的王府拍摄下来留作资料，那就好了。

| 敬瑾亲王府：酒店里还原的王府 |

敬瑾亲王府位于抚近门内路南，沈阳旧时俗称金王府。是努尔哈赤长子褚英第三个儿子尼堪亲王的居所，清太宗时期被封为贝子，顺治五年（1648）被封为敬瑾郡王，次年晋封为敬瑾亲王，是清朝唯一一个战死沙场的宗室亲王。

前往敬瑾亲王府的途中，陈赫告诉记者，原来的金王府胡同在亚泰大酒店东侧。酒店很重视清文化的宣传，在大堂里将王府进行了还原。

走进酒店大堂，右侧用三维立体展板的形式重现王府四合院，另一侧的墙体上配有《盛京城阙图》以及敬瑾亲王的简介。

记者询问酒店工作人员得知，入住酒店的客人对“王府一景”很是好奇，离开时大多会留影纪念。大堂一角还准备着清朝皇室服装和头饰，供人们免费试穿。

成亲王府：变成停车场的王府

成亲王府位于大东门内大街路北临街。王府主人是礼亲王代善的长子岳托。努尔哈赤去世后，他力主拥立皇太极为皇上，因而在皇太极即位后受到重用。崇德元年被封为和硕成亲王。

在一处停车场，陈赫停住了脚步。这一片宽敞的空地，就是成亲王府所在位置。与附近相比，停车场所在的位置地势较高。走到停车场角落，陈赫让记者从广告板的缝隙中向内看。

原来，广告板是贴在一片灰色砖墙上的。陈赫说，这是11座王府中唯一保留下来的一面墙。志愿者发现后立即向有关部门作了汇报，目前已得到重视，并保护了起来。

颖亲王府：落入寻常百姓家的王府

颖亲王府位于小东门内大街路南。王府的主人是礼亲王代善的第三子萨哈廉。与其他亲王相比，颖亲王英年早逝，于崇德元年病故，被追封为和硕颖亲王。中街内玫瑰大酒店的后身，是一排墙体上刷着黄色涂料的旧楼。陈赫指着一楼美发门市的位置告诉记者：“那里就是颖亲王府大概的位置。”

| 礼亲王府：与故宫离得最近的王府 |

礼亲王府是众多王府中与故宫相距最近的一座，位于朝阳街中段路西，故宫东墙的东面。

王府的主人是努尔哈赤的次子、清朝开国时期声名显赫的创业功臣代善。他早年随父征战，屡立战功，崇德元年被封为和硕礼亲王。

沿着故宫的东墙前行，陈赫介绍说，这条路因与故宫的红墙相隔，民国时叫红墙胡同。能将自己王府的位置建得与故宫如此之近，可见代善在当时的地位。

由于王府早已不复存在，其面积不得而知。但清朝入关进驻北京之后礼亲王的府邸可是规模宏大。北京有句老话说“礼王府房，豫王府墙”，就是说礼王府的房子多、豫王府的院墙高。

解读
JIEDU

王府建筑位置有讲究

实地踏访之后，记者发现王府的分布错综复杂。有的两座王府间距离很近，有的王府离汗王宫很近，还有的分布在方城边缘。

沈阳故宫博物院研究室主任李建华认为，王府的分布，与八旗驻防方位、离皇宫的距离以及关系的远近亲疏不无关系。他说，盛京城各王府的建筑位置与砖城内外八旗方位有内在联系。

《盛京通鉴》记载：“盛京砖城内外，（东面）左为内治门，属正红旗防御佐领等管界，右为抚近门，属镶红旗防御佐领等管界；南面，左为德盛门，属镶黄旗防御佐领等管界，右为天佑门，属镶蓝旗防御佐领等管界；西面，左为怀远门，属镶白旗防御佐领等管界，右为外攘门，属正黄旗防御佐领等管界；北面，左为地载门，属正白旗防御佐领等管界，右为福胜门，属正蓝旗防御佐领等管界。”砖城内外八旗方位，东向：两红旗，其中，正红旗位于东向之北，镶红旗位于东向之南；南面：镶黄、镶蓝二旗，其中，镶黄旗位于南向之东，镶蓝旗位于南向之西；西面：镶白、正黄二旗，其中，镶白旗位于西向之南，正黄旗位于西向之北；北面：正白、正蓝二旗，其中，正白旗位于北向之西，正蓝旗位于北向之东。

另外，盛京城王府的建筑形制，基本由一、二进院高台式建筑组成。其中除庄亲王府为一进院落外，其他十座王府均为二进院落。一进院落有府门三楹、正房五楹、东西配房各三楹（郑亲王府无配房），二进院落有正寝五楹、东西配房各三楹。建筑为硬山前后廊式，都没有起楼。盛京城王府建筑是体现满族少数民族风格的二进院落组合式高台建筑群。是按照清朝规定的王府建筑规制、建筑形式统一、建筑分布与八旗驻守方位相一致的盛京城建筑的重要组成部分。

辽宁历史文化

词条 42

十王亭

十王亭位于沈阳故宫大政殿前的广场上。在大政殿东西两侧依序排列，其中最靠近大政殿，向前略为突出的两座亭子，为左右翼王亭。其余八亭则按八旗旗序呈雁翅状排开，合计十亭。十王亭与大政殿构成了一组亭子式的院落建筑，反映了满族独特的军政体制——八旗制度。

中国第一条商业步行街的形成源自《周礼》

沈阳中街
400年来繁华不败

▶ 沈阳中街，是一条闻名全国的商业街，其繁华盛景已经持续了近400年。

昔日，井字街上“流金淌银”；现在，步行街内依旧寸土寸金。今天，走在中街步行街上，两旁尽是现代化的商业招牌，但不时映入眼帘的老建筑、老胡同，仍然能够映照出这条百年老街的历史风华。

|改建而成|

“中街并不是从清王朝修建皇宫时与之共同建立起来的，而是早于故宫就存在。”沈阳故宫博物院研究室主任李建华说。

1625年，后金迁都沈阳，将明朝所筑砖城进行扩建加固。李建华介绍说，都城的建立参考了《周礼·考工记·匠人》里建造王城的基本要求：方九里，旁三门，左祖右社，前朝后市。

《考工记》是战国时期记述官营手工业各工种规范和制造工艺的文献。《考工记·匠人》所载的王城规则制度，正是西周开国之初，以周公营洛为代表的第一次都邑建设高潮而制定的营国制度。由于中街位于故宫的后面，根据中国传统都城的布局规矩，将此街辟为商业街。从此，中街日渐繁华，人称“流金的路，淌银的街”。

题记 TIJI

胡同的名字

在沈阳的中街，主路两边分散着许多胡同，有的胡同有名字，比如孙祖庙胡同。清代盛京城老城区分布着大大小小数百条胡同。根据宣统年间沈阳老城区（八个边门以内）的地图粗略统计，其明确标注为“某某胡同”的小巷有200条以上。可以说，清代盛京城是除了首都北京以外，当时全国胡同最多的城市，这也反映了沈阳作为东北地区满族人为主要居民的城市所具有的独特之处。

关于中街的前身四平街，沈阳文史馆研究员齐守成说，清代盛京的四平街，就在今天沈河区中街路的中段。后金天聪五年（1631），扩建沈阳砖城时，将十字街改为井字街，四平街就在“井”字的第二横画上。

▲ 中街旧影

▲ 今天的沈阳中街

早年的四平街，东起钟楼（即今中街与朝阳街交叉路口处），西至鼓楼（即今中街与正阳街交叉路口处），街长173丈8尺（约580米），宽3丈5尺（约12米），街路是由三合土砸成。在大街的南北两面，由东向西排列着两行错落有致的起脊瓦房，檐牙相接，上有探出街面1米左右的房檐（即雨搭），下有台阶，阶下是1米深的水沟。这些是前店后家的铺面，每家店铺都依自己的财力，或立高大的幌杆，或悬挂特色突出的招幌以招徕顾客。这条商业街之所以起名为四平街，是取其四季平安、年年太平之意，也有人说是四海升平的意思。

每当旭日东升，家家店铺打开铺面门板，摆放好货物，就开始紧张忙碌起来。行人一进入四平街街口，远远地就能看见招徕顾客的高大幌杆，至于商铺的大字招牌，更加引人注目。有些店家还在门前悬挂实物幌子。丝房（百货店）在店门两边挂着京广杂货、绸缎布匹的牌子。金店挂着金银首饰的招牌，窗口或柜台里陈列着麒麟送子的银锁和银制杯盘。帽子铺用绳子拴着青缎子矛头和大耳扇皮帽子的样品。鞋店挂着女式绣花鞋和礼服尼夹鞋的样子。每家店铺都是选取在同行业里最有代表性的各种货物，吸引着人们。到了清末民初，中街已经是大小商号林立的东北商业中心了。

寸土寸金

中街在清代早期的景象如何，几乎没有文字记载，但在故宫周边的其他记载中可以寻得一些蛛丝马迹。

比如，早在明清之际，老沈阳的商贾行市就非常活跃。当时在旧城的一些胡同周围，行市林立，诸如设在福胜门（大北门）里的银市，外攘门（小西门）里的估衣市、骡马市（牲门市）、皮行，钟楼南及内治门（小东门）里的水果市、肉市、菜行。清代名士刘世英的《陪都纪略》这样描述："小东关外厨役忙，万蔬云集上菜行，虽系繁华荛土飞，清晨鸟语伴花香。"

齐守成说，1644年，来自山东黄县的单氏兄弟单文利、单文兴来到这条街上，当时满族妇女善于手工刺绣，但缺乏丝线原料。于是，单氏兄弟经营丝线的作坊应运而生。他们开了第一家丝坊叫"天合利"，也就是后来的"老天合"，生意十分兴隆。后来，他们改为经营百货，从江南购进大批绸缎、布匹、杂货等，又先后开了洪顺盛、洪顺茂、吉顺昌、吉顺洪、吉顺隆等店铺，生意不断发展。各路商贾纷至沓来，行商寻利，其后的200年间，这条街道便成为沈阳乃至东北地区重要的商品集散地。

1914年，经营"吉"字号的林芸生投资5万多奉洋，在中街路北建起二层楼的吉顺丝房，很快也成为同行业的老大。为了竞争，老天合又盖起一座三层高的营业大楼，吉顺丝房则拆除旧楼，盖起一座有电梯、电扇、暖气，五层高的营业大楼，这就是中街第二百货商店。

那时的中街已经寸土寸金。吉顺大楼旁边有一个小杂货铺叫同益成，这个杂货铺是桑姓兄弟三人合开，吉

读

辽宁历史文化
词条 43

中街

中街，是中国第一条商业步行街。1625年至1631年，后金政权将明朝所筑砖城进行改建扩建，将原来的"十"字形两条街改筑为"井"字形四条街，即今天的沈阳路、中街路、朝阳街、正阳街。当时，中街路称四平街，东西两侧建有钟楼、鼓楼各一座。

顺丝房掌柜曾表示，只要桑家同意卖地，可以用购买整个丝房的价钱来购买这块地。可是桑家哥仨说什么都不卖，以至于吉顺丝房盖的大楼不得不把这块地留出来。这就是著名的吉顺丝房大楼缺个角的典故，此楼现在仍是中街上一道独特的风景。

与中街垂直的铜行胡同也值得说一说。提起铜行胡同，仿佛就能听到黎明时分从胡同里传出的叮当声，眼前一幅手艺人坐在店门口、口叼烟斗做活儿的画面。

铜行胡同位于中街南部，走向与中街垂直相连，宽约7米，南至皇宫胡同，北至中街，约在今兴隆大家庭大楼东侧、城内中心庙正北。清初，皇太极为壮帝威，下令把制作铜器的作坊均设置在城内中心，铁器生产作坊则安置在古城四周，以示铜心、铁胆之意。

｜可否让街牌、胡同恢复旧名｜

“沈阳城至今已有两千多年的历史。作为曾经的都城，具有很高的研究价值。重视清文化宣传，推广历史文化，有助于提升沈阳的城市影响力。”沈阳故宫博物院研究室主任李建华这样说。

记者：从1634年皇太极改称沈阳为“盛京”，到1644年清世祖福临迁都北京，沈阳为陪都。对沈阳城的研究是否有价值？

李建华：沈阳城里不仅建有皇宫，还建有官员的府邸。这座城并非新建，而是在原有基础上延续和规范的。当时农耕是文明的标志之一，东北地处严寒之地，相对中原比较落后。沈阳作为都城，人们在很多方面学习到外面先进的理念和农耕技术，让这座城市的地位不断提升。目前，我们针对沈阳故宫还有许多可研究的课题，相关部门对沈阳城的历史价值也在不断研究和宣传。

记者：推广清代的历史文化宣传，您有哪些好的建议？

李建华：以往曾有人呼吁重建王爷府，保护现有的，恢复原有的，但这是一个浩大的工程，可行性有待商榷。我个人认为可以从小切口入手，比如对方城内的街巷重新命名，在王爷府等重要旧址立牌，利用经过方城的公交、地铁车站进行宣传。

记者：过去方城内的街巷是怎样命名的？

李建华：老沈阳城平面呈棋盘式割据，明代将其分割成四块，十字街状。到了清代，被划为九块，中央为盛京皇宫，周围为八旗。盛京城的胡同可不少。过去，在今天沈阳市沈河区老城内，有十王府胡同、金王府胡同、肃王府胡同、郑亲王府胡同、庄王府胡同，等等。这些胡同直到1989年才改为巷。除了以王爷府命名的胡同，沈阳城还有不少以官署命名的胡同。如宗人府胡同、三陵衙门胡同、老兵部府胡同，等等。老城以外，北关有钦差府胡同，东关有都统府胡同、文中堂胡同等。还有不少以牛录（清代八旗制度的基层单位）命名的胡同。另外，以人物姓氏、商贾行市、宫观寺庙命名的胡同也很多。

记者：前段时间，记者与文保志愿者一起实地踏访，只找到郑亲王府巷、庄亲王府巷等几个街牌。

李建华：是的，如果部分街牌、胡同能恢复过去的名称，对于大家了解历史是有帮助的。另外，过去1300米见方的老城里，王府比较集中。这几年受到清宫剧的影响，人们对多尔衮、多铎等王爷都比较熟悉。清代的王公并不像以前朝代那样被分封到各地，而是集中居住在京师，所以沈阳也就成为清代除了北京以外，唯一保留着多座清代宗室王府的城市。目前，方城内王府旧址都已不复存在，但根据《盛京城阙图》的大概位置，在旧址立牌纪念还是可行的。

记者：我到沈阳故宫采访时乘坐公交车，在“故宫西华门”站下车。如果是外地游客，也许会因为“故宫西华门”这个车站名而对故宫产生好奇吧？

李建华：齐守成说过，老站名能让历史重现。老站名背后不仅记载着一段历史、一种民俗，还记录了城市的发展变迁，其内在魅力与历史渊源远非单位名称或商家品牌所能承载。我们宣传城市的历史文化，用润物细无声的方式更好。

解读 JIEDU

消失的钟鼓二楼

沈阳文史馆研究员齐守成告诉记者，70多年前，他和家人从北京搬到沈阳，就住在沈阳方城里。小时候，他常常听附近老人们讲，中街上的钟楼、鼓楼是重要的公共设施标志。

钟楼位于福胜门内大街，即今天朝阳街与中街交叉口；鼓楼位于地载门内大街，即今天正阳街与中街交叉口。两楼相距580余米，均为正方形底座，坐北朝南，高约7米。东西南北四面各设孔门，台顶四周有女墙和垛口，台中是两层楼的大亭，亭下竖立碑志。孔门担负沟通四面街路的任务，行人车马可从楼下穿过。

1637年，皇太极命人修建钟楼、鼓楼。钟楼内悬挂钟，鼓楼内高架鼓。这大钟颇有来历。齐守成介绍说，沈阳故宫博物院有“十大镇宫之宝”，其中最为壮观的是金代的“交龙钮大钟”。这座金代大钟通高210厘米，下口径125厘米，厚12厘米，重3000公斤。钟上有蟠结双龙钮，口缘波曲，钟身铸有凸起方块条纹，厚重而朴素，铜质纯净，鸣音洪亮，声闻数里，堪称奇物。公元999年，北方辽兵大举伐宋，将关内乐寿县觉道寺里的寺钟作为战利品运回中京大定（今内蒙古宁城）赐给了当地的感圣寺。1121年，金兵伐辽，大钟毁于战火。大钟的生命本已就此了结，30年后，金朝皇帝却下令重铸大钟。令人不解的是，这口大钟历经金、元、明三朝500多年后，竟然出现在距离内蒙古昭乌达盟宁城县的感圣寺千里之外的辽南盖州城。1621年，努尔哈赤夺取辽东之后来到盖州巡视，有人便将大钟作为礼物献给了努尔哈赤。努尔哈赤认为大钟是先朝遗物，十分珍视，先是把它带回辽阳，迁都沈阳后，大钟又随他来沈阳安家。1637 年，皇太极将大钟悬挂于钟楼之上，亲自给大钟命名为“盛京定更钟”。如此坎坷的经历，难怪故宫要把它当作“镇宫之宝”了。金代大钟来到盛京城，悬挂在城内四平街（今中街）的钟楼。而且，按照“钟鼓齐鸣”的古制，需一个大鼓与它为伴，架在四平街另一端的鼓楼上，两者遥相呼应，成为盛京城内一大景观。

钟、鼓二楼雄踞壮观，与八座城门、四座角楼等盛京城垣及宫廷建筑遥相呼应，搭配得浑然一体。清末著名诗人缪润绂在其《沈阳百咏》中曾有“钟打谯楼第几更，八关接续听锣鸣，狺狺中有谁家犬，吠入深宵不断声”的描述。1931年，由于妨碍交通，张学良下令拆除了钟楼与鼓楼。从皇太极时代起就伴随着沈阳人日出日落的钟楼、鼓楼正式退出了历史舞台。

昭陵有东西配楼　福陵有一百单八磴　永陵有四座碑亭

“关外三陵”与其他皇陵很不同

▶ 与关内的清东陵、清西陵相比，位于辽宁的清昭陵、清永陵、清福陵更具满族风格，有着许多独一无二的地方。永陵一陵多葬、君臣共陵，折射出原始满族人“祖孙父子生同居，死同域”的传统。福陵的“一百单八磴”依山而建，建筑形式独树一帜。昭陵的华表上有绿色云板，象征渔猎民族对森林生活的怀念……

题记
TIJI

东京陵

10月15日下午，记者来到位于辽阳的东京陵时，陵园大门紧锁。据遛弯儿的村民介绍，由于东京陵村动迁，看护东京陵的村民搬离，需要打电话才能来开门。在东京陵门口拍摄、采访的一个小时中，记者遇到四五位同样想看看东京陵的游客。网上关于东京陵的游览攻略不多，多数人认为这里开发不足，不常开放，容易白跑一趟。

多次增建

从沈阳北陵公园的南门进入，记者走了15分钟才到达清昭陵前的神桥。“清昭陵的面积够大的呀！”听到记者的感叹，北陵公园文史研究室研究员梁莹介绍说，过去清昭陵的范围可比现在的北陵公园大多了。陵区四周设有红、白、青三色的木桩，青桩在最外围，它的范围东起二台子，西到小韩屯，北起三台子，南到保安寺。《大清律例》规定“红桩以内寸草为重，白桩以内禁止樵采，青桩以内禁止烧造”，如今这些界桩已经随着清朝的消亡荡然无存。

清昭陵是“关外三陵”中规模最大、气势最雄伟的陵墓。清朝共有12位皇帝，10位葬在了河北，两位葬在辽宁。河北的清东陵、清西陵埋葬着10位皇帝，而“关外三陵”清永陵、清福陵、清昭陵的主人分别是努尔哈

▲ 清福陵（沈阳东陵）碑亭

赤的祖辈、努尔哈赤、皇太极。

穿过玉带河上的神桥，正式进入陵寝范围，记者看见一座精致的石牌坊用铁架支撑着，旁边的展板上写着“建造于顺治或康熙年间”。梁莹说，清昭陵始建于清崇德八年（1643），于顺治八年（1651）竣工，后来经康熙、乾隆、嘉庆增建，才有了今天的规模。

“关外三陵”都曾在不同时期有所增建。清福陵始建于后金天聪三年（1629），竣工于顺治八年（1651），经康熙、乾隆两帝增建。清永陵文物管理所所长邢启坤告诉记者，清永陵始建于明末，最初的时候就是几个家族墓，一个普通的祖坟，算不上陵寝。后来几经迁动，由兴京陵改称永陵。康熙十六年（1677），永陵改建，青砖青瓦变成了红墙黄瓦，陵园的规模和格局也基本定型。

独一无二

“关外三陵”各具特色，个性鲜明，有着许多独一无二的地方。梁莹深入研究了清昭陵里的许多细节，例如一个浮雕图案、一块砖的质地、一座石狮的形态，等等。谈到清昭陵的独特之处，梁莹说：“它的纹饰比关内的清东陵、清西陵更绚丽多彩；它的大红门建造于三层台阶之上，彰显着开国皇帝的功勋；这里的华表上有着绿色的云板，象征着渔猎民族对森林生活的怀念；这里拥有宏伟的方城、五凤楼；这里的隆业山是人工堆积而成的；这里有清代皇陵中独一无二的御厕；方城内的东西配楼是其他皇陵中没有的……”

坐落在沈阳天柱山上的清福陵，与清昭陵有所不同：靠近大红门附近，分别设有下马石牌坊两座。进入清福陵，笔直的石铺甬路通往山峦叠翠间的“一百单八磴”。“一百单八磴”依山而建，建筑形式在明清皇陵中独树一帜。“一百单八磴”之上、之下各有一座单孔神桥，镶嵌于神道之中，朴实无华，给记者留下了深刻的印象。清永陵在抚顺启运山下，踏入木栅栏大门，记者看到并排矗立着标志性的四座碑楼，这里没有石像生，没有石牌坊，没有石望柱，没有风水桥，建筑是单檐的，享殿月台没有栏杆，丹陛上不雕龙，一切都很特别。

风格鲜明

邢启坤说：“清永陵风水最好，建造最早；辈分最大，宝鼎最小；楼牌最多，真帝最少；形制最简，价值最高。”清永陵是清代最早修建的皇家陵寝，具有浓郁的满族风格。

皇家陵寝通常是一陵一帝，只有一个神功圣德碑亭，而清永陵却以神道为中心，以左、中为大的次序分列四座碑亭，四座碑亭主人的辈分不同却并列一排，非常罕见，这种一陵多葬、君臣共陵的现象，折射出原始的满族人“祖孙父子生同居，死同域”的传统。记者发现四座碑亭的前后券门都有彩色的龙形雕纹，邢启坤提醒记者注意两侧的“坐龙”雕纹。“坐龙”的身躯犹如一条坐立的犬，蹲伏于券门两侧，他自豪地介绍，这条“坐龙”的形象在明清皇家陵寝碑亭石雕中肯定是独一无二的。看着这条“坐龙”，记者的思绪飘到黑龙江省阿城，那里出土的铜坐龙是金朝皇室的御用之物，与清永陵的形象仿佛，不知二者之间是否存在传承关系。

与关内的清东陵、清西陵相比，“关外三陵”更具满族风格。明末清初，由于当时的满族盛行火葬，所以“关外三陵”的地宫中埋葬的都是骨灰。

记者参观“关外三陵”的过程中，发现方城是“关外三陵”的又一大特色。

梁莹说，方城是一座典型的封建城堡，是皇太极生前统治的盛京城的缩影。在清昭陵、清福陵中，作为方城城门的隆恩门十分高大，被称为“五凤楼”，完全仿照沈阳故宫的凤凰楼而建，有别于其他明清皇家陵寝。

清昭陵方城四角设有角楼，可以通过青砖铺成的马道将陵寝建筑一览无余。相比之下，清福陵的马道窄一些，护栏也没那么高。这两座清朝皇家陵寝不仅体现了中国古代帝王陵寝建筑的布局，还与清初城堡式建筑形式巧妙地结合起来，是满汉文化艺术交流的典型代表。

遭受破坏

清永陵的启运殿内陈列有大暖阁、龙凤宝座、供案、配案等，都是复制品。邢启坤说：“当年的文物几乎被掠夺一空了。”据《清永陵志》“守陵人”卷记载：1900年，沙俄军人在洗劫了夏园行宫后，又来到清永陵，“搬开鹿角木、踢开栅栏门，闯入永陵内抢劫器物”，将金银器物洗劫一空。清永陵的膳房展出了部分遗存下来的文物，数量很少，有碗、盘子、大锅等。据邢启坤介绍，最珍贵的当数道光皇帝穿过的衮服，是一件藏青色的衣服，皇帝祭祖时必须脱下华服，穿上这样的素服。

▼ 清永陵碑亭

清福陵、清昭陵也曾遭破坏。1900年，沙俄占领沈阳，军队屡次骚扰清福陵、清昭陵。1905年，日俄军队在清福陵附近交战，致使大片松林被毁，清福陵陪葬陵寿康太妃园寝被毁。同一年，日军入侵清昭陵，开枪打死了守陵人员。民国时，国民党大量砍伐清福陵的古松。1948年，国民党军队进入陵内，强占陵寝隆恩殿、东西配殿、配房等，使古建筑受到损坏。

新中国成立后，经多次修缮，“关外三陵”逐步恢复了历史原貌。2004年7月1日，清永陵、清福陵、清昭陵作为中国明清皇家陵寝的扩展项目被正式列入了世界文化遗产名录。如今越来越多的中外游客慕名而来，欣赏与众不同的“关外三陵”。

▼ 清昭陵（沈阳北陵）内景

解读 JIEDU

东京陵，从皇陵降格为王陵

东京陵是后金的第一皇陵

东京陵位于辽阳市东京城（今辽阳）东北4里处的阳鲁山上。沿着小路往上走几十步，就能看到东京陵的灰墙灰瓦以及红色的大门。

辽阳市博物馆保管部主任王成科介绍说："东京陵的建造初衷是用作皇陵的。"1621年，在占领了辽阳城后，努尔哈赤决定在此建造东京城，作为后金的国都。由于满族人素有"敬天法祖""追本溯源"的思想，因此努尔哈赤在兴建东京城之后，精心择地阳鲁山作为祖陵的风水宝地，启建寝园。他将自己

的祖父觉昌安夫妇、父亲塔克世夫妇、妻子孝慈高皇后孟古哲哲、妻子大妃富察氏衮代、长子褚英、伯父礼敦、弟弟舒尔哈齐、叔父塔察篇古等人的坟墓从赫图阿拉迁移到这里，命名东京陵。由此，东京陵成为后金的第一座皇陵。

重要人物陆续迁陵

在王成科看来，努尔哈赤决定离开东京城、迁都沈阳城的那一刻，东京陵的没落就已注定。努尔哈赤死后，没有葬在他所修建的东京陵里。继承汗位的皇太极在沈阳城东为努尔哈赤择地兴建墓园，也就是现在的清福陵。皇太极将他的生母叶赫那拉氏和努尔哈赤的大妃富察氏从东京陵中迁出，与努尔哈赤合葬。

清朝入关后，议政王大臣鳌拜上奏顺治皇帝，说根据钦天监观测，兴京陵是天下第一福地，东京陵风水不如兴京（今抚顺新宾），请求将东京陵努尔哈赤祖父觉昌安、父亲塔克世墓迁回兴京。这条奏议得到了批准。1659年，顺治将觉昌安夫妇、塔克世夫妇的陵寝迁回兴京。同时迁回的还有礼敦、塔察篇古等墓。由此，东京陵由皇陵降格成了王陵。目前东京陵仅存舒尔哈齐、褚英、

▲ 清福陵（沈阳东陵）内景

穆尔哈齐及其子大尔差四人的墓园，其他墓园在清朝灭亡后陆续被毁。

关外最高规格的石碑

与清代其他皇家陵寝相比，东京陵的规模很简陋。例如舒尔哈齐的墓园，后院是坟茔，前院是一座碑亭，十分简单。王成科重点介绍了舒尔哈齐的碑亭，里面的石碑由大理石制成，是关外陵寝中的最高级别。因为辽宁地区并不产大理石，可以推断这些石料是经过长途跋涉运来的。在舒尔哈齐墓园的旁边，是努尔哈赤长子褚英的墓园，当地人管它叫“太子坟”。墓前道路两侧杂草丛生，据说里面没有石碑，只是个坟包而已。

虽然东京陵曾经是清朝的祖陵之一，但几经波折，最终降格为亲王贝勒级墓地。这里的几位墓主人有的是政治斗争的失败者，有的后代并不兴旺，所以不能引起清朝统治者的重视。清帝十次东巡祭祖时，都是派大臣前来祭拜东京陵，从来没有亲至过。康熙皇帝东巡祭祖之后，曾经巡幸辽阳并在辽阳城内驻跸一宿，但也未曾去东京陵看看……

辽宁历史文化
词条 44

福陵

福陵是清太祖努尔哈赤及其皇后的陵寝，又称东陵。福陵始建于后金天聪三年（1629），竣工于清顺治八年（1651），经康熙、乾隆两帝增建。此陵有两大特点：第一，祭谒此陵时，由正红门到碑楼，须登108级石台阶；第二，建筑物随坡势起伏而显得更加错落有致、高大雄伟。

康熙、乾隆、嘉庆、道光都爱回老家

一朝四帝 十次东巡故里

▶ 在今天的沈阳丁香屯有一条路名叫大御路，是清帝东巡盛京、祭祖谒陵的必经之路。永安桥是大御路上最东的一座桥梁，已有300多年的历史，留下了多位帝王的足迹。事实上，清帝东巡过程中不仅要完成许多政治、军事任务，还会促进沿途的经济发展。

题记 TIJI

“清帝祭祖”表演

10月1日上午10时，匆匆赶来沈阳北陵公园的抚顺星罗棋布艺术团团员们紧张地换服装，为即将开始的表演做着准备。团长常素梅今年已经80多岁了，其他团员也大多是退休人员，他们每年都要在“五一”“十一”期间来北陵公园表演“清帝祭祖”，这项活动已经延续了十多年。

顺治两次提出想回盛京

每年的“五一”“十一”，清永陵、清福陵、清昭陵都有清帝祭祖表演。沈阳故宫的清史研究专家邓庆说，清帝在东巡盛京期间，所举行的祭祖谒陵的场面最盛大，礼制最隆重。观看如今的祭祖表演，也能从中管窥当年盛况之一二。

其实，最初提出东巡盛京的皇帝是顺治，他曾两次提出东巡盛京，要祭谒“太祖、太宗山陵”，以“展朕孝思”，但因为大臣的阻止和清朝的全国统一战争还未完全实现，所以未能成行。康熙替顺治达成了东巡的愿望。从康熙十年（1671）至道光九年（1829），康熙、乾隆、嘉庆、道光四位皇帝先后十次东巡盛京。其中，康熙皇帝三次，乾隆皇帝四次，嘉庆皇帝两次，道光皇帝一次。

清永陵文物管理所副所长徐晓丹介绍，清帝东巡祭祖要从永陵开始，第一天要举行“展谒礼”，第二天举行

▲ 北陵公园的清帝东巡祭祖表演

“大飨礼”。“展谒礼”在永陵的宝顶前举行，皇帝要更换素服，表示子孙回来了；“大飨礼”在启运殿举行，皇帝要穿朝服戴朝冠，随驾王公大臣穿蟒袍补服，当地官员要穿朝服。

邓庆指出，最初清帝祭祀陵寝是无序的，后来渐渐形成了一套祭陵典制。例如，要先到兴京永陵行礼，再到盛京福陵、昭陵行礼。他介绍，清帝东巡盛京并不单单只是祭祖，还有许多政务活动：行围狩猎，练兵习武，保持满洲骑射的传统；巡省地方，考察官吏，咨询民隐，并用“恩赏”“豁免租赋”等手段维系君臣、君民关系；考察边防，加强军备；联络抚绥蒙古，瞻仰盛京旧宫，举行谒陵礼成的庆贺典礼，抚恤宗亲；等等。

需提前一年准备

在清永陵的果房中，记者看到了有关于清帝祭祖的展览。其中《永陵大飨礼祭品》一文列有牛、羊、羹饭、饼饵果品等多种食材，共有80多盘，还有茶碗、金爵、金匙等器具，可以想象场面的隆重壮观。

徐晓丹介绍说，清帝每次东巡随行扈从多则六七万人，少则万余人，出行的时间很长，例如乾隆有一回东巡往返用了191天，因此需要长期的准备工作。皇帝东巡是清朝的国家大事，康熙和嘉庆首次东巡都曾因为准备不充分而延迟。邓庆说，一般情况下，清帝东巡盛京基本是提前一年就开始准备。

东巡盛京的准备工作特别繁杂。邓庆掰着手指告诉记者，有各种食材、器具、桌案的准备；有大营、行营的准备和道路桥梁、马、驼、草料、车的准备；有随驾皇子、大臣、兵士、扈从、接驾人等的安排；有对盛京宫殿的建筑和内部陈设、盛京三陵的营修和陈设的准备；有清帝在东巡途中所举行的各种活动，如围猎、赏赐蒙古等活动的安排与准备；有盛京祭祖礼仪，盛京宫殿升殿、筵宴礼仪、清宁宫举行祭祀活动的祭品等，赏赐物品诸如缎、金银、鞍、腰刀、袍、褂、靴的准备；等等。

清帝东巡靡费甚巨，以嘉庆十年（1805），东巡祭祖为例，仅此一次就花了白银二百余万两，其中从山海关至盛京就需要修御路上千里，行营五六十处，架设桥梁数百座，耗资不下二十余万两白银。

| 留下诸多遗迹 |

10月26日，记者在沈阳故宫中寻找清帝东巡的痕迹，发现许多宫殿有“皇帝东巡时”的标签，有皇帝办公之处，有后妃的住所，有东巡时的戏台……

邓庆说，每次清帝东巡，各处地方官都要对所辖的城镇、庙宇、行宫、名胜等进行不同程度的修治、扩建和修缮，例如山海关城、宁远城、广宁城、锦州城、盛京城、兴京城等，这些都是清帝东巡留下的遗迹。

在老百姓的眼中，皇帝出巡就是游山玩水。然而邓庆却告诉记者，不能将清帝出巡看作古代帝王的巡游逸乐，清帝出巡过程中不仅要完成许多政治、军事任务，还会促进沿途的经济发展。

每次清帝东巡盛京前，要由京师内务府、盛京内务府随驾携带或提前运输粮食、肉类、蔬菜、薪炭等物，以供帝后等人使用。由于清帝东巡队伍的人马数量比较大，数月的饮食供应还需要大量的地方采购，这就在某种程度上刺激了清帝东巡沿途相关城镇商品贸易的发展。

在今天的沈阳丁香屯有一条路，名叫大御路，是清帝东巡盛京、祭祖谒陵的必经之路，永安桥是这条路上最东的一座桥梁，已有300多年的历史，留下了多位帝王的足迹。

邓庆说，清帝东巡盛京，在道路开辟方面可谓具有开创之功，为东北地区道路交通的发展创造了一定条件。如清朝皇帝每次外出巡幸前，都会派出相关人员提前先行，对往返道路作以实地考察，以备大队人马出行时驻营休息之便。1681年，康熙曾下旨，命奉天将军安珠护派员测绘清帝东巡盛京的路线图。此外，清帝东巡盛京的时间一般较长，其间要处理国家大事，各地驿站成为转呈奏章和下发谕旨的唯一途径。因此说，伴随清帝东巡盛京活动的开展，盛京地区的驿站、驿路乃至相关道路，都得到了长足的发展与建设。

东巡诗作580首

沈阳故宫的崇政殿门口挤满了游客，大家都在感叹殿宇的恢宏和帝王宝座的华美。第一眼望进去，记者被殿内的诗文匾额所吸引。邓庆告诉记者，正中

▲ 崇政殿内的诗文匾额

间的“正大光明”匾额是乾隆仿照北京乾清宫顺治所书的匾额复制的。在沈阳故宫中，东巡至此的皇帝们留下了许多御笔亲书的匾额、对联，其中最有名的是关东第一内廷门楼凤凰楼门楼檐上的“紫气东来”匾。

事实上，清帝东巡期间，留下了大量的记事、纪实诗文，尤其为他们所到的宫殿、寺观、名胜等题写了大量的匾额、对联。

沈阳故宫的研究人员将东巡盛京的四位皇帝的诗作了统计，他们一共写诗580首，其中康熙47首，乾隆308首，嘉庆167首，道光58首。他们留下文章18篇，其中康熙2篇、乾隆14篇、嘉庆2篇。这些诗文是以盛京地区的风物、名胜、人物为主，其中并未将东巡所历的蒙古、吉林等地区所写的诗文全部计入在内。在四位皇帝的诗文中，以乾隆的诗文最为丰富，比其他三位皇帝的总和还要多。

当记者问起其中最有名的是哪件作品时，邓庆毫不犹豫地说出了《盛京赋》。《盛京赋》是1743年乾隆第一次东巡盛京时所作，它是一篇歌颂先世创业之武功和盛京（沈阳）物产之丰富、人才之鼎盛的文学作品。

沈阳故宫的飞龙阁和翔凤阁正在展出“乾隆在盛京”文物特展，里面陈列的《盛京赋》，分别是汉文篆体毛装本和满文篆体毛装本。据介绍，如今《盛京赋》收藏于辽宁省图书馆中。

▲ 沈阳故宫展出的《盛京赋》复制品

解读
JIEDU

随龙伴驾

清帝东巡盛京，能够随龙伴驾的都是受尽荣宠之人，不少还是我们耳熟能详的著名人物。

“隐形皇帝”雍正 1721年，雍正皇帝登上皇位的前一年，还是雍亲王的他曾奉康熙之命到盛京代父祭祖，同行的还有两位皇子，分别拜谒关外三陵。因为雍亲王最终登上了皇位，因此如果算上他的这次代父祭祖，清帝东巡盛京则为11次。我们知道，雍正在即位后没有东巡祭祖，但他是东巡中的“隐形皇帝”。

杰出词人纳兰性德 纳兰性德，字容若，清代初期杰出词人。纳兰性德是康熙帝的侍卫，深受康熙赏识。他曾多次随康熙东巡到东北，写下了许多有名的词作，如《如梦令·万帐穹庐人醉》《长相思·山一程》等。其中《长相思·山一程》写出旅程的艰难曲折，也写出塞外的荒寒与风雪，表达了词人思乡的情怀。

太后钮祜禄氏有两位 一部《甄嬛传》使得“钮祜禄氏·甄嬛”家喻户晓。不过戏说不是历史，这位太后是乾隆的生母，乾隆奉母至孝，曾两次带着母亲来到盛京（今沈阳）。在沈阳故宫的东所中，有两位皇太后曾在此居住过。一位即乾隆之母钮祜禄氏，另一位是道光朝的太后，也姓钮祜禄氏，是嘉庆帝皇后，但并非道光生母。

“香妃”原型住过沈阳故宫 香妃往往是清宫剧中最受广大观众关注的一个角色，她的原型是乾隆的容妃。乾隆第三次东巡时曾携容妃、惇妃等六位妃嫔东巡盛京。沈阳故宫西所的继思斋是乾隆为东巡后妃所建的寝宫，内部采用了独特的九宫式格局，容妃当年就曾住在这里。不过专家表示，六位妃子究竟如何分配住处，如今还是个谜。

清代学者何汝霖 何汝霖是江苏江宁人，起初是工部的一个七品小京官，嘉庆十年时，他曾随嘉庆第一次东巡盛京。道光九年时，他随道光东巡盛京，途中写了日记，将每天的行走路线、见闻都记载下来，汇总为《沈阳纪程》。《沈阳纪程》是非常著名的清人笔记，对于今人研究清代历史有着十分重要的参考价值。

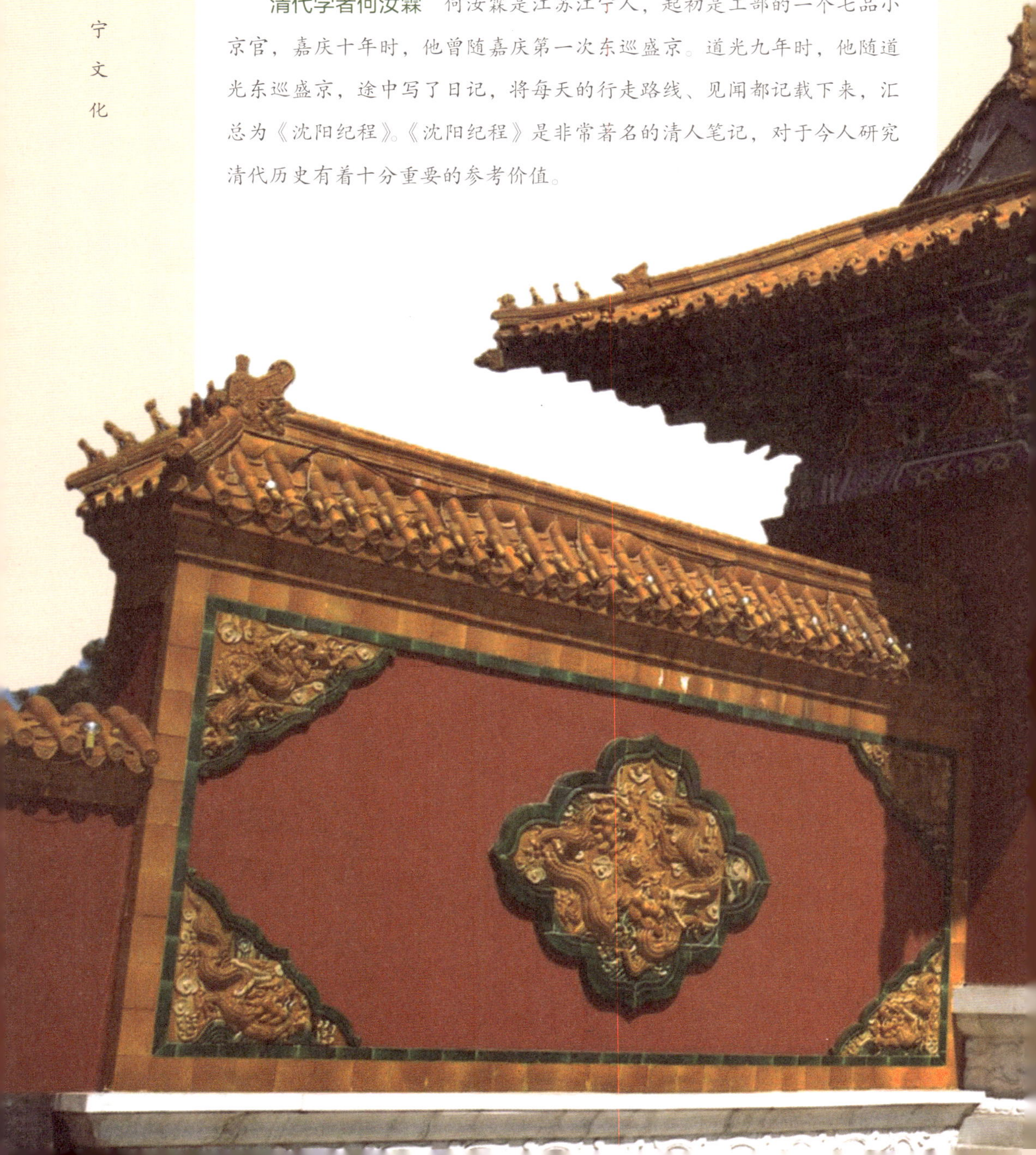

辽宁历史文化

词条 45

昭陵

昭陵为清太宗皇太极的陵寝。昭陵始建于清崇德八年（1643），竣工于顺治八年（1651），后经康熙、嘉庆二帝增建。昭陵四周护以缭墙（围墙），极似一座小城。全陵占地18万平方米，共分三大部分。主体建筑都建在中轴线上，由南至北依次为神桥、牌楼、正红门、碑亭、隆恩门、隆恩殿、明楼、宝顶。两侧呈对称布局，建有辅助建筑。

“插柳结绳”的柳条边被誉为独创

辽宁有条特殊的人字形“长城”

▶ 9月26日，记者在丹东凤城边门镇边门村，乘着当地的出租车一路打听并走错了两个路口后，终于在距高速公路一个涵洞口十余米处的苞米地里，找到了凤凰城边门保护标志碑。顺着保护碑往不远处的山上望去，山上树木呈现出一条整齐的凹陷带，凹陷带下就是清代柳条边的边壕，柳条边遗迹由此依稀可见。

题记 TIJI

边墙与柳条边

记者乘着绿皮火车来到开原古城。在前往庆云镇双楼台村的路上，一阵大雨倾泻而下，所幸到达时雨善解人意地停了下来。为了看清交叉相遇的明朝辽东边墙与清代柳条边，在开原地方史研究专家刘兴晔的带领下，我们沿着刚收割完的庄稼地在泥泞的垄沟间徒步前行。返回公路上时，记者与专家的双脚虽然沾满了黄泥，但都觉得不枉此行。

▲ 远处山上的凹陷带就是柳条边边壕的位置

“人”字形走势

沿着301省道，记者驱车行至距开原市区东北约20公里处的威远堡，这里曾是“六边统要无双地，三省通衢第一门”的历史重镇，也是清代柳条边“人”字形“轴心”的所在地“威远堡边门”。由此再向西驱车近30公里至庆云镇的双楼台村，交叉“相遇”的清代柳条边与明朝辽东边墙也因三北防护林所栽的树木而透露了“行踪”。

凤凰城边门和威远堡边门，分别是我省境内清代柳条边的两个交通要道，有人将这条“插柳结绳”的柳条边称为“绿色长城”。

杨树森主编的《清代柳条编》一书记载，柳条边的范围主要是在辽河流域，也包括吉林的部分地区。在满族统治者看来，这里是他们“祖宗肇迹兴王之所”，是“龙兴之地”，为了维护这一地区的特殊性，便把这一地

▲ 柳条边遗址旧影

▲ 柳条边之威远堡边门

区划为特殊地带。另外，也是为了防止各族人民私自采捕东北地区富有的人参、貂皮、珍珠、鹿茸等资源，同时保护边外皇家围场等禁区。

对于柳条边的修筑方法，“九·一八”历史博物馆副馆长刘长江说，这是满族的一个独创，根据清代杨宾《柳边纪略》的记载，首先是挖沟取土，用土堆成宽高各3尺（约1米）的土堤，堤上每隔5尺（约1.6米）插柳条3株，各株间用绳连接，就是所说的“插柳结绳”。土堤的外侧，挖掘深8尺（约2.6米）、宽8尺、底5尺的槽形壕沟，以禁止行人越渡。

按修筑时间的先后，柳条边有“老边”和“新边”之分，老边又叫“盛京边墙”。据辽宁省社会科学院历史研究所的关亚新介绍，“老边”分东西两段，东段从鸭绿江口到开原，设有6个边门，始建于1638年，皇太极对凤凰城至碱厂边门一段利用明边加以修缮，这是东段修边之始。顺治年间，又从碱厂边门向东北外展至今天的新宾满族自治县，折向西北到开原的威远堡。西段主要是为了划定蒙古诸部落游牧区的界线而筑，自开原威远堡到山海关，设有10个边门。“新边”修筑于康熙初年，主要是为划定蒙古科尔沁诸部游牧区的界线，东自吉林北界，西抵开原威远堡，设有4个边门。

柳条边上的20个边门，均设在交通要道上，以山海关、威远堡、凤凰城和法特哈为重要节点，连成“人”字形。

1860年退出历史舞台

清初以来人口增加，边内旗田不够分配，“粮不足支，展边开垦”。康熙时期，“老边”数次外展，1675年、1686年、1697年曾“三展皇边”，“老边”边门有所变动。

柳条边边门除了是封建王朝设置的关卡，还是通往东北地区的交通孔道，不过出入边门需要办理专门手续。据开原市旅游局原局长、地方史研究专家刘兴晔介绍，当时凡进出边门者均需持有关部门发的印票，从指定的边门验票出入，否则就以私入“禁地”论罪。另外，以威远堡边门为例，在边门防御衙门前牌子上写着：“衙门重地，国课攸关，有敢故违，定行究办。”当时经过边门的马车都要纳税，出边门的纳二百文，进边门的纳四百文。

对于柳条边边门的配置，刘兴晔以威远堡边门为例介绍，柳条边各边门均建门楼一座，门楼上方中间位置挂着写有边门名称的匾额，如威远堡边门，“是用砖瓦修的很高大，上面挂着‘威远堡边门’五个大字的长方立挂匾额，匾额的右上方小字写的是‘盛京所属’。门楼中间是过道门洞，两边有耳房，一边耳房是囚室，另一边住巡差。门楼内是边门的防御衙门，有文武两上章京，下有披甲兵（即八旗骁骑营之兵）三四十人。平常披甲兵分班守备，职责是掌管

▼ 开原地方史研究专家刘兴晔为记者介绍柳条边遗址

边门的启闭，稽查行人出入。过往行人都得从门洞走，否则就犯‘爬边越口’的罪名，要受重罚”。

因为岁月的流逝，柳条边到了乾隆年间就已经荒废失修。乾隆对这种“多成坦途”的柳条边也无奈地承认：“其设还与不设同。”柳条边废弛的原因还与东北土地肥沃，物产丰富，吸引了大批的关外流民有关。康熙时，中原灾荒不断，人们流离失所，苦不堪言。关外东北，地广人稀，地肥水美，是“棒打獐子瓢舀鱼，野鸡落在饭锅里”的地方。所以，东北便成了人们逃荒求生的目的地。于是，人们冒着生命危险，不顾一切地逃入东北。在大势所趋之下，清政府也逐步认识到，对东北的封禁已经无法再持续下去。清政府在1860年废弃了柳条边墙，使其退出历史舞台，成为历史的记忆。

保护了生态

“今天再去看柳条边，我认为，实际上柳条边是对特种资源的特殊保护，因为这些资源不能超额掠取，一旦超额掠取就会枯竭。”一直以来，抱有“柳条边的设置阻碍了东北地区的经济开发和发展”观点的人不在少数，但关亚新认为，清代柳条边划定东北三个经济区（农耕区、狩猎采集区、游牧区），是北方农牧林交错带的界标，是一条人造的生态隔离带。它在客观上对恢复东北边内地区被战争破坏的经济、保护东北边外地区原有的生态资源起到重要作用。

关亚新说，随着清朝统治者对柳条边的修筑、失修和废弛，客观上演绎了清代东北地区生态环境从恢复、发展到渐进破坏的过程。这条“人”字形柳条边的修筑，恰好客观地划分了东北地区三个经济区，“老边”边内

读

辽宁历史文化
词条 46

柳条边

柳条边俗称“边墙”，又称“柳边”“柳墙”“条子边”，因插柳结成篱笆得名。柳条边有两条：一条叫老边，又称“盛京边墙”，自山海关至开原的威远堡，再向东南至凤凰城。另一条叫新边，自威远堡向东北至法特哈（今吉林市北法特）。整个柳条边呈“人”字形，连接了山海关、威远堡、凤凰城、法特哈四个交通要隘。有边门20处。

▲ 辽宁有条特殊的“人”字形“长城”

为汉、满等族的农耕区，“新边”边内为东北其他少数民族狩猎采集区，边外是蒙古族的游牧区，从而实现农耕区的恢复与发展，狩猎采集区资源的保护与丰富，游牧区草场的休养与牲畜的繁衍。农耕区绝大多数为官有土地。在狩猎采集区，清统治者圈占山林荒原，划分了三大围场：盛京围场、吉林围场、黑龙江围场。此外，还设立长白山禁区及部分季节性猎采禁地。大片荒原与荒山利于动物的繁衍和植物的繁茂，保存了诸多稀有的动植物品种。而在游牧区里，清统治者为加强对蒙古诸部的统治，分划每旗牧场。蒙古人种植的粮食仅是其生活的补充，牧养牲畜是其主业。

柳条边的修筑在客观上实现了“宜农则农，宜草则草，宜林则林”的生态景象，在农耕区里广种粮果，在游牧区里放牧牛羊，在狩猎采集区里打猎采参。这样，既适度保护了柳条边外清廷特需用品的天然生产基地，又减少了对森林植被的人为破坏，清统治者无意中贮备了多种稀有资源。总之，柳条边的修筑不但搭建了农耕区的绿色屏障，而且有效地防止了蒙古族对农耕的侵扰和满汉人等对稀缺资源的滥采，在一定程度上延缓了人们的不当开垦，客观上起到了保护东北生态环境的作用。但随着柳条边的失修和废弛，带给我们的则是异样的生态景观。

“研究柳条边的历史，对于今天依然有借鉴意义。”关亚新介绍说，如果将目前面临沙化的草原加以封禁和保护，自然的力量超乎我们的想象，几年内，草场生长的速度会比人工种植还要快。“渔猎民族与生俱来生态文明的理念，知道大自然能给予我们什么，如何与大自然和谐相处。因此，根据自然条件决定布局，从生物物种来决定恢复什么，适合什么，进行综合治理。”

解读 JIEDU

遗迹

柳条边遗址历经百年战乱及生产建设的破坏，如今多数已不复存在，许多遗址已变为耕地，难以辨认。为了寻找凤凰城边门遗址，记者在凤城市史志研究者郭一夫的指引下，终于辗转在茂密的苞米丛中寻到了它的踪影。

▲ 凤城市史志研究者郭一夫（右）介绍凤凰城边门

郭一夫说，凤城境内古遗址虽然很多，但有的没有研究清楚，有的至今还没有找到，有的甚至被人们遗忘。

“你知道什么是柳条边吗？”探访遗迹的过程中，记者在沈阳、凤城、开原三个城市分别就这一问题采访了不同年龄段的十余位群众。“是编织的技法？”“肯定是非物质文化遗产！”“是防风沙的柳树林吗？”“没听说过，是不是用柳条编什么？”得到的答案可谓五花八门，唯有在凤凰城边门遗址附近干农活的何老汉，向记者道出了他眼前那条被庄稼覆盖、被岁月磨平了的柳条边边墙的历史。

“柳条边的事，我是听老一辈人讲的，是皇太极修的这段。过去生产队分地的时候，就以这条边壕作为界线。经过日久雨水的冲刷，现在只能看出浅浅的一道沟，以这条沟为延长线，村民都种上了农作物。”

其实柳条边留给人们的记忆还有很多。据郭一夫介绍，凤城市边门镇的名称就是由清代柳条边的凤凰边门而来，凤城市以“边门”命名的还有村、街、岭、桥、车站名等，以及与柳条边有联系的“边沟”“边条沟”“边条子”“边障子”等，另外也作为火车站、村民组的名字保留了下来，这些都是柳条边留给后人的回声。

可与嵩阳、岳麓、白鹿洞、石鼓四大书院相媲美

流人为东北
留下一座银冈书院

▶ 流人，顾名思义，是指被流放的人。因中原大地出山海关外的东北寒带地区荒凉偏僻、人烟稀少，一直是历朝历代流放之地。在清代，流人衍生出的流人文化，是辽宁遗存的一大文化符号。流人在辽宁多地留下书院，还在培养人才、振兴地方教育、弘扬民族文化等方面作出了重大贡献。

｜流人创办｜

9月28日上午，记者前往银冈书院。坐落在铁岭的银冈书院，是一座距今360多年的古代书院，是东北著名的昌明理学、启迪后贤的庠序之地。

银冈书院位于银冈路上，闹中取静。采访当日细雨霏霏，记者与一群参观者一起走在书院的石板路上，感受着质朴的气息。红门青瓦以及墙上厚厚的苔藓，更让书院平添了历史的厚重感。

银冈书院原副馆长马阿宁，1978年起就在书院工作。她向记者介绍说，银冈书院随着时代的变迁而时兴时衰，曾经是学子为科举应试研习经史的场所，是清代东北最早的书院，也是清代东北最有代表性的文教中心，在东北文化教育发展史上占有重要地位。

银冈书院的遗址分为东、西、中三层格局。现任馆

题记 TIJI

消失的书院

萃升书院，被称为沈阳市最早的大学。在一条不起眼的小巷里，文保志愿者陈赫指着一栋旧楼说，那就是萃升书院所在的位置。站在楼下晒太阳的一位老人说，现在的沈阳人大多不知道沈阳城曾经有座萃升书院。据说，明年沈阳市将对一些文化底蕴深厚、已经被人们遗忘的历史建筑进行复原，希望萃升书院也被列入修复计划中。

▲ 银冈书院工作人员刘健（右）将自己创作的《银冈赋》拿给馆长程家军看

长程家军告诉记者，从1978年建馆开始，经过几次修缮，如今的书院旧址，平均每天有1500名参观者，先后有20多个国家的游客到此领略清代书院的特殊魅力。记者采访时，银冈书院工作人员刘健将自己创作的《银冈赋》拿给程家军看，程家军很是欣慰。他说，铁岭地区不少文化学者对流人文化、书院的研究从未停止，如今年青一代愿意继续为发掘流人文化和书院研究作贡献。相信流人文化和书院会被打造成辽宁的文化品牌。

大门内一进院落，迎面三间正厅，这就是旧时书院的讲堂。东西两厢各三间，后面是郝公祠。书院的创始人郝浴出生于1623年，是一位才华横溢的清廷官员，因忤平西王吴三桂被劾。皇上明知其无辜，但也不得不将其处置，免死流放东北。1654年，郝浴至盛京。四年后下铁岭，建茅屋三间谪居。

郝浴在自述中写道："戊戌五月下岭（铁岭），卜筑于南门之右，方十许亩，中为书室三间，前有圃种蔬，后有园种花，左壁吾卧室也，右壁一带皆吾友连屋而居也。"这就是银冈书院的雏形，即银园。郝浴自铭其额为"致知格物之堂"。在此讲学授徒十八年之久。吴三桂叛乱事起，康熙十四年，郝浴官复原职赴京。临行前他感慨万千，"泣抚银冈，留作书院"。

当时，郝浴景仰的理学大师耿介辞官回乡，捐出自家田地资产，修葺房屋、扩招生徒，助办并管理嵩阳书院。在他的影响带动下，郝浴毫不犹豫地将自己的书宅、田产、器物、书籍无偿捐归铁岭官府，以备书院办学之用。银冈书院由此正式定名。

书院文化

东北书院文化源远流长。

有文字记载的书院，是始于辽金时期的显州书院，至今有近千年的历史。但是，因为北方战争多发等缘故，早期书院并未留下多少痕迹。直到清初，银冈书院创立，东北的书院文化才得以恢复和接续。

银冈书院是东北清代书院中建院时间最早、保存最完好、影响最大且最具代表性的书院。所以，今人称其为东北第一书院、东北历史文化的明珠。清代官员屠沂认为，银冈书院可与我国历史上久负盛名的嵩阳、岳麓、白鹿洞、石鼓四大书院相媲美，并称全国五大书院。所以说郝浴开启了辽北文化教育的先河，是东北恢复发展教育的鼻祖。

清康熙五十二年（1713），银冈书院经历过一次命运大转变。当时奉天府尹郝林、铁岭县令焦献猷、邑人徐元弼等为恢复书院办学所付出的艰辛和立下的功绩，被后人载入史册。雍正、乾隆年间，书院培养过许多科举人才。而光绪年间，戊戌变法时出任书院总董的曾宪文，也曾为书院作出过不小的贡献。他是周恩来在银冈书院就读时的老师，学问不错，热心文教，倡导新学。他担

任银冈书院总董期间，曾不辞辛苦地四乡奔走，劝导民众子弟入学。

光绪二十九年（1903），在东北各地对办新学大多采取迟疑观望态度时，曾宪文在知县赵翼臣支持下，率先采取西式办学方式，成立了银冈书院小学堂，这所学堂的设立，比天津私立南开学校的创办时间还要早一年。从此，书院办学规模逐渐扩大，学生遽增，影响遍及辽北。东北各地名师来书院学堂讲学者“岁无虚席”。学堂还实行新文化教育，创办贫民讲习所，传播文化，教化育人。在校生多时达300多人。1910年，12岁的周恩来离开家乡江苏淮安，应伯父周贻赓召唤来到铁岭，插班银冈学堂三年级甲班就读。

在这里，周恩来第一次接受了西方教育。在学习期间，他登龙首山锻炼身体，吃高粱米饭，经受北方风沙的洗礼；去周边农村接触社会，目睹了日俄战争在铁岭留下的战火创伤，耳闻了日本兵肆意圈地抓人、演练枪炮、强抢粮草、掠夺资源等霸道行径。一个又一个衰弱民族备受奴役屈辱的事例，给了他强烈刺激，激起了他的忧国忧民情怀……他平生第一次登的山就是龙首山，第一次接受了正规的学校教育，也第一次体会到了劳动人民的疾苦，第一次接受了早期革命思想的启蒙。

周恩来在春暖花开之时来到铁岭，半年后的秋天又离开铁岭前往沈阳，在原奉天省官立东关模范两等小学校就读。周总理曾动情地说：“12岁那年我离家去东北，这是我生活和思想转变的关键。没有这一次的离家，我的一生一定无所成就，和留在家里的弟兄辈一样，走向悲剧的下场。”铁岭是周恩来走向新生活的起点，也是他走向世界的第一站。

1962年6月15日，周恩来总理偕夫人邓颖超视察东

读

辽宁历史文化
词条 47

银冈书院

银冈书院是东北地区唯一保存下来的古代书院，被誉为关东第一书院。始建于清顺治十五年（1658），创始人是清代谪居铁岭的郝浴。周恩来总理少年时代曾在此学习。

▲ 银冈书院内景

北时，再次来到了阔别52年的铁岭，重登龙首山，寻觅少年时的足迹，感慨万千，亲切地称铁岭是他的第二故乡。正是源于在铁岭所受的教育和影响，周恩来才发出了“为中华之崛起而读书”的豪迈誓言，把毕生的心血和精力都献给了党和人民。

影响深远

明代的东北就有过多所书院，如襄平书院、辽左书院、辽右书院等。可惜这些书院大多在明末清初的战争中毁于战火，没有哪座书院能够完整地保存至今。所以，清初东北的书院教育可谓是一片荒漠。郝浴创立的银冈书院无疑给这片文化沙漠带来了新的生机。铁岭的书院教育正是以此为起点，不断地发展，进而奠定了它在东北乃至全国书院教育中的历史地位。马阿宁如是说。

清代东北的书院，由银冈书院的影响开始，在以后的岁月里如雨后春笋般建立起来，数量不断增多。如康熙五十八年（1719）的萃升书院、雍正十年（1732）的沈阳书院、乾隆三年（1738）的海州书院、乾隆三十八年（1773）的南金书院等。

除了书院，文化流人组织的诗社曾留下不少名篇。比如以流放盛京的诗僧函可为创始人的冰天诗社。

诗社成员们在艰苦的环境下并未自暴自弃，而是在彼此的诗文唱和中，体现出身处逆境不甘沉沦、自强不息、乐观向上的精神。

1655年冬，“清朝第一谏臣”季开生遭流放到达盛京，与函可会面。同是因文字获罪的两位南方才子，相聚在滴水成冰的东北，正值严冬腊月，函可衣衫褴褛难以蔽体，赤脚站立在冰雪寒风中，冻得瑟瑟发抖。见此情景，善良的季开生顿生怜悯，不顾自身寒冷，脱下棉裘外套给函可穿上。尚存季开生体温的裘衣，不只温暖了函可的身体，也温暖了他的心！函可含泪赋诗致谢：“念我寒如此，腊冬犹解衣。几年惟破衲，一半逐云飞。但使存孤骨，毋令下翠微。故人恋恋意，春气透柴扉。”季开生当即回赠诗一首：“穷边携手忽惊猜，君未能归我复来。兵火十年人一见，家乡万里梦同回。愁随赤羽霜中接，闷倚黄花雪后开。破衲自今堪结隐，羊裘莫问子陵台。”

乐观向上、百折不挠的人生态度，是文化流人留给东北的宝贵精神财富，始终激励、鞭策着后人。至今，辽宁人在改革大潮中起起伏伏，无论顺境还是逆境，始终不骄不馁，展现出东北人特有的精神气质。

解读 JIEDU

流人的贡献

辽宁省社科院历史研究所所长廖晓晴介绍说，东北流人一大重要贡献是著书立说，撰写地方志书。如因三藩之乱时被诬接受耿精忠伪职而被流放的清初著名学者陈梦雷，曾主持编纂中国古代最大部头的类书——《古今图书集成》。康熙二十一年（1682），谪戍到盛京。他于“甲子、乙丑间，修《奉天府志》……逾年志成。秉笔者，原任编修陈梦雷也”。引文中所说之《奉天府志》，实即康熙《盛京通志》，该志乃清代东北地区第一部通志体裁志书。此外，他又“构云思草堂，华石娟秀，日以著书为乐，从游者甚众”。

东北流人创立的文化社团组织，搭建了文化交流平台。如诗僧函可在流放

▲ 银冈书院一角

盛京期间成立的冰天诗社，有32人参加，大多是与函可同遭谪戍的流人文士，他们时常聚会，吟诗作赋，这活跃了盛京地区的学术气氛，促进了盛京地区的文化发展，提升了盛京地区的文化水平。此外，函可还曾先后在普济、广慈、大宁、永安、慈航、接引、向阳七座寺庙宣讲佛法，弘扬佛教文化，前来听讲者甚众，“趋之者如河鱼怒上”，极受欢迎。

卖艺为生的流人也间接向东北传播了文化艺术知识。康熙三十年（1691）举家被流放至铁岭的戴梓，“多巧思，凡所手制皆出匪夷，尤工绘事。性豪迈不羁，工诗善饮”。在朝时，曾发明连珠铳，可连续发射28发子弹，是西洋机关枪的前身。还曾仿制西洋蟠肠鸟枪、冲天炮和珐琅。在戍所，主要以卖文和书画作品为生。

另外，行医为生的流人救治了不少当地患者。如顺治十四年（1657）被流放至尚阳堡的陆庆曾，“家赤贫，以医自给”。当时尚阳堡天寒地冻，生活条件十分艰苦，更是缺医少药，陆庆曾的到来可谓是雪中送炭。

除此，流人在传播农业生产技术、建造房屋、建立商品贸易关系方面都起到举足轻重的作用。清代的东北居住着许多少数民族，主要有满族、蒙古族、锡伯族、赫哲族和朝鲜族等。除朝鲜族之外，这些民族大多以游牧、渔猎和采集为生，在某些个别地区虽然也有农业，但耕作手段粗放，产量很低。如宁古塔地区的农耕，“一岁锄之，犹荒也，再岁则熟，三、四 、五岁则腴，六、七岁则弃之而别锄矣”。流人到达之后，带来了先进的农耕方法，“汉人操作则不然，汉人之耕作分休闲、轮作二法。若砂碱地则用休闲法，每年耕作一分，休闲一分。至于轮作法，最为普遍，即高粱、谷子、黄豆之类，每三年轮作一次”。

清代东北的少数民族主要以游牧、渔猎和采集为生，或者追逐水草，居于穹庐之内；或者掘地为穴，居于地洞之中。康熙二年（1662）被流放到宁古塔的杨越看到这些，便教他们“砍木为屋，覆以其皮，且炕牖之”，使当地人有了固定的居所，可以安心地从事农业生产了。东北物产丰富，主要土特产有貂皮、人参、东珠、海东青和蘑菇等，然而当地人大多自采自用，不知买卖。据流放到宁古塔的吴兆骞说：“宁古塔自丁巳（1677）后，商贩大集，南方珍货，十备六七，街市充溢，车骑照耀，绝非昔日陋劣光景。流人之善贾者，皆贩鬻参貂，累余千百，或有至千者。”可知宁古塔能够出现如此规模可观的贸易集市是与来到这里从事商品贸易活动的流人影响分不开的。

曹雪芹平日里常说辽东话

关外文化
孕育了《红楼梦》

▶《红楼梦》有着诸多的赞誉：中国古典四大名著之首、最具世界影响力的人情小说、中国封建社会的百科全书，等等。许多人说，《红楼梦》是可以读一辈子的书。细细品读它，在细微之处，你总会发现辽东元素，也许是一句方言、一种吃食、一件服饰、一种习俗。

题记
TIJI

我与曹家是同行

辽阳市红学专家郭明接触到的第一本关于《红楼梦》的书籍并非原著，而是红学专著。看了那本专著后，郭明逐渐对《红楼梦》产生了浓厚的兴趣。下乡返城后，郭明考入职工大学学习机织专业，成为一名纺织工程师。因为曹雪芹家族是江宁织造，郭明笑着说："我与曹家是同行！"

满眼尽是辽东方言

捧起案头的《红楼梦》，厚厚的一本，装订不算精致，是市面上最普通的那种。

通读这本名著，辽东人会不时会心一笑：《红楼梦》中触目皆是辽东话。"这一点合情合理。"中国红学会会员郭明说，曹雪芹虽然生于南京，但是，曹家明初即落籍辽东，世袭沈阳指挥使。曹雪芹远祖曹锡远、高祖曹振彦、曾祖曹玺在辽东生活60多年。尽管后来全家到了北京，曹玺又任职于南京，但是，江南的曹家老辈族人在大家庭中仍然说着辽东话，乡音难改，代代因袭，习以为常，所以曹雪芹平日里应该也常说辽东话。

整体说，汉语言的普及传播与东北方言毫无违和感。《红楼梦》中不可或缺的方言土语，多出现在人物对话之中，雅俗共赏，不仅刻画出活灵活现、更具个性的人物，还能营造出极富生活色彩的环境氛围。

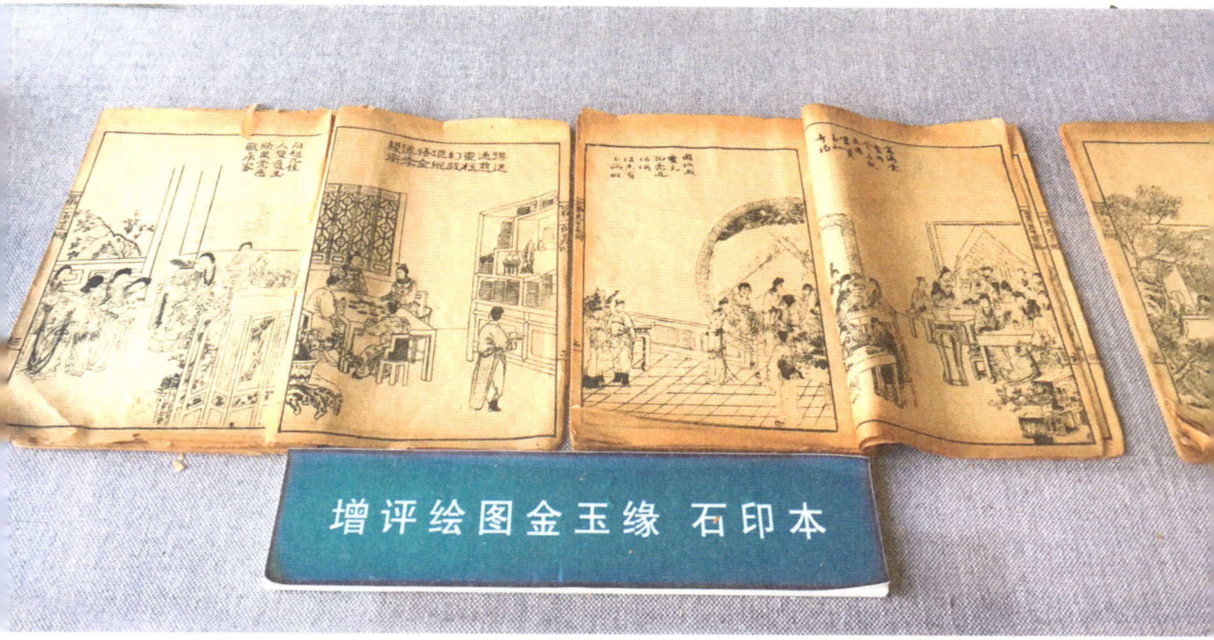

▲ 曹雪芹纪念馆中展出的《红楼梦》石印本

如今大江南北的人们都能学说几句东北话，学的是腔调，而《红楼梦》中留下的是地道的方言词汇。郭明列举了40多条《红楼梦》中与东北方言相关的语句，有的表示名词，有的表示动作，有的表示情感，有的表示状态，东北人更能体会其中的意味。

《红楼梦》中，赵姨娘对马道婆说，王熙凤将把贾家偌大的家业，都倒腾到娘家去，其中“倒腾”就是搬运的意思。第64回，薛姨娘说：我老天拔地，不合你们的群儿，“老天拔地”即老态龙钟的意思。第90回中，平儿笑着说：姑娘特外道的了不得，“外道”就是见外。第61回，林之孝家的向平儿说到秦显家的模样时，说：“高高儿的孤拐，大大的眼睛，最干净爽利的。”“孤拐”就是颧骨。这些词汇都是典型的东北方言，如今仍在使用。

此外，《红楼梦》中的许多俗语也颇具东北特色，如“杀人不过头点地”“人家给个棒棰，我就认作针”“没吃过猪肉，也见过猪跑”“当着矮人别说短话”等等，都妙趣横生，活泼易懂。

大观园爱做东北美食

记者对于油茶面的记忆停留在20世纪90年代，早上冲一碗热乎乎的油茶面当早餐，能够赶走一上午的饥饿。郭明告诉记者，《红楼梦》第75回中的李纨常吃的“茶面子”就是油茶面。据考证，当年女真士兵四处征战时，会随身携带高粱米炒面，可干吃，也可用马奶冲食，这就是油茶面的起源。

在交通欠发达、食品无法保鲜的时代，食材自然是就地取材，自产自销。《红楼梦》中的饮食多以淮扬菜系为主，理所当然，但也有来自辽东的特产。《红楼梦》第53回中，描写了黑山村庄头乌进孝在腊月时，把一大批特产土物、米粮蔬果以及卖谷物、牲畜所得的银子送到宁国府贾珍那里。这些土特产包括大鹿、獐子、狍子、野猪、野羊、野鸡、野猫、熊掌、榛、松、桃、杏仁以及柴炭、银霜炭等物，都是关东一带的土特产。著名学者金启孮根据这些特产推断：“可见乌进孝之黑山村，其背景必在关外，所以他在路上要走一个月零两天，若在近畿，虽路上泥泞难行，也用不了这么多日子。”

书中还描写了满族特色的烹调方法：生烤和白煮——游牧民族的吃法。第49回，探春、平儿、宝琴等一些人被湘云和宝玉在芦雪庵里生烤鹿肉的香味引得都大口嚼起来。文中只说到用铁炉、铁丝蒙子和铁叉，却没提调味品。我们知道，满族人爱狩猎，善骑射，外出打猎时不能携带很多调味品，经常生烤和白煮，体现出游牧民族的特色。

另外，样式繁多的奶制品，当然是游牧民族的传统最爱。郭明举例说，第14回中王熙凤常喝“奶子”，满族人把乳品总称为“奶子”；第19回，贾妃赐给糖蒸酥酪，也是奶制品，宝玉知道袭人爱吃，就给袭人留下了；第41回，各种各样的添加奶油炸的小面饼；第62回，芳官吃的奶油松瓤卷酥，这些都是富有满族特色的点心。

贾宝玉身着满族服饰

谈起《红楼梦》里的服饰，郭明感叹，曹雪芹只有生长于钟鸣鼎食之家，才会有那样的见识。曹雪芹家族作为江宁织造，专门为宫廷制造丝织品，家里的穿着用度可以想象。曹雪芹从小耳濡目染，在《红楼梦》中将贵族的衣着打扮写得活灵活现。

清朝建立后，为了加强统治，极力推行满俗，号令全体军民人等，一律剃发易服，并规定“遵依者为我国之民，迟疑者同逆命之寇，必置重罪”，并三令五申。因此，在强权之下，全国的服饰便发生了急剧的变化，骑射民族长期生活习惯所形成的旗袍、马褂、箭袖、深鞋、剃发、垂辫……一时遍及城乡，一洗我国自明朝以来，汉族的那种宽袍、大袖、蓄发、绾髻的传统打扮。

《红楼梦》虽然隐去了年代背景，但在服饰的描写上，仍然有着鲜明的清代风格。在郭明看来，贾宝玉的装扮就是典型的一个清代小王爷的装扮，突显了满族贵族服装的主要特色：穿袍服、束宫绦、罩马褂、蹬朝靴、戴马蹄袖。

箭袖，是满族服饰的一大特点。满族长期过着射猎生活，为了防止寒冬冻裂手背及射箭方便，在其狭窄的袖口上，又接出一个半圆形的“袖头”来，可以护手、保暖，因为形似“马蹄”，后人便称之为“马蹄袖”。《红楼梦》多次写到箭袖，如第3回宝玉去庙里还愿，“头上戴着束发嵌宝紫金冠，齐眉勒着二龙戏珠金抹额，一件二色金百蝶穿花大红箭袖，束着五彩丝攒花结长穗宫绦，外罩石青起花八团倭缎排穗褂”。

▼ 曹雪芹的雕塑位于曹雪芹纪念馆前院中央

《红楼梦》中的服装颜色也有讲究。郭明说，除了皇家独占的黄色之外，在清朝的贵族阶层里，都以石青色为贵，好像只有穿上石青色褂子，方可登大雅之堂。《红楼梦》中的服饰多为蓝色和石青色，其中尤以石青色的用处最多。

| 细节中见关东习俗 |

曹雪芹家族虽然离开了辽东，但关东文化基因却根植于曹家人的血脉之中，体现在生活习俗的点点滴滴，成为曹雪芹创作《红楼梦》的沃土。

满族入鼎北京，与汉族分工合作：满人习武保江山，汉人习文治社会。所以，满族人骑射尚武，成为传统的要求与体现。《红楼梦》中提到“打围”又叫“行围”，是东北地区的狩猎方式。书中还写到“放鹰”，满族人擅长养鹰，狩猎时常常带着鹰。第26回，只见贾兰在后面拿着一张小弓追了下来，一见宝玉在前面，便站住了，笑道：“二叔叔在家里呢，我只当出门去了呢。”宝玉道：“你又淘气了。好好儿的射他作什么？”贾兰笑道：“这会子不念书，闲着作什么？所以演习演习骑射。”

在关东地区，满族的日常生活中，流传有“三大怪”，分别是“窗户纸糊在外、大姑娘叼烟袋、养活孩子吊起来”。《红楼梦》中就描写了女人抽烟的场景，第101回中说道，宝玉、宝钗婚后的早晨，王熙凤悄悄地溜进了宝钗和宝玉的洞房，只见袭人端过茶来，也只搭讪自己递了一袋烟。凤姐笑着站起来接了。

《红楼梦》还描写了一些东北地区萨满教的情节。例如第25回，马道婆向裤腰里掏了半晌，掏出十个纸铰的青面白发的鬼来，并两个纸人，递与赵姨娘，悄悄地教她道：“把他两个的年庚八字写在这两个纸人身上，一并五个鬼都掖在他们各人的床上就完了，我只在家里作法，自有效验！”这种封建迷信在曹禺的《原野》、萧红的《呼兰河传》中都有描写，可见其源远流长。

《红楼梦》中女子是否缠足？郭明说，按照清代习俗，旗人妇女是不缠足的，但个别旗人家庭出现婢妾缠足又是正常的，不过这些婢妾都是汉人。第32回，袭人请史湘云帮助做鞋，其实这鞋芯子是宝玉的，湘云装作不知，却说：“你的我才做，别人的我可不能。”从这段对话中可以得知，袭人的脚与宝玉的脚差不多，当然是大脚。第65回描写尤三姐“一对金莲或翘或并”，却是小脚。

手记 SHOUJI

红楼一梦到辽天

位于辽阳市的曹雪芹纪念馆是一座二进四合院，四周高墙围绕，有房屋21间，门口立着石碑，上面写着“吴公馆”，是辽阳市文物保护单位。这是记者第二次来参观曹雪芹纪念馆。

值班人员告诉记者，这处老房子是伪满洲国时期中央银行理事吴恩培的宅第。记者踏入其中，发现院落清幽而雅致，一座曹雪芹的雕塑位于前院中央，不同于以往板正的人物塑像，这座雕塑是坐姿，抽象风格，低头静默，仿佛沉醉于《红楼梦》中，与参观游览的人毫不相干。雕塑底座刻有红色的字迹：“雪芹祖籍辽阳，家传所载，宗谱所记，文献可考，碑石可证，虽万世而不移也。”落款是冯其庸。

关于曹雪芹的祖籍问题，红学界是有争议的。有人主张辽宁辽阳，有人主张辽宁铁岭，还有人说在河北的丰润。主张铁岭说的人认为，铁岭曹家是从丰润过来的，与丰润曹家一脉相承，因此曹雪芹的祖籍应该在铁岭。现在红学界大部分人主张辽阳说。

辽阳市红学专家郭明告诉记者，冯其庸提到的“碑石可证”，指的是在辽阳发现的曹雪芹高祖曹振彦的题名碑。一块是立于天后金聪四年（1634）四月的《大金喇嘛法师宝记碑》，碑阴署名：“教官……曹振彦”；一块是立于后金天聪四年（1634）九月的《玉皇庙碑》，碑阴署名：“致政……曹振彦”。有学者反驳说，辽阳有曹振彦题名碑，不能说明曹振彦是辽阳人，只能说明修庙立碑时曹振彦在辽阳。后来，山西大同发现顺治十三年（1656）的《重修大同镇城碑记》，有署名“襄平曹公讳振彦”七字。郭明说：“襄平是辽阳旧称，曹振彦在山西说自己是襄平人，说明曹雪芹祖籍非辽阳莫属。”雪芹祖籍辽阳说“碑石可证”，因此证据链完整可信。

漫步于曹雪芹纪念馆中，记者发现每个展室皆有楹联，例如：“古院百年开新馆，红楼一梦到辽天。”可以看出，这些装修与陈列都力图体现清代书斋风貌，以使纪念馆能与曹雪芹的生平时代及《红楼梦》所反映的历史内容一致起来。馆内陈设有曹氏家祖的历史档案、曹雪芹的生平介绍、多种《红楼梦》版本以及全国红学名家书画等。

郭明告诉记者，曹雪芹纪念馆内的陈设很快就要升级到2.0版本了。他参与了纪念馆展览更新的工作。在他看来，如今曹雪芹纪念馆内的许多内容都需要作出调整，根据最新的研究成果，有些提法是不准确的，需要更正。

如今的展览里有曹氏家族以“军功起家”的内容，郭明介绍，新文献的发现与考证，证明过去认定的曹振彦是“军事教官”、曹家是“军功起家”、曹振

▼ 曹雪芹纪念馆正门

彦父子参与了“屠城大同”的历史结论是不准确的。新的观点认为，曹家自天命年间沈阳、辽阳陷落之际，就沦为后金汗王努尔哈赤正黄旗下的包衣家奴，之后又成为多尔衮旗下的包衣奴才。作为皇家家奴，曹振彦当过武官直接上战场的可能性微乎其微，最多是做过战争中的后勤工作，与大同屠城搭不上关系。而奴隶是没有身份的，因为香火碑世法平等，所以，署名胡乱安排“教官”“致政”系列了。

郭明介绍说，新的展览将分为七部分：第一部分介绍祖籍辽阳的证据和情况，第二部分介绍曹氏家族作为包衣的盛衰史，第三部分介绍曹雪芹的生平，第四部分介绍《红楼梦》艺术史，第五部分介绍《红楼梦》学术史，第六部分介绍冯其庸先生与辽阳的因缘际会，第七部分介绍辽阳市的红学研究情况。

辽宁历史文化
词条 48

千山

千山位于辽宁省鞍山市东南17公里处，是国家重点风景名胜区、国家 AAAAA 级旅游景区。千山为长白山支脉，主峰高708.3米，总面积72平方公里。 山峰总数为999座，其数近千，故名“千山”。

千山弥勒大佛
赵朴初题

120余位乾嘉时期名流学者为他题字作画祝寿

王尔烈
称得上清代辽东第一人

▶ 10月15日下午，记者走进位于辽阳市武圣路206号的王尔烈纪念馆，从喧嚣的闹市中觅得一处清静之地。辽阳人习惯将这座老宅子称为“翰林府”，它是王尔烈归养辽阳时，嘉庆皇帝赐建给他的府第。立于府中，目及之处尽是古朴典雅，一砖一木仿佛都在诉说那位“关东才子”的传奇。

始终抱有成材之志

辽阳地方史专家李大葆说，原来的“翰林府”大门开在南面，门里第一趟5间前厅，房脊左右斜插“钢刹寿”，表示为官显赫；第二趟5间后堂，是祭拜祖宗之所。如今我们所见的是1991年复建后的翰林府，大门开在东面，只能大概观其原貌。

记者穿过挂着“传胪”匾的小门楼，进入西院，观看了王尔烈生平展、诗书艺术展以及故居复原陈列展。西院正房的前梁上，绘有六幅人物图，分别是“少年苦读”“钦点翰林”“奉旨修书”“千山寄诗”“七十大寿”“致仕还乡”，正是王尔烈一生的写照。

王尔烈出身于书香门第，祖父王天禄精通文史，尤明医理，专务济人，有王善人之名。父亲王缙能书擅画，曾任深州学正。叔父王组历任刑部主事、陕西司郎中、

题记 TIJI

王尔烈与曹雪芹

在辽阳，王尔烈纪念馆与曹雪芹纪念馆仅有150步之遥，但他们似乎没有什么交集。他们几乎生活于同样的年代，却有着截然不同的人生经历。辽阳地方史专家李大葆在“王尔烈寿屏”上发现了二者的联系。寿屏上有幅《双松并茂图》，作者是程伟元，他是使《红楼梦》得以出版的人。

▲ 王尔烈纪念馆内景

甘州府知府等职，声望甚高。王尔烈少承家训，十分向学，为了考取进士，寒窗苦读，孜孜以求。从王尔烈6岁启蒙到44岁考中进士，他始终抱有成才之志，其间乡试、会试都曾遭遇“未中”，但他不气馁，坚持拼搏，终于在高龄时获得成功。

王尔烈在翰林院供职，“谈笑有鸿儒，往来无白丁”。李大葆说：“从参与他为母亲及自己举办的寿庆活动的同僚情况看，王尔烈与当时的文化名人基本上都有交往，有的保持着长时间的友谊。”

在李大葆看来，王尔烈还应该深受其大夫人的祖父陈梦雷的影响，陈梦雷是清代著名学者，身边聚集了一批受文字狱迫害的东北流人，他们于冰天雪地中的文化活动及影响，通过民间姻亲的脉络给王尔烈以信息及引导。

与千山有不解之缘

古人读书讲究的是氛围，寻找一处山川秀美、远离喧嚣的清静之地，读书才能安静定心，写作才能思如泉涌。王尔烈先后就读于辽阳孔姓台、魁星楼和千山龙泉寺西阁，其中千山龙泉寺西阁就是他的清净之地。

10月11日上午，记者按图索骥，来到千山龙泉寺。从法王殿往西，沿着蜿蜒的石梯向上，穿过梅花形的月亮门，一栋古香古色的民式建筑展现在记者眼前，这就是龙泉寺西阁，王尔烈书房已然是千山重要的文化旅游景点。

李大葆告诉记者，西阁始建于明代，原来只有三间茅草屋。到了清代，西阁成了书院。王尔烈家住千山以北十几公里处的风水沟村，来此就近求学顺理成章。王尔烈17岁时来到千山龙泉寺西阁学堂，断断续续在千山学习长达22年。据说，王尔烈求学经过的那条路，如今仍能通行。自王尔烈高中传胪后，西阁声名远播，前来求学者众多。

乾隆四十二年（1777），王尔烈的叔父王组去世，不惑之年的王尔烈回乡

▲ 千山中的王尔烈书房

守丧。他利用这次回乡机会，组织了千山笔会，邀约家乡诗友十余人重游千山，并亲自撰写《游千山约》，如今其传世的诗作大多是那时所作。

在王尔烈书房彩绘的廊檐下，题有“琼岛虚舟”四个烫金大字的牌匾尤为引人注目。所谓琼岛虚舟，是指西阁地处绝壁之上，每天早上雾海茫茫，犹如仙境，狭长的西阁就像一叶孤舟游弋于雾海之中，又或者像雄踞于雾海中的一座岛屿。这四个字正是王尔烈重游千山时所题，他有感而发，还题联曰：“室狭如舟蓬窗四启峰围岸，山深似岛松声一派海生潮。”

王尔烈对龙泉寺有着深厚的感情，这里是他一生中题字最多的地方，共有两块匾、六副联。

| 参与《四库全书》编纂 |

当记者问及王尔烈才学“压倒三江”的典故时，李大葆连连摆手：“这都是民间故事的演绎，并非史实。”他说，《辽阳县志》卷十四《文学志》称王尔烈“以词翰、书法著名当世者，清代第一人”，其实有自夸的嫌疑，客观来看，王尔烈的文学艺术成就称得上清代辽东第一人。

王尔烈的文学作品大多散佚，留存的作品不多。著名史学家金毓黻编纂的《辽海丛书》中，收有《瑶峰集》，是王尔烈的诗文合集。《瑶峰集》收录了千山笔会诗友们作诗共60余首，汇成《同游千山诗录》。《瑶峰集》还有王尔烈文章9篇，其中序文4篇，碑文5篇。

王尔烈在诗作中描绘千山的情景，绘声绘色，动静皆宜，充分表达了他对故乡的热爱，意境生动，文辞优美，表现手法实属上乘。

读

辽宁历史文化
词条 49

王尔烈

王尔烈（1727—1801），别名仲方，字君武，号瑶峰。清乾嘉年间辽阳县贾家堡子风水沟村（今兰家乡风水沟村）人。以诗文书法、聪明辩才见称于世，被誉为“关东才子”。

王尔烈的书法造诣也十分突出。李大葆介绍，王尔烈堪称当时“辽东第一书法家”，如今《王尔烈墨迹选》集中了他的部分书法作品。王尔烈的楷书全是出自颜、鲁公家法，有端庄厚重之美。他写的《具美》《琼岛虚舟》等大气磅礴，圆熟流畅，不同于一般馆阁体的局促软塌模样，堪称大家手笔。他的行书学“二王”，用功极深，已入羲献之室，意度清和，是他最擅长的。他的草书，真草并行，造诣也很高。

王尔烈考中进士后，长期在翰林院工作，接触了大量的中华传统典籍，并参与《四库全书》的编纂，耳濡目染的尽是儒家文化。这些宦海浮沉的经历，对他处世观念的形成及固化十分重要，在他的词翰、书法中，留有不可磨灭的痕迹。

| 珍贵寿屏 |

王尔烈寿屏是辽阳市博物馆的镇馆之宝，讲解员会重点介绍。隔着玻璃去欣赏这架寿屏，看上去十分高大，共有9扇，柴木框架，屏心为瓷青纸，上面整齐地裱糊着百余人的泥金纸字画，蔚为壮观。

这架屏风是在王尔烈70岁寿辰时，翰林院为他举行了“公祝”活动，活动主持者向125人征集书画作品126幅，制作而成。

李大葆对王尔烈寿屏有深入研究，他告诉记者，这架寿屏上的每一幅字画都是没有公之于世的珍品，在我国任何一种字书中都无法找到如此集中的多种多样的“寿”字。寿屏上的“寿”字囊括了除甲骨文外，我国所有字体，而且“每个字都可寻出处，自有渊源”。

据李大葆介绍，这架寿屏集乾嘉时期名流学者的诗词、书法、绘画于一屏，堪称是一件完整精美的艺术品。书写“寿”字的有吏部尚书体仁阁大学士刘墉、清代著名书法家伊秉绶、翁方纲等。其中一幅无署名的楷书“寿”字，传说为嘉庆皇帝所书。绘画多为山水、花卉、松竹、人物等，其中协办大学士纪晓岚的水墨仙鹤图赫然其上，纪晓岚传世的真迹很少，绘画更是从未发现，这幅水墨仙鹤图，被称为传世孤本；还有《红楼梦》程甲本、程乙本的印行者程伟元的水墨双松图，这可以说是为红学研究又提供了一个新亮点。

到目前为止，国内还没有发现这样大型的古代寿屏。王尔烈寿屏反映了清

▲ 王尔烈寿屏

代中期文化艺术的发展水平，堪称是一座小型的清代文化艺术宝库，一部古人别致的“百家书画集”。

解读
JIEDU

木鱼石的传说

20世纪80年代中期，电视剧《木鱼石的传说》风靡全国，主人公王尔烈的名字随之家喻户晓。事实上，关于王尔烈的逸闻趣事已然在东北民间活跃了200多年。不论是“老主同场少主师”的传奇，还是“文压三江”的故事，都让人啧啧称奇。久而久之，人们更愿意相信这个才思敏捷、有勇有谋的关东才子就是真实的王尔烈。

辽阳地方史专家李大葆说：“许多民间传说中，将传奇桥段附会于王尔烈身上，并非史实。”据统计，王尔烈的民间传说经过收集和整理，现在已经达

▲ 王尔烈纪念馆门口的牌匾

▲ 王尔烈纪念馆内陈列的书籍

到69种，而且绝大部分来自普通百姓的口头创作，只有一小部分经过了基层文人的创作或润饰。这些脍炙人口的王尔烈民间传说，因其所具有的历史价值、社会价值和文化价值，已经在2007年入选辽宁省第二批省级非物质文化遗产名录。

王尔烈能够留下大量的传奇故事，源自后人对其的美化。王尔烈的后代虽然在仕途上缺少建树，但可称为文艺能手。王尔烈的几个儿子“俱业儒”，三子王志翰和四子王志鳌“亦能诗”。值得一提的是，王志翰是诙谐派子弟书作家群中的代表作家、元老级人物，又是创作活动的组织者。王尔烈四世孙王龙生是二人转演员。在李大葆看来，这些从事民间文艺活动的王尔烈后裔及其同伴，无疑是王尔烈传说深入民间的重要推手。此外，王尔烈作为“关东才子”，本身就是辽东地区民间文学的取材对象。

李大葆认为，王尔烈的民间传说，突破了王尔烈本身事迹的真实性，调动了文学创作手段，塑造了王尔烈的正面形象，这是人民群众强烈希望和文化自信交互作用的结果。

明末，战争对辽东的社会经济破坏严重，清廷入关又带走了东北大量的人口，致使原本元气大伤的东北地区出现了人口稀少、经济衰退、文化断裂的景象。随后，流人文化的进入，填补了这片空白。从乾隆初年开始，随着发遣到

▲ 王尔烈纪念馆内房梁上绘有六幅画，概括他的一生

东北流人数量上的逐渐减少，以及著名文化流人的相继归乡和陆续亡故，到乾隆中叶，以文化流人执东北诗坛牛耳的时代基本宣告结束，取而代之的是东北本土文化的崛起。王尔烈就是在这个节点上成长起来的本土诗人，正当辽东渴望人文复兴之际，王尔烈一飞冲天，不但使本土文化的萎靡态势得到控制，让久已低迷的自尊心得到满足，而且陡然唤起了辽阳民众的文化自豪感，它代表了东北文化正在复兴的大趋势。所以王尔烈在关东文化圈内继往开来的历史作用，就成了值得大书特书的事情。

《东北俗文化史》中这样说："在全东北的老百姓中也都知道有个王尔烈。汉族著名文人他是最有代表性的。人们讲起'东北虎'王尔烈的逸闻传说，不但是一种文化娱乐，一种欣慰，也感到一种光荣和自豪。"李大葆认为，王尔烈的民间传说能够广泛流传于关东文化圈内各阶层人民之中，堪比燕赵文化圈的纪晓岚、齐鲁文化圈的刘墉、两淮文化圈的郑板桥等人的民间传说。王尔烈的民间传说已然成为一种口头文学。

王尔烈的民间传说是一笔宝贵的文化遗产，是关东文化的一大亮点。王尔烈传说的核心内容包括其为人、为学、为师、为政、为官等方方面面，给后人留下了严于修身的人生准则，后人可以从中汲取精神养分，从其人格风范中获得榜样力量。正因为如此，关东人民把经过文学塑造的"王尔烈"当作自己的文化诉求，反映了关东人民对文化的渴望和对本土文化的自豪感；反映了人们对汉族文人的尊重与对汉文化的认同；反映了人民对政治清明的愿望；还反映了在陶冶心灵和塑造人生上，始终把"修身"作为基石，择善而从，博学于文，约之以礼，从而走向"家齐国治天下平"。

这些美食从辽宁发源

萨其马
其实是满族饽饽

▶ 辽宁是满族人口集中的祖源地，也是最密集的居住地。这里得天独厚的自然环境，赋予他们丰富的食物来源，满族先民因而形成了独特的饮食习惯。辽宁大学文学院副教授邵凤丽说，满族人尤其喜欢吃黏食和甜味食品，如饽饽、年糕等。流传至今的驴打滚、萨其马等都是满族传统点心。

题记
TIJI

厨师也要懂历史

“贵妃海参”是满汉全席里的一道菜。满汉全席传承人刘敬贤说，满族人在入关前习惯用篝火烧烤，因此现在做这道菜用上了电烤箱。去骨的鸡翅在电烤箱里烤好后，厨师将已用老汤煨好的海参穿在其间，形成味美的菜肴。“现在时代进步了，厨师的知识水平也提高了，以前师傅告诉我海参怎么做，但他说不出原理来。现在大家懂得了历史、文学等多方面的知识，做起菜来都可以理论化了……”

最爱黏食、甜食和肉类

辽宁是满族人口集中的祖源地，也是最密集的居住地。这里得天独厚的自然环境，赋予他们丰富的食物来源，满族先民因而形成了独特的饮食习惯。由于冬季漫长、天气寒冷，且主要以狩猎为生，经常远征，体力消耗巨大，满族先民最喜爱耐饥且热量高的黏食、甜食及肉类等食物。

萨其马、驴打滚、豌豆黄等都属于最常见的满族饽饽，据说都是出自清朝宫廷御厨之手，也曾经是天子嫔妃们的御用点心。说起萨其马的由来，有多种版本，研究满族民俗多年的辽宁大学副教授邵凤丽介绍说，萨其马是满语的音译，意为“狗奶子糖蘸”。“狗奶子”是东北出产的一种形似狗奶的野生浆果，被作为制作萨其马的果料。

辽宁历史文化
词条 50

萨其马

萨其马，也写作沙琪玛、沙其马等，源于清代关外三陵祭祀的祭品。满族入关后，萨其马在北京开始流行，成为京式四季糕点之一，是当时重要的小吃。

萨其马的制作与食用在一些清代笔记中有记载，如富察敦崇的《燕京岁时记》里写道："萨其马乃满洲饽饽，以冰糖、奶油和白面为之，形如糯米，用石灰木烘炉烤熟，遂成方块，甜腻可食。"《光绪顺天府志》记载："赛利马为喇嘛点心，今市肆为之，用面杂以果品，和糖及猪油蒸成，味极美。"在萨其马的表面上撒上一点红糖，就变成了"芙蓉糕"，《燕京岁时记》中记述："芙蓉糕与萨其马同，但面有红糖，艳如芙蓉耳。"

皇帝出宫也离不开饽饽，康熙皇帝第一次东巡盛京谒陵，随行带来"饽饽厨子"。在辽宁省档案馆珍藏的清代档案《黑图档》中，就有康熙年间皇太子在行围打猎时随行携带大量饽饽的记载，可见满族饽饽在满族人心中的地位之高。

满族入关后，萨其马开始在北京流行，时至今日，萨其马作为满族美味，已经传遍了全中国。现如今，萨其马的做法已经改良：将打好的鸡蛋与面粉和匀，搓成条状，下入油锅中烹炸，把清水、奶油、白糖、蜂蜜等熬成浓稠的汁，再与炸好的面条混合、搅拌，倒入已铺好有青丝和红丝的木槽中压平，待晾凉后，用刀切成长方体的小块。萨其马香甜松软、油而不腻，从古至今都是深受大众喜爱的甜点之一。

| 白肉血肠 |

满族人家除了喜爱点心之外，逢年过节、招待贵客，都要端上热腾腾的白肉血肠。鲜美醇香、营养丰富的白肉血肠，早已成为许多人喜爱的风味名菜。白肉血肠产于何时，是由何人创的，已难于考证。如果追溯它的历史，则十分悠久。《后汉书·东夷列传》记载，"挹娄人，好养豕，食其肉"，满族先人有养食猪肉的传统。许多满族菜肴也习惯以猪肉为原料，如白肉血肠、氽白肉、猪肉炖粉条。

飘香万里的白肉血肠。满族人喜欢吃猪肉，因猪肉脂肪、蛋白质都很高，能增强他们抗御寒冷的体质。满族在其先人时期畜牧业就比较发达，猪是当时普遍饲养的动物之一，"挹娄，古肃慎之国……好养豕，食其肉，衣其皮。""肃慎氏……猪放山谷中，食其肉，唑其皮，绩猪毛以为布"。

▲ 腌制酱菜场景复原

满族的先人对养猪、吃猪肉情有独钟，清代姚元之在《竹叶亭杂记》中写有："主家仆片肉锡盘飨客，亦设白酒。是日则谓吃肉，吃片肉也。"逢年过节，家家户户都要杀猪，并把猪血灌到肠里煮熟，这就是血肠。白肉就是用白水煮肉，大多较肥，肉熟之后切成薄片，蘸酱油、蒜泥等佐料吃，味道鲜美，肥而不腻。现在，东北地区白肉血肠仍是非常著名的一道东北菜。

满族人酷爱食用猪肉，在历史的发展中，还形成了吃"全猪席"的习俗。所谓"全猪席"即在一次宴席中使用猪身各部位的肉及内脏制作多种食品，供人食用。对于普通满族家庭而言，吃"全猪席"是一年中最隆重、最热闹、最吸引人的时刻。《春明梦录·客座偶谈》中描绘了满族人吃"全猪席"的盛况，"满人祭神……祭而全猪，去皮而蒸。黎明时，客集于堂，以方桌面列炕上，客皆登炕坐。席面排糖蒜韭菜末，中置片肉一盘，连递而上，不计盘数，以食饱为度。旁有肺子、肠数种，皆白煮，不下盐豉。末后有白肉末一盘，白汤一碗，即可下老米饭者"。席间所有食品都与猪有关，猪肉、肺子、肠都变成了餐桌上的道道佳肴，让人们在一次宴席中饱尝全猪风味。

杀年猪

受满族文化的影响，杀年猪这一民俗在东北地区逐渐形成。

据邵凤丽介绍，金代女真时期，满族人把春节当成最隆重的节日来过。每当进入腊月，满族家家杀年猪、吃福肉。满族俗语说“杀年猪，过大年”，杀了年猪就揭开了新年的序章。

据资料记载，满族杀猪菜作为一种文化已传承了数千年，正宗农家杀猪菜的制作过程远比记者想象的复杂和烦琐得多。邵凤丽告诉记者，满族人杀年猪首先要挑选好一头自家饲养的土猪，并于宰杀前一天断食，让空肚子的年猪在宰杀过程中更干净一些。恰是东北冬季，年猪肉从腊月存放到二月初也不会变质。精打细算的人家就会把这些肉按“计划”使用，使得民间视为“过年”的整个正月里，都“不断吃肉”。

年猪代表了团圆，杀年猪的第一顿饭就是宴请乡邻。年猪宰杀完毕后，对猪肉进行妥善的腌制存贮，也体现了最为传统的秋收冬藏的农耕思想。

此外，在满族文化发展过程中，猪占有重要位置。早在满族的前身肃慎时，每逢重要祭日，人们就“将杀死之猪放置其上，以作为死者食用之粮”。用猪作祭品成为满族重要的祭祀文化传统，祭祀中的猪带有神秘性和丰厚的信仰内涵。

按照满族传统，祭祀时必须使用自家圈养的纯黑色公猪。献祭的公猪必须是全身黑色，无一点杂色。为了彰显祭祀的神圣性，祭祀中不可以直呼猪，而要敬称为牲；也不可以说杀猪，只能说“使唤猪”或“拿猪”。

各式火锅

火锅是满族的名肴，在满族先民中已有上千年的历史。古时候，女真人狩猎野餐时，常用篝火烧陶壶、陶罐煮食吃，塞外高寒，往往边烧边吃，这便是火锅的雏形。后来，随着金属用品的广泛应用，火锅正式诞生，成为女真人行军出猎的随行炊具。这种吃法随着时间的推移，不仅成了独具一格的民族风味，而且内容也大大丰富起来，在满族历史上曾经出现过雀火锅、飞龙锅、酸菜白肉火锅等。

由于满族先民有浓烈的灵禽崇拜观念，认为食用百鸟可使人敏捷，各种飞禽皆可入火锅，从而形成了颇具特色的“雀火锅”和“飞龙锅”。“雀火锅”，是一种陶制的小火锅，仅能放一只或数只山雀，所以这种火锅往往成群放在篝火中烧烤。而飞龙锅更是火锅中的上品，因飞龙清汤而著名。“飞龙”为满语，学名称为花尾榛鸡，是盛产于兴安岭山林中一种较小的飞禽。俗话说“天上龙肉，地上驴肉”，“龙肉”即指“飞龙”。飞龙锅的汤汁味道鲜美，营养丰富，是世上罕见的珍馐。

说到满族火锅，人们往往马上想到的是热气腾腾的酸菜白肉火锅。传统满族火锅的做法也很讲究，首先是“吊汤”，底汤采用传统老汤调制，并结合中医天然滋补药材秘方配料，加入红枣、桂圆、枸杞、山楂、人参、天麻、冬虫夏草、玉竹、麦冬、党参、当归等底料，经长时间熬制而成。这种底汤不仅营养丰富、口味醇厚，还能滋补养颜。然后，加入酸菜、猪肉及各色山珍等，冬季还可在火锅内加入狍、鹿、野鸡肉等野味，边煮边食，味美并可驱寒。而蘸料主要是采用天然的野山菌调制而成，具有浓郁的满族特色。现在的满族火锅一般是用清汤或鸡汤，将猪肉切成大块，入锅煮熟，凉后用刀切成长条薄片，酸菜切细丝。然后把猪肉片、酸菜丝整齐码于火锅中后加汤，煮沸后陆续添入血肠、粉条、蘑菇、虾仁、海蛎子等配料。熟后佐以蒜泥、韭菜花、腐乳等食用，肉嫩汤美，香而不腻。现如今这种颇具满族特色的火锅，不仅在东北各地盛行，而且在京津的名店中也有经营。

受汉族习惯的影响，满族饮食在保持传统的同时，所用食材与制作方法也不断更新，并越发丰富，不论是民间的风味小吃，还是清宫御点，都深受人们的喜爱。随着时代的变迁，人们对传统的满族美食也有了更高的追求，不论是制作工艺，还是风味的改良都有了很大的进步。然而，一直传承下来的传统制法和最初的味道却一直初心不变，带着老满族人最温暖的记忆，将满族传统美食一直传承下去。

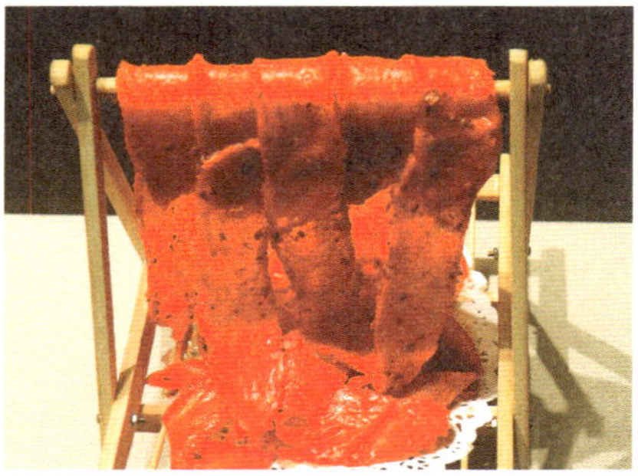

1	2
3	4
5	6
7	

1 白肉血肠炖酸菜
2 晾肉
3 关东糖
4 熟食拼盘
5 素烩汤
6 蒸饽饽
7 猪肉炖粉条

解读 JIEDU

沈阳是“满汉全席”发源地

提起“满汉全席”，熟悉相声的朋友，第一反应想必是“蒸羊羔、蒸熊掌、蒸鹿尾儿”的“贯口”，它既有宫廷菜肴之特色，又有地方风味之精华，代表了中华菜系文化的瑰宝和最高境界。

中华大宴 满汉全席技艺传承人、沈阳市鹿鸣春饭店名厨刘敬贤从19岁起就跟清宫大师傅学手艺，经过多年努力，逐渐恢复了濒危的满汉全席烧制工艺。刘敬贤告诉记者，满汉全席是集满族与汉族菜点之精华的中华大宴，乾隆甲申年间李斗所著的《扬州书舫录》中有一份菜单，是关于满汉全席的最早记载。满汉全席包括“山八珍”“陆八珍”“海八珍”三种。“山八珍”是熊掌、猴头、罕达堪、飞龙、虎肾、麋鹿、人参、蕨菜；“陆八珍”为哈什蟆、驼峰、口蘑、玉皇蘑、凤爪蘑、玉米珍、沙丰鸡、松鸡；“海八珍”即鲨鱼翅、刺参、鲜贝、紫鲍、乌鱼蛋、鳖肚、鱼皮等。

刘敬贤说，“满汉全席”是“满汉一体”的产物。清初，努尔哈赤率兵攻下沈阳城并建都，随之宫廷饮食开始发生变化。满族喜食野味，将飞禽走兽、山珍海味融汇一体，逐渐形成特有的宫廷食俗。可以说，沈阳是满汉全席的发源地。

一百零八种 满汉全席原是清代宫廷中举办宴会时满人和汉人合做的一种全席。满汉全席上菜一般起码108种（南菜54道和北菜54道），分三天吃完。满汉全席菜式有咸有甜，有荤有素，取材广泛，用料精细，山珍海味无所不包。全席食毕，可使您领略中华烹饪之博精，饮食文化之渊源，尽享万物之灵之至尊。

满汉全席具有浓郁的民族特色，从中既可以领略满族菜点的特殊风味——烧烤、火锅、涮锅，又可以品味汉族的烹调特点——扒、炸、炒、熘、烧。刘敬贤介绍，满汉全席有严格的开宴程序：客人一走进宴厅，先要用毛巾净面，随后有沏好的香茗奉上。接着有精美点心和银丝细面奉客，谓之“到奉”。等

▲ 记者采访满汉全席传承人刘敬贤（右）

待中，客人之间还可以对弈、吟诗作画。

筵宴正式开始，列队迎宾，大张鼓乐。满汉全席乐章的程序：进茶，演奏《海宇升平日之章》；进酒，演奏《玉殿云开之章》；进馔，演奏《万象清宁之章》；然后，进庆隆舞。舞毕，笳吹，演奏蒙古乐曲和其他民族乐舞、杂技百戏……由此可见，满汉全席除精美饮食外，还有乐舞伴宴，更注重展现文化内涵。

实行“分餐制” 刘敬贤介绍说，吃满汉全席是非常讲究的，并不是在一个盘子里夹菜，而是实行“分餐制”。说起“分餐制”，很多中国史书都有记载，如历史上著名的鸿门宴就是，而唐、宋、元的宫廷筵席也是“分餐制”。

清朝“千叟宴”是满汉全席中十分经典的国宴。康熙五十二年（1713），在阳春园第一次举行千人大宴，因玄烨帝赋《千叟宴》诗一首得名。乾隆五十年（1785）在乾清宫举行“千叟宴”，与宴者3000人。嘉庆元年（1796）正月举行“千叟宴”于宁寿宫皇极殿，与宴者3516人。当时，就餐人员数量之多、菜点之丰盛、排场之豪华、宫廷礼仪之烦琐，把历代宫廷筵席发展到了最高阶段。但是，“千叟宴”的就餐方式，仍然承袭了宫廷筵席传统，即“分餐制”。

美到极致的中国符号源自新宾

旗袍从部落服饰发展为全民时尚

▶ 有人说，“女人打开衣橱如果没有一件旗袍，那是一辈子的缺憾”。旗袍，始于清代“旗人之袍”，任凭数百年历史的荡涤却未使其湮没。如今既有着沧桑变幻的往昔，又经改良的现代旗袍，依然备受推崇，并发展为全民时尚。

而这一袅袅婷婷美到极致的中国符号，正是源自“旗袍故里”新宾，源自努尔哈赤八旗制度的建立，它随着满族人的脚步从新宾走向沈阳，走向北京，走向全中国，更走向了全世界。

起源于骑射民族的袍服

沿着历史的轨迹，探究旗袍的发展，从封建到开放，从拘束到自由，每个时代都有属于它自己的韵味。清史学家、沈阳故宫博物院研究员佟悦将旗袍的发展脉络延展为满族入关前袍服、入关后清代旗袍、民国旗袍和海派旗袍为主的改良旗袍、现代旗袍。

8月底，记者寻根溯源，从沈阳驱车前往160多公里外位于新宾满族自治县永陵镇的赫图阿拉城，中国·新宾旗袍博物馆就坐落在古城的文庙里。该博物馆9个展厅之一“新宾旗袍”的展厅里，还原了古代骑射狩猎民族的袍服，展现了入关前旗人的服装特点与样式。这个

题记 TIJI

《中华旗袍》

1995年，辽宁民族出版社出版了我省第一本有关旗袍的图书《中华旗袍》，此书的作者是辽宁省新闻出版局原局长于金兰。于金兰说，接到出版《中华旗袍》的任务后，她找到同事、好友做模特，从沈阳旗袍厂借来衣服，特意到沈阳故宫等与清代有关的景点做背景拍摄。于金兰说：“我要把旗袍的服装美和模特的人物美协调起来，着意表现旗袍典雅、贤淑、大方、秀美的气质。”

▲ 新宾满族自治县旗袍办主任池源介绍现代旗袍

时期的袍服又瘦又长，圆领、紧袖、左衽，而且男女袍服款式、造型基本相同，只是在细微处略有差异。

“满族人的袍服瘦长，是为了抵御北方冬天寒冷的天气，紧贴在身上利于保暖。另外，与地处中原的汉人服饰中间开襟不同，袍服偏襟的设计也是体现了地域特点，能够护住胸口，避免灌风。”鲁迅美术学院教授满懿从20世纪90年代开始关注服饰民俗，并从2005年开始主持了“满族服饰艺术研究”国家艺术规划项目课题，她在接受记者采访时，特地穿了一件自己设计的改良旗袍，典雅端庄而不失时尚。

“满族服饰材料的使用范围非常宽泛，从早期到清代后期有着巨大的转变。早期满族袍服的材质以皮革、棉麻为主，而且麻多于棉。”满懿说，满族的衣着服饰，在早期以吸纳女真人和蒙古族的服饰结构特点为主，同时，东北四季变化分明，各季服饰具有自己的特点。女真人以狩猎和采集为生，生存地域气候苦寒，无法产桑蚕而产苎麻。满族入关后，百姓逐渐学会了植棉、纺纱、织布。

新宾旗袍博物馆内的现代旗袍

辽宁历史文化
词条 51

旗袍

旗袍发源于辽宁省抚顺市新宾满族自治县赫图阿拉城。满族人创建了八旗制，旗人所着的服饰，就是旗袍。现在，旗袍已经成为中国和世界华人女性的传统服装，成为中国悠久的服饰文化中最绚烂的文化现象，被评为国家级非物质文化遗产。

清入关后宫廷旗袍满汉融合

满族旗袍一直在顺应时代的不断发展与创新。清代早期的宫廷旗袍仍然沿袭着新宾旗袍的特点。在清初订立的“十从十不从”政策里就有“男从女不从”一款，对汉族男子严格要求遵从服制，而对汉族的妇女则放宽可以保留自己的服饰，以衫裙为主，上衣下裳，或上衣下裙。“从那时候的老照片就能很容易分出来哪些是汉族妇女，哪些是满族八旗妇女，因为从服饰上就一目了然。”佟悦说。因此清代女装满、汉两种服饰形态并立，随着民族融合的加强，到清代中后期的时候，女装呈现出满汉服饰文化相融合的特质。

从建立八旗到离开新宾、离开沈阳、走到北京，地域越来越往南，气候越来越热，原来的八旗服饰制度已经不能满足北京皇权生活环境的需要，所以那个时候，旗袍就开始逐渐变化了，尤其是清末宫廷旗袍汉化特征越来越强烈，从服饰的图案、服装的造型都开始有了变化。外形变得宽松肥大，尤其女装，各种大挽袖、氅衣、刺绣。在清代鼎盛时期，宫中袍褂用料十分讲究，有各种的绸、缎、纱、罗、缂丝以及有孔雀羽毛、金线、穿珠的衣料。“这些做工精美的衣料，都是由宫中派人到江宁、苏州、杭州三个织造衙门监督生产的。”佟悦说，因曹雪芹祖上历代世袭江宁织造，《红楼梦》中就有大量

▲ 绣娘现场刺绣

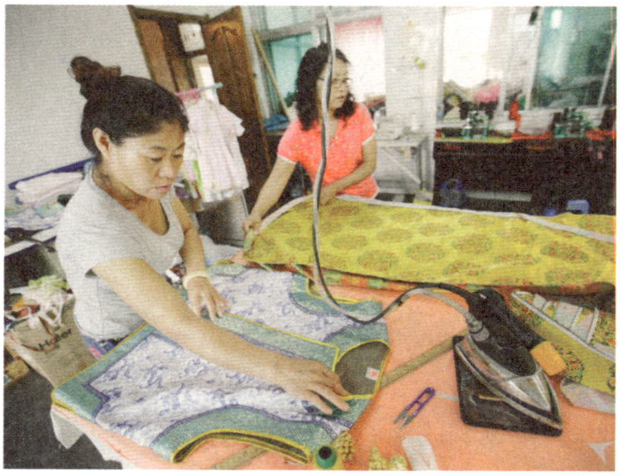

▲ 工人正在制作旗袍

服饰材料的描写，云锦、青缎、绫、纱罗、绸绉及缂丝等材料盛行于清代。

清代统治者格外重视服饰制度，尤其是宫廷服饰的等级制度最为森严，皇太极认为，“国家服饰之制，所以辨等威之民志，朝野各有遵守”。据满懿介绍，清代服饰在颜色、纹样、质地上都有着严格的等级区分，上从皇帝、后妃到王公、文武百官以及公主、福晋、命妇等，下至平民百姓，按照社会等级、身份地位、性别年龄、文武职务及着装时令场合等详细规定，分为礼服、吉服、常服、行服、便服等。除了便服以外，都按规定绘制成图样，不得违制。

▲ 做现代旗袍用的各种丝线

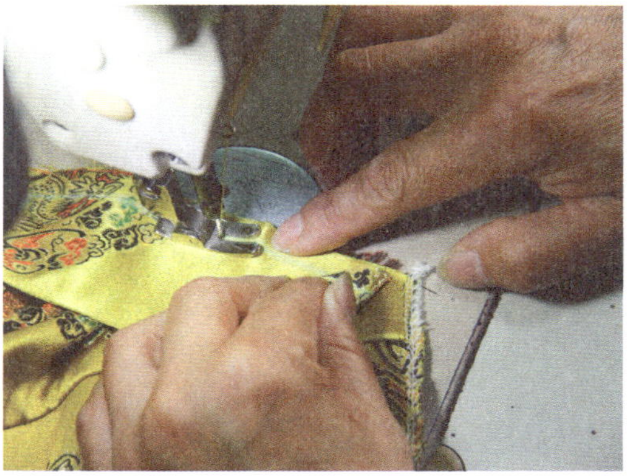

▲ 工人做活计

但是，当时东北民间的旗人妇女穿着依然沿袭新宾旗袍的特征，沿袭着原本的习俗，这是地域条件所决定的。满懿说，八旗妇女日常所穿的长袍与后世的旗袍有着血缘关系。

海派旗袍蔚为风潮

“‘旗袍’这两个字最早出现于民国初年。”佟悦介绍说，20世纪20年代，出现了改良旗袍、时装旗袍，才有了“旗袍”这一名称。

民国旗袍初期以传统的直身平面剪裁为主，并开始移入西方的工艺，使旗

▲ 新宾旗袍手工作坊内展示的现代旗袍成品

袍更加合身，称为经典旗袍；之后引入了更多的西式服装元素，如装袖、装垫肩和拉链等，使旗袍更加西化，也就是改良旗袍。

民国时期，旗袍进入了黄金时代。旗袍几乎成了中国女性的标准服装，民间妇女、学生、工人、达官显贵的太太……均以旗袍为日常衣着。满懿说，因为旗袍可富贵，可淡雅，可风情，可素朴，完全看身穿旗袍的是什么样的人。这其中，以宋美龄为代表的上层女性能将旗袍穿出气场，以胡蝶为代表的电影明星能将旗袍穿出风情，知识女性穿一身素雅旗袍端庄典雅，而普通女学生穿着蓝布旗袍也不失朴素可爱。这一时期的旗袍在摆脱了旧时代束缚后，造型变得更美，式样更丰富，开始强调女性曲线之美。尽管服装结构大多还是平面的，但裁剪更为合体，领子变高，紧紧扣住颈部，腰部收窄，彰显身材，下摆变长，垂至脚面，穿着时亭亭玉立。而复杂精美的盘扣、四周镶嵌的花边装饰，使旗袍变得精美异常。

20世纪30年代，上海的海派旗袍更加与西方交融，加入了大量西方装饰工艺，比如装饰加入珠宝翠玉、丝绒、羽毛，形制上大高领、大开叉、收腰身等特点鲜明，多为大胆追求解放、向往西方生活的演艺界等妇女穿着。旗袍甚至成了交际场合和外交活动的礼服。后来，旗袍还传至国外，外国女子也效仿穿着。这也印证了中国各民族的兼容并蓄、相互融合，旗袍就是民族融合的见证之一。

|现代旗袍成为中国符号之一|

身着优雅旗袍的女子无论走到哪里都永远是一道亮丽的风景。赫图阿拉老城旁的古街区，有不下10家手工作坊，都是以定制手工旗袍和满族手工艺品为主。记者走进赫图阿拉满韵手工坊内看到，正有几伙北京人慕名而来量身定做手工旗袍。新宾满族自治县旗袍办主任池源解释说："目前有很多北京的满族人都到新宾来做旗装，他们说这里是龙兴之地，有老家的感觉。"不仅如此，旗袍已经成为最具风情的中国符号之一，很多在国外定居的华人回到国内一定要去私人定制旗袍，就是为了在国外赴晚宴等重要场合穿上，体现民族气质与文化品位。

如今人们日常穿着的现代旗袍，更多地延续了民国旗袍的风格，又带有海派旗袍的特点，设计理念也更加创新，不拘泥于陈旧。说起打造旗袍产业，满懿有着独到的见解："发展旗袍产业，其实东北有更宽泛的适用性，因为我们这里的气候四季分明，不仅可以做夏季的旗袍，春秋冬三季仍然可以设计制作各种款式的旗装。这需要一个引领和过渡的过程，比如把羽绒服做成旗袍的款式……"今日不同于昨日，日日更新，吸纳开扩的思想，充分体现在满族服饰当中，也充分体现在旗袍的文化当中。

解读 JIEDU

活计|荷包为主要服装配饰

满族荷包的发音是"发都"，是满族民间传统的手工艺品。85岁高龄的省非物质文化遗产凤城满族荷包传承人黄加祥老人，拿着自己亲手制作的荷包，向记者详细介绍了满族荷包的来历。

▲ 在旗袍博物馆参观的游客

“满族最早为骑射民族，以渔猎为生，先人们外出打猎打鱼需要带一些干粮，就用鹿皮做成皮囊，在里面装上食物，平时挂在马身上，这种皮囊就是荷包最早的雏形。”黄加祥说。清代满族人入关后，日常不再需要常备干粮，荷包的实用性逐渐发生了转变，成为主要的服装配饰。当时晚辈见尊长时必须佩戴荷包，不然便被视为衣冠不整。另外，荷包作为皇上赏赐的物品，被达官贵族视为比金银财宝还要珍贵。荷包也是爱情信物。荷包的形状由最初最简单的口袋逐渐演变为元宝形、心形、宝葫芦形等。到了清末，满族男子除了佩戴荷包外，还会将扇套、怀表套、烟口袋等带在身上，这些统称为“活计”。

绣品｜盘金绣与“四大名绣”同居天下

清史研究学者佟悦收集了大量的清代旗袍、荷包、枕头顶、帽带等实物。在这些满族服饰、荷包、枕头顶等呈现的刺绣作品上，可以看到大量使用补绣、打籽绣、绗绣、盘金绣等针法的绣品，从这种大量立体刺绣的方式中，能感受到满族先祖的遗风。满懿说，盘金绣在刺绣工艺上被称为“贴线绣”。实际上这也是原始装饰方式的一种演变，是适合在皮革材料上进行的装饰方法。将动物皮条用动物筋线固定在皮革上，形成立体花纹，既符合北方寒冷地区保暖的要求，又能满足人类的审美需求。这种随材而出的工艺很自然地伴随着材料的变化而形成新的装饰风格。动物筋线变成了金银丝线，皮革材料变成了棉布与丝绸。这种绣法应用在宫廷袍服上的江水崖纹，基本上占据了袍服的半壁江山，成为满族服饰的代表性标志。盘金绣与蜀绣等“四大名绣”同居天下。

发型｜两把头、大拉翅

清代满族女子婚前将头发梳成单辫，从订婚“过大礼”这天开始，姑娘每天要练习把长辫改成梳髻，俗称“打抓髻”，也叫“上头”。在嫁至婆家的当日或次日下地前，要将辫发改梳成挽髻。“汉族妇女的发髻在颈后，满族妇女的发髻梳到头顶，这是满族女性与汉族女性的标志性区别。”满懿介绍说，满族妇女发髻的样式和名称很多，大家最熟知的就是从影视剧中所看见的旗头“两把抓”和“大拉翅”。“大拉翅”原为蒙古语，意为雄鹰的翅膀，体现出蒙古族人对海东青的崇拜之心。梳“大拉翅”的多为满族上层妇女，普通人家只在婚礼时才梳这种发式。

满族妇女的特殊发式也带来了扁方、簪钗、头花等独具特色的头饰。这其中最必不可少的就是宽约4厘米、长达10至30厘米不等的银等材料制成的大扁方，贯于发髻之中，起到固定的作用。

习俗｜一耳三钳

如果你刚刚追过热播的电视剧《延禧攻略》，一定会记得第一集皇上选秀女时提到的“一耳三钳”的细节，剧中从婢女到嫔妃们“一耳三钳”的装扮，也给大家留下了深刻的印象。满族妇女注重耳饰，讲究“一耳戴三钳”，要在每只耳朵上扎三个孔，戴上三只耳环。

据记载，乾隆曾在选秀女时说：“旗妇一耳戴三钳，原系满洲旧风，断不可改饰，朕选包衣佐领之秀女，皆带一坠子，并相沿至一耳一钳，则竟非满洲矣，立即禁止。”

满懿介绍，“一耳多钳”是满族旧俗，并在满族妇女中延续很久，直到民国年间，在东北满族聚居的地方，仍可见到。到清代中后期，满汉习俗共融，满族妇女的耳饰也逐渐由多副变一副，变成“一耳一钳”了。

纹饰｜“图必有意，意必吉祥”

满族服饰图案早晚期各不相同，早期图案图形简单，但入关后服饰图案有不同程度的演变。满懿介绍说，清代服饰图案讲究“图必有意，意必吉祥”，代表图形是海水江崖、云水、蝶草、四君子、龙凤、暗八仙、八吉祥等。除了服饰衣襟，还经常在鞋面、荷包、枕头等物品上刺绣花草、龙凤等吉祥图案。特别是云纹、水纹图形变化丰富，结构严谨，极大发挥了云纹水纹图形的祥瑞征兆和山河一统的寓意特征，展现出特有的艺术魅力和风格。此外，在满族服饰中应用最普遍的纹样是蝶草纹，尤其是在皇家女性和贵族女性的服饰上，甚至是在男性服饰上也有。满懿说，蝴蝶与石榴都象征多子多孙，从图案组织上看，蝴蝶也比其他昆虫更适合满族服饰那种自由排列构成的图案风格。蝴蝶飞舞的形象自由多变，表现了满族妇女内心深处对先人游牧生活的怀念之情。

手记 SHOUJI

打造旗袍经济

“旗袍不是流水线的产业，要体现个性化定制，体现文创，新宾现在做的是根祖文化。”

8月底在新宾采访时，记者听到当地学者这样阐述打造旗袍产业的意义。

发展旗袍产业，最终目的是丰富旅游产品，拉长旅游产业的链条，让到新宾旅游的人，不仅仅是因为永陵、赫图阿拉老城等前清历史古迹，还要让满族传统文化也散发魅力，以及由此衍生的一系列文创产品来吸引人们，让大家深深爱上这个地方。

2015年，新宾成立了旗袍办，由县政府直管。在深度挖掘旗袍文化和影响力的同时，组建了旗袍产业公司，并从基础做起，首先是重视人才的培养，通过办培训班来培养地方的绣娘。

目前，新宾旗袍产业相关人员已经达到四五百人，而在三四年前只有二三十人。通过旗袍产业带动产业人员的致富之路，真正形成产业化的资本，培养大量的满绣绣娘成为产业工人、高级技工、大国工匠。

▲ 新宾旗袍手工作坊内展示的现代旗袍成品

记者了解到，未来三年，新宾的旗袍产业从业人员有望达到千人，产值达到5亿元。

目前，新宾旗袍小镇的产业规划已经完成，要将新宾县城与永陵古镇打造成满族文化特色镇域，整个景区街路、楼体装饰，体现满族特色、旗袍特色，建设了以旗袍为主题的旗袍博物馆、会展中心，未来利用云计算大数据进行市场规划整合，并定期进行旗袍新品发布。

从2015年举行的新宾旗袍文化论坛，到2016年、2017年、2018年连续举办的旗袍模特大赛等多项活动，新宾的旗袍文化已经走向全国，走向世界。

从监制到主演再到编剧，几乎都是辽宁人

第一部家喻户晓的清代戏来自沈阳

▶ 20世纪80年代，一部由陈家林执导，侯永生、李静利、傅艺伟、高兰村、刘威等主演的电视剧《努尔哈赤》风靡全国，并摘下了电视剧飞天奖。可以说，这部剧是清宫戏走红的鼻祖。值得一提的是，《努尔哈赤》从监制到主演再到编剧，几乎都是辽宁人。记者辗转找到几位当年参与该剧创作的工作人员，他们都说，《努尔哈赤》这部剧是辽宁的骄傲！

题记 TIJI

高了八度

因为时间太过久远，寻找电视剧《努尔哈赤》主创的过程十分曲折。很多当年参与这部电视剧的人已经去世多年。最后记者找到的三位主创人员，都已经是80多岁高龄的老人了。但谈起这部电视剧，大家口若悬河，他们每个人的眼里都放出异样的光彩，声音也提高了八度。他们给记者展示了许多当年的资料、照片，津津有味地向记者讲述曾经的那段往事。

辽宁电视剧繁荣的起点就是《努尔哈赤》

1986年，由沈阳市文联、中国新闻社、中国电视艺委会联合拍摄的16集电视剧《努尔哈赤》一经播出就风靡全国。这部风格新颖、取材独特的清代历史剧也成为国内第一部长篇连续剧。

沈阳作为清朝故都，有许多的素材可以使用，而努尔哈赤这样的风云人物可谓是绝好的拍摄电视剧的题材。当时中国还没有长篇电视剧，《努尔哈赤》就成为中国长篇电视剧的开山之作。而这部戏最终也获得飞天大奖！

当年评选飞天奖，超过1000部作品最终只选出20部，而《努尔哈赤》让三十几个评委几乎全票通过，一举拿下飞天奖一等奖。得知这个消息，剧组主创们都激动得不行，而当时还有很多辽宁电视剧都拿下大奖，比如《雪

▲ 参与电视剧《努尔哈赤》创作的
沈阳市文联原副主席林兆亮与导演陈家林（右）

野》，辽宁电视剧在电视圈刮起了一场东北风。可以说，是《努尔哈赤》这部电视剧的成功播出掀开了辽宁电视剧繁荣的序幕。

| 刘晓庆曾是候选演员 |

谈到拍摄过程，几位主创感慨颇深。而当年拍摄这部戏的困难也可谓数不胜数，陈家林导演并不是最初人选，但最后权衡再三，还是敲定了由他担任导演。而当时陈家林虽然十分激动，但这其实是他执导的第一部电视剧，他自己心里也没什么底。

而且当时选角色的时候也着实费了一番周折，据说最开始选定的主角是当时正大红大紫的演员刘晓庆和杨在葆，但很快被否定了。因为主创团队按照历史记载的努尔哈赤的样子衡量一下，觉得不太合适，后来有人推荐了当时还在大连话剧团当演员的侯永生，而那时候他根本没演过电视剧。

找到侯永生，大家都觉得他的气质很符合努尔哈赤这个角色，就定下了。

▲ 电视剧《努尔哈赤》剧照

为了这部戏，侯永生也吃了不少苦，拍了几天导演甚至有了换主角的冲动，因为从没演过电视剧的侯永生并不懂得如何当一名电视演员。

因为当时根本没什么经验，很多打戏侯永生几乎都是蒙着就拍了。有一次拍在两座山之间的冲锋戏，侯永生还受了伤。但不管怎样，大家都很敬业，也没人叫苦叫累。剧组当年还发布过招募演员公告，很短时间就有三四千人报名。沈阳的八一剧场和故宫都曾是海选场地！《努尔哈赤》这部戏，也培养出一大批优秀人才。

临时组建的“编剧团队”打造完美剧本

《努尔哈赤》的成功，编剧也功不可没。这部电视剧的编剧团队是俞智先、高援、刘恩铭。当年剧组遍寻专家，天天开会研究，还特意去了丹东感受氛围，也去了赫图阿拉城，而当年那里除了一口井几乎什么也没有。

“当时创作努尔哈赤这个剧本，遇到很多困难，毕竟当年小说界写帝王将相故事的太少了。”编剧之一的刘恩铭曾表示，如何站在新的历史高度塑造努尔哈赤的形象成为当时几位编剧要解决的大问题。而因为剧本“难产”，当时仅仅写了4集就匆匆拿到了北京广电，拍马戏没有马匹，拍摄资金也严重不足，很多人都觉得这部戏基本拍不成了。不过当时中国电视艺术委员会看过后觉得这个题材很好，完美演绎了清代这个最后封建大帝国的兴衰荣辱，他们对《努尔哈赤》这部作品表示支持，并给予了帮助！

资金解决一部分，剧组得到部队支持，马匹也很快得到解决，剧组才得以继续拍摄。但当年的《努尔哈赤》剧组真是“一切从零开始”，连专业烟火师都没有，剧组边拍边研究，一路走下来，终于完成了拍摄。最终耗资不足100万元，就完成了这部旷世经典。而当年央视《红楼梦》每集成本约50万元，《努尔哈赤》只有9.5万元！

所有人在拍摄结束后对剧组恋恋不舍，大家都有了深厚的感情。《努尔哈赤》当年在沈阳友谊宾馆举行了首映，很多剧组的人看得热泪盈眶，很多清史专家都给出很高评价，剧组当年还因为这部剧得了30万元的奖金！

辽宁依旧有拍“清代大戏”的底气

《努尔哈赤》整部戏的拍摄除了在长春电影制片厂临时搭棚，剩下的都是在沈阳拍摄完成。这部戏也让陈家林导演一炮走红，随后又拍摄了不少如《康熙王朝》这样的经典历史剧。而《努尔哈赤》的成功，可以说为中国历史剧的艺术创作树立了新鲜的具有普遍借鉴意义的榜样。

提到《努尔哈赤》成功的原因，当年的几位主创表示,《努尔哈赤》的拍摄班底，在当年都是顶级的，无论是美术还是配乐，都由当时国内首屈一指的大师操刀。剧本在人物形象定位方面也突破了传统历史剧以成败论英雄的模式，最后终于打造出有血有肉的努尔哈赤。

▲ 电视剧《努尔哈赤》剧照

正如陈家林导演所说："我们有责任让大家知道，中国更长的历史是瑰丽的、辉煌的，我们的民族精神内涵是厚重、丰富而又博大的。"而电视剧《努尔哈赤》"写史诗不写传奇"的定位也让它最终成为不朽传奇。

对于如今再次大火的"清代戏"，沈阳市电影电视剧家协会驻会负责人郭克彬表示，"首先我们必须承认,《努尔哈赤》是辽沈地区电视剧的里程碑之作，而辽宁作为清文化的发源地，也有着得天独厚的条件和环境。历史文化是一个城市的魂，我们应该更加深入地挖掘研究清文化，这将是我们今后努力的最大方向"。

郭克彬还表示，清代戏是很好的题材，辽沈地区的电视剧创作曾经发展得很好，起点本身就很高，"我们有太多独一无二的东西可以去拍，就是只拍正史也绝对可以拍出更好的清代大戏"。

张宏杰：其实清朝后宫很少有"斗"

从《还珠格格》《甄嬛传》到近期热播的《如懿传》《延禧攻略》，似乎没有哪类题材的电视剧像清宫戏这样多年长盛不衰。然而，清文化研究专家、清华大学博士后张宏杰认为，很多影视作品、文学作品中的清朝并没有真正展现出清史的面貌。

现就职于中国人民大学清史所的张宏杰曾在中央电视台百家讲坛栏目讲述

《成败论乾隆》。对于清文化热的原因，张宏杰归结为年代比较近和这段历史大家比较熟悉，“清朝是距离今天最近的古代王朝，很多历史人物大家耳熟能详”。张宏杰说，“现在很多热门文学作品与清朝有关，受众比较多，而且清朝留下的遗迹也很多，这些因素都是产生‘清文化热’的原因。”

张宏杰认为，尽管清文化很热，但因为种种原因，大众对清这个朝代的认识并不是很透彻。“比如乾隆皇帝，电视剧里他被和珅耍得团团转，每天喝酒写诗。实际上，真实的乾隆皇帝心机非常深，很少喝酒，只在必要场合喝一点儿。而且在中早期执政时，他对后宫的管理非常严格。”张宏杰说，《还珠格格》《铁齿铜牙纪晓岚》里的乾隆与真实的乾隆差距很大，“另外，清代宫廷生活和其他朝代相比也很不一样。清代后宫的特点是沉闷、刻板、规模小、规矩多，鲜有像唐、明时期那么多引人注目的后宫故事流传，大多数清宫戏的情节是杜撰的”。

很多清宫戏里后宫嫔妃打扮得花枝招展，但历史上并非如此。张宏杰说：“清朝历代皇帝都讨厌后妃打扮得花红柳绿的，连大一点儿花哨一点儿的耳环都是禁止佩戴的。乾隆钟情富察皇后，其中一个重要原因是富察皇后非常朴素。”而因为规矩多，有清一代除了孝庄与慈禧时代，后宫没有明显的争斗，甚至没有出现过太监乱政的现象。“特别是雍正、乾隆年间，因为这两位皇帝精细严厉，后宫管理最为严格，根本就缺乏展开宫斗的空间。所以说，宫斗戏放在任何一个朝代都比放在清朝合理。”

“清朝是一个很特殊的朝代，作为中国最后一个封建王朝，它强化了我们对于中国传统制度与文化的内在力量的认知。”张宏杰认为，在清文化传播和研究领域，辽宁占有重中之重的位置。

张宏杰说：“和北京故宫相比，沈阳故宫的清文化特征更鲜明，而且辽宁有很多清朝史料、遗迹、风俗等，都是研究清文化的重要资源。”

张宏杰认为，辽宁应当加大对清文化研究和开发的力度。“唐以后影响中国的少数民族大多出自东北地区。这些民族将游牧、渔猎和农耕文化相融合，大大促进了中华民族的发展进程。可以说，东北地区的历史文化在整个中国的文化谱系中占有很重的分量，不过，有些遗憾的是，这种分量并没有被充分认识。”

“以清文化为例，现在辽宁对清文化的专门研究并不是很多，对清文化品牌的打造也不是很突出，很多前清文化遗址等待修复。”张宏杰提出，“现在清文化很受大家关注，辽宁应当把握机会挖掘和推广自身的独特资源，形成品牌效应。”

手记 SHOUJI

研究者

匆匆赶赴北京，和张宏杰老师约在繁华 CBD 的一家咖啡厅。张宏杰是地地道道的辽宁人，出生于20世纪70年代，已经出版了不少著作，包括《曾国藩的正面与侧面》《大明王朝的七张面孔》《饥饿的盛世：乾隆时代的得与失》，等等，还曾获得过一系列较有分量的奖项。

张宏杰说自己喜欢写历史。他笔下讲述的，都是那些尘封的往事。那些历史的掌故一经他叙述，就立刻生动起来。我们原本熟悉的历史人物也因为他的描绘，变得新鲜又迷人。

采访中，对于记者提出的每个问题，张宏杰都会仔细回答，而有些问题，他会很直接地对记者表示：“这个我不了解。”

张宏杰说，他的写作很多时候有些随心所欲、没有定向，比较庞杂，偶然性非常大。“比如我今天留意到一段史料，感觉有趣，就像线头似的沿着它不停地往前倒，倒出一篇几万字的文章，或者干脆出一本书。一段时间过后，方向发生偏移，又会着笔写另一个东西。”不过张宏杰表示，对于写和历史有关的东西，他一直明确一点，那就是知道的就是知道，不知道的不能乱说，因为历史是严谨的。

谈到写作中是否也会用上野史，张宏杰有自己的看法。他说，首先我自己会对史料进行推敲，正史不见得都可靠，野史也不见得都不可靠。正史主要是由帝王皇权所授意留下的东西，野史是民间流传下来的东西，野史有很多非常肤浅的、八卦的、不靠谱的，也有一些留下了大量的真实的侧面。还是要先进行一下筛选和权衡，要选真正靠得住的，而不是对塑造你的人物形象有用的。

我写历史虽然文学性比较强，但基本出发点必须是求真。真实是最基本的标准，要是不真实，哪怕对推动情节有用，也不能用。

在张宏杰眼里，凡是和过去有关的事物，他都感兴趣，“什么毛笔书法、国画、盆景、古典诗词、古代家具、民族音乐，这些东西，在我眼里都有一种难言的美”。张宏杰对清史有独特的“偏爱”，他说：“在我看来，清代是中国历史上一个很特殊的王朝。而且我的老家在辽宁，辽宁也是清文化的发源地，有着无数珍贵的历史文化遗产。我很希望通过我的一些作品，能够让人们对这个王朝有更真实的了解，也能让更多人对辽宁文化有更深刻的印象！”

向 世 界 叫 响 辽 宁 文 化

PRESENT THE BRILLIANT CULTURE OF

LIAONING TO THE WORLD

向世界叫响辽宁文化 5

英模你的力量

丁宗皓　刘玉玮　主编

辽宁人民出版社

图书在版编目（CIP）数据

英模：你的力量 / 丁宗皓，刘玉玮主编．— 沈阳：
辽宁人民出版社，2019.12
（向世界叫响辽宁文化）
ISBN 978-7-205-09752-3

Ⅰ．①英… Ⅱ．①丁… ②刘… Ⅲ．①人物—先进事
迹—辽宁—现代 Ⅳ．① K820.831

中国版本图书馆 CIP 数据核字（2019）第 217803 号

目录

MULU

请为辽宁人骄傲

辽宁是一个英模辈出的地方。党的十八大以来，习近平总书记多次对辽宁英模人物做出高度评价，要求书写新时代的英模故事。这是我们的宝贵财富，也是我们的重大使命。

我们把“英模”这个主题，作为“向世界叫响辽宁文化”的一个特别单元，是有系统考虑和设计的。这期特刊的推出，又增加了许多现实针对性。

文化，是由人创造的；人在创造文化的过程中，注定会成为文化的一部分。描写辽宁文化，人是最生动的对象；论说辽宁文化，人是绕不开的话题。

评价辽宁人，角度各异，温度不同。

有人说辽宁人豪爽、豁达。闯关东过来的人，面对陌生的环境、艰苦的条件，非互帮互助不能生存，非洒脱大方不能自解，累月经年，沉淀出东北人特有的脾性，且具有强大的性格代际遗传。

有人说辽宁人勇敢、忠诚。十四年抗战，家国破碎，鲜血染透白山黑水；解放战争，征程纵贯全中国，多少牺牲无怨悔；抗美援朝，后方大基地，保障支援坚强有力。

有人说辽宁人无私、勤劳。建设新中国，急难险重，闯关夺隘，长子情怀至今炽热；支援全国搞建设，抛家舍业，吃苦为乐，献出青春献子孙；改革试点，以局部牺牲换来整体利益，为全国探索新路，提供宝贵经验。

当然，也有人说辽宁人观念落后，在改革开放大潮中醒悟太晚、转身太慢，导致老工业基地境地艰难。今天，甚至有人因为经济发展及营商环境问题，说辽宁人的不是，随意贴上“大忽悠”的标签。辽宁的形象，一定程度上遭到了破坏；辽宁人的形象，也被误读、曲解。

一个地区经济发展的快慢，与人的形象和文化的形象从来没有必然联系。评价辽宁人，不能用一时之眼光，不能靠管窥之视角。尺雾障天，不亏于大；寸云点日，何损于明？在绵延百年的历史坐标上，在英模辈出的灿烂星空里，辽宁人的形象始终鲜明。

这期特刊的起笔，始于甲午战争，收笔直至当今。100多年来，辽沈大地涌现的英模人物，其数量之多、影响之大、持续之久，在全国实属鲜见。

我们在采写的过程中，有三个“反常规”的做法。

改仰视为平视。把英模人物当作普通人，他们都成长于你我身边，他们也有常人一样的喜怒哀乐，在成长的道路上也有挫折坎坷。换一个视角，他们更亲切，更真实。

改正面为侧面。在集中宣传之后，投射到英模身上的聚光灯必然减弱，但他们的精神和情操从未改变。我们站在侧面观察，有了许多新的发现。雷锋的遗存、黄群的办公室、鞍钢那面写满名字的墙，都是全新的笔调。

改宏大为细节。这期特刊里的人物，大家都很熟悉，怎样写出新的色彩？唯有细节；如何再次打动读者？也在细节。细节，让我们感喟沉思，让我们血涌泪流。

今天的辽宁人，应该怀着怎样的心情来翻阅这份特刊？应该以何种姿态与这些英模对话？

我们有理由骄傲。自重者然后人重，人轻者由我自轻。辽宁是一个英模辈出的地方，生活此间的人们正是培育英模诞生的土壤。这方水土，值得感念；这群英模，与有荣焉。

我们有责任继承。辉煌属于过去，荣誉归功前人，一切都是重新开始。重塑辽宁的形象，赢得辽宁人应有的声誉，要靠我们这一代人。书写新时代的英模故事，笔握在你我手里。

我们有动力奋发。辽宁经济发展已经走出最困难时期，正处于全面振兴、全方位振兴的关键阶段。应该以英模为激励，高擎精神的火炬，

创新实干，奋斗自强，做出让人刮目相看的成绩，展示辽宁人的豪迈风采。

需要强调的是，这里所说的辽宁人，不是狭隘的地域概念。这个光彩的群体，既包括生活在这片土地的本地人，也包括在辽宁创业生活的外地人，还包括在外地追梦打拼的老乡们，甚至包括关心辽宁、支持辽宁的各界朋友。

风雨我们共担，光荣我们共享，前途我们共创。

英模是辽宁文化的突出符号

辽宁英模辈出，
离不开理想信念的坚守。
辽宁英模辈出，
离不开地域文化的浸润。
辽宁英模辈出，
离不开社会氛围的熏陶。
辽宁是一个英模辈出的地方，
也是一片培育好人的道德沃土。
崇尚英模才会诞生英模，
争做英模才会英模辈出。
英模是辽宁文化的突出符号，
是有形的正能量，
是鲜活的价值观。

一

一个有希望的民族不能没有英模，一个有前途的国家不能没有先锋。

初春，北京，十二届全国人大一次会议辽宁代表团以热烈掌声欢迎习近平总书记的到来。2013年3月6日，习近平在参加辽宁代表团审议时说，雷锋、郭明义、罗阳是我们“民族的脊梁”，要充分发挥各方面英模人物的榜样作用，大力激发社会正能量。

金秋，抚顺，翠柏环绕的雷锋纪念馆显得格外庄严肃穆。2018年9月28日，习近平总书记在雷锋的手记、遗物、照片等展品前驻足观看、凝神思考。他说，雷锋是一个时代的楷模，雷锋精神是永恒的。实现中华民族伟大复兴，要不断闯关夺隘，也需要更多的时代楷模。

深冬，沈阳，辽宁省档案馆迎来更多的参观者。在辽宁改革开放40周年成就展上，人们驻足在“英模辈出”展区照片墙前，默念一个个闪光的名字，既亲切又熟悉。他们深知这些英模之于辽宁的意义，正如开篇语所言——“他们的先进事迹和崇高精神，是新时代辽宁精神的生动写照。”

时序更替，精神永恒。近一个世纪以来，无论是抗日战争时期，还是社会主义建设时期，无论是改革开放新时期，还是振兴发展新时代，辽宁均涌现出大量在全

孙家栋
赵一曼
赵尚志 李兆麟
武秀君 杨靖宇
金春明 夏云龙 姜妍
马恒昌
邹笑春
张金垠
徐强
崔玉祥 雷震
王喜阳 王峥嵘
张善哲
李 铁
罗阳 黄群 孟泰
江秀忱 邢贵彬
王崇伦
徐文涛
丁慧
方永刚
曲建武
雷锋
张成哲
谭彦
魏书生 吴运铎
刘涌新 赵桂兰 田桂英
宋成英 刘成金 张彦军
赵宝桐 安业民 王海
刘开周 钱学余
周恩义
郭明义
姜开斌 张超
宋月才
尉凤英 毛丰美 郑仁东 高玉宝
于春雨 王素贤 冯志国
吴家柱 王凤恩
蒋新松
于庆阳 李超
周云成
潘恩良
张振玉
孙艳华

省、全国叫得响、立得住的先进典型，其持续时间之长、涉及领域之广、受关注程度之高、社会影响之大，在全国尚不多见。老典型与时俱进、历久弥新，新典型生机勃发、层出不穷，共同构成了代代相继、蔚为大观的辽宁英模群像——

抗日战争时期，东北抗日联军是中国共产党最早创建的抗日武装，他们以白山黑水为家、以草根树皮为食，十四年周旋苦战，牵制了数十万日伪军。“天地英雄气，千秋尚凛然”，一大批抛头颅、洒热血的猛士汇成一座精神高地，绽放出古老中国顽强不屈的民族气节，为铸就伟大的抗战精神做出了重大贡献。杨靖宇、赵一曼、赵尚志、李兆麟……这一个个名字永镌史册，不容忘却。

社会主义建设时期，一大批劳动模范在激情燃烧的事业中诞生，他们艰苦奋斗、勇于革新的精神鼓舞了几代人：孟泰从废墟中拣回数十万个零部件，建成闻名全国的“孟泰仓库”；王崇伦发明“万能工具胎”，被誉为“走在时间前面的人”；“技术革新大师”张成哲实现技术革新780余项，其中18项填补国内空白……这一个个名字熠熠生辉，至今令人心生敬意。

改革开放新时期，辽宁英模爱岗敬业、勇攀科技高峰的精神带动无数人投身到这场伟大的实践中：法官谭彦为在工作上多尽一分心力而与死神赛跑，蜡炬成灰泪始干；蒋新松带领我国智能机器人研发团队跻身世界先进行列，被誉为“机器人之父”；徐强创造了“徐强精度”，让国产透平式压缩机具备了与世界知名企业正面交锋的实力……这一个个名字耳熟能详，激励后来者奋斗不辍。

振兴发展新时代，辽宁英模被赋予了新的时代意义，一个个“道德模范”“时代楷模”“最美人物”如璀璨繁星，成为一张张鲜活的“辽宁名片”：“当代雷锋”郭明义几十年如一日践行雷锋精神，让简单成就了伟大；立志航空报国的罗阳连续奋战八天七夜，倒在了航母舰载机成功试飞之后；为保护国家财产，中船重工第七六〇研究所黄群、宋月才、姜开斌无惧风吞浪噬，坠海牺牲；没有会不会被讹的瞻前顾后，“最美大学生”丁慧危急时刻挺身而出，跪地施救八旬老人……这一个个名字耀眼且温暖，是新时代辽宁精神的鲜明昭示。

数字无言，胜于雄辩。截至2019年3月底，辽宁1431人当选全国劳动模范，数量居全国前列；11人当选全国道德模范，47人获全国道德模范提名奖，151人当选省道德模范，130人获省道德模范提名奖。

二

一花独放不是春，百花齐放春满园。

辽宁为什么能够产生这么多的英雄模范？辽宁英模为什么会在全国产生巨大的影响力？辽宁英模群体为什么会世代传承、不断壮大？英模是历经时间和社会实践淘洗的文化符号，辽宁英模辈出、典型常有的现象绝非偶然，而是有着必然的文化基因和价值选择。

辽宁英模辈出，离不开理想信念的坚守。“人生如屋，信念如柱”，无论过去、现在还是未来，崇高的理想信念都是辽宁英模辈出的政治基础。回望历史，无数革命烈士不惜血洒沙场、以身殉国，靠的就是理想信念；无数共产党人无畏艰难险阻、忘我奉献，靠的也是理想信念。特别是党的十八大以来，习近平总书记高度重视理想信念问题，反复告诫党员干部要坚定理想信念，挺起共产党人的精神脊梁，并在不同时期、不同场合频频为英模“点赞”。全国的大气候温润了辽宁的小气候，正是在与党同心同向的理想信念追求中，在与国家同呼吸共命运的伟大事业里，辽宁英模把理想信念时时处处体现为行动的力量，不断树立起让世人看得见、感受得到的时代标杆。

辽宁英模辈出，离不开地域文化的浸润。辽宁是中国十四年抗战的起点，是国歌唱起的地方，也是新中国工业的摇篮。在历史和现实的相互影响浸润下，辽宁形成了独特的地域民风，为辽宁英模辈出提供了文化土壤。在抗日战争、解放战争、抗美援朝战争中，千千万万的英雄先烈前赴后继、浴血奋战，以血肉之躯筑起捍卫民族尊严的钢铁长城，“国比家大”是天然情感；新中国成立初期和社会主义建设时期，辽宁在十分困难的情况下承担了近1/6的国家项目，创造了200多个“共和国第一”，“长子情怀”是责任担当。改革开放以来，虽然经历成长的阵痛，但辽宁人勇于突破、敢为人先，一次次冲向时代的潮头浪尖，锐意进取是始终高昂的奋斗姿态。作为老工业基地，辽宁拥有一支人数众多的产业工人队伍，他们吃苦耐劳、创新实干，由此形成了爱国奉献、忠诚担当的强大磁场，激励着一代又一代人在平凡的岗位上做出非凡成绩。辽宁不断涌现出的英模正是根植于其所生活的这片土壤，听党话、顾大局，讲奉献、图进取，独特的地域民风和文化沉淀为优秀的道德基因，在一代又一代辽宁人身上生根发芽、传承不息。

辽宁英模辈出，离不开社会氛围的熏陶。英模无憾来者众，每一个继往开来的时代都在呼唤英模的诞生，也为英模建功立业准备好了壮阔的舞台。长期以来，辽宁大力营造崇尚英模、学习榜样的浓厚社会氛围，也形成了一整套完善的选树、激励和培养机制，为辽宁英模辈出提供了制度保障。在辽宁，人们对英模的感情格外深——在沈阳，有全国劳模浮雕墙；在大连，有劳模主题公园和劳模事迹长廊；在鞍山，有孟泰公园；在抚顺，有雷锋纪念馆……党的十八大以来，辽宁更是将弘扬社会主义核心价值观贯穿于社会生活各个方面，使之内化为人们的精神追求，外化为人们的自觉行动，一个制度保障英模、组织关爱英模、人人争当英模、处处都有英模的社会环境正在形成。

辽宁是一个英模辈出的地方，也是一片培育好人的道德沃土。自2014年开展“辽宁好人”推选活动以来，辽宁先后涌现出近百位“中国好人”、700多位“辽宁好人”。他们是社会风尚的引领者，是4300万辽河儿女的精神代言人，他们像璀璨的星辰，点缀着弘扬社会主义核心价值观的广阔苍穹，生动诠释着“长子情怀、忠诚担当、创新实干、奋斗自强”的新时代辽宁精神。

三

崇尚英模才会诞生英模，争做英模才会英模辈出。

英模是辽宁文化的突出符号，是有形的正能量，是鲜活的价值观。每一次对英模的仰望，都是唤醒人生意义的启迪；每一次对英模的致敬，都是砥砺责任担当的召唤。“但立直标，终无曲影”，传承并弘扬英模的坚毅信念、忠诚担当、高尚精神、英雄气概，其实质是让每个人生活得更有力量，让全社会保持更加昂扬向上的姿态。

使命呼唤担当，英模引领时代。今日辽宁正处于发展关键期、改革攻坚期、矛盾凸显期，面临前所未有之大变局，迫切需要涌现出一大批勇于担当时代使命、乐于奉献智慧力量、甘于坚守平凡岗位的英模人物。哪里有英模，哪里就有新气象。英模是时代精神的传承者、主流价值的塑造者、社会潮流的引领者，他们的身上既见人格风骨，又见信仰信念；既见忠诚担当，又见家国情怀，彰显着为实现辽宁全面振兴、全方位振兴不懈奋斗的精诚大爱。他们如一面面旗帜、一盏盏明灯，挺立起推动“辽宁号”巨轮破浪远航的精神桅杆，汇聚起新时代砥砺前行的磅礴动力。

“学所以益才也，砺所以致刃也”。向英模学习，学什么？习近平总书记在2013年参加辽宁代表团审议时的重要讲话，已经做出了高度概括和精辟阐释，学习他们身上所具有的信念的能量，牢固树立共产主义远大理想和中国特色社会主义共同理想，树牢“四个意识”，坚定“四个自信”，无惧风雨，笃定前行；学习他们身上所具有的大爱的胸怀，有梦想没私心、施大爱不言悔，忧人民之所忧、急人民之所急、解人民之所难，无私奉献，乐在其中；学习他们身上所具有的忘我的精神，循着目标奋斗、盯着责任干事，不闻掌声而心怀大局，立足平凡，专心致志；学习他们身上所有具有的进取的锐气，瞄准方向、创新实干，勇当深化改革排头兵，敢为创新发展先行者，不畏劬劳，永不言败。

学有榜样，做有标杆，英模的事迹可钦可敬、可望可即。我们欣喜地看到，黄群、宋月才、姜开斌的先进事迹鼓舞着广大党员干部自觉践行共产党人的价值追求，把理想信念融入国家和民族事业中，他们甘于奉献、勇于牺牲的崇高境界犹如一盏灯，烛照后人行；罗阳先进事迹让广大科技工作者、产业工人更加深刻地认识到，“外国人能干成的事情，中国人同样能干成”，个人的命运与祖国尊严紧紧相连，矢志报国从来都不需要任何理由；毛丰美先进事迹唤醒万千工农实干家将“干”字精神进行到底，为奋斗者指路，一个“干”字是他30多年的无私付出，也是他留给辽宁乡村振兴最为宝贵的精神财富……还有一个个“最美人物”、一个个“身边好人”，他们是一颗颗传播正能量的“恒星”，引领着辽宁人从“向善”向“乐善”转变，凝聚起无限温暖的道德力量。

我们的时代英模辈出，我们的事业无限光明。向慕英模、学习英模、礼赞英模，高举英模传递过来的熊熊火把，新时代的英模故事将由我们这一代人接续书写。站在辽宁全面振兴、全方位振兴新的历史起点，以英模的力量引领崇高事业，辽沈大地之上，一棵棵精神之树栉风沐雨，蔚然成林。

黄群的办公室

台风纠集潮涌掀起浊浪排空
露出了
吞噬重点试验平台的狰狞
一时间——
退却
可以萎缩成屈膝求生的蜉蝣
冲上去
意味着生命与浪花同行
黄群的初心选择了义无反顾
由此
上演了七六〇所的斗浪击风
黄群　宋月才　姜开斌
卷进大海了
如同一朵朵晶莹的浪花
拍打着恪尽职守的光荣

▶ 2018年，对中国船舶重工集团有限公司第七六〇研究所的每一个人来说都是记忆深刻的一年。如今，黄群、宋月才、姜开斌英勇殉职的海面早已恢复平静，但海边弯曲变形的铁架仍在讲述着曾经发生在这里的不凡故事。黄群的办公室依然保持原状，办公桌下方的一盒方便面仿佛在等待他的归来。

■ 黄群办公室

办公桌里的方便面

黄群牺牲后，他的办公室一直锁着。

第七六〇研究所党群办公室的工作人员沈嘉祺带领记者来到办公楼五楼的一侧，轻轻打开黄群办公室的房门，自己却没有进入。她说，黄所长牺牲后，每次进他办公室，心里都感到难以名状的悲痛，所以就站在门口不进去了。

午后的阳光透过玻璃窗洒落在黄群的办公桌上。桌上很整洁，一台电脑、一盏台灯、一盆绿色植物和几张没来得及签名的文件静静地摆放着。办公桌正前方的书柜里，有很多专业书籍和工作笔记。

记者绕着办公桌仔细端详，无意中看到办公桌下方的隔板上，有一桶未开启的方便面。

工作人员说，黄群生前经常加班，一桶方便面就是一顿饭。

出事的前一晚，黄群还在加班。

孙逊，平日工作中与黄群接触较多，是“8·20事件”的7名落水者之一。

孙逊还记得，2018年8月19日，狂风四起，他整晚没睡，一直关注着降雨情况，并通过微信与黄群保持联系。当晚，黄群就在所里加班。

孙逊保存着与黄群的微信通话记录，记者看到，当天凌晨2时，二人还在沟通：“不放心，不知道这雨什么时候会停。”“一直在关注台风走势，目前看没什么危险。”……

▲ 黄群办公桌下方的隔板上，有一桶未开启的方便面

记者提出将微信记录截图发表的请求，孙逊迟疑了一下，拒绝了。他说：“还是让我把这些微信留在手机里珍藏，作为纪念吧。”

在医院治疗了半个多月重新回到工作岗位，孙逊对人生、对工作、对家庭有了新的感悟。

孙逊的大儿子今年10岁，爸爸是他心目中的英雄。前段时间，孙逊张罗幸存的同事们一起吃顿饭。大家说好谁也不提2018年8月20日那天的事。但酒过三巡，大家都哭了。活下来的人无疑是幸运的。现在，孙逊最大的心愿就是把所里的项目做好，把工作做好，以此告慰牺牲的英雄们。

■ 七六〇研究所党群工作部办公室

最遗憾没拍张合影

王维伟和黄群在武汉第七一九所共事多年。2017年3月23日，王维伟调任大连。同年4月19日，正在武汉出差的王维伟听说老同事黄群也将到大连任职，两个人相约一起从武汉去大连。

读

辽宁历史文化
词条 52

七六〇研究所抗灾抢险英雄群体

2018年8月20日，台风“温比亚”过境辽宁省大连市，停靠在中船重工第七六〇研究所的国家某重点试验平台出现重大险情。危急关头，第七六〇研究所党委委员、副所长黄群等17名同志挺身而出，在台风和巨浪中对试验平台进行加固作业。黄群、宋月才、姜开斌被巨浪卷入海中，英勇牺牲。习近平总书记强调，广大党员干部要以黄群、宋月才、姜开斌同志为榜样，坚定理想信念，不忘初心、牢记使命，履职尽责、许党报国。

到大连后，两个人几次相约吃饭，但因为工作忙，一直没约上。去年8月19日，黄群请王维伟一家三口到家里吃饭。黄群买了5只螃蟹，准备了凉拌黄瓜、鱼香肉丝等菜肴，还特意做了武汉风味的排骨藕汤。那顿饭，王维伟一家和黄群吃得很开心，大家还喝了一些啤酒。聚餐接近尾声时，黄群接到台风预警，急着回所里看看，王维伟一家便提前告辞了。王维伟本以为，两家人今后还有很多机会聚餐，没想到却是永别。

第二天，王维伟坐着叉车到了码头。当时，天空阴暗，浪高得吓人。到了指挥室，王维伟看见身穿救生衣的黄群站在外面准备前往海边加固试验平台。

在指挥室里的几个小时，王维伟一直担心黄群，一再暗示自己往好的方向想，但事与愿违。

“那晚的聚餐是我们一家三口在大连跟黄群一起吃的第一顿饭，也成了最后一顿饭。”王维伟记得，后来儿子跟他说：“爸爸，那天吃饭时，我们一家怎么没和黄伯伯照张合影呢？”说到这里，王维伟的眼泪瞬间流了下来。

国家某重点试验平台
真实的英雄

黄群、宋月才、姜开斌牺牲后，第七六〇研究所组织了英雄先进事迹报告团，28岁的幸存者李克忠是报告团成员之一。

李克忠2008年入伍，参加过国庆大阅兵。2017年12月，李克忠转业到第七六〇研究所工作。面试他的人就是宋月才。李克忠习惯称呼宋月才为“老宋”。他说，老宋对他影响最大。“老宋很温和，但对工作要求很严。”李克忠说。

▲ 黄群牺牲前做最后监控的试验平台监控室

2018年8月20日，李克忠和宋月才一起被卷入海中，因为死死抱住了一根系缆柱，李克忠得以生还。那天晚上，平台工作人员都没回家，大家围坐在一起，不相信三位同志真的走了。

回忆起跟老宋一起工作的点点滴滴，李克忠说一会儿，哭一会儿。

李克忠的父母是从电视新闻中得知儿子出事的。母亲打来电话，劝李克忠回家，不干了。但李克忠必须干。他时常想起老宋对他说的话："咱们都是军人出身，不怕危险、迎难而上，是咱们军人的性格。"台风来袭时，没有人命令老宋冲上去，但当过军人的老宋就这么做了。李克忠认为，老宋是用实际行动来诠释自己说过的话。

李克忠加入先进事迹报告团，给听众们讲宋月才的故事。演讲稿是他自己写的。"我不想把老宋讲成'完人'，我写的是原原本本的老宋。"李克忠说。

很多人说李克忠的讲述朴素又真挚，他自己认为，如果有人因为他的讲述了解真实的老宋，就是自己对老宋最好的纪念。

延伸
YANSHEN

身影

中国有句话叫“蓬生麻中，不扶而直”，意思是蓬草长在麻田里，不用扶持，自然挺直。比喻生活在好的环境里，就能得到健康成长。

辽宁就是这样一种环境。辽宁的土壤不仅感染着、塑造着每一个辽宁人，还让很多生活在这片土地上的外地人心生善念，做出种种壮举。

在黄群所在的研究所进行采访时，最打动记者的是，虽然黄群到大连的时间不长，但每一个与他打过交道的人都对他赞赏有加。在所里的微信公众号上，同事们经常发表“我与身边英雄的小故事”，在大家追忆的点点滴滴中，不难看出，黄群是一个在工作上要求严格，在生活中平易近人的好领导、好同事。

研究所同事王彩玲回忆说，有一次自己撰写企业标准文案，黄群逐字逐句修改，包括标点符号。“我们是搞标准化工作的，我们自己首先要‘标准’。”黄群的这句话，至今回荡在王彩玲的耳边。2017年8月初，程晶想请年假回老家看望父母。当时黄群来所里不久，程晶找他签字时有些紧张。黄群亲切地问她家里的情况，一边签字一边嘱咐，不管工作多忙，都要常回家看看。没想到，现在黄群再也没办法回家看望老母亲了。说起这些，程晶的眼睛有些湿润。

我们所看到的每一位英模都是高大的，彰显光辉形象的。可行走在耀眼的光环背面，我们看到了一个个对祖国忠诚、对工作负责、对同事友爱的身影。这一束束映衬光环的微光，聚集力量，在辽宁营造出崇尚英模、学习英模的浓厚氛围。

善如芝兰，行若春风。我们有理由相信，在辽宁这片黑土地上，会诞生更多的英模。

“辽宁是个好地方”

2018年冬天，家住沈阳市和平区砂阳路的87岁老人徐桂芳心里格外温暖。由于年事已高，子女都在外地，老人家里的窗户太脏了，脏得看不清外面。老人想自己把玻璃擦擦，可实在擦不动。雇人，又不知道去哪儿找人。

一天，王义华来到徐桂芳的家。屋里屋外溜达一圈，王义华心里发酸。锅盖上一层厚厚的油渍，原本泛黄的浴缸蒙着黑灰，卫生间里的异味让人作呕。王义华边干活边和老人聊天。3个小时后，王义华把老人搀到窗前。透过明亮的窗户，看着楼下来来往往的邻居，徐桂芳激动得流下眼泪。

除了担任沈阳市人大代表、沈阳市鲁园农民工工会家政服务分会主席，王义华还有一个身份——律动公益志愿者。王义华带着100多名外地来沈打工人员，为沈阳的失独、孤寡或空巢老人提供保洁、陪护等服务。

26年前，王义华来到沈阳打工。在沈阳生活的日子，早就超过了四川老家。对于辽宁，王义华感情深厚。“其实我没打算一直待在辽宁，心里想着哪儿好就去哪儿。但是，住得日子久了，我打心眼里喜欢上了热情、纯朴的辽宁人。现在我的经济条件好一些，愿意带着外地来沈的兄弟姐妹们一起帮助别人，这也是对辽宁的回报。”王义华说。

王义华说，有天晚上10点多，她的丈夫王合生驾驶电动车经过沈阳市政府广场时，车子突然坏了，只能推着往家走。正走着，一辆微型面包车停在路边，司机摇下窗户说：“咋的了？车坏了？”了解情况后，司机帮王合生把电动车抬上车，把他送到了家门口。王义华说，辽宁人，就是这么实在、热情。

现在，律动公益志愿者有100多人，不过，实际参加志愿活动的人数更多，因为很多志愿者是“拖家带口”做公益。比如，王义华帮助的老人半夜来电话说家里水管爆裂，王合生就充当水暖工的角色；陈艳帮助的老人要去医院看病，陈艳的丈夫就帮忙把老人背下楼；失独老人心情不好，白玉梅带着能歌善舞的女儿给老人表演节目……

“辽宁是个好地方，我们都被辽宁人帮助过。现在，我们也要用满满的正能量融入这片土地，为这片土地增光添彩。”王义华这样对记者说。

因为雷锋在辽宁
——辽宁深入开展新时代学雷锋活动掠览

简单的历程一目了然
矿山推土机手　军营汽车兵
动容你我他的光和热
衍生了“向雷锋同志学习”的恒星
一盏不熄的灯——
照亮了年复一年的感动
从一颗螺丝钉
到一面旗帜的火红
千万万志愿者追逐的脚步
早已变成了
家家户户传承的家风

文 / 商国华

对英雄楷模历久弥深的敬崇，是一个民族可贵的品质。不同历史时期皆有英模辈出，反映了一个地区道德土壤的厚度和精神风标的高度。

2019年初春，因为雷锋，辽宁成为全国瞩目所在。在雷锋的第二故乡抚顺，辽宁各界人士向雷锋墓敬献花篮并参观雷锋纪念馆。还有两项活动意义特殊：一是雷锋学院挂牌仪式，二是学习强国辽宁学习平台“@雷锋”频道上线仪式。

辽宁是雷锋工作战斗过的地方，是雷锋精神的发祥地，在学雷锋活动中始终走在全国前列，不同时期涌现出众多英模。习近平总书记高度重视传承和弘扬雷锋精神，多次对辽宁学雷锋有关情况做出重要指示。特别是2018年9月28日，总书记在参观抚顺市雷锋纪念馆时发表重要讲话强调，雷锋是一个时代的楷模，雷锋精神是永恒的。我们要见贤思齐，把雷锋精神代代传承下去。

总书记的话语，思想深刻，饱含深情，寄望殷切。为认真贯彻落实总书记重要指示精神，辽宁守正笃实，日新其力。省委下发关于深入开展新时代学雷锋活动的意见，并出台2019年学雷锋活动工作方案，在常态化、时代化、理论化上下功夫，掀起新时代学雷锋活动高潮，形成了“天天见、天天新、天天深”的蓬勃局面。

■ 天天见

最近一段时间，张楠每天都利用空闲时间登录学习强国辽宁学习平台，其中“@雷锋”频道吸引了他的关注，特别是一些互动活动，创意新颖，参与者很多。

“‘@雷锋’这个名字起得好，有互联网特色，很亲切，也很时尚。”身为辽宁省纪委监委综合保障中心副主任，张楠认为学习弘扬雷锋精神无论对个人成长还是工作推动都颇有助益，“把学雷锋拓展到线上，让更多年轻人参与其中，很有意义，也很有意思”。

56年来，辽宁始终高擎雷锋精神旗帜，着力推进学雷锋常态化。但是，随着代际的不断推移，加上互联网时代带给人们思想观念和行为方式的变化，雷锋精神如何实现“时时可学、处处可做”成为一个重大的现实课题。在学习强国辽宁学习平台开设“@雷锋”频道，正是辽宁探索新时代学雷锋活动常态化，让雷锋“天天见”的一次有益尝试。

“我可以用三个形象的比喻，来说明‘@雷锋’频道想达到的功能。”学习强国辽宁学习平台主编叶健介绍，“首先是一道光束，使凡人善举也能走进舆

▲ 志愿者到社区“留守儿童之家”助学

▲ 为幼儿园小朋友佩戴小小学雷锋志愿者徽章

论场中央；其次是一块磁石，吸引广大网民参与讨论；最后是一块酵母，催生整个社会磅礴正能量。”

在“线下”，雷锋精神的种子更是在辽沈大地广泛传播。

如果你走在辽宁各地的大街小巷、工厂社区，经常会与“雷锋”相遇。沈阳、鞍山、抚顺、营口、辽阳、铁岭都留下了雷锋的足迹，建有5座雷锋纪念场馆，每年观众近300万人次。全国第一尊雷锋塑像、全国第一条以“雷锋”命名的道路、全国第一个雷锋储蓄所、全国第一张雷锋主题的银行卡、全国第一家研究雷锋精神的机构……一大批以雷锋名字命名的学校、班组、列车、供电所等，都见证着雷锋与辽宁的深厚缘分，体现着辽宁把学雷锋活动落实到工作生活的方方面面。

2019年春节刚过，70多名出租车司机来到鞍山郭明义爱心工作室，“当代雷锋”郭明义给他们上了一堂生动的党课。郭明义是辽宁培养成长起来的道德模范，多年来，他在全国各地弘扬雷锋精神，其带领的爱心团队已建立1000余支分队，有180多万名志愿者参与其中。

雷锋精神，一方面体现在立足本职岗位的敬业奉献，另一方面体现在帮助困难群体的大爱情怀。志愿服务正是学雷锋的一个重要载体。

在辽宁，像郭明义爱心团队这样的志愿服务组织还有很多。营口市阳光爱心公益协会吴云峰出资27万元，创立“阳光公益食堂”，为孤、老、残、病、户外工作者等有需要的群体提供免费餐饮；朝阳市大爱无疆公益帮扶中心开展送爱心下乡、送法律下乡、送文化下乡等活动，积极致力于政策宣讲、捐资助学、扶贫帮困。

据最新统计，辽宁省各级各类注册志愿者总数达330万人，志愿服务队伍3.28万支，志愿服务站2.17万个。如此众多的志愿服务组织和志愿者，就像播撒雷锋精神的种子，让道德力量在辽沈大地蓬勃生长。

■ 天天新

3月的一个雨雪天，记者来到北部战区陆军某旅雷锋连采访。营房三楼西边走廊尽头，就是雷锋班的寝室。

寝室有4张上下铺，老班长雷锋的铺位在西南角下铺，雷锋生前用过的被褥、穿过的军装整齐叠放，置于明亮干净的玻璃罩内。铺位卡上写着——

姓名：雷锋；籍贯：湖南望城；职务：班长；梦想：我要留在农村广阔的天地里，当一个新式农民；战斗格言：如果祖国需要我就去当一名工人，如果祖国需要我就去当一名军人。

“50多年来，我们连队不知移防了多少次，雷锋班先后经历了26任班长，但雷锋的床铺始终保留着。”宣传干事曹亮指着寝室墙上的一行标语念道，“老班长，永远和我们在一起！”

在寝室靠窗的位置，一台一人多高的数字大屏幕引起了记者的注意，屏幕上写着“雷锋精神数字大礼包”。据曹亮介绍，雷锋连、雷锋班每年都会接到来自社会各界的大量邀请，请战士们宣讲雷锋精神，但官兵们训练战斗任务很重，不可能满足大家所有愿望，于是他们研发了这套数字产品，集纳了关于雷锋的珍贵资料和学习传承雷锋精神的实践做法，而且还具有远程视频互动功能。

采访结束时，曹亮还不忘向记者推荐“向雷锋学习”微信公众号，“这是我们推出的新媒体平台，大家可以跟雷锋班一起学雷锋”。

雷锋

雷锋生前为中国人民解放军沈阳部队工程兵某部运输连班长，1962年8月15日不幸因公殉职，年仅22岁。雷锋一生默默做了无数利国利民的小事，在平凡中书写了伟大，用自己的实际行动践行了“忠于革命，忠于党”“把有限的生命，投入到无限的为人民服务中去”的誓言。雷锋的事迹影响感动了几代中国人，“学雷锋，做好事”成为几代中国人铭记的格言。习近平总书记强调，雷锋是时代的楷模，雷锋精神是永恒的。

▲ 抚顺市雷锋市纪念馆前的雷锋雕塑

雷锋班寝室的“变”与“不变”，生动表明雷锋精神是永恒的，但学雷锋的方式和载体要不断创新。让雷锋“天天新”，辽宁着力很大，亮点不少。

记者在抚顺市雷锋纪念馆采访时，遇到了69岁的刘静。当年，不到10岁的她在建设街小学上学，雷锋担任她们的校外辅导员，多次面对面交流。“雷锋叔叔”的称号，就是她们叫响的。

“我印象最深的是，雷锋叔叔带领我们开展勤俭节约‘三件宝’活动，也就是储蓄盒、节约箱和针线包。”刘静手捧当年她与雷锋的合影，笑着回忆，“这‘三件宝’，早已超越了具体的概念，变成了我们的精神财富。”

建设路小学后改名为“雷锋小学”。雷锋留下来的“三件宝”，自然成为雷锋小学的宝贵精神财富。不过，随着时间的推移，难题也出现了。

“现在的孩子，很少知道这三个物件，也就很难理解其中的意义。”雷锋小学校长樊玉洁告诉记者，她们想出了一个“升级改造”的好办法，把储蓄盒变成“小雷锋道德银行”，把节约箱变成“小雷锋爱心超市”，把针线包变成“小雷锋心灵驿站”。名称变了，载体不同了，但功能没变，雷锋精神实质依然。新“三件宝”，成为雷锋小学开展德育教育的知名品牌，国外很多学校纷纷前来取经。

学雷锋需要创新，发掘整理雷锋精神资源，同样需要创新。

3月5日，《辽宁日报》推出八连版“雷锋地图”，用大数据思维和可视化手段，对辽宁雷锋文化资源进行普查、提炼和推介，迅速在全国引起热烈反响，《人民日报》等中央主流媒体集中报道，全国100多家新媒体转发，许多学校将这期特刊作为“辅导教材”。“雷锋地图”项目由省委宣传部策划组织，《辽宁日报》负责实施，涉及范围广，时间跨度大，既是一次文化普查活动，也是一次以互联网思维和大数据手段为推动的创新行动，在全国尚属首次。

“整个活动从3月上旬持续到9月末，分为足迹、遗存、人物、种子、影响等五大主题，对辽宁学雷锋历史文化资源进行全面收集、整理、提炼和推广。”该项目主创人员透露，“在普查结果的基础上，我们将利用多种手段制作‘雷锋地图’系列产品，它将是集报纸、杂志、图书和H5、VR、视频于一体的融媒体产品。”

▲ 志愿者擦洗社区雷锋雕像

■ 天天深

2月下旬，一场春雪让抚顺的气温骤然下降。有些糟糕的天气，并没有延宕雷锋学院的推进日程，一支来自上海的设计团队，与抚顺市有关部门正争分夺秒地研拟着设计方案。

建设雷锋学院，是辽宁加强对雷锋精神研究，使学雷锋活动不断深化的一项重要举措。雷锋学院为短期培训教育机构，立足辽宁，面向全国，辐射世界，集党性教育、社会主义核心价值观教育、学雷锋研学教育等功能于一体，将努力办成全国学习弘扬雷锋精神的理论重地、精神高地和实践基地。

“雷锋学院建设规划为两期工程，一期工程正在全面推进，课程设计也在同步进行，计划今年9月正式开班办学。”抚顺市委宣传部副部长肖宇介绍。

在辽宁，研究雷锋精神的专家、学者不在少数，各种论坛、研讨会经常举办，加强理论研究，让雷锋“天天深”，已经成为一份责任、一种自觉。

2018年12月6日，全国部分高校“弘扬雷锋精神　培育时代新人”研讨会暨辽宁省第九届雷锋精神论坛在辽宁石油化工大学召开。辽宁石油化工大学与雷锋生前所在部队驻地毗邻，雷锋曾在这里作过报告。半个世纪过去，该校始终把学习弘扬雷锋精神作为师生的“必修课”，尤其在理论研究方面多有建树。

▲ 志愿者为社区义务植树

11年前，由辽宁石油化工大学发起，多家单位共同倡议成立了辽宁省雷锋研究会。该会由100多名对雷锋有一定研究的专家、学者和学雷锋典型人物组成，致力于推动雷锋文化研究和学术交流活动，坚持不懈，成效斐然。

除了理论研究，辽宁在雷锋主题文艺创作方面同样硕果累累。

“据不完全统计，1961年至今，围绕雷锋创作出版的图书已经有508个种类。”辽宁省雷锋研究会顾问、雷锋精神研究专家华东方说。

这些图书的作者，很多生活工作在辽宁。比如雷锋生前战友、著名军旅作家陈广生，他创作的《雷锋的故事》是全国第一部完整介绍雷锋生平事迹的专著，影响广泛。再如辽宁人民出版社组织创作的《雷锋之歌》，由80后作家张天天执笔，通过重访雷锋足迹，对话雷锋亲人、朋友、同事、战友，用艺术的手法、青春的笔法生动再现了雷锋的成长历程，在国内外引发热烈反响。

草木蔓发，春山可望。当前，全省上下正在深入贯彻落实习近平总书记在辽宁考察时和在深入推进东北振兴座谈会上的重要讲话精神，认真领会总书记关于传承和弘扬雷锋精神的重要指示要求，以雷锋精神为激励，书写新时代的英模故事，早日实现全面振兴、全方位振兴。

因为雷锋在辽宁，所以光荣，所以任重，所以奋然。

雷锋在哪里

▶ 在辽宁，鞍山、辽阳、营口、抚顺这4座城市有一个共同的名字——“雷锋的第二故乡”。自1958年11月15日来到鞍钢，到1962年8月15日因公牺牲于抚顺，雷锋在辽宁度过了3年零9个月，是他生命中最重要的时光。雷锋精神深植辽宁大地。这里有雷锋曾经工作过、生活过的地方，有雷锋的战友，有雷锋帮助过的人们，他们不仅承载着鲜活的雷锋记忆，也是雷锋精神的传承者。

■ 抚顺市雷锋纪念馆

一路“雷锋”

从沈阳站、沈阳北站出发，人们可以乘坐“雷锋号”往返于沈阳、抚顺这两座城市。记者在抚顺第七百货商店站下车，往南走上600多米，就是抚顺市

▼ 抚顺市雷锋纪念馆

雷锋纪念馆。

眼前的抚顺市雷锋纪念馆园区占地面积有9.99万平方米，几乎每年都有超过百万人次前来参观，纪念馆有凭吊区、展览区、碑苑区、雕塑区等多个区域功能划分。虽然天气寒冷，但前来参观的人络绎不绝。雷锋墓位于园区东边的雷锋雕塑后，这位平凡而伟大的共产主义战士长眠于此。

时光回溯到57年前，雷锋牺牲后下葬的那天，抚顺市当地十几万军民自发走上街头，为雷锋同志送行。如今，人们参观雷锋纪念馆，仍会从葬礼的照片上看到，葬礼现场人山人海，水泄不通。

抚顺市雷锋纪念馆全面介绍了雷锋的一生。讲解员刘思岚告诉记者，雷锋生前爱照相、写日记，留下了大量的照片和日记，时至今日，我们仍然能够由此走进雷锋的内心。雷锋的事迹有很多，讲一天也讲不完。他身上有着许多闪光点，如无私奉献、爱岗敬业、艰苦奋斗、乐于助人等，究其根本，还是缘于他有着一个坚定的信念，那就是对党忠诚。

在辽宁，以雷锋为主题的纪念场馆很多，遍布辽宁各地，共同承担起留存雷锋记忆的重任。他们有的是公立的，有的是企业和个人办的，展品内容各有侧重，都在讲述与雷锋、与本地区学习雷锋精神相关的故事。

抚顺，拥有全国最多的以“雷锋”命名的街道、单位、班组和团队；营口，雷锋参军入伍的地方；鞍山，雷锋远离家乡北上辽宁工作的第一个地方；辽阳，雷锋曾经工作、生活过的地方。在这4座城市里，人们将雷锋精神融入自己的血液，半个多世纪以来，涌现出“雷锋班”“王海班”“三八排水班”“百姓雷锋”等一大批学习雷锋的先进集体和先进个人。如今，辽宁各地形成了众多的学雷锋团队，志愿者人数年年都在增长，走在哪里都会找到“活雷锋”。

雷锋小学
三件宝

午后，记者来到抚顺市望花区雷锋小学。教学楼中，一个女孩跑过来问：“老师，您想到哪儿，我带您去。”后来听大队辅导员徐娇说，因为来学校参观的人挺多，雷锋小学的孩子们都会主动问一句，看看能不能帮上忙。

▲ 抚顺市望花区雷锋小学

雷锋小学与雷锋的渊源颇深。1960年10月10日，雷锋接受当时的建设街小学少先队的聘请，成为学校校外大队辅导员。从此，雷锋与这所学校结下了不解之缘。1971年为纪念雷锋、表彰学校学雷锋活动取得的优异成绩，经抚顺市人民政府批准，将原建设街小学正式命名为雷锋小学。

雷锋陪伴建设街小学的学生600多天，给学校留下了宝贵的财富，其中一项就是开展创建“三件宝”活动。第一件宝是自制的储蓄罐，让小学生把自己的零用钱存放起来；第二件宝是制作的节约箱，让小学生把捡到的螺丝钉等废旧物品装起来；第三件宝是制作的针线包，培养小学生自己补衣服、钉扣子。

如今的雷锋小学中，雷锋留下的这三件宝都还在，并且得到了升级。雷锋小学大队辅导员徐娇介绍，随着时代的发展，如今孩子们的生活环境已经不能和过去同日而语。以针线包为例，如今很少有人需要补衣服、钉扣子。虽然时代在变迁，但学雷锋活动需要得到传承，因此，雷锋小学开展了“宝贝复活”活动。储蓄罐升级为“小雷锋道德银行”，用来储蓄学生的优秀品质，孩子们可以将自己做的好人好事存到“道德银行”里；节约箱升级为“小雷锋爱心超市”，学生们捐献爱心，不仅可以帮助到其他同学，还可以将雷锋助人为乐的精神传递出去；针线包升级为“小雷锋心灵驿站”，这里可以缓解学生的不良情绪，通过专业教师的心理辅导，让孩子们开心快乐地度过每一天。

■ 姑嫂村

“我哥”一直在

从辽阳市弓长岭区出发，10分钟车程，就到了姑嫂村吕学广的家。吕学广今年70岁，他穿着朴实、身材发福，一打眼儿，谁也不会想到，他就是雷锋生前认下的义弟。

说起和雷锋的渊源，吕学广陷入回忆。他与雷锋相识于理发店中，当时正在上小学二年级，中午去理发，排队的人却很多。吕学广没吃午饭，又怕耽误下午上学，急得坐不住了。排在他前面的人看他着急，就让他先剪，而且替他付了钱。后来他才知道这个人叫雷锋。

认识了雷锋以后，吕学广常去焦化厂找雷锋。那时候大家生活困难，午饭都吃高粱米饭、玉米面饽饽，但焦化厂的工人能吃上白面馒头。雷锋常常把自己的白面馒头拿给吕学广，自己吃吕学广带的饭菜。雷锋还经常给吕学广买笔记本、铅笔、橡皮之类的学习用具，勉励他好好学习。

1959年10月的一天，雷锋从大队党支部书记曹恩德口中了解到吕长太（吕学广父亲）家生活困难的情况后，到他家送一些旧衣物，发现原来这就是吕学广的家。雷锋征得大家的同意，认吕长太一家为干亲，时常帮助、接济他们。

尽管与雷锋相处的时间只有短短的80多天，但吕学广说：“日子虽短，我哥对我的影响却很大。”吕学广后来也到矿里当了一名工人，年年都被评为“五好标兵”“劳动模范”和“先进生产能手”。

吕学广家里已经没有一件东西是当年雷锋用过的了，他把那些东西都捐给了博物馆。如今，家里最显眼的东西，应该是摆在写字台上的各种奖状、奖杯。

吕学广家并不富裕，退休以后，吕学广买了一台三轮车搞营运，常常帮助那些有困难的老年人、残疾人。他还在村道口摆摊修车，常常给家庭困难的人免费修车。有一回，一名70多岁的老人昏倒在路旁，吕学广赶紧放下手中的活

▲ 雷锋在辽阳市弓长岭区姑嫂村认下的义弟吕学广

儿，上前帮助老人，并把他送回家。

在吕学广看来，帮助别人就是要从身边做起，从点滴做起，他说："人人都会去做好事，做一件好事、两件好事容易，但一直坚持做好事就很难。雷锋做到了，我也要像他一样，一辈子都做好事。"

延伸 YANSHEN

小事大爱

家住沈阳市沈河区热闹路的郝赫已经年过古稀，他退休前是沈阳市著名曲艺作家。3月初，记者在雨坛社区见到了正在排演节目的郝赫。

为社区伏案创作文艺节目，是郝赫退休10余年来不曾中断过的手头工作，尽管十分辛苦，郝赫却始终坚持义务服务。每到逢年过节，社区要举办表演活动，就会请郝赫写个节目，有时候是话剧，有时候是小品，最多的是快板。他估算了一下，这些文艺作品一共近百篇，达到20多万字。

在社区举办的各种晚会中，郝赫不仅主动担任撰稿、策划，还利用自己的威望和人脉，多次请来著名专业演员及他的学生、弟子们参加社区公益演出。如电视台的著名节目主持人刚子、申申、纪元，著名曲艺演员穆凯、张娃佳、刘江舸（电视剧《老大的幸福》的作者）等。郝赫自己从来不收取任何报酬，这些著名演员同样也是分文不取。郝赫退休后，省内外的专业、业余曲艺演员仍经常向他约稿。尽管他很忙，却总是把公益活动放在首位，他说："挣钱的活儿可以不干，社区的活儿绝对不推。"

精彩的演出，既开阔了居民的视野，又提高了居民的欣赏水平。在郝赫的努力下，雨坛社区的文化活动呈现出一片欣欣向荣的景象。他所在的雨坛社区文化站被沈阳市委宣传部命名为沈阳市艺术惠民"双百万"工程社区艺术培训服务站。

春节期间，雨坛社区正在参选2018年宣传推选雷锋志愿服务"四个一百"先进典型活动，在网上的事迹简介里，凝结着郝赫辛勤汗水的"曲艺文化"，正是其中重要的一个加分项。

郝赫是一名老党员，退休后他积极参加社区的公益活动，积极参加慈善互助志愿活动。他总是能带头服务群众，积极帮助群众解决实际困难。郝赫是楼长和单元长，他走在楼道里，看见有灯管坏了，就上手换一换；走在小区里，看见路上有垃圾，就扫一扫；看见井盖丢了，就去找社区反映，避免发生危险。在郝赫看来，这些事都不值得一提。他说，学雷锋是要学雷锋的精神，学雷锋是做好方方面面的事情。"我已经77岁了，要学雷锋，也只能做些力所能及的事，只能做眼前能看见的事，只能做一些小小的事。"郝赫说。

一堂没有下课铃声的课

叩问惊叹号出发的谜底

那个叫曲建武的人

如何要辞去厅官护佑桃李

一个思想的拓荒者

把扣好人生的第一颗纽扣

当成为孩子们

搭建灵魂不朽的阶梯

由此

还原了他呵护灵魂的轨迹

听见了　都听见了

在他声音驻足的地方

拔节的畅想

正在拥抱着春风化雨

文／商国华

▶ 曲建武很忙。大连海事大学党委宣传部的老师告诉记者，曲老师开会多、调研多，自从回到校园，他更加珍惜时间，每天的日程安排甚至可以精确到分钟。

2018年12月初的一个周六，在曲建武教授工作室，记者见到了前一晚刚从外地赶回大连的曲老师。

■ 大连海事大学公共管理与人文艺术学院办公室

回到学生身边

1982年，大学毕业的曲建武向学校申请，到新疆或西藏等边远地区从事教育工作。他的愿望很具体——做全科教师，从小学教到高中，然后看着孩子们考上大学。不过，由于那个年代还是计划分配，曲建武毕业那年学校没有支边计划，因此，曲建武留在母校做了一名辅导员。

对于人生的每次选择，曲建武从不后悔。他说，当初选择教育事业，是因为自己有浓厚的爱国情怀，他希望自己为国家培养更多的栋梁之材。

曲建武的辅导员工作没有持续太久。1998年，曲建武被任命为辽宁师范大学党委副书记，2004年年底又调任省委高校工委副书记，后兼任省教育厅副厅长。当身边人纷纷向他投去羡慕的目光并预测他还会有更好的前途时，曲建武的内心却起了波澜。萌生已久的想法越发

▲ 曲建武说，高校思想政治工作需要有人来做，而且要愿做、会做、真心实意地做

坚定，曲建武想回到大学，回到学生们身边，做一名辅导员。

曲建武把自己的想法说给身边的人听，有的人觉得他在开玩笑，有的人觉得他在唱高调。

2013年3月，曲建武将愿望付诸行动，正式辞去省教育厅副厅长职务，来到大连海事大学做一名思想理论课教师、一名普普通通的高校辅导员。

■ 曲建武工作室

为什么是2013年

不保留任何待遇，只要一根教鞭，消息传出，曲建武周围一片哗然。好朋友劝他，不当领导干部，很多待遇就没了，以后咋办？曲建武笑着说，老百姓咋看病我就咋看病。

曲建武说，过去总有人说高校辅导员就是一块跳板，没人干得长。他要用实际行动证明，高校辅导员工作大有作为，值得长久地做下去。特别了解曲建武的人知道，他的这一选择并非偶然。爱人没有提任何意见，远在北京的儿子也鼓励他做自己愿意做的事。

为什么选择在2013年？曲建武笑着说，2009年，中央召开加强和改进全国高校思想政治教育工作座谈会，辽宁省在会上介绍了加强辅导员队伍建设的经验。当时，由他组织的辽宁省高校辅导员制度性建设已经很成熟，全国很多高校都在采用“辽宁模式”。他把“辽宁加强大学生思想政治教育工作的长效机制”建立得更加牢固。为此，2012年，曲建武对全省孤儿大学生的学习、生活状况进行了调研，发现不少问题，之后，他组织起草并完成了一份3.5万字的调研报告。他撰写“免除孤儿大学生学费和住宿费”的建议后，同各有关部门沟通协商，终于在2012年年底解决了这一问题。2013年，曲建武已经56岁，按照60岁退休的规定，如果再不回到校园，他就带不了完整一届的学生了。

所以，2013年，他做出了决定。

大连海事大学全国高校辅导员发展研究中心
仍然在路上

如今的曲建武，每天都和学生在一起。生活，仿佛回到了年轻时刚刚留校做辅导员的日子。曲建武发现，有很多有意义的事等着他去做。

不过，直到今天还是有人问他：从领导岗位上下来后悔吗？值得吗？也有人说他太冲动了，不如做个学者型官员，照样能推动高校辅导员工作。曲建武说，自己的状态特别好，根本没时间考虑个人得失。

2017年，曲建武被授予“时代楷模”荣誉称号，他的事迹被广泛传播。颁奖晚会前，导演组希望采访曲建武的家人，但他的妻子和儿子都拒绝了。这一家人都习惯了默默做事，不问回报。

现在，曲建武如愿以偿地为来自新疆、西藏等地的少数民族学生担任辅导员。无论走到哪儿，他的心里总是惦记着这些孩子，经常写信鼓励他们做爱国爱党的好青年。他给记者翻看手机里保存的和学生们的合影，去年端午节，曲建武邀请新疆学生一起吃饭，照片中，一张张年轻的脸上洋溢着灿烂的笑容。

2018年，曲建武写了6本思想政治教育专著，字里行间凝结着他这几年调研、考察的心血。曲建武说，时间特别宝贵，不能浪费一分一秒，只要有时间，他就在学校查资料、写东西。

曲建武的微信公众号名叫“仍然在路上”，它也是曲建武的第二课堂。曲建武时常通过公众号给学生回信、回答问题，还为高校辅导员解决困惑。他把自己的经验与大家分享，希望年轻的辅导员们少走弯路，把更多的精力放在学生身上，放在用知识理论武装学生思想上。

曲建武说，高校思想政治工作需要有人来做，而且要愿做、会做、真心实意地做。

新的一年，曲建武依然在路上。

手记 SHOUJI

做到底

曲建武说，对的事就要坚持做到底。

徐文涛说，人，总有比名利、金钱更高贵的追求。

他们是那么热爱自己的事业，长年累月地坚持，在各自的讲台上传播真理，燃烧自己，照亮别人。

徐文涛坚守的史馆，是教室，是课堂。即便身体不适，哪怕有一名观众也全力以赴地讲解，他的观众，就是被感动、被触动的学生。

曲建武坚持更新的微信公众号，是另一种形式的课堂。来自全国各地甚至国外的高校师生都可以看到曲老师如何教学，如何为学生解惑。

还有已经离开我们10年、长期从事政治理论教学和研究工作的方永刚。他曾说：“不管癌症是中期还是晚期，我研究传播党的创新理论没有限期！我能舍弃我的生命，但不能舍弃我的事业；我不惧怕癌症，但我害怕离开我最钟爱的三尺讲台！”

还有在教学实践过程中不断思考和探索，逐步形成“六步教学法”的魏书生，他曾说，师生之间情感的交流是一种崇高的美。老师在对事业、对学生奉献的过程中从未希冀学生的报答；受到美好感情陶冶的学生，热爱的不仅是自己的老师，他们也热爱祖国、热爱人民、热爱事业、热爱生活。

这些为目标坚守的人，就像长明的蜡烛，无论生命长短，始终燃烧。

是什么让他们始终坚持?

是爱国的情怀。他们用各自的方式表达对祖国的热爱。爱国的方式，既可以是轰轰烈烈的瞬间绽放，也可以体现在日常的点滴作为中。1935年，时任南开大学校长的张伯苓在开学典礼上问了师生三个问题：“你是中国人吗？”“你爱中国吗？”“你愿意中国好吗？”他们，用实际行动做了最好的回答。

是信念的力量。在徐文涛收集的展品中，有一件是开国上将李聚奎在80岁时所写的手书——“纵然给我更大的权力，我也决不以权谋私。纵然给我更多的金钱，我也决不丢掉艰苦奋斗。纵然让我再活八十岁，我也决不止步不前。”徐文涛说，老一辈革命者历经苦难依然严于律己、坚守信念，何况我们呢？曲建武今年元旦通过微信公众号对辅导员和大学生们说：“我们在从事着一项功在当代、利在千秋的事业，想一想中国梦实现的时候有你的贡献这是多么值得骄傲的事情……蓬勃发展的中国不会停下来等你的脚步。记住每天叫醒你的一定是内心的信念而不是闹钟。快出发吧，让每一天过得有意义，让每一年过得有价值，让自己的一生活得精彩！”

像曲建武、徐文涛这样的人，没有轰轰烈烈的壮举，却做出了令人仰望的业绩。在辽宁英模群体中，许多人与他们走着同样的路，共同用平凡书写伟大。

特写 TEXIE

徐文涛与他坚守的后勤史馆

2018年12月9日清晨，记者来到东北军事后勤史馆采访。推开大门，馆里静悄悄的，没有开灯，也没有人。站在偌大的展厅里，记者大声地喊了一声“徐老师”，只见从卫生间里走出一位身穿棉衣、头发花白、背部有些微驼的老人，还拎着刚刚清洗的拖布。他就是徐文涛。

没有人参观时的后勤史馆是冷清的。3500多平方米的展馆，徐文涛兼馆长、讲解员、保洁员于一身。他说，因为一会儿有大学生来参观，所以自己专门早点儿来，把展馆好好清洁一遍。

每逢史馆有参观，身穿军装的大校徐文涛就来了精神，他声音洪亮，意气风发，生动的讲解让不少观众热血沸腾。观众留言簿上密密麻麻的留言，很多是对徐文涛的赞美。

每当观众把参观的收获和内心的激动带走后，那个激情澎湃的老人便一下子显露出疲态。他得扶着桌子才能站起来，这时的徐文涛，就是一个普普通通的老人。

其实，关节炎、糖尿病等疾病一直困扰着徐文涛。这些年，上千场讲解早已让他的身体透支，但为了自己钟爱的事业，他选择坚持。

史馆的展品都由徐文涛亲手征集。为了编写展陈大纲，他大量阅读党史、军史、后勤史资料。布展初期，他家都不回，吃住都在馆里。很难想象，一座

▼ 徐文涛说，史馆（现更名为东北军事后勤史馆）就是他的讲台

原本废弃的食堂是怎样经过徐文涛之手，一点点地变成今天的后勤史馆的。也很难想象，从2006年至今，徐文涛每天出现在馆里，甚至因病挂着尿袋也坚持讲解。

在旁人看来，徐文涛得到各种荣誉，风光无限，但荣誉背后的艰辛鲜有人知。走近徐文涛，会看到他在三九严寒时，因为腿疼，穿着厚厚的棉裤乘坐公交车到馆里；会看到他为了节约用电一个展区一个展区地关灯，每天在馆里要走1万多步；会看到他每天打扫卫生间、展区，有时累得腰都挺不直。

徐文涛说，这座史馆是他的讲台，站在讲台上，他就有义务为每一位观众授业解惑。虽然他也不知道还能坚持多久，但他知道，每一次站在观众面前，自己就是一名战士，战士就要奋勇向前，为了目标不断前进。

丁慧“变”了

▶ 2019年3月初，抚顺市雷锋纪念馆的广场上，参加学雷锋快闪活动的丁慧拉着几个孩子的手一路向前，面对镜头，她带着自信的笑容，脚步坚定。从抗拒站在聚光灯下，到坦然接受大众的关注，再到利用自己的影响力积极主动弘扬社会正能量，这名刚过20岁的“最美大学生”，“变”了不少。

一声声“爷爷醒醒”的呼唤
让遁去的生命回车如常
一幅大学生跪地施救的剪影
让天地间打开了关闭的泪囊
此刻仁爱、担当的善举
又一次挥斥了
灰色地带的取向
如提灯女神心无旁骛的操守
又像白求恩
救死扶伤魂魄的回放
丁慧　一株弥漫大爱的丁香

文 / 商国华

■ 锦州南站 突然变成网红

1月，参加“辽宁好人”2018年度盛典；2月16日，参加“让爱多一度”公益活动；2月28日，作为“锦州百姓满意的十大事件”颁奖嘉宾；3月5日，参加学雷锋快闪活动；3月6日，跟随锦州医科大学医疗学院“丁慧爱心团队”走进社区；3月8日，参加庆祝三八国际妇女节活动……

形象大使、颁奖嘉宾、讲述者……丁慧用了半年多时间，适应了在各个身份之间转换的生活状态。

1998年出生的丁慧是锦州医科大学医疗学院护理专业的大三学生。大二的期末考试后，丁慧因一次救人事件，成为社会关注的焦点。那次救人的过程，丁慧至今记忆犹新。

记者和丁慧再次来到锦州南站，站在站台里，丁慧

▲ 到抚顺市雷锋纪念馆参加学雷锋快闪活动的丁慧，美丽的脸庞上更添了几分成熟和自信

回忆说，在救人的前一天，她和同学聊天时说起学过的急救知识，大伙儿都说："我们做实验用的是假人，不能算是真正的实践。"巧合的是，第二天，丁慧就在火车站真实体验了一次急救行动。

2018年7月19日，丁慧在锦州南站将小便失禁、呼吸已经停止、呼叫无反应的崔姓老人抢救过来。她接连做了4组心肺复苏，边做边大声喊："爷爷，醒醒，爷爷，坚持住。"老人慢慢有了意识。又过了一会儿，120救护车赶到。丁

慧从紧张的气氛中舒缓过来，拿出手机一看，自己购票的那班高铁已经开走半个多小时了。锦州南站的工作人员给她安排了最近一班高铁，换票的时候，他们悄悄记下了她的学生证信息。

上了火车，丁慧才想起给家里打电话。她轻描淡写地告诉父母，自己在车站救了一位老人，晚一会儿到家。电话另一头，丁慧的父亲“哦”了一声，没多说什么。之后的几天，当各路媒体蜂拥而至时，丁慧的父亲才知道，自己的女儿变成了网上热传的“最美大学生”。把丁慧救人的视频看了好几遍后，他喃喃地说：“这是我女儿吗？”

丁慧是家中的独生女。在父母眼里，女儿一直是个文静、朴实的小女孩儿。而救人事件发生后，父母眼中的小女孩儿仿佛一夜之间长大了许多。

锦州医科大学

聚光灯下的焦虑

救人事件发生的第二天，锦州南站工作人员把一封感谢信和十几分钟的救人视频一起送到了锦州医科大学。消息被发到互联网上后，网友纷纷转发，一时间，成千上万条评论铺天盖地而来。当天下午，丁慧从微信朋友圈中意外地发现，老师、同学都在转发她在车站救人的视频，各种点赞让丁慧着实吓了一跳。

媒体反应迅速，有的直接找到了丁慧家。从未与媒体打过交道的丁慧有些发蒙。面对媒体，她想躲避。“我只是做了一件微不足道的小事，不值得大肆宣扬。”丁慧担忧有人质疑她在炒作自己，甚至感到有些害怕。“如果媒体一直把我罩在聚光灯下，学校的同学们会不会疏远我？”丁慧回忆着当时的忐忑心情。

开学后，丁慧找到老师，表示自己不想再接受采访，也不想继续扩大影响。对于自己成了“名人”，丁慧感到有点儿不自在，一度不想看到自己的名字出现在新闻报道中，不想过受人瞩目的生活，她想回到过去简简单单、最平凡的校园生活中。

锦州医科大学医疗学院党委工作部部长唐圆圆告诉记者，在全国掀起传播辽宁“最美大学生”的舆论高潮中，确实有人质疑她的行为，比如急救的动作是否标准等。这些声音让丁慧感到了压力。但唐圆圆认为，丁慧的义举向全国人民彰显出辽宁大学生的形象，生动诠释了平凡人的善举，是2018年最温暖的记忆之一，应当广泛宣传。唐圆圆说：“‘积小善为大善，善莫大焉’，媒体并不是仅仅宣传丁慧个人，而是希望通过她引领社会正能量，影响更多青年。”

为了给丁慧积极的引导，唐圆圆和她交流了几次。唐圆圆说，新闻报道产生巨大影响力，这正说明人心向善，人人渴望在遇到困难时有人伸出援手。

渐渐地，丁慧开始成熟地面对改变。现在，她已经能够坦然接受社会各界的关注，她觉得，参加了这么多公益活动后，自己有了更多的责任感。

丁慧家附近的甜品店

正能量是甜的

采访丁慧之前，记者因女儿生病临时爽约了。丁慧给记者发来一条微信，说：“天气比较冷，注意孩子的保暖，让孩子多喝一些温开水促进代谢。”这句简单而温馨的问候，让人心生暖意，更让记者对这位善良的姑娘多了几分亲切感。

采访的其中一个地点是在丁慧家附近。和同龄女生一样，丁慧爱逛街、爱运动，坐在甜品店里，她边吃蛋糕边跟记者聊天，就是一个青春靓丽的大学生该有的模样。谈到心态的变化，丁慧说自己成熟了不少。她告诉记者，每次参加公益活动，心里都是暖暖的，“原来生活中的正能量是甜的，或许我救人那件事，在别人心里也留下了相同的感受吧”。

2018年年末，丁慧以《守护生命，大爱无疆》为主题参加了辽宁省大学生“庆祝改革开放40周年　弘扬新时代辽宁精神”主题演讲比赛。这是她第一次

▲ 锦州医科大学以丁慧的名字命名成立了爱心团队，丁慧经常和同学们一起开展志愿服务

站在舞台上演讲。从救人事件开始，丁慧经历了很多第一次，每一次都帮助她迅速成长。

锦州医科大学设立了“丁慧爱心基金”，1万元的基金是丁慧捐献的院长奖学金。救人事件后，丁慧把所有奖金都捐献出来，用于帮助别人。对此，她说，社会各界给予她很多荣誉，这些荣誉，不仅仅属于她个人，更应该属于学校、老师和同学们。“如果不是老师教会我急救知识，面对生命垂危的老人，我也会束手无策。”丁慧说，“最美大学生”的称号对她是一种激励，推动她做得更好。丁慧所在的学院还以她的名字命名成立了爱心团队，她也多次和同学们一起走进农村小学看望留守儿童……

更重要的是，经过此次救人事件，丁慧对自己的人生规划有了准确的定位。她说，以前一直认为自己就是一个普通的在校大学生，救死扶伤离自己有些遥远，但通过救助老人，她对医学有了更新的认识。

现在，丁慧比过去更加努力学习，她给自己设定的近期目标是考研。“我是学医的大学生，救人是我的责任。我只是做了我应该做的事。健康关系到每一个人的生命、每一户人家的幸福，今后我会努力学习，全心全意、精益求精，将来做一名合格的医护人员。”

感谢丁慧，祝福丁慧。相信未来，“最美大学生”也会成为“最美医生”。

手记 SHOUJI

平凡最美

辽宁人一次次用自己的善举向全国证明了自己的形象。

2018年1月8日上午9点，沈阳北站地区的环卫工人正在清理积雪。3名外卖小哥给他们送来了粥和矿泉水。原来，在附近银行工作的吴女士上班路上看到环卫工人们奋力铲雪，随即拿出手机在外卖平台订了50份粥，备注上写明“送给惠工广场附近辛勤扫雪的工人”。吴女士不知道的是，粥店老板被她的举动所感动，又为每份粥免费配了一瓶矿泉水，而3名外卖小哥也被这样的善举感染了，他们放弃继续接单，为的是有充裕的时间让环卫工人们尽快喝上热粥。

2018年5月8日，记者回访沈阳一家浴池的经营者安树堂。多年前因浴池折迁，他在浴池旧址“蹲守”一个多月，集中返还顾客折合4万多元的澡票退款。2018年，安树堂的连锁浴池开得风生水起，他印了2万张免费澡票，免费提供给环卫工人和残疾人使用。

2018年7月下旬毕业季，沈阳工业大学81名教职工组成“爱伴你行”爱心车队，用自己的私家车义务为2018届毕业生送站。毕业生提前约车，老师们准时守候在寝室楼下，将学生们送到地铁站、火车站、机场。离别的旅途，前往各地的毕业生感受着来自母校的丝丝温暖。

还有丁慧、张善哲、李铁、岳永峰……

他们都是社会上最普通的一分子，作为局中之人，他们并不知道自己的小小善举，对他人、对社会有多么大的价值，更想不到通过观众、读者、网友们的口口相传，小善举会变成轰动一时的大事件。平凡人的瞬间闪光，让他们成为让人竖起大拇指的草根英雄。

我们说一座城市是发达的，衡量标准不仅仅是它的GDP，还有它的文明程度，来自一个个普通市民的文明程度。在日常生活中，是老人摔倒无人扶、路边求助无人帮，还是危难之时总有人显身手，用爱心、善举形成一个个正能量的阵地。细节中看素质，细节中显真情，辽沈大地上，正是一个个普通人的小善举，折射出一座座城市的大文明。

辽宁人的基因里流淌着诚信、实在、善良、豪爽的血液。我们身边层出不穷的凡人善举就是最好的证明。他们，赋予了辽宁满满的正能量；他们，诠释了真善美；他们，在潜移默化中让辽宁人的文化性格更加凸显。

其实，我们每一个个体，在这个社会都是平凡的人。我们的内心，都有对友善互助的渴求。这也是目前全国各地的凡人善举总是能迅速在媒体、网络爆红的原因。因此，凡人善举更容易被接受、被感染、被效仿。人与人之间相互影响，就会提升彼此的文明程度，让正能量充盈整个城市，让正能量更接地气。

花香蝶自来。目前，辽宁省正在打一场优化营商环境的持久战。一项项新政密集出台，一条条新规持续发力，而好的人文环境，也是吸引并留住投资者和创业者的必要条件。层出不穷的凡人善举，提升了辽宁的品位和层次，也一定会得到投资者的关注，从而加快辽宁经济建设的发展。

凡人善举是我们这个时代的主旋律。我们有理由相信，辽沈大地会不断涌现出像丁慧、岳永峰这样的凡人善举，他们的爱心，像一束束阳光，直抵心底，温暖着一座座城市。

咱大梨树一直都有老书记的干劲

想起你的肖像
就想起了梨花开放
你把农民的渴望扛在肩头
三十年浇灌的汗水——
把家乡装点得和城里一样
辽东第一村回放的视频
记录了你小康路构思的原创
昨天
你披一身梨花走了
今天
炊烟诉说着干字碑下的风光
毛丰美
期待你梦回故乡

文 / 商国华

▶ 每一个到大梨树参观或学习的人，一定会去坐落在花果山山腰的“干”字文化广场走一走。这座建于2007年的广场，占地5万平方米。对于普通游客来说，它是车辆停放的地方；对于党员干部来说，它是参观和现场教学的重要一站；而对当地农民来说，它是晾晒五味子最好的空地。

大梨树村党委办公室

总是梦见老书记

车世玉是记者在大梨树村采访的第一个人。他从1990年开始和老书记毛丰美一起工作，是跟随老书记时间最长、感情最深的村干部。

车世玉说，直到现在，他还常常梦到和毛丰美一起工作的情景。

20世纪80年代的大梨树村还相当贫困。毛丰美不想安于现状，自从1980年当选村大队大队长后，他带领全体村民干出了一片新景象。

1990年，在村里当农业技术员的车世玉开始跟随毛丰美工作。共事的24年时间，对车世玉来说并不漫长，他甚至觉得时间过得太快。

车世玉的办公桌上放着一个记事本，上面密密麻麻地记录着每天要完成的工作。车世玉说，这是和毛丰美学的，今日事今日毕。“老书记是个急性子，每天早晨把当天要做的事写在本子上，从早到晚，安排得满满当当。”车世玉说，因为要做的事太多，毛丰美除了大年初一休息一天，初二就开始工作。谁家杀猪、家里打扑克，或是亲戚家请吃饭，一律不去。过去，车世玉不理解，认为毛丰美太拼。现在，同样每天都那么忙碌的他明白了，这是一种实干精神，如果没有这种精神，大梨树村不可能有今天的光景。

车世玉记得，有一次他和毛丰美一起到山东考察。临行前，毛丰美买了一箱方便面，车世玉觉得好笑，“现吃现买多好哇，而且带那么多方便面哪吃得完”。结果那次考察，两个人一天三顿方便面，吃得车世玉看见方便面就想吐。“我还记得老书记对我说，咱们这么做不仅仅是省钱，还节省了大量时间。”车世玉说。

车世玉告诉记者，村委会工作人员虽然不多，但都很爱岗敬业，上班没有一个迟到的，这也是毛丰美在时养成的习惯。车世玉回忆说：“有次开会，一位迟到的村干部推开会议室的门，打算悄悄地走到后面。没想到老书记不留情面地请他出去。那个村干部觉得不服，嘀咕了几句，老书记严肃地说，连时间观念都没有的人，怎么相信你能帮老百姓办好事？”毛丰美从不迟到。有一次到省里开会，遇上肇事堵车，迟到不到10分钟的毛丰美主动给会议组写了情况说明。

▼ 毛丰美的“干”字精神影响深远

大梨树风景区旅游服务中心吸引90后回老家

刘天洋对老书记的了解，始于毛丰美去世3年后。

1991年出生的刘天洋从小生活在大梨树村，他的成长过程，正是村里飞速发展的过程。对于毛丰美的评价，来自年迈的奶奶。她常常对孙子说，以前孩子多，穿衣服都得老大穿完给老二，老二穿完给老三，现在可好了，家里孩子都能穿上新衣服。过去餐桌上，啥便宜吃啥，现在爱吃啥买啥。

在刘天洋的童年记忆中，家里逐渐有了家具，上学的路由两车道变成四车道。

2009年，刘天洋顺利考上大学，村里按照规定奖励他1000元。这笔钱，成了刘天洋上大学第一个月的生活费。

虽然生活在一个村，但刘天洋几乎没见过毛丰美。一来毛丰美太忙了，二来初中开始住校的刘天洋只有寒暑假才能回家看看。

▼ 如今的大梨树村远近闻名

▲ 对老书记越了解，刘天洋越感到敬佩

在武汉读书的4年，刘天洋对老书记的印象，来自父母的诉说。母亲说，今天毛书记来我们厂了，和我们聊天，可亲切了。父亲说，听你在村里上班的叔叔说，毛书记下班可晚了，他不走，别人也不好意思走……

就连毛丰美去世的消息，刘天洋也是在电话里听母亲说起的。母亲说，毛书记才60多岁，去世真是太遗憾了。以后咱们村可怎么办？

大学毕业后，刘天洋留在武汉工作。他常听父母说起，小毛书记（毛丰美的儿子毛正新）和老书记很像，也是实干型书记；农村生活越来越好，现在村里都是主业上班，业余当农民……

2017年，村委会办公室招聘文员，在武汉工作的刘天洋得知消息后，填写了报名表。他说，从城市回到农村工作，父母都很支持。回到家乡，刘天洋负责景区团体接待和农村实用人才培训工作。看着老书记带头打造的成果，刘天洋发自内心地敬佩。学城市规划专业的他发现，老书记的想法十分超前。虽然没有和老书记说过一句话，但每天走在这青山绿水间，刘天洋对毛丰美做了些什么越来越了解，对他的敬佩也越来越深。

▲ 蔡克军抱着小孙子，享受着在大梨树村的幸福生活

村民蔡克军家

咱村和城里差别不大

见到蔡克军时，他刚骑着电动车从邻居家赶回来。擦得锃亮的黑皮鞋、崭新的皮夹克，头发梳得一丝不乱，无论从哪个角度都看不出他是个农村人。

“除了供暖靠烧炕，其他方面，我们与城里的生活差距不大。”蔡克军自豪地对记者说。

今年64岁的蔡克军仍然在村里的公司上班。从年轻时起，蔡克军就看出毛丰美有头脑，与众不同。当年大梨树村要建设景区，蔡克军心里犯嘀咕：“我们这儿没有名山大川，也没有项目资金，怎么搞生态旅游呢？”毛丰美却说，没有什么就建设什么呀，哪有现成的东西等着你？毛丰美最让蔡克军佩服的地方，是他不是光惦记自己怎么富起来，而是带着乡亲们一起致富。蔡克军感慨地说：“老毛要是不带着大家一起致富，自己早就富得没边儿了。”

以前日子穷，村民有时会聚在一起抱怨。有一次正巧被毛丰美听见，他生气地说：“穷就埋怨，你自身做啥改变没？一天天总想富裕，嘴上说有用吗？”

这番话，蔡克军一直记到今天。

干，是毛丰美留在每个村民心中的致富秘诀。2007年，蔡克军盖了三间大房子，住得十分舒心。大儿子两口子承包果园，种植苹果、板栗、梨等，年年大丰收。二儿子和二儿媳一个在厂里上班，一个在景区工作，日子过得红红火火。大儿子和大儿媳一人一辆车，二儿子家去年买了辆吉普车，因为车太多，家里院子都停不下。说起现在的好日子，蔡克军笑得合不拢嘴。

“生长在大梨树，我有自豪感。”抱着小孙子坐在自家门前，蔡克军由衷地对记者说。

手记
SHOUJI

不负时代

大梨树村“干”字文化广场上，矗立着两座“干”字碑。一座是金鸡报晓“干”字碑，一座是披星戴月“干”字碑。

金鸡报晓“干”字碑象征昔日的大梨树人，以鸡鸣为令，闻鸡而作。披星

干
大梨树精神“干”
不干什么都没有。

戴月“干”字碑则记录了大梨树人披星戴月苦建花果山的历程。鸡鸣天亮干、头顶烈日干、披星戴月干，大梨树人用了30多年的时间，把荒山秃岭变成了万亩果园，昔日的穷村庄，蝶变为“中国最美乡村”。

“干”字碑上刻着这样三行字：

苦干——弯大腰，流大汗；

实干——重规律，求实效；

巧干——讲科学，闯市场。

苦干、实干、巧干，是毛丰美留给大梨树村的致富密码，也是辽宁人深植于血脉中的基因。

毛丰美生前最常说的话是“说一千道一万，不如一个干”，他是这么说的，也是这么做的。

毛丰美是一个缩影，他的“干”字精神是辽宁人普遍拥有的优秀品质。新一代大梨树人，依然走在实干的路上。

“干”字精神，是融入每一个大梨树人血液里的基因，他们相信，只有坚持创新实干，致富的路才能越走越敞亮。

空谈误国，实干兴邦。从古至今，辽宁人的吃苦耐劳、创新实干有目共睹。哪一位辽宁的英模人物不是靠自己的不懈努力开拓进取？哪一位辽宁的英模人物不是靠自己的辛勤劳动开创未来？辽宁之所以英模辈出，且持续时间长、涉及领域广、社会影响大，靠的就是一个“干”字。

实干，让辽宁创造出无数个“共和国第一”，让一座新的鞍钢在废墟中拔地而起，让世界看到了大国重器的实力。

新时代的辽宁，正走在实现全面振兴、全方位振兴的新征程上，实干就是辽宁人最大的底气。

“‘干’字当头、‘实’字为先、‘效’字以求”，不图虚名、不骛于虚声，埋头苦干、少说多做，在攻坚克难中诠释忠诚、在推动发展中体现担当，只有这样，才能把美好蓝图绘就在辽宁大地上。

实干，不负时代，不负人民，不负历史。

延伸 YANSHEN

我是"第一书记"

自从2018年4月被选派到沈阳市法库县吉祥街道黄花岭村担任"第一书记"，闫锋坦言，这大半年的时间里，自己很忙。他说，现在已经基本摸索出和村民相处的方式，接下来的两年，就是自己在村里发挥更大作用的时候了。

大学毕业后，闫锋一直在政府机关从事法律拟定、修改的宏观工作。但是，多看看外边的世界、多了解了解基层、多接触接触群众的想法不时涌上他的心头。后来，沈阳市委下发了选派干部到乡镇和村工作的文件，闫锋第一时间报了名。

驻村后，闫锋发现村民对"第一书记"抱有很大期望。"如果你说能为他们做到一，而结果是做到了二、三，他们会非常感激，甚至到办公室送些自家地里的花生、玉米表达谢意。但如果你把弓拉得太满，光耍嘴皮子，那党和政府的形象就会在老百姓心里大打折扣。"闫锋说。

回顾2018年，闫锋最难忘的是帮助两户低保户买了羊。黄花岭村共有8户低保家庭，经过反复筛选，闫锋发现牛春荣家和范先仿家最困难，而且不具备外出打工能力。闫锋和班子成员一起算了一笔账，比较了饲养牛、羊和鸡的支出成本和收入，最后决定给两家购买近3万元的羊。一年下来，收入最少能增加1万元。

2018年8月下旬，闫锋在毛丰美干部学校参加培训。这是他第二次到大梨树村，但以驻村"第一书记"的身份去学习是第一次。他认为，"干"字精神可以用在各行各业，尤其是驻村"第一书记"，更应该把"干"字精神牢记心间，把为老百姓解决实际困难作为工作的首要目标。

2019年伊始，闫锋已经制订了一系列计划。他告诉记者，由于村里地处缺水的山坡地，旱灾严重，2019年得在设施农业上下功夫。利用水库边的荒地和现有土地，把近1000亩的土地通过公司加农户的形式流转出去，争取资金支持，打井建水渠，旱田变水田。如果顺利实施，农户一亩地最少增加二三百元收入，村集体也会增加10万元收入。

家里有一个女儿的闫锋，一直想要给村里的在校生张罗一批学习桌椅。农村家庭大多用炕，家里没有书桌，炕既是孩子的饭桌，也是学习桌，导致一些孩子的视力越来越不好。

说起女儿，闫锋有些愧疚。因为妻子工作也忙，他又住在村里很少回家，上幼儿园的女儿只能由70多岁的父母接送。好在家人都很理解和支持他，让他没有后顾之忧。

闫锋希望，自己能在驻村这几年干出点成绩来，助力乡村振兴，未来可期。

辽篮的每一分都是拼出来的

长传　起跳
举手间秀出一条弧线
进攻　防守
胯下运球突破上篮
把挫折演绎成
真心英雄的绝唱
五十八年捧回了
全运会跋涉的霞冠
二十三年了却了
CBA 冠军的夙愿
在不服输的路上
追赶丢失光彩的距离
担当　打拼的信念
上演了吸睛中国的大戏
辽宁男篮
意志从不停摆的发动机

文／商国华

▶ 2019年3月26日晚，“伤兵”满营的辽宁男篮凭借顽强拼搏的精神，通过两节加时赛击败福建男篮，取得了季后赛的开门红。就在这场比赛之前的几天，记者采访了辽宁男篮主教练郭士强。在郭士强看来，比赛有输赢，但拼搏的意志没有极限，辽宁男篮越是困难越向前，将力争把每场比赛的每个细节做好，让联赛总冠军的奖杯留在辽宁。

■ 辽宁体育馆
逆境中的团队

常规赛收官阶段。2019年3月13日上午9点30分，在辽宁体育馆的比赛场地上，辽宁男篮在主教练郭士强的带领下，如期进行赛前适应性训练并向各路媒体开放。

虽然当晚与天津队的 CBA 联赛常规赛收官战无关排名，但因为韩德君的受伤和外援巴斯的缺阵，再加上此前三连败，让本场比赛成为辽宁男篮季后赛前难得的练兵场，所以备受媒体期待。

媒体关注的焦点是辽宁男篮后卫郭艾伦，在此前结束的对阵联赛老对手广东队的比赛中，在韩德君和哈德森缺阵的情况下他得到34分和6个篮板球。郭艾伦一次次冲向篮下的镜头，一次次用进球呼喊队员奋勇向前的画面，让现场和电视机前的球迷一次次为他响起掌声。

▲ 郭艾伦说，无论是逆境还是顺境，
只要在场上，每一分钟都要拼命，每一分也都是拼出来的

这天的赛前适应性训练中，郭艾伦一直在助理教练带领下练习投篮。训练结束后郭艾伦在场边对记者说，因为伤病原因球队面临着人员不整的情况，这也让他必须在进攻中投入更多的精力。特别是面对实力不俗也是夺冠热门的广东队时，如果不在比赛开始就紧紧咬住对手不放松，那么比分一旦拉开，最终赛果将毫无悬念。

虽然辽宁男篮输给了广东队，但第一节与第四节的比赛却呈现胶着的态势，只是在第二节与第三节的比赛中对方凭借出色的发挥拉开比分。从小就在辽宁男篮接受训练的郭艾伦说，他看到听到最多的就是“顽强拼搏”四个字，无论是逆境还是顺境，无论是人员整齐还是缺兵少将，只要在场上，每一分钟都要拼命，每一分也都是拼出来的。

■ 辽宁体育馆

越是困难越向前

当天晚上6点钟，不少球迷早早来到辽宁体育馆。能够容纳1.2万名观众的辽宁体育馆几乎座无虚席，尤其是来自沈阳体育学院的百余名学生组成的助威方队，因为整齐的着装和专业的加油助威而成为看台上最亮丽的风景线。

虽然在历史战绩上辽宁以20胜3负占据绝对优势，但韩德君缺战和外援巴斯停赛，导致辽宁男篮引以为傲的内线在本场比赛不占任何优势。最终郭士强排出郭艾伦、哈德森、刘志轩、李晓旭和卫猛的首发阵容，希望凭借李晓旭和卫猛阻挡对方内线优势并适时形成反击，依靠转换进攻完成得分。

奇兵果然收到奇效，李晓旭不但砍下21分，还抢下被誉为球队“生命线”的18个篮板球，要知道李晓旭此前场均篮板球数量只有5.9个。“球队目前确实饱受伤病困扰，今天上场的郭艾伦、赵继伟和杨鸣也都有伤。”李晓旭赛后说，只有顽强拼搏才能在困境中战胜对手。

上场33分钟的郭艾伦得到个人赛季新高的38分，还抓住8个篮板球、4次助攻和1次抢断的机会。上半场双方比分胶着，郭艾伦在下半场带领场上队员使用全场紧逼战术，迫使对方接连失误，渐渐拉开比分获得胜利。球迷可能并不知道，郭艾伦因为注射狂犬疫苗所产生的副作用一直想吐，再加上陈旧伤病，对体能产生一定影响。一边咳嗽一边接受采访的郭艾伦说：“越是困难越向前，是我们对待训练和比赛的态度，也是全体队员持之以恒的追求。”

■ 辽篮基地

卫冕要靠精气神

离开辽宁体育馆回到基地已是深夜，队员在经过康复按摩后纷纷回到宿舍休息，但是郭士强还要继续回看录像寻找球队不足。

几天前，记者又专门采访了郭士强。他坦言，自己已经习惯和适应了这种生活节奏和工作压力，联赛期间每晚都要研究录像到凌晨三四点钟，如果第二天有比赛的话，必须在早上六七点钟就起床。因为球队上下尤其是队员有追逐胜利的梦想，作为职业教练也是球队主心骨的他就必须坚持。

虽然在本赛季CBA常规赛中取得不错的成绩，但是对于接下来的季后赛球迷还是为之捏把汗，其中最主要的原因还是困扰辽宁男篮一个赛季的伤病。

目前，辽宁男篮除主力中锋韩德君受伤外，赵继伟的伤也是至今未愈，加上郭艾伦、李晓旭和杨鸣等人的陈旧伤，确实给在卫冕路上的辽宁男篮带来未知变数。

“职业体育之所以受到广泛关注，除观赏性外重要的就是精气神儿，是明知有困难也要向前冲的精神。”郭士强告诉记者，辽宁男篮有过夺得全运会和联赛冠军的辉煌，也有过在联赛降级和6次折戟未能夺冠的低谷，但是越挫越勇的辽篮人越是遇到困难就越会向前冲，这是因为大家相信，比赛有输赢，但是精神和信念的比分没有封顶。

正是基于这样的精神和信念，细心的观众总会发现，无论跌倒多少次，队员们都会爬起来继续战斗，像泥泞中的跋涉者那样留下拼搏的足迹。

郭士强说，是辽宁这片沃土滋养出辽宁男篮永不放弃、越挫越勇和越是困难越向前的精神，接下来球队将在有限的时间里全力备战即将开始的季后赛。把每场比赛的每个细节做好，全力把联赛总冠军的奖杯留在辽宁。

手记 SHOUJI

永不服输

平凡和伟大之间没有绝对界线，把一件件小事做好就是不平凡。

从工业战线的老英雄孟泰，到共产主义的好战士雷锋，再到新时期感动全国的郭明义……与新中国共同成长的辽宁英模辈出，他们无私奉献、乐于助人、艰苦创业、克己奉公，在平凡的工作岗位上做出不俗的业绩。勇夺全运会和CBA联赛冠军的辽宁男篮，高度契合辽宁人民的精神向往和价值追求，靠拼搏、靠团队造就出永不放弃、越挫越勇和越是困难越向前的辽宁男篮精神。

回顾辽宁篮球数十年的发展历史，包括蒋兴权、吴庆龙和郭士强在内的辽篮人，他们不但是辽宁篮球的奠基者、建设者，也是辽宁乃至中国篮球的骄傲，

辽宁历史文化

词条 54

辽宁男篮

新中国成立以来，辽宁男篮一直是中国篮坛的强队。1988、1989、1991和1992年曾4次夺取全国联赛冠军。随着中国篮球进入职业化，辽宁篮球俱乐部于1996年正式成立，并加入CBA联赛。1996年到2016年期间，辽宁队曾6次夺得联赛亚军。在2017年第十三届全运会男篮比赛中，辽宁队以全胜战绩获得辽宁篮球历史上第一个全运会冠军。在2017-2018赛季，辽宁队又获得队史上首个CBA联赛冠军。

将无私奉献、团结协作、艰苦创业、自强不息的精神融入一代又一代的辽宁男篮队员的血液里，引导他们不断拼搏，创造出一个接着一个的奇迹。

时光流转，世事沧桑。辽宁男篮，有过成功登顶的荣耀，也有过跌入低谷的迷茫，但是跌得越深反弹就越强劲。

自加入CBA开始征战职业联赛以来，辽宁男篮始终是夺冠的热门，但却一次次倒在决赛场上，6次联赛亚军让球迷戏谑地称辽宁男篮为“千年老二”。面对外界的质疑与嘲讽，变化的是队员们一时的情绪，不变的是他们顽强拼搏和奋斗到底的精神。永不言败的辽宁男篮队员刻苦训练，厚积薄发，拼就拼他个酣畅淋漓，拼就拼他个无怨无悔。

梅花香自苦寒来。精诚团结的辽宁男篮勇攀高峰，在第十三届全运会男篮成年组决赛上战胜新疆队，迎来辽宁在全运会历史上首枚成年男子组的篮球金牌。圆梦全运会后的辽宁男篮再接再厉，在2017—2018赛季CBA联赛总决赛中横扫浙江队，经过漫长的等待后终于获得CBA联赛总冠军的奖杯。

精神这粒种子只要生根发芽，就会有顶起千斤巨石的力量。置身辽宁男篮的主场辽宁体育馆，你会看到球迷有多喜爱这支球队，也能切身感受到队员在经历怎样荡气回肠的对决。赛场上，队员一路冲锋、一路奋斗；赛场下，教练组运筹帷幄、决胜千里；赛场外，球迷一路泪水、一路欢笑……即便是受到伤病困扰，即便是因为缺兵短将，已经习惯逆水行舟的辽宁男篮，总会在比分落后时给予对手强硬的反击，永不放弃、越挫越勇和越是困难越向前的精神已经深入骨髓。

辽宁男篮是CBA联赛最受关注的球队之一，球迷中既有老人也有学生，但更多的是青年，他们喜欢郭士强的老练稳重，喜欢郭艾伦的力挽狂澜，喜欢李晓旭的兢兢业业，但是最喜欢的依然是辽宁男篮那股永不服输的劲头。正如主教练郭士强所言：辽宁男篮的精神与比赛胜负无关，是贯穿球队始终的意志顽强、敢打敢拼、精诚团结、勇攀高峰，更是在辽宁新一轮振兴发展正处于滚石上山、爬坡过坎的关键时期，与全省人民一道以更加饱满的热情、更加昂扬的斗志、更加务实的作风，再造辽宁新优势、再创辽宁新辉煌。

延伸 YANSHEN

怎能不爱

无论胜败，与辽篮同在！

2019年3月13日晚，在辽宁男篮对阵天津队的比赛现场，来自省内外的球迷不时高喊着这样的口号。

沈阳球迷齐海杰是辽宁男篮铁杆球迷，只要时间允许，他肯定要到现场为辽篮加油。当天，他想通过自己的呐喊为伤兵满营的辽篮助威。齐海杰喜欢辽宁男篮主要是因为成绩稳定，尽管过往有过低谷，但是大部分时间位居联赛前列，尤其是辽宁男篮敢打敢拼和永不服输的精神深深地吸引着他。齐海杰在接受记者采访时说，以前上学的时候就特别喜欢郭士强，那时郭士强因为永不服输而被称为“拼命三郎”，如今，全体队员也继承和发扬了这个优良传统。

作为保险公司理赔员的齐海杰告诉记者，工作中，尤其是在雨雪天气里他都要付出更多的辛苦，但是想到辽宁男篮无私奉献和艰苦创业的精神就会感到榜样的力量。

专程从北京来到沈阳看球的王婷说，虽然她工作在北京，但却是地道的辽宁人，不仅辽宁男篮主场比赛她要回家乡看球，就连不少客场比赛她也要到现场为辽篮鼓气。王婷至今对此前辽篮与南京队的比赛记忆犹新，当人们认为在训练中受伤的李晓旭无法登场时，眉骨和后脑先后缝针的李晓旭不仅登场，还砍下13分。

沈阳体育学院学生孙威向记者说，他通过报道知道郭艾伦每天都要加练，每每在训练结束之后连胳膊都抬不起来，“比起老大哥们，我们的专业课强度差太多了，所以我们更应该向辽宁男篮学习，把他们的精神化作我们学习的动力，争取日后为辽宁乃至中国篮球培养新生力量”。

每到辽宁男篮的比赛日，社交媒体上都有辽宁男篮的海量信息，尤其是身高并不出色的郭艾伦一次次杀向篮下的镜头，深深感染着每一名现场和电视机前的观众。

面对这样的辽宁男篮，大家怎能不爱！

铁西区就是模范

在一穷二白的背景下启程
信仰扶正脊梁暴发的力量
锻造出了铁西的一片火红
尽管曾与度假村狭路相逢
但苦楚
让他们找到了改革的真经
土地置换冲出围城的经验
北京认可　中国认同
从三十九
到四百四十八平方公里的
演进中
一首强起来的交响曲
正在彩排着
全方位振兴的阵容

文 / 商国华

▶ 沈阳市铁西区，是中国工业文化的象征，也是工业精神的集中体现。铁西区，经历过转型之痛，也品尝了改革之利。对于工作和生活在铁西区的几十万产业工人来说，无私奉献、积极进取、敢为人先、永不言败的精神是铁西区最为珍贵的财富，也是当代铁西人文情结中最重要的组成部分，更是铁西区迈步向前的不竭动力。

■ 沈鼓集团

蝶变

沈阳地铁一号线西向倒数第二站是中央大街站，这里企业云集。

沈鼓集团位于地铁口以北，越过高大的办公楼，可以远远望见厂区内厂房林立。

沈鼓集团党委宣传部部长刘胜民说，沈鼓集团的主导产品已经由鼓风机跨越到技术水平更高、结构更复杂的压缩机，包括炼油、乙烯、空分、核电等能源化工工程用的离心压缩机、往复式压缩机和泵类产品。作为沈阳的老牌国企，沈鼓集团创造了新中国众多个“第一”，如第一台十万空分压缩机组、第一台120万吨乙烯压缩机组、第一台长输管线压缩机组等等。

“别看我们现在的技术位于世界前列，但如果不是及时革新技术，沈鼓就不能很好地适应市场，走出当时国

▲ 中国工业博物馆内的雕塑《十万军镐》

有企业面临的困境，更不可能实现这么多重大国产装备的突破。”翻开沈鼓今年刚编印的改革开放40周年纪念画册，第10页的画面是一台大型计算机正在进入沈鼓厂区。刘胜民告诉记者，当年沈鼓可是 IBM 大型计算机在中国大陆的第一个用户。

在沈鼓集团发展的初期，也曾走过引进技术的道路。当时如果不引进新技术，沈鼓集团就会在故步自封中丧失竞争力。在同一时期，许多企业因为没能跟上时代的脚步，最终被淘汰。由于外商严密的技术封锁，沈鼓集团所引进的技术只能是世界二流、三流的技术。如果不能在这个基础上吸收消化再创新，沈鼓就不能拥有自主知识产权的核心技术，我国大型压缩机市场将面临持续被外商垄断的残酷现实。从那时起，沈鼓集团认识到，在关键领域，中国人无论如何都要拥有自己的核心技术。此后，一代代沈鼓人不断突破技术难题，不断打破跨国公司的技术垄断，如今沈鼓的离心压缩机产量位居世界第一，大型乙烯压缩机组等重大装备有力地支撑了我国大型工程和重点项目的建设。

沈鼓集团能够取得这样的成绩，与沈鼓人的不懈努力密不可分。沈鼓集团培养锻造了一支以杨建华、徐强、“五朵金花”、姜妍为代表的高技能人才队伍，

中国工业博物馆一角

辽宁历史文化
词条 55

铁西区

铁西区位于沈阳市西部，曾经为共和国的工业发展做出巨大贡献，创造了新中国工业史上数百个第一。改革开放后，一度遭遇转型阵痛，经过不懈努力，浴火重生，在新时代绽放出新的活力。

他们永不服输，拒绝平庸，敢为天下先，使得沈鼓集团能够最终实现从跟跑、并跑向领跑冲刺的蜕变，成为“大国重器”“国家砝码”。

中国工业博物馆

工业遗产

如果不是土生土长的沈阳人，想要了解铁西区的历史，有必要去一趟位于铁西区卫工北街与北一西路交会处的中国工业博物馆。

铸造馆是中国工业博物馆的一部分，它以前是沈阳铸造厂，后来老厂房经过改造，曾经作为沈阳铸造博物馆向大众开放。

走进铸造馆，恍若置身于旧时光中。宽阔的厂房中，满眼的巨大机器，仿佛下一秒就会嗡嗡作响。对比之下，个人显得格外渺小，也许只有群体的气势才能压住这样的场面，记者心中不由得升起一个念头：“团结就是力量。”

中国工业博物馆研究室主任王彤说：“我们非常庆幸能够把这些工业遗产保留下来，让所有人都能切身感受那个年代的工业气息。”王彤介绍，在2002年左右，铁西区开始了“东搬西建”工作，把部分老企业从铁西区搬到经济技术开发区，利用市区与郊区形成的地价差获得资金，帮助老企业安置职工、转换机制、改造技术。在这一过程中，沈阳铸造厂就被保留下来，并且被改造成铸造博物馆。

▼ 重型文化广场 1905 文化创意园

在铸造馆中，有一组雕塑名为“十万军镐”，讲述了抗美援朝战争时，为支援志愿军，沈阳重型机器厂接到上级命令，在两个月内赶制出10万把军镐，用于前线挖掘战壕。厂内全体员工接到命令后，克服不利条件，革新技术，采用“叠芯串铸”的方法，仅用19天完成了任务的故事。

在铁西，很多企业都有类似的故事。这些故事彰显了铁西的工业文化、工业精神。这些故事的背后是一群无私奉献、团结协作、创新实干、奋斗自强的铁西工人。直到今天，在我们熟悉的沈鼓集团、沈阳机床、沈重集团等企业，都在不断涌现这样的楷模。

王彤表示，留下老厂房，不仅仅是要留住一段时光，也是让曾经在工厂工作和生活的工人群体有一个寄托思念的去处，更是要把工业文化和工业精神永久地保留下来、传承下去。

■ 沈阳1905文化创意园

老旧厂房的新生

在老一辈人的眼中，铁西已经发生了翻天覆地的变化。沈辽路上的金牛拖拉机厂变成了家乐福、万达广场，北二路上的沈阳机床厂原址上建成了红星美凯龙、宜家、星摩尔广场，曾经的工业街区兴华街、北二路成了汽车4S店集群，而兴工街、云峰街、建设大路成为高档住宅区……

在铁西区，还能不能找到曾经的工业元素？记者四处寻找，找到了一条条以“工”字命名的街道，找到了扳手形状的斑马线，找到了广场上醒目的工业雕塑，找到了见证老铁西人生活的工人村生活馆，还找到了彰显新铁西人时尚潮流的1905文化创意园。

铁西区的工业历史悠久，要追溯到1905年，沈阳第一个工业企业——铁路修理所在铁西诞生。沈阳1905文化创意园的名字由此而来，它坐落于重型文化广场西南部，远远望去，尖状屋顶十分引人注目。这座建筑始建于1935年，后来成为原沈阳重型机械厂的二金工车间。在这里，炼出了新中国的第一炉钢水，创造了40多项“共和国第一”。当沈重集团整体搬迁后，二金工车间作为铁西工业的见证，被完整地保留下来。

走进1905文化创意园，你会发现新锐与沧桑在这里碰撞出艺术的火花。这里的装饰布置以工业元素、旧机器设备创意设计出的工业雕塑为主，这里摆有巨大的轮胎、由零部件组成的机器人雕塑，还有闪烁的工业交通信号灯等摆件。

沈阳1905文化创意园负责人王之函告诉记者：“我们在保护老建筑的同时，加入创意内涵，把这里打造成为集历史、文化、艺术、休闲于一体的文化创意产业综合体，这样成熟的商业区在东北是唯一的。”

园区中，老厂房有着超高举架、现浇架构、顶峰天窗、灰色墙体，在这幅粗犷的画面中，设计者或者是在墙上画上漫画，或者是配以艺术品和充满创意的小玩意儿，使得每一处景观都充满了文艺范儿。年轻人来此寻找、享受浪漫的文艺情怀，退休的工人也可以在这里寻访年轻时的岁月。

手记 SHOUJI

脊梁

翻开辽宁经济发展的画卷，如果那些辉煌的成绩是底色，那么画面的主体一定是这些成绩的缔造者，他们或许是一个人，或许是一群人，他们有男有女，有着不同的成长经历，有着不同的身份，他们还有一个共同的标签——劳动模范。

辽宁作为老工业基地，劳动模范在大工业火热的生产生活中不断涌现。劳模评选始于20世纪50年代，当时的劳模形象定格在人们心中的多是艰苦奋斗、大干苦干的形象，如工业战线的老英雄孟泰、生产竞赛运动的带头人马恒昌、工人技术革新家王凤恩等。20世纪80年代，在“科学技术是第一生产力”等一系列重要论断下，专职技术人员、知识型工人和优秀企业家进入了劳模行列，这一阶段涌现的劳模包括“活着的孟泰”张成哲、“走在时间前面的人”徐正新、“中国机器人之父”蒋新松等。进入21世纪，辽宁选树劳模由“传统劳模”向“创新劳模”转变，体现了时代要求，像沈鼓集团的“五朵金花”、鞍钢的李超、沈飞的方文墨，许许多多的劳模被树立起来，代表着这个时代的价值取向。

一张张脸孔由远及近，不仅象征着一段又一段的辽宁工业史，更述说着一个规律——厚重的工业文化能够孕育出更多的劳模。

这与老工业基地紧密协作的生产模式密不可分。大工业有着规模大、分工细、协作广泛的特点，生产环节一环扣一环，必须相互配合。在这样的环境中，为了达到更高的生产水平，不给他人、集体拖后腿，往往会激发出一种艰苦奋斗、无私奉献的精神。

这与辽宁地区长期形成的主人翁意识密不可分。一直以来，辽宁被称为“新中国工业的摇篮”和“共和国装备部”，创造了许多“第一”，一代又一代的产业工人这样告诉自己的后辈：“我们是中国工业的脊梁。”直到今天，在鞍钢、沈鼓这样的国企中，工人们的身上依然流淌着大公无私的血液，他们依然以民族振兴为己任，坚持爱厂如家的精神。

这与企业的积极培养密切相关。在辽宁，长期以来能够形成劳动光荣的氛围，源自各个企业对劳模精神的鼓励和积极培养。纵览辽宁劳模的成长经历，我们不难发现，企业往往会给劳模提供成长进步的平台，让劳模承担重点任务，提升劳模的能力素质。不论过去还是现在，企业中常常会举办技术竞赛，培养工人们干一行、爱一行、精一行的精神。

这与开拓创新的时代要求密不可分。在当前百舸争流、千帆竞发的年代，竞争非常激烈，企业犹如逆水行舟，不进则退。工人群体必须在几十年如一日的平凡工作中，提高产品的质量，突破技术难题。在这样的大背景下，劳模往往秉承精益求精、开拓创新的精神脱颖而出。

▲ 屹立在铁西区北一路重型文化广场的大型工业雕塑“持钎人”

特写 TEXIE

姜妍的一天

姜妍有很多称号，她是用户眼中的“偶像”，她是项目的“定心丸”，她是厂里人人学习的“劳模”，她是年轻团队口中的“姜姐”。

2019年2月20日这天，记者跟在这位梳着马尾、不施粉黛的女副总工程师身边，记录下她最普通的一个工作日。

上午9：00

记者来到姜妍的办公室，她穿着蓝色的工装坐在电脑前，手里拿支笔，正在看设计图纸。

姜妍的办公桌十分普通，除了电脑之外，还有几处堆积着书籍和资料，一部电话、两盆绿萝、笔筒、茶叶、茶杯分散在各处。桌边还有一个桌牌，上面写着：“沈鼓集团透平设计院副总工程师姜妍”。

姜妍今年46岁，她回想起自己初来沈鼓，就从事设计工作，一干就是22年。

上午9：56

姜妍通知设计团队10点开会，对图纸进行审核。面对密密麻麻的图纸，姜妍总是一眼就能发现问题，她对在场的每个人都反复强调“要细心”“我们一定要做到零失误”。

姜妍所领导的设计团队是沈鼓集团最年轻的团队，却因为工作突出，先后获得“辽宁省优秀班组”“全国工人先锋号”等殊荣。

中午12：20

办公室中，姜妍看了一眼表，已经过了吃午饭时间，她起身去食堂吃饭。

匆匆扒拉了几口饭菜，姜妍和记者唠起了孩子。

记者问她孩子多大，姜妍说上高中了。说起女儿，姜妍是愧疚的。

去年孩子初三，面临中考，每次家长会的时候，姜妍都在出差，一次都没赶上。

姜妍说女儿特别懂事，但是这种懂事让人心疼。她打开手机，翻出一条短信，是一条女儿小学时发的短信："妈妈，我在雪地里等了40分钟公交车，还没来，我都冻哭了，多想你来接我。"看到这里，我俩眼眶都红了。

下午2：00

姜妍去找领导汇报工作进程。

下午2：34

姜妍刚到办公室，就来了一个电话，说是车间那边出了问题。姜妍赶往车间，原来是有一个零件尺寸不对。姜妍告诉记者，这个工作就是要心细，每一步都要精确，这样才能做到零失误。差之毫厘，谬之千里，这么小小的一个失误，就会造成巨大的损失。

傍晚6：00

回来之后，姜妍反复查看图纸和资料，在笔记本上写写画画，一直忙到下班时间。她揉了揉酸痛的脖子，估计今晚得加会儿班。22年来，姜妍在设计岗位上创造出不平凡的业绩。她先后获得"氧气压缩机用银片镶嵌密封""常温装配超低温运行离心压缩机"等6项国家专利，主导设计出我国第一台45万吨乙烯压缩机，又成功地设计创造了第一台百万吨乙烯压缩机，被誉为"国家百万吨乙烯压缩机设计第一人"，这不仅打破了国外长期的技术垄断，而且使我国成为世界上第四个具有百万吨级乙烯"三机"设计制造能力的国家，彻底结束了长期以来依赖进口的历史。

鞍钢有一面写满名字的墙

记不清　记不清了——
献血的窗口
留下了他多少复印的影像
助困的手臂
扶起过多少回天的翅膀
善举的目光
洒下了他多少倾囊的泪滴
荣誉的殿堂
多少绶带、勋章亲吻过他的胸襟
能说清的是
千万个志愿者与他同行的脚步
看得见的是
大爱的旗下仁爱划桨的风光
郭明义——新时代雷锋传人
的放大样

文 / 商国华

▶ 鞍钢集团博物馆里有一面气势恢宏的英模墙，高边5.8米、低边2.3米、长13.7米，由一个长方形和一个梯形两个平面垂直组成。墙上，密密麻麻写着名字，他们都是鞍钢的英模。

英模墙体现了鞍钢独特而鲜明的英模文化。墙上的名字每年都在增加。

■ 鞍钢集团博物馆
英模墙

这一年多，鞍钢集团博物馆陈列部主任陈永相当忙碌。从去年9月开始，博物馆的工作人员紧锣密鼓赶进度，重新布置展区。2018年是改革开放40周年、鞍钢成立70周年，今年是新中国成立70周年，鞍钢集团博物馆要以新的面貌与广大参观者见面。

鞍钢集团博物馆在2014年12月正式对外开放。博物馆建筑面积1.26万平方米，展馆曾多次扩建、重新布展。展馆中每一处精心的设计，都令人震撼。令记者印象最为深刻的是一面英模墙，墙上密密麻麻写着名字，他们都是鞍钢的英模。

建馆伊始，刘姝圻就担任讲解员，她说，英模墙体现了鞍钢独特而鲜明的英模文化。“上面刻着截至目前获得各级劳模称号的鞍钢人的名字。”刘姝圻说，建馆时，

▲ 位于鞍钢集团博物馆内的英模墙体现了鞍钢独特而鲜明的英模文化

设计师预先留出了这处墙体，为将来添加名字提供空间。“咱们鞍钢的英模前有古人，后有来者，从未间断。”刘姝圻自豪地说。因为这面墙，刘姝圻的讲解词也在不断变化。2014年，她对观众说，大家面前的这面墙上，有5870个名字……现在，这一数字增加到了6579。刘姝圻笑着对记者说，4年的时间，鞍钢英模增加了将近1000人，按照这个速度，或许等自己退休时，这个数字会突破3万。

将来展厅改造会不会将墙拆除？刘姝圻摇摇头说，这面墙，变的是上面的名字，不变的是它的存在。“这面墙的存在，是对英模的礼赞。我相信，它会一直矗立在这里。”刘姝圻说。

鞍钢

鞍钢集团（以下简称“鞍钢”）于2010年5月由鞍山钢铁集团公司和攀钢集团有限公司联合重组而成，是国务院国有资产监督管理委员会监管的中央企业，总部坐落在辽宁省鞍山市。鞍山钢铁集团公司是新中国第一个恢复建设的大型钢铁联合企业和最早建成的钢铁生产基地，为国家经济建设和钢铁事业的发展做出了巨大贡献，被誉为“新中国钢铁工业的摇篮”“共和国钢铁工业的长子”，是“鞍钢宪法”诞生的地方，是英模辈出的沃土。

■ 李超创新工作室

薪火相传

郭明义和李超，是近几年从鞍钢走向全国的最有影响力的先进典型。两个人有很多共同之处，例如对鞍钢感情深厚，对工友影响很深，对荣誉看得很淡，对责任看得很重。

李超的父母都是鞍钢老职工，他从小就在车间里跑进跑出，但并不了解孟泰、王崇伦的故事。李超对这两位鞍钢前辈的了解，是在自己真正成为鞍钢人之后。不过，李超认为，鞍钢的英模文化不仅仅体现在英模身上，也体现在所有鞍钢人的行动中。“爸爸还有叔叔伯伯们在车间流汗加班，为了集体从不计较个人得失，这些情景深深地影响了我。在我看来，鞍钢就是这样的，鞍钢的工人就是这样的。”李超理所当然地认为自己也要像父辈那样勤勤恳恳。

鞍钢集团博物馆内，“英模鞍钢”展区的内容一直在变化。大型浮雕塑造的人物，过去是孟泰、王崇伦、雷锋和郭明义，今年增加了李超。提到这一变化，李超有些害羞，他一再摆手说，跟老一代英模比，自己差距很大。

而郭明义，一直把雷锋视为榜样。雷锋和郭明义之间有很多交集。曾担任鞍山军分区副政委的余新元，1960年1月在鞍山火车站把雷锋送上新兵专列；1977年1月，他又在同一地点把郭明义送到部队。在部队，郭明义是学雷锋标兵；在鞍钢，他是学雷锋典型。现在，鞍钢人都在跟着郭明义学雷锋。

如今的郭明义已是全国闻名，但无论走到哪里，他总强调是鞍钢培育了自己。出现在公众视野中的郭明义，总是穿着鞍钢的工装，仿佛时刻提醒着人们“我是鞍钢人”。郭明义说：“无论顺境还是逆境，鞍钢都能泰然处之，这与英模辈出的企业文化不无关系。”

郭明义爱心工作室

培厚土壤

榜样的力量是巨大的。

李超受到师傅们的影响，成为冷轧厂里的工人发明家。今天，作为首席技师的他也在影响着新一代的鞍钢人。采访当天，三分厂的机器活套跑偏，速度提不上去，影响了生产效率，李超和工友们立即分析原因，制订解决方案。记者注意到，李超的工装两侧各插着两支笔。他笑着说，那是为了方便，可以随时在车间里画图、计算。宋伟比李超早一年入厂，他真诚地说：“我在工作上

很要强，不少年轻工友说佩服我。但我这个被别人佩服的对象，打心眼儿里佩服李超。”年轻的工人张凤亮说：“入厂几年来，我真正体会到，在鞍钢，前一代的英模就是后一代鞍钢人的榜样。后一代的鞍钢人出英模，又有下一代的鞍钢人学习他们。”在李超的带动下，张凤亮参加了集团点检员技能大赛，荣获“技术能手”称号。他相信只要像李超那样肯钻研，自己也能成为设备医生，创造更大价值。

而大半辈子学习雷锋的郭明义，现在最满足的事情是自己可以通过互联网以更多形式带动大家一起学雷锋。郭明义说，鞍钢学雷锋的氛围特别浓厚，2009年，他在鞍钢党委的支持下成立郭明义爱心团队，如今这个爱心团队已经走出鞍钢、走向全国。不仅鞍钢各单位和所有的央企都成立了郭明义爱心团队，全国各地还有郭明义爱心团队1000多支，志愿者总数超过180万人。“作为一个普普通通的鞍钢人，我为自己的身份感到自豪。”郭明义说。

新中国成立以来，鞍钢累计诞生各级各类先进典型人物万余名，对一个企业来说，这是惊人的数字。鞍钢党委宣传部干部曹洪儒说，培养树立典型已经成为鞍钢各级党组织开展宣传思想政治工作的重要内容和方法，为英模人物的不断涌现创造了良好的环境和条件。

手记 SHOUJI

英模密码

说起鞍钢，人们首先想到它生产的钢铁。不过，除了钢铁，鞍钢诞生的英模之多，以及他们所具有的影响力，同样闻名全国。

钢铁挺起了中国工业的铮铮脊梁。而英模，从孟泰到雷锋，从王崇伦到张明山，从李晏家到郭明义，从孙利东到李超，铸造了精神脊梁。

钢铁与英模，彼此支撑。当钢铁行业遭遇寒风侵袭，英模传统让鞍钢人挺直腰板，砥砺前行；当企业飞速发展，鞍钢人也会居安思危，不断探索创新。

60多年，涌现出万余名先进典型，常有人问：鞍钢的英模密码是什么？

密码来自薪火相传。鞍钢集团钢铁研究院团委书记王柏羽说，每一个刚入

▲ 讲述孟泰事迹的展区

厂的员工，无论是一线工人，还是科研人员，第一站不是参观鞍钢高新科技实验室，而是到孟泰纪念馆听听老英雄爱厂如家的故事。王柏羽是土生土长的鞍山人，她对孟泰的事迹并不陌生。但接受入厂教育时，当她听到“日本侵略者断言，他们的技术人员离开后，鞍钢这片土地只能种高粱。而孟泰几乎把家搬到厂里，在废墟上创造了恢复生产的奇迹”时，深感鞍钢的发展离不开老一辈工人的无私奉献和艰苦奋斗。“前辈留下的精神财富深深影响着每一代鞍钢人，是我们的精神力量和学习榜样。”王柏羽认为，鞍钢的传统是鞍钢人天然的基因，也是鞍钢代代出英模的重要原因。

2018年11月，记者在国家博物馆参观庆祝改革开放40周年展览。在大型油画《时代的领跑者》中出现了几位全国知名的英模形象，其中就有孟泰与王崇伦。如果说具有艰苦奋斗、爱厂如家、为国分忧、无私奉献的主人翁精神的孟泰是鞍钢英模精神形成的重要源头，那么随着时代的变迁，郭明义、李超等新一代英模的影响力依然巨大并辐射全国。郭明义的微博粉丝有2000多万，他的爱心团队遍布全国各地。

鞍钢在不同历史阶段，都有走在全国前列、具有鲜明时代特征的模范人物。随着时代的发展，新一代的模范人物和新一代的鞍钢人在不断继承老一代模范人物的精神品质的同时，又以自己的实践不断赋予鞍钢精神以新的时代内涵。

边成长边培养，边挖掘边推广，边引导边传承，边奉献边发展。鞍钢的两条生产线，始终火热生产，从不下线。

我们有理由相信，鞍钢的英模还会不断出现，鞍钢的英模文化将随着实践越发厚重绵长。

特写 TEXIE

五见郭明义

记者曾5次采访郭明义。

2011年夏天，因为采写大型新闻策划《当今中国主流道德判断》，记者第一次见到郭明义。当时的他，刚刚获评“感动中国”人物，几乎每天都要接受新闻媒体的采访。刚刚学会使用微博的郭明义，在自己的微博上写下了接受记者采访的感受，他坚定地认为，中国的主流道德是向上的。

2013年冬天，家住沈阳市苏家屯区的农民陈刚找到记者，因为郭明义帮助他解决了难题。原来，那年陈刚家的苹果大丰收，却滞留在家卖不出去，眼看着果窖里的苹果一天天腐烂，全家人急坏了。走投无路的陈刚在微博上向郭明义求助，没想到，郭明义很快转发了他的微博。当天下午，就有人陆续找陈刚订购苹果。3天的工夫，果窖里的苹果卖空了。陈刚带着专门留下的一箱苹果专程送给郭明义，郭明义拒绝了。记者还记得郭明义说：“如果我帮了谁，谁就带着土特产来找我，那我这办公室都堆不下了。”

2017年4月，记者再次采访郭明义，这次的主题是“信”。郭明义的办公室里，保留着大量来自全国各地的信件，当中有求助信，有感谢信，每一封郭明义都亲自过目，然后登记在案，马上解决。

2018年7月9日，记者再次走进郭明义的办公室，请他谈谈对新时代辽宁精神的理解。让记者惊叹的是，郭明义的理论水平很高。那一次，记者看到郭明义的办公桌上堆满了各类理论书籍。他说，不读书不看报，哪能跟上中国发展的脚步，哪能当好一名工人。

2018年年底，记者和郭明义又见面了。这一次，郭明义深情回顾了与鞍钢共同成长的经历。他说，是鞍钢的英模文化影响了他，让他四十多年如一日坚持做好事。

5次采访郭明义，不变的是他那身洗得发白的工作服，脸上纯朴的笑容，还有执着的精神。变化的是他鬓角渐生的白发，是脸上渐深的皱纹，还有不断提升的理论水平，以及不断增加的郭明义爱心团队的数量……

一堂特殊的思政课

那张刺痛了热血的讣告
让天地知道了你
护佑蓝天的悲壮
你三十年挑灯看剑的追逐
谱写了歼击机换代的进行曲
你导演的辽宁舰
刀尖上的舞蹈
铺就了中国舰载机
翔飞的大道
你不声不响地走了
留下了忠诚发动的引擎
千千万万滚烫的心
繁衍成信念的守望
中华英雄
我们永远的罗阳

文／商国华

▶ 活动时间：2019年3月6日

▶ 活动地点：沈阳航空航天大学学生活动中心、沈阳航空航天大学展翼大道歼八-2前。

▶ 活动内容：请沈阳航空航天大学的两名同学讲一堂公开课，分别以“辽宁舰的故事”“航天梦的故事”为主题，将罗阳、张超、杨利伟、张晓光4位辽宁英雄模范的事迹讲述出来。课后，请前来听讲的同学们说一说对4位英雄模范事迹的感触。然后，请大家到展翼大道上的那架歼八-2前，谈一谈各自的梦想，谈一谈自己对英模的理解。

▶ 活动目的：报道组将活动的地点选在沈阳航空航天大学，一来是因为专业相关，在这里讲述罗阳、张超、杨利伟、张晓光的故事，学生们的代入感强，将会收获更多的理解和反馈；二来讲航空航天英模的事迹给大学生听，可以激发学生对于本专业的热爱，鼓励他们在相关的领域里奋力前行，走得更远。

■ 9:45

第一环节：我来讲课

在沈阳航空航天大学学生活动中心四楼的一间活动室内，民用航空学院的曾黎娜同学和航空发动机学院的杨展同学是这次活动的两位主讲人，他们正在为今天的

▲ 曾黎娜讲述“辽宁舰的故事”

公开课做最后的准备。上午10时整，公开课正式开始，曾黎娜走向讲台。以下是曾黎娜讲课内容的节选：

今天我给大家讲课的主题是辽宁舰的故事，主要想分享两位英雄的故事，他们是罗阳和张超。

……

罗阳是辽宁沈阳人，男，51岁，生前是沈阳飞机工业（集团）有限公司党委副书记、董事长、总经理，在座的各位应该都有所耳闻，他曾是歼－15总负责人。

在2012年11月25日上午，随中国首艘航母辽宁舰参与舰载机起降训练的罗阳，在大连执行任务时突发急性心肌梗死、心源性猝死，经抢救无效，于12时48分在工作岗位上殉职。

……

下面我要讲一讲另一位英雄的故事，他的名字叫张超。

……

“跳伞！跳伞！跳伞！”12时59分17秒，也就是发出故障报警信号4秒多后，

▲ 杨展讲述“辽宁舰的故事”

塔台指挥员连发三声命令，几乎在指挥员下达命令的同一瞬间，张超从座舱弹射出来。由于弹射高度太低、角度不好，主伞无法打开，座椅也没有分离，张超从空中重重落下，掉在了跑道边的草地上。

……

短短4.4秒，生死一瞬，张超首先选择了“推杆”，拼尽全力挽救飞机。正是这个选择，让他错过了跳伞自救的最佳时机。

“跳伞！跳伞！跳伞！”这句话之后，活动室里的空气仿佛凝结了，大家十分紧张，想知道张超的命运，当知道张超最终牺牲了，许多女同学眼眶都红了。当同学们还沉浸在张超的故事中时，杨展走上讲台，他要讲的是“航天梦的故事”。以下是他所讲内容的节选：

杨利伟，这个名字大家都知道，他是中国第一位航天员，中国太空第一人。

……

功夫不负有心人，在5次正常飞行程序考试中，他获得了两个99分、3个100分的好成绩，专业技术综合考评排名第一。正因为杨利伟对飞船飞行程序和操作程序烂熟于心，在21小时23分钟的飞天之旅中，他的全部操作没有出现一次失误。

……

在祖国的航天员队伍中，还有一名辽宁籍的航天员，被称为“英雄航天员”，他就是张晓光。

……

都说天上一天，地上一年，张晓光真的用15年的努力，换来了15天的飞行，他终于圆了自己的飞天梦。

……

对于张晓光而言，最大的遗憾是没能见上老妈最后一面。

……

■ 10:15

第二环节：他们感动了我

听了罗阳、张超、杨利伟、张晓光的事迹，学生们十分感动，他们纷纷表达了对4位英模的敬意。

杨展｜航空发动机学院

在张晓光的故事中，有一句话“地上一年，天上一天”，让我很是震撼。

在航天人的诠释中，这是一个艰苦奋斗、实现理想的过程。为此，我深刻认识到，任何职业，成功的背后都是一段奋斗史，都有一把辛酸泪。

张新宇｜自动化学院

每一份工作的背后都需要付出很多努力，都有它辛苦的地方。但从这些故事中，我更加认识到，航空航天专业不仅需要付出，还需要拥有更大的责任心、奉献的情怀，遇到问题首先想到的不是自己，而是把集体放在第一位。

金航｜机电工程学院

听到各位英雄的伟大事迹，我十分感动。

其实我是第一次知道杨利伟是辽宁人。作为家乡人，我十分自豪，感谢他们为祖国做出的贡献，我希望也能尽己所能为祖国做出贡献。

杨洋｜材料科学与工程学院

张超有过3次人生选择，他都选了最危险的路。英雄总是走在充满荆棘的路上，作为航空航天大学的学生，我非常理解他们的选择，也许在未来，我也会做出同样的选择。

王添翼｜创新创业学院

听了罗阳的故事，我认识到，航空航天工业是一项“计毫厘而构大厦”的事业，既需要在大的方向上有所认识，在细节上也丝毫不能疏忽，需要费尽心血才能获得成功。

戴金启｜安全工程学院

罗阳的故事让我感触很深。在任务来临之时，罗阳不顾个人安危，废寝忘食地工作，最终倒在了工作岗位上。他以自己的生命谱写了航天人敢于拼搏的壮丽诗篇。

曾黎娜｜民用航空学院

这是我第二次讲述罗阳的故事。上一次讲罗阳，是以他女儿的口吻讲的。

他的女儿对于他的工作从不理解到理解，从不支持到支持，经历了很多事情，令人十分感动。

我认为每个行业都有不容易的地方，只要初心不变，做好岗位上的每一件事，就是对英雄们最诚挚的纪念。

许雯艳｜民用航空学院

英雄，就是中国梦的诠释者。人在遇到危险的时候，第一直觉、第一反应最能展现自己内心深处的责任与使命。听了他们的故事，我真的觉得很震撼，很有共鸣。

顾席铭｜民用航空学院

身为飞行学员，我深知自己肩上的担子有多重。经过一段时间的学习，我对飞行员这个职业有了较为全面的认识。

▼ 同学们上了一堂特殊的现场思政课

▲ 同学们聚集在歼八 -2 飞机前参与讨论

我现在是一家航空公司的飞行学员，通过和公司的接触，让我更加认识到当一个好的机长是多么不容易。保障全体乘客的安全是我的职责，臂上的四道杠是有分量的。飞行是一件很严肃的事情，不能有一点失误，因为关系到乘客的安全和公司的名誉。

我一定会认真学习飞行技术，成为一名合格的令人信服的机长。

■ 11:10

第三环节：初心和理想

记者和大学生们一起来到位于展翼大道的歼八 -2前，这架飞机是沈飞集团无偿捐赠给沈航的。

站在飞机前，记者请大家讲讲自己选择航空航天专业的初心和理想。

曹哲丨安全工程学院

我从小没什么特别的爱好，就是喜欢蓝天，想当飞行员，想为国防添一份力，所以我就报考了和飞机有关的学校。

龚海洋｜航空宇航学院

高考之前，我对飞行器相关的专业一无所知。

报志愿时，我才第一次认识这些专业。飞行器制造工程，乍一听，感觉特别酷炫，一下子就吸引了我，所以就成了我的第一志愿第一专业。

现在，我逐渐了解了航空人背后的辛苦。或许，每一个航空人都有一个航天梦。我也有一个航空梦，就是亲手制造飞机，我不能上天，但我要把自己制造的飞机送上天，我会努力的！

石升睿｜材料科学与工程学院

我的就业方向是机务维修，这是航空安全中最重要的一个环节，关系到生命安全。因为这份重要性，我觉得自己即便不能飞天，但依然值得自豪。

孙烨｜材料科学与工程学院

学了这个专业后，我渐渐改变了想法，对一个原先不太理解的专业有了更新的认识。

高远｜安全工程学院

记得有一次看电视，电视荧屏上一个红点在黑暗中上升，后来才知道那里面坐着杨利伟。

从那时起，我就产生了成为宇航员的愿望。但因为视力原因，这个愿望难以实现。我想，既然开不成飞机，那就造飞机。虽然最终没有进入自己向往的专业，但我一直没有忘记最初的志向。

孙睿成｜安全工程学院

空天报国，守护苍穹，德能并进，勇毅翔远。

詹济同｜航空发动机学院

我从小就对航空航天有一种憧憬，我喜欢飞机划过天空留下的白线，喜欢飞过的鸟儿、蝴蝶。

▲ 记者采访曾黎娜（左）

我的姐姐、姐夫都是沈航毕业的，我也想来这里上学。我现在是大一，接触到的专业知识很少，但我相信自己肯定能学好。

徐广｜川航空发动机学院

飞行员表面上光鲜亮丽，其实背后很辛苦，需要平时不懈地努力。我认为，选择沈航，就是选择了一条不平凡的道路。这条道路有辉煌，也会有艰辛。高考报志愿之前，我就听说沈航实行半军事化管理，来到这里也是为了锻炼自己。

于子棋｜民用航空学院

我的专业将来的工作方向是机务维修，报考时觉得这个专业很酷，工作后每天都能和飞机亲密接触。但真正进入沈航，对这个专业更加了解后才发现，不但课业繁重，而且是一份非常辛苦的工作，维修大多在深夜，有时在 −40℃的机坪，有时在太阳暴晒下，强度很大。陪伴家人的时间更是少之又少。不过还是很热爱这个专业，因为他能让我为中国航空事业贡献一点点力量。

▲ 同学们一边听讲，一边思考着问卷上的问题

王立程｜航空发动机学院

“矢志空天”不是一句口号，而是我从小耳濡目染所怀揣的最真挚的梦想。填报高考志愿时，我毫不犹豫地选择了沈航的飞行器动力工程，并顺利被录取。我在“军工情怀”的环境下成长了3年，加深了我对航空事业的热爱。家中长辈曾跟我说，航空航天事业是咱们国家的薄弱点，所以一旦选择了这个行业，一定要坚持下去，做出中国人的骄傲。

这番话燃起了我内心蓝天报国的激情，我决心继续深造，报考该专业的研究生。

调查 DIAOCHA

100 名大学生的问卷

为了深入了解青年对辽宁英模文化的认知度，报道组走进高校，选择沈阳航空航天大学的100名大学生作为样本，进行问卷调查。

参与此次调查的学生年龄介于18岁至23岁，其中来自辽宁的有57%，其他

43% 来自吉林、黑龙江、山东、山西、河南、安徽等省份。所学专业包括飞行器动力工程、通信工程、人力资源管理、复合材料与工程、探测制导与控制技术、广告学等十几个类别。根据调查结果，报道组进行了如下分析。

最熟悉郭明义和罗阳

问题：你最熟悉的辽宁英模有哪些？

结果：54% 的人写了郭明义的名字，40% 的人写的是罗阳，还有9% 写了赵尚志，7% 写了雷锋，6% 写了孟泰。此外，方文墨、杨利伟、毛丰美、孙利东、刘涌新、赵宝桐、吴运铎也被提及，还有人将王进喜写进了辽宁英模的名单。

分析：选择郭明义的大学生最多。他们表示，提起辽宁英模，脑海里首先想到的就是郭明义。因为郭明义做好事持续时间久、传播范围广，他的事迹老百姓都耳熟能详。有些学生还看过以郭明义为主题的话剧、电影，因此印象深刻。

因为与专业相关，沈阳航空航天大学的学生们更容易对航空领域的英模事迹产生共鸣。写下罗阳名字的学生说，罗阳是航空报国英模，在从事航空航天研究的人群中很有亲切感，大家都知道罗阳的故事，而且沈阳航空航天大学曾经专门组织学习罗阳的校园活动，大家深受教育。

看影视剧印象更深

问题：你是通过什么渠道知道辽宁英模故事的？

结果：57% 的学生认为课本是了解英模故事的重要渠道；74% 的学生通过媒体得知英模的故事；60% 的同学在看影视剧时记住了英模的名字；32% 的同学家里老人会讲

辽宁历史文化
词条 57

罗阳

罗阳生前是航空工业沈阳飞机工业（集团）有限公司党委副书记、董事长、总经理。他胸怀报国强军赤子之情，担任多个型号研制现场总指挥，带领沈飞完成了歼－15舰载机等多个重点型号的研制并成功实现首飞和设计定型，推动军用战斗机研制取得重大进展，为国家航空武器装备发展做出了突出贡献。他被追授“航空工业英模”荣誉称号和“全国优秀共产党员”称号等。习近平总书记强调，广大党员干部要学习罗阳的优秀品质和可贵精神。

英模的故事；还有34%的同学通过其他社会活动知道了英模的事迹。

分析：当代大学生了解英模事迹的途径多种多样，新闻媒介仍是传播英模文化的主要平台。影视剧也是认识英模的重要渠道，有学生表示，虽然以英模为主题的影视剧不是很多，但因为形式生动，所以更利于深入了解英模。

不少来自辽宁的学生，是通过家中的老人了解英模故事的，特别是新中国成立初期的英模，比如雷锋、孟泰、王崇伦等。他们认为，如果英模文化成为家庭教育的一部分，更加有利于孩子的成长，可以从小培养孩子自立自强、积极向上、无私奉献的品质。

应该多宣传

问题：你能详细讲述辽宁英模的事迹吗？

结果：对于自己熟悉的辽宁英模，63%的学生表示只能讲出一两件事迹，20%的学生能够讲出大部分事迹，还有17%的学生只记得名字，不清楚具体事迹。对于是否应该经常宣传辽宁英模，90%的学生认为有必要。

▼ 同学们聚精会神听杨展讲故事

分析：有学生说，从小学过不少英模的事迹，像雷锋、赵尚志、赵一曼、邱少云，等等，但时间长了，记忆就开始模糊，能够记住的只剩下印象最深刻的一两件事。

造成这种现象的原因有两个：一是很多英模的事迹发生在几十年前，时间久远，距离今天的生活有较大距离，很多青少年觉得缺少共鸣。二是针对英模的宣传力度有待提高，并需要建立持久机制，如果日常生活中很难见到关于英模的宣传，也就很难令大家产生深刻的印象。

从小就有英雄梦

问题：在成长过程中，辽宁英模对你产生了怎样的影响？

结果：44%的学生表示，英模事迹伴随整个成长过程，事事向他们学习，一点一点向自己的理想迈进；50%的学生说，每次听到英模的故事总会感动，但对日常生活影响不大；还有6%的学生觉得英模是书本里的人物，与自己的成长距离较远。97%的学生提出，宣传辽宁英模就是在传播正能量，十分有意义。

分析：许多学生说，之所以选择到沈阳航空航天大学读书，就是因为从小崇拜飞行员，飞行员是蓝天英雄，坚强勇敢、无所畏惧。

几乎所有参与调查的大学生都认为宣传辽宁英模就是传播正能量。在他们看来，今天的英模就是平凡英雄，他们的事迹有很多是人人可学、人人可做的。如果每个人都以平凡英雄的高度来要求自己，社会就会更加进步。

当被问到是否愿意参加与英模文化相关的活动时，超过六成的大学生表示很愿意参加。

多在新媒体传播

问题：辽宁在英模宣传方面有哪些需要提高的地方？

结果：60%的学生认为辽宁宣传英模要更加贴近时代；57%的学生认为要多展现英模亲切的一面；43%的学生表示，要多利用新媒体进行宣传。

分析：辽宁英模众多，但是很多学生能说出的名字只有四五个。在他们看来，还是要加大宣传力度，才能让更多的人认识和了解辽宁英模。有学生坦言，传承弘扬英模精神，需要生动地传播英模故事，让大家感同身受，愿意主动学习。这就要求英模宣传得贴近时代、贴近生活。还有学生提出，宣传英模不能吃老本，得多想新办法。

想学想做

问题：应该怎样宣传辽宁英模？

结果：49% 的人认为要多挖掘英模事迹中可学可做的那一面；44% 的人希望增加宣传的吸引力、说服力和感染力；31% 的人认为宣传英模要与时代合拍；18% 的人认为要避免主题雷同。

分析：很多受访学生认为，学习英模就是要学习他们的精神，把他们的精神运用到实际生活中。然而，很多关于英模的宣传报道往往脱离实际需要，没有挖掘符合当下大众心理需求的细节，让许多人不知道怎么去学、怎么去做。

英模精神有相似之处，但每个英模的故事都有不同的闪光点，宣传报道要发现、凸显这些闪光点，展现英模个性化的一面，可以起到更好的宣传效果。

鸭绿江断桥上插满了国旗

▶ 2019年早春的一天，刚刚下了一场薄雪，丹东市锦江山北麓的丹东市抗美援朝烈士陵园里，苍松翠柏分外墨绿。

李良华捏着手里的证明信在烈士墓碑前仔细辨认着，他来寻找自己在抗美援朝战争中牺牲的爷爷——第四十军二十八师炮兵团三营机炮连战士李玉清。

■ 抗美援朝烈士陵园 十年“忠骨寻亲”路

著名作家魏巍在描述松骨峰战斗时曾这样写道：“战后，这个连的阵地上，枪支完全摔碎了，机枪零件扔得满山都是。烈士们的遗体，保留着各种各样的姿势。有抱住敌人腰的，有抱住敌人头的，有掐住敌人脖子把敌人摁倒在地上的，和敌人倒在一起，烧在一起。在掩埋烈士遗体的时候，由于他们两手扣着，把敌人抱得那样紧，分都分不开，以致把有些人的手指都掰断了……”

这就是我们最可爱的人，这就是伟大的抗美援朝精神。

目前，民政部已确认的抗美援朝烈士共19.7653万名，大部分烈士安葬在朝鲜，少部分安葬在中国境内。丹东市抗美援朝烈士陵园是国内修建得最早的志愿军烈士陵园。丹东市抗美援朝烈士陵园管理所所长孙大力告诉记者，1951年建成的这座陵园当年共安葬烈士400余位，杨根思、黄继光等一些著名战斗英雄都曾安葬在此。据孙大力介绍，丹东市抗美援朝纪念馆曾多方收集资料，最初统计烈士数字是17.1669万人，都是能查到姓名的志愿军烈士。2010年，丹东市抗美援朝烈士陵园发起为烈士寻亲活动，近10年时间，共为170多位烈士找到了家属。每年，这里都会举办多场纪念活动。“抗美援朝战争是中华民族扬眉吐气的一次保家卫国的正义之战，它证明了我们中华民族是硬骨头！英烈们值得我们永远尊敬和怀念，我们希望尽自己的绵力多为烈士们做些事情！”孙大力说。

沈阳市北陵公园东侧也有一座大型抗美援朝烈士陵园，安葬着123位志愿军烈士，包括特级战斗英雄黄继光、杨根思，一级战斗英雄邱少云、孙占元、杨连弟，还有在朝鲜战场上牺牲的3位志愿军军职干部。自陵园建立以来，每年来此凭吊、祭扫的国际友人和各界群众达数十万人次。沈阳抗美援朝烈士陵园内，许多烈士的墓碑前都摆放着鲜花，工作人员告诉记者，这里每天都有人来祭扫烈士墓。

▲ 抗美援朝老兵梁瑞林（左）

老兵梁瑞林的家
心里就一个信念

90岁的抗美援朝老兵梁瑞林家中，至今保存着当年在抗美援朝战场上的照片。18岁那年，梁瑞林参军，他所在的部队就是声名远播的中国人民解放军陆军第五十军。“我当年上过初中，算个文化人，领导让我做见习参谋。”梁瑞林记得，1950年10月24日，他跟随部队从安东（今丹东）进入朝鲜境内。“当时年纪小，没感觉害怕。”梁瑞林说，美军的飞机时不时从头顶飞过，战士们都在抓紧时间挖战壕。那时的梁瑞林还不知道，他身边的很多战友，再也回不到自己的家乡了。

“牺牲的战士很多。我记得有一个连，连换了7个连长，200多人打到最后就剩30多个人，最后实在没人了，连炊事班班长都顶上来了。”梁瑞林说，进入朝鲜时，他所在的部队有近4000名战士，回国时仅剩下三四百人，牺牲的战

▲ 鸭绿江断桥已经成为著名景区，每逢节假日，全国各地的游客蜂拥而至

士中近七成只有20多岁。梁瑞林感慨地说："每个人都拼了命，心里就一个信念，保卫祖国。"梁瑞林早已退休，他现在的职务是丹东市关心下一代委员会副主任，他说："我希望更多的年轻人了解这场战争，把抗美援朝精神传下去。"

"从多瑙河到鸭绿江。十六国联军被击退500公里，回到三八线原点。直到最后终止战争，美国人都想不通为什么没赢。"辽宁省党史学会抗美援朝研究会丹东红色文化传播中心秘书长曾韧告诉记者，关于抗美援朝战争的出版物，仅国外截至2007年的统计就有2400种。"一个贫穷落后全无海军支援，一个陆海空全部现代化装备，但最终胜利的是我们。志愿军战士无畏的精神、人民群众无私支援的精神以及坚定的信仰引领我们战胜了敌人。"曾韧说。

■ 鸭绿江断桥

跟国旗合影

2018年，微电影《寻找》获得第六届北京国际微电影节“最佳红色微电影奖”和“最佳城市微电影”奖。

《寻找》拍摄于2016年9月，讲述一位年轻人在丹东帮助志愿军老战士寻找战友的故事。电影中有一个镜头，是十几名志愿军老战士列队整齐地在鸭绿江断桥上迎面走来。

鸭绿江断桥是丹东市的著名景点之一。它静静地矗立在江面之上，迎接着来自世界各地的参观者。桥体上的上万处弹痕仍依稀可见，与断桥一起成为历史的见证。

“鸭绿江上本无桥，这座桥是1905年由日本人修建的。第二桥建于1937年4月，在第一桥上游，与第一桥相距不足百米，即现在的‘中朝友谊大桥’，与第一桥并称鸭绿江上的‘姐妹桥’。”鸭绿江风景名胜区大桥景区管理处处长于丹告诉记者，1950年抗美援朝战争爆发，为了阻止我军渡江，美空军派出百余架B-29型轰炸机，对大桥狂轰滥炸，大桥被拦腰炸断。同年11月14日，美军又派出军用轰炸机34架，再次轰炸大桥，朝方3座桥墩被炸塌，致使大桥瘫痪，中方一侧残存四孔。这就是如今的鸭绿江断桥。

1993年，鸭绿江断桥被开辟为红色旅游景区。“游客参观断桥，不仅能了解历史，更能激发爱国热情和报国之志。”于丹介绍说，断桥两侧都有回顾抗美援朝战争的图片和文字，而且插满了国旗。

“每位参观者都会跟国旗合影，这体现了大家的爱国主义情怀。”于丹说。

手记 SHOUJI

不要忘记

在沈阳市高坎镇旧站村，有间小小的“村中博物馆”，博物馆的名字叫作“革命历史及抗美援朝爱国教育馆”，由抗美援朝老兵孙德山自费兴建。博物馆里有一本不大的“留言册”，记录了很多前来参观者的感想，大家写得最多的一句话就是：不要忘记。

美国原陆军上将马修·邦克·李奇在《朝鲜战争》一书中写道：“中国军队来了，我们的灾难也降临了。”1988年出版的《中国人民志愿军抗美援朝战史》一书中记载，抗美援朝战争中，中朝军队共歼敌39万余人，其中美军17万余人。在这场战争中，美国还消耗了大量物资，军费开支仅次于它在第二次世界大战中的消耗。

这场战争的胜利，人民群众的贡献同样不可估量。有学者曾说，抗美援朝战争是一场没有前方和后方的战争，举目四望，皆是战场。

而辽宁人民，更是站在了最前面。

参军的号角吹响，十几天时间锦州一地就有超过1000人报名；在海城，很多农民写血书志愿参军；1951年，25.7万名辽宁儿女“雄赳赳、气昂昂跨过鸭绿江”。

毛泽东曾指出，抗美援朝战争取得胜利最重要的力量源泉是人民。辽宁人民对抗美援朝的支援和贡献，正是全中国人民空前广泛团结起来保家卫国的缩影。

英雄以鲜血浇开和平的鲜花，人民用无畏的精神托起胜利的航船。

我们永远不会忘记志愿军战士谱写在鸭绿江畔的正气之歌，也不会忘记那些与志愿军患难与共的人民，他们共同创造的宝贵精神财富将永远留存。

延伸 YANSHEN

贡献

辽宁省当时不仅是中国的重工业基地，更是抗美援朝的总后方基地，中国人民志愿军从这里过江，志愿军后勤运输车队也从这里驶向战场，全国各地组成的担架队、医疗队也是从这里奔赴前线。

在宣传方面，辽宁人民积极响应抗美援朝总会的号召，利用报纸、书刊、广播、墙报、板报、漫画、戏曲等多种形式开展宣传活动，其中，本溪市172名报告员作了567次报告，听众达40.6969万人，受教育群众4.609万人。当时的抗美援朝英雄国防城市安东（今丹东）还提出了“一切为了前线的胜利”“要人给人，要物给物，要血给血，要什么给什么，要多少给多少”的口号。

在战勤工作方面，据统计，当年沈阳市赴朝参加战勤工作的有2795人；鞍山市赴朝战勤人员有367人；抚顺市赴朝承担战勤任务的司机187人，医务人员2人。

在捐献飞机、大炮运动中，从1951年6月至1952年年末，沈阳市人民捐献飞机57架，捐款人民币856.2亿元（旧币），超过原定计划（38架）的50%。旅大市（今大连）人民从1951年6月至1952年5月末，捐献人民币410余亿元（旧币），折合飞机27架，超额完成了原定22架飞机的任务。鞍山市人民原定计划捐献9架飞机，实际捐款数可购买飞机10架。抚顺市人民原计划捐献8架飞机，实际捐献11架飞机。本溪市人民计划捐献3架飞机，实际捐献了5架飞机。

在捐献飞机、大炮的运动中，辽宁省各市人民都提前超额完成了原定的捐献计划，为改善志愿军的武器装备做出了重要贡献。

辽宁人民还自发开展给前线和各市抗美援朝分会寄送慰问信、慰问金和慰问品的活动。沈阳市抗美援朝分会收到慰问袋20余万个，书刊12

万余本，慰问信15万余封，慰问金达100亿元（旧币）以上，还收到了大批的日用品、药品和医疗器材等。安东（丹东）、辽源（时属原辽东省，今属吉林省）两市为志愿军做了30145床被、10516件大衣、372个碗套和许多慰问袋，洗了49429件衣服，洗补了22420双袜子。

资料来源：《辽宁人民在抗美援朝运动中的贡献》（作者朱进）

辽宁历史文化

词条 58

鸭绿江断桥

鸭绿江断桥位于丹东鸭绿江上，原为鸭绿江上第一座桥，始建于1905年，长944.2米，宽11米，十二孔。抗美援朝战争期间被美军炸毁。中方一侧残存四孔，断桥上留有成千上万处弹痕，成为抗美援朝战争的历史见证。

守卫塔山的战士就是塔和山

▶ 91岁的老兵刘炳文时常会记起塔山阻击战结束时，他们从山上下来，看到漫山遍野满是战友的遗体。71年前，在锦州、葫芦岛之间，东临渤海，西靠虹螺岘山和白台山的一座小山坡上，发生了一场无比重要又异常惨烈的战斗。在没有重型武器，并且无险可守的情况下，解放军战士以血肉之躯阻挡敌人的机械化部队，为辽沈战役的胜利奠定了基础。

■ 塔山村 战士都在我家住

塔山村村民王玉纯的房子是村里最老的房子，曾见证塔山阻击战的枪林弹雨。在王玉纯家的房梁上，至今还留存着当年飞机扫射留下的一颗子弹。

回忆起当年，王玉纯说："那时候小，看见打仗还很新奇，子弹在耳边飞！"王玉纯告诉记者，那年的仗打了足足6天，"很多解放军战士还到我家住过，院子里到处都是战士。很多人累得靠着墙就睡着了"。

1948年，国共双方一场战略决战的帷幕正式拉开。在东北战场上，国民党军队有55万人，被分割在长春、沈阳、锦州等互不相连的孤立区域内，物资供应匮乏，军心动摇，士气低落，而东北野战军的兵力已发展到105万人，武器装备大为改善，士气高昂。中共中央军委根据形势的变化，确定了在东北与国民党军进行战略决战的方针，同时，决定由东北野战军发起辽沈战役，"攻锦打援"，迅速攻克锦州，切断北宁线。

1948年10月9日，东北野战军打响了锦州外围战。夺取锦州成败的关键在于能否阻止国民党东进兵团对锦州的增援。攻克锦州是整个东北战局的关键。守住塔山又是关键中的关键。

中国近现代史史料学会副秘书长、葫芦岛市政协文史办副主任张恺新说，当年担负阻击任务的参战部队到达塔山之后，马上发布了《告全纵队指战员书》，号召全体指战员不惜一切代价，以鲜血和生命，死守到底，“人在阵地在，与阵地共存亡”“就是打到最后一个人，也要坚守阵地”。

“当年我军部队将主要防御阵地设在今天的塔山村，主要是因为这里控制着公路和铁路。国民党军要增援锦州，必须拿下塔山。”

张恺新认为，塔山阻击战取得胜利还有一个原因就是战壕挖得很快。他说：“当年在塔山村民的支援下，四纵二十八团收集枕木7000多根，修筑明暗地堡1000多个，挖交通壕和堑壕数千米；十一纵三十二师挖交通壕就长达18056米，修筑各种掩体2400多个，并在阵地前设置了地雷和多种障碍物，为战斗胜利打下了基础。”

保住英雄的遗体
胜利河

塔山村西南有条河，叫胜利河。河面不宽，只有约30米，是天然的屏障。

▼ 王玉纯家的老房子见证了塔山阻击战的枪林弹雨

当年这条河叫饮马河，塔山阻击战期间，国民党军队在河南面的村里修挖工事，东北野战军则在河北岸的塔山村布防。

军队打胜仗，人民是靠山。这话一点儿不假。张恺新说，塔山阻击战的胜利，离不开当地人民群众的大力支援，“村民帮解放军挖战壕、抬木料。当时秋收刚结束，家家都有存粮，他们还给解放军送粮。不仅如此，为了抢救、转运伤员，村民还自发组成担架队，总计动用担架2622副，出动担架队员和民工1.8万人，抢救伤员5800人”。当时带路的、救护伤员的、担水到战场的、送饭到前线的村民比比皆是。

村民王云成主动把自家房子和地窖让给解放军作指挥所，附近的村民缝制鞋垫送给解放军，妇女和老人给子弟兵碾米磨面，村民赵炳南等3人冒着枪林弹雨送粮，粮袋上还留下了9个弹孔……

最让人感动的是，为了保住牺牲战士的遗体，村民拆了自家门板，甚至用柜子装遗体。“人民群众的有力支援是塔山阻击战取得胜利的坚实后盾。”张恺新说。

塔山阻击战烈士陵园

浴血奋战

在塔山村村北偏东的一块山坡上，矗立着一座高耸的纪念碑。这块山坡曾

▼ 胜利河旁的遗址纪念碑

是塔山阻击战的58高地，现在为塔山阻击战烈士陵园和纪念馆所在地。

站在纪念碑前远望，饮马河、铁路桥等战场遗址尽收眼底。在塔山阻击战纪念馆里，陈列着各种武器、奖章、决心书、人民支援前线用具等展品。烈士陵园建于1963年，革命烈士公墓建于1998年。

“塔山阻击战牺牲了700多名烈士，一直分散埋葬在高桥、老官卜、沙河营等乡镇。东北解放50周年的时候，他们的遗骨被合葬在这个公墓里。”塔山阻击战纪念馆办公室主任刘勇说，每年这里都会接待参观者30余万人次。2008年建馆至今，已经累计接待参观者几百万人次。“塔山阻击战的意义非凡，战士们浴血奋战的精神值得我们每个人学习和传承。”刘勇说。

在张恺新眼里，塔山阻击战堪称解放战争中我军打的一场最漂亮、最成功的防御战。他说：“塔山村东临大海，西靠虹螺岘山，山海之间仅有一条宽约10公里狭窄起伏的通道，整个战场极为空旷，没有任何掩体。当年双方完全是炮战。”张恺新认为，塔山阻击战我军取得胜利堪称奇迹，是靠战士浴血奋战拼出来的。当年亲身参加战斗的“战士作家”高玉宝曾说，不是因为国民党军不能打，而是因为我们的战士更勇敢。

很多打了多年仗的老兵也没打过像塔山那样苦、那样惨的仗。许多战士被震得耳鼻流血，打到腰折骨断、双目失明，浑身是伤也坚守阵地。为了粉碎敌人的进攻，二十八团勇士们组成敌后战斗小组，以过人的勇气和机智，钻进敌方阵地，搅了个天翻地覆。四团警卫连班长张永昌率全班战士与冲上阵地的两个排敌军展开肉搏战，接连刺倒5个敌人后，他自己多处受伤，鲜血染红了全身，枪托断了，刺刀没了，他用牙齿咬住敌人耳朵，

辽宁历史文化
词条 59

塔山阻击战

塔山是关内外交通的咽喉，为历代兵家必争之地。1948年10月10日，塔山阻击战打响，我东北野战军在塔山地区阻击增援锦州的国民党军队。经过六天六夜的浴血奋战，战胜了拥有现代化装备的国民党优势兵力，创造了以少胜多、以劣胜强的光辉战例。塔山阻击战为保证我军攻占锦州、配合辽西歼敌、取得整个辽沈战役胜利起到了关键作用。

▲ 塔山烈士陵园

最后因伤势过重壮烈牺牲。

"战斗中涌现出很多英雄，像程远茂、鲍仁川、卜凤刚等。"张恺新说，后来很多人感叹，"塔山，无塔也无山。英勇的守备战士，就是塔，就是山。"

手记 SHOUJI

用生命换来的阵地

在距离锦州30公里、距葫芦岛老城区15公里的塔山村里，村民王大爷像往常一样，晒着太阳和邻居聊着家常。他叼着烟斗，盘算着在哪儿再开块地，种他最爱吃的小白菜。而就在71年前，在塔山堡（今塔山村）公路东侧村中要道口的那棵大柳树下，几位战士曾架起了重机枪，向不断冲上来的敌人猛烈扫射，连续打退了敌人的7次集团冲锋。

这里就是塔山，解放战争中的著名一战——塔山阻击战，就是在这里发生的。

在塔山这片土地上，敌我两军进行了一场殊死的争夺与反争夺、阻击与反阻击的搏杀。解放军指战员凭借顽强的意志和大无畏的英雄气概，用鲜血和生命创造了荡气回肠的战争传奇！

那是一场震撼人心的战斗。

从1948年10月10日凌晨3时许开始，六昼夜的战火洗礼，东北野战军以8个师的力量对抗国民党11个师的力量，伤亡5000余人。

战斗结束后的塔山几乎成了一片废墟，这场战斗之惨烈，以至于整个塔山阵地被炮弹削低了3米。我军战士头上缠着绷带，满脸焦黑，衣衫褴褛，遍体伤痕。他们蹒跚着从烧焦的土地上站起，紧紧地拥抱在一起，默默地注视着苦战六昼夜，用鲜血和生命换来的阵地。

毫无疑问，塔山阻击战的意义已经远远超出了一个局部战场——塔山之战的胜负，不但关乎辽沈战役的进展乃至结局，而且在相当程度上影响了此后解放战争的进程，为新中国的建立立下了不朽功勋。

很多人曾说，塔山阻击战是个奇迹。并且，因为有出色的指挥、顽强的意志，以及人民群众的力量，奇迹更加变成了现实。

当年的遗址上，矗立起一座丰碑。战争的硝烟已经散去，但在苍茫的背景下，这座高耸的纪念碑还是会让人们肃然起敬。

无数塔山英烈用鲜血和生命铸就了不灭的塔山之魂，也给我们留下了宝贵的精神财富。

▼ 塔山英雄的后代是传承塔山精神的重要群体

▲ 房梁上的弹痕

想和战友们葬在一起

1987年，曾任东北野战军第四纵队司令员的吴克华将军病逝前留下遗言："我永远忘不掉塔山阻击战牺牲的战友，忘不掉塔山用鲜血染红的每一寸土地，塔山阻击战是那样的辉煌，那样的残酷，我是幸存者，死后我一定要回塔山，和牺牲的战友在一起。"

"这不是第一位许下这样遗愿的塔山英雄，很多参加过塔山战役的战士在离世前都不约而同地表达了'葬在塔山，和战友在一起'的强烈愿望。"中国近现代史史料学会副秘书长、葫芦岛市政协文史办副主任张恺新告诉记者。

2018年10月，塔山阻击战胜利70周年之际，200多位塔山英雄的后代来到葫芦岛。他们父辈的墓碑就安放在塔山烈士陵园内。他们沿着田间小路，来到了昔日的战场，拍照、录像。很多人说："我们的父辈用鲜血换来新中国的诞生，作为后人，我们要把他们的精神一代一代传承下去。"

"面对数倍于我们的敌人，面对敌人的海陆空优势，塔山先辈为什么能赢得如此精彩？就是因为他们有无畏的精神，而这种精神是我们无论如何不能也不应该忘却的。"负责此次活动组织工作的张恺新告诉记者。

因潜心研究塔山阻击战历史，张恺新寻访到很多参战将士的后代，他们的故事也让张恺新感动不已。很多塔山英雄后人通过研究资料、走访村民、实地考察等方式，准确考证出军史上有记载并重笔书写过战事细节的13个历史现场位置，像塔山村的58高地、英雄树碑、白刃格斗场碑、胜利河碑等遗址，现在都成为重要的参观地点。

"塔山阻击战在辽宁打响，塔山精神也应该在我们辽宁弘扬。顾全大局、严守纪律、勇于牺牲、敢打必胜，这16个字的塔山精神承载了无数人的光荣与梦想，也承载了未来与希望。今天，我们仍然需要以这样的精神激励自己前行。"张恺新说。

杨靖宇在辽宁
两次西征为找党中央

▶ 3月的辽东，群山还是苍茫的黄色，蜿蜒的汤河穿过山峦。小市的羊汤还是那样鲜美，人们都在期盼春暖花开的时节快些来到。时光悠悠，80多年前，依旧是这片群山，东北抗日联军的将士们在5000多个栉风沐雨、爬冰卧雪的日夜里，用鲜血书写了一段悲壮的历史篇章。

■ 抚顺三块石国家森林公园
一座英雄亭

在抚顺三块石国家森林公园里，有一座英雄亭，当年，抗联一师的指挥者们曾在亭中召开会议，指挥作战。

1931年九一八事变爆发，日本侵略者炮轰沈阳北大营，19日凌晨占领沈阳城，同日占领抚顺。公园党支部书记刘敬喜说："当时在三块石地区的抗日武装力量主要有三股：一是民众抗日力量，二是抗日山林队，三是东北人民革命军（后改为东北抗日联军）。"

据刘敬喜介绍，东北抗日联军的前身是1933年5月成立的东北人民革命军，共有11个军，在辽宁开展抗日斗争的主要是杨靖宇带领的抗联第一军。1934年2月，杨靖宇率领东北人民革命军第一军独立师司令部政治保安连及第三团进入抚顺地区，考察后决定在三块石建立抗日游击根据地。

当年杨靖宇率领的部队以三块石为秘密营地，活动于馒首排子、佟庄子、郑家堡子、五龙口等林区周围，并在三块石周围建立了地下交通站和堡垒户，他们负责送信件、购买物资、寄养伤员和掩护我军过往行动。"党领导的抗日联军在抚顺三块石及当地其他地区活动达5年之久，战斗环境极其艰苦。后来因形势逼迫及发展需要，1938年腊月，抗联第一军三师指战员全部撤出抚顺地

▲ 抚顺三块石国家森林公园内的抗联地窨子

区。”刘敬喜说。

如今在三块石山南坡半山腰处还有抗联活动的遗址，包括抗联战士用过的碾盘，还有地窨子都保存完好。

“几年前，杨靖宇的孙子和其他抗联战士的后人曾来这里拜祭过。”刘敬喜说，“抗联的战斗精神和功绩值得我们永远铭记。为了让后人深刻体会和学习抗联精神，我们专门修建了红色广场，还组织了在党旗下重温入党誓词的活动。”

■ 本溪县东营房乡红土甸子村

两次西征

在抗联第一军的斗争史上，曾有两次著名的西征。

一次是1936年6月，第一军一师从本溪出发向辽西远征；一次是1936年11月，第一军三师从抚顺出发向热河（今承德）一带远征。两次西征的目的均是为了打通与党中央联系的渠道，争取党中央对东北抗日武装斗争的直接领导，改变东北抗日联军孤军作战的局面，并扩大和开辟新的游击区域。

▲ 本溪县东营房乡红土甸子村红通沟的抗联第一军第二次西征会议遗址

辽宁有两处抗联西征遗址：一处是第一军西征会议遗址，位于本溪市本溪满族自治县草河掌镇汤沟风景区；另一处是位于本溪县东营房乡红土甸子村红通沟的第一军第二次西征会议遗址。

在东营房乡红土甸子村的山坡上，拨开厚厚的树叶，还可以看到许多石块，这里就是第一军第二次西征会议遗址，由抗联老战士确认。

"西征部队一路上宣传党的抗日主张，扩大了党在辽河流域的影响，凸显了东北抗联一心向党、抗战到底的坚定理想和信念。西征部队也消灭了敌人的一批有生力量，彰显出抗联将士英勇无畏、不屈不挠的革命英雄主义精神。"中国近代史史料学学会东北抗联精神研究中心主任张鹏一认为，从一定意义上讲，抗联西征是党在东北抗日战场上的"宣言书""宣传队""播种机"，其英雄壮举和深远意义永留史册。

■ 东北抗联史实陈列馆

一把马刀

汤河河畔、依山矗立的东北抗联史实陈列馆是目前全国抗联史实陈列馆中规模最大、史料最全的陈列馆。

馆内珍藏着千余件抗联照片、史料、文物，其中，一把锈迹斑驳的马刀堪称“镇馆之宝”。

杨靖宇这个名字在中华民族抵御外来侵略的历史长河中留下了无比深刻的印记，连骄横恣肆、穷凶狂傲的日本关东军也不得不称他为“真正的武士”“坚强的中国军人”，并在他的牺牲地竖立墓标以示敬畏，称他为“中国战神”。

提到这把马刀，东北抗联史实陈列馆副馆长李巍介绍说，它是杨靖宇将军赠给为抗联做出重要贡献的蒋国恩老人的。

“我们老馆长张鹏一带领征集组专门拜访了蒋国恩之子蒋云才。”李巍说，蒋云才告诉他们，在他小时候，父亲常常跟他讲杨靖宇的故事。

遗憾的是，蒋家这把马刀后来遗失了。不过，2006年，马刀辗转来到收藏家姜贵歧手中，最后姜老将这件珍贵文物捐给了陈列馆。

李巍说，作为东北抗日联军的主要创建人和领导人之一，杨靖宇率部长期坚持战斗，有力地打击了日伪军，配合了全国的抗日战争，“杨靖宇是东北抗日力量的象征，也是东北抗战的一面旗帜”。

“14年艰苦卓绝的抗战，3万东北抗日联军将士抵御外侵，最终仅剩不足2000人，这是一支英雄辈出的队伍。”东北抗联史实陈列馆研究部主任周浩一直从事抗联史料研究，他告诉记者，对于东北抗联精神的宣传正

辽宁历史文化
词条60

杨靖宇

杨靖宇是著名的抗日民族英雄、东北抗日联军创建人和领导人。他与东北结缘，最早是在辽宁。早在1929年，杨靖宇受党组织派遣，来到辽宁担任中共抚顺特别支部书记。1932年，他按党组织的安排组织抗日武装。东北抗联成立后，他历任东北抗日联军第一军军长兼政委、东北抗日联军第一路军总指挥兼政委，之后他一直率领部队在极端艰苦的环境下，与日寇血战于白山黑水之间。1940年2月23日壮烈牺牲。

在以各种形式蓬勃发展，“重走抗联路”红色教育活动如火如荼，不久前，陈列馆刚刚举办过赵尚志英雄事迹展，吸引了不少参观者。

“抗联将士中，很多人战斗在辽宁、牺牲在辽宁，他们留给我们无数精神财富。传承弘扬抗联精神，会成为激励辽宁人民在新时代奋力前行的巨大动力。”周浩说。

手记 SHOUJI

不可磨灭的光辉

1940年2月2日，吉林省蒙江县（今靖宇县）的大雪已经下了三天三夜，崴子林里没膝的白雪中，杨靖宇正仔细地扒着一棵老树的树皮，那层泛绿的嫩皮被他用粗糙的手一片一片剥下来，放进嘴里，他使劲儿地嚼着，但根本咽不下去。已经几天没吃饭，杨靖宇不记得了。天空雾蒙蒙的，他眯着眼看着发白的太阳，眼里充满坚定的光芒。此时距离1940年2月23日16时杨靖宇牺牲的那一刻，只有21天。

在中国人民争取民族独立的革命历程中，“东北抗联”这4个字有着不可磨灭的光辉。作为中国共产党独立领导创建时间最早、坚持抗日时间最长、条件最为艰苦的一支人民军队，东北抗联在极端艰难的岁月里，独立坚持游击战争长达14年之久。几千个日日夜夜，他们牵制了数十万日伪军，涌现出杨靖宇、赵尚志、赵一曼等无数可歌可泣的英雄人物。

抗联战士的战斗是苦的，冬季零下三四十摄氏度的极寒天气，他们只有满是窟窿的单衣，哪怕脚趾被冻掉，哪怕树皮草根都没得吃。

抗联战士的战斗是惨烈的。从3万多人打到最后只剩下不足2000人，军以上干部牺牲30多位，师级干部牺牲100多位。

抗联战士的斗志是顽强的，在中国共产党的领导下，他们高举抗日大旗，凭借无畏的革命精神，奋战在白山黑水之间。

在长期与党中央失去联系之后，东北抗联曾一度陷入孤军苦斗的境地。此时的战斗，已经不再是一般意义上的战斗，而是为实现民族解放所进行的信念之战。对于抗联战士来说，他们强大的精神支柱就来自于坚定的爱国主义情怀。

时间匆匆走过，枯骨开出鲜花，血水凝成碧玉，那段铁马冰河白桦林的往事却并未远去，那群英雄也不会被遗忘。

延伸 YANSHEN

从学习者到传承者

东北抗联史实陈列馆里，几名学生正认真倾听讲解员的讲解，珍贵的抗联文物吸引了孩子们的目光。

这是张鹏一最期待的事：让抗联故事和抗联精神被更多人知道并传承下去。

陈列馆筹备之初，张鹏一的职务是本溪县委宣传部副部长。2005年，他被调到陈列馆兼任馆长。在很多人眼里，张鹏一始终是抗联红色记忆的探寻者与坚守者。

张鹏一自费购买了很多与抗联有关的书籍，他的读书笔记写得密密麻麻。

▲ 东北抗联史实陈列馆是目前全国抗联史实陈列馆中规模最大、史料最全的陈列馆

12年的时间，张鹏一寻访全国几十个省市，足迹遍布抗联烈士战斗过的地方，行程达两万多公里。他还争取到中国近现代史史料学会的支持，成立了东北抗联史研究中心和东北抗联精神研究中心，并成功地举办中国抗战暨东北抗联史学术交流会、辽宁东北抗联史及抗战史研究会年会等学术交流活动，创办了目前全国唯一一本专门研究东北抗联史的学术刊物《东北抗联史研究》。

卸任馆长职务后，张鹏一仍然在坚持传播和宣传抗联精神。他说："抗联精神是在中国共产党的坚强领导下和东北民众的大力支持下，在14年艰苦卓绝的抗日游击战争中用信念、意志、鲜血和生命铸就而成的。其内涵体现在坚定跟党走的理想信念、不当亡国奴的家国情怀、宁死不屈的民族气节和联合御外侮的精诚品质，是中国人民抗战精神的重要内容，也是中华民族精神的宝贵财富。"

张鹏一认为，抗联精神具有鲜明的地域特质和重要的时代意义，具有超越时空的恒久价值，也是推动老工业基地全面振兴、全方位振兴的不竭动力。

"我们要大力传承和弘扬这样的精神，聚集正能量，提振精气神，为实现'两个一百年'奋斗目标，实现中华民族伟大复兴的中国梦不懈奋斗。"张鹏一说。

《义勇军进行曲》源自辽沈大地

▶“起来！不愿做奴隶的人们！把我们的血肉，筑成我们新的长城……”义勇军将领郭景珊的后人郭春光唱起国歌时，仍满怀激动。79岁高龄的他多年来坚持不懈地研究东北抗日义勇军历史，他说：“《义勇军进行曲》取材于义勇军的战斗生活，其中，辽东和辽西两支义勇军的军歌，为《义勇军进行曲》的词曲创作提供了素材。”

砚石山村战时指挥部

“天狗司令”

直到今天，辽西民间还流传着“天狗司令吃日头”的神奇传说。“天狗司令”说的就是郑桂林。郑桂林1930年毕业于东北讲武堂，1931年九一八事变后，他怀着报国为民的雄心壮志，到辽西一带组建抗日武装，得到黄显声的支持，编为东北民众抗日自卫义勇军第四路军，郑桂林任副总指挥；1932年2月，郑桂林在绥中组建第四十八路义勇军，自报号“郑天狗”，取天狗吃日，能战胜日本之意。此后“天狗司令”郑桂林率领的抗日义勇军曾经威震东北，人数最多时发展到2万多人。

“天狗咬，蜂子蜇，坐山雕打得恶，杨麻子不用说，吓得鬼子打哆嗦……”2月27日，记者来到位于绥中县城西7.5公里处的砚石山村，当提起郑桂林时，村里的老人们流利地背出了这首抗日民谣。老人还指引记者来到村里的孔家大院，这个有着120余年历史的老宅院，是郑桂林曾经设在砚石山村的战时指挥部。目前，3间正房仍保留着原貌。

砚石山村具有特殊的战略地位，这里不仅是义勇军攻打绥中县城的必经之路，更是从1932年1月10日到1933年春，郑桂林部义勇军与绥中县城内的日伪

▲ 李文喜介绍辽西义勇军英勇抗日的事迹

军作战的集结地和总攻发起之地。据统计，郑桂林部义勇军先后与日伪军作战百余次，毙伤日伪军3000多人，缴获山炮5门、大小枪支1500多支、子弹3万多颗。

1933年，郑桂林被国民党宪兵逮捕，并秘密杀害于北平。

此外，1932年1月，辽西义勇军在锦西县城西郊伏击日军古贺联队，击毙古贺等军官3名，下士官以下8名，日军共伤亡25人。日本朝野震惊，称："这实在是满洲事变以来最大的悲惨事件。"日本《协和》杂志惊呼："辽西抗日义勇军是和七百年前成吉思汗的名字一起，以剽悍、敏捷、勇猛而震动全世界的了不起的队伍。"

辽西抗日义勇军事迹展示馆

建馆纪念

2019年2月27日，记者走进位于绥中县大台山果树农场矾石山村的辽西抗日义勇军事迹展示馆，首先映入眼帘的，就是馆内四周墙上图文并茂的展板。沿着铁蹄蹂躏、血肉长城、辽河风云、同仇敌忾、战斗号角、神州重光、浩气长虹七个内容单元，按照时间脉络来了解辽西抗日义勇军的事迹。而陈列柜里的展品、展区中央的实景再现区域，更能加深参观者的印象。

这个室内面积330平方米、室外面积2000多平方米的展示馆，是2013年重新修建的，它的前身是2009年筹建、2010年开馆的东北抗日义勇军纪念馆。当时，在全国这还是第一家以义勇军为专题的纪念馆。

“展示馆的每块展板的内容，都是我自己精心挑选设计的。”其实，辽西抗日义勇军事迹展示馆馆长李文喜曾经是砚石山村的一名乡村医生，当年上门给村民打点滴时，听老人聊村里有不少人参加过抗日的事。“过去只是从课本上学习过，觉得离自己很远，但没想到家门口就有抗日义勇军。”李文喜开始专心研究抗日义勇军的事迹。最初收集资料时，他得到了辽宁抗日义勇军将领郭景珊之子郭春光的帮助，老人无私地将自己手中留存的资料拿了出来。很多村民知道李文喜要建义勇军事迹展示馆，也都来给他捐东西。“我从网上搜索发现，全国都没有关于抗日义勇军的事迹展示馆，所以就更下定决心了。我找来村小学的陶国慷老师帮忙设计，我负责收集资料和实物，村党支部书记孔大强负责资金，很快就把这个事迹展示馆建起来了。”

记者看到，展柜里还陈列着许多历史资料，郑桂林的革命烈士证明书、3份大台山地区参加抗日义勇军人员的证实材料，以及郑桂林发的记载了这路义勇军抗日过程的三封电报……建馆后，李文喜每天琢磨的事就是怎么丰富馆藏，很多藏品都是他去外地档案馆查找、从藏家手里买来的，甚至托人从日本淘来的。

为什么这么执着？从2010年9月起，李文喜彻底放弃了医生的职业，开始专心研究抗日义勇军，“抗日义勇

读

辽宁历史文化
词条61

义勇军进行曲

《义勇军进行曲》是由田汉作词、聂耳作曲的歌曲，是电影《风云儿女》的主题歌，被称为中华民族解放的号角，自1935年在民族危亡的关头诞生以来，对激励中国人民的爱国主义精神起了巨大的作用，后成为中华人民共和国国歌。其词曲创作取材于抗日义勇军军歌。

军是我们的民族之魂，他们都是民族英雄，为了抗日救国而捐躯。他们不图名不图利，我们建义勇军事迹展示馆，就是让大家不要忘了那些‘宁当战死鬼、不当亡国奴’的抗日义勇军”。

▲ 郭春光家里有很多研究义勇军的资料

郭春光的家
国歌源泉

“起来！不愿做奴隶的人们！把我们的血肉，筑成我们新的长城……”2019年2月25日，在沈阳市沈河区朝阳街张氏帅府对面的一个居民小区内，辽宁抗日义勇军将领郭景珊的后人郭春光唱起国歌时，仍满怀激动。79岁高龄的他多年来坚持不懈地研究辽宁义勇军抗战的历史，“《义勇军进行曲》是取材于东北义勇军的战斗生活，其中，辽东和辽西两支义勇军的军歌，为国歌注入了词曲的灵感”。

郭春光说的这两首军歌，一首是“血盟救国军”的军歌，是由该军司令孙铭宸、孙铭武和张显铭等人创作的，歌词是：“起来，不愿当亡国奴的人们，用我们的血肉唤起全国民众；不能坐以待毙，必须奋起杀敌。中华民族到了最危险的时候，起来！起来！全国人民团结一致，战斗！战斗！战斗！战斗！”“血盟救国军”遇挫后，部分人员加入辽宁抗日义勇军第三军团总指挥唐聚伍的部队，这首歌像星星之火一样在义勇军中广泛传播。1933年，田汉、聂耳随上海爱国人士慰问团到唐聚伍据守的长城古北口慰问，田汉等人想要采访辽宁抗日义勇军第三军团及其指挥者，“我父亲是第三军团副总指挥，当时正投入激烈的战斗中，所以他介绍田汉去北平采访唐聚伍，唐聚伍当时正在北平。”经过采访，田汉全面了解了义勇军奋勇抗战的真实情况。

另一首是辽西“东北国民救国军”的军歌，“老梯子”高鹏振义勇军的誓词，是该军参谋长王立川创作的，歌词是：“起来！起来！不愿做亡国奴的人们，山河（破）碎，家园（被）毁，爹娘当炮灰，留着（我们）头颅有何用？拿起刀枪向前冲，杀！杀！杀！一——二——三——四！”加入“老梯队”的义勇军战士都会唱这首励志战歌。1933年2月，聂耳随慰问团到热河前线（现朝阳市建平县朱碌科地区和四家子一带）慰问，战士们唱起这首军歌，大受感染的聂耳产生强烈的共鸣，拿出小提琴拉起了《满江红》的曲调，战士们伴着聂耳的曲调唱了起来。聂耳在前线的亲身体验为他的创作储备了丰富的感性认识，后来都融合在《义勇军进行曲》的旋律里。

1935年，电影《风云儿女》首演，其主题曲就是由田汉作词、聂耳谱曲，传唱至今的《义勇军进行曲》，1949年被定为国歌。

手记 SHOUJI

最响亮的吼声

当我们唱起《义勇军进行曲》的时候，当我们看到那些珍贵的抗战历史照片的时候，当我们再次倾听为国捐躯的烈士英勇事迹的时候，其实，历史并未走远，历史就在眼前。

东北抗日义勇军，在最危险的时候，他们的吼声最响亮。

日本帝国主义侵占东北后，东北民众爱国热忱之高涨、对敌斗争之坚决、群众发动之广泛、斗争环境之艰苦、流血牺牲之惨烈，在中国人民反帝斗争史上前所未有。

东北抗日义勇军在国家生死存亡的关头，高举抗日大旗，救亡图存，是爱国主义精神的具体体现，谱写了中华民族最悲壮辉煌的一页。

东北抗日义勇军前仆后继、浴血战斗，传承勇于牺牲的民族精神，推动了全国抗日救亡运动的蓬勃发展，在中国人民的反侵略战争史上产生了不可估量的影响。

▲ 辽西抗日义勇军事迹展示馆外的义勇军塑像

东北抗日义勇军浴血奋战，与日伪军进行了艰苦卓绝的斗争，涌现了众多铁骨铮铮的英雄豪杰。他们为了中华民族的生存，在烽火硝烟中义无反顾，用鲜血和生命铸就了不朽的民族之魂，以血肉之躯和顽强意志筑起了血肉长城。

每当《义勇军进行曲》响起，那激昂的旋律都在提醒我们要记住那些“站前排、挺脊梁”的中华儿女，他们曾有个响亮的名字——义勇军。

在义勇军队伍中，很多人长眠在青山绿水间，甚至连名字都没有留下。他们毁家纾难，投入抗日战争中，把自己的生命奉献出来，我们深知这份担当的伟大。

延伸 YANSHEN

为唐将军作史

“虽然抗日战争的硝烟已经消散了，但是，惨痛的历史教训是不能忘记的，东北抗日义勇军的巨大牺牲和历史贡献更不能忘记。”2019年2月28日，传记文学作家陈醒哲向记者道出了创作《铁血雄魂——唐聚伍与辽东抗日义勇军血战实录》的初衷。

1932年4月21日，唐聚伍率众在桓仁举行抗日誓师大会，带领辽宁民众自卫军武装抗日，并以桓仁为根据地，转战东边20多个县，对日本侵略者发动大小战役数百次，有力地打击了日本侵略者。为了再现这段历史，陈醒哲从2012年起展开调查工作，用了3年的时间，与抗日义勇军将领郭景珊的后人郭春光数十次前往河北省、吉林省的多个城市，以及重庆、桓仁满族自治县、本溪、丹东等地实地调查。最终，这本40万字的长篇史传，于2014年7月由沈阳出版社出版。

《铁血雄魂——唐聚伍与辽东抗日义勇军血战实录》共分为8章32节。前6章主要记录九一八事变前后，及辽宁民众自卫军成立经过和作战历程。第7章分别记录了李春润、邓铁梅、苗可秀、王凤阁4位辽宁民众自卫军著名将领守土抗战及牺牲的经过。第8章再现了唐聚伍组织东北游击队再次出关抗战及以身殉国的血战历程。尾篇则记录了原辽宁民众自卫军的部分将士们后期的战斗与牺牲经历。

陈醒哲是辽河石油报社文艺副刊部原主任，从事文学创作和文学编辑工作30年，长期关注东北抗战史，特别是辽宁抗战史。这本书是他继《王铁汉将军传》和《盛京医事》两部传记之后的又一部长篇力作。他希望通过自己的创作，能让大家更真实地认识抗战历史，凝聚中华民族的抗战精神。

北大营官兵
违抗军令向日寇开枪

▶“敌人侵吾国土，攻吾兵营，斯可忍，则国格、人格全无法维持。而且现在官兵愤慨，都愿与北大营共存亡。敌人正在炮击本团营房，本团官兵势不能持枪待毙……”1931年9月18日晚，北大营守军独立第七旅六二〇团团长王铁汉听到电话那头“不准抵抗”的命令时愤然脱口而出。随后，中国人民14年抗日战争的第一枪打响了。

■ 北大营营房遗址
寻找遗迹

2019年2月26日上午9时50分，在位于沈阳市大东区望花南街的“九·一八”历史博物馆门前，距离开馆还有10分钟的时间，门口已经有不少参观者在门外等候。

“您知道北大营营房遗址怎么走吗？”记者随机打听了20多个人，得到的回答几乎都是知道有个北大营，但是营房遗址在哪儿，没有人能说得清。10点刚过，记者事先约好的沈阳市文物保护协会会员、沈阳历史遗迹研究者郑英杰如约而至。“离这儿不远，3公里左右，我带你过去。”郑英杰指着自己的电动自行车。

郑英杰轻车熟路，拐了六七个弯、10来分钟的时间就到了地方。记者注意到，附近的路牌上写着柳林街2号。停下电动自行车，步行穿过两趟平房，郑英杰抬起手指着平房接近房顶处挂着的一块保护标志说：“就是这里了。”

从2005年开始寻找，执着地找了5年，2010年11月5日发现这里的那天，郑英杰十分兴奋。“我当天一大早是来逛早市的，不由自主地又四处转转，心想万一能发现点什么线索呢。果然，当我走到柳林街的尽头，发现有一个部队的家属院，过去从来没进去过，刚进院门不远处左首有个凉亭，再走几十米看到

▲ 郑英杰观察北大营遗址墙上的青砖

一片平房，在平房之间穿行时居然发现了青砖建筑，这马上激起了我的好奇心。仔细查看共有3趟房是砖木结构建筑，墙体全都是用青砖砌的，上面还覆盖着黑色铁皮瓦。这些外观特征，和东北讲武堂的老建筑有些相像。”随后，郑英杰走访了这里的几位老住户，据老人们说，至少在新中国成立前夕，这里就是由10多趟营房组成的老军营。回到家后，郑英杰在地图里找到了这处老建筑的位置，又和手里的几张20世纪二三十年代出版的老地图进行了对照，初步判断这座建筑的位置与当时北大营守军独立第七旅六一九团的驻扎地相对应。

2011年9月，郑英杰与辽宁省委党校原文史部主任、“九·一八”历史博物馆顾问王建学，“九·一八”历史博物馆原馆长井晓光，辽宁省社科院历史研究所研究员张洁，再次来到这片平房区调查、鉴定。“当时我去看了以后，发现北大营遗址有三个特点：一是青砖，19世纪末20世纪初，沈阳的建筑都是青砖建造；第二个是铁皮瓦，对于军队营房来说，铁皮瓦具有隐蔽性，而且结实；再有，这里的建筑也符合营房是一大排的特点，窗户一个接着一个……”王建学说，最终经过召开北大营遗址保护论证会，2012年9月，北大营营房遗址被列为沈阳市不可移动文物；2014年10月，北大营营房遗址又入选辽宁省公布的第九批省级文物保护单位；2018年9月，中宣部批复，明确表示要积极推动将北大营遗址打造成爱国主义教育重要阵地和革命传统教育的生动课堂。北大营遗址所承载的历史文化价值正在得到国家重视。

“九·一八”历史博物馆

危急时刻

北大营营房遗址依然伫立于柳林街2号，它时刻在提醒着人们，不要忘记1931年9月18日的那个夜晚，这不仅是中日历史上最值得回忆并警示后世的重要的一天，也是值得全世界记忆并警钟长鸣的日子。

记者缓缓走在“九·一八”历史博物馆的展厅内，一张张珍贵的照片串起了九一八事变之夜的回忆：

当晚10点多，日军向北大营发起进攻时，北大营守军独立第七旅六二〇团团长王铁汉听到北大营方向传来巨大的爆炸声，从家中迅速穿好军装，飞身上马赶回北大营，然而多次请示却得到“不准抵抗”的命令。翌日凌晨，面对愈加密集的枪炮声，王铁汉断然率部奋起还击，打响反抗的第一枪，并击毙日军2人、打伤23人。博物馆内的另一张照片直接佐证了王铁汉打响反击第一枪的战果：日军为被北大营官兵击毙的新国六三修筑的墓碑。

危急时刻，辽宁省警务处处长兼沈阳市公安局局长黄显声命令警察部队主动与日军迎战，三经路警察署、商埠三分局、南市场等处的警察大队和公安分队抵抗日军进攻。

“九·一八”历史博物馆内还展出了一架风琴、一部照相机，这是被誉为“九君子”的9位爱国志士留下的物品。1931年9月19日，九一八事变作为重大议题正式进入国联日程。日本代表百般狡辩，中国代表强烈请求公断。“九君子”有组织、有成效地揭露日本侵略真相，开展国联外交，为李顿调查团完成《国联调查团报告书》提供了日军侵华罪证，成为国联仲裁的依据，推动了国际社会首次对九一八事变及伪满洲国定性。

除此之外，在九一八事变之夜，身居沈阳前线的中共满洲省委基于对形势的敏锐判断，连夜起草并于9月19日发表了《中共满洲省委为日本帝国主义武装占领满洲宣言》。这是中国共产党代表中国人民声讨日本侵略行径的第一篇战斗檄文，为中国抗日战争吹响了号角，彰显了中国共产党在抗日战争期间的中流砥柱作用。

同时，九一八事变迫使东北大学成为中国第一所流亡大学，但东北大学的师生并没有因流亡而屈服，部分学生积极参加义勇军，抗日救国。其中的典型代表苗可秀和几名东北大学同学一起组织建立了以学生和青年教师为主体的“少年铁血军”……

钢材市场临时建筑
永久留存

从“九·一八”历史博物馆去往北大营遗址的路上，记者路过一个钢材市

辽宁历史文化
词条 62

北大营

1931年9月18日，日本关东军炸毁沈阳北郊柳条湖村附近一段铁路，反诬中国驻军所为。日军第2独立守备大队随即向北大营进攻，第二师团主力向沈阳城发动进攻，制造了震惊中外的九一八事变。以时任东北军独立第七旅六二〇团团长王铁汉为代表的爱国官兵毅然违抗上级“不抵抗”的军令，在北大营奋起进行“不抵抗之抵抗”，打响了十四年抗战的第一枪，揭开了世界反法西斯战争的序幕。

场时看到一片临时建筑。

根据“九·一八”历史博物馆馆长范丽红的介绍，按照初步规划方案，未来在这里将建设北大营抗战遗址纪念馆纪念广场。

“我们将积极推动北大营抗战遗址纪念馆的建设，进行史实的再挖掘整理以及文物的征集。我们计划在纪念广场上做一个标志性的建筑，以突出第一枪的历史史实。”范丽红介绍说。

目前北大营抗战遗址纪念馆的总体规划分为三期建设，由遗址复原区、纪念广场区和主展馆区组成。其中，北大营遗址3栋营房及南区域作为遗址复原区，占地约3万平方米；遗址复原区北部的部分建筑用作北大营抗战纪念馆主展馆等，占地9万平方米；纪念广场区位于遗址复原区和展馆东侧，占地约11万平方米。

“我们现在正在进行招标、策划工作，未来的纪念馆将会既体现中国抗战的元素，也体现中国在世界反法西斯战争中的地位和作用。让未来北大营的建设有国际性，不仅仅是中国的，也是世界的。”范丽红深感责任重大，北大营抗战遗址记录了侵略与反侵略战争开始的历史瞬

间，为研究中国抗日战争史乃至世界二战史提供了重要的实证依据。与此同时，历经百年的北大营也是中国近代历史的重要缩影，具有不可替代的历史价值。

据悉，北大营抗战遗址纪念馆开放后，沈阳市还计划将该馆和皇姑屯事件博物馆、“九·一八”历史博物馆、中共满洲省委旧址纪念馆、东北陆军讲武堂旧址陈列馆、二战盟军战俘营旧址陈列馆、审判日本战犯特别军事法庭旧址陈列馆等抗战纪念设施进一步整合，实施规范提升工程，共同发挥沈阳市抗战历史资源的群体优势，讲好抗战故事，彰显中国在世界反法西斯战争中的杰出贡献，充分发挥抗战纪念设施在加强爱国主义教育、培育社会主义核心价值观中的重要作用。

手记 SHOUJI

见证“九一八”

在沈阳市，遍布着50余处抗战遗址遗迹，其中，北大营抗战遗址十分重要，因为，它是“抗战第一枪”的历史见证。

北大营始建于清光绪三十三年（1907）。这一年，清政府在东北正式设立行省，首任东三省总督徐世昌，为遏制日本势力在东北的扩张，决定修建北大营，选址距古城北门外4公里，西距“中东南满支线”（后名为中长路）300米，南距九一八事变爆发地柳条湖村500米。整个营区接近正方形，各边均为2000米。

北大营建成后，一直是驻兵重地，成为保卫沈阳的北面屏障。

今天，提起北大营，人们都会想到九一八事变。1931年9月18日夜发生在沈阳城里的暴行，是辽宁人乃至所有中国人都难以忘怀的伤痛。与伤痛并存的，是未冷的激情。那一夜，一声枪响撕破北大营的夜空。那是中国人民为抗击日本侵略者打响的第一枪。

因此，北大营抗战遗址独特而厚重且不可复制。“北大营”3个字，不仅对传承抗战历史具有重要意义，而且是抗战精神的彰显。中国抗战的记忆里，不能没有北大营。

因此，今天，我们再次“回到”北大营。从那里出发，回顾近代东北的历史沧桑，讴歌守卫国土者的英勇本色和牺牲精神。

延伸 YANSHEN

“我演王铁汉”

2019年2月26日8点半刚过，“九·一八”历史博物馆办公区附近，就开始有一些孩子向这里聚集。

这天是“九·一八”历史博物馆推出的抗战舞台剧《黑土英魂》联排的日子。

为了让这部舞台剧能在5月18日国际博物馆日成功展演，13名小演员半年前就开始分头熟悉剧本、练习台词，今天所有演员在一起联排还是头一次。

联排开始前，在剧中担任旁白的沈阳铁路五小长白分校五年三班的宋香仪认真地练习着，“我们这部抗战舞台剧《黑土英魂》，通过四幕：‘九一八’之夜、巾帼英烈李贵顺、寻找真相、我的中国娘，来展现抗日战争时期中国人民积极反抗日本侵略者的事迹。”

▲ 小志愿者们参演“九·一八”历史博物馆排演的抗战舞台剧《黑土英魂》

剧中的小演员大部分都是“九·一八”历史博物馆的志愿者，扮演王铁汉的小演员是大东区杏坛小学教育集团六年级的戴冠宸。

戴冠宸从上三年级开始就到“九·一八”历史博物馆当起了小志愿者。说起自己在舞台剧中的角色，小冠宸一脸自豪，“我演王铁汉，我特别崇拜他，我们都知道军令如山，他居然冒着被杀头的危险拿起手中的枪带领部下抵抗日军的侵略，我佩服他的这种勇气，我能演王铁汉觉得特别荣幸！”

韩啸是“九·一八”历史博物馆社教部的一名讲解员，也是抗战舞台剧《黑土英魂》的执行导演。

联排现场，韩啸认真带领演员们衔接剧情、把握角色。说起排演这部舞台剧的初衷，他说主要想以多种方式让民众更加了解这段历史，让观众看后记忆更加深刻。

“孩子们通过参演舞台剧，可以更加真切地体会到当年我们抗日英烈不怕牺牲、抗战到底的民族精神，让他们明白我们如今美好的生活来之不易。”韩啸说。

甲午末战
2000余名官兵血染辽河

▶ 2019年2月19日，辽宁庄河海域甲午沉舰遗址（经远舰）水下考古调查入围国家文物局“2018年度全国十大考古新发现”终评项目名单。连同此前打捞的“致远舰”，两艘同在辽宁海域发现的战舰，把时间拉回到1894年9月17日的甲午海战战场。而甲午战争中规模最大、最为激烈与悲壮的陆战末战遗址，也在盘锦市大洼区田庄台镇，一次次重吟着那段历史。

田庄台镇
最后的主战场

在盘锦市大洼区田庄台镇，紧依大辽河的辽河沿广场上，每到傍晚便会热闹起来，这里如今是居民们茶余饭后休闲的场所。然而，河边城墙上陈设的一门清代铁炮，向过往的人们诉说着一段非同寻常的历史。

这里是甲午战争田庄台遗址所在地。

2月28日，记者站在城墙上向河对岸望去，河面上飘着一层薄雾，河道内的冰层还未开融。盘锦市文物办原主任杨洪琦说，1895年3月，同样是乍暖还寒的初春，甲午战争的战火燃烧到这里，“从双方的用兵数量来看，是甲午战争期间规模最大的一次陆上战役，而且是日军在甲午战争诸次战役中，实际投入兵力、将领最多的一战”。

1895年3月8日，中日两军对峙于田庄台的辽河两岸，我军兵力2万余人，火炮40门；日军兵力近2万人，将领10人，火炮109门。原本可以阻挡日军的辽河正值结冰期，策马可渡，如履平地。东面的牛庄、南面的营口失守后，田庄台处于日军第一军和第二军的钳形攻击之下。

四川提督、70岁的老将宋庆临危受命，从营口退守田庄台，并调集马玉昆、

▲ 甲午战争田庄台之战的主战场遗址，日军就是从河对岸攻打过来的

宋得胜等人分兵布阵防御敌人。辽河对岸的日军，为了摸清我军的兵力及火力配备，起初对田庄台进行试探性进攻，我军则利用有利的天气条件进行反击。

战斗于当年3月9日凌晨打响。日军经过试探性进攻后，以91门大炮在辽河左岸摆开阵势，我军在辽河右岸仅布置了20余门大炮，发现日军麇集对岸，先行炮击。日军炮兵先用十数门大炮应战，然后一齐开炮猛击。于是，双方展开了激烈的炮战。“百余门火炮对射，万条闪光出现于两岸上空，千百声霹雳在硝烟下轰鸣，乾坤一时为之震动。”炮击45分钟，我军防御阵地遭到破坏，不少大炮被毁，许多士兵牺牲，抵御能力减弱。上午9时许，多路日军从冰面上过河，进攻我军的正面阵地，主帅宋庆亲自指挥主力阻挡敌人，由于河面结冰平坦开阔、没有遮掩之物，我军趁机集中火力，枪炮齐发，但日军在强大的炮火掩护下仍借势猛扑，大约10时，日军突破我军正面阵地的第一道防线。多路日军渡河上岸，从陆路攻向田庄台。

■ 炮台遗址

全民皆兵

走过一段乡间小路，记者来到位于田庄台镇西南两公里处的碾房村，找到了炮台遗址的保护标志碑。

田庄台古炮台始建于第二次鸦片战争期间，甲午战争陆战时毁于战火。与古炮台遭受同样命运的，是居住着数千户居民、有两万多人口的繁华古镇，“变成了一片焦土”。

中央电视台1998年出品的8集电视连续剧《甲午陆战》曾还原田庄台战役的部分历史。据编剧刘民介绍，日军登陆后，我军来不及撤走的将士躲进民房。将士们从门缝、窗口以及墙壁上凿出来的枪孔，向涌入的日军射击，与敌人短兵相接。同时，田庄台的村民们也拿起菜刀、长矛、锄头、镰刀与日军搏杀。然而日军到处放火，凡可疑的房屋统统烧光。从3月9日上午10时30分起，田庄台陷于一片火海之中。大火一直烧到次日清晨，短短一昼夜，田庄台化为废墟。

《甲午陆战》的许多场景是在田庄台实地拍摄的，当时，不少盘锦市民参与了拍摄。刘民说：“对于如此重大的历史题材，除了20世纪50年代拍摄的电影《甲午风云》外，系统再现甲午战争的影视作品不多。前事不忘，后事之师。为了牢记落后就要挨打的历史教训，激发全民族的爱国热情，我们创作了电视连续剧《甲午陆战》。”刘民记得，拍摄期间，剧组得到当地群众的大力支持，寻找群众演员时，哪怕是一句台词都没有，大家也都积极参与。

■ 殉国将士墓

312具遗骨

田庄台一战，日军伤亡160人，其中死16人、伤144人；我军死亡2000余人，伤无计。战后，田庄台居民自发集结起来，把2000余具我军将士的尸体分头掩埋于3处。有两处已无迹可寻了，现仅存一处，掩埋了312位将士的忠骨。

采访接近尾声时，记者专程来到位于田庄台镇西南0.5公里处一座庄严肃穆的陵园，这里是2002年8月15日重修竣工的甲午末战殉国将士墓。

陵园坐西朝东，在门外，记者被宽10米、高7.4米、四柱三门、气势恢宏的汉白玉牌坊所吸引，悲壮肃穆之情油然而生。坊额上书写着“甲午末战殉国将

▼ 甲午末战殉国将士墓牌坊

士墓”，墓园内，三级台阶正中，矗立着一尊3.99米高的清军将士塑像。塑像之后的三级台阶上，是殉国将士坟墓。坟墓后面，有一幅长34.5米、高2.85米的弧形“田庄台战役”纪念浮雕。

墓园内，一位老者神情凝重地站在纪念碑前，正在祭拜殉国将士。老人缓缓绕行将士墓一周，目光始终投向将士墓的方向。记者走上前，和老人攀谈起来。

老人名叫田富国，今年83岁。与记者一样，他也是特地来祭拜殉国的将士们的。“这些忠烈为了国家、民族、后世子孙而捐躯，我们不应该忘记他们。我特意坐公交车从盘锦市里过来。再远，我也要来看看。”

田富国说，能有今天的幸福生活，应该感谢曾经付出生命的这些人。“我在教科书、宣传资料上了解过那段历史，当时战争很惨烈，电视剧也看了很多遍，我深切体会到只有国家强大，我们老百姓才能过上幸福生活。感谢你们来宣传报道，让大家都来看看这些殉国的将士。”

读

辽宁历史文化
词条 63

致远舰

致远舰是清朝北洋水师订购建造的穹甲防护巡洋舰。1894年9月17日的甲午海战中，致远号在弹药将尽且遭受重创后，由管带邓世昌下令冲向日本联合舰队旗舰，欲与敌人同归于尽，不幸被敌舰击中沉没，全舰官兵246人为国殉难。2013年至2015年，国家文物局水下文化遗产保护中心会同辽宁省文物考古研究所在位于丹东市西南50公里海域处，历经三年共四次水下考古调查，在深达24米的海底找到一艘钢铁沉舰，并确认为致远舰。

▲ 航试时的致远舰

手记 SHOUJI

独有印记

两个甲子，甲午中日战争昔日的战场，早已恢复平静。

这场战争中的两场重要战役：黄海海战和田庄台战役中的印记，在辽宁依旧可寻。

无论是出水文物，还是战场遗址、历史遗存，都以特有的印记，无声地展示着100多年前的壮烈。

2018年4月，“再现致远舰——辽宁‘丹东一号’清代沉船出水文物展”在辽宁省博物馆展出，众多出水文物串联起若干线索，让甲午海战的记忆再次浮现于人们的脑海中。

2018年7月至9月，在大连庄河海域开展的水下考古调查工作，又让甲午海战另一艘著名战舰经远舰重新现身。

在盘锦田庄台，甲午战争最后一场陆上战役的主战场遗址、炮台遗址、殉国将士墓共同构成甲午战争仅存的一处陆战遗址群，向时而造访的游人述说着历史的记忆。

电影《甲午风云》塑造的邓世昌形象，是中国人最为熟悉的“邓世昌”。这部电影作为经典，影响了一代代中国人。邓世昌的扮演者，是著名表演艺术家李默然，他是辽宁人。

甲午战争的岁月，已如此遥远；但甲午战争的记忆，却始终清晰。

“捐躯赴国难，视死忽如归！”与那一段民族的屈辱同时刻在时间罗盘上的，是发生在海上、陆地上，那许许多多可歌可泣的浴血奋战。

印记仍在，不能忘却。

延伸
YANSHEN

义务讲解

“欢迎大家参观瞻仰殉国将士墓园，重修墓园慰忠魂，甲午悲歌警后人……”这篇讲解词说过多少遍，90后的杨姣已经记不清了。身为社区工作人员的她，从2012年开始义务担任甲午末战殉国将士墓的讲解员。

杨姣参与讲解工作，缘于代表镇里参加的一次盘锦市导游大赛。因为她出生在田庄台，从小就在这里上学，大学毕业后又来到当地社区工作，出于对家乡的热爱，杨姣毫不犹豫地准备了甲午末战殉国将士墓的讲解内容，没想到取得了第三名的好成绩。现在去哪里比赛，杨姣都会宣讲这方面的内容。

“记不清讲了多少次，我就是觉得这份无偿的工作做得非常有意义。包括我怀孕时，还在坚持为大家讲解，一场都没有落下。”杨姣从一直坚持的这份志愿工作中，寻找到了深意，她说，7年来，与不同的参观者接触，让她得到自我提升，这种讲解是爱国主义情操修养的提炼，这种坚持可以成为孩子的榜样，而反复去重温这段历史，也不断给自己启迪，更加珍惜现有的生活。

“通过我的讲解，让来过的人、更多的人了解这场战争，同时了解这段历史，更了解田庄台，我觉得特别有成就感。”杨姣说。

时代的提问

▶ 报道组邀请抚顺市雷锋纪念馆馆长李强、沈阳市作协副主席商国华、中国工业博物馆研究室主任王彤和东北抗联精神研究中心主任张鹏一、辽宁社会科学院研究员张洁等5位专家参加一次纸上讨论会，围绕辽宁英模文化的内涵、特质以及如何宣传推广等问题进行深入交流。

Q1：辽宁的英模文化有什么独特之处?

张洁：辽宁英模覆盖各个历史时期和各个领域。新中国成立之初经济恢复时期有孟泰、马恒昌等，他们艰苦奋斗、勤俭节约，以高度的主人翁责任感为生产恢复创造了一个又一个奇迹。社会主义建设时期以雷锋为代表，还涌现出一批技术革新能手如王凤恩、王崇伦、尉凤英、张成哲等，他们对社会文明和经济发展起到重要的推动作用。改革开放时期，我省在科技、农业、文化、教育、公安司法等战线涌现出一批锐意改革、勇于创新的劳模，如“中国机器人之父”蒋新松、乡镇干部薄刃石、钢铁卫士宋达夫，等等。近年来，辽宁更涌现出郭明义、罗阳、姜妍等英模人物。

商国华：辽宁的英模遍布各个行业，都是各行业的杰出代表。工业战线有孟泰、王崇伦、马恒昌等，农业战线有村党委副书记陈玉圭、镇党委书记姜云胜、富民书记张文成、脱贫书记张作玺等，军队代表有雷锋，教育战线有魏书生，妇女代表有尉凤英，公安司法战线有谭彦，见义勇为代表有白雪杰，还有道德模范郭明义，等等。这些英模来自各条战线，植根于广大民众当中，有着深厚的群众基础。辽宁的英模极具感召力，具有鲜明的时代特点，在不同的时代，都能引领社会进步。

张鹏一：我们辽宁是一个英模辈出的地方。无论是和平年代为社会主义事业奋斗的雷锋、郭明义、罗阳……还是在抗日战争中争取民族解放的杨靖宇、赵尚志、李兆麟、宋铁岩等抗日将士，都是民族的脊梁。一个时代孕育一种文化，英模文化的形成和发展是与时代的脉搏紧密相连的。我认为，辽宁的英模文化具有这样几个特点：忠贞报国、艰苦奋斗的抗联精神，舍己为人的奉献精神，自强不息的奋斗精神。

Q2：英模文化的产生与辽宁的地域文化有没有关联？

张洁：辽宁的英模文化与其他文化本质上是一脉相承的，都是中华传统文化的集中体现。英模文化传承了传统文化中精忠报国、无私奉献、勇毅力行的民族精神。英模身上无处不在的爱岗敬业、无私奉献、勤劳节俭、一心为公，在平凡的岗位上坚持服务人民、服从大局，同时又谦虚谨慎、不骄不躁，充分体现出厚德载物、修己慎独的优良品质。这些美德都是中华传统文化精华的继承和发扬，这些传统美德促使他们在各自的舞台上不计个人名利，默默奉献，心中装着国家和集体。孟泰说，危险关头，一秒钟就决定你是一个勇士还是一个胆小鬼。英模精神传承了传统文化中自强不息、自主创新、开拓进取的精神。“中国机器人之父”蒋新松说，科学事业是豪迈的事业，需要我们用毕生精力探索追求和攀登。干事业，首先要心中有祖国母亲，这样才能产生对事业的使命感和强烈的责任感，才能战胜一切困苦。

李强：辽宁的英模文化与辽宁地区的地域特点、人文情怀是密不可分的。我们从新时代辽宁精神中可以看出，“长子情怀”是离不开工业英模的，而“忠诚担当、创新实干、奋斗自强”都是辽宁英模的特质，辽宁的英模文化就是新时代辽宁精神的写照。

商国华：辽宁就是一个“生产”英模的地方，我曾经做过统计，辽宁的劳动模范是全国最多的。我想，辽宁英模文化的产生与辽宁省的工业历史密切相关，与当地的工业文明是一脉相承的。举个例子，当年，苏联专家撤出中国后，辽宁工人们发奋自强，努力提高技术水平，沈阳市劳动模范吴家柱、林海丰和先进生产者吴大友发起的群众性技术协作活动，得到了人们的广泛认可，经过一年半的发展，成为拥有1万多名先进生产者、老工人和技术人员的群众性技术队伍。这项活动发展得如火如荼，直到今天仍然散发着光辉。

Q3：英模文化在社会中应该起到什么样的作用？

张鹏一：英模拥有强大的感染力、感召力，是倡导社会主流价值观的载体。

英模文化是一种具有正面示范和激励作用的文化形态，它直接或间接地折射着一个国家、一个民族的人文精神和价值取向。

通过英模文化，树立道德典范，对民众进行教育，把正确的思想观、道德观、价值观传递给社会大众，提高人民群众的思想道德水平和科学文化素质，激励人民积极进取。英模从群众中来，到群众中去，它反映着人民的意愿，从而得到人民的接受。

王彤：英模精神最大的作用就是典型引路的作用。当一位英模出现的时候，不管我们做什么工作，都会被他的精神所感动。

我们学雷锋也好，学焦裕禄也好，学其他英雄人物也好，我们都会从各自不同的方面，去寻找与英模之间的差距，找到需要学习的地方。

李强：我们学习英模文化，应该跟上时代的步伐，在自己的本职工作中，理解和践行英模精神，这是我们今天最应该思考的问题。

每个时代都有每个时代的英模，也许有的英模已经去世几十年，但他骨子里的这些精神和性格值得我们每个人去思考、理解、践行。学习英模的精神并不遥远，在我们的日常生活中，应该是非常具体的，应该是指引我们前路的一盏明灯，是鼓舞我们前行的动力。

Q4：如何加大力度宣传辽宁英模文化？

张洁：尽管辽宁是盛产英模的大省，但是，辽宁英模在青少年心目中形象模糊。

总体上，60后以及以前的人们大多熟悉孟泰、马恒昌、尉凤英等英模事迹，而且很多人从小把他们作为人生奋斗的楷模。然而，70后、80后、90后以至更年轻的一代人对于英模精神了解得并不十分深入，有的青少年甚至在思想意识上存在一些不良倾向。造成这一现象的根本原因是在青少年时期没有形成积极向上的理想和信仰，没有正确的人生观和价值观的引导。

信仰，本质上是人的精神支撑和寄托，是人生的动力源泉。因此，重塑信仰就成为我们教育的一项重要任务。辽宁英模精神是树立青少年坚定信仰的良好载体。弘扬英模精神，引导更多青少年以英模为荣，必将升华其人生观和价值观。

张鹏一：现阶段，随着人们思想的开放，独立自主、自由平等意识的逐渐增强，人们对英模文化的接受程度相对弱化，学习英模的观念渐趋淡薄，这是整个社会的问题。我们应该大力宣传和弘扬英模文化，尤其是要在广大青少年中宣扬。其最根本的目的是要充分调动和激发人们的积极性、创造性，要坚决抵制贬低英模、损毁英模、漠视英模的错误言行，净化社会风气，为全面建成小康社会积蓄蓬勃向上的正能量。

李强：我们要把宣传与实践养成结合起来。宣传固然重要，但宣传英模文化最终要落实到实践中去，让英模的精神能够滋养辽宁这片土地。

在工作中，我们要注重英模文化的广泛普及和重点推荐，对青少年、工人等不同的人群，应该选用不同类型的英模文化，增强他们的认同感。在宣传层面，宣传英模可学可做的点点滴滴，增强人们的触动感，而不是大而全的宣传，此外还应多利用互联网、自媒体等新媒体进行宣传。

我建议在政策方面鼓励人们做好事。我们以学雷锋为例，学雷锋活动常常与志愿服务相结合。我们需要做的是，让大家提起学雷锋，想到的不仅仅是做好事，还要有做好事后的荣誉感。

近些年来，许多人倡导建立道德银行、诚信积分等机制和办法，就是要传达一个理念，那就是做好事会有好报。

手记 SHOUJI

专家说

英模是辽宁文化的醒目符号

辽宁社会科学院研究员　张洁

辽宁英模影响广泛、深远。孟泰精神是工业战线的一面旗帜，具有全国影响力。雷锋精神更是名扬世界。2009年度，100位新中国成立以来感动中国的人物中，辽宁入围7人，他们是孟泰、马恒昌、雷锋、谭彦、杨利伟、方永刚、王永志。

英模文化已经成为辽宁重要的地域文化符号之一。辽宁英模辈出体现的是一种文化现象，凝聚着地域文化氛围和人文气质。英模精神也是时代精神的典型化、人格化、标本化。英模身上体现出仁者爱人、大爱无疆的崇高境界，无私奉献、恪尽职守的敬业精神，进取创新、追求卓越的人生目标。这些英模人物虽然身处不同年代、不同环境、不同岗位，但他们身上所体现出来的崇高精神，在本质上是一致的。

辽宁英模所创造的业绩和凝聚的精神足以使英模文化有理由、有资格成为辽宁地域文化的一个优秀品牌，与清前文化、抗战文化共同构成辽宁文化的醒目符号。

让英模成为孩子们的偶像

沈阳市作协副主席　商国华

我年轻的时候听新闻广播，每天都会听到英雄模范的故事，把他们当作我的偶像。直到现在，我还记得《为了61个阶级兄弟》的故事。

过去，英模对社会生活有很大的影响力和号召力。当年，沈阳重工最困难的时候，没有煤，没有水，怎么解决呢？去抚顺的西露天煤矿借煤。当时煤矿已经供应他们20多吨煤了，再借就得付钱。他们说，你们看在老金的面子上就借吧！老金是谁呢？就是闻名全国的“刀具大王”金福长，沈阳重工有名的劳模。结果第三天，煤矿一分钱没要，就把煤给运过去了。

今天，时代变化了，但同样需要大力宣传英模，同时要在方法手段上多做创新。

现在的孩子，喜欢和追捧的人物，往往是那些走红地毯的演员、明星。我们需要重视这一社会现象，要关心年青一代在关注什么，要对他们进行引导。

透过文物看英模精神

中国工业博物馆研究室主任　王彤

辽宁的工业历史，留下了一件件令人震撼的工业藏品，一段段感人肺腑的故事，还有背后不可忽视的工业文明和英模精神。

我们都知道，工业的辉煌，得益于产业工人这个群体非凡的智慧和辛勤的汗水。中国工业博物馆中，展出了新中国第一枚金属国徽，虽然是按原比例仿制的，但这枚国徽背后的故事，展现了当时工人们精益求精的工匠精神，十分令人感动。

1950年9月，当沈阳第一机器厂接到制作第一枚金属国徽的任务时，工人们既激动又担心，因为以当时的技术条件，要想出色地完成这项光荣的任务，还具有相当的难度。在这个时候，厂里的技术尖子、劳动模范焦百顺担起了重任，从模具制作到浇铸成型，都靠经验手工操作。大半年之后，焦百顺和沈阳第一机器厂的工人们硬是凭目测、手工操作的精湛技艺攻克了难关，提前20天完成了金属国徽的铸造任务。在中国工业博物馆的展品中，隐藏着许许多多这样的故事。

东北抗联精神引领青年奋斗

东北抗联精神研究中心主任　张鹏一

传承抗联文化、弘扬抗联精神，就是宣传英模文化的一种集中体现。同时，东北抗联精神也是引领新时代青年积极奋斗的一面旗帜。

东北抗日联军将士在抵抗日本侵略者的斗争中表现出来的奋斗精神为新时

代青年的人生价值取向树立了榜样，成为引领青年积极奋斗的一面旗帜。以杨靖宇、赵一曼等为代表的东北抗日联军将士在国家危亡时刻，将个人命运与祖国、民族的命运紧密联系在一起，以拯救国家、民族为己任。青年的人生奋斗取向决定着国家的未来。当代青年应从东北抗联精神中不断汲取精神力量，形成向上、向善的人生价值取向，谱写壮丽的青春篇章。

为传承抗联文化、弘扬抗联精神，我馆在陈列馆展览的基础上，制作抗联史实流动展厅，组织“抗联史实展览到乡村、进学校、下社区、赴军营、入景区”宣教活动，拓宽了宣传教育领域，使宣传教育面成倍增长。

大力弘扬东北抗联精神，激励广大群众在平凡岗位实现自身价值。

通过文创产品触动人心

抚顺市雷锋纪念馆馆长　李强

一直以来，我们都在思考一个问题：如何让雷锋精神更加普及，深入人心？

近几年，北京故宫的文创产业十分成功，吸引更多的人关注和了解中国传统文化。我们想学习北京故宫的成功经验，把雷锋故事、雷锋精神融入文创产品中，通过文创产品来触动更多人的内心。

在抚顺市雷锋纪念馆中，雷锋邮局受到很多人的欢迎，尤其是孩子们。他们可以盖上个性化的纪念邮戳，可以自己做涂鸦明信片。在这一写写画画的过程中，孩子们不知不觉地接受了雷锋精神的洗礼和熏陶。

有了雷锋邮局这一成功的经验，2019年，我们将举办文化创意产品大赛，邀请国内各大院校、文创公司、相关展馆参与，同时通过网络、自媒体等方式向社会征集创意设计。

我们相信，通过这样的比赛，不仅可以进一步宣传雷锋精神，让人们了解雷锋，了解雷锋精神的内涵，还能创作出更贴近时代、贴近实际、贴近生活的文创产品。我们希望这些文创产品能够针对不同的人群，让他们都能产生共鸣。

生产文创产品，不在于它的商品价值几何，而在于它最终能让人们有所触动。哪怕是一个书签、一个手机套，只要它在日常生活中能够潜移默化地让人们体会到雷锋精神，我们就达成了心愿。

辽宁历史文化

词条 64

郭明义

郭明义是鞍钢集团矿业有限公司齐大山铁矿采场公路管理业务主管，中华全国总工会副主席（兼职），第十八届、十九届中央候补委员。他四十多年如一日学雷锋做好事，时时处处发挥共产党员的先锋模范作用，被誉为“当代雷锋”。2009年发起成立郭明义爱心团队，目前全国各地已建立1200余支分队，210多万名志愿者加入其中，在全社会广泛掀起“跟着郭明义学雷锋”的热潮，用实际行动证明，在改革开放和市场经济条件下雷锋精神依然具有强大的生命力、示范力和感召力。荣获“全国优秀共产党员”“全国助人为乐道德模范”等称号和全国五一劳动奖章。

调查 DIAOCHA

在你看来，辽宁人咋样

2019年年初，记者在沈阳市进行了一次海采，听听外地人怎么看咱们辽宁的英模人物，咱们辽宁人又是怎样评价自己的性格特点的。

咱辽宁人就像一团火

采访地点：沈阳市和平区太原街

10多年前，歌手雪村的一首《东北人都是活雷锋》火遍大江南北。此后，外地人一提到辽宁人，都会竖起大拇指，说咱们是热心肠的活雷锋。外地人只要在辽宁遇到困难，辽宁人都会不求报答，主动上前帮忙。那么，辽宁人又是怎样看待自己这种性格的呢？

在沈阳市著名的商业街——太原街，记者采访了两名正在逛街的年轻女士。吴雪说，自己是土生土长的沈阳人，因工作关系经常到南方出

▲ 吴雪和王尉尉认为辽宁人最突出的性格是豪爽和大方

差，“跟南方的朋友吃饭时，我肯定是抢着买单。大家就说，辽宁人的大方真是名不虚传。我觉得，这不算啥事。你看，我们同学或同事之间聚会，不也是互相争抢结账吗？”她最后总结说，辽宁人的大方是与生俱来的。

而在王尉尉看来，大方不能完全概括辽宁人这种独有的性格，“我认为，用豪爽更为恰当”。在一些网络论坛上，总有各种讨论全国各地人性格特点的文章，“豪爽”属于其中的高频词。“我身边有不少南方朋友，他们总说，最怕跟我们喝酒，一整就踩箱套喝。这时我会说，辽宁人不仅在酒桌上豪爽，在为人处世上更豪爽，从来不斤斤计较那些小事。”

记者又来到太原街一处写字楼内，走进一家礼仪庆典公司，请这里的4名年轻人讲讲他们心目中辽宁人的性格特点。记者发给他们每人一张纸，让他们在10秒之内写出最能代表辽宁人性格特点的词语。

4个人分别写出了“善良”“正直”“热情”和“活雷锋”4个关键词。张国鑫指着自己写下的“善良”两个字，对记者说：“干我们庆典这行，是需要特别细心的，有一点小纰漏就可能把活儿干砸。尽管你再仔细，有时候也难免有疏漏之处，这时候摄像师、灯光师等人，都会主动查缺补漏。这让我就觉得太善良、太无私了。”

谈到“正直”，高播讲了一件他亲身经历的事。“最近不是有关于公交车乘客抢夺司机方向盘的新闻嘛，我曾遇见过类似的事，有乘客因一点儿小事对司机不满，刚骂了几句，正想动手打人，立马上来两个中年男性乘客制止了他的这种行为。那个乘客只好在下一站灰溜溜地下车了。大家当即为他俩鼓掌叫好，这是多么正直的人哪！”

“要我说，咱辽宁人就像一团火，对外地人老热情了。”任航说，“我有一次跟朋友正准备到张氏帅府参观，在广场上见一个外地人说不知道到沈阳故宫怎么走，我和我朋友不约而同地说，走吧，我俩陪你过去。那位外地人最后说，辽宁人的热情我是感受到了。我说，谁让咱们都是活雷锋呢！”说到这里，任航爽朗地笑了。见任航说自己是“活雷锋”，

▲ 沈阳市太原街一座写字楼内的 4 个年轻人，在谈到辽宁人的性格特点时，分别写出了“善良”“正直”“热情”和“活雷锋”4 个关键词

周悦对她说：“每个辽宁人的骨子里都是‘活雷锋’，你那点事根本不值得一提。”

大家都崇拜雷锋

采访地点：沈阳故宫

采访时的沈阳，已进入“二九”，外面的温度接近零下20摄氏度。在来沈阳故宫的路上，记者反复在想，这天去沈阳故宫参观的游客，得需要多大的勇气与胆量啊！可当记者来到沈阳故宫时，发现前来参观的游客仍然很多，而且多以外地旅游团为主，在记者采访的半个小时内，先后碰到了来自广东、河南、内蒙古等地的多个旅游团。

当记者问他们能不能说出几个辽宁的英模人物时，有一个人几乎被所有人提及，他就是雷锋！来自内蒙古通辽市的游客王志新激动地说：“辽宁有个雷锋，他的故事家喻户晓，他是你们辽宁人的骄傲。”

几位说粤语的广东游客也纷纷表示，他们对雷锋印象最深，并且计

▲ 王志新来自内蒙古通辽市，她说最熟悉的辽宁英模是雷锋

划过两天再到抚顺的雷锋纪念馆参观。记者问大家，雷锋给我们当代人最大的启示是什么时，王志新抢先说："雷锋心中有爱，爱党、爱国、爱人民，心里永远装着别人，全心全意无私奉献。"

另有几名河南游客听到我们讨论雷锋，其中一名叫张玉春的游客凑过来对记者说，辽宁人绝对个个都是"活雷锋"。她接着说："雷锋精神在我看来，就是无私奉献，而辽宁人给外界的感觉就是热情、大方，谁有困难，马上帮忙，这不就是雷锋精神的具体体现嘛！"

记者问她，除了雷锋以外，还知道其他辽宁的英模人物吗？张玉春回答道："郭明义、尉凤英、孟泰、罗阳，等等。""这些人中，您最崇拜哪一位？"记者又问她。她思考片刻，补充说："全国劳动模范尉凤英是我们学习的好榜样，另外还有鞍钢的孟泰。记得在我小时候，有一个纪录片叫《第十个春天》，形象而生动地记录了孟泰的工作和生活情景。"

"你知道郭明义吗？"记者拦住两名正准备进故宫参观的中国医科大学学生，他俩异口同声地说："当然知道了。"其中一个叫于明含的大学生接着说："他是'当代雷锋'，郭明义的故事在我们年轻人中传播得

▲ 中国医科大学学生于明含说，
她认为现在辽宁最有名的英模是郭明义

非常广。前几天，我看郭明义还获得了‘改革先锋’称号。”“作为当代大学生，你们觉得应该从郭明义身上学到什么？”记者问。于明含认为：“他几十年如一日地学雷锋做好事，太令人敬佩了。年青一代，更应该像郭明义一样，学雷锋、做好事，平时生活中处处想着助人为乐。”一旁路过的退休职工贡好沈听到这句话后，也凑过来对记者说：“咱辽宁人就该把雷锋精神发扬光大。”于明含连忙点头，“对，尤其是我们年轻人，必须把雷锋精神发扬光大。”

“现在的大学生真不错，去年锦州好像出了一个最美大学生丁慧，跪地救人的事迹挺感人的，我相信以后这样的最美大学生一定会越来越多。”贡好沈说。

老百姓就该互帮互助

采访地点：沈阳市浑南区在水一方社区办公室

2019年1月3日下午，沈阳市浑南区在水一方社区办公室内，社区工作人员按部就班地为群众办事，社区党委副书记张春雪正与3名社区志愿者王伟、赵洪泉、侯国斌商议新一年社区为民办实事的工作计划，记者的不请自来，让这次讨论又增添了一个新话题——辽宁人在平时互相交往中有哪些特点？

3名志愿者总结了12个字：邻里和睦、互相帮助、互敬互爱。作为在水一方社区正风肃纪监督员的王伟，经常入户走访，他发现，几十年前住平房时的那种邻里和睦，最近几年又回来了。“没住楼房时，不都住在平房里，谁家有啥困难，前院后院的都帮着照应一下，比如你家劈柴不够，到邻居家随便拿、随便用。”王伟说，“等住进封闭小区后，这楼上楼下的邻居，见面都不认识。这两年，社区搞了‘邻里节’等活动，邻里之间的关系感觉又回到以前了。”

▲ 王伟认为邻里和睦很重要

▲ 赵洪泉认为互相帮助是辽宁人的优点

对王伟的这个观点，赵洪泉和侯国斌都不住地点头。“我记得咱们最开始搬进这个小区时邻里之间的关系确实很淡薄，随着小区有了业主群、业主活动室，再加上‘邻里节’等活动，邻里关系明显改善，最大变化是大家开始互相帮助。”赵洪泉说。

他一边说，一边让记者看小区业主群。“群里经常发谁家漏水了、谁的私家车窗没关等这样的消息，发到群里后，马上就有回应。另外，小区业委会换届选举时，以前都是退休的老同志挨家挨户走访，现在越来越多的年轻人主动承担这项工作了。”赵洪泉补充说。

侯国斌接过话茬儿继续说：“没错，现在的年轻人工作多忙啊，同时又要照顾老人、陪孩子上课，但他们一方面有热情、有想法参与到小区管理工作中，另一方面在互敬互爱、互相帮助中做得越来越好。”

“国斌，你说得对！”王伟说，“有好几次，我手里拎很多东西，上楼梯有点儿费劲，单元的年轻人主动过来帮我拿，整得我可不好意思了。”侯国斌说。在社区副书记张春雪看来，年轻人这么做是理所应当的事情。“咱们小区里，年轻人更多一些，看见老人有困难，伸一把手，

▲ 侯国斌说，辽宁人崇尚互敬互爱

帮一把，这太应该了。谁没有老的那一天哪？再说，每个辽宁人不都是活雷锋吗？对外地人热情、大方，对咱自己人也得同样互相帮助、互敬互爱！”

辽艺人演活辽宁英模

▶ 文艺界有一个现象被称作“辽艺现象”，指的就是辽宁人民艺术剧院（简称“辽艺”）坚持先进文化的前进方向，坚持为人民服务，坚持艺术创新，坚持现实主义题材戏剧的创作，走出了一条光彩夺目的艺术道路。在辽宁，“辽艺现象”并不孤立。植根于辽沈大地上的艺术团体，对工业题材创作的偏爱，对英模文化的演绎，都体现了辽宁艺术家执着的创作追求。

■ 辽宁人民艺术剧院走廊
走在时代前沿

《报春花》《高山下的花环》《鸣岐书记》《父亲》《凌河影人》《矸子山上的男人女人》……

进入辽艺的办公区，走廊的墙上挂满了话剧海报，每一个都是影响极为深远的精品话剧。

记者注意到，《干字碑》的海报上写着“第六届国际戏剧‘学院奖’优秀剧目奖”。陪同记者的辽宁人民艺术剧院艺委办公室的王宏海解释说，其实好多作品获得了不止一个奖项，但在海报上不能一一列举。

记者走过这条长长的走廊，仿佛走过了辽宁人民艺术剧院60多年的话剧历史。这里的海报虽然不能囊括所有的作品，但每一个时期的代表作都赫然在列。

说起辽宁人民艺术剧院的历史，院长佟春光介绍说，辽宁人民艺术剧院是延安鲁艺的后代。这些年来，剧院始终秉承鲁艺精神，积极反映人民心声，热情讴歌时代精神，一直坚持现实主义题材戏剧创作，关注现实生活与地域文化。

佟春光自豪地说：“从开始到现在，我们不曾缺位。”60多年来，辽宁人民艺术剧院先后经历了三个艺术创作高峰，每一个时期的作品都紧贴时代脉搏，

▲ 演员们正在排练

彰显出现实主义戏剧的魅力。

从20世纪50年代初建院以来，剧院共创排话剧300余台，其中超过200台都是反映工人、农民、军人、时代英模生活和社会变迁的现实主义题材作品。多年来，辽艺一直坚守现实主义题材戏剧创作这个阵地，却并不守旧。就像辽艺的老前辈李默然的这句话："话剧就是活人演活人，给活人看。"随着时代的发展，辽艺一直站在潮头，站在第一线，反映人民当下的心声，紧扣时代的脉搏。

■ 排练室

以干字碑精神演《干字碑》

辽艺311的排练室中，有几位演员正在紧张排练，他们并没有化装，只拿着简单的道具，记者的到来仿佛并没有打扰到他们。王宏海告诉记者，这间排练室安装了灯光等舞台设施，既可以用作排练，也可以作为舞台演出。

休息的间隙，演员贾毅宁、杨卓、韩宇接受了记者的采访。他们都是《干字碑》的演员，几天前还在北京演出，今天就要开始排练新的剧目。

记者问："演一个陌生人，你们会觉得别扭吗？"

辽宁历史文化
词条 65

孟泰

孟泰是新中国成立后第一代全国著名劳动模范，他爱厂如家，艰苦创业，在恢复和发展鞍钢生产中做出了重大贡献，8次受到毛泽东同志的接见，先后当选为第一、第二、第三届全国人民代表大会代表，当选为中国工会第七、第八次全国代表大会执行委员。孟泰1949年8月加入中国共产党，成为鞍山解放后第一批发展的产业工人党员之一。1967年9月，积劳成疾的孟泰在北京病逝。

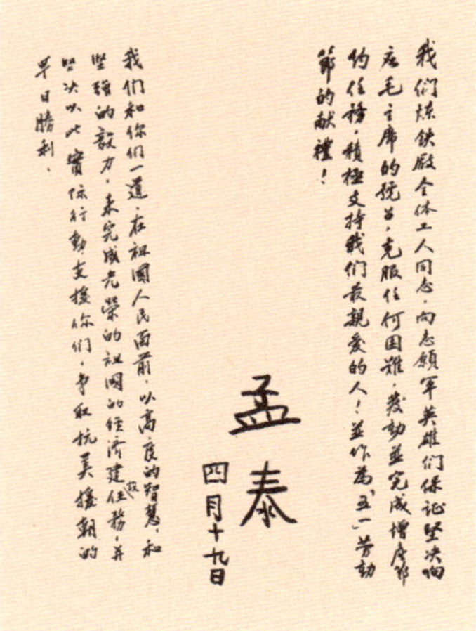
我们炼铁厰全体工人同志，向志願軍英雄们保证坚决响应毛主席的號召，克服任何困難，发动並完成增产节约的任務，積極支持我们最親爱的人！並作為"五一"劳动節的献禮！

我们和你们一道，在祖國人民面前，以高度的智慧、和坚强的毅力，来完成光榮的祖國的经济建设任務，并坚决以实際行动支援你们，争取抗美援朝的早日勝利。

孟泰
四月十九日

杨卓说："作为话剧演员，我们去演绎一个角色，就要用心去体会那个角色，在很长一段时间里，其他人也会觉得我就是那个角色。"贾毅宁在《千字碑》里演的是毛丰美的儿子毛正新，采访中，杨卓和韩宇常常叫他"正新"。

贾毅宁介绍，在排练《千字碑》前，大家一起到大梨树村生活了一段时间，每天找村里的人们唠嗑，了解角色的故事、个性和生活环境。事实上，辽艺的每台话剧都要去实地体验角色的生活，感知人物的温度。在这个过程中，导演、舞美设计、演员们被人物的生活、精神所感动，获得了形象的种子，所以才有了后来那种有血有肉、赢得广泛赞誉的真情的表演。他说："我们都是以千字碑精神去演《千字碑》。"

《千字碑》的第一场就在丹东凤城演出，贾毅宁长得并不像毛正新，但是大梨树村的观众看了，都说他演的就是毛正新。"达到这样的效果，我就心满意足了。"贾毅宁说。

10分钟后，他们又开始新一轮的排练，导演时不时地喊停，挑出排练中不太满意的地方，力求精益求精。王宏海说，辽艺有个传统，演员前辈会经常来看大家排练，手把手地教年轻人演戏，因此，剧院形成了属于自己的演剧学派。在中国戏剧界有这样一个说法：北有辽艺，南有京沪。辽艺是关东演剧学派的核心，按照李默然、王秋颖等老一辈表演艺术家的定义，关东演剧学派的演员表演风格既有大开大合，又有"潺潺流水、静水流深"之感。

剧院大厅

戏比天大

▲ 著名表演艺术家李默然题写的“戏比天大”4个大字悬挂在辽宁人民艺术剧院一楼大厅内

在辽艺一楼大厅里，“戏比天大”4个字十分引人注目，这4个字是李默然老师题写的。

李默然是我省著名的老一代艺术家，留下了许多宝贵的艺术财富，他也是1960年和1995年的全国先进工作者。

每一个辽艺的工作人员，都明白“戏比天大”这4个字背后的重任与辛酸。

佟春光说：“话剧是一次性艺术，不允许犯错。”他解释说，话剧不同于影视剧，不能倒带重来，台上有任何一点错误，这场话剧就是失败的。作为过来人，他对话剧演员的要求很高，不仅不能犯错，还要求大家演“每一场都是第一场”，要保持新鲜感，演出发自内心的感受。

佟春光的这些要求总结成一句话，那就是“戏比天大”。韩宇对此深有感触。话剧演员常常会有一些危险的动作，受伤是难免的，他在演《祖传秘方》的时候胳膊受伤，做了手术。但由于他在剧里的戏份儿很重，在手术后的第三天，就打着绷带走上舞台。下场后，厚厚的演出服装都被汗水打透了，伤口开始渗血，他被马上送回了医院。韩宇说，在辽艺，几乎每个人都会遇到带伤上场的情况，“戏比天大”就是他们的信念。

在辽艺，想要工作与家庭兼顾，往往是一件困难的事。贾毅宁的爱人也在辽艺工作，因为夫妻俩经常出差，父母生病了也没法去照顾，只能请保姆。对于贾毅宁来说，对爱人最愧疚的事是孩子出生的第三天他就出差了。有时候家里没人照顾孩子，夫妻俩就把孩子带到剧场，上台的时候请工作人员帮忙带一带。他说："我已经错过了孩子人生的许多第一次，未来估计会错过更多，但我不会错过任何一场演出。"

"戏比天大"，这4个字已然深深镌刻于辽艺人的血液里，时刻伴随于他们的工作生活中，是他们的精神坐标。

手记 SHOUJI

直抵人心

近年来，在文艺创作领域，辽宁工业题材的作品如电影《钢的琴》、电视剧《钢铁年代》、话剧《工匠世家》《郭明义》等备受关注。

作为主旋律作品，它们不仅叫好又叫座，为展现辽宁工业文化、塑造英模形象树立了典范，同时也引发了新一轮现实主义题材创作热潮。

早在延安时期，毛泽东同志就提出文艺要为人民大众服务。文艺好比水中的鱼，人民大众则是水。鱼离开水，还有生命可言？在辽宁，文艺工作要永葆活力，必须要深深扎根于辽宁这片热土，坚持为人民服务。

纵观新中国成立以来的辽宁文艺作品，英雄模范主题是其中最浓墨重彩的一笔。辽宁文艺界十分钟情于英模题材，正是因为创作者们投身于火热的生活中，从生活中汲取创作养分、寻找创作动力，发现并提炼出最可贵的英模文化。

辽宁文艺界大量创作英模题材作品，进一步扩大了英模文化的影响。

辽宁的英模由时势造就，同时，时代也需要这样的英模。辽宁英模群体之所以能够得到社会的广泛认可，是因为他们代表着一种共性的先进思想。辽宁英模的高尚境界来自长期的社会养成。辽宁英模的自觉行为背后有着深厚的社会土壤。辽宁的英模由辽宁这片黑土地孕育而生，成为推动辽宁社会进步发展的强大动力。

艺术来源于生活，又高于生活。辽宁文艺界要做好英模精神与辽宁百姓之间的桥梁，并不是一件容易的事。

提起主旋律作品，人们有时会敬而远之。因为一些内容空洞、形式单一的作品令不少人对此类作品形成了刻板印象，甚至产生抗拒心理。

事实上，我们从来都不缺乏精彩的故事，缺乏的是精彩的讲述。

辽宁文艺界宣传英模精神，能做到社会效益与经济效益双赢，主要原因就是坚持深入生活、扎根人民，真正捕捉到了时代的脉搏和英模精神的灵魂，因此，才能做到直抵人心。

延伸 YANSHEN

校史剧

东北大学大学生活动中心一楼的108室是话剧团开展活动的地方。

团长张天娇今年大二，接任话剧团团长时，正赶上校团委要创作一台校史剧《行行重行行》。这部剧讲述的是四代东大人的故事，其中不乏真实的人物，如刘长春等。

“作为东北大学的学生，我们演校史剧有着天然的优势。”张天娇介绍，为了更好地把握人物性格，话剧团的成员们曾经一起去校史馆参观学习，一起去感受校园中留存的历史记忆，一起学习历史知识，一起看相关的纪录片。演校史剧，往往能够激发大家的爱国、爱校情怀。

演话剧并不容易，张天娇非常自豪地介绍，话剧团是整个学校里唯一有课堂的社团。辽宁人民艺术剧院资深编导刘若云是东北大学客座教授，每周都给话剧团上一次表演训练课。2014年，这堂课还被评为特色文化课程，接受了辽宁电视台等多家媒体的采访。

自2008年成立以来，话剧团就一直秉承“年轻活力，美好向上”的创作演出宗旨，成为校内最具影响力的社团，长期活跃于团内的成员达到百余人。

2008年12月8日，话剧团第一部自编、自导、自演的历史话剧《永远的一二·九》获得全校师生的一致好评，之后《追忆“五四”之风》《兵谏序幕》等多部爱国主义题材的话剧和《明天继续》《两只狗的大学生活》《我为求职狂》等反映学生生活题材的话剧轮番上演，这些剧目在历届辽宁省大学生戏剧节中多次获奖，使得东北大学的话剧团日益成长，成为集编、导、演、舞美、灯光等特殊技能人才于一体、具有较高艺术创作和鉴赏能力的团队。

▲ 东北大学话剧团团长张天娇（中）和副团长张博（左）接受记者采访

副团长张博说，话剧团经常组织同学去看演出，各种风格的话剧都会涉猎。2018年11月15日，辽宁人民艺术剧院的《工匠世家》首演，话剧团的成员全部去观摩了。张博说，剧中人物“二两半”舍掉自己的手指的情节，确实催人泪下。

张博是学艺术设计专业的，他更关注这台话剧的舞美设计。“他们的舞美太棒了，还有演员的站位安排得特别合理，那么多的演员一点儿也不乱。”

张天娇说，每次去演出，大家都会有不同的收获。他们要学习不同话剧的题材选择、故事梗概，学习编剧怎么设置剧情、把矛盾引出来，也学习台词和肢体语言。观察到越多的细节，就会学到更多的东西，把这些都运用到表演实践中。

由于话剧团经费有限，而在演出时总要用到一些简单的道具，常常需要大家发挥想象力解决道具问题。有一回，辽宁人民艺术剧院的尤美懿、袁光、林红智到学校指导话剧团的表演，当看见话剧团把蓝色的塑料布抖动起来、充当波动的河流时，曾给出这样的评价：“表演虽然还显稚嫩，但创意十足。”

张天娇说，未来东北大学话剧团要向辽宁人民艺术剧院学习，将现实主义题材融入创作中去，立足于学生群体，立足于东北大学，演出更打动人心的作品。

我们发现了他们

▶ 一条有价值的新闻线索，如何通过融媒体迅速传播，成为网友关注的热点，引领正确的舆论导向呢？辽宁日报社的3位记者用亲身经历告诉您，融媒体时代来了，从广泛的新闻线索中发现、采写并包装出有内容、有深度、有价值的新闻，是党报新媒体弘扬正能量的新探索。

■ 第一时间找到丁慧

2018年7月20日下午4点多，辽宁日报新媒体运营中心记者李小杏接到时政新闻中心发来的线索——3段两分多钟的短视频和一封表扬信。

看完视频，又读了感谢信的内容，李小杏基本了解了事件的经过：一名在校女大学生通过心肺复苏和人工呼吸在火车站救下了一位老人。好线索，值得跟进采访！

通过视频提供的信息得知，救人的女孩儿叫丁慧，家住沈阳，是锦州医科大学的学生。李小杏立即与校方取得联系，很快得到丁慧的电话。

电话拨通，当李小杏提出希望面对面采访的请求时，20岁的女孩儿丁慧有点儿蒙，没有立刻答应接受采访。丁慧说，自己正在和家人吃饭，会吃到很晚。李小杏表示，晚一点儿也没关系，自己可以等。最后，二人约定晚上7时见面。此时已是晚上5时许，李小杏从报社出发，和同事兵分两路采访。一路采访丁慧本人，一路联系丁慧的老师、同学以及被救老人的家属等相关人员。

李小杏记得，当天采访的时间不算长，丁慧是个不善言辞的女孩，而且，她觉得自己并没做什么惊天动地的事。

采访结束，李小杏有些激动。稿子的框架在回家的路上基本搭建了起来。采访那天是周五，虽然到家已经很晚，李小杏还是打开电脑一气呵成写完了稿

▲ 辽宁日报新媒体运营中心编辑杨东（右）和李小杏（左）与丁慧合影

子。第二天，报道通过辽宁日报新闻客户端推送出去。让李小杏没想到的是，等她打开手机，朋友圈铺天盖地都是这则新闻。不到一个小时，关于丁慧的这则新闻便成为阅读量10万的爆文，此后的几天，全网阅读量超1亿人次。这样的数据，着实让李小杏有些意外。此后，《人民日报》、新华社、《光明日报》、央视等国家级媒体和省内多家媒体也迅速捕捉到这一信息，全国各地上百家新媒体平台全文转载辽宁日报新闻客户端稿件，全国网友称赞丁慧是“最美大学生”。

凡人善举，社会新闻记者出身的李小杏不知道采访过多少次。每次采访这类题材，她的心里都暖暖的。而此次采访，在前期线索提供上有视频，在采访过程中能与事件核心人物面对面，传统媒体记者通过融媒体平台产生一篇阅读量超1亿人次的爆款融媒体产品，更让李小杏觉得，网友们其实对凡人善举的传播还是认可的。

有了此次报道丁慧的经验，李小杏期待着下一个“丁慧”出现在辽沈大地。

■"逆行"英雄的行为准则里没有选择

去年年末，我省两名消防员以他们的壮举温暖了寒冷的冬季。

一名叫李铁。2018年12月7日上午7时3分，一名男子在结冰湖面行走时掉入冰窟，鞍山市消防支队消防员李铁因营救落水群众而壮烈牺牲，年仅23岁。

一名叫岳永峰。2018年12月8日上午10时40分左右，大连市一栋老式建筑突然起火，大连市消防支队中山区大队消防官兵第一时间抵达现场，在-5℃的寒冷天气下，消防官兵不畏严寒，经过消防立体作战，迅速控制火情，很快成功将火扑灭。岳永峰被烈火炙烤后又遍体冰霜，演绎了一曲"冰与火之歌"。

2018年12月10日，辽宁日报客户端将两名消防战士的事迹报道整合，并配发短评。短评中说，他们赴汤蹈火义无反顾、冲锋向前毫不迟疑的气概从何而来？从无论严寒酷暑，坚持苦练不辍而来；从无论白天黑夜，始终坚守岗位而来；从无论消防服是否加身，时刻将人民利益放在心上而来。忠于使命、献身使命、不辱使命的铮铮誓言，是刻进每一名消防战士骨子里的忠诚担当，是融入每一名"逆行"者血液里的战斗精神。这则消息一出，立即得到众多网友的关注。

当日负责整合两条新闻并配发评论的，是辽宁日报新媒体运营中心的编辑杨东。他说，两名消防员，和之前报道过的丁慧、张善哲有很多相似之处。他们就是生活在我们身边的普通人，但当面对突发事件时，他们的处理方式却平凡中见伟大，令人敬佩。

两名消防员的新闻只相隔一天。杨东说，当他从网上看到这两条新闻时，觉得它们既有新闻性，又很有价值。多传播这样的社会正能量，正是党报新媒体的责任所在。

杨东说，从丁慧报道在辽宁日报客户端阅读量超过23万人次开始，"我们逐渐摸索出融媒体时代如何让辽宁好故事传播得更快、更远、更持久的现实路径"。他认为，对丁慧、张善哲、李铁、岳永峰的报道在全国取得巨大的社会反响，是辽宁日报融媒体改革过程中，传统报人思维转型、观念转型、方法转型的一次生动检验。

"在融媒体时代，报道的方式和工具发生了变化，但我们的新闻意识没有变。我们用‘脚’接地气、用‘心’写新闻的传统没有变，好记者的职责没有变。”杨东说，今天的新闻人，拼的是速度、技术和创意，但更拼内容、深度和广度，“好新闻关键在于发现，在于表达。我们始终相信，面对越来越广泛的线索来源、越来越丰富的新闻题材，只要满怀热情、精益求精，就能采写出有思想、有温度、有品质的好作品”。

■ 记录张善哲生命中的最后一次“双闪”

2018年12月28日，“辽宁好人”2018年度盛典举行。刚刚去世一个多月的辽河油田沈阳采油厂机动采油大队油罐车司机张善哲获得表彰。最早采写张善哲报道的，是辽宁日报驻盘锦记者站记者刘立杉。

看到盛典中张善哲的故事被再次讲述，刘立杉的内心涌起一阵酸楚。“比起写出一篇有影响力的稿件来，我更希望张善哲还活着。”作为一名记者，刘立杉的内心很矛盾。但为了让张善哲的故事为更多人所知，他知道，自己要继续写下去。

2018年11月21日晚，沈阳采油厂机动采油大队油罐车司机张善哲在行驶途

▲ 辽宁日报驻盘锦记者站记者刘立杉（中）采访张善哲的女儿张笑（左）

中突发疾病，他在最为严峻的时刻，用生命保住了国家的财产、群众的安全。

刘立杉是在事情过去10天后收到线索的。这件事听起来很感人，为了挖掘更具体的情况，他找到辽河油田公司党委宣传部和沈阳采油厂党群工作部两位工作人员。从他们的讲述中，刘立杉发现两个细节——安全停靠在路边的油罐车亮着“双闪”，在现场的同事在驾驶室中看到，栽倒在方向盘上的张善哲的一只脚牢牢地踩在脚刹上。生命垂危，张善哲在驾驶室里是怎样的痛苦我们不得而知。但是，他有意识地完成这两个动作，深深打动了刘立杉。这是多么崇高的职业责任、职业精神哪！

当时考虑到张家人还沉浸在悲伤的情绪中，刘立杉没有采访张善哲的家人，而是找到在场的当事人，张善哲的单位领导、同事以及邻居。随着采访的深入，从身边人的讲述中，刘立杉震撼了。他没想到，邻居和同事口中的张善哲原来在日常生活中就是这么善良的人。刘立杉还记得，采访时邻居根本控制不住自己的眼泪，她讲到和张善哲相处中的点点滴滴，让刘立杉也泪洒现场。

2018年12月4日，《张善哲启动生命中最后一次“双闪”》在《辽宁日报》社会版头题发表，同时辽宁日报新媒体、网站同步刊发。在接下来的3天中，刘立杉又对张善哲的同事、家人、邻居、辽河油田其他采油厂油罐车司机、盘锦社会各界进行了深入采访，连续刊发了有角度、有深度的相关报道。

每次采访，刘立杉对张善哲都会产生新的认知，也对他生命中最后一次“双闪”不再感到意外。张善哲的事迹所体现出的职业精神，已不仅仅是辽河油田、盘锦市的事情，更足以成为辽宁的骄傲。

完成报道的过程，也是对张善哲的英雄形象不断认知、提升的过程。随着采访的深入，当越来越多关于英雄的细节展现在面前，刘立杉由衷地体会到，在某一个岗位工作时间长了，难免出现职业倦怠感，但在张善哲身上，人们看到的是一个人对职业的热爱、敬畏和责任感，这种职业精神，值得宣扬。

刘立杉坦言，这次报道，得到报社很多同事的配合，是集体的力量让报道更有力量。作为党报记者，有责任、有义务宣传好、报道好张善哲的事迹。《辽宁日报》的报道推出后，盘锦当地媒体于12月5日和6日连续两天用两个版面对报道进行了全文转载。全国200余家媒体的跟进，都印证了这是一条有价值的新闻。

愿张善哲也能看见，这人间因他而更加温暖。

调查 DIAOCHA

每个年代都有属于自己的英模记忆

互联网时代，新的交互媒体成为传播正能量的重要平台。报道组在新媒体平台上做了一次主题明确但样本随机产生的调查，从中发现不同年龄层的人对辽宁英模的认知和理解。

60岁以上受英模影响最深

对于20世纪50年代出生的人来说，孟泰、王崇伦、尉凤英等劳动模范深刻影响了他们的人生观。网友“永不停息”生活在鞍山，今年60岁。他说，鞍山人习惯把孟泰称为“老英雄”，习惯把孟泰看作城市的精神符号。他说：“我刚参加工作那时候，单位总号召大家学习孟泰。我们这些青年工人，都把孟泰当作奋斗的榜样。”1952年出生的杨淑娟参加“三线”建设，从沈阳去了贵州。她说，年轻的时候，尉凤英是自己的榜样。刚到贵州条件艰苦，她在日记中经常写“要向尉凤英学习”，学尉凤英爱岗敬业、刻苦钻研。这种信念成为杨淑娟扎根贵州，一辈子勤勤恳恳工作的精神动力。1954年出生的安志学是黑龙江人，他最崇拜“走在时间前面的人”王崇伦。“我没考上大学，进厂当了工人，情绪一度很消沉。”安志学说，他是看了王崇伦的事迹后振作起来的，因为王崇伦的故事告诉他，不管是什么岗位，只要不断钻研，都能成为了不起的人。

35岁到45岁最熟悉雷锋

网友“小溪水”说，从小，老师讲课最常挂在嘴边的就是雷锋，自己也经常参加学雷锋活动。“小时候，学校成立学雷锋小组，经常到孤寡老人家打扫卫生。大家都踊跃参加。谁要是进不了小组，就急得不行。”

何滨是土生土长的沈阳人，在他看来，辽宁盛产英模。2018年年底，他去看了话剧《大国工匠》，被深深打动，“辽宁是‘共和国长子’，这个称号可不是乱叫的，看看咱们辽宁几十年来出的英模，多少人都在全国家喻户晓。为什么他们都在辽宁，我觉得不是偶然现象，应该好好研究研究”。

00后崇拜郭明义、姜妍

林美熙今年读高二，她看过电影《郭明义》，还会唱主题曲《把幸福给你》。

2019年2月28日，姜妍到沈阳市铁西区勋望小学参加学雷锋活动，该校四年级学生赖雨鑫说：“那天我跟姜妍面对面，心里特别兴奋。过年时我们全家看春节联欢晚会，看见姜妍阿姨在晚会现场，特别感动。我希望自己长大后能像她一样，成为一个优秀的女性。”

8岁的单学聪对蒋新松的故事最感兴趣，因为去年平昌冬奥会闭幕式上中国制造的机器人惊艳世界，他特别期待能到生产机器人的工厂去看看。

讀

辽宁历史文化

词条 66

辽宁舰

1985年，辽宁舰的前身瓦良格号航空母舰在乌克兰开工建造，但在建设周期中适逢苏联解体，工程被迫中断，后俄罗斯将此舰移交给了乌克兰。1999年，中国购买了这艘航空母舰，于2005年4月交付大连造船厂进行更改安装及继续建造。2012年9月25日，我国第一艘航空母舰按计划完成建造和试验试航工作，正式交付海军。经中央军委批准，它被命名为“辽宁舰”，舷号为“16”。中国第一艘航母交接入列，是海军建设发展的一个标志性、阶段性成果，标志着中国实现了航母“零”的突破，向海上强国的目标迈出了重要一步。辽宁舰全长300余米，宽70余米，从龙骨到桅杆的高度达60多米，满载排水量6万余吨。官兵来自海军140多个团以上单位，涵盖了水面舰艇、潜艇、航空兵、海军陆战队、岸防部队五大兵种，都是各个部队、各个专业的尖子和骨干。

八一

用画笔为辽宁英模点赞

▶《英模　你的力量》得到社会各界的高度肯定，特别是在青年群体中获得广泛回响。

2019年3月29日，报道组走进鲁迅美术学院，以辽宁英模文化为主题，与师生进行了深入交流。《英模　你的力量》中讲述的英模故事，引发同学们的热烈讨论，他们更即兴作画，用手中的画笔和青春的激情勾勒出自己心目中的英模形象。

校园里响起歌声

3月29日下午，在鲁迅美术学院雕塑系的会议室内，美术史论系和雕塑系的师生一边传阅“向世界叫响辽宁文化”第五篇章《英模　你的力量》的新闻特刊，一边浏览相关的新媒体产品。他们说，如此集中展现辽宁英模群像的新闻报道，还是第一次看到。

参加座谈的陆国斌老师是鲁迅美术学院美术史论系的教授，不久前，他刚刚荣获由中宣部授予的第五批全国岗位学雷锋标兵荣誉称号。在很多学生的心目中，陆国斌就是英模。

3月28日，陆国斌带领4名学生在学院内的鲁迅像广场现场绘制起雷锋肖像，“我们搞这次活动，就是想倡导青年学生学习英模精神、继承鲁

▲ 学生们围坐在一起讲述自己对英模文化的理解

艺传统，以榜样的力量激励大家”。陆续下课的学生纷纷围过来学习，并积极参与进来。百余名师生手中挥动着五星红旗现场唱起了《学习雷锋好榜样》《鲁迅艺术学院院歌》，飘扬的国旗、响彻校园的歌声触动着人心。活动现场，师生们还自发地在宣传横幅上签下自己的名字，表达了向英模学习、传递英模力量的决心。像这样的活动，在鲁美校园中时有开展。

■ 我说

雕塑系大五学生魏朋：《辽宁日报》的英模特刊，从当代说起，一直追溯到甲午战争，讲述了各个时期的英模人物，让我们对辽宁英模有了全新的认识。英模，不单单是指具体的一个人，他们代表的是一个群体、一片土地、一种文化。我老家在山东，来辽宁上学后，亲身体会到辽宁人的热情、豪迈，还有充沛的正能量。

美术史论系大二学生韩任宁：聪明秀出，谓之英；以身范物，谓之模。自从认识了陆国斌老师，我就跟着他一起做公益。坦白说，我没想到自己考上鲁迅美术学院后能够成为学校“雷锋班”的一员，能够为社会做一点儿贡献。其实，爷爷给我起名字时，就希望我以建设辽宁为己任，希望我今后能为家乡多做贡献，为社会多做贡献，在实现个人价值的同时，也为社会创造价值。

美术史论系大三学生贾传凤：大学期间不仅仅要学习专业知识，更需要学习的是如何做人。上高中时我就跟父亲探讨过人活着是为了什么。父亲的解释是要肩负责任前行。道理很简单，但当时的我还不能深刻地理解和体会其中的意义。后来跟着陆老师做公益，我对生命的意义有了更深入的认识，生命就是生者肩负使命前行，为后人铺路，就像《英模　你的力量》中所写的辽宁抗日义勇军等英模群体，他们舍小家、为大家，这才是生命的意义。为他人奉献时的成就感、自豪感，让我觉得很快乐。

研究生毕业留校任教的李程：我是湖南人，来东北8年了，我的家乡也是雷锋的故乡。在辽宁这8年中，我觉得自己深深地被辽宁人骨子里的正气所感染。辽宁有英模文化的土壤，有英模力量的传承。

■ 八名大学生心目中的他们

田佳龙　雕塑系大四学生

作品　《海上顽石——黄群》

解读　在狂风巨浪的危急关头挺身而出，为抢救国家重点试验平台而奋不顾身。

英模的力量，是英勇的力量。

周铭楷　雕塑系大三学生

作品　《不落的太阳》

解读　罗阳倒在了工作岗位上，他忘我的精神令人感动，为我们树立了榜样。画中的他蹙额远望，体现了他的报国之情和恪尽职守的情怀。

魏朋　雕塑系大五学生

作品　《别样英模》

解读　我画的是在寒冬里戴着帽子、扎着围巾的郭明义。我想表现的是日常生活状态下的郭明义，体现他柔情的一面。英模就是生活在我们身边普普通通的人。

李向东　雕塑系学生

作品　《阳光下的曲建武》

解读　我画的曲建武老师面向阳光，体现了他的正直，我用凡·高的线条技法表现出曲老师渴望教出国家栋梁的激情。我在他身上看到光环，这也是我未来想要达到的精神境界。他给我力量，是我的榜样。

李渊　雕塑系大五学生

作品　《远方》

解读　姜妍转头一瞬间那坚毅的眼神，展现了她的睿智与沉稳。

姜妍在岗位上带领团队攻克一项又一项技术难题，用创新精神和奋斗的汗水，铸就一座座"大国重器"。

岳勇旭　雕塑系大二学生

作品　《我丁慧一个普通的女孩》

解读　这是一个让我佩服的女孩。我曾经设想过，如果我在火车站遇到一位等待救助的老人，我能不能像她一样？我犹豫了一下。但是当时丁慧丝毫没有犹豫，普通的她，并不普通。

邓翔允　雕塑系大三学生

作品 《翱翔》

解读　赢得比分的郭艾伦怒吼着，展现了他的激情，一双有力量的胳膊动感十足，体现出年轻人的精气神，这是拼搏奋斗的力量。

英模精神，就是拼搏的精神。

韩成惠　美术史论系研究生

作品 《红色基因代代相传》

解读　我画的是我的老师陆国斌，他穿着俭朴的工装，脸上的表情可以感觉出他的疲惫，目光却十分慈祥。了解他的人都知道，这就是他日常生活中的样子。我家是内蒙古的，每当放假，陆老师会把回不了家的同学召集到一起，在一起团圆。他像父亲，也像朋友，我们有事都愿意跟陆老师说。跟着陆老师一起做公益，再苦再累我们也愿意，他是我们心中的楷模。

■ 师说

从延安走来，鲁迅美术学院是一所有着红色基因的艺术学府。该院院长李象群说，艺术为大众服务是鲁美人一直坚守的理念，鲁美的师生也一直秉承着鲁艺的传统，通过视觉形象和艺术创作传递着英模榜样的力量。

多年来，鲁美师生承担了辽沈战役纪念馆、丹东市抗美援朝纪念馆、井冈山革命纪念馆、延安革命纪念馆等全国数十个红色场馆的设计建设，还创作了全国多个爱国主义教育基地的全景画，如《攻克锦州》《台儿庄战役》《淮海战役》等，通过这些创作也耳濡目染地影响着一批批鲁美学子。此外，由李象群带领雕塑系师生为中国人民革命军事博物馆最新创作的大型组雕《走向胜利》，是目前国内最大的室内主题性雕塑，是继中央党校大型组雕《旗帜》之后的又一力作。雕塑系党支部书记赵美月介绍说："这些作品的创作过程，也是师生学习英模事迹的过程。"

鲁迅美术学院团委也根据学院学生都是搞艺术、个性化较强的特点，引导学生成为学习英模活动的策划者、组织者、参与者、宣传者。团委书记李营说："不一味地灌输的做法更接地气，画雷锋活动就是美术史论系和雕塑系的几名同学发起的，他们利用专业特长，把英模的精神力量传递给全院的师生。"

学生们通过《英模　你的力量》了解到更多关于辽宁英模的故事。

▲ 同学们即兴作画

英
模

▲鲁迅美术学院的学生们用手中的画笔勾勒心目中的英模形象

反馈
FANKUI

为辽宁骄傲

与《英模 你的力量》新闻特刊同步推出的还有系列新媒体产品，这些产品通过“两微一端”发布后，广大网友纷纷留言点赞。以下是我们从众多留言中选取的精彩评论。

细节生动

凡：凡事都不是偶然，辽宁英模辈出也不是偶然。这里有道德土壤，有长子情怀，还有千千万万奋斗自强的新时代辽宁人。这方水土，值得感念；这些英模，与有荣焉。

李福浩：身为老年人，我自豪！我骄傲！

铁峰：我们以往看到的英模是高大上的，是完美无瑕的，是不食人间烟火的，但是在你们的报道中，我看到的是一个个平凡人的形象，但这种形象，既拉近了我和英模的距离，也让我被他们的故事感染，很多细节打动了我。

嘴角飞扬：细节描写很生动，接地气，英模虽然形象崇高，但让老百姓觉得真实可信、可学，这是报道英模的新视角。我相信辽宁将来还会出现更多英模，未来可期。

形式新颖

心善则到处天堂：诗美、画美、字美，英模更美！向英模学习，关注辽宁日报融媒体！

侏罗纪：策划内容丰富，有英模故事，有学习英模的故事，不枯燥。

催人奋进

T&S：我是来自新疆的学生，上大学的四年深受曲老师关怀，毕业后我也立志做一名辅导员。按学校规定现在离下班还有1个小时，按曲老师的工作精神，无论何时我们一定要在工作的岗位上。真心地感谢他，帮我认识了自己，让我理解到了什么是爱学生，我也学会了去爱自己的学生。从师生到同事，我仍然在成长的路上。

无言的安琪儿：富裕的生活是干起来的，建设美丽乡村，实现乡村振兴，靠的是实实在在地做，而不是等、靠、说，希望每一个正在建设美丽乡村的村庄，都能拥有大梨树一样的干劲儿，实现富裕的生活。

Ymdragon：支持辽篮！无论多大困难，相信辽篮都会把冠军奖杯留在辽宁！

书写新时代的英模故事

伟大的民族崇尚英雄，高尚的事业召唤先锋。

党的十八大以来，习近平总书记多次对辽宁英模人物的先进事迹做出指示、给予评价、提出期望。他沉痛哀悼因公殉职的罗阳同志，要求广大党员干部学习罗阳同志的优秀品质和可贵精神。他高度评价雷锋、郭明义、罗阳身上所具有的精神特质，称赞他们都是我们民族的脊梁。他殷殷鼓励郭明义爱心团队，亲自回信勉励他们用实际行动书写新时代的雷锋故事。他充分肯定黄群等3名同志对党忠诚、恪尽职守、不怕牺牲的优秀品格，褒扬他们是共产党员的优秀代表、时代楷模。总书记字字千钧、句句深情，这是对辽宁英模极高的褒奖。

在祖国宏阔斑斓的版图疆域里，辽宁是一个英模辈出的地方。新中国成立以来，辽宁涌现出大量的英雄模范，其持续时间之长，涉及领域之广，社会影响之大，都足以让我们与有荣焉、引以为豪。

辽宁为什么能够产生这么多英雄模范？如何把这些英模事迹转化为一种精神力量？怎样用实际行动去书写新时代的英模故事？在实现中华民族伟大复兴的中国梦的历史新起点上，在辽宁老工业基地振兴发展的关键时刻，这应该是每个辽宁人认真思考、锐意践行的重大命题。

一

何谓英模？聪明秀出谓之英，以身范物谓之模。英模共同的品质，是具有深厚的家国情怀，具有对人民深沉的热爱。其核心定义，就是对党忠诚、事业为上。

英模辈出是辽宁一个突出的文化现象，英模身上所具有的共同基因和精神特质，习近平总书记在2013年全国两会期间参加辽宁代表团审议时的重要讲话，已经做出了高度概括和精辟阐释。

信念的能量。人，只要有一种坚定的信念，有一种崇高的理想，什么艰苦都能忍受，什么风暴都能经受。理想信念所激发的能量，巨大而持久。共产主义战士雷锋的信念，就是全心全意为人民服务。无私奉献的雷锋精神，具有历久弥新的价值，影响了一代又一代中国人。军人徐文涛不忘初心、牢记使命，退休后亲手将废弃场地改建成党史馆、军史馆，历尽沧桑犹赤子，踏平坎坷再长征，激情“播火”10余载，义务讲解1500多场。为解救群众牺牲的军官张金根，把人生的信念比作坦克的操纵杆，离开这个，坦克就寸步难行，人生就乱了方向。今天，我们更要激发信念的能量，牢固树立共产主义远大理想和中国特色社会主义共同理想，强化“四个意识”，坚定“四个自信”，无惧风雨，笃定前行。

大爱的胸怀。爱的法则，其实是付出的法则，也是幸福的法则。当你把所有的爱都付给别人时，也就是最富有之时。“当代雷锋”郭明义的情操写照，就是爱心，他总看别人还需要什么，他总问自己还能多做些什么，他舍出的每一枚硬币、每一滴血都滚烫发热。“最美医护人员”邹笑春，23年为艾滋病患者建起一个“家”，她把生命献给了事业，把理解、关怀、勇气、希望留在了人间。“机器人之父”蒋新松常说，干事业，心中要有挚爱的祖国母亲，这样一切困苦都不在话下。今天，我们更要秉持大爱的胸怀，热爱祖国，挚爱人民，钟爱事业，在全心全意为人民服务的过程中倾尽全部心力，标定人生高度。

忘我的精神。“常思奋不顾身，以殉国家之急”。胸有忠心，才能入火海而不退；心有赤诚，就会视苦难如甘醴。立志航空报国的罗阳，连续奋战八天七夜，倒在了航母舰载机成功试飞之后。中船重工第七六〇研究所黄群、宋月才、姜开斌3位专家，为保护国家财产和同胞生命，毅然冲进危险，无惧风吞浪噬。宁舍生命不舍事业的方永刚，将党的创新理论传播到基层角落，生命一分钟，奋斗六十秒。爱厂如家的孟泰，在敌机轰炸时用躯体保护高炉。危险关头，一秒钟就决定你是一个勇士还是一个胆小鬼。为事业尽瘁，何等幸福！为祖国而死，多么壮美！今天，我们更要发扬忘我的精神，对党忠诚，为党分忧，将忠诚立为座右铭，用牺牲谱写奉献曲。

进取的锐气。人生在勤，不索何获？英模人物身上的那股钻劲儿、闯劲儿，最值得称道。他们能够在日常的工作中发现问题、找到办法、形成经验，把不可能变成可能，通过变革产生巨大推动力。吃得下非常苦、坐得住冷板凳的姜妍，刻苦攻关，突破封锁，用10年时间追上西方国家100年的技术水平，奏响大国重器不假于人的科技强音。新时代工人代表王亮、徐强，不断提升工艺水平，使国产装备有了与世界知名品牌正面交锋的实力。马恒昌、尉凤英等老一辈劳模，整天琢磨技术革新、管理创新，几十倍、上百倍地提升生产效能。创造“六步课堂教学法”的魏书生说，一个改革者，应该有科学家的头脑、企业家的气魄、未来学家的眼光。今天，我们更要鼓足进取的锐气，不畏劬劳，永不停步，把忧党忧国忧民放在心里，把使命责任担当扛在肩上。

二

辽宁为什么典型常有、英模辈出？

英模是经历时间和社会实践淘洗的文化符号，在火热的生产生活中不断涌现。辽宁英模辈出的现象绝非偶然，而是有着必然的文化密码和生长机理。

中国共产党的根本宗旨和理想信念，为辽宁英模辈出提供了政治基础。党的根本宗旨就是全心全意为人民服务。新中国成立以来，我们党尊重对这一宗旨的个体生命的诠释，尊重一切先进生产者劳动创造的成果，弘扬他们的崇高精神，发挥他们的特殊作用。特别是党的十八大以来，习近平总书记高度重视理想信念建设，经常送给劳动者“暖心”话语，在不同时期、不同场合为英模人物“点赞”，要求我们要铭记英雄，崇尚英雄，捍卫英雄，学习英雄，关爱英雄，号召全体中华儿女发扬模范精神，继承英雄事业。全国的大气候浸润了辽宁的小气候。正是在与党同心同向的理想信念追求中，在与国家同呼吸、共命运的伟大事业里，辽宁产生了这么多英雄模范。

质朴淳厚的地域民风和工人群体中沉淀的工人文化，为辽宁英模辈出提供了文化土壤。历史和现实的双重影响，使辽宁形成了独特的地域文化。辽宁人顾大局，在抗日战争、解放战争、抗美援朝战争中，这里都提供了大量的人力和物资支援。辽宁人讲奉献，中华人民共和国成立后，国家将许多重大工业项目布局辽宁，成长了一大批产业工人，他们吃苦耐劳，无私奉献，把辽宁建设成"共和国装备部"。辽宁人图进取，改革开放以来，虽然经济社会发展面临诸多困难和挑战，但从未气馁，从不放弃，谋振兴的意志坚定，图发展的步伐铿锵。当前，辽宁正处于滚石上山、爬坡过坎的关键时期，但坡再陡坎再大，也动摇不了振兴发展的信心；石再重山再高，也阻挡不了奋勇向前的脚步。这些精神特质，慢慢变成一种行为公约，沉淀为优秀的道德基因，形成了辽宁人坚韧的品格、豁达的胸怀、大气的性格、宽容的心态。蹄涔不容尺鲤，英雄出于众庶，辽宁涌现出的英模，正是植根于这片文化土层，萃出于并肩奋斗、呼吸与共的吾辈同俦。

崇尚模范的氛围和举贤旌善的做法，为辽宁英模辈出提供了机制保证。善如芝兰，行若春风。长期以来，辽宁营造了崇尚英雄、学习模范的浓厚社会氛围，也形成了一整套完善的选树、培养、激励、弘扬英模的机制。习近平总书记强调，要切实把社会主义核心价值观贯穿于社会生活方方面面，使之内化为人们的精神追求，外化为人们的自觉行动。党的十八大以来，辽宁着力培育和践行社会主义核心价值观，搭建平台，创新品牌，大量的道德模范和"辽宁好人"在振兴发展中涌现。在鞍钢，60多年来诞生各级各类先进模范人物近万名，学习先进、保持先进、赶超先进成为这家企业的核心文化；在雷锋纪念馆里，不同年龄不同身份的参观者每天都排起长队；在广大的村庄和社区，形式多样的学雷锋学郭明义活动竞相举办；在街谈巷议或网络论坛，如"丁慧救人"这样的凡人善举总能激起广泛传播和强烈认同。学英雄成为整个社会的风尚，当英雄成为每个个体的追求。

三

每个时代都有自己的使命，每一代人都有自己的作为。实现中华民族伟大复兴的中国梦，需要先锋，呼唤英雄；特别需要闯关夺隘的先锋，深情呼唤舍身忘我的英雄。

新时代的我们，应该在学习英模、争当英模中实现人生价值。祖国是人民最坚实的依靠，英雄是民族最闪亮的坐标。个人的理想，只有系于时代的桅杆，价值才能远行；个体的奋斗，只有融入国家的需求，梦想才能实现。新时代是奋斗者的时代，平凡岗位上的普通人，也能成为英雄。劳动没有高低贵贱之分，任何一份职业都很光荣，都有出息。泰山不让土壤，故能成其大；河海不择细流，故能成其深。我们无论身处何种岗位，都应干一行、爱一行、钻一行，不断培养信念的能量、大爱的胸怀、忘我的精神、进取的锐气。哲人说，英雄就是做他能做的事，而平常人就是做不到这一点。只要有一颗金子般发光的心，勤勉、踏实，每个人都是了不起的角色，都能拥有光彩的人生。

今天的辽宁，正处在历史的新起点上，实现老工业基地全面振兴、全方位振兴，与全国同步迈进小康社会，面临的问题繁多、挑战空前。不辜负党中央和总书记的殷殷重托，不辜负全省人民的喁喁期望，迫切需要更多的英模，必须付出更大的艰辛。英模群体是辽宁的宝贵财富，它既是能够促进生产发展的硬实力，更是能够彰显文化精神的软实力，应当珍惜，更要用好。要持续保护好崇德向善的氛围，不断深化对英模辈出这一现象的研究和思考，使之绵延不断、蔚为大观。

用实际行动书写新时代的英模故事，处处有舞台，人人是主角。我们要用习近平新时代中国特色社会主义思想武装头脑、指导实践，把事业的图谱与民族复兴的伟业同频，让奋斗的足音与辽宁振兴的宏图共振，去做平常时候看得出来的模范，去做关键时刻站得出来的先锋，去做危险关头冲得上去的英雄。

诗人说得好："看，升起来，你一座高峰，我们跟上去，十座高峰，百座高峰……千条山脉呵，万里长城！"有了这样的精神传承，具备这样的必胜气概，我们就一定能够担负起辽宁全面振兴的时代使命，成为实现伟大中国梦的筑梦英模。

向世界叫响辽宁文化

PRESENT THE BRILLIANT CULTURE OF LIAONING TO THE WORLD

向世界叫响辽宁文化 6

丁宗皓 刘玉玮 主编

民间 你的温度

辽宁人民出版社

图书在版编目（CIP）数据

民间：你的温度 / 丁宗皓，刘玉玮主编．— 沈阳：辽宁人民出版社，2019.12
（向世界叫响辽宁文化）
ISBN 978-7-205-09752-3

Ⅰ．①民… Ⅱ．①丁… ②刘… Ⅲ．①民间艺术—介绍—辽宁 Ⅳ．①J12

中国版本图书馆 CIP 数据核字（2019）第 217804 号

目录
MULU

不仅是人口迁徙，也是文化迁徙

闯关东重绘辽宁文化版图

▶ 在中国近代史上，曾发生三次大规模移民潮，分别是闯关东、走西口和下南洋。其中，闯关东发生在东北地区。很多辽宁人都是闯关东移民的后裔。闯关东不仅仅是人口迁徙，也是文化迁徙。先民们不畏艰难困苦的拓荒精神和闯荡情怀，至今仍在深刻地影响着辽沈大地。

三次大迁徙

在大连市旅顺口区的龙河西畔，有一片密布的古屋老宅，闯关东影视基地（又名“闯关东民俗文化村”）就坐落在这里。闯关东影视基地是为拍摄电视剧《闯关东》（中篇）而兴建的。这里有色彩鲜艳的商幡、商铺密集的老街、鲜艳的布老虎、呼呼作响的风车，还有黄包车、大马车，充满历史感的场景让参观者仿佛置身于闯关东那段波澜壮阔的历史当中。

中国近现代史史料学会副秘书长、葫芦岛市政协文史办副主任张恺新说：“我就是地地道道的闯关东移民的后代。”多年来，张恺新一直致力于闯关东历史研究。他说：“关东主要指的是山海关以东的地区，即今天的辽宁省、吉林省、黑龙江省。可以说，和中国历史上其他两次规模宏大的人口迁移大潮相比，闯关东所历经的时间最长、人数也最多。”不仅如此，闯关东对中国的影响也是最大的，它不但使东北成为我国重要的产粮基地，推动了城市的近代化，也让中国的语言版图得以重绘，更巩固了东北边疆。就整个中国而言，闯关东移民的迁徙也使得中国北方广大地区人口的地理分布格局更显合理。

历史上，闯关东共掀起三次大规模移民潮，第一次是清顺治十年（1653），

▲ 以闯关东为题材的影视作品剧照

清廷颁布《辽东招民开垦授官例》，掀起关内向关外移民的第一次热潮。为了招揽更多移民，顺治还采取了“招民授官”的政策，清朝辽阳县第一个知县陈达德就是受惠者。根据这一政策，除了官职，还可以得到粮食、牲口等，招揽100名移民就给20头牛。在一系列政策的推动下，山东、直隶（今河北）、河南一带遭受黄河水灾的灾民，纷纷举家经陆路和海路前往关外，闯关东的序幕就此开启。之后，因为资源消耗和满汉矛盾问题，康熙年间又对入关移民实施封禁，以“柳条边”为界，对出关民众进行“事先起票，过关记档”的限制，时间长达40多年。不过，由于中原地区灾害连连，闯关东的百姓并没有减少。张恺新说：“乾隆年间掀起了第二次闯关东热潮，当时走海路的比较多。到了咸丰年间最后一次开禁，又掀起新一轮迁徙热潮，之后就再没有实施限制了。”“关内百姓闯关东的原因大概有三点：其一，为了耕地，当时东北地区有大片土地；其二，为了自由，当时东北地区的社会管理较为松弛；其三，为了人口繁衍。”张恺新告诉记者，早期来东北的移民都是开荒耕地，或是给贵族打工，“留在辽宁的闯关东移民很大一部分是因为受雇于贵族”。

“海南丢儿”

中华苑姓宗亲会副会长苑祥玉告诉记者，东北苑氏就始于清顺治、康熙、雍正至嘉庆年间的闯关东移民潮。2010年，在苑氏宗亲联谊会成立大会上，北京市、内蒙古自治区、河北省以及辽宁省省内各市的苑氏族人百余人聚集在一起，共同纪念300多年前从关里闯关东而来的苑氏祖先。

苑祥玉说："300多年前，辽西苑氏祖先苑得用带着家人来到现在的葫芦岛市暖池塘镇，落户于一座小山村，此村得名为苑家屯。一直到今天，苑家屯里仍以苑姓人居多。而由这座山村走出去的苑氏后人，如今已遍布各地。"

在抚顺市，有一支咸姓人。他们的祖先也是闯关东而来，最初迁到熊岳，后落户在抚顺，如今在抚顺已经繁衍了五世。张恺新说："辽宁是闯关东的必经之地。这块地广人稀的土地成为很多移民在关外的第一个落脚之地。很多移民选择在这里短暂停留，然后去往更遥远的吉林和黑龙江，也有一些拖家带口无法继续远行的移民最终留在了辽宁。大连和丹东等地，祖籍山东的人就很多。"

当年闯关东的百姓大多来自贫苦人家，他们千里迢迢赶赴东北，全靠一双脚，一走几个月，一副扁担两个筐，挑着被褥、粮食、铁锹，有的还挑着孩子，更有人是一路要饭过来的。除了走陆路的，也有走海路的，"新中国成立前，辽东半岛叫海北，山东半岛叫海南，多少山东人跨越海峡，成为辽宁半岛上'海南丢儿'哇！"张恺新认为，闯关东对辽宁的影响是无比巨大的。

"闯关东移民以山东人居多，他们把山东人乐观坚韧的性格带到了辽宁，他们的积极生产也促进了辽宁农耕的发展。"张恺新说，中原文化进入辽宁，提升了辽宁的人文素养。而且，闯关东移民也增加了辽宁的人口，对辽宁地区的城镇化发展起到不可估量的奠基作用。张恺新特别指出，闯关东

▲ 中华苑姓宗亲会副会长苑祥玉

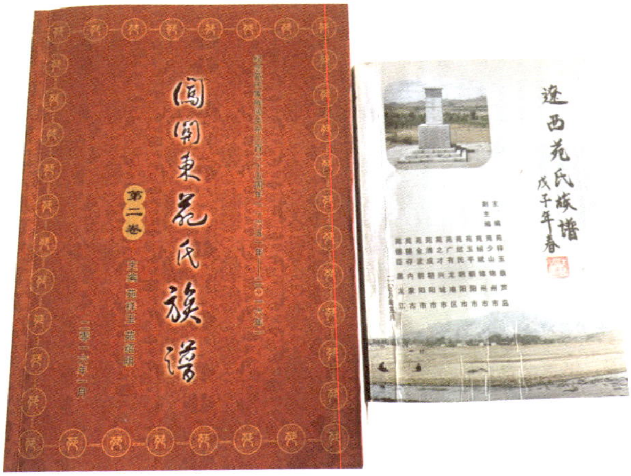

▲ 苑祥玉保存的家谱

也深刻影响了辽宁的习俗。“辽宁的地域文化与关内文化相融合，比如辽宁的皮影戏就兼具关内关外皮影戏的特点，形成独树一帜的风格。还有辽宁的二人转，也是东北大秧歌和河北莲花落融合而生的。”

| 精神遗产 |

闯关东对辽宁方言也有巨大影响。“有些村庄几乎是整村迁移。来到东北后，他们仍聚居在一起，于是，他们有条件在新的村落中保留自己的文化和方言。”张恺新以大连为例说，当年大量涌入的胶东移民把包括胶东方言在内的各种特色文化一并移植到大连，胶东方言在大连和东北许多地区扎下根来。“如今，大连至丹东沿海不少村落的方言都保留着胶东方言的特征。除此之外，葫芦岛、朝阳、锦州、盘锦等地的方言也都受到关内语言习惯的影响。”张恺新说。

辽宁的饮食特色也与闯关东密不可分。张恺新说：“鲁菜被带到东北，爱吃细粮的山东人改变了东北人爱吃粗粮的习惯。盘锦水稻试种始于清末，也是闯关东移民的原因。”

在采访即将结束时，张恺新总结说：“闯关东的移民潮意味着中原农耕文化向东北地区游牧文化大规模挺进。它不仅是人口迁移，也是艰苦岁月里人民奋斗的征程。闯关东的先民们用他们的拓荒精神和闯荡情怀，塑造了直到今天仍具有重要价值的‘闯关东精神’。在辽宁老工业基地为实现全面振兴、全方位振兴努力拼搏的当下，闯关东的那股子韧劲依然值得我们学习和传承。”

延伸
YANSHEN

“闯”出来的民俗

婚姻 辽宁地区的满族婚嫁礼仪，早期古朴简单。清中期以后，受汉族移民的影响，满族的婚姻习俗逐渐发生变化。在年龄上，满族旧俗尚早婚，在汉族婚俗的影响下，满族人的早婚现象逐渐减少，并被明令禁止。在仪式上，汉族人历来有婚嫁六礼之习，满族人虽没有六礼之说，但也需“父母之命，媒妁之言”，经“问名”“合婚”“相看”“放定”“迎亲”等礼仪才能成婚，显然是受了汉族人婚嫁习俗的影响。

丧葬 清初，满族葬俗传承金代风俗，多实行火葬。在汉族人看来，死者的理想归宿是“入土为安”。在汉族儒家伦理观念的影响下，满族人渐渐接受了汉族的土葬习俗。

习俗 在汉族移民的影响下，满族人普遍接受了佛教、道教，东北地区的庙宇开始增多。

此外，在很多山东人心目中，“泰山石敢当”是正义的化身、平安的使者。这种习俗被带到东北，如北镇市四方台村佟氏家族便普遍信仰“泰山石敢当”。据佟氏族人讲：“谁家大门正对路口，都会在门前修起‘泰山石敢当’。”在抚顺市新宾满族自治县爱新觉罗氏肇氏家族聚居地，如果院墙大门的朝向冲着街巷，对着公路、塔或庙宇等，大门口左侧也会立起一块“泰山石敢当”。

饮食 满族人早期的生产活动主要以采集和渔猎为主，饮食烹调都很简单，以食肉为主，兼食黍子米。对于食物的加工，多用煮、晒、烤的方式，没有炒菜的习惯。狩猎得来的野味，多切成大块，放入锅中煮，熟后割成小片，蘸各种佐料食用。在汉族移民的影响下，满族人不仅改变了饮食方法，逐步学会了

辽宁历史文化
词条 67

闯关东

关东主要指山海关以东地区，即今天的辽宁省、吉林省、黑龙江省。闯关东，即关内民众出关谋生。历史上，闯关东曾掀起三次大规模移民潮，第一次是清顺治十年（1653）；乾隆年间为第二次；到了咸丰年间，关东最后一次开禁，此后再未实施限制。

闯关东对关外文化产生了深远影响。

▲ 闯关东人像雕塑

烧、烤、炖、煮、炒等烹调技艺，而且在饮食结构方面也有了变化，粮食逐步取代肉食占了主导位置。

“闯”出来的家族

宣氏家族　普兰店、庄河宣氏家族，祖先宣贵350年前从山东登州府海阳县大山所迁到辽宁省新金县（今大连市金普新区）。

庄氏家族　清初期庄氏先人庄琏从山东登州府宁海县迁到了今天的大连。

徐氏家族　辽东半岛的徐氏家族最早可追溯到清乾隆八年（1743）。徐氏的老家原为山东登州府蓬莱县白马村，先祖名为徐大宦，以养蚕为生，后漂洋过海在辽东半岛扎根。

苑氏家族　据锦州凌海市（原为锦县）大上五旗村的苑氏家谱记载，始祖苑福寿于清顺治八年（1651）农历八月十八由河北乐亭苑庄迁来。朝阳市付家窝铺的苑氏族人则是在清嘉庆二年（1797）由山东迁来。而葫芦岛市南票区苑家屯的苑氏始祖苑得财是清雍正二年（1724）由河北乐亭苑庄迁来的。

索氏家族　索氏的祖籍在河北保定府饶阳县。清朝年间，索氏夫妇携带八子迁徙，落户于今天的锦州市黑山县十五户村。

于氏家族　于氏本支先祖于清乾隆初年由山东威海乳山寨镇南司马庄（现名）迁居到大连庄河市大营镇孙屯村横河子。

李氏家族　先祖李士太在清乾隆年间挑

担闯关东，从山东济南迁到今天的盘锦市大洼区。

王氏家族　清咸丰年间，先祖王敏、王美兄弟二人从山东登州府文东县迁到丹东凤城市通远堡与赛马镇附近。

高氏家族　明末清初，高氏先祖文增、文捷、文显三公的后裔从山东迁徙到辽东各地。

程氏家族　19世纪末20世纪初，山东连遭旱灾虫灾。程佩福兄弟二人携带家属一同闯关东。

钟氏家族　清顺治八年（1651），钟氏祖先从山东乘船闯关东，最后落户在今天的海城市腾鳌镇。

辽宁方言由东北官话、北京官话、胶辽官话三部分构成

走红的“东北话”其实是辽宁话

▶ 这些年，东北话一直很红，传播很广，时不时成为热门话题。更准确地说，走红的“东北话”其实就是辽宁话。

大伙儿都说，辽宁话听起来顺口、亲切，有时还挺强势，这些特点都与辽宁的地域特点、文化积淀和辽宁人粗犷豪放的性格有很大关系。

辽宁姑娘李雪琴

扫码看看
李雪琴说了啥

“郭艾伦，你好，我是李雪琴。我来看你打球了……”

“李雪琴，你好，我是郭艾伦。我朋友让我盯紧你，说你长得贼老漂亮……”

咱们辽宁老乡郭艾伦和李雪琴的这段隔空喊话，在今年年初可是着实火了一把。李雪琴是个来自铁岭开原的姑娘，她本科就读于北京大学新闻学院，后考上纽约大学研究生，因为在抖音上被吴亦凡、郭艾伦、杨鸣、李彦宏等名人回应而走红。

李雪琴操着一口地道的辽宁口音，视频里，每次她的开场白都很独特，辨识度极高。她笑称，不少人被她的口音“带偏”了。

这些年，东北话一直很红，传播很广，被网友称作“神一样的存在”。其实，准确地说，走红的“东北话”就是辽宁话。

沈阳师范大学教授于全有认为，辽宁人说话比较强势，辽宁方言说起来比较顺口、亲切，这跟辽宁的地域特点、文化积淀和

不顶愣

干哈？ 好使 贼好 卖呆儿

撂挑子 拐搭 裂（读三声）

岔（读三声）劈

进盐酱 半拉克叽

秃噜皮 抖露 隔路 埋汰

波楞盖儿 抽冷子 别

打马虎眼 出菜

艮缠巴 逛游 抽巴

好信儿 含大糊吃

嘎点啥 硌硬 蛤蟆

耳雷子 抽红儿

轻音) 打脸 二把刀 划魂儿

量 嘚嘚 趁 打溜须

扯哩哏儿楞

暴皮

儿 憋屈 不吐口儿

付

备不住 白楞 边儿拉

冒支

子 秃噜反仗

辽宁人粗犷豪放的性格有很大关系。

渤海大学副教授安拴军介绍，辽宁自古就是中原汉族文化和北方少数民族文化交汇之地，是中华民族和中华文明的重要发源地之一。辽宁拥有丰富的语言资源，虽同在东北，但辽宁方言与黑龙江、吉林不同，除了拥有东北官话外，还有北京官话和胶辽官话。据《中国语言地图集（第二版）》（2012），辽宁省境内的东北官话分布最广，使用人口最多，分布面积为96671平方公里，使用人口2830万，涉及县市众多；北京官话主要集中在辽宁西部，分布面积为15148平方公里，使用人口274万；胶辽官话主要集中在辽宁东部和南部。

有资料记载，东北的汉族居民多数是由河北、山东等地迁来的。移民大致从元代开始，当时本地汉民较少。早期移民的路线有两条：一是从海路来，多为山东人，从胶东跨渤海，登大连港，或定居于辽宁东部，或经辽宁北上，定居于吉林、黑龙江东部山区；二是从陆路来，多为河北人，间或也有河南人，出山海关，沿辽西走廊，或北上黑龙江，或定居于辽宁和吉林的西部地区。先期移民定居之后，后期移民便投亲靠友接踵而至。这类地区的语言虽然也受当

地方言的影响，但基本上还保持着原籍贯的口音。辽南的口音近似山东，辽西的口音与河北相近，都和移民的情况大致相合。

人口迁徙影响大

俗话说“十里不同音，百里不同俗”，于全有介绍了东北官话区、北京官话区、胶辽官话区这三种方言区的构成：东北官话主要是远古华夏、东夷等族的语言向四周扩散并与当地汉语方言或少数民族语言交融的结果；北京官话主要是北方少数民族语言与各汉语方言区的人们迁入北京，外来人口和本地人语言长期交流的结果；胶辽官话是胶东方言通过移民向辽东一带扩散的结果。

中国语言资源保护工程辽宁省核心专家、辽宁师范大学教授原新梅说，辽宁话的形成不仅受到东北官话、北京官话、胶辽官话间的交互影响，还有古语词的保留，再就是少数民族语言和外语的影响。

北京官话是在北京话和北方话的基础上发展的，是官话的一个分支，虽名

称中有“北京”二字，但并非北京话。有一些典型的特色词，比如“肋腻”，表示不整洁、不利落，如“他穿得贼肋腻”；“嘞嘞”，唠叨的意思，如“瞎嘞嘞啥”；“溜”读四声，如“溜窗缝儿”，涂抹或黏糊的意思；“履”，顺、沿着的意思，如“履道边儿走”；“真亮儿”，清楚、清晰的意思，如“看得可真亮儿了”。

东北官话声调的调型和北京官话相近，但阴平都比北京官话低。以沈阳话为例，平翘舌不分的现象比较普遍；另外，“波拨玻驳博”等字音的韵母读成不圆唇的对应元音。塞音、塞擦音送气与否的情况，跟北京官话相反，如“麻痹”的“痹”读成“辟”，“歼灭”的“歼”读“千”，沈阳话往往都是送气的。

辽宁的胶辽官话从大连到丹东，越往东北，受东北官话的影响越大，胶辽官话的特点越弱，既具有和山东胶辽官话共同的特征，又具有个性特征。大连话有不少说法和东北官话不同，以方言词为例，如“逮饭”是“吃饭”的音变。丹东有不少特色词，如“地方”说成“地场”，“稻子”说成“粳子”，“马铃薯”说成“地豆子”，“乌鸦”说成“老鸹子”，“肥皂”说成“胰子”，“手电筒”说成“电棒儿”，“戒指”说成“镏子”；此外还有一些特色说法，如“痒”说成“刺挠”，“你们”说“喃们”，“为什么”说成“为横么”。

语言保护工程

方言是国家的重要资源之一，蕴含着许多中华优秀传统文化，可随着社会的发展，方言及其所承载的文化正逐渐消亡，因此保护方言及方言文化成了一项迫切的任务。安拴军介绍，教育部、国家语委启动了中国语言资源保护工程。

依托于中国语言资源保护工程的辽宁方言调查项目从2016年开始启动，截至目前，已经完成锦州、兴城、沈阳、辽阳、丹东、建平、庄河、开原、盖州、阜新、绥中、长海、凌源、义县、海城等15个方言保护点的语言采集调查工作，2019年还将有北票、黑山、盘锦、本溪、昌图等5个方言点纳入国家语言数据库。

据透露，为进一步促进中国语言资源保护工程成果的整理、开发和应用，辽宁省致力于语保工程的专家学者正紧锣密鼓地编写《中国语言资源集（辽宁）》，预计2020年就会与读者见面。

延伸
YANSHEN

话如其人

辽宁人说话简洁、生动、形象，用词极其丰富，这与辽宁人外向、直爽、义气、幽默的性格相吻合。这种与众不同，与长期的历史积淀及多元文化相融合的地域特点息息相关。

沈阳师范大学教授于全有说，辽宁人形容一件事总会说得比较具体，语言的动态特征十分明显。例如，形容两个人没什么关系时，会说“八竿子打不着”；说一个人讲得不对，会说“扒瞎”；形容刨根问底时说“掰扯”，据说来自扒苞米类的生活实践，苞米叶子需要一层层剥，到最后方见分晓。这种语言不仅生动形象，而且带有浓郁的感情色彩。

辽宁话的用词十分丰富。喝酒可以用“整”“闷”“抿”等词来表示，如“整点儿”“一口闷”“抿一口”等。辽宁话还蕴藏着很多“苦中作乐”式的调侃，被称作“俏皮嗑”“疙瘩话”。

辽宁话中程度副词的使用也很有特点。于全有归纳说，表示“多”“很”的程度副词，在辽宁各地的运用都不一样：以沈阳为中心的地区会用“贼”“老”，本溪、凤城一带会用“杠杠”，鞍山用“成”，大连用“血”，朝阳用“贼拉”。

数词在汉文化中的地位很重要，渤海大学副教授安拴军介绍说，辽宁方言的数词很多且很有特色，如一心巴火、二虎巴登、三吹六哨、四敞大开、五迷三道、胡扯六拉、猴头八相等。

起源于黑山，300 年来始终紧跟时代

二人转：大俗之中见大雅

▶ 二人转起源于辽宁省黑山县，历史悠久。它是集纳东北民间文学、民间音乐和民间舞蹈的宝库，是五脏俱全的小型综合艺术。近年来，我省文化部门加大对非物质文化遗产的保护传承力度，二人转等具有浓郁地域文化特色的非遗项目得以蓬勃发展。

广受喜爱

“我的村儿生态村儿，有山有水有树林儿。望不到边儿大湿地儿，天然的聚宝盆儿……”伴随着清脆明快的板胡以及高亢嘹亮的唢呐，来自大连的东北二人转演员于2019年5月20日在上海市长宁区民俗文化中心的舞台上载歌载舞。他们表演的二人转新作《青山绿水》代表我省参演第十八届“群星奖”。全国共有21个曲艺类节目入围第十八届“群星奖”决赛，《青山绿水》以环保题材及浓郁的地域文化脱颖而出。《青山绿水》由省文化和旅游厅选送，大连市群众艺术馆联袂瓦房店市文化馆创作演出。该作品弘扬了“绿水青山就是金山银山”的环保理念，以传统二人转的表演形式反映当代生活，受到全国文艺界专家以及上海观众的好评。

无独有偶，2019年5月17日、18日，在辽宁省文化艺术研究院文馨苑剧场，来自沈阳、铁岭、长春、海伦市的10名东北二人转传承人为沈阳观众表演了《扎花帐》《包公断后》《阴魂阵》《大西厢》等精彩的传统二人转节目。这是辽宁省文化演艺集团（省公共文化服务中心）主办的迎接“文化和自然遗产日”东北二人转专场演出。与“群星奖”上海演出现场的反响遥相呼应，这两场二人

▲ 二人转

辽宁历史文化

词条68

二人转

二人转起源于辽宁省黑山县，迄今为止已有300年历史，艺人师承关系可上溯到清代嘉庆末年。

作为独特的民间艺术形式，二人转表演堪称五脏俱全的小型综合艺术。其表现形式为一男一女，服饰鲜艳，手拿扇子、手绢，边走边唱边舞，唱腔高亢粗犷，唱词诙谐风趣。

转演出受到了沈阳市民的关注与好评。记者看到，在省文化艺术研究院的微信公众号中留言的观众纷纷感叹，这是一台荟萃东北三省优秀传统二人转节目的精彩演出。

二人转新作品《青山绿水》主演之一金佳蕊在上海参加“群星奖”展演结束后，马不停蹄地赶回瓦房店，她挂念着她的弟子们——3名小学生，生怕耽误了他们学艺的进度。今年42岁的金佳蕊从18岁开始学习东北二人转，大学毕业后她来到瓦房店市文化馆工作，目前她是东北二人转市级传承人。去年一整年，她执教于瓦房店市少年宫，教80多名不同年龄的零基础的学员学习二人转表演，这项传习活动是辽宁省曲艺家协会与瓦房店市委宣传部联合举办的，旨在推进东北二人转的传承发展。

金佳蕊告诉记者，除了在少年宫、文化馆传习二人转，她还在家免费带3名弟子学习东北二人转，这3名弟子分别是一个13岁男孩、两个8岁女孩。别看他们年纪轻，学习能力与劲头一点也不差。两个8岁女孩已学艺两年，越来越爱学。13岁男孩则学习二人转刚满两个月，金佳蕊考虑到这个孩子的天赋好而家庭条件比较困难，决定免收学费无偿教学。风格喜庆热烈的二人转，观众看着欢乐，但真要学起来却没那么容易。九腔十八调、四功一绝……没有个十年八年很难学会。金佳蕊有耐心，从咬字、发音、身段基本功开始，一步一个脚印扎扎实实地教。“看到这些孩子用心学习二人转，我觉得自己所有的付出都是值得的。”金佳蕊说。

文艺名片

作为辽宁民间文艺名片之一，起源于辽宁的东北二人转承载着鲜明的地域历史文化印记。中国文艺评论家协会副主席、辽宁省曲艺家协会主席崔凯日前接受采访时，对东北二人转的源流、发展、艺术特征以及对辽宁文艺的影响进行了阐释。

崔凯介绍说，东北二人转是东北劳动人民集体创造的民间艺术形式，是东北民间文学、民间音乐、民间舞蹈的宝库，《中国民间文学大系——民间说唱卷》即将付梓出版，其中对东北二人转进行了系统的梳理与记述。东北二人转是在

▲ 二人转

东北大秧歌的基础上，吸取了河北莲花落、山东琴书等民间艺术的表演特色演变而成。东北二人转起源于辽宁省黑山县，迄今为止已有300年历史，艺人师承关系可上溯到清代嘉庆末年。二人转流行于辽宁、吉林、黑龙江、内蒙古东部地区及河北东北部。

作为独特的东北民间艺术形式，二人转表演是五脏俱全的小型综合艺术，表演讲究“说、唱、扮、舞、绝”，唱腔有“九腔十八调，七十二嗨嗨”，常用曲牌有《胡胡腔》《喇叭牌子》《文咳咳》《武咳咳》《三节板》《抱板》《四平调》《五字锦》《红柳子》《大悲调》《小翻车》《靠山调》等，伴奏乐器有板胡、唢呐、竹板、二胡等。说口包括说白和数板，多用韵白及歇后语，语言风趣幽默。唱词以七言、十言句为主，兼有长短句式。二人转的扮功讲究“二人演一角，一人演多角，人不分神分”，扮演人物以形写神，具有中国传统舞台艺术的虚拟性与写意性。舞蹈动作别具一格，在东北大秧歌基础上吸收了武术及其他民间舞蹈元素，肩功、腰功、步法皆有特色，尤其是腕子功，包括平腕、翻腕、甩腕、压腕、绕腕、抖腕等技法，令人称奇。绝活儿最常见的是手绢功、扇子功、手玉子和大竹板。二人转的四大流派风格不同，有“南靠浪（舞），北靠唱，东

▲ 二人转

讲板头，西要棒”之说。二人转集秧歌性、鼓书性、杂技性、戏剧性于一身，传统的演出形式包括：“单出头”，即一人且唱且舞，演一角或多角，类似独角戏；“双玩艺”，即一旦一丑时而对唱，时而轮流接唱，时而齐唱，二人演多角，“千军万马，全凭咱俩”，叙事兼代言，载歌载舞；“拉场戏”，即两名以上的演员分饰多个角色在舞台上表演。传统二人转作品达400余个，多取材于文学名著、历史故事、民间传说以及乡俗故事。

适度创新

东北二人转在辽宁的传承发展始终紧扣时代脉搏，在传承传统艺术的基础上适度创新，反映时代精神、社会生活与百姓心声。1951年，辽宁省二人转表演艺术家马力编创的二人转舞蹈《扑蝴蝶》在北京中南海演出受到好评。1953年4月，第一届全国民间音乐舞蹈会演在北京举行，马力、韩振表演的二人转节目《给军属拜年》代表我省参演，轰动京城。1981年，我省原创二人转作品《攀亲家》入选全国曲艺调演荣获二等奖。随着二人转艺术的不断发展繁荣，中国唱片出版社录制我省二人转《兄妹情深》《深山红花》、拉场戏《闹鱼塘》等一系列唱片发行全国。2008年，首部二人转电影《贵妃还乡》在全国上映，该片由辽宁省委宣传部、辽宁电影制片厂联合摄制，填补了我国二人转电影的空白。该片深受观众喜爱，央视电影频道多次重播。谈到东北二人转对辽宁文艺形式的影响，崔凯认为，东北二人转对东北喜剧小品、影视剧、铁岭秧歌剧产生了不同程度的影响。不仅如此，东北二人转还走向了世界，在韩国马山国际演剧节、日本富山国际青年演剧节上，二人转节目《取经路上》《梁祝下山》《马前泼水》分别获得演出金奖、银奖、服装设计奖、演员表演奖等。2013年，辽宁大学艺术学院学生携二人转作品《取经路上》赴美国密歇根大学参加国家汉办主办的中国民间文艺展演，获得赞誉。此外，我省二人转演员在文化部门的组织下，赴俄罗斯、立陶宛演出传统二人转节目，均获得当地观众的好评，这些具有辽宁地域文化特色的节目增进了外国民众对辽宁民间艺术的了解。

近年来，我省文化部门加大对非物质文化遗产的保护传承力度，东北二人转等具有浓郁地域文化特色的非遗项目得以蓬勃发展。据大连市群众艺术馆馆长郑晓丽介绍，该馆每年都召开剧本创作研讨会，大力推动反映时代生活的二人转剧本创作，二人转作品《青山绿水》正是通过剧本创作研讨会选拔出来的。这部作品以瓦房店市三台满族乡发生的真实故事为蓝本，以二人转优美的曲调、鲜活的表演，生动地演绎了农村卖鸭蛋的鸭嫂子与城里来买鸭蛋的梁老板在赶集路上发生的喜剧故事，展示了新时代新农村的新风貌。传统艺术只有紧扣时代脉搏，反映时代生活，实现创造性转化、创新性发展，才能走好传承之路，讲好中国故事。

延伸
YANSHEN

肖杰和她的喇叭戏一起进京

唢呐声声，清风拂面，鞍山市铁西区南华社区的100多名社区居民正等候在此，期待着欣赏他们喜爱的地方戏——海城喇叭戏。作为该剧种的主奏乐器，唢呐一响，好戏必到，一场海城喇叭戏折子戏专场即将开演。

57岁的海城喇叭戏国家级传承人肖杰像每次下基层演出一样，早早地换上色彩明艳的演出服，提前进入海城喇叭戏特有的情境中，为即将开场的传统戏《墙头记》做准备。已经数不清这出戏她演过多少遍。谈及从艺30多年来演这出戏的感受，肖杰从容地说："以前我觉得自己是在演剧中的角色，现在一上台，我就是剧中人。"

《墙头记》是一出弘扬孝道文化的传统戏，唱、念、做非常讲究。虽然在社区里搭建的舞台十分简朴，但肖杰的表演一丝不苟。伴随唢呐嘹亮细腻的音乐，肖杰的演唱行腔优美。一曲唱毕，社区观众热烈喝彩。与观众一同喝彩的还有一名青年编剧，近年来，他已参与创作海城喇叭戏两部大戏、10部小戏。他就是鞍山市演艺集团剧目策划部主任、编剧李明辉。"送戏下基层的过程，同时也是挖掘海城喇叭戏创作素材的过程。"李明辉如是说。每次送戏下基层，李明辉与同事们都会深入观众之中，了解他们关心的热点问题，以及他们对海城喇叭戏的欣赏需求。李明辉与同事们不仅在演出现场观察演出效果，还去社区居民、村民家中攀谈，广泛挖掘创作素材，如此创作出来的作品自然十分接地气。

李明辉、肖杰近来都在为一部海城喇叭戏新剧目《孝顺媳妇》而忙碌。得知《孝顺媳妇》即将进京参加2019年全国基层院团戏曲会演，作为编剧之一的李明辉与作为演员的肖杰感到兴奋而欣慰。他们感叹海城喇叭戏好多年没有在全国的舞台上亮相，如今机会来了。海城喇叭戏是我省独有的地方戏剧种，也是国家级非物质文化遗产项目。由于海城喇叭戏的主要伴奏乐器是唢呐，唢呐在当地俗称"喇叭"，故称"喇叭戏"。海城喇叭戏以当地民歌为基础，吸取江西弋阳腔、山东柳腔等外来声腔，兼收并蓄，形成了诸腔杂糅的海城喇叭戏声腔体系。它的音乐曲调欢快优美、婉转流畅、跌宕起伏、节奏性强，适于载歌载舞，极富感染力。

下基层演出结束后，肖杰又马不停蹄地前往鞍山市演艺集团海城喇叭戏剧团，为10多名青年演员指导表演。正是这些青年演员在《孝顺媳妇》中撑起了半边天。据了解，海城喇叭戏《孝顺媳妇》是鞍山市演艺集团排演的一部现代农村题材轻喜剧，以龙凤沟村开展评选孝顺媳妇活动为线索展开故事。剧情生动有趣，生活气息浓郁，人物形象鲜活。《孝顺媳妇》寓教于乐，弘扬了孝敬

▲ 海城喇叭戏《梁赛金擀面》剧照

老人这一中华民族的传统美德。作为海城喇叭戏的一出大戏，《孝顺媳妇》既尊重传统又不失创新，兼具艺术性与时代感。

近年来，在海城喇叭戏非遗项目保护单位的组织下，肖杰等传承人在专业及民营乐团、社区中积极开展海城喇叭戏传习活动。从理论到实践，他们将从艺数十年的海城喇叭戏表演经验倾囊相授。肖杰告诉记者，她已从海城喇叭戏剧团转岗至鞍山市文旅中心艺术创作研究所工作，除了参加海城喇叭戏新剧目及传统戏演出，她还致力于海城喇叭戏的保护传承。这些保护传承工作包括参与海城喇叭戏微电影、纪录片、电视节目的拍摄，以及教学工作。

据了解，近年来，鞍山市专业及民间海城喇叭戏剧团积极开展送戏下基层活动，同时推动海城喇叭戏剧目创作。近年来活跃于剧场、社区、乡村文化广场上的海城喇叭戏都是主创人员长期深入基层创作而成的，这些作品均取材于民间，回馈于大众。为百姓创作，为百姓演出，已形成艺术创作的良性循环。不过，海城喇叭戏并非只在我们辽宁本地自娱自乐，借助多种媒体平台，海城喇叭戏正在走向更广阔的空间、走近更广泛的观众。海城喇叭戏微电影《王婆骂鸡》于2018年11月7日荣获第六届亚洲微电影艺术节“金海棠奖”。

无论是肖杰、李明辉，还是更多的海城喇叭戏从业人员，他们心心念念的还是如何将海城喇叭戏发展传承下去。难得的是执着，可贵的是坚守。

留学生爱上面塑课

捏面人，是许多辽宁人美好的童年记忆。

作为一项传统艺术形式，面塑已成为辽宁民间艺术的代表性符号之一。面塑艺术传承曾一度濒危，随着我省对非物质文化遗产项目的保护力度不断增强，面塑又重新回到了我们的生活中，在传统节日、民俗活动中，经常能够看到面塑传承人现场制作精美的面人，吸引着男女老少围观欣赏。不仅如此，我省不同流派的面塑传承人已经展开了不同于以往的传承之路。

初夏，坐落于锦州东郊的锦州面塑传承基地迎来了一批前来学习锦州面塑技艺的外国留学生。这里已成为包括留学生在内的大学生们学习中国非遗技艺的第二课堂。当天，渤海大学国际教育学院中来自布隆迪、希腊、俄罗斯、摩洛哥、肯尼亚等国的留学生们在这里上了一堂生动而热烈的锦州面塑课。

在省级非遗项目锦州面塑传承人张斌的指导下，留学生们初步掌握了锦州面塑的基本技巧。留学生们惊叹于彩色面团在张斌手中经过一系列行云流水般的面塑手法之后，转眼间就变成了活灵活现的小白兔、锦鸡、孙悟空……来自布隆迪的留学生冯子安已是第二次前来上课，这堂课他学习制作的是面塑小白兔。

▲ 锦州面塑传承基地迎来了一批前来学习锦州面塑技艺的外国留学生

他按照张斌传授的揉、搓、挑、按等技法，用了15分钟塑造出一个精巧的小白兔形象，虽然造型尚欠精准，但手法中规中矩。到了最后一个环节——为面塑小白兔点睛他拿捏不准，于是，张斌手把手教他如何找角度、选工具，又准又稳地为白兔点睛。学习劲头十足的留学生们在制作传统面塑作品的基础上展开想象力，张斌鼓励他们发挥创意。只见俄罗斯留学生艾拉运用7种颜色的面团制作出造型生动的玫瑰花，希腊留学生康斯则创意制作出造型夸张、优美的面塑项链。

▲ 张斌向留学生传授锦州面塑技艺

张斌在向留学生们传授锦州面塑技艺的同时，结合中国传统文化知识，介绍面塑的产生、发展和艺术特色。据张斌介绍，清末民初，一些有手艺的山东菏泽人，为躲避战乱、天灾，经辽西走廊举家迁徙至锦州，并以捏制面人谋生，面塑技艺也随之在锦州生根发芽。锦州面塑在传统面塑的基础上，融入北方民俗文化的审美情趣，形成了独特的风格特点。锦州面塑以糯米面、面粉为主料，再加上石蜡、蜂蜜等成分，调成不同色彩，经过防腐防裂等处理，制成柔软的面团，用手以及工具塑造各种栩栩如生的人物、动物、植物乃至建筑。其技法多样，主要包括揉、搓、挤、压、团、挑、按、拨等，技法口诀有“一印、二捏、三镶、四滚”等；并灵巧地运用点、节、刻、划等手法，捏塑成具有观赏性的面塑作品。

在锦州面塑传承基地，摆满了题材丰富的锦州面塑作品。张斌创作的大型面塑《孙悟空》格外抢眼，只见美猴王身披迎风飘扬的猩红色斗篷神态灵动。留学生们被这些根据中国文学名著人物创作的大型面塑作品深深吸引，赞叹不已。张斌不仅在工作室里向学员们传授技艺，而且走进高校、群众艺术馆以及俄罗斯、新西兰的中国文化中心展示、传授面塑技艺。

多年来，张斌已培养500多名中外学员学习锦州面塑技艺。张斌的面塑课已成为渤海大学国际交流学院学生们的暑期选修课。刚刚毕业的尼泊尔留学生高胜天曾跟随张斌学习锦州面塑一年多，他对记者说："学习锦州面塑是我在辽宁学习期间非常珍贵的收获，以后我的工作单位有大型活动时我一定向大家展示一下我的这门手艺。"英国、布隆迪等国的留学生们毕业回到各自的国家以后仍在研习面塑。据了解，锦州市已在47个中小学开设了非物质文化遗产类选修课。

各种音频 APP 里辽宁评书最火

没到辽宁说过书不敢称大家

▶ 第一部广播评书、第一部电视评书出自辽宁；鞍山评书、本溪评书、营口评书均为国家级非物质文化遗产项目；20世纪50年代以来，辽宁涌现出众多评书名家。一方水土养一方人，一方人养一方意。辽宁老百姓，自古就爱听故事、讲故事，正是这样的土壤成就了北方评书的深厚根基。

辽宁人爱故事

醒木一拍，白折扇一抖，上下五千年的历史开始侃侃而谈。这就是“千军万马我自己，一人一台大戏”的评书。近些年来，虽然电视评书已经淡出大众视线，但互联网为这门艺术开拓了新天地。在各类音频 APP 里，不少评书专辑都有高达数十亿的收听量。

在网络电台“蜻蜓 FM”搜索“评书”二字，显示有超过1000个专辑，截至6月3日，单田芳的《乱世枭雄》以47.8亿的播放量占据榜首，袁阔成的《三国演义》以24.1亿的播放量排在第二位。此外，在“喜马拉雅”等多个音频 APP 中，袁阔成、刘兰芳、田连元、单田芳的评书专辑都有着超高的播放量，这4位当代评书大家都成名于辽宁。

第一部广播评书、第一部电视评书出自辽宁；鞍山评书、本溪评书、营口评书均为国家级非物质文化遗产项目；20世纪50年代以来，在辽宁出现了众多评书名家。“一方水土养一方人，一方人养一方意。辽宁老百姓自古就爱听故事、讲故事，正是这样的土壤成就了北方评书的深厚根基。”中国曲艺家协会副主席崔凯说。

从辽金说起

辽宁评书的历史可以追溯到辽金时期。

崔凯说，辽代有“俗讲”这一口头文学形式，是现代评书的前身。满族兴起时，辽宁地区的“说部”非常普遍。“说部”，也就是说书。“说部”以说满族的英雄人物故事和满族历史为主。在部落里当头领，首先得会“说部”，那时有句话叫“老人不说部，后代都糊涂”。

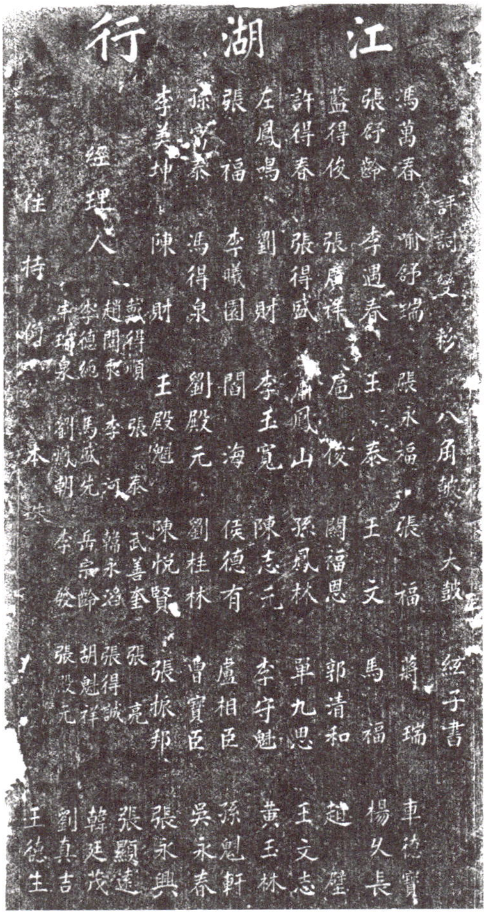

▲ 辽宁省博物馆在馆藏中发现清代石碑拓片《老君堂江湖行祖师碑》，首行刻有“评词、变彩、八角鼓、大鼓书、弦子书”5种艺术形式的名称，同时拓片上印有“光绪四年”的字样

清光绪年间著名文人缪东霖所写的《陪京杂述》一书是记述辽宁评书最早的文献。书中写道：“说书人分四等，最上者为子弟书，次平词，次漫西城调，又其次为大鼓梅花调……”辽宁省博物馆馆藏的清代石碑拓片《老君堂江湖行祖师碑》，首行亦刻有“评词、变彩、八角鼓、大鼓书、弦子书”5种艺术形式的名称，拓片上印有“光绪四年”字样。

评书所讲的内容十分广泛，书目浩瀚，多达300余种。题材涉猎众多：有大部头的袍带类，书中主要人物是帝王将相、达官贵人，如《精忠说岳》《隋唐演义》《三国演义》等；短打书专讲江湖义士行侠仗义、杀富济贫，是武侠类评书，如《白眉大侠》《水浒传》《三侠五义》等；《西游记》《济公传》《聊斋》

等则属于玄怪类评书。

说书人说书时，会把人的情感、想法，都夸张地加进去，将生活中的忠奸、善恶、智愚表现到极致。选择题材时，多注重传奇人物，将故事玄妙化、神奇化，突出悲欢离合，吸引听众产生共鸣。那些凸显爱国主义、弘扬正义、惩恶扬善的故事尤其受到听众的喜爱与追捧。崔凯说：“今天回头再看那些广受好评的作品，都是讲民族故事、民族力量、民族精神的，特别是在辽宁，从俗讲、说部、古曲再到评书，一直延续和传承着这样一种传统。”

开风气之先

新中国成立后，全国各地成立专业曲艺团体，民间艺人成为文艺工作者。20世纪50年代初期，在提倡说新唱新的背景下，辽宁的曲艺工作者把小说改编成评书来表演，掀起一股说新书的热潮。《烈火金刚》《林海雪原》《红岩》《野火春风斗古城》，这些改编自小说的现代评书都是从辽宁兴起，之后传遍全国的。

▲ 曾经荣获省政府文艺创作奖的辽宁评书作品

为什么辽宁评书会开风气之先？为什么鞍山评书、本溪评书、营口评书会被列为国家级非物质文化遗产项目？在辽宁，评书为什么如此受欢迎？崔凯给出了答案。

近百年来，辽宁具有较高的工业化程度和城市化程度，这是评书艺术蓬勃发展的重要原因之一。到茶社听评书，是沈阳、鞍山、本溪等地的产业工人闲暇时最主要的文化生活。

“自20世纪50年代初期开始，因为辽宁有大量的评书受众，所以不少评书表演者落户到辽宁。”崔凯说，“我通过调研发现，全国著名的曲艺表演艺术家都到辽宁表演过。”

随着收音机的普及，评书开始走进千家万户。根据鞍山广播电台的一份档案记载，刘兰芳的评书《岳飞传》在全国100家电台播出，同时播出的电台有60家。从1955年至今，鞍山广播电台录制的评书达1万多集。

1985年，辽宁电视台开创了电视评书的形式。田连元以一部长篇评书《杨家将》登上电视荧屏，首开电视评书的先河。从此，评书进入听觉、视觉共享的新时代。此后，中央及地方电视台相继开办电视评书栏目。

值得一提的是，1982年，王刚在辽宁广播电台播讲长篇小说《夜幕下的哈尔滨》，一时间风靡全国。王刚在改编书稿的过程中，便运用了评书的结构。

融入新媒体

“曲艺是生长在民间的艺术，具有最接地气的生态，什么媒介和民众接触得最紧密，我们就应该利用什么媒介去传播。”沈阳曲艺团业务团长穆凯一直在研究评书的发展趋势，他认为，“从茶馆、剧场、电台、电视，到互联网平台，评书一直在紧跟时代的脚步”。

2018年，沈阳市曲艺家协会在玖伍文化城举办了为期近一年的评书展演活动。几十场现代、传统评书的表演，吸引了很多小听众。穆凯说：“评书市场在不断升温，除了音频APP热播外，不少直播平台也有很多表演者表演评书，最多的有几万粉丝，上千人同时在线观看。”

值得期待的是，为了更好地利用新媒体手段传播评书这一传统艺术，崔凯正在策划一部以沈阳历史为题材的新作品，由曲艺作家郝赫、耿柳任编剧，田连元的两位弟子穆凯和刚子表演。

网红评书

截至6月3日，“蜻蜓FM”评书专辑榜单前十名

排名	专辑	播放量
一、单田芳	乱世枭雄	47.8亿
二、袁阔成	三国演义	24.1亿
三、单田芳	水浒传	19.3亿
四、单田芳	童林传	17.2亿
五、单田芳	小五义	16.3亿
六、单田芳	龙虎风云会	14.7亿
七、单田芳	隋唐演义	11.3亿
八、单田芳	三侠五义	9.4亿
九、单田芳	薛家将	8.7亿
十、单田芳	大明演义	7.6亿

▲ 截至2019年6月3日，“蜻蜓FM”评书专辑榜单前十名

延伸
YANSHEN

四大家

曲艺界一直将袁阔成、刘兰芳、田连元、单田芳并称为“四大评书表演艺术家”。国家一级编剧、著名曲艺作家郝赫为我们介绍了4位艺术家的表演特色与成就。

袁阔成
用声音滋养一个时代的巨匠

“古有柳敬亭，今有袁阔成。”营口市曲艺团评书表演艺术家袁阔成堪称当今评书领域的泰斗。袁阔成1929年出生于天津，出身评书世家。他打破了评书只是演说历史故事的套路，表演了大量现代题材的作品。袁阔成塑造的人物具有“漂、俏、快、脆”的特色。他也是评书艺术改革的带头人，首先撤掉书桌，使评书变为讲究气、音、字、节、手、眼、身、法、步的全身艺术。

刘兰芳
独具特色的女评书艺术家

刘兰芳1944年生于辽阳市，16岁加入鞍山市曲艺团。

1979年她与丈夫王印权合作整理编写评书《岳飞传》，在鞍山电台首播后引起强烈反响。之后在全国百余家电台广播，出现“万人空巷听岳飞”的现象。因为她早年习唱大鼓书，嗓音受到良好的训练，因而在评书说演上有一种铿锵起伏的声韵美感。

田连元

开创评书新天地

田连元1941年出生于长春，成长于天津，成名于辽宁，开创了评书的新时代。

1964年，23岁的田连元任本溪说唱团团长。1985年，他录制的长篇评书《杨家将》在全国各地电视台播出。之后，中央电视台开设电视评书栏目，田连元又录制了《水浒传》，一天播9次，广受欢迎。

田连元既能写又能演。在人物塑造上，他的表演从无奇特的夸张，又绝非千人一面。在语言上，他打破传统评书的表现模式，加强了语言的文学性及时代感。人们评价田连元是新派说书家，把他的表演称作是“立体小说”。

单田芳

矢志不渝的坚守者

单田芳1934年出生于营口市，母亲王香桂是当时说西河大鼓的顶尖人物。

家庭的熏陶，加上天资聪颖，年仅22岁的单田芳在鞍山市曲艺团迅速走红。据说，单田芳说书的茶馆常被书迷们挤得水泄不通。

单田芳的评书，雅俗共赏，有滋有味。一副略带沙哑的嗓子，就像一坛陈年的老酒，把不同年龄、不同身份、不同性格的人物的语言表现得个性鲜明，只要偶尔听到一段，那情节，那韵味，立刻就能让人融入其中。单田芳说书，语言干净利落，又有骨有肉，尤其是说长篇大书，语言丰富，文白相兼，生动形象。凡是听过单田芳说书的人都有一个共识，那就是吐字千斤、老练苍劲，浅若浮萍、深如大海。

当之无愧的“喜剧人摇篮”

中国小品大军中九成是辽宁人

▶ 辽宁喜剧小品作为一种具有民间文化色彩的文艺形式，早已从地方走向全国，深受大众喜爱。可以说，如今中国喜剧小品界的主力军，多数人来自辽沈大地。而小品也成为域外目光认识和观察辽宁的一扇特殊窗口，从中可以窥见许多关东地区特有的文化内涵。

| 基因独特 |

在东方卫视热播的喜剧真人秀节目《笑傲江湖》中，不少弥漫浓浓“东北风”的小品广受观众喜爱。而这些小品的主创人员，大多来自辽宁。“在中国从事喜剧小品创作的人，90% 以上来自辽宁。”著名小品演员贾冰说。

喜剧小品是源于戏剧的一种表现形式，而辽宁的喜剧小品则带有更独特的基因，那就是二人转。辽宁大学艺术学院副院长范妮说：“辽宁喜剧小品和其他喜剧小品有本质区别，比如南派小品起源于上海滑稽戏，京津小品起源于化装相声，而辽宁喜剧 小品的起源是东北二人转的丑角艺术。”

在范妮看来，二人转作为东北文化的代表和内核，体现了社会文化生活的各个层面，是东北喜剧之源。“戏曲行当里有句老话是这样形容二人转的——‘千军万马，就看咱俩’，二人转以丑角和旦角为主，丑角在表演中占有重要地位，而辽宁喜剧小品最初的表演形式，比如以男性为主角抖包袱，就是来源于二人转的丑角。可以说辽宁喜剧小品在角色类型和喜剧风格以及歌舞形式上，都是移植和借鉴自二人转。当然除了二人转，辽宁喜剧小品里也有很多其他民间艺术形式的影子，比如东北秧歌、民歌、东北大鼓等等。”

▲ 刘亮（左一）给演员们说戏

辽宁喜剧小品被大众广泛认识，是在央视春晚的舞台上。辽宁籍小品编剧陈亮告诉记者："央视春晚让辽宁喜剧开始真正走向全国，随后涌现出一大批优秀的小品演员。"1980年，辽宁举办第一届农村小戏调演。1985年，辽宁编剧崔凯创作《贾富算命》《十三香》（后改为《如此竞争》）等小品。1987年，铁岭民间艺术团在沈阳举办以拉场戏（属于二人转分支的传统民间小戏）《大观灯》等作品为主的曲艺晚会，连演300场，场场爆满。同年央视国庆晚会，铁岭市民间艺术团又将改编后的拉场戏《1+1=？》搬上舞台……

20世纪80年代中期至今，30多年过去了，辽宁喜剧小品的魅力经久不衰，在中国小品舞台上占据着重要位置。"一大批辽宁籍小品演员逐渐成长为中流砥柱，他们独特的表演风格被广大观众认知和喜爱，辽宁像是'喜剧人摇篮'一般的存在。"陈亮说。

天性幽默

辽宁人的幽默被认为是与生俱来的。其实，这种“天赋”跟后天养成也有很大关系。

“东北地区四季分明，土地肥沃。东北人性格豪爽，农闲时间一多，大家没事就爱串个门，家长里短地唠一唠。这一唠，好玩的话就出来了。”一位民俗专家这样对记者说。

而在陈亮看来，辽宁人的这种性格血统更多是来自先民。他说：“辽宁人的先祖是游牧民族，他们骨子里就有热情奔放的性格基因。此外，作为闯关东移民迁徙的第一站，来自关内各地的老百姓将各种文化汇聚到这里，碰撞出更大的火花。”

历史上，二人转是辽宁乡间人人会唱的民间艺术形式，普及率很高。“在这种氛围的熏陶下，辽宁人的幽默逐渐深入骨髓。”陈亮认为，辽宁喜剧小品深受喜爱的另一个重要原因是，“东北话接近普通话，而且感染力很强。咱们辽宁人说话喜欢打比方，很多笑点都出自这些比方里。”

“辽宁喜剧小品根植于黑土地里，与老百姓的日常生活紧密相关。”范妮说，东北地区自然条件艰苦，这使得生活在这里的人养成了直面困难、自我纾解的积极乐观的品质。“另外，辽宁文化是多民族文化结合的产物，少数民族擅骑射，性格热烈豪爽，因而辽宁喜剧小品的情节也都是干脆利落，演员表演直白坦率。这都是有脉络可寻的。”同时，范妮也认为，“方言是辽宁喜剧笑点的重要标志之一”。

因为来自民间，很多人对辽宁喜剧小品的印象是过于接地气，甚至有些“土气”，但陈亮认为，这是人们先入为主的一种错觉。他说：“早期的辽宁喜剧小品多以农民为主角，包括有的电视剧也大多以农村题材为主。这就让不少人产生了错觉，觉得辽宁喜剧比较土。实际上并非如此。现在活跃在中国喜剧小品舞台上的演员和编剧，99% 来自长江以北地区，其中大部分来自辽宁。像时下正火的开心麻花团队的编剧就大多是辽宁人。马丽、贾冰这样的腕儿，很多也是来自辽宁。”陈亮说，在中国喜剧圈里，没来辽宁演出过，就是遗憾。

“东北 Rap”

辽宁喜剧演员活跃于舞台、影视、综艺中。而自网络直播兴起后，不少辽宁青年当起了主播，成为网红。很多人把操着东北口音的主播的说唱称作“东北Rap”，辽宁“老铁”们通过手机屏幕念叨着一曲又一曲“东北风”，说着一个又一个段子，收获了数以百万计的流量。这股来自草根的文化影响力不容小觑。

“喜剧小品是生活的调味剂。”陈亮说，自从辽宁喜剧小品风靡全国后，模仿和学习东北文化的人就越来越多，“现在不管是哪里人，都能说几句辽宁话。到了南方也时不时听到当地人的嘴里冒出‘嘚瑟’‘砢碜’这样的词。”

“因为生长环境不同，在传播东北文化的过程中，方式和效果也会有好有坏，这需要用辩证的眼光去看待。”陈亮认为，对于辽宁喜剧人来说，登上舞台就是艺术，这是必须遵从的真理。他说：“我们必须用更好的作品，去印证辽宁喜剧小品的地位，展示东北文化的精髓，让更多人了解辽宁人的性格、气质和精神，传播最纯正的辽宁味。”

在陈亮看来，如今的辽宁喜剧小品正在蓬勃发展。“不少年轻的辽宁喜剧人正活跃在舞台上，辽宁喜剧小品的未来一片光明。对于我们来说，真的要感谢脚下这片黑土地，是它赐予辽宁人奔放的性格、幽默的基因、真诚的品质。”陈亮说。

由辽宁文艺中心团队打造的辽宁卫视首创小品剧《欢乐饭米粒儿》播出后收视火爆，更被《人民日报》评价为：“释放了喜剧的正能量！”在团队负责人看来，欣慰之余也压力倍增，“我们的愿望是创作出更多接地气、有共鸣的作品，努力提高文化修养，提高创新精神，不能砸了辽宁喜剧小品这个金字招牌”。

范妮说：“文艺是时代前进的号角，最能代表一个时代的风貌，最能引领一个时代的风气。对于辽宁喜剧人来说，需要进一步认识自身担负的历史使命和责任。坚持以人民为中心的创作导向，努力创作更多无愧于时代的优秀作品，讲好中国故事、凝聚中国力量。”

辽宁喜剧小品的兴盛与发展一次次地将生动活泼的中国社会的精神呈现在人们面前，也显示出深刻的东北地区独有的文化特征。如果你要了解辽宁，就要先了解辽宁喜剧小品。这里有高山阔水、林海雪原，也有大锅大碗、大酒大肉，作为中国喜剧小品当之无愧的“摇篮”，辽宁喜剧小品逐渐成长，不断自我更新，扬长避短，在其发展过程中以独特的创造性力量，汇入中国乃至世界的戏剧潮流，做出了应有的贡献。

延伸
YANSHEN

天生喜剧人

在当红小品演员中，贾冰绝对是一个响当当的名字。有人说，他跟沈腾是东北喜剧的两面旗帜。因为曾就职于浙江曲艺团，贾冰一度被粉丝认为是操着一口东北话的浙江人。其实，贾冰是地地道道的辽宁人。

1980年，贾冰出生于辽宁省新民市胡台镇，父母都是老师。幼年的贾冰十分淘气，用他自己的话说就是“除了学习对什么都很感兴趣”。16岁那年，贾冰入伍了。

▲ 贾冰（左）的演出深受欢迎

当兵第一年，文工团来慰问演出，贾冰用一个自编自演的小品征服了所有人，那次是贾冰第一次写小品。“我小时候很喜欢听评书和相声，也喜欢表演。”贾冰告诉记者。凭借与生俱来的幽默细胞，贾冰得到团长的赏识，被破例招进了文工团。

2005年转业后，贾冰进入浙江省曲艺团，仅一年半的时间就当上了曲艺团团长。再后来，他参加东方卫视的节目《笑声传奇》，开始被观众熟知。2017年贾冰摘得第一季《笑声传奇》总冠军。2018年贾冰获得《欢乐喜剧人》第四季总冠军。很多人夸贾冰在舞台上有魅力，但贾冰说，是辽宁人特有的乐观天性和自己当兵的经历赋予了他这种魅力。

“因为一直在浙江工作，我对上海滑稽戏的表演方式很熟悉。我还借鉴了韩国、美国等国家的喜剧表演方式。还有咱们辽宁的喜剧表演。我把它们之中好的东西融入自己的表演当中。”贾冰说。

贾冰的团队中，不少成员是辽宁人。比如任梓慧，就是来自鞍山的90后姑娘。贾冰说：“辽宁喜剧人有股韧劲，而且真的都有天赋，是天生的喜剧人。我很感谢家乡这片黑土地，它不但给了我做喜剧的天赋，更给了我一种不服输、敢拼敢闯的精神。”

谈到演小品，贾冰说，很多人觉得小品演员只要把欢乐传递给大家就行了，但他觉得欢乐也是有价值观的。“作品应该传达一种正能量，引起一些共鸣。小品不一定要煽情，我们的作品到了舞台上一定要有内涵和意义，要有担当，有文艺作品的力量。我希望将来能够创作更多更好的作品，也让更多人通过我的作品了解辽宁、爱上辽宁。”

辽酒的千年酿造技艺仍在流传

咱省还有
100多个叫“烧锅”的地方

▶ 烧锅杖子、烧锅营子、烧锅地、烧锅沟、烧锅岭……通过导航软件搜索，可以查到辽宁省内仍遍布着100多个叫“烧锅”的地方，述说着小烧锅酒曾经遍地开花的繁华。随着时代发展，古老的“烧锅”逐渐改叫酒厂了，但烧锅的技艺依然根植于辽宁。

| 曾经遍地开花 |

在辽宁，老百姓的生活总少不了酒，几杯地产的小烧、几瓶冰爽的“沈阳老雪”下肚，大家便无话不谈。辽宁人豪爽义气、好客善饮的历史，与辽酒发展的历史一样悠久。

查海遗址出土的谷物、大嘴子遗址发现的高粱，佐证着辽宁酿酒原料悠久的历史；烧锅杖子、烧锅营子、烧锅地、烧锅沟、烧锅岭……通过导航软件搜索，可以查到辽宁省内仍遍布着100多个叫“烧锅”的地方，述说着小烧锅酒曾经遍地开花的繁华。随着时代发展，古老的“烧锅”逐渐改叫酒厂了，但烧锅的技艺依然根植于辽宁。

“朝阳的红山文化遗址、大连的大嘴子遗址、沈阳的新乐遗址，还有阜新的查海遗址，共同将‘辽酒’出现的历史推向8000年前。”辽宁省白酒工业协会会长王贵玉为记者梳理辽酒的历史。“红山文化”和“良渚文化”这两大中国古文明区，是中国蒸馏白酒诞生最早的两个地区。朝阳红山文化遗址出土的酒器，法库叶茂台辽墓出土的历经近千载仍未挥发的辽酒，都在向人们述说着辽宁地区酿酒的悠久历史。

“烧锅”是黑土地上特有的专属名词，过去那些酿酒、卖酒地方的统称，中国烧锅酒发祥于东北。“烧”指要动火力，“锅”是装酒醅蒸馏的甑桶和天锅。关于辽宁烧锅酒的清晰记载源自清朝，开烧锅酿酒、卖酒的人在当时非富即官，酒厂多称为某某烧锅。据资料记载，嘉庆二十一年（1816），奉天，即今天的沈阳，有400多家烧锅。

不管烧锅开在哪里，都有一个共同的特点——要选在一个有好水源的地方，特别是有泉水深井的地方。由此延之，辽宁烧锅的“烧锅”二字前头都要冠上什么“泉”字、“涌”字，比如沈阳的老龙口当年就称“万隆泉烧锅”、辽阳太子河边的千山酒业当年称“玉昇涌”等。那时虽然酿酒设备简陋，但制酒的工艺却很精湛，酿酒的大师傅手艺极高，再加之做酒的粮食都是无污染的绿色食品，水也是自然的山泉水或江河水，为此酿出的小烧锅酒质地优良、绵醇上口。

酿造历史悠久

2019年4月，记者探访了位于辽阳市太子河区的辽宁千山酒业生产车间，传统的老五甑续楂清蒸的生产正在延续着几百年来的技艺。甑桶内发酵好的酒

辽宁历史文化
词条 69

烧锅

“烧锅”，发祥于东北，是黑土地上特有的专属名词，过去酿酒、卖酒地方的统称。“烧”指要动火力，“锅”是装酒醅蒸馏的甑桶和天锅。据记载，清嘉庆二十一年（1816），奉天（今沈阳）有400多家烧锅。

现在，辽宁仍有许多带有“烧锅”字样的地名。

甑桶内发酵好的酒醅经过高温蒸馏，酱香浓郁的蒸气在空气中飘散着

▲ 杨玉玲是非物质文化遗产项目“千山白酒传统酿造技艺”的代表性传承人

醅经过高温蒸馏，酱香浓郁的蒸气在空气中飘散着，沾染到衣服上酒香缭绕不绝。杨玉玲是非物质文化遗产项目“千山白酒传统酿造技艺”的代表性传承人，她把记者引领到窖池区介绍说：“千山酒窖泥是地地道道的老窖泥，具有百年以上历史。这300个窖池内，每一块窖砖都是历史的见证。砖缝间用老窖泥勾抹，其中富集多种微生物菌群。我们采用清蒸混烧，续糙配料，传统老五甑操作法，将百年老窖中的有益菌种、香味成分全部融合到酒中。”

辽阳是东北地区历史最悠久的城市之一，有2400年历史。辽阳酿酒的历史和这座城市的文化史一样久远。据史料记载，1658 年，辽阳的酿酒作坊“玉昇涌”烧锅最早采用蒸馏及窖池发酵。以“玉昇涌”为主体，通过对多家烧锅的酿酒技艺进行挖掘和传承，经300多年积淀，形成了辽阳千山酒独特的酿造技艺——麸曲酱香酿酒法。据辽阳县志记载：“本境高粱产额最高，大麦、豌豆、小豆等亦足供曲之原料，而泉水（汤河水）甘美、造酒芳冽，实为全省之冠，故境内烧锅多于各县。”《奉天通志》中赞誉辽阳白酒：“其酿造之高粱酒，在三省可首屈一指。”辽阳白酒酿造历史悠久，自古名传塞北，辽阳乡土志记载：“农作物出额最多量者唯大豆、高粱，故高粱酒、豆饼为出口大宗……城内烧锅兴隆。”

做烧酒既是技术活儿，也是重体力活儿。过去没有电，没有机械设备，全靠工人拼体力。石磨碾粮、辘轳打水、背筐出池、烧灶天锅、簸箕上甑、木锨扬楂、脚踢凉热、手抓干潮、酒篓抬酒、木海贮酒……烧锅里有严格的分工合作机制。例如大师傅专职上甑；二师傅指挥伙计，带头紧三下慢三下地扬凉，指挥加曲浇量；第三个人烧灶，同时帮大师傅撺糟，行话叫“扳案子”；新入伙的小伙计要从磨粮、打水干起。

辽酒品质优良

为何北方人爱喝高度蒸馏酒？原因很简单，因为天气寒冷，喝高浓度酒更能保暖。高浓度酒入口辛辣，喝罢不久便浑身发热，非常符合游牧、渔猎民族的口感与生理需求。闯关东闯出的大无畏精神和与人为善的理念，形成了辽宁人以酒待客、以酒会友、以酒敬天地的淳朴习俗。“豪饮、爱饮、能饮”的辽宁人培育了独具气韵的辽宁酒文化消费市场。在辽宁人内心，啥酒都比不过家乡酒的味道香甜。

“辽宁是我国适宜酿制白酒的重要地区之一，辽宁地区的原料、环境、人文、匠心等因素都是辽酒的优势所在，粮好、水好、人好，酒才好。”王贵玉说，辽宁土地肥沃、气温适宜，盛产粮食且生长适中、品种多样，是我国重要的商品粮生产基地。品质优良、做饭好吃、酿酒酒香、充足丰实的粮食资源为辽酒的发展奠定了坚实的基础，也为辽酒赢得“粮食酒”的美誉。正是有了这些充足的酿酒原料资源以及生态保护良好的青山绿水，才酿制出“不上头、健身健心”带着复合粮香、醇香的优质辽酒。

辽宁白酒经过多年的实践、创新、发展，在不同时期分别荣获国家优质酒、驰名商标、老字号、非物质文化遗产、原产地地理保护标志产品等多项荣誉称号。新中国成立以来，辽宁白酒的产量始终位居全国前列。目前，省内获得白酒生产许可证的企业已有近400家。

延伸
YANSHEN

辽酒香型

目前在辽宁，无论是著名白酒企业还是民间烧锅作坊，大多还传承着古法酿酒技艺，并且有10家酒企的传统技艺被列入国家或省级非物质文化遗产代表性项目名录，保留着自己的代表性传承人。辽宁省白酒工业协会会长王贵玉对辽酒的香型特点及国家、省级非物质文化遗产代表性项目进行了总结。

酱香型

特点：酱香型白酒最大的特点是，色泽微黄，闻起来有一种类似豆类发酵时的酱香、焦香、煳香味。装过优质酱香型白酒的杯子，酒的香气会保留很长时间，并且香气是绵绵不绝的沁人心脾，没有杂味，这就是空杯留香。

感官评语：微黄透明，酱香突出，幽雅细腻，酒体醇厚，回味悠长，空杯留香持久。

代表：辽阳千山酒、凤城老窖、灯塔铧子酒等。

浓香型

特点：优质浓香型白酒，闻起来有一种泥窖香，入口通常比较绵甜，香味很协调。

感官评语：无色透明（些许微黄），窖香浓郁，绵甜醇厚，香味协调，尾净爽口。

代表：沈阳老龙口酒、阜新三沟酒、本溪铁刹山酒等。

清香型

特点：顾名思义，闻起来很清纯。在专业术语里，叫“一清到底、清香纯正”。闻起来会觉得很幽雅、舒适。

感官评语：无色透明，清香纯正，醇甜柔和，自然协调，余味净爽。

代表：朝阳凌塔白酒等。

辽香型

特点：采用高温大曲、高温堆积（发酵）、高温馏酒、长期发酵、长期储存的独特工艺。

感官评语：酒香纯正自然，入口醇厚丰满，余味回甜悠长，辽香风格独特。

代表：大连辽一酒等。

满族工艺

特点：传承了北方山林民族传统的制酒工艺和独特的酿酒习俗，酒香符合北方民族追求酒中富有粮食清香的品味习惯。

代表：道光廿五、抚顺千台春等。

吃不够小鸡炖蘑菇、猪肉炖粉条、酸菜炖白肉血肠和乱炖

来辽宁必点“四炖”

▶ 不少人以为辽菜就是东北菜，其实不然。辽菜整体要比黑龙江和吉林的菜系更清淡，而且制作更精细，品种也更多。辽菜的主要特点是：一菜多味，咸甜分明，酥烂香脆，明油亮芡，讲究造型。很多人说辽菜口味重，偏咸，炖制的菜肴居多，这些特点都是地理环境和气候条件决定的。

不能不吃“辽宁炖”

不同于南方人的精致，在东北，“炖菜”是人们喜闻乐见的一种烹饪形式。温度不超过100℃，“炖菜”最大限度地保存着各种营养素，又不会因为加热过度而产生有害物质。东北炖菜中有“八大炖”，属于辽宁的炖菜有4种：小鸡炖蘑菇、猪肉炖粉条、酸菜炖白肉血肠和乱炖。据说乾隆皇帝的御膳档案中就记载了“大杂烩”和“荤素大杂烩”等菜式。虽然清宫档案没有写下具体的做法，但从那“杂烩”二字中，仿佛能看到“乱炖”的影子，闻到大铁锅里喷香的味道。

▲ 华夏饮食博物馆内陈列的满汉全席模型

在辽宁，炖菜绝不是“炖”一下那么简单。2018年，“小鸡炖蘑

▲ 小鸡炖蘑菇

菇”被评为“辽宁十大经典名菜”，有史料记载，清朝御膳单子上曾有“口蘑肥鸡”这道菜，清代“满汉全席”也有小鸡炖蘑菇；另一道经典炖菜“酸菜白肉血肠”是满族传统食品，是东北城乡居民杀年猪之后，宴请亲友的一道主菜。据说白肉血肠是从古代帝王及族长祭祀所用祭品演变而来。而猪肉炖粉条则相传是满族人为了耐寒耐饥，把土豆做成粉条，与肉炖在一起吃，后流行开去，就逐渐形成了名菜“猪肉炖粉条”。

记得小时候看过一部电影《过年》，讲述了东北小城普通人家过年的故事。年夜饭桌上一盆盆热气腾腾的猪肉炖粉条、酸菜白肉血肠真是勾得人口水横流。而这一道道大炖菜也折射出了辽宁人对吃的“喜好”。

中国烹饪协会理事、辽宁省餐饮烹饪行业协会副会长、一手创办华夏饮食博物馆的李春祥告诉记者，辽宁人吃得过瘾，对吃的要求也高。“辽宁饮食有宫廷文化底蕴，很多菜品来自古代宴席。其后的发展慢慢融合了满族菜，又吸取鲁菜和京菜之长，最终形成了辽宁风格。”李春祥说，辽菜的主要特点是：一菜多味，咸甜分明，酥烂香脆，明油亮芡，讲究造型。

“很多人说辽菜口味重，偏咸，炖制的菜肴居多，其实这都是地理气候决定的。因为辽宁比较寒冷，像辽菜喜欢勾芡，也是为了保温。”李春祥特别提到，别小看这些炖菜，其实也是大有讲究的，“咱们东北地区季节性强，农作物和海产生长期也长，味道更好，像常用的食材芸豆、白菜、土豆等，本地的最好吃，所以正宗的小鸡炖蘑菇都是用庄河大骨鸡。这是辽菜一大特点。”

传承“辽宁味”

《舌尖上的中国（第三季）》播出后，“彰武”成为搜索热词，人们记住了一道来自辽宁的美食——清沟鱼宴。2014年第四批国家级非物质文化遗产代表性项目名录和扩展项目名录中，以“辽菜传统烹饪技艺”为代表的7个辽宁非物质文化遗产项目成功跻身非遗。据了解，此次全国送选的项目有2000余项，但最终入选的不到15%，悠久的历史和浓郁的辽宁特色是辽菜能脱颖而出的关键。2019年，全新的《盛京满汉全席食单》也将申报国家级非物质文化遗产项目。

现在对于很多辽宁人来说，曾经的“辽宁味”依然是心头挥之不去的乡愁。著名词人吴兆骞的儿子吴桭臣曾在《宁古塔纪略》中记载道：老东北的满族人家，通常都在庭院里立一根木头，有喜事节庆或者有病有灾的时候，就宰杀一头大猪，念诵祈福的言辞，然后将零星的猪肠和肉挂在木头顶上。剩下的猪肉和下水收拾干净，用猪血灌满大肠，和肉一锅煮熟，请来亲友坐在炕头上自切自吃。现在在辽宁很多地方，“杀年猪”的习俗始终没变，大锅炖出来的“东北杀猪菜”依然红火热闹，拉扯着每个人的味蕾。

“辽菜有近300年历史，除了历史悠久的诸多炖菜，辽宁美食也有很多‘老’字号，像190年历史的老边饺子、200多年历史的马家烧麦、百年的沟帮子熏鸡等，都拥有深厚的文化底蕴。我们希望这些独特的辽宁味道可以不断传承下去，也希望更多的人通过了解辽宁饮食文化进而了解并爱上辽宁。”李春祥说。

“新辽菜”火了

“炖菜彰显了东北人的粗犷性格，但也让一些人误以为东北菜制作都比较粗糙。其实不然，辽菜是很精致的。”李春祥告诉记者，辽菜里有一道名菜叫作“芙蓉鸡片”，就因为烦琐费工，现在的辽菜厨师已经很少会做了。不仅如此，与黑龙江和吉林的菜系相比，辽菜更清淡，品种也更多。

▲ 李春祥创办华夏饮食博物馆，希望辽宁的饮食文化可以不断传承下去

华夏饮食博物馆经理刘永新说：“辽宁饮食具有多元化的特点，原因是辽宁居住着很多少数民族。各民族喜好不同，汉族人喜欢鲜醇清淡，满族人喜欢酥烂入味，蒙古族人喜欢浓郁厚味，回族人喜欢鲜香脆嫩，朝鲜族人喜欢辛辣爽口。辽宁的饮食吸取百家之长，最后逐渐形成了自己的风格。”而这种融合创新的做法也延续到今天，例如风靡全国的麻辣拌，就是抚顺老百姓在麻辣烫的基础上发明的。记者在抚顺随机采访，一位经营麻辣拌小店的付先生告诉记者，最早的抚顺麻辣拌只有盐和一些简单调料，“口味是咸的，后来开始加入陈醋、糖、花生碎、麻油等调味品，口味偏甜，这样就很受年轻人喜爱”。

如今，很多人也开始对老辽菜进行挖掘创新。在沈阳就有很多“融合菜”餐厅，将辽菜与其他很多菜系的做法融合在一起。“辽菜中有很多清淡的菜十分适合现代人的口味，比如扒白菜，但是现在的厨师不太会做。”在沈阳开了两家东北菜馆的夏女士告诉记者。如何让辽菜更时尚，更适应这个不断变化的时代，是值得深入思考的问题。

延伸
YANSHEN

每座城都有自己的味道

辽宁有14座城市，每一座城市都有自己独特的味道。

在辽宁，沈阳可谓汇聚地方美食最多的地方：马家烧麦，已有200多年的历史，烧麦皮薄光亮、筋道柔润、鲜嫩松散、味道醇香。老边饺子，有190年悠久历史，具有皮薄馅大、鲜香味美、浓郁不腻、松软易嚼的特点，驰名国内外。还有杨家吊炉饼，外焦里嫩、香酥可口，佐以用肉末、海米、鸡蛋、元蘑打卤的鸡蛋糕，别有滋味。在沈阳，还可以吃到最正宗的酸菜汆白肉、锅包肉。铁板鸡架也是沈阳的特色小吃，在夏天，许多东北大汉，一个鸡架一瓶雪花啤酒就是一顿饭了。

沈阳还有许多“宫廷名菜”，比如“黄金肉”（又叫“油塌肉片”），是用上好的新鲜猪肉制作而成的。这道菜曾被列为满族珍馐第一味，自清朝建立以后，每临大典盛会，第一道菜必是黄金肉。说起沈阳的美味食品，还要提一下不老林糖。这种由“北方制糖大师”林瑞丰独家创制的糖果，自1988年诞生以来已有30多年的历史，至今仍广为人知。

“铁锅咸鱼饼子”是辽宁家喻户晓的一道家常菜，这道菜最早是渔民从海船带到大陆的，最后慢慢流传到大城市人们的餐桌。在辽宁，大连的铁锅咸鱼饼子是公认的地道！在大连还有一种独特的小吃叫作海鲜焖子，由地瓜粉熬制的凉粉配虾段、海螺片等海鲜做成。在庄河，有最正宗的东北名菜小鸡炖蘑菇，因为在很多厨师看来，只有用庄河大骨鸡炖出来的小鸡炖蘑菇才够味。

“锦州小菜”闻名海内外。主要是以小黄瓜、油椒、豇豆、芹菜、苤蓝、茄包、芸豆、地梨、姜丝、杏仁等10余种新鲜蔬菜与虾油配制腌成。沟帮子熏鸡也称得上辽宁的美食名片。据说创始人尹玉成因行善机缘偶遇光绪御厨，得皇家宫廷熏鸡秘方，建熏鸡坊，名“沟帮子熏鸡”。十几道工序加几十种配料，熏制出来的鸡，闻起来香气四溢，吃起来口味鲜香，肉质鲜嫩。

位于本溪满族自治县西部的小市，特产羊汤。羊汤是用山羊的杂碎和骨头、羊肉等为原料，煮炖一天甚至数天，煮出来的汤汁像牛奶一样，加上佐料，再配上烧麦等，十分美味。

在抚顺，“麻辣拌”久负盛名，把食材煮过之后控干，加上各种佐料，搅搅拌拌，就成为口味甜咸、百吃不厌、既营养又美味的麻辣拌了。

海城市牛庄拥有辽宁最有名的馅饼，牛庄馅饼皮非常薄，馅非常多，吃起来皮稍微焦脆，馅鲜香可口。

在阜新可以吃到地道的“喇嘛肉”。菜汤鲜美可口，沁入心脾，尤其以特大号海碗盛上来放在桌心，食客围坐，特别有大快朵颐的冲动。“猫耳朵汤”是阜新极具特色的荞面系列主食之一。把荞面和好，揪成小剂子放于手掌上，用拇指捻成猫耳朵形状投入烧开的汤里，就做成一碗喷香的“猫耳朵汤”了。

在辽阳，塔糖是孩子们的最爱。辽阳塔糖有如梅花形并多孔，吃起来酥脆，清香可口，色泽洁白细腻，经暑不变。此外，“葱花缸炉”也很著名。馅呈棕黄色，口感绵松。外皮侧面为乳白色，底面红褐色，无焦煳。有椒盐和葱香味等多种口味。

在葫芦岛，最有名的是绥中石磨豆腐。豆腐制作工艺考究，选用优质大豆和含有多种人体所需矿物质的桃林泉水，用传统方法精制而成，味道十分独特。

这些或现身大街小巷，或传承百年的辽宁美食，很多已成为所在城市的重要“地标”。

民间工艺美术品藏着地域文化密码

抚顺煤精雕刻艺术 已传承七代

▶ 一把刻刀、一根绣针、一支画笔，或是一把剪刀，都能创造出独特的工艺美术品。辽宁民间工艺美术品散发着浓郁的关东气息，展现着多彩的关东风情。它们不仅代表了手工艺者的精湛技艺，更彰显出辽宁人的精神生活和文化修养。

| 传承百年 |

辽宁特种资源丰富，抚顺煤精与本溪辽砚、鞍山岫玉、阜新玛瑙等共同被誉为“辽宁文玩四宝”。这“四宝”为辽宁所独有，以其历史悠久、质地优良、文化底蕴深厚享誉国内外。

在抚顺市望花区古城子路附近，数十家大大小小的工艺品店云集。6月19日，记者行走其间看到，在这些店家的灯箱广告上，无不标有“琥珀”“煤精”的字样。打探中，附近的居民道出其中答案，因为这里紧临着亚洲第一大人工露天矿坑——抚顺西露天矿。

有着百余年历史的抚顺西露天矿，不仅以煤质优良闻名于世，更重要的是盛产煤精、琥珀。由此孕育而生的煤精雕刻技艺也在此传承了百年。2008年，抚顺煤精雕刻入选第二批国家级非物质文化遗产代表性项目名录，这一项目的代表性传承人之一程彬，就住在这里的一栋普通居民楼内。虽已年近七旬，但矍铄的精神、挺拔的体态都透露出程彬曾经习武的精气神。在小屋的工作台前，程彬整理着近百把亲自打造的雕刻工具，正是这些工具让程彬不仅延续师承技艺，还在传承的基础上给煤精雕刻赋予了新的内涵，独创了活壳工艺的滚刀、大握推刀法等深雕技法，使作品更加立体、更加传神。

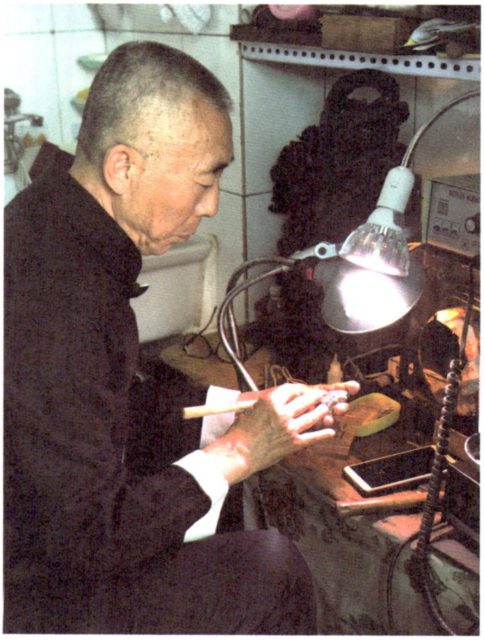

▲ 程彬独创了活壳工艺的滚刀、大握推刀法等深雕技法

程彬，国家高级雕刻技师、辽宁省工艺美术大师，自小痴迷煤雕技术，20世纪70年代，一个偶然的机会他认识了抚顺煤雕大师王德禄，之后拜师开始学习煤精雕刻。40多年来，他共创作煤雕作品1000余件，并多次在工艺美术大赛中获得金奖。他的每件作品都展现了其深厚的雕刻技艺，作品的每一处细节都精巧细腻。记者在程彬的工作台上看到一件大型煤精雕刻作品《渔樵问答》，作品中的人物不仅面目表情生动，让人仿佛能听到他们在对话一般，就连渔夫背着的鱼篓上每一根竹条的脉络轨迹都真实而立体。

说起煤精，20多岁就到西露天矿上班的程彬如数家珍："抚顺煤精，无论从硬度到亮度都是煤精中的上品。煤精存在于沥青页岩中，呈孤立块状体或夹于煤层之间。"而中国煤精工艺史上最早的记录发现于沈阳。据考证，在7000年前的沈阳新乐遗址中便发现有煤精饰品。煤精又称"煤玉"，生成于距今300万年前的新生代第三纪。"煤精质地坚韧，结构细腻，黑褐色，蜡状光泽，硬度在3度至3.6度左右，是抚顺特有的天然资源，是雕刻工艺品和首饰的上等材料。"煤精雕刻的滥觞可追溯到20世纪初，赵昆生、赵景霖兄弟不断探索，创造性地发展出煤精雕刻这门独特的工艺。在他们的口传身授下，抚顺煤精雕刻艺术传承至今，已历七代。

多到数不完

"大自然给了我们辽宁得天独厚的资源。"辽宁省工艺美术大师石洪祥说，

“正是这些丰富的天然资源，成就了诸多门类的传统美术和传统技艺的优秀作品，给辽宁民间的手工艺者创造了很大的机遇。”在石洪祥看来，一把刻刀、一根绣针、一支画笔，或是一把剪刀，就能创造民间工艺的美。这种美，在于它的地方特色和乡土味，就地取材，价廉物美，具有浓厚的生活气息，它体现的不仅是工艺美术创作，还体现了辽宁人民的精神生活和文化修养。

岫岩满族自治县的玉雕、阜新的玛瑙雕，还有大连的核雕、岫岩和锦州的满族民间刺绣、沈阳的建筑彩绘传统地仗彩画、本溪的松花石砚制作技艺，锦州、庄河

程彬作品《渔樵问答》

讀

辽宁历史文化
词条 70

抚顺煤精

煤精又称“煤玉”，生成于距今300万年前的新生代第三纪。中国煤精工艺史上的最早记录发现于沈阳。7000年前的沈阳新乐遗址中便发现有煤精饰品。抚顺是世界上煤精的重要产区。抚顺煤精，质地坚韧，结构细腻，是雕刻工艺品和首饰的上等材料。与本溪辽砚、鞍山岫玉、阜新玛瑙并称“辽宁文玩四宝”。

制作狼毫笔的黄鼠狼尾

等多个地区的剪纸，以及凤城满族荷包、盖州的风筝、营口的木浮雕工艺、朝阳的红土泥塑、铁岭的指画艺术、盘锦的小亮沟苇编、兴城的民间绣活、大连的贝雕等，辽宁民间工艺美术类的非物质文化遗产项目，掰着手指也数不完。

位于沈阳市沈河区的胡魁章制笔工艺工作室内，张国茹、李世美两位省级非物质文化遗产传承人，每天有条不紊地完成苘麻衬垫古法手工制笔的工序，这也是国内完整保存的宋法苘胎，今日尚能量产的北派狼毫毛笔制作技艺。狼毫，是指用黄鼠狼的尾毛做成的毛笔，优质狼毫被称为“元尾”，以东北地区出品的“关东辽毫”品质最佳。1823年，浙江人胡魁章在家乡湖州开设了一家笔庄。道光末年开始供奉朝廷。正是因为发现了北方的黄鼠狼尾毛更适宜制作狼毫笔，1854年，胡魁章在沈阳的四平街（今中街）开办分号，并融合沈阳当地李湛章笔庄等多家笔庄的技术，保持了北派毛笔的特色。运用苘麻衬垫技艺制出的笔储墨能力强、吐墨均匀、极富弹性。如今，胡魁章笔庄每年仍量产销售3000多支手工毛笔。

庄河剪纸是在辽东半岛南端庄河市一带世代相传的民俗艺术。据考证，这种艺术形式明清时期已在当地流行，至清末民初达到兴盛。庄河剪纸题材广泛、构思别致，采用当地流行的艺术表现手法，形成多种与民俗生活结合紧密的丰富样式。庄河剪纸古色古香、夸张生动，黑白关系和繁简处理十分讲究，剪刻技巧和刀味剪纸技艺都达到很高的水准。庄河剪纸既体现出传统民间文化的共性，又显示出独特的地域风格，保持了相对完整的传统韵味，具有重要的民俗学和民间美术研究价值。但目前庄河剪纸技艺后继乏人，仅有的20余位善剪者都已七八十岁高龄。

注重再创造

传承人是非物质文化遗产的灵魂，技艺传承则是非遗保护的核心。由于一些传统民俗及民间工艺逐渐淡出现代社会生活，部分非物质文化遗产生存发展空间不断缩小，后继乏人。程彬的徒弟周炜和杨冬晓说自己非常幸运，师傅毫无保留地把自己掌握的技艺都无私地传授给了他们。

“但是煤精雕刻相对来说是比较艰苦的学派，雕刻出成绩很慢，刻刀运用的技术，没有四五年的苦功是掌握不了的。就跟练书法一样，手腕的功力如果达不到的话，走出的刀痕即使学了技法也是表现不出来的。因为技法是技法，功力是功力，是两回事，需要刻苦、枯燥地去磨炼，才能把它实现。”程彬的弟子们道出的是一直以来非物质文化遗产传承的共性问题。胡魁章古法制笔的90后传承人盛启泽也赞同这一观点，制作毛笔的学习过程同样是需要面临枯燥乏味的阶段，才能达到工艺的精湛。

“辽宁的工艺美术类非物质文化遗产，确实面临着传承与发展的问题。”辽宁经济职业技术学院工艺美术学院副院长都蕊意识到，作为人类的精神财富，非物质文化遗产体现了人民大众的智慧与创造的力量，它是人们在日常生活中总结出来的。都蕊认为，对于非物质文化遗产的传承与发展，不仅意味着国家对文化的重视，更意味着人类的进步。

自然资源枯竭，也是传承者面临的问题。对此程彬说：“我们西露天矿的回采队，已经对现有的煤精资源进行了保护性挖掘，并妥善地保管起来。但是我们仍然要考虑如何把古老的技法保留下来，把手艺传承下去，百年煤雕技艺不能在我们手上断了。”程彬说，他考虑到以后转型的问题，因为艺术都是相通的，“我们不仅可以雕煤精，还应当研究别的玉石门类，将雕刻技法发扬光大。”

都蕊说：“如果不及时对珍贵的非物质文化遗产在继承的前提下进行挖掘再创造，研发以非物质文化遗产为依托的创新产品，使其与人们的现实生活密切结合，服务于生活，应用于生活，在保有其历史文化价值的同时，实现其商业价值，那就可能发生文化遗产被束之高阁、曲高而和寡、技艺无以为继的现象。让非物质文化遗产实现可持续健康发展，不但要传承，还要努力使其发扬光大。”作为一个文化大省，辽宁在非物质文化遗产研究方面，应当做更大的努力。都蕊表示，只有不断提升对非物质文化遗产的保护、发展、传承意识，才能够更好地使辽宁成为一个真正的文化大省，具有浓郁的地域特色和丰富的工艺美术品种。非物质文化遗产，不仅能够让人们认识历史，更能够让人们从历史中总结经验，以便创造出更美好的未来，它是良好的根基与土壤。

延伸
YANSHEN

两个着力点

辽宁经济职业技术学院工艺美术学院副院长都蕊认为，在传承工艺美术类非物质文化遗产方面，辽宁需要从两个方面着力。

首先，借鉴市场上比较成功的文创产品创意思路，建立市场意识，符合当代审美，并为产品赋予吉祥的寓意，这样研发出的以传统文化符号为载体，并符合新一代年轻人审美需求、功能需求、个性化需求的工艺美术产品，既可以成为传承非物质文化遗产、传承工艺美术技艺的载体，也可以用个性化、创意性的表达激发年轻人的兴趣，一定会受到年轻人追捧。

此外，有意识地培养传承人才也是重中之重。都蕊介绍说，辽宁经济职业技术学院1983年创办工艺品专业，培养了一大批优秀工艺美术人才，以此为基础，从2012年起，学校陆续举办了两届工艺美术大师班、9期工艺美术大师能力证书培训班，并承担了组织评选推送辽宁省工艺美术大师的工作。多年来，该校共培训了300多名来自行业、企业的相关学员，还聘请了国家级工艺美术非物质文化遗产传承人、玛瑙雕刻大师杨克全和曹志涛，贝雕大师金阿山，纸贴画艺术家刘书琴，金属工艺大师石洪祥，陶艺大师陈仲琛，满族刺绣传承人夏丽云等进行授课，对于工艺美术非遗技艺的传承起到了积极的推动作用。

全省六十七项国家级非遗项目一览

民间技艺生生不息

▶ 我国于2006年、2008年、2011年和2014年公布了四批国家级非物质文化遗产项目名录，我省67个代表性项目先后入选。截至2019年7月，我省共有省级以上非物质文化遗产项目248个。这些非物质文化遗产根植于民间，通过活态传承的方式在民间生生不息地绵延至今，许多非物质文化遗产项目闻名遐迩，体现了辽河流域灿烂的文化。

辽宁是一个多民族的省份，广大劳动人民在长期的生产生活实践中，不仅创造了大量灿烂辉煌的物质文化遗产，同时也创造了内容丰富、形式多样、异彩纷呈，具有鲜明民族、民间特色和强烈时代感的非物质文化遗产。非物质文化遗产，不仅是一个民族的根脉，更是传统文化源远流长的精髓。这些非物质文化遗产涵盖了民间文学、传统音乐、传统舞蹈、传统戏剧、曲艺、传统体育、游艺与杂技、传统美术、传统技艺、传统医药、民俗等十大门类，通过不同的方式展现了辽宁历史、经济、文化、科技等方面的发展脉络和成就。以下内容以保护单位和城市进行分类（截至2019年7月统计）：

| 省直 |

辽宁鼓乐

公布时间：2006年（第一批）

辽宁鼓乐有300多年历史，广泛分布于辽宁境内。辽宁鼓乐早

▲ 辽宁小女孩都会转手绢

期为笙管乐，明清时期加入了唢呐乐，清代中叶乐队定型并趋于成熟。先后产生了一批技艺高超的传承人，如王文州、王国卿、王国全等。

满族民间故事

公布时间：2008年（第二批）

辽东满族民间故事主要分布于辽东满族文化圈内。满族民间故事生成于满族由渔猎转向农耕的时期，具有满汉杂糅的文化特征。

▲ 萨满舞

沈阳

谭振山民间故事

公布时间：2006年（第一批）

谭振山的家在沈阳市法库县、沈北新区、新民市交界处的最东北端，那里是清咸丰年间的移民村，居民来自山东、河南、河北。谭振山能讲述600个民间故事，内容多为风物传说、历史人物传说及生活故事和笑话等。

锡伯族民间故事

公布时间：2011年（第三批）

锡伯族民间故事具有其他类锡伯族文学无法企及的特殊价值，填补了锡伯族文学史上没有系统和深刻地反映民族历史之作品的空白，具有重要的历史文化与科学价值。

评剧（韩、花、筱）

公布时间：2006年（第一批）

沈阳评剧“韩、花、筱”指的是以著名评剧表演艺术家韩少云、花淑兰、筱俊亭为代表的三大艺术流派。

京剧（唐派）

公布时间：2006年（第一批）

沈阳唐派京剧创始人唐韵笙先生，文武兼备，功底深厚，勇于创新，借鉴了旦角的唱腔、花脸的念白、武行的跌扑，并将这些恰到好处地糅进所演角色之中。

评剧（奉天落子）

公布时间：2011年（第三批）

奉天落子产生于20世纪初，主要源于梆子、唐山落子。1919年，唐山落子几大戏社相继出关，活跃于辽沈地区。在长期的表演过程中，唐山落子融合了东北地区的生活习俗、方言语调等，形成以奉天（今沈阳）为中心、遍布东北、影响全国的“大口落子”。

东北大鼓

公布时间：2006年（第一批）

东北大鼓一度盛行于沈阳，而沈阳于清末曾设奉天府，故曾有“奉天大鼓”之称。东北大鼓约形成于清代中期，最初的表演形式是演唱者一人操小三弦自行伴奏说唱，并在腿上绑缚“节子板”击节，也叫“弦子书”。

老龙口白酒传统酿造技艺

公布时间：2008年（第二批）

沈阳市老龙口白酒酿造技艺起源于清康熙元年（1662），当时山西省太谷县酿酒商人孟子敬在盛京（今沈阳）小东门外创建了“义隆泉”烧锅，后改为“万隆泉”。因该地相传为清代“龙城之口”，故称“老龙口”。

建筑彩绘（传统地仗彩画）

公布时间：2011年（第三批）

东北古建筑地仗（油饰）彩画技艺是对建筑承重的主要木构件进行加固、防腐处理，稳定、坚固整体建筑的一种技艺，是中国传统建筑修缮技艺的装饰流派之一，采用这些技艺修缮的古建筑至今保持着完好的状态。

辽菜传统烹饪技艺

公布时间：2014年（第四批）

辽菜有3000余年的历史，是根据辽宁地区民族特征、区域特点、饮食习俗、烹饪技法创建的一种地方菜系。

锡伯族喜利妈妈信俗

公布时间：2011年（第三批）

锡伯族喜利妈妈信俗，是源于结绳记事形式、祖先崇拜性质的民族民间信仰，具有鲜明的锡伯民族特色。沈北新区黄家乡八家子村吴吉山家族传承的喜利妈妈信俗已历九代，有四五百年历史。

大连

海洋号子（长海号子）

公布时间：2011年（第三批）

长海号子是海岛居民在进行海上贸易和捕鱼等劳作过程中产生的各种劳动号子，主要流传于辽东半岛东侧的黄海北部海面上的长山列岛。长海号子源于东汉末年，直至清末民初才逐渐发展完善，到20世纪60年代处于鼎盛时期。

笙管乐（复州双管乐）

公布时间：2008年（第二批）

复州双管乐约在清代乾隆年间由山东移民传入复州地区，初始为诵经和法事活动伴奏，其后在民间广泛流布，逐渐传播到瓦房店地区，成为当地民间婚丧嫁娶和节庆活动不可缺少的内容。

金州龙舞

公布时间：2008年（第二批）

金州龙舞又称“西门外龙舞”，流行于大连市金州地区，至今已传承九代，历史长达120余年。金州龙舞多在农闲、节庆时作助兴之用，动作变化多端，已成为带有辽南地区特色的民间舞蹈形式。

复州皮影戏

公布时间：2006年（第一批）

复州皮影戏是在明朝万历年间（1573—1620），由陕西来东北戍边的士兵传来的。皮影戏反映的内容涵盖了社会生活，深受当地群众的喜爱。

复州东北大鼓

公布时间：2008年（第二批）

复州东北大鼓在瓦房店地区已有300年历史，著名艺人有关永安、赵文义、聂田盛、林正信、宋玉玺、陈世新等。大鼓的曲目和音乐对当地其他艺术产生了不小的影响。

庄河剪纸

公布时间：2008年（第二批）

庄河剪纸是在庄河市一带世代相传的民俗艺术，明清时期已在当地流行，至清末民初达到兴盛。庄河剪纸的剪刻技巧和刀味剪纸技艺具有很高的水准。

大连核雕

公布时间：2014年（第四批）

大连核雕制作的难点在于每个桃核的纹理和凹槽都不一样，其质地、密度、硬度、弹性也都不同，所以创作中只能顺势进行。韩志耀依据明代《核舟记》的文字记载，创作出“核舟”，结束了世人“只闻其文道其神，未见其物数百年”的历史。

| 鞍山 |

千山寺庙音乐

公布时间：2006年（第一批）

千山寺庙音乐分诵经和器乐两个部分。器乐曲主要是笙管乐，曲牌多与辽南民间流传的笙管曲相同；传统的诵经音调属于北方韵，历史悠久。目前仅有几个居士尚能演奏，曲目大部分失传，保留至今的不过20首。

海城高跷

公布时间：2006年（第一批）

海城高跷秧歌历史悠久，清末日渐成熟，形成了一支艺人队伍。海城秧歌是民众十分喜爱的民间舞蹈，具有欢腾、奔放、热烈、风趣、诙谐的特色，在

▼ 海城高跷

国内外具有广泛影响。

岫岩皮影戏

公布时间：2008年（第二批）

岫岩皮影戏在明清时期传入岫岩地区，已有300多年历史。早期皮影表演为“独影”形式，清同治年间形成“溜口影”，民国后演变为“翻书影”。岫岩皮影戏仍保留着部分“溜口影”的原始形态。

海城喇叭戏

公布时间：2008年（第二批）

海城喇叭戏最早形成于海城西部的牛庄一带，因主奏乐器唢呐又俗名“喇叭”，故称“海城喇叭戏”。明末清初，海城喇叭戏初具戏曲形态。清同治、光绪年间，喇叭戏由地秧歌进入高跷会，将跷功、手绢功等巧妙地融入表演之中，形成了跷戏结合的演出形式。

岫岩东北大鼓

公布时间：2008年（第二批）

岫岩东北大鼓已有近150年历史，书目以长篇为主，采用四大口、澄清板、流水等板式演唱，丰富了大鼓唱腔，增强了刻画人物的艺术手段。

鞍山评书

公布时间：2008年（第二批）

鞍山素有“评书之乡”的美称。清咸丰十年（1860）至今，鞍山评书已有140多年历史。鞍山评书最早流传于辽阳、海城等周边地区。其艺术特色可以概括为“豪”“紧”“动”“热”，风格豪放刚健，扣子紧、进展快。

岫岩满族剪纸

公布时间：2008年（第二批）

岫岩满族剪纸始于17世纪初满族进入岫岩时，迄今已有300多年的历史。满族人盛行用挂旗供奉祖先，这种形式促进了剪纸的发展，并进一步演变出窗花、棚花、灯花等多种样式，在满族民间的婚丧嫁娶等习俗活动中得到广泛应用。

岫岩玉雕

公布时间：2006年（第一批）

岫岩玉雕是以岫岩地区为中心而发展起来的一项民间玉石雕刻工艺。岫岩玉雕技法丰富，以素活见长，柔环、活链为其典型工艺，难度之高世人称绝。

岫岩满族民间刺绣

公布时间：2008年（第二批）

岫岩满族民间刺绣流行于岫岩地区，有近400年历史，所用材料以缎、纱、粗布为主，制品多为生活实用品，主要包括绣花衣、绣花鞋、绣花帽及荷包、烟袋、腰褡、钱褡、披肩、绑带、枕头顶、桌围、床罩等。

海城苏氏正骨

公布时间：2014年（第四批）

海城苏氏正骨是中国中医正骨的重要流派之一，有100多年的发展历史。医生通过拔伸、复位、对正、按摩等手法，最后用小夹板外固定，治疗病人的骨伤疾病。

| 本溪 |

朝鲜族农乐舞（乞粒舞）

公布时间：2006年（第一批）

朝鲜族乞粒舞源于祈求农业丰收的民俗活动，原是农乐舞的一种，随着时代发展，逐渐形成融自娱性和表演性为一体的舞蹈。

本溪社火

公布时间：2008年（第二批）

本溪社火是一种传统的民间表演形式，主要分布于太子河上游沿岸的卧龙、

▲ 朝鲜族乞粒舞

牛心台、偏岭、小市、泉水、南甸地区。一般在春节期间举行，表演者以十八般兵器为道具捉对厮杀，有“武秧歌”之名，又称为“武社火”。

本溪评书

公布时间：2008年（第二批）

本溪评书是北方评书的重要组成部分，表演形式灵活自由，打破了评书原来“一桌、一扇、一醒木”的传统表演形式，表演时改为站立说演，加大了动作幅度，扩大了表演空间。

松花石砚制作技艺

公布时间：2014年（第四批）

本溪松花砚石材产于本溪桥头镇，石质坚硬，花纹自然美观。在砚体或砚之石盖上首开石砚镶嵌玉、宝石、化石等装饰先河。其雕饰题材取自于民间喜庆理念，在雕制上既有南方制砚之精美细腻，又有北方之浑厚大气，是中原文化与北方游牧文化充分融合的结晶。

| 朝阳 |

喀左东蒙民间故事

公布时间：2006年（第一批）

喀喇沁及东蒙各部的蒙古族较早就定居下来，由游牧转向农耕。这里的民众所创造的民间文学独树一帜，折射着鲜明的草原文化与农耕文化交汇相融的特色。

北票民间故事

公布时间：2008年（第二批）

北票民间故事包括风物传说、人物传说、幻想故事、生活故事、动植物故事、风俗故事、笑话、寓言八大类。

▲ 本溪社火

笙管乐（建平十王会）

公布时间：2008年（第二批）

笙管乐一般由管子、笙、笛子、云锣等乐器组合而成，同时配以鼓、铙、镲等打击乐器。建平十王会又称“双会”“经会”，由喀喇沁王府喇嘛乐队的演奏技艺沿袭而来。

朝阳社火

公布时间：2008年（第二批）

春节期间，朝阳县的社火活动遍布城乡，形式灵活多样，表演形象逼真。北四家子乡的“黄河阵”，台子乡的“背阁”“九女船”，西五家子乡的“夜八出”“跑黄河”，木头城子镇的“寸跷”，二十家子镇和贾家店农场的“大高跷”，等等，各具特色。

凌源皮影戏

公布时间：2006年（第一批）

凌源皮影属中国北方皮影戏的一个重要支脉，相传已有300多年的历史，在传承与发展的过程中，形成了鲜明的艺术风格和独特的艺术魅力。1996年，文化部命名凌源市为“中国民间艺术（皮影艺术）之乡”。

▲ 许子林（中）在辽西皮影艺术圈里有“第一口髯”的美名

建平剪纸

公布时间：2008年（第二批）

建平剪纸流行于辽河文明的主要发源地朝阳市建平县。牛河梁红山文化遗址出土的彩陶、玉器，从造型方式和外部特征来看，与建平剪纸颇有相似之处，显示出潜在的传承关系。

| 丹东 |

喷呐艺术（丹东鼓乐）

公布时间：2008年（第二批）

丹东鼓乐简称“鼓吹乐”，亦称“鼓吹”“吹打”等，是一种以管乐器和打击乐器为主的传统器乐演奏形式，长期流行于丹东地区，有百年以上历史。

朝鲜族花甲礼

公布时间：2008年（第二批）

花甲礼是朝鲜族为60岁老人举行的重要礼俗，形成于17世纪中叶至18世纪中叶之间，主要流传于延边朝鲜族自治州和东北三省的朝鲜族聚居地区。

| 抚顺 |

抚顺地秧歌

公布时间：2006年（第一批）

抚顺地秧歌，是一种形成年代久远，民族性、民间性及地域特色都极为浓厚的民间舞蹈形式，主要流传在抚顺满族发祥地一带。

新宾满族剪纸

公布时间：2008年（第二批）

新宾满族剪纸流行于新宾满族自治县境内，有200多年历史，以萨满文化和民俗活动为主要表现对象，造型简约，线条粗犷流畅，朱白对比强烈，整体

▲ 抚顺地秧歌的表演动作多源自满族人生产生活

▲ 新宾满族自治县欣赏非遗演出的乡亲

性强，具有鲜明的民族特色。

煤精雕刻

公布时间：2008年（第二批）

煤精雕刻是抚顺市特有的一种民间雕刻艺术，以当地特产煤精为原料。煤精又称“煤玉”，是一种乌黑发亮、质地坚硬的自然资源。

琥珀雕刻

公布时间：2014年（第四批）

抚顺琥珀雕刻制作工艺已有100多年的历史。其借鉴了玉雕、煤雕的造型设计和雕刻技巧，并加以创新。因琥珀易碎，所以除了刀外，艺人自制了一些微型加工工具进行精雕细琢，技巧讲究稳、准、狠。

阜新

蒙古族民歌（阜新东蒙短调民歌）

公布时间：2008年（第二批）

阜新东蒙短调民歌产生并流行于阜新地区，有300多年历史。按题材内容可分为酒歌、婚礼歌、祭祀歌、赞颂歌、情歌等，以百科全书的规模记录了当地蒙古族部落的发展历史。

乌力格尔

公布时间：2006年（第一批）

乌力格尔是一种蒙古族的曲艺说书形式，约形成于明末清初，广泛流传在内蒙古自治区各地及相邻的黑龙江、吉林和辽宁等省蒙古族聚居地区。乌力格尔节目有短篇、中篇和长篇之分，尤以长篇最为吸引人。

阜新玛瑙雕

公布时间：2006年（第一批）

阜新市是中国四大玛瑙产地之一。阜新清河门辽墓出土的莲花式盅及玛瑙

▲ 阜新于蒙短调民歌

管珠项链、酒杯、围棋等距今已有1000年历史。清乾隆年间，宫廷所用玛瑙饰物和雕件的用料及工艺大部分来自阜新。

蒙医药（血衰症疗法）

公布时间：2011年（第三批）

蒙古勒津蒙医药具有悠久历史。1702年，蒙古勒津瑞应寺建立门巴札仓（培养蒙医药人才的医学经院），对弘扬蒙医药起了重要作用。当代蒙医药传承人邢布利德应用传统蒙医药疗法，治疗血衰症获得可喜疗效。

锦州

辽西高跷

公布时间：2006年（第一批）

辽西高跷秧歌有200多年历史，特点是跷高，最低的90厘米，依次升高，最高的可达240厘米。因跷高且富弹性，为保持全身平衡，舞者双臂必须上下不停地摆动，才能表演自如。

义县社火

公布时间：2008年（第二批）

义县社火始称“九龙十八会”，主要流传于大凌河、细河交汇处的义县大榆树堡、张家堡、九道岭、高台子一带。在义县当地，每年4月21日至25日为“九龙十八会”会期，23日为正日，届时会举行社火活动。

辽西木偶戏

公布时间：2006年（第一批）

木偶戏古称“傀儡戏”“傀儡子”，是由艺人操作木偶表演故事的一种戏曲形式。辽西走廊把中原汉民族文化与辽西北方民族文化连在一起，孕育了辽西自己的木偶艺术风格。

黑山二人转

公布时间：2006年（第一批）

二人转在发展中曾经形成东路、西路、南路、北路四大流派。其中西路以锦州市黑山县为中心，讲究板头和演唱。

锦州西城派东北大鼓

公布时间：2008年（第二批）

西城派东北大鼓以锦州为中心，主要有两种风格，分别以宋修仁、陈仲山为代表。宋氏师徒一唱三叹，长于表现忧男怨女的离情别绪；陈氏父女的“新西城”派则唱说灵活，包袱响脆，适于演唱多个层次的书曲。

医巫闾山满族剪纸

公布时间：2006年（第一批）

医巫闾山地区满族民间剪纸艺术以满族原始的自然神崇拜、始祖神崇拜、生殖繁衍崇拜以及满族风俗为主要表现内容。在北镇市、凌海市、阜新市、义县等地流传。

锦州满族民间刺绣

公布时间：2008年（第二批）

锦州满族民间刺绣俗称“针绣”“扎花”“绣花”，主要流行于锦州一带满族聚居的乡村地区。通常取家织土布做底衬，绣品以虎头帽、头帕、云肩等生活实用品为主。

| 辽阳 |

辽阳鼓乐

公布时间：2006年（第一批）

在辽阳汉墓出土的彩绘百戏图壁画中，题有“鼓吹演跌欢戏”六字，同时绘有一支伴奏乐队进行吹、打、弹、唱，其中可识别的乐器包括葫芦笙、木鼓等。

▲ 观众上台体验锦州木偶戏

这证明，至少在汉魏时期辽阳地区已出现鼓乐活动的雏形。

辽阳二人转

公布时间：2014年（第四批）

辽阳二人转源于辽阳地秧歌，演戏不扮人物装，只靠两个演员转来转去。广泛吸收东北民歌、太平鼓、东北大鼓等艺术形式的唱腔和技巧。

盘锦

“古渔雁”民间故事

公布时间：2006年（第一批）

辽河口海域的二界沟小镇是“古渔雁”的聚集地。持这一生计的打鱼人没有远海捕捞的实力，只能像候鸟一样顺着沿海的水陆边缘迁徙，在江河入海口的滩涂及浅海捕鱼捞虾。因其沿袭的是不定居的原始渔猎生计，故称为“古渔雁”。

▲ 二界沟排船制作技艺

上口子高跷

公布时间：2008年（第二批）

上口子高跷秧歌有“辽南一枝花”之称，已流传300多年，曾出现著名的高跷艺人兰小乙、大手（艺名）、高振锋等。

| 铁岭 |

盘索里

公布时间：2011年（第三批）

盘索里是朝鲜族的说唱音乐，产生于18世纪。主要传承于铁岭、开原、昌图等地的朝鲜族聚居区。盘索里具有一人多角，“化入化出”，以唱为主，说中有唱、唱中带说的表演特色。

朝鲜族农乐舞

公布时间：2008年（第二批）

铁岭朝鲜族农乐舞源于祭祀性活动，现流传在铁岭一带的朝鲜族中，每逢喜庆之日都要进行表演。由假面舞、小鼓舞、长鼓舞、象帽舞等组成，全部演出需要几个小时。

铁岭二人转

公布时间：2006年（第一批）

二人转是一种广有影响的曲艺唱曲形式，因表演时载歌载舞、曲舞相衬，故旧名“蹦蹦”。一般认为约在清中期由东北大秧歌与关内传来的莲花落融合而成。

中秋节（朝鲜族秋夕节）

公布时间：2014年（第四批）

朝鲜族秋夕节以祭祖扫墓为先。秋夕之日，人们首先要到墓地割除坟上的杂草，而后陈设祭品举行祭祀。秋夕节庆隆重，宰牛备酒，各家都用刚收获的

▲ 满族婚俗

新谷制作打糕和松饼，举行秋千、跳板、摔跤等传统民俗活动。

营口

盖州高跷

公布时间：2008年（第二批）

盖州高跷秧歌兴于明末清初，是在古代民间杂技、踏跷和百戏基础上发展演变而成，主要在春节、庆典、庙会、祭祀等活动中进行表演。

盖州皮影戏

公布时间：2008年（第二批）

盖州皮影戏又称“辽南皮影戏”，流传于岫岩、海城、大石桥、瓦房店、庄河等地。起源于明末清初，至清末民初臻于完善。盖州艺人以驴皮为原料，将之刮薄至透明的程度，用来雕刻人物，制成工艺精美、造型独特的皮影形象。

▲ 盖州皮影戏

营口评书

公布时间：2008年（第二批）

营口评书源于北京评书，以袁派为代表。袁派评书杰出代表人物袁阔成，将营口评书艺术带入鼎盛。营口评书艺术吸取东北大鼓、二人转等艺术的精华并融会贯通，形成了洒脱大方、风趣幽默、清新刚健的艺术风格。营口评书在表演上讲究精气神，以声传情，以形传神。

资料来源：中国非物质文化遗产网，中国非物质文化遗产数字博物馆，辽宁省文化遗产保护中心，《辽宁省非物质文化遗产名录概览》

盘锦二界沟有一群活化石

古渔雁是入海口最古老的居民

▶ 盘锦市大洼区辽河口海域二界沟一直都是打鱼人群体的落脚聚集地，滔滔的河海也在述说着生长在这里的一段久远的故事。经过国家级非物质文化遗产代表性传承人刘则亭的口述和数万人的“渔雁文化群体”的活态传承，古渔雁这一人类古老文化类型得以保护和传承。

辽宁省盘锦市大洼区辽河口海域二界沟一直都是打鱼人群体的落脚聚集地，滔滔的河海也在述说着生长在这里的一段久远的故事。

在远古时代，人类的祖先遵循着大自然的规律，像候鸟一样，追逐着洄游的鱼虾，随着季节的变化不停沿着海边南来北往地迁徙着，过着生吃螃蟹活吃虾的欢乐而艰辛的渔猎生活。

经过国家级非物质文化遗产代表性传承人刘则亭老人的口述和他背后数万人的“渔雁文化群体”的活态传承，古渔雁这一人类古老文化类型得以准确表述和保护。

▼ 二界沟停泊着刚刚搭建龙骨的新船

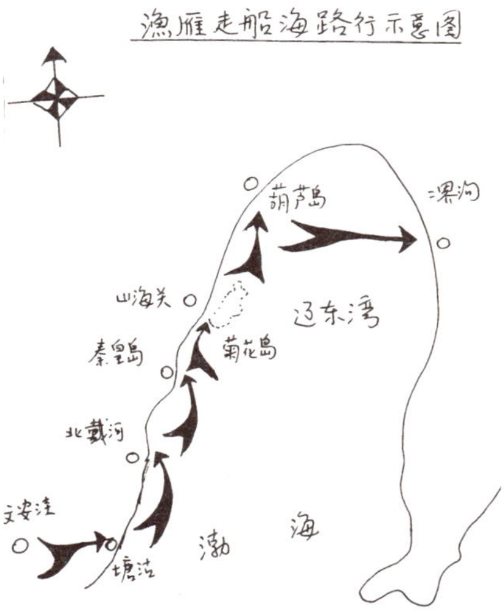

▲ 古渔雁迁徙路径示意图

辽宁历史文化

词条 71

古渔雁

在位于盘锦市大洼区辽河口海域的二界沟，有一个特殊的打鱼人群体。他们像候鸟一样顺着沿海的水陆边缘迁徙，在江河入海口的滩涂及浅海捕鱼捞虾。因这一群体沿袭的是一种不定居的原始渔猎生计，因此被称为“古渔雁”。

古渔雁不是鸟，也不是鱼，是远古的打鱼人。

他们像大雁一样，在陆路的江河入海口处，春来秋往地迁徙，繁衍生息。

古渔雁群体走过漫长的岁月，穿越渔猎文明、农耕文明。20世纪30年代，冀东乐亭、滦南等地的打鱼人从陆路滦河口等地迁徙到辽河口，以渔猎为生，他们被称作“陆雁”。20世纪70年代末，冀中文安洼的家眷坐船通过水路来到辽河口海域打鱼，人们叫他们“水雁”。

无论“陆雁”还是“水雁”，都是春夏秋三季在辽河口海域以打鱼为生，冬季返回冀中和冀东过冬，可称为远古古渔雁迁徙的活化石。

今天，生活在盘锦市大洼区二界沟的不少居民都是古渔雁的后裔，是入海口处最古老的居民后代，也是古渔雁文化和民间故事的承载者、传承者，刘则亭就是他们中的一员。

| 他是知名的故事家 |

刘则亭挖掘、采录、收集了近千则解释古船、渔网由来和反映原始渔捞生活的神话、故事、传说，在盘锦，他是知名的故事家。

刘则亭告诉记者，他小时候特别喜欢听故事、讲故事，闲暇时，经常从祖父刘英文、外祖父邵树本、父亲刘维珍、母亲邵汝兰和老一辈打鱼人那里了解关于古渔雁的民间传说。

随着社会的发展，辽河口的渔雁越来越少，为了留住渔雁记忆，当时在二界沟从事文化宣传

▲ 古渔雁非遗传承人刘则亭

工作的刘则亭开始有意识地回忆自己听过的古渔雁故事，并潜心研究辽河入海口地区的渔家民俗、口头传说，先后收集、记录文稿上百万字，整理和讲述古渔雁民间故事1000多则。

刘则亭讲述的古渔雁民间故事与内陆及海岛的口头文学有所不同，无论内容还是形式，都带有鲜明的捕鱼生活特点和原始文化韵味。这些故事大都短小精悍，包括对古渔雁祖先的追怀、对海神和龙王的崇拜、对远古时代渔雁生活足迹的描述，以及渔船、网具等捕捞工具的起源与演变等。

寻找更多传承载体

由于刘则亭自小经历过渔雁生活，他善于运用生动质朴的语言来增加故事的感染力，还会偶尔穿插一些渔歌、号子，运用手势等形体语言，使故事的表现力和现场感更强。

多年来，刘则亭通过挖掘、收集、整理古渔雁民间故事的资料，先后出版了《渔家的传说》《渔家风物民俗史话》和《辽东湾的传说》，有65篇故事被收

▲ 二界沟准备出海的渔船

入《中国民间文学集成（辽宁卷）》。

2006年，在刘则亭的提议下，盘锦市文化部门积极筹划建立了辽河口古渔雁文化遗产博物馆，从此，辽宁有了一个保存和展示海上文化的基地。

如今，刘则亭除了将心力投注到古渔雁民间故事、古渔雁民俗等捕捞文化的挖掘、整理和研究方面之外，还利用自己的退休工资收集船、锚、网具等实物，使古渔雁民间故事传承有了更多可依托的物质载体。

延伸
YANSHEN

辽宁人爱种地

6月初的辽宁气温已经颇高，开始进入盛夏模式。我省农村的大片水田插秧作业在5月下旬基本结束，很多地方的稻苗密密匝匝地长到了1尺多高，旱田

中的玉米苗也长成一大片的新绿……

说起耕种，虽然辽中辽北的平原早已实现了大规模全程机械化操作，但在辽东和辽西，一些山间的田地过于狭窄，现代化机械尚难施展，因而常见人力耕作的场景。

今年4月，在本溪桓仁满族自治县沙尖子镇，记者就偶然看到一位农民手扶木犁，赶着两头黄牛，优哉游哉犁地的场景。木犁的形制与辽宁省博物馆陈列展示的古代木犁几乎一模一样。犁地人若不是一身现代打扮，那通身上下悠然自得的气派，加上木犁耕牛在旁，真像是一幅古代

▲ 在抚顺市新宾满族自治县苇子峪，农民忙着播种

▲ 2019 年 4 月，在本溪市桓仁满族自治县沙尖子镇，一位农民手扶木犁，赶着两头耕牛，优哉游哉犁地的场景

▲ 十几年前，人工插秧的场景仍十分常见

辽东农耕图。

在不少人的印象中，关外是以渔猎文化和游牧文化为主的地区，但其实，辽宁的农耕文化也十分厚重。中国民俗协会副会长、辽宁大学教授江帆笑着说："要说农耕文化对辽宁的影响有多深，就看看我们身边的例子。沈阳城郊的一些住宅区里，有一个独特现象，凡是有院子的人家几乎都种着辣椒、西红柿、茄子、豆角。咱们辽宁人，比谁都爱种地。"果真如此，每年春耕时节，不仅农民忙碌，城里的"耕人"也忙得不可开交，翻地、施肥、撒种，那股劲头丝毫不比大田里的农民差。

咱们辽宁人不只是爱种地，甚至可以说到了"见到空着的地就想种，不种点啥总觉得愧疚"的地步。或许，这便是农耕文化被写入基因的表现。

江帆告诉记者，生活在草原上的蒙古族以白食、红食为主要食物来源，他们对牧草、马匹、牛羊的认识非常深入，"对于马这种动物，蒙古族能说出600种不同的称谓"。而满族因早年生活在山间，所以对山中的动物、草药非常熟悉，对土质、节气和降水量等信息的感觉并不那么敏锐。

江帆收集了很多流传于辽东、辽西和辽南的农事民谣，都是汉族人向其他民族传授农业生产技术的记录。例如："豆豆四五六，一撒手七八九"，讲的是豆类播种；"八成熟十成收，十成收两成丢"，讲的是收割谷物和豆类；"扶犁、点种、踩格子"，是关于犁耕技术。这些民谣生动地还原了各种作物从种到收的过程和技术要点，千百年来在民间广泛流传，至今仍被记忆和传唱的，就是最具实用价值和最符合辽宁地域特点的。

地域决定生计，生计决定文化，文化决定性格。江帆说："辽宁不同于中原，是因为生活在这片黑土地上的先民们深受渔猎生计和游牧生计的影响。这种文化底蕴深刻影响着辽宁人的生活方式和性格，例如有'猫冬'的习惯，说话办事直来直去，菜肴用盆装，等等。"

"总有人问，为啥辽宁人这么粗犷？"江帆说，"原因很简单，溯其根源，我们的祖先就是这样，在寒天黑土上的生计，来不得半点犹豫，不然就会挨饿。时代虽然变了，生活条件也变了，但在这块土地上生活的人的性格没有变，一方水土养一方人。"

产量占全国六成

柞蚕让世界知道了辽宁

▶“春起树木发绿梢，放蚕的阿哥出工早。精选蛾籽山上放，春蚕传得后代好……”在东起辽东半岛，西至辽西山区，漫山遍野成片的天然柞林之中，这段古老的“蚕民四季歌”已经传唱了百年。已有3000多年历史的柞蚕养殖，如今在辽宁的土地上正蓬勃发展。

辽宁最多

俗语说“南方有家蚕（桑蚕），北方有柞蚕”，柞蚕，习惯上称为野蚕，是野蚕中饲养量最大的昆虫。中国是世界最早养柞蚕的国家，3000多年前，我国山东省鲁中南地区人民就开始利用柞树养柞蚕、抽柞蚕丝。晋朝郭义恭在《广志》中就曾有记载：“有柞蚕，食柞叶，可以做锦。”公元前2世纪我国就有大量的蚕丝和丝织品运往国外，有“丝绸之国”之称。我国也是世界上最大的蚕茧和生丝生产国。柞蚕茧、丝产量约占世界的90%。生丝、真丝绸缎和丝绸制成品的出口量分别占世界贸易量的90%、70%和40%以上。

清代嘉庆至道光年间，柞蚕通过“闯关东”的移民由山东传播到了辽宁。

抚顺县峡河乡陡岭子村97岁的村民张克俊回忆小时候第一次看见养柞蚕的经历：“我记得在我10多岁时，这地方就有放蚕的，但很少，也就一两份。那时，关里人逃难，来咱这边，他们找有柞树的山段放蚕。当时，大家很好奇，他们把秋天摘下的茧，经过水煮，用线锤抽成丝，而后用来织布，做衣服穿。一来二去，有的人就照着他们去做也放蚕。一点一点放蚕的人就多了。”

据国家桑蚕产业技术体系柞蚕资源综合利用岗位专家、辽宁蚕业科学院研究员李树英介绍，在辽东山区，柞蚕一开始是零散经营，小规模放养。最早的时候，人们收茧后先用碱水煮制，人工扒开茧口取出茧蛹食用，将茧扣套成茧穗，手工抽丝，利用手捻茧线砣或纺车纺成丝线，再用手工织机织成茧绸布匹，用于交易和日常家用的衣、被面料。据说这套工艺源于当地一个叫"蚕仙姑"的美丽传说。

▲ 抚顺县峡河乡第一副书记刘育英说，峡河乡是辽宁养殖柞蚕历史最悠久的地区之一

"柞蚕养殖在辽宁历史悠久，首先辽宁地区柞林资源极为丰富，为柞蚕养殖提供了极好条件，不仅如此，辽宁的气候、光照都十分适宜柞蚕养殖。"李树英告诉记者，"目前，柞蚕主要在四省区（辽宁、黑龙江、吉林、内蒙古）放养，其中辽宁最多，柞蚕茧产量约为每年5万吨，占全国产量60%。柞蚕现在已经成为辽宁农业特色产业，全省有700多万亩柞林，解决近20万人就业，可以说，在辽宁东北山区，柞蚕养殖已经成为支柱产业。"

代代相传

柞蚕在辽宁养殖区分布以凤城满族自治县、岫岩满族自治县、宽甸满族自治县为主，庄河、抚顺、本溪地区都有养殖。其中抚顺市年产柞蚕茧3000吨左右，只峡河乡一地年产柞蚕茧就约1200吨，占抚顺市总产量的40%左右。

6月的峡河乡，到处是郁郁葱葱的树林，在这个森林覆盖率达70%以上的世外桃源，柞蚕正在柞树上大快朵颐。

在峡河，有600多户村民养殖柞蚕。峡河乡第一副书记刘育英告诉记者，作为辽宁养殖柞蚕历史最悠久的地区之一，柞蚕在峡河的地位举足轻重。“在我们这边的眼望村，有一个于氏家族，从曾祖父于凤江老人就开始放养柞蚕，至今已经是第四代了。”

从生长习性来看，柞蚕不同于南方的桑蚕，其大部分时间处于山林中野生放养状态，受气候环境影响很大。所以，蚕民都习惯将饲养柞蚕的劳动称为“放蚕”。由于柞蚕这种野外放养习性，使得放养柞蚕一度成为风险较大的生产劳动。

“柞蚕属完全变态昆虫，一个世代经卵、幼虫、蛹和成虫四个发育阶段。辽

宁柞蚕一般一季两播：春季，蚕农会将蚁蚕（蚕卵）放到纸袋里；秋季则将卵播种到牛皮纸上，然后将纸撕成条，放到柞树上，一般放养50天就可以结茧。这50天的时间，柞蚕体重可以增加3000倍左右。”刘育英说。

“古代山民在采收利用柞蚕茧的过程中了解到柞蚕的生活习性，渐渐摸索出一套放养技术。一直到清代才作为农业经营项目，进入规模化人工放养。在20世纪五六十年代，蚕农都是手握大钐刀，挥汗如雨割场子，披着蓑衣拴蛾子，戴着草帽破茧子，顶着四五十斤重的茧筐往返三四里山路出场子。而且养柞蚕必须天天守护，观察，看叶吃没了，就要把蚕挪到另外的树叶上。不过现在好很多，蚕都在纸上产卵，蚕场也是分条块轮作，大大降低了劳动强度，也提高了经济效益。”刘育英对记者说。

▼ 抚顺县峡河乡眼望村

浑身是宝

▲ 柞蚕丝成品

▲ 柞蚕

2007年，国家农业部将野生柞蚕资源列为国家稀有资源。2017年9月，国内首家野蚕博物馆在辽宁省铁岭市西丰县成立，与此同时，首届中国（西丰）柞蚕产业高峰论坛也在西丰县召开。如今，柞蚕已经成为辽宁一个重要的标志。

“柞蚕浑身都是宝，综合利用价值极高！”李树英告诉记者，柞蚕的卵、幼虫、蚕沙（粪）、茧、蛹和蛾都有利用价值，能开发出多种产品。“首先，柞蚕丝就是中国特有的天然纺织原料之一，它具有独特的珠宝光泽，用柞蚕丝做成纺织品，刚性强，耐酸碱性强，色泽天然，纤维粗保暖性好，是蚕丝被、蚕丝毯的首选；其次，柞蚕蚕蛹富含蛋白质，柞蚕入药还可以治肝肾疾病，还能用在生物防治病虫害，开发生态观光旅游等等。而且柞蚕放养过程中不能施洒任何农药，无任何污染，堪称纯天然的有机产品。发展柞蚕生产，也有利于水土保持，促进生态平衡。”李树英说。有数据显示，辽宁目前有缫丝织绸企业几十家，已形成缫丝、织绸、印染和针织多功能的加工体系。蚕业生产年均产值达到20亿元左右，综合利用年均产值达100亿元。

放蚕青山，化蛹成蝶。2017年峡河乡眼望村的七彩柞蚕观光园建成，五颜六色的柞蚕吸引了许多游客前来参观。在峡河乡乡长徐玉环眼里，这却仅仅是个开始。“我们未来计划建设一个柞蚕生态谷。”徐玉环告诉记者，未来，他们将在本地建成雄蚕蛾酒厂、蛹虫草酒厂、柞蚕食品厂等柞蚕深加工企业，还会研发柞蚕系列化妆品。“我们计划以台堡村为中心建设一个大型柞蚕交易市场，通过举办展会、节庆活动等多种渠道促进柞蚕深加工企业的交流，我们还鼓励建设电子商务，希望在未来，让这个生态柞蚕谷成为集旅游观光、农家乐、柞蚕系列产品生产加工于一体的产业园区。”徐玉环说。

在李树英看来，随着科技进步，科研成果不断更新，辽宁柞蚕系列产品的深加工是有着广阔前景的。

“辽宁作为全国野生柞蚕丝的主产区，也是世界野生柞蚕蛹、茧、丝生产、转化主要出口基地。辽宁地区柞蚕产业的发展也将会积极推动我国柞蚕产业的蓬勃发展。”李树英对记者说，目前国内生产中柞蚕业实用技术的90%、应用品种的80%均由辽宁科技人员创造。“像辽宁省蚕业科学研究所每年都会为蚕业生产提供许多科研成果，培养一定数量的专业技术人才。而这些科技成果为辽宁柞蚕业的稳步健康发展提供了强有力的科技支撑。”

“中国是世界上最早发明养蚕缫丝的国家，丝绸也是东方古老文化的象征。柞蚕业作为辽宁省的传统产业和特色优势产业历史悠久。柞蚕也是丝绸文明的制造者之一，曾在东北亚丝绸之路上扮演重要角色。从辽宁开始，到17世纪传播到朝鲜，1877年传播到日本，1924年传播到苏联，柞蚕让世界知道了辽宁。我衷心希望辽宁的柞蚕放养能够作为一种文化传承发扬光大。”李树英说。

柞蚕是大自然的厚泽，而如今勤劳勇敢的辽宁人正在把这种恩惠作为可持续发展的动力和源泉，在传播、继承、弘扬古丝绸文明的基础上不断创新和发扬光大。

延伸
YANSHEN

蚕具

历史上蚕农所用的蚕具虽然各不相同，但传统放养柞蚕的工具大致有以下几种。

钐 刀 一种刀把儿很长（约1.5米）的大镰刀，刀头比普通的刀头稍长。

这是蚕民割蚕场（砍割柞树）的专用刀。蚕民手持钐刀，即使是原地不动也可以一次割倒前后两米左右的柞树，可见此刀的威力之大。钐刀是蚕民的必备工具。

茧串子 由麻绳拧股组成，通常茧种运回家后要穿成串挂起来以便更好地出蛾。多个茧串子穿好后，要在房梁上横放几根粗木并将茧串子挂在其上。

油缆纸 一种质地比较厚实的纸张，通常母蛾将蚕子产于其上。

团 筐 村民用杏树条编制的高约30厘米，直径约1米的圆筐，大多有盖子。它既可以盛装配对的蚕蛾，也可以盛放收获的蚕茧。

茧 床 由松木条钉制的约2米长、1米宽、0.2米高的长方体工具，没有盖子。“茧床”，顾名思义，即蚕茧的床。当蚕茧从山上摘回并扒下其上的柞叶后，通常要在茧床内散放几天，等它彻底干透后才能储藏或出售。所以，为保持蚕茧的透风干燥，钉制茧床的木条之间大多留有间隙，且此间隙要小于一个蚕茧的尺寸。

此外，“老洋炮”（枪）、温度计、消毒液等也多是蚕民的常用工具。其中，“老洋炮”在20世纪90年代以前是蚕民打鸟、打虫，保卫柞蚕的主要工具。

值得注意的是，上述蚕具皆是蚕民自制的，而且大多是就地取材。例如，团筐是由山上砍下的杏树枝编制的；用来穿茧的麻绳是由村民自己所种的线麻拧股而成的；用来钉制茧床的木条以及钐刀的刀把儿都是从山里砍伐而来的。自制放蚕工具，不仅充分利用了自然资源，同时也降低了生产成本，体现了蚕区民众的生存智慧。

苞米楼子、板障子，还有整整齐齐的劈柴垛

去腰站村看我们的原乡

▶ 村落是寄托乡愁的重要载体，是维系文化认同的重要纽带。辽宁传统村落有一些独特符号，其中颇具典型意义的有苞米楼子、劈柴垛和板障子。若从选址、道路和围合三个角度来观察辽宁的村落建设，会发现有“三重三轻”的特点，即：重选址，轻布局；重道路，轻聚合；重围合，轻封闭。

“家子”多

在抚顺市新宾满族自治县上夹河镇腰站村，97% 的村民是满族。腰站村是清皇室后裔聚居村，村里还能看到满族特色的老房子、上下马石。村民家中保存着显示祖上特别身份的红带子，盛满达子香的祖宗板。有的人家院落门柱左

▼ 院子大得能赶进马车（摄于新民市辽滨塔村）

▲ 腰站村村民肇毓勇

手侧竖着索伦杆……今年76岁的村民肇毓勇为记者做“导游”，仔细讲着村里的故事。

辽宁大学文学院教授江帆是国家非物质文化遗产保护专家，她从感性的角度总结了辽宁村落的一些典型特征：“受明清两代蒙八旗进入辽西与汉族杂居融合的影响，辽西地区的大部分农村院落和房型不如辽东严实和讲究。屋顶形状也由于干旱和风沙大的因素多为囤顶或平顶样式。而辽东地区的村落以四梁四柱起脊的海青房居多。”记者在腰站村便看到一些海青房样式的老屋，邻近的胜利村更是完好地保存着一座典型的满族风格的青砖青瓦海青房四合院——尹登故居。尹登故居中，房子旁边耸立着跨海式大烟囱，表现出渔猎民族特有的建筑文化。

▼ 400 年历史的老房子门楼（摄于绥中县永安堡）

"打开辽宁地图，会发现很多村落的名字叫'家子'，像孤家子、三家子、北四家子、八家子等等，意思就是那个地方当时就那么几户人家。"江帆说，历史上辽西地区以蒙汉杂居为主，辽东地区以满汉杂居为主。游牧民族的生活形态造就了他们财富随身带的习惯，却不会在居所上耗费太大精力。

三个符号

说起辽宁传统村落最典型的符号，莫过于苞米楼子、劈柴垛和板障子。在腰站村，这三个典型符号的出镜率还是蛮高的。

先说说苞米楼子。正宗的苞米楼子是一种下部以木桩支撑，上似一间木房的"空中楼阁"，满语称之为"哈什"。一般是建在东侧房山头，从院外看总是处于很显眼的位置。仓里装满金黄色的苞米棒，再衬以皑皑白雪覆盖的屋顶和庭院，颇具关东农家的自然风貌。苞米楼子里的苞米满满登登，说明这家起码在几个月内无断炊之忧，日子过得吃穿不愁。

至于说码得整整齐齐的劈柴垛，那更是辽宁传统村落里特有的风景。家家都有劈柴垛，从劈柴垛的大小和码放的整齐程度能看出这户人家是不是勤快人，

▲ 苞米楼子（摄于新宾满族自治县上夹河镇腰站村）

▲ 板障子（摄于新宾满族自治县上夹河镇）

▲ 辽宁传统村落里的劈柴垛

因为有了它，心里才踏实，冬天才好过。

板障子，说起来就是用木板皮或木杆、树棍做成的围墙，它不如砖墙结实，但也明确地划分了自家院落的界线，长年在外漂泊的游子，多年后回到家乡，第一眼看见家乡的板障子，那就是再熟悉不过的地方了，就会立刻觉得心里暖暖的，才有了真正回到家的感觉。

三重三轻

沈阳建筑大学教授陈伯超对地域建筑文化有深入研究，他从选址、道路和围合三个角度观察辽宁地区的村落，发现辽宁村落有“三重三轻”的特点。

一是重选址，轻布局。辽宁的村落在形成之初，最看重的就是选址，注重的是生计、交通的便利。比如腰站村，村前五龙河潺潺流过，它是苏子河的支流。腰站村的后山，远望如一朵盛开的莲花。山包层层叠叠，山尖处，3座山头高耸入云似3朵花蕊，当地人称此山为莲花山。依山傍水的腰站村占尽了山水地利，是看重选址的村落的典型。浇灌农田也好，捕鱼也好，选在水口处总是方便很多。但村落的布局就没有什么整体规划，村民盖房一般都是尊重自然情况，按照地势、山川、河流的自然走向走，按照每个盖房人自己的想法走，发展上也是尊重自然。

二是重道路，轻聚合。道路在辽宁的村落形成中是个十分重要的因素。应该说，在辽宁的村落里，道路就是骨架，村落就沿着道路线性发展，这是为了实现交通便利的目的。还以腰站村为例，一条古老的御路——罕王路穿村而过，民居就建在罕王路两侧，一条路不够就再修一条平行的；另一种类型就是鱼骨形的分布，也就是在主路的两侧修建垂直于主路的支路，在支路两侧继续盖房。从空中俯视腰站村，其道路和民居正是符合了上述布局原则。不管是山坡还是平原，我们的村落大多如此。而安徽宏村的建设就是以一个水塘为中心，村里的学校、饭店、祠堂等重要设施都围绕着水塘这个中心来建设。相比而言，辽宁村落的建设就不注重中心，仪式感比较淡。但房子一定是要建在阳坡上，选房址一定要离水近、离路近，房子必朝南。

三是重围合，轻封闭。辽宁的村落，一家是一家，各家一定要围出自己的院子。在腰站村各种板障子是主要的院墙形式。而省内其他地区的村落中，土墙、石头墙、栅栏、板障子，当地有什么材料就用什么材料，界线必须是清晰的。关内的四合院一般是用房屋本身的山墙来围合的。而辽宁民居占地面积大，不能用房子来围，讲究的是南向、不能掖着藏着，没有影壁墙之类的设置，更不会造天井式的院落。一般是房子位于长方形的院子当中，房子南北都有菜地，正房南面的东西两侧可以有仓房或猪圈之类的房屋，但那不会用作围墙，这样反倒使院“墙”的概念很足。越往南方，院落越小，私密性越好，而辽宁的地域文化性格也决定了我们要的是敞亮、南北通透、屋里要有南北过堂风，院子的大小必须能容得下大车赶进来。

学者冯骥才曾说：“在文明的传承中，我们既不能失去一只只从历史飞来的美丽大鸟，也不能丢掉从大鸟身上遗落的每一片珍贵羽毛。一个民族不应该只有GDP，还应该有DNA。民族的DNA，就是文化。”如果说保护非遗是在保护传统文化的花朵和果实，现在保护古村落则是在守护传统文化之根。

目前，国家已经公布了五批传统村落的保护名录，辽宁入选的村落有30个，位居东北第一。这些村落在全省1万多个行政村中宛如散落在大海里的珍珠，弥足珍贵。

延伸
YANSHEN

国家级传统村落

传统村落，又称“古村落”，指村落形成较早，拥有较丰富的文化与自然资源，具有一定历史、文化、科学、艺术、经济、社会价值，应予以保护的村落。传统村落中蕴藏着丰富的历史信息和文化景观，是中国农耕文明留下的最大遗产。

目前，辽宁省共有30个村落入选中国传统村落名录。这些国家级传统村落是——

沈阳市 沈北新区石佛寺街道石佛一村，沈北新区石佛寺街道石佛二村，法库县叶茂台镇叶茂台村，法库县四家子蒙古族乡公主陵村；

鞍山市　岫岩满族自治县石庙子镇丁字峪村；

抚顺市　新宾满族自治县永陵镇赫图阿拉村，新宾满族自治县上夹河镇腰站村；

锦州市　北镇市富屯街道龙岗子村、石佛村，北镇市大华镇华山村；

阜新市　阜新蒙古族自治县佛寺镇佛寺村；

朝阳市　朝阳县柳城镇西大杖子村，朝阳县西五家子乡三道沟村，朝阳县北四家子乡唐杖子村八盘沟，朝阳县羊山镇肖家店村，朝阳县胜利镇三家村，朝阳县西五家子乡新地村，北票市下府开发区三府村，北票市大板镇金岭寺村，北票市大板镇波台沟村，北票市上园镇三巨兴村，凌源市三十家子镇裂山梁村，凌源市沟门子镇二安沟村，凌源市四官营子镇小窝铺村，凌源市乌兰白镇十二官营子村，喀喇沁左翼蒙古族自治县南哨街道白音爱里村；

▲ 索伦杆（摄于新宾县满族自治县赫图阿拉老城）

葫芦岛市　绥中县永安乡西沟村，绥中县李家堡乡新堡子村，绥中县加碑岩乡王家店村，连山区塔山乡盘道沟村。

坡屋顶防雨，囤屋顶抗风

辽河两岸　房屋大不同

▶ 历史上，辽河两岸存在降水、风沙等气候条件的差别，也存在自然资源差别，还有辽东多满汉杂居与辽西多蒙汉杂居的人文环境差别，于是造就了民居建筑形式的差别。虽然这种差别并不是绝对的，但也使辽河两岸呈现出各具特色的建筑文化。

建屋顶有讲究

记者最早关于屋顶的记忆来自20世纪70年代。

家乡所在的小城里，到处是土坯房，红砖房很罕见。屋顶是孩子们平日里能够站到的最高的地方。儿时记忆里屋顶都是用泥抹的，从房山墙外面看过去，屋顶呈慢弧形。每年春秋两季，家家都要抹屋顶，就是用碱性黏土和泥，再拌上干草，身强力壮的男人们用铁锹将和好的泥扔上屋顶，在屋顶等待的人则拿着泥板将泥均匀地抹遍屋顶。

日照充足的情况下，屋顶几天就干透了。尽管这样，大人们依然不让孩子上屋顶，大概是担心安全吧。不过，每家的正房两厢都有矮一些的小仓房，孩子们时不时地找借口，比如毽球踢到房顶上了，先爬上仓房，再去爬正房的屋顶。站在屋顶，向远处望去，心里别提多敞亮了。因为那时还没有高层建筑，只要爬上不到3米高的屋顶，就仿佛可以望向天际了。

与沈阳建筑大学教授陈伯超交流后，我意识到小时候家里那座土坯房的屋顶应该属于囤顶式。囤顶式屋顶在辽河以西地区很常见。还有一种常见的屋顶是坡屋顶（俗称“起脊式”），这类房屋在辽东地区，特别是山区较为常见。

专家说，坡屋顶的好处是对房梁所用木材的要求不是很高，因为抬梁式房架的结构具有很高的强度，而且不存雨、雪，能减少屋顶漏水的概率。囤顶的好处是抗风能力强，不过采用囤顶式屋顶的前提条件是当地必须有碱性黏土，因为只有碱性黏土做屋顶才会遇水不裂。另外，囤顶结构对房梁木材的强度要求较高，好在辽宁自古就不缺林木。

充分适应自然环境

为了实际观察两种屋顶的差别，记者先后到沈阳市辽中区茨榆坨镇小莲花村和新民市公主屯镇辽滨塔村采访。

令人颇为惊讶的是，这两座分别地处辽河东西两岸的村庄，虽然直线距离仅有几十公里，地形地貌也都差不多，但房屋样式差别不小。小莲花村几乎都是四梁四柱起脊（坡屋顶）的海青房样式，辽滨塔村却大部分为囤顶式和平顶式，超过30年房龄的老房子都是囤顶式。

“民居的建筑形式是当地居民经过多少代人的不断积累、改进、完善而形成的，能够充分适应这里的自然环境。”陈伯超用这样一句话来解释民居建筑形式的形成，比如说辽东山区降水较多，因此坡屋顶这种有利于排水和除雪的

▼ 新民市公主屯镇辽滨塔村的村民郭长红，帮着亲戚看守囤顶的老房子

屋顶形式会成为主流。

记者发现，辽河以东地区尤其是东部山区，像抚顺新宾地区、清原地区，本溪桓仁地区等，坡屋顶民居是主流民居样式。老房子一般是青砖青瓦四梁四柱坡屋顶加跨海式烟囱，属于典型的满族传统民居，现在已经不多见了，保存较为完整的有新宾满族自治县上夹河镇胜利村尹登故居。在上夹河镇腰站村的一栋老房子侧面，还能清晰地看到当地老式坡屋顶复杂的断面结构：木质檩子和椽子、秸秆夹着的泥土层、厚厚的苇芭层、瓦顶层等，所用材质一目了然。这种屋顶具有材料廉价、环保，自然还原性强，耗能小的优势。但也存在不足之处，例如框檩外露，经不起风吹日晒，容易被腐蚀。现在，大部分民居都采用红砖、水泥瓦顶，彩钢板瓦顶，白墙或贴瓷砖的墙面，尽管色彩和材料都发生了很大变化，但坡屋顶的建筑形式还是被保留了下来。

而对于囤顶式，陈伯超从建筑学角度进行了解读：历史上，囤顶民居在辽西地区比较集中。囤顶民居可以防御风沙，排水效果比平顶民居好。从外观上看，囤顶的曲度约为10%，站在正前方很难察觉到它的弯曲度，近似平屋顶。但站在高处或从侧面观察，就能看出屋顶微微地弯曲。

房屋两边的山墙高出屋顶约400毫米。南向开有大面积的窗户用以采光，

▼ 坡屋顶的三明治结构

▲ 囤顶优美的弧线（摄于新民市公主屯镇辽滨塔村）

一般采用木结构，具有良好的抗震性能。房屋的墙壁很厚，保温隔热作用明显。囤顶一方面可以减少风沙的影响，另一方面可以晾晒粮食。辽西地区年降水量少、风沙较大，对屋顶的排水性能相对要求较低。

丨就地取材丨

在辽滨塔村村民朱志军家，记者从里到外把他家的囤顶住宅看了个够。

朱志军家的房子是20世纪70年代末盖成的。主梁为松木材质，从南窗外面能看到伸出墙体外立面的方形大梁，有600毫米粗细。朱志军告诉记者，房梁上面是横向的松木檩子，檩子之上是椽子，上面先铺净苇苞，然后是毛苇苞，再往上压的是干土层，主要用于保温，最后抹的一层才是碱性黏土与干草和泥，“这种屋顶每年春秋两季都需要重新抹。现在生活条件好了，大家都把土泥顶改成了水泥顶，老百姓的话叫‘万年牢’，用不着年年抹屋顶了。”

陈伯超解读说，就地取材是辽宁传统民居的一大特色。旱田地区的屋顶多采用谷草顶，而水田地区采用稻草顶，还有芦苇顶等不同材质。石头、青砖、红砖、土坯、稻草、谷草……不同的材料形成不同的工艺技术，甚至片石和块石的垒砌工艺也完全不同，房屋的视觉效果也各具特色。

历史上，辽河两岸存在降水、风沙等气候差别和自然资源差别，还有辽东多满汉杂居与辽西多蒙汉杂居的人文环境差别，于是造就了民居建筑形式的差别。虽然这种差别并不是绝对的，但也使辽河两岸呈现出各具特色的建筑文化。

延伸
YANSHEN

两种屋顶

囤顶 中国古代传统建筑的屋顶样式之一，其特征是屋顶略微拱起呈弧形，前后稍低、中央稍高，房屋左右两侧山墙有的会突出于屋顶，突出部分会被砌成弧形。囤顶房屋的排水效果较平顶佳，还可以防御风沙。这样设计的屋顶可避免过多的雪在房顶上堆积，减少屋顶的承重量。囤顶是辽西传统民居建筑的典型代表符号，也是辽西民居建筑不同于东北其他地区民居建筑的最鲜明之处，是辽西民居建筑独特风格的缩影，尤以朝阳、兴城居多。囤顶民居的基本结构

▲ 囤顶式石墙民居（摄于绥中县永安堡乡）

形式取自于硬山建筑，一般采用梁柱木结构，与硬山相似，檩子被完全包砌在山墙内，屋顶不突出山墙。山墙前后均向外突出，顶部的砖被一层一层砌出，接近檐椽外伸的距离，从而使山墙将檐口部分都包住。

坡屋顶 又叫“斜屋顶”，是指排水坡度一般大于3%的屋顶。以双坡式和四坡式采用较多，支撑结构常用的类型：

①山墙承重。房间开间不大的建筑，在沈阳市辽中区茨榆坨镇小莲花村的一些老房子中就可看到。利用砌成山尖形的承重墙搁置檩条，称为“山墙承重”或“硬山架檩”。各檩等距布置，檩条的断面尺寸应根据材料、跨度、间距和荷载计算决定，木檩跨度一般不超过4米。

②屋架承重。房间开间较大、不能用山墙承重的建筑，须设置屋架以支承檩条。屋架为平面结构，可用木材制作。现代民居中广泛使用钢筋混凝土、预应力混凝土或钢材制作，也可用两种以上材料组合制作。屋架以三角形为多。屋架的间距一般与房屋开间尺寸相同，通常为3米至4.5米。

③屋面板承重。把钢筋混凝土或其他材料制作的大型屋面板直接放在承重山墙或屋架上。

▲ 坡屋顶青砖瓦房（摄于绥中县永安堡乡）

它有一个美丽的名字叫“呼兰”

“高大上”的跨海式烟囱

▶ 有炉火的房子就会有烟囱。传统民居的烟囱形制千差万别，其中，辽宁传统民居特有的跨海式烟囱最显“高大上”。跨海式烟囱独立于房体之外，从地面拔地而起，高过屋顶0.5米至1米。它的满语名字是“呼兰”。乾隆皇帝在《盛京土风杂咏》中这样描写跨海式烟囱：“疏风避雨安而稳，直外通中朴且坚。”

|独特景观|

记得一位建筑大师曾说过，人类住宅中的明火就是这个房屋的灵魂和核心所在。

明火指的是家中的炉灶。仔细想想，这番话确有一些道理。自从人类掌握了生火技能，就再也离不开火，火能带来光明和温暖，能驱赶野兽，能烹制食物……

远方游子返乡时，远远看见炊烟袅袅，就仿佛看到家中炉火正旺，闻到饭菜飘香，看到父母慈爱的面庞，脚下的步子更加急迫起来。

20世纪70年代，城市里还有很多平房，烟囱冒不冒烟代表着家里是不是开伙了。烟囱若总是冷着，就说明早已无人居住。

今天，电磁炉、电饭煲等各类高科技厨具虽已替代了老式的炉灶，但老百姓还是喜欢隔三岔五吃吃烤肉、火锅等看得见烟火气的美食。

有炉火的房子自然会有烟囱。传统民居的烟囱形制千差万别，其中，辽宁传统民居特有的跨海式烟囱最显“高大上”。

绝大多数烟囱建在屋顶上，但满族传统民居将烟囱独立于房体之外，通过烟道引出房山墙砌在房子的东西两侧，从地面拔地而起，高过屋顶0.5米至1米。这使得每栋民居都像一座小型锅炉房。甭管房子是土坯的、青砖的还是红砖的，也不管房子的大小高矮，只看烟囱就有一种近乎奢侈的气派。

参观过沈阳故宫的游客大概不曾留意，在清宁宫西山墙一侧，仍保留着高大砖砌的跨海式烟囱，满语称之为“呼兰”。因为跨海式烟囱形成的独特景观，古代文人墨客在题咏满族风俗的诗篇中也常提到它，就连乾隆皇帝也在《盛京土风杂咏》中写道：“疏风避雨安而稳，直外通中朴且坚。”说的就是满族传统民居的跨海式烟囱。

意外发现

烟囱是人类住宅最古老、最重要的防污染装置之一。主要作用是拔火拔烟，排走烟气，改善燃烧条件。按材料一般分为砖头砌筑、铁质、石棉、陶质等。

建造烟囱的位置并非随意选择，大致有以下几种模式：其一，普遍所见的立于屋顶之上。如山西乔家大院。其二，设置在屋脊处，方便利用屋脊的高度。其三，设在屋顶，但在屋顶上看不见烟囱，烟道在墙壁内，出烟口由一片瓦虚

▼ 家家都是跨海式烟囱的沈阳市辽中区茨榆坨镇小莲花村

辽宁历史文化
词条 72

跨海式烟囱

满族早期居住于山林地带，建造房屋时，多将烟囱建在房山之侧或南窗之前，距房1米多远，通过矮墙内的烟道连通室内炕洞，达到排烟效果。后传至汉族居住区，高逾房檐、下粗上细的建筑风格，保留至今。跨海式烟囱又称“落地烟囱”，满语谓之“呼兰”。

沈阳故宫内，清宁宫西山墙之侧至今仍保留着高大的砖砌跨海式烟囱

掩。如山东滨州惠民县的魏氏庄园。其四，位于山墙之外。如烟台栖霞的牟氏庄园。其五，独立于房屋外的大烟囱，多见于东北地区。

随着时代变迁，今天走在辽宁的村落中，满族传统民居已不多见。不过，2019年5月初，记者在沈阳市辽中区采访春耕途中，却偶然发现茨榆坨镇小莲花村这座有700多户人家的村子里，家家户户都有跨海式烟囱。

小莲花村是满族聚居区吗？带着疑问，记者走访了几个农户的家。

在67岁的田多文家，他和老伴带着记者把房子和烟囱瞧了个够。这是一栋三间的海青房样式的青砖瓦房，只是瓦顶换成了现代的水泥瓦。房门前有个菜园子，一进门便是砌着大灶台的厨房，两侧各有一间起居室，老两口住在东面一间，南面的炕梢上放着颇有年代感的炕琴柜。

距离东西两侧山墙半米左右，建有高过屋顶1米的青砖方形跨海烟囱。田多文告诉记者，他家的房子是1970年左右由乡亲们帮忙建的。当记者问起为什么要把烟囱建在房子两侧，而且留有一定距离时，田多文有点茫然。他说，自己家是汉族，村里大部分村民也都是汉族，盖房都是看别人家怎么盖自家就怎么盖。“烟囱嘛，大家都是这么盖的，不信你到俺们村里瞅瞅，这个样式的烟囱家家都有，基本一样。”田多文说。

说起跨海式烟囱的好处，田多文觉得烟囱高大，屋里的炕就好烧，尤其是天寒地冻的时候，烟道不畅整不好全家人都得挨冻。有了这高高大大的烟囱，不管是烧劈柴还是烧煤，火都旺得很，外面再冷屋里也暖和。

历史缘由

利用无人机航拍小莲花村时，记者发现，村里的房子虽然在颜色、高矮和材质上有区别，但共同之处就是那骄傲地“站立”在每栋民宅东西两侧的烟囱。

跟村民们聊天时，记者得知，虽然小莲花村不是满族聚居区，但相距不过10公里的潘家堡镇黄旗堡村是满族村，不远的刘二堡镇也有满族村。据辽中文史资料《满韵风情》记载，辽河沿线及不远的细河间早在1621年至1644年间就已设置10个牛录，包括阿司牛录（今蒲西街道）、偏岗乌牛录（今偏堡子村）等，平时屯田练兵，战时便是京城的前哨，清末辽中设县时，这10个牛录均划归辽

▲ 跨海式烟囱的满语名称是“呼兰”（摄于新宾满族自治县赫图阿拉老城）

中县。也就是说，这一地区确有满族民俗流传的基础。潘家堡、刘二堡、茨榆坨一带的烟囱形制也从一个侧面印证了这一判断。

辽宁大学教授江帆认为，从小莲花村民居集中出现跨海式烟囱的现象来看，这种具有鲜明满族特色的建筑形式，一定存在着符合当地地理环境、气候条件和生活习惯的科学合理性。

延伸
YANSHEN

呼兰

满族传统民宅，无论青砖瓦房还是土坯草房，都有一个显著的特征，即烟囱不是建在山墙上方的屋顶，也不是从房顶中间伸出来，而是像一座小塔一样立在房山之侧或南窗之前，民间称之为“跨海烟囱”“落地烟囱”，满语谓之“呼兰”。

这种样式的烟囱来源于山林中满族人的住宅。由于其屋顶是用桦树皮或茅草覆盖，甚至墙壁也多是用树干加工后排列“砌”成，如果烟囱附在墙壁上或设在房顶上，很容易引起火灾，所以就把烟囱设在距房1米多远的地面上，再通过一道矮墙内的烟道连通室内炕洞，达到排烟效果。

满族走出山林后，这种烟囱也被带到汉族居住区。随着建筑材料的变化，烟囱逐渐改为用土坯和青砖砌筑，但高逾房檐、下粗上细的风格依然如故。

土坯草房的烟囱就好像一只大酒瓶，砖砌的烟囱多为方形，逐级上敛，似一座小塔。由于其距房体有一段间隔，其间由内留烟道的短墙相连接，俗称为“烟囱脖子”或“烟囱桥子”。

为防止冬季严寒时受冻影响排烟烧炕，有的地方还在此短墙下留出类似桥洞的空间，以便用柴火加热时烟道畅通。

此外，在烟囱的底部烟道平面以下留出一个浅炕，以防逆风冷气倒灌。

▲ 跨海式烟囱的局部

▲ 跨海式烟囱的满语名称是“呼兰”

辽宁传统民居格局简单、方正、敞亮

进了“口袋房”就上“万字炕”

▶ 辽宁传统民居自有一种独特性格：简单，方正。长期从事地域性建筑教学与研究的陈伯超认为，民居不是由建筑师和工程师设计的，而是由千百年来居住在当地的老百姓依据自然条件自己实践和摸索出来的，再经过多少代人的不断积累、改进、完善而形成。经过这种发展过程的民居就像从土地里长出来的一样，能够充分适应自然环境。

都跟气候有关

沈阳建筑大学教授陈伯超长期从事地域性建筑研究，他深入浅出地分析和总结了辽宁民居建筑的几个基本特征以及形成这些特征的原因。

陈伯超说，辽宁地处关东塞外，冬冷夏热，属寒地气候，因此，辽宁的居民非常重视房屋朝向，“最主要是南朝向，原因是希望房间里有阳光。冬天再冷，只要阳光充足，屋里也是暖的。所以，辽宁的房屋包括现在的高层住宅，最大的窗户都开在南面”。

▲ 沈阳建筑大学教授陈伯超

记者常到农村采访，偶尔还能看到一些样式和材料都比较传统的老房子。

老房子的共性很明显，比如墙壁很厚，房型简单，俯视的角度看往往

▲ 辽宁乡村民居内景

是“一”字形、东西宽、南北窄的矩形，墙面直而平，没有错落感的进出设计。

陈伯超认为，这种设计可能不那么漂亮，但从建筑学角度看，同等房屋面积下，这种房型的外围结构面积是最小的，保温效果也是最好的。“另外，房屋进深都不太大，因为进深太大会影响采光和取暖。”陈伯超告诉记者，沈阳故宫里的清宁宫，也是这样的结构。

有趣的是，辽宁民居入门的第一个房间基本是在4个屋角搭建炉灶的伙房，而南方民居往往是会客的堂屋。为什么会有这样的差别？陈伯超说：“还是因为气候寒冷。第一个房间有炉灶可以形成户外到生活空间的过渡，相当于缓冲冷空气的门斗。如果把第一个房间设计成南方那种堂屋，冬天根本待不住人。”

讀

辽宁历史文化
词条 73

万字炕

满族传统民居，都建有“万字炕”。这种炕又称“转圈炕”“蔓字炕”，一般是南北对起通炕，西边砌一窄炕，与南、北炕相连，构成“冂”字形。

▲ 口袋房和万字炕（摄于赫图阿拉老城）

说起保暖，必须提一提火炕。从取暖原理来看，火炕其实跟现在的地热类似，都是为了适应冬季严寒而设计的设施。陈伯超说："火炕散热面积大，既可以保障房屋内的温暖，也可以生火做饭。我们的'万字炕'，又称'转圈炕''蔓字炕'，一般是南北对起通炕，西边砌一窄炕，与南、北炕相连，构成'冂'字形。建起'万字炕'，整个房间看起来像个口袋。从门口处看火炕像个'冂'字形，故称'口袋房'和'万字炕'。"

| 就地取材 |

在辽宁，建民居大多是就地取材。

陈伯超以屋顶为例。辽宁民居的屋顶一般分为坡屋顶和囤顶两种。

坡屋顶对木材的要求不是很高，因为抬梁式房架的结构形式具有很高的强度，且不存雨雪，能减少屋顶漏水的概率。囤顶抗风能力强，但必须用碱性黏土修建，因为只有碱性黏土做屋顶才会遇水不裂。不久前入选沈阳市历史文化名村的法库县叶茂台镇叶茂台村和新民市公主屯镇辽滨塔村中就有不少囤顶式民居。经考察，这两座村庄确实用碱性黏土资源作为建材。再如入选中国传统村落名录的朝阳县北四家子乡唐杖子村八盘沟组，房屋和院墙大多用当地产的石头建造，据说村里六七十岁的男人几乎个个都是石匠，盖房垒墙都是自己动手。

对生活习惯的适应

20世纪80年代，陈伯超下乡调研，当时农村的生活条件刚刚得到改善。陈伯超发现，有的人家把新买的沙发摆上了炕。这种现象虽然令人哑然失笑，但细想起来也可以理解。

因为，在辽宁的乡村，热情待客是传统，家里来了客人都要往炕上请。炕，不仅仅是取暖的设施和睡觉的床，还兼具生活空间的功能，啥事都可以在炕上办。放上炕桌可以吃饭、读书、写字，可以在炕上做针线活儿、哄孩子，可以在炕上欻嘎拉哈、听故事，北炕不住人的时候可以烘晾粮食，就连老母鸡抱鸡雏都要放在炕上……

总而言之，咱们辽宁的传统民居重实用轻形式，粗犷中透着细腻，简约中彰显大气，有着独具匠心的设计思想。

延伸
YANSHEN

我家的土房

记忆中，20世纪70年代东北的民房中土坯房是很普遍的，即便是在城市中也是如此。我家的土房与西面隔壁的邻居王大爷家共用一堵山墙，住人的房子无论大小一律朝南，房门也开在南侧偏东一点，一进门便是厨房，门里左侧的墙角处是用红砖搭建和泥土勾缝的炉灶，炉火直接通过烟道进入西面里间的炕洞中，所以这炉火既用来烧炕取暖也用来做饭。小时候和邻居小朋友们的一大乐事就是用灶坑下面滚热的余烬烤土豆吃，或者在铁质的炉盘上把废旧牙膏皮熔化成铅水用来制作毽球的底座。感觉那时的冬天实在太冷了，零下三十几度是经常的事，而土坯房的一个最大好处就是保暖性好，从外面玩一阵后觉得手脚都像被猫咬一样刺痛，赶紧各自回到家里的炉灶旁烤烤火或者直接奔向炕头把手放在热的炕席上，一会儿就缓过来了。晚上睡觉时炉膛里一般也用湿煤压着火，让火缓慢地燃烧，这样第二天早上醒来的时候，炉子一般是要灭还没灭，

▲ 辽宁传统民居中，
进了房门的第一间房就是厨房

屋里也还是比较暖和的，大人早晨起来清除烧焦的炉渣，再添入新的块煤或劈柴，火就又重新熊熊燃烧起来了。后来，我们家从土房搬进了砖结构的平房，再后来又住进了楼房，生活条件逐渐好转，而对于房屋的概念却越来越淡化了，只有那温暖的炉火和热炕头的记忆一直印在心中。

老民居

马架子　马架子的形状像一匹趴着的马，它只有南面一面山墙，窗户和门都开在南山墙上，这是昂着的马头，屋脊举架低矮，“马屁股”上奔拉着厚厚的茅草。从正面看呈三角形，侧面看呈长方形。上面苫草。由于简单易建，冬暖夏凉，是过去东北常见的一种民居建筑。

地窨子　是在地下挖出长方形土坑，再立起柱脚，架上高出地面的尖顶支架，覆盖兽皮、土或草而成的穴式房屋。东北地区的渔猎民族，至少在一两千年前，就有了这种地穴或半地穴式的房子，一直延续到民国以后，满族、赫哲族、鄂伦春族等冬季住宅都曾有这种形式，一般都是南向开门，在舍内正中 起火堆取暖，支起吊锅做饭。

我们重新启程

这段横跨四年的文化探源之旅，未完待续——

今天，我们重新启程！

这是一段追索辽宁文化根脉的特殊旅程；
这是一个提炼辽宁文化符号的系统工程；
这是一次挖掘辽宁文化基因的创新行动。

2018年7月3日，《向世界叫响辽宁文化》第一篇章“女神 你的微笑”面世。封面卷首语的开篇写道：

这是一段追索辽宁文化根脉的特殊旅程；
这是一个提炼辽宁文化符号的系统工程；
这是一次挖掘辽宁文化基因的创新行动。

光阴，倏忽而过。我们仍清晰记得，以上三句话所凝结的初衷和期望。

若自酝酿期计起，这段旅程，这个工程，这次行动，已横跨四年。
四年，是穿行16个省市区、数十座城市，逾万公里的漫长行军；
四年，是六大专题、162个专版，80余万字的鸿篇巨制；
四年，是百余位专家学者、数百名普通受访者，共同的智慧呈现；
四年，是从远古一直走到今天，对辽沈大地绚烂的历史文化图景的全面巡览。

在红山文化的中心区域——朝阳牛河梁遗址，我们感受来自5000年前的神秘微笑；

在古城中、群山里，在或被繁华仰望，或被时间遗忘的古塔旁，我们聆听辽金帝国未远的蹄音；

在辽河之畔，在渤海之滨，我们寻找石棚，远眺碣石，见证河流与海浪相会的壮观；

在沈阳故宫熙熙攘攘的人群中，我们读懂了老汗王自兴京至盛京的金戈岁月；

在辽宁最平凡的每一处角落，我们看到无私、奉献、使命、担当正在生成怎样伟大的力量；

在地垄田间，在各种巧夺天工的技艺中，在家长里短的日常里，我们体验着民间厚土涵养的温度。

《向世界叫响辽宁文化》所包含的全部内容，是对辽宁历史文化资源精华部分的一次整体扫描和集纳，我们的根本目的是经过社会广泛参与和讨论，进一步萃取提炼，最终总结出能够代表辽宁文化形象的具有标识性意义的重点符号。

长路，才走了一半。

这套书，既是总结，也是开篇。

接下来，我们的旅程、工程和行动，需要你们，需要广大读者，携手同行。

我们共同承担起总结、提炼、宣传和推广辽宁文化符号的历史使命，站在推动人类发展、影响世界进程的高度共同重塑辽宁的文化形象。

16个省市区

辽宁、北京、内蒙古、山东、浙江、河南、陕西、山西、河北、云南、吉林、黑龙江、江苏、浙江、海南、四川

六大专题

女神　你的微笑

辽金　你的蹄音

河海　你的相遇

清前　你的金戈

英模　你的力量

民间　你的温度

辽宁日报
大型新闻策划
向世界叫响辽宁文化
Present the brilliant culture of Liaoning to the world
T08
T01
第一篇章
女神 你的微笑
HER SMILE AMAZES THE WORLD
从更高层面重塑辽宁文化基因
T02
T03
T04-T05
T07
T09
T10
T11
T16
T18
T22

辽宁日报
向世界叫响辽宁文化
Present the brilliant culture of Liaoning to the world
T08
T01
第二篇章
辽金 你的跡音
THE PROFOUND INFLUENCE OF LIAO AND JIN NEVER ENDS
T25
T26-T27
T28
T29-T36
T02
T03
T04-T05
T06
T07
T09
T15
T17
T18
T20-T21

跨度四年

2017年

7月　一份关于提炼并推广辽宁文化符号的策划方案开始起草。

8月　策划方案初稿形成。

9月　几经修改，策划方案定稿。同时确定项目名称为《向世界叫响辽宁文化》。

10月至12月　向省内有关专家学者征询意见，报道团队集体学习，汇集具有符号意义的辽宁历史文化词条。

2018年

2月　确定策划的六大板块，即红山文化、辽金文化、河海文化、清前文化、英模文化及民间文化。

3月至5月　项目正式启动，报道团队赴北京、浙江、河南、海南、四川、山东、内蒙古及省内各地实地踏访。

6月25日　辽宁日报微信公众号推送大型新闻策划《向世界叫响辽宁文化》第一篇章“女神　你的微笑”预告。

7月3日　“女神　你的微笑”新闻特刊（共24块专版）正式见报，在省内外文化界引发广泛关注，甚至被搬上了高校课堂。

7月6日至24日　连续刊发五期反馈专版，集中呈现省内外各界对项目的热烈反馈。

8月6日　第二篇章“辽金　你的蹄音”的短视频产品《航拍辽金古塔》在新媒体平台推出，迅速引爆网络，在朋友圈形成刷屏态势。

8月7日至10日　在新媒体平台连续四天推出系列图文报道《跟着老杨看辽塔》，通过摄影记者的视角巡览辽宁境内的58座辽金古塔，深受读者欢迎。

8月16日　第二篇章“辽金　你的蹄音”推出，报道内容丰富，呈现手段多样，32个专版的宏大篇幅令读者称叹。特别是精美的十二连刊《航拍辽金古塔》，因全面展现辽宁地区的辽金古塔受到广大读者的一致赞扬。

辽宁日报
向世界叫响辽宁文化
T08
T01
T02
T23
T24-T25
T26-T27
T28-T29
第三篇章
河海 你的相遇
WHERE THE RIVERS MEET THE SEA
T06
T09
T15
T16

辽宁日报
向世界叫响辽宁文化
Present the brilliant culture of
Liaoning to the world
T08
T01
第四篇章
清前 你的金戈
BACK IN THE DAYS OF ARMOURED HORSES AND METAL HALBERDS
T16
T17
T18
T19
T20-21
T22
T02
T03
T05
T07
T09
T11
T13
T15

辽宁日报
向世界叫响辽宁文化
第五篇章
英模
你的力量
T01
请为辽宁人骄傲

英模
你的力量
T02
英模是辽宁文化的突出符号
雷锋
郭明义
罗阳
杨靖宇
方永刚
曲建武
王崇伦
李兆麟
蒋新松

辽宁日报
向世界叫响辽宁文化
T08
T01
Present the brilliant culture of Liaoning to the world
第六篇章
民间 你的温度
FOLK CULTURE, TO KEEP OLD MEMORIES ALIVE
T11
T14
T15
T16
T17
T18
T19
T02
T03
T04-05
T06
T07
T09
T10

8月21日至9月5日 各界回响不断，报道团队及时回应，连续刊发了《这十九个问题大家最关注》《放心！奉国寺佛像没有被破坏》《千年辽塔静待更多懂它的人》等一系列反馈报道。

8月27日 “重走东北亚丝绸之路”报道小分队启程。这也是第一次有媒体以踏访形式重走东北亚丝绸之路。当天，三路记者分别从锦州、朝阳和辽阳出发，计划用10天时间，沿着东北亚传统丝绸之路、草原丝绸之路和海上丝绸之路的路线进行采访。

9月5日 “重走东北亚丝绸之路”报道小分队返回沈阳。顺利完成任务。

9月6日至20日 首次利用无人机航拍辽宁广阔的河海资源。

9月26日 第三篇章“河海　你的相遇”视频版在新媒体曝光。

10月17日 经过一段较长时间的精编工作，第三篇章“河海　你的相遇”新闻特刊推出，共30个专版。这一单元第一次提出辽宁河海文化的概念，将辽河、辽海相融，用宏阔的视角观察丰富的河海文化资源。

10月19日 “辽河文化研究高峰论坛”在沈阳举行。《向世界叫响辽宁文化》成为会议期间专家学者热议的话题，特别是第三篇章“河海　你的相遇”，凭借独特的视角和高远的立意，受到高度肯定。

11月21日 第四篇章“清前　你的金戈”出版，23个专版详细讲述了从万历十一年到1644年，短短61年间，一个居住在辽东山林的少数民族如何发展成为完成中华大一统的东方帝国。

2019年

1月至2月 全面调研辽宁英模文化的形成、发展历程及其深刻内涵。

3月 邀请作家为辽宁英模创作短诗、手绘肖像画。

3月6日 在沈阳航空航天大学举办公开课，百余位大学生共同讲述心目中的英模故事。

3月28日 第五篇章“英模　你的力量”与读者见面。24个专版，第一次完整描绘辽宁英模的群像，引发广泛关注。

3月29日 鲁迅美术学院师生现场作画，为“英模　你的力量”专题创作了一组英模人物肖像画。

4月至5月 报道团队奔赴全省各地，到最生动的民间寻找最有温度的文化形态，现场报道通过新媒体平台陆续推出。

6月28日 几经修改、增删，第六篇章“民间 你的温度”终于出版了。20个专版，为全篇作结，同时，也为下一步征集、提炼和推广辽宁文化符号的新工作开篇。

2020年

1月 《向世界叫响辽宁文化》丛书出版。